大学赤本シリーズ

543

武庫川女子大学

は し が き

おかげさまで，大学入試の「赤本」は，今年で創刊70周年を迎えました。

これまで，入試問題や資料をご提供いただいた大学関係者各位，掲載許可をいただいた著作権者の皆様，各科目の解答や対策の執筆にあたられた先生方，そして，赤本を使用してくださったすべての読者の皆様に，厚く御礼を申し上げます。

以下に，創刊初期の「赤本」のはしがきを引用します。これからも引き続き，受験生の目標の達成や，夢の実現を応援してまいります。

本書を活用して，入試本番では持てる力を存分に発揮されることを心より願っています。

編者しるす

＊　＊　＊

学問の塔にあこがれのまなざしをもって，それぞれの志望する大学の門をたたかんとしている受験生諸君！　人間として生まれてきた私たちは，自己の欲するままに，美しく，強く，そして何よりも人間らしく生きることをねがっている。しかし，一朝一夕にして，この純粋なのぞみが達せられることはない。私たちの行く手には，絶えずさまざまな試練がまちかまえている。この試練を克服していくところに，私たちのねがう真に人間的な世界がはじめて開かれてくるのである。

人生最初の最大の試練として，諸君の眼前に大学入試がある。この大学入試は，精神的にも身体的にも，大きな苦痛を感ぜしめるであろう。あるスポーツに熟達するには，たゆみなき，はげしい練習を積み重ねることが必要であるように，私たちは，計画的・持続的な努力を払うことによって，この試練を克服し，次の一歩を踏みだすことができる。厳しい試練を経たのちに，はじめて満足すべき成果を獲得できるのである。

本書は最近の入学試験の問題に，それぞれ解答を付し，さらに問題をふかく分析することによって，その大学独特の傾向や対策をさぐろうとした。本書を一般の参考書とあわせて使用し，まとはずれのない，効果的な受験勉強をされるよう期待したい。

（昭和35年版「赤本」はしがきより）

挑む人の、いちばんの味方

1954年に大学入試の過去問題集を刊行してから70年。赤本は大学に入りたいと思う受験生を応援しつづけてきました。これからも，苦しいとき落ち込むときにそばで支える存在でいたいと思います。

そして，勉強をすること，自分で道を決めること，努力が実ること，これらの喜びを読者の皆さんが感じることができるよう，伴走をつづけます。

そもそも赤本とは…

受験生のための大学入試の過去問題集！

70年の歴史を誇る赤本は，500点を超える刊行点数で全都道府県の370大学以上を網羅しており，過去問の代名詞として受験生の必須アイテムとなっています。

なぜ受験に過去問が必要なのか？

大学入試は大学によって問題形式や頻出分野が大きく異なるからです。

赤本の掲載内容

傾向と対策

これまでの出題内容から，問題の「**傾向**」を分析し，来年度の入試に向けて具体的な「**対策**」の方法を紹介しています。

問題編・解答編

- 年度ごとに問題とその解答を掲載しています。
- 「**問題編**」ではその年度の試験概要を確認したうえで，実際に出題された過去問に取り組むことができます。
- 「**解答編**」には高校・予備校の先生方による解答が載っています。

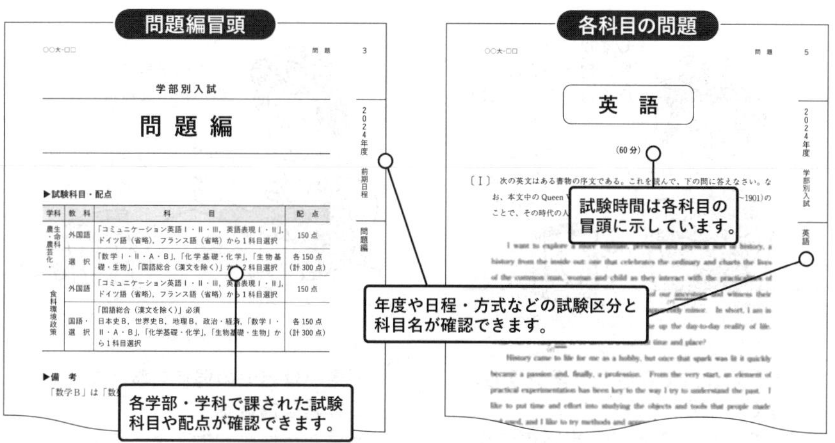

他にも，大学の基本情報や，先輩受験生の合格体験記，在学生からのメッセージなどが載っていることがあります。

掲載内容について

著作権上の理由やその他編集上の都合により問題や解答の一部を割愛している場合があります。なお，指定校推薦入試，社会人入試，編入学試験，帰国生入試などの特別入試，英語以外の外国語科目，商業・工業科目は，原則として掲載しておりません。また試験科目は変更される場合がありますので，あらかじめご了承ください。

受験勉強は

過去問に始まり，

STEP 1 なにはともあれ

まずは解いてみる

しずかに…
今，自分の心と
向き合ってるんだから
ムーン
それは
問題を解いて
からだホン!

過去問は，**できるだけ早いうちに解く**のがオススメ！
実際に解くことで，**出題の傾向，問題のレベル，今の自分の実力**がつかめます。

STEP 2 じっくり具体的に

弱点を分析する

分析の結果だけど
英・数・国が苦手みたい
スリー
必須科目だホン
頑張るホン

間違いは自分の弱点を教えてくれる**貴重な情報源。**
弱点から自己分析することで，**今の自分に足りない力や苦手な分野**が見えてくるはず！

合格者があかす赤本の使い方

傾向と対策を熟読

（Fさん／国立大合格）

大学の出題傾向を調べるために，赤本に載っている「傾向と対策」を熟読しました。

繰り返し解く

（Tさん／国立大合格）

1周目は問題のレベル確認，2周目は苦手や頻出分野の確認に，3周目は合格点を目指して，と過去問は繰り返し解くことが大切です。

赤本の使い方 解説

過去問に終わる。

STEP 3

志望校にあわせて

苦手分野の重点対策

明日からはみんなで頑張るよ！
参考書も！ 問題集も！
よろしくね！
呼んだ？
なにを!?
どこから!?
グッ
グッ

参考書や問題集を活用して，苦手分野の**重点対策**をしていきます。**過去問を指針**に，合格へ向けた具体的な学習計画を立てましょう！

STEP 1 ▶ 2 ▶ 3

サイクルが大事！

実践を繰り返す

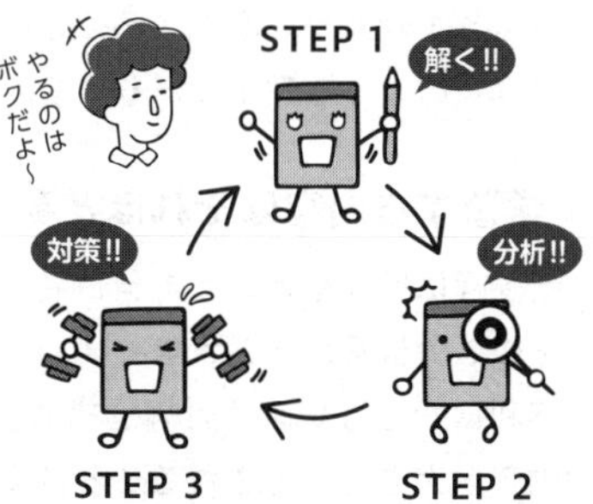

STEP 1～3を繰り返し，実力アップにつなげましょう！
出題形式に慣れることや，**時間配分を考えること**も大切です。

目標点を決める
（Yさん／私立大合格）
赤本によっては合格者最低点が載っているので，それを見て目標点を決めるのもよいです。

時間配分を確認
（Kさん／私立大学合格）
赤本は時間配分や解く順番を決めるために使いました。

添削してもらう
（Sさん／私立大学合格）
記述式の問題は先生に添削してもらうことで自分の弱点に気づけると思います。

新課程入試

2022 年度から新しい学習指導要領（新課程）での授業が始まり，2025 年度の入試は，新課程に基づいて行われる最初の入試となります。ここでは，赤本での新課程入試の対策について，よくある疑問にお答えします。

Q1. 赤本は新課程入試の対策に使えますか？

A. もちろん使えます！

OK

旧課程入試の過去問が新課程入試の対策に役に立つのか疑問に思う人もいるかもしれませんが，心配することはありません。旧課程入試の過去問が役立つのには次のような理由があります。

● 学習する内容はそれほど変わらない

新課程は旧課程と比べて科目名を中心とした変更はありますが，学習する内容そのものはそれほど大きく変わっていません。また，多くの大学で，既卒生が不利にならないよう「経過措置」がとられます（Q３参照）。したがって，出題内容が大きく変更されることは少ないとみられます。

● 大学ごとに出題の特徴がある

これまでに課程が変わったときも，各大学の出題の特徴は大きく変わらないことがほとんどでした。入試問題は各大学のアドミッション・ポリシーに沿って出題されており，過去問にはその特徴がよく表れています。過去問を研究してその大学に特有の傾向をつかめば，最適な対策をとることができます。

出題の特徴の例	・英作文問題の出題の有無 ・論述問題の出題（字数制限の有無や長さ） ・計算過程の記述の有無

新課程入試の対策も，赤本で過去問に取り組むところから始めましょう。

Q2. 赤本を使う上での注意点はありますか？

A. 志望大学の入試科目を確認しましょう。

過去問を解く前に，過去の出題科目（問題編冒頭の表）と 2025 年度の募集要項とを比べて，課される内容に変更がないかを確認しましょう。ポイントは以下のとおりです。科目名が変わっていても，実際は旧課程の内容とほとんど同様のものもあります。

英語・国語	科目名は変更されているが，実質的には変更なし。 ▶▶ **ただし，リスニングや古文・漢文の有無は要確認。**
地歴	科目名が変更され，「歴史総合」「地理総合」が新設。 ▶▶ **新設科目の有無に注意。ただし，「経過措置」（Q３参照）により内容は大きく変わらないことも多い。**
公民	「現代社会」が廃止され，「公共」が新設。 ▶▶ **「公共」は実質的には「現代社会」と大きく変わらない。**
数学	科目が再編され，「数学 C」が新設。 ▶▶ **「数学」全体としての内容は大きく変わらないが，出題科目と単元の変更に注意。**
理科	科目名も学習内容も大きな変更なし。

数学については，科目名だけでなく，どの単元が含まれているかも確認が必要です。例えば，出題科目が次のように変わったとします。

旧課程	「数学Ⅰ・数学Ⅱ・数学 A・数学 B（数列・ベクトル）」
新課程	「数学Ⅰ・数学Ⅱ・数学 A・**数学 B（数列）・数学 C（ベクトル）**」

この場合，新課程では「数学C」が増えていますが，単元は「ベクトル」のみのため，実質的には旧課程とほぼ同じであり，過去問をそのまま役立てることができます。

Q3. 「経過措置」とは何ですか？

A. 既卒の旧課程履修者への対応です。

多くの大学では，既卒の旧課程履修者が不利にならないように，出題において「経過措置」が実施されます。措置の有無や内容は大学によって異なるので，募集要項や大学のウェブサイトなどで確認しておきましょう。

○旧課程履修者への経過措置の例

- 旧課程履修者にも配慮した出題を行う。
- 新・旧課程の共通の範囲から出題する。
- 新課程と旧課程の共通の内容を出題し，共通範囲のみでの出題が困難な場合は，旧課程の範囲からの問題を用意し，選択解答とする。

例えば，地歴の出題科目が次のように変わったとします。

旧課程	「日本史 B」「世界史 B」から１科目選択
新課程	「**歴史総合**，日本史探究」「**歴史総合**，世界史探究」から１科目選択※ ※旧課程履修者に不利益が生じることのないように配慮する。

「歴史総合」は新課程で新設された科目で，旧課程履修者には見慣れないものですが，上記のような経過措置がとられた場合，新課程入試でも旧課程と同様の学習内容で受験することができます。

新課程の情報は WEB もチェック！
より詳しい解説が赤本ウェブサイトで見られます。
https://akahon.net/shinkatei/

科目名が変更される教科・科目

	旧課程	新課程
国語	国語総合 国語表現 現代文A 現代文B 古典A 古典B	現代の国語 言語文化 論理国語 文学国語 国語表現 古典探究
地歴	日本史A 日本史B 世界史A 世界史B 地理A 地理B	歴史総合 日本史探究 世界史探究 地理総合 地理探究
公民	現代社会 倫理 政治・経済	公共 倫理 政治・経済
数学	数学Ⅰ 数学Ⅱ 数学Ⅲ 数学A 数学B 数学活用	数学Ⅰ 数学Ⅱ 数学Ⅲ 数学A 数学B 数学C
外国語	コミュニケーション英語基礎 コミュニケーション英語Ⅰ コミュニケーション英語Ⅱ コミュニケーション英語Ⅲ 英語表現Ⅰ 英語表現Ⅱ 英語会話	英語コミュニケーションⅠ 英語コミュニケーションⅡ 英語コミュニケーションⅢ 論理・表現Ⅰ 論理・表現Ⅱ 論理・表現Ⅲ
情報	社会と情報 情報の科学	情報Ⅰ 情報Ⅱ

目　次

2023年度 問題と解答

●公募制推薦入試（前期）

●一般選抜A（前期）

●一般選抜B（中期）

掲載内容についてのお断り

- 本書では公募制推薦入試（前期），一般選抜Ａ（前期），一般選抜Ｂ（中期）をそれぞれ１日程分ずつ掲載しています。
- 実技および楽典については掲載していません。
- 著作権の都合により，下記の内容を省略しています。
  2024 年度：公募制推薦入試（前期）「英語」〔１〕の英文

基本情報

 学部・学科の構成，入学定員

大　学

●**文学部**　中央キャンパス
日本語日本文学科（150 人），歴史文化学科（80 人），英語グローバル学科〔英語文化専攻（100 人），グローバル・コミュニケーション専攻（100 人）〕

●**教育学部**　中央キャンパス
教育学科（240 人）

●**心理・社会福祉学部**　中央キャンパス
心理学科（150 人）
社会福祉学科（70 人）

●健康・スポーツ科学部 中央キャンパス

健康・スポーツ科学科（180 人）

スポーツマネジメント学科（100 人）

●生活環境学部 中央キャンパス

生活環境学科（195 人）

●社会情報学部 中央キャンパス

社会情報学科〔情報メディア専攻（130 人），情報サイエンス専攻（50 人）〕

●食物栄養科学部 中央キャンパス

食物栄養学科（200 人），食創造科学科（80 人）

●建築学部 上甲子園キャンパス

建築学科（45 人），景観建築学科（40 人）

●音楽学部 中央キャンパス

演奏学科（専修：声楽，ピアノ，ヴァイオリン，ヴィオラ，チェロ，フルート，オーボエ，クラリネット，ファゴット，サクソフォン，ホルン，トランペット，トロンボーン）（30 人），応用音楽学科（20 人）

●薬学部 浜甲子園キャンパス

薬学科［6 年制］（105 人），健康生命薬科学科［4 年制］（60 人）

●環境共生学部 浜甲子園キャンパス

環境共生学科（120 人）※

●看護学部 中央キャンパス

看護学科（80 人）

●経営学部　中央キャンパス

経営学科（200 人）

※　2025 年 4 月開設。

大学院

文学研究科【日本語日本文学専攻，英語英米文学専攻，教育学専攻，臨床心理学専攻】

臨床教育学研究科【臨床教育学専攻】

健康・スポーツ科学研究科【健康・スポーツ科学専攻】

生活環境学研究科【生活環境学専攻】

食物栄養科学研究科【食物栄養学専攻，食創造科学専攻】

建築学研究科【建築学専攻，景観建築学専攻】

薬学研究科【薬学専攻，薬科学専攻】

看護学研究科【看護学専攻】

大学所在地

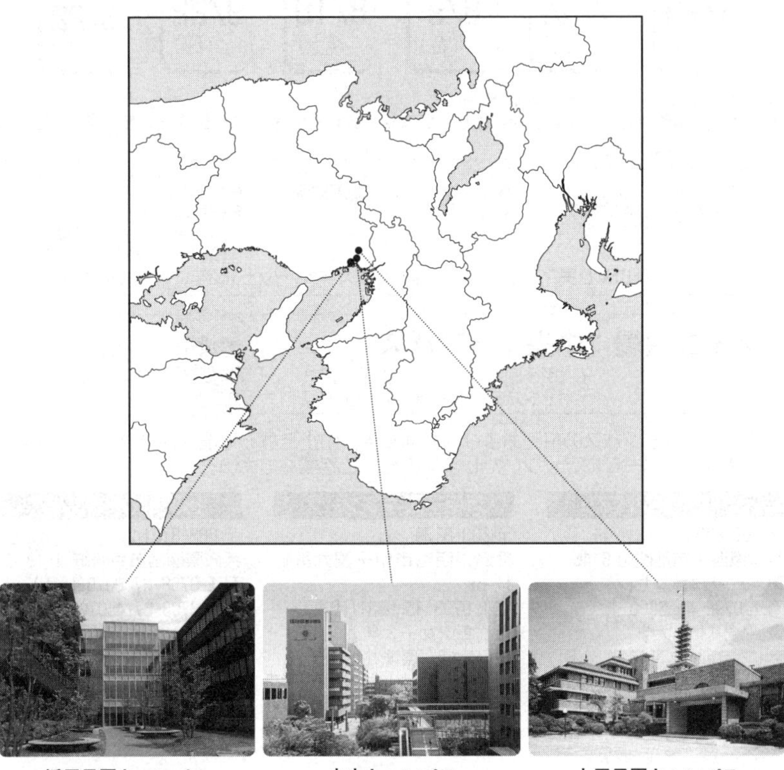

浜甲子園キャンパス　中央キャンパス　上甲子園キャンパス

中央キャンパス	〒663-8558	兵庫県西宮市池開町 6-46
浜甲子園キャンパス	〒663-8179	兵庫県西宮市甲子園九番町 11-68
上甲子園キャンパス	〒663-8121	兵庫県西宮市戸崎町 1-13

OPEN CAMPUS 2024

2024（令和６）年のオープンキャンパスの日程は次の通りです。
受験生はもちろん，高校１・２年生，保護者の方も大歓迎！

6/23（日）　7/14（日）　8/9（金）　8/10（土）　9/22（日）　2025年 3/22（土）

※いずれも 12：15～16：30（入退場自由）
その他，全国各地で入試相談会を開催しています。詳しくは大学ホームページをご確認ください。

主なプログラム

- 学科企画プログラム（学科説明と模擬授業）
- 在学生トークライブ
- 大学概要・入試制度説明
- 食堂体験
- キャンパスツアー
- 相談コーナー（学科別／入試／就職／資格／奨学金／寮・下宿）

※内容は，日程により異なりますので，詳しくは大学ホームページをご確認ください。

メイン会場：中央キャンパス
（浜甲子園キャンパス，上甲子園キャンパスでも開催しています。）

参加者プレゼント　入試資料，オリジナルグッズ

※オープンキャンパスの日程および内容は変更，中止となる可能性があります。情報は随時ホームページにアップいたしますので，ご確認ください。

中央キャンパス
〒663-8558
兵庫県西宮市池開町 6-46
アドミッションセンター
TEL 0798-45-3500
■武庫川女子大学
（文学部，教育学部，心理・社会福祉学部，健康・スポーツ科学部，生活環境学部，社会情報学部，食物栄養科学部，音楽学部，看護学部，経営学部）
■武庫川女子大学大学院
（文学研究科，臨床教育学研究科，健康・スポーツ科学研究科，生活環境学研究科，食物栄養科学研究科，看護学研究科）

浜甲子園キャンパス
〒663-8179
兵庫県西宮市甲子園九番町 11-68
TEL 0798-45-9931（代表）
■武庫川女子大学
（薬学部，環境共生学部）
■武庫川女子大学大学院
（薬学研究科）

上甲子園キャンパス
〒663-8121
兵庫県西宮市戸崎町 1-13
TEL 0798-67-0079（代表）
TEL 0798-67-4501（建築学部）
■武庫川女子大学
（建築学部）
■武庫川女子大学大学院
（建築学研究科）

▶中央キャンパス（阪神電車「鳴尾・武庫川女子大前」駅下車，徒歩約７分）
▶浜甲子園キャンパス（阪神電車「甲子園」駅下車，徒歩約 15 分）
▶上甲子園キャンパス（JR「甲子園口」駅下車，徒歩約 10 分）

武庫川女子大学
Mukogawa Women's University

2024年度入試データ

入試状況（志願者数・倍率など）

公募制推薦入試

●前期

学部	学科・専攻	受験型	日程	志願者数		受験者数(A)		合格者数(B)		倍率(A/B)		合格最低点	満点
文	日本語日本文学	スタンダード型	11/4	82	153	82	153	56	105	1.5	1.5	120.5	225
			11/5	71		71		49		1.4		148.0	
		高得点科目重視型	11/4	62	119	62	119	52	102	1.2	1.2	144.0	300
			11/5	57		57		50		1.1		177.0	
	歴史文化	スタンダード型	11/4	45	86	45	86	32	62	1.4	1.4	119.5	225
			11/5	41		41		30		1.4		146.0	
		高得点科目重視型	11/4	37	71	37	71	32	60	1.2	1.2	144.0	300
			11/5	34		34		28		1.2		185.0	
	英語グローバル・英語文化	スタンダード型	11/4	42	86	41	85	25	55	1.6	1.5	124.5	225
			11/5	44		44		30		1.5		150.0	
		高得点科目重視型	11/4	27	58	26	57	22	48	1.2	1.2	152.0	300
			11/5	31		31		26		1.2		190.0	
	英語グローバル・グローバル・コミュニケーション	スタンダード型	11/4	48	88	44	82	30	53	1.5	1.5	118.5	225
			11/5	40		38		23		1.7		147.0	
		高得点科目重視型	11/4	40	75	36	69	26	56	1.4	1.2	142.0	300
			11/5	35		33		30		1.1		154.0	
教育	教育	スタンダード型	11/4	204	390	186	354	54	105	3.4	3.4	147.5	225
			11/5	186		168		51		3.3		173.5	
		高得点科目重視型	11/4	158	306	142	275	70	138	2.0	2.0	175.0	300
			11/5	148		133		68		2.0		222.0	

（表つづく）

学部	学科専攻	受験型	日程	志願者数		受験者数(A)		合格者数(B)		倍率(A/B)		合格最低点	満点
心理・社会福祉	心理	スタンダード型	11/4	106	199	104	197	44	86	2.4	2.3	137.0	225
			11/5	93		93		42		2.2		170.0	
		高得点科目重視型	11/4	78	146	77	145	57	109	1.4	1.3	152.0	300
			11/5	68		68		52		1.3		188.0	
	社会福祉	スタンダード型	11/4	38	73	35	67	11	21	3.2	3.2	145.0	225
			11/5	35		32		10		3.2		182.5	
		高得点科目重視型	11/4	29	54	27	50	11	19	2.5	2.6	191.0	300
			11/5	25		23		8		2.9		251.0	
健康・スポーツ科学	健康・スポーツ科学	スタンダード型	11/4	64	119	49	89	25	45	2.0	2.0	157.7	225
			11/5	55		40		20		2.0		164.1	
		高得点科目重視型	11/4	52	97	42	75	36	60	1.2	1.3	198.6	300
			11/5	45		33		24		1.4		205.0	
	スポーツマネジメント	スタンダード型	11/4	40	71	29	53	15	27	1.9	2.0	133.5	225
			11/5	31		24		12		2.0		143.0	
		高得点科目重視型	11/4	31	58	24	46	19	37	1.3	1.2	156.0	300
			11/5	27		22		18		1.2		163.0	
生活環境	生活環境	スタンダード型	11/4	123	241	122	239	33	65	3.7	3.7	145.0	225
			11/5	118		117		32		3.7		175.0	
		高得点科目重視型	11/4	109	208	108	206	46	87	2.3	2.4	178.0	300
			11/5	99		98		41		2.4		220.0	
社会情報	社会情報 情報メディア	スタンダード型	11/4	67	122	66	121	31	57	2.1	2.1	129.5	225
			11/5	55		55		26		2.1		162.0	
		高得点科目重視型	11/4	54	105	52	103	45	87	1.2	1.2	156.0	300
			11/5	51		51		42		1.2		190.0	
	社会情報 情報サイエンス	スタンダード型	11/4	23	42	20	36	10	18	2.0	2.0	128.0	225
			11/5	19		16		8		2.0		157.0	
		高得点科目重視型	11/4	20	36	18	32	14	25	1.3	1.3	139.0	300
			11/5	16		14		11		1.3		191.0	
食物栄養科学	食物栄養	スタンダード型	11/4	160	296	159	295	72	134	2.2	2.2	144.5	225
			11/5	136		136		62		2.2		156.5	
		高得点科目重視型	11/4	120	229	120	229	60	113	2.0	2.0	178.0	300
			11/5	109		109		53		2.1		203.0	
	食創造科学	スタンダード型	11/4	47	93	47	93	20	39	2.4	2.4	144.5	225
			11/5	46		46		19		2.4		159.0	
		高得点科目重視型	11/4	39	77	39	77	21	41	1.9	1.9	179.0	300
			11/5	38		38		20		1.9		192.0	

（表つづく）

学部	学科専攻	受験型	日程	志願者数		受験者数(A)		合格者数(B)		倍率(A/B)		合格最低点	満点
建築	建築	スタンダード型	11/4	53	98	52	97	23	42	2.3	2.3	143.5	225
			11/5	45		45		19		2.4		172.5	
		高得点科目重視型	11/4	47	88	45	86	23	43	2.0	2.0	185.0	300
			11/5	41		41		20		2.1		215.0	
	景観建築	スタンダード型	11/4	31	58	30	55	14	26	2.1	2.1	131.0	225
			11/5	27		25		12		2.1		131.5	
		高得点科目重視型	11/4	29	56	29	55	20	35	1.5	1.6	150.0	300
			11/5	27		26		15		1.7		174.0	
音楽	演奏	スタンダード型	11/4	6	16	6	16	5	13	1.2	1.2	239.4	325
			11/5	10		10		8		1.3		233.7	
		高得点科目重視型	11/4	3	8	3	8	3	7	1.0	1.1	370.0	500
			11/5	5		5		4		1.3		375.0	
	応用音楽	スタンダード型	11/4	16	27	14	24	11	20	1.3	1.2	154.5	225
			11/5	11		10		9		1.1		162.8	
		高得点科目重視型	11/4	9	15	8	14	6	11	1.3	1.3	207.3	300
			11/5	6		6		5		1.2		207.5	
薬	薬学	スタンダード型	11/4	141	273	138	267	28	55	4.9	4.9	168.0	225
			11/5	132		129		27		4.8		161.0	
		高得点科目重視型	11/4	103	201	101	196	23	45	4.4	4.4	215.0	300
			11/5	98		95		22		4.3		195.0	
	健康生命薬科学	スタンダード型	11/4	26	52	21	43	10	21	2.1	2.0	126.0	225
			11/5	26		22		11		2.0		129.5	
		高得点科目重視型	11/4	23	43	19	36	12	24	1.6	1.5	125.0	300
			11/5	20		17		12		1.4		128.0	
看護	看護	スタンダード型	11/4	156	314	156	313	30	60	5.2	5.2	159.0	225
			11/5	158		157		30		5.2		174.0	
		高得点科目重視型	11/4	134	267	134	266	30	59	4.5	4.5	214.0	300
			11/5	133		132		29		4.6		231.0	
経営	経営	スタンダード型	11/4	121	242	119	237	58	120	2.1	2.0	130.5	225
			11/5	121		118		62		1.9		158.0	
		高得点科目重視型	11/4	98	198	97	194	61	116	1.6	1.7	161.0	300
			11/5	100		97		55		1.8		212.0	

●後期

学部	学科・専攻		受験型	日程	志願者数	受験者数(A)	合格者数(B)	倍率(A/B)	合格最低点	満点
文	日本語日本文学		スタンダード型	11/23	84	16	14	1.1	115.0	225
			高得点科目重視型		58	11	10	1.1	136.0	300
	歴史文化		スタンダード型		37	5	5	1.0	86.0	225
			高得点科目重視型		32	3	3	1.0	137.0	300
	英語グローバル	英語文化	スタンダード型		44	10	9	1.1	104.0	225
			高得点科目重視型		33	5	5	1.0	122.0	300
		グローバル・コミュニケーション	スタンダード型		45	9	6	1.5	106.0	225
			高得点科目重視型		34	5	5	1.0	105.0	300
教育	教育		スタンダード型		174	72	22	3.3	143.0	225
			高得点科目重視型		147	57	21	2.7	183.0	300
心理・社会福祉	心理		スタンダード型		98	28	20	1.4	126.5	225
			高得点科目重視型		77	21	18	1.2	149.0	300
	社会福祉		スタンダード型		40	23	9	2.6	143.5	225
			高得点科目重視型		31	15	9	1.7	173.0	300
健康・スポーツ科学	健康・スポーツ科学		スタンダード型		68	18	12	1.5	121.0	225
			高得点科目重視型		61	13	10	1.3	133.0	300
	スポーツマネジメント		スタンダード型		43	10	7	1.4	114.5	225
			高得点科目重視型		35	6	4	1.5	153.0	300
生活環境	生活環境		スタンダード型		121	57	18	3.2	151.5	225
			高得点科目重視型		107	47	22	2.1	185.0	300

(表つづく)

学部	学科	専攻	受験型	日程	志願者数	受験者数(A)	合格者数(B)	倍率(A/B)	合格最低点	満点
社会情報	社会情報	情報メディア	スタンダード型	11/23	71	16	13	1.2	104.5	225
			高得点科目重視型		58	7	6	1.2	120.0	300
		情報サイエンス	スタンダード型		19	5	5	1.0	95.0	225
			高得点科目重視型		17	4	3	1.3	147.0	300
食物栄養科学	食物栄養		スタンダード型		143	49	25	2.0	124.5	225
			高得点科目重視型		110	36	28	1.3	148.0	300
	食創造科学		スタンダード型		47	19	12	1.6	120.0	225
			高得点科目重視型		41	15	10	1.5	159.0	300
建築	建築		スタンダード型		44	19	6	3.2	155.0	225
			高得点科目重視型		40	19	9	2.1	195.0	300
	景観建築		スタンダード型		26	4	3	1.3	116.0	225
			高得点科目重視型		24	5	4	1.3	167.0	300
音楽	演奏		スタンダード型		11	0	0	—	—	325
			高得点科目重視型		5	0	0	—	—	500
	応用音楽		スタンダード型		13	2	2	1.0	153.8	225
			高得点科目重視型		9	2	2	1.0	196.3	300
薬	薬学		スタンダード型		96	61	12	5.1	146.0	225
			高得点科目重視型		76	49	10	4.9	184.0	300
	健康生命薬科学		スタンダード型		25	5	4	1.3	90.5	225
			高得点科目重視型		21	4	3	1.3	121.0	300

（表つづく）

学部	学科専攻	受験型	日程	志願者数	受験者数(A)	合格者数(B)	倍率(A/B)	合格最低点	満点
看護	看護	スタンダード型	11/23	148	102	12	8.5	162.0	225
		高得点科目重視型		133	89	13	6.8	215.0	300
経営	経営	スタンダード型		114	38	20	1.9	123.5	225
		高得点科目重視型		93	27	19	1.4	146.0	300

一般選抜

学部	学科専攻	受験型			日程	志願者数		受験者数（A）		合格者数（B）		倍率（A/B）		合格最低点	満点
文	日本語日本文学	A	3科目型	同一配点	1/24	57	83	56	82	46	67	1.2	1.2	187.0	300
					1/25	26		26		21		1.2		176.0	
				傾斜配点	1/24	25	37	24	36	22	32	1.1	1.1	226.0	400
					1/25	12		12		10		1.2		252.0	
			2科目型		1/24	40	67	39	66	29	48	1.3	1.4	134.0	200
					1/25	27		27		19		1.4		133.0	
		B	2科目型	同一配点	2/10午前	36	60	16	25	11	16	1.5	1.6	112.0	200
					2/10午後	24		9		5		1.8		115.0	
				傾斜配点	2/10午前	25	38	9	13	9	12	1.0	1.1	154.0	300
					2/10午後	13		4		3		1.3		166.0	
		C			3/6	19		18		18		1.0		105.0	200
		D	共通テスト			42		42		37		1.1			
	歴史文化	A	3科目型	同一配点	1/24	33	54	33	53	30	46	1.1	1.2	176.0	300
					1/25	21		20		16		1.3		175.0	
				傾斜配点	1/24	13	21	13	20	12	18	1.1	1.1	210.0	400
					1/25	8		7		6		1.2		241.0	
			2科目型		1/24	21	35	21	34	20	33	1.1	1.0	100.0	200
					1/25	14		13		13		1.0		101.0	
		B	2科目型	同一配点	2/10午前	23	38	7	9	7	8	1.0	1.1	128.0	200
					2/10午後	15		2		1		2.0		159.0	
				傾斜配点	2/10午前	17	31	6	7	4	5	1.5	1.4	182.0	300
					2/10午後	14		1		1		1.0		250.0	
		C			3/6	4		3		3		1.0		108.0	200
		D	共通テスト			28		28		26		1.1			

（表つづく）

学部	学科専攻	受験型	日程	志願者数		受験者数（A）		合格者数（B）		倍率（A/B）		合格最低点	満点
文	英語グローバル 英語文化	A 3科目型 同一配点	1/24	19	27	19	27	16	24	1.2	1.1	191.0	300
			1/25	8		8		8		1.0		180.0	
		A 3科目型 傾斜配点	1/24	15	17	15	17	14	16	1.1	1.1	254.0	400
			1/25	2		2		2		1.0		294.0	
		A 2科目型	1/24	18	26	18	26	16	23	1.1	1.1	128.0	200
			1/25	8		8		7		1.1		113.0	
		B 2科目型 同一配点	2/10午前	17	27	4	5	4	5	1.0	1.0	96.0	200
			2/10午後	10		1		1		1.0		108.0	
		B 2科目型 傾斜配点	2/10午前	9	15	3	4	3	4	1.0	1.0	148.0	300
			2/10午後	6		1		1		1.0		145.0	
		C	3/6	11		11		11		1.0		102.0	200
		D	共通テスト	21		21		19		1.1			
	英語グローバル グローバル・コミュニケーション	A 3科目型 同一配点	1/24	13	24	13	23	12	19	1.1	1.2	150.0	300
			1/25	11		10		7		1.4		172.0	
		A 3科目型 傾斜配点	1/24	6	10	6	10	6	10	1.0	1.0	190.0	400
			1/25	4		4		4		1.0		200.0	
		A 2科目型	1/24	20	38	20	38	16	32	1.3	1.2	121.0	200
			1/25	18		18		16		1.1		101.0	
		B 2科目型 同一配点	2/10午前	16	23	6	9	5	7	1.2	1.3	101.0	200
			2/10午後	7		3		2		1.5		104.0	
		B 2科目型 傾斜配点	2/10午前	8	15	3	6	3	5	1.0	1.2	143.0	300
			2/10午後	7		3		2		1.5		138.0	
		C	3/6	5		5		5		1.0		119.0	200
		D	共通テスト	28		28		25		1.1			
教育	教育	A 3科目型 同一配点	1/24	126	210	124	208	59	101	2.1	2.1	215.0	300
			1/25	84		84		42		2.0		198.0	
		A 3科目型 傾斜配点	1/24	63	114	62	113	31	57	2.0	2.0	278.0	400
			1/25	51		51		26		2.0		269.0	
		A 2科目型	1/24	98	171	97	170	35	61	2.8	2.8	153.0	200
			1/25	73		73		26		2.8		145.0	
		B 2科目型 同一配点	2/10午前	103	152	50	79	21	33	2.4	2.4	144.0	200
			2/10午後	49		29		12		2.4		127.0	
		B 2科目型 傾斜配点	2/10午前	67	104	35	55	18	28	1.9	2.0	214.0	300
			2/10午後	37		20		10		2.0		185.0	
		C	3/6	32		26		24		1.1		104.0	200
		D	共通テスト	79		79		53		1.5			

（表つづく）

学部	学科専攻	受験型			日程	志願者数		受験者数（A）		合格者数（B）		倍率（A/B）		合格最低点	満点
心理・社会福祉	心理	A	3科目型	同一配点	1/24	52	92	50	89	25	45	2.0	2.0	208.0	300
					1/25	40		39		20		2.0		213.0	
				傾斜配点	1/24	30	48	29	46	16	26	1.8	1.8	286.0	400
					1/25	18		17		10		1.7		294.0	
			2科目型		1/24	40	73	40	73	22	41	1.8	1.8	146.0	200
					1/25	33		33		19		1.7		145.0	
		B	2科目型	同一配点	2/10午前	48	70	22	33	13	19	1.7	1.7	130.0	200
					2/10午後	22		11		6		1.8		126.0	
				傾斜配点	2/10午前	28	48	17	28	12	19	1.4	1.5	200.0	300
					2/10午後	20		11		7		1.6		184.0	
		C	3/6			21		21		18		1.2		122.0	200
		D	共通テスト			58		58		51		1.1			
	社会福祉	A	3科目型	同一配点	1/24	28	53	27	52	7	14	3.9	3.7	237.0	300
					1/25	25		25		7		3.6		229.0	
				傾斜配点	1/24	15	30	15	30	5	10	3.0	3.0	306.0	400
					1/25	15		15		5		3.0		291.0	
			2科目型		1/24	21	42	20	40	5	10	4.0	4.0	167.0	200
					1/25	21		20		5		4.0		172.0	
		B	2科目型	同一配点	2/10午前	20	33	13	20	3	5	4.3	4.0	163.0	200
					2/10午後	13		7		2		3.5		137.0	
				傾斜配点	2/10午前	14	23	9	16	3	5	3.0	3.2	228.0	300
					2/10午後	9		7		2		3.5		208.0	
		C	3/6			5		5		5		1.0		102.0	200
		D	共通テスト			26		25		17		1.5			
健康・スポーツ科学	健康・スポーツ科学	A	3科目型	同一配点	1/24	22	41	22	41	15	28	1.5	1.5	198.0	300
					1/25	19		19		13		1.5		179.0	
				傾斜配点	1/24	11	20	11	20	8	15	1.4	1.3	237.0	400
					1/25	9		9		7		1.3		230.0	
			2科目型		1/24	18	30	18	30	12	20	1.5	1.5	126.0	200
					1/25	12		12		8		1.5		125.0	
		B	2科目型	同一配点	2/10午前	22	35	10	14	6	8	1.7	1.8	117.0	200
					2/10午後	13		4		2		2.0		95.0	
				傾斜配点	2/10午前	14	24	4	7	3	6	1.3	1.2	133.0	300
					2/10午後	10		3		3		1.0		143.0	
		C	3/6			3		3		3		1.0		89.0	200
		D	共通テスト			18		18		13		1.4			

（表つづく）

学部	学科専攻	受験型			日程	志願者数		受験者数(A)		合格者数(B)		倍率(A/B)		合格最低点	満点
健康・スポーツ科学	スポーツマネジメント	A	3科目型	同一配点	1/24	15	20	15	20	10	13	1.5	1.5	208.0	300
					1/25	5		5		3		1.7		207.0	
				傾斜配点	1/24	9	13	9	13	6	9	1.5	1.4	289.0	400
					1/25	4		4		3		1.3		287.0	
			2科目型		1/24	12	18	12	18	9	14	1.3	1.3	123.0	200
					1/25	6		6		5		1.2		111.0	
		B	2科目型	同一配点	2/10午前	11	14	4	5	3	4	1.3	1.3	145.0	200
					2/10午後	3		1		1		1.0		130.0	
				傾斜配点	2/10午前	9	11	3	4	3	3	1.0	1.3	136.0	300
					2/10午後	2		1		0		—		—	
		C			3/6	5		5		5		1.0		98.0	200
		D	共通テスト			10		10		9		1.1			
生活環境	生活環境	A	3科目型	同一配点	1/24	58	108	58	107	26	47	2.2	2.3	209.0	300
					1/25	50		49		21		2.3		202.0	
				傾斜配点	1/24	38	73	38	72	18	36	2.1	2.0	288.0	400
					1/25	35		34		18		1.9		254.0	
			2科目型		1/24	60	106	60	105	23	42	2.6	2.5	154.0	200
					1/25	46		45		19		2.4		142.0	
		B	2科目型	同一配点	2/10午前	59	102	26	44	13	22	2.0	2.0	140.0	200
					2/10午後	43		18		9		2.0		118.0	
				傾斜配点	2/10午前	44	76	19	33	13	23	1.5	1.4	191.0	300
					2/10午後	32		14		10		1.4		171.0	
		C			3/6	18		17		8		2.1		145.0	200
		D	共通テスト			29		29		16		1.8			
社会情報	社会情報 情報メディア	A	3科目型	同一配点	1/24	52	83	51	82	37	58	1.4	1.4	202.0	300
					1/25	31		31		21		1.5		175.0	
				傾斜配点	1/24	28	48	28	48	20	34	1.4	1.4	283.0	400
					1/25	20		20		14		1.4		265.0	
			2科目型		1/24	27	46	27	46	17	29	1.6	1.6	142.0	200
					1/25	19		19		12		1.6		133.0	
		B	2科目型	同一配点	2/10午前	38	56	15	24	11	17	1.4	1.4	124.0	200
					2/10午後	18		9		6		1.5		102.0	
				傾斜配点	2/10午前	28	45	11	21	10	18	1.1	1.2	167.0	300
					2/10午後	17		10		8		1.3		151.0	
		C			3/6	16		16		16		1.0		109.0	200
		D	共通テスト			25		25		20		1.3			

(表つづく)

学部	学科専攻	受験型			日程	志願者数		受験者数（A）		合格者数（B）		倍率（A/B）		合格最低点	満点
社会情報	社会情報 情報サイエンス	A	2科目型		1/24	19	32	19	32	15	24	1.3	1.3	107.0	200
					1/25	13		13		9		1.4		107.0	
		B	2科目型	同一配点	2/10午前	15	28	5	11	3	7	1.7	1.6	130.0	200
					2/10午後	13		6		4		1.5		105.0	
				傾斜配点	2/10午前	14	23	7	11	5	9	1.4	1.2	180.0	300
					2/10午後	9		4		4		1.0		177.0	
		C			3/6	12		12		8		1.5		126.0	200
		D	共通テスト			16		16		16		1.0			
食物栄養科学	食物栄養	A	3科目型	同一配点	1/24	64	105	64	105	41	64	1.6	1.6	185.0	300
					1/25	41		41		23		1.8		185.0	
				傾斜配点	1/24	26	45	26	45	19	32	1.4	1.4	208.0	400
					1/25	19		19		13		1.5		229.0	
			2科目型		1/24	49	86	49	86	25	42	2.0	2.0	122.0	200
					1/25	37		37		17		2.2		122.0	
		B	2科目型	同一配点	2/10午前	55	90	23	37	13	21	1.8	1.8	115.0	200
					2/10午後	35		14		8		1.8		110.0	
				傾斜配点	2/10午前	34	54	13	21	8	12	1.6	1.8	153.0	300
					2/10午後	20		8		4		2.0		153.0	
		C			3/6	7		6		5		1.2		101.0	200
		D	共通テスト			41		41		32		1.3			
	食創造科学	A	3科目型	同一配点	1/24	14	23	14	23	11	18	1.3	1.3	176.0	300
					1/25	9		9		7		1.3		150.0	
				傾斜配点	1/24	5	11	5	11	5	10	1.0	1.1	172.0	400
					1/25	6		6		5		1.2		216.0	
			2科目型		1/24	14	24	14	24	10	16	1.4	1.5	100.0	200
					1/25	10		10		6		1.7		103.0	
		B	2科目型	同一配点	2/10午前	20	29	5	10	4	7	1.3	1.4	113.0	200
					2/10午後	9		5		3		1.7		101.0	
				傾斜配点	2/10午前	8	14	2	5	1	3	2.0	1.7	183.0	300
					2/10午後	6		3		2		1.5		146.0	
		C			3/6	2		2		1		2.0		113.0	200
		D	共通テスト			14		14		10		1.4			

（表つづく）

学部	学科専攻	受験型			日程	志願者数		受験者数（A）		合格者数（B）		倍率（A/B）		合格最低点	満点
建築	建築	A	3科目型	同一配点	1/24	33	48	33	47	16	23	2.1	2.0	213.0	300
					1/25	15		14		7		2.0		213.0	
				傾斜配点	1/24	15	24	15	24	12	19	1.3	1.3	238.0	400
					1/25	9		9		7		1.3		221.0	
		B	2科目型	同一配点	2/10午前	27	41	16	26	5	8	3.2	3.3	142.0	200
					2/10午後	14		10		3		3.3		139.0	
				傾斜配点	2/10午前	19	35	12	24	5	10	2.4	2.4	211.0	300
					2/10午後	16		12		5		2.4		177.0	
		C	3/6			6		6		4		1.5		126.0	200
		D	共通テスト			31		30		19		1.6			
	景観建築	A	3科目型	同一配点	1/24	8	14	8	14	4	7	2.0	2.0	195.0	300
					1/25	6		6		3		2.0		207.0	
				傾斜配点	1/24	12	19	12	19	7	12	1.7	1.6	232.0	400
					1/25	7		7		5		1.4		219.0	
		B	2科目型	同一配点	2/10午前	10	18	6	11	4	6	1.5	1.8	105.0	200
					2/10午後	8		5		2		2.5		117.0	
				傾斜配点	2/10午前	11	17	6	9	4	5	1.5	1.8	141.0	300
					2/10午後	6		3		1		3.0		157.0	
		C	3/6			5		5		5		1.0		102.0	200
		D	共通テスト			25		25		22		1.1			
音楽	演奏	A	2科目型		1/24	5	9	5	9	5	9	1.0	1.0	276.0	400
					1/25	4		4		4		1.0		256.0	
		B	2科目型		2/10午前	5		2		2		1.0		327.0	400
		C	3/6			1		1		1		1.0		310.5	400
	応用音楽	A	3科目型		1/24	1	5	1	5	1	5	1.0	1.0	227.6	300
					1/25	4		4		4		1.0		153.0	
		B	2科目型		2/11午前	2		0		0		—		—	200
		C	3/6			0		0		0		—		—	200

（表つづく）

学部	学科専攻	受験型			日程	志願者数		受験者数（A）		合格者数（B）		倍率（A/B）		合格最低点	満点
薬	薬学	A	3科目型	同一配点	1/24	79	146	78	143	22	40	3.5	3.6	205.0	300
					1/25	67		65		18		3.6		204.0	
				傾斜配点	1/24	60	105	59	102	19	35	3.1	2.9	244.0	400
					1/25	45		43		16		2.7		246.0	
			2科目型		1/24	72	134	71	131	15	27	4.7	4.9	143.0	200
					1/25	62		60		12		5.0		138.0	
		B	2科目型	同一配点	2/10午前	79	131	47	78	10	16	4.7	4.9	138.0	200
					2/10午後	52		31		6		5.2		132.0	
				傾斜配点	2/10午前	50	90	26	47	6	11	4.3	4.3	180.0	300
					2/10午後	40		21		5		4.2		161.0	
		C	3/6			30		29		7		4.1		196.0	300
		D	共通テスト			44		44		24		1.8			
	健康生命薬科学	A	2科目型		1/24	24	41	24	40	15	25	1.6	1.6	112.0	200
					1/25	17		16		10		1.6		103.0	
		B	2科目型	同一配点	2/10午前	15	25	5	10	3	6	1.7	1.7	106.0	200
					2/10午後	10		5		3		1.7		110.0	
				傾斜配点	2/10午前	8	16	4	8	3	5	1.3	1.6	160.0	300
					2/10午後	8		4		2		2.0		179.0	
		C	3/6			9		9		7		1.3		105.0	200
		D	共通テスト			17		16		13		1.2			
看護	看護	A	3科目型	同一配点	1/24	95	179	94	175	16	29	5.9	6.0	239.0	300
					1/25	84		81		13		6.2		225.0	
				傾斜配点	1/24	61	121	60	117	12	23	5.0	5.1	325.0	400
					1/25	60		57		11		5.2		303.0	
			2科目型		1/24	94	187	92	182	12	25	7.7	7.3	167.0	200
					1/25	93		90		13		6.9		159.0	
		B	2科目型	同一配点	2/10午前	104	162	68	112	12	20	5.7	5.6	161.0	200
					2/10午後	58		44		8		5.5		152.0	
				傾斜配点	2/10午前	79	131	57	96	13	22	4.4	4.4	242.0	300
					2/10午後	52		39		9		4.3		235.0	
		C	3/6			32		29		6		4.8		145.0	200
		D	共通テスト			31		31		11		2.8			

（表つづく）

学部	学科専攻	受験型			日程	志願者数		受験者数(A)		合格者数(B)		倍率(A/B)		合格最低点	満点
経営	経営	A	3科目型	同一配点	1/24	95	151	93	148	43	69	2.2	2.1	217.0	300
					1/25	56		55		26		2.1		204.0	
				傾斜配点	1/24	44	77	43	75	24	42	1.8	1.8	284.0	400
					1/25	33		32		18		1.8		266.0	
			2科目型		1/24	65	121	64	119	25	46	2.6	2.6	153.0	200
					1/25	56		55		21		2.6		145.0	
		B	2科目型	同一配点	2/10午前	78	119	44	69	17	26	2.6	2.7	138.0	200
					2/10午後	41		25		9		2.8		122.0	
				傾斜配点	2/10午前	57	89	32	51	17	28	1.9	1.8	209.0	300
					2/10午後	32		19		11		1.7		171.0	
		C			3/6	12		10		7		1.4		112.0	200
		D	共通テスト			47		47		29		1.6			

出願書類（願書・学生募集要項）の入手方法

資料請求については，大学ホームページ等で各自ご確認ください。

MUKOJO 未来教育総合型選抜，公募制推薦入試，一般選抜の学生募集要項は，インターネット出願のため，大学ホームページに掲載します。学生募集要項の記載内容は必ずご確認ください。

資料請求先・問い合わせ先

武庫川女子大学　アドミッションセンター
〒663-8558　兵庫県西宮市池開町 6-46
TEL　0798-45-3500（直通）
ホームページ　https://www.mukogawa-u.ac.jp/

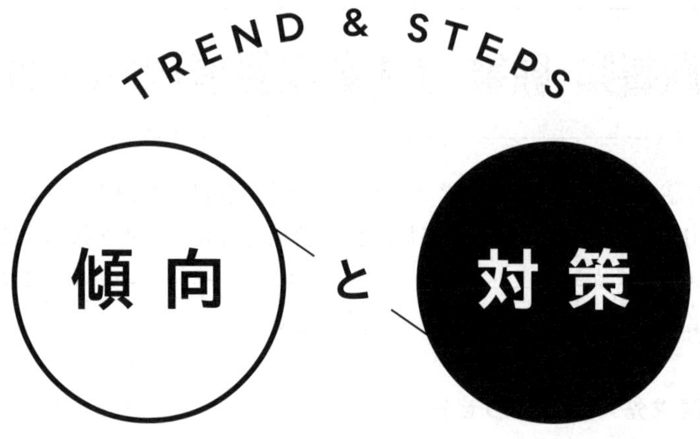

科目ごとに問題の「傾向」を分析し，具体的にどのような「対策」をすればよいか紹介しています。まずは出題内容をまとめた分析表を見て，試験の概要を把握しましょう。

注　意

「傾向と対策」で示している，出題科目・出題範囲・試験時間等については，2024 年度までに実施された入試の内容に基づいています。2025 年度入試の選抜方法については，各大学が発表する学生募集要項を必ずご確認ください。

掲載日程・方式・学部

2024 年度に文学部歴史文化学科が新設された。

来年度の変更点

2025 年度は以下の変更が予定されている（本書編集時点）。

【学部について】

- 環境共生学部が新設される予定である。

【公募制推薦入試】

- 「午前／午後」での実施となる。
- 英語外部検定利用型，調査書重視型を新たに導入。
- 試験科目に「日本史」「世界史」「理科基礎（化学基礎および生物基礎）」

が加わる。

【一般入試】

- 一般選抜A（前期）・B（中期）・C（後期）での実施から，一般選抜（前期）（後期）での実施となる。
- 英語外部検定利用型を新たに導入。
- 試験科目に「理科基礎（化学基礎および生物基礎）」が加わる。

英　語

▶公募制推薦入試（前期）

年度	番号	項　目	内　容
2024 ●	〔1〕	読　　解	内容説明
	〔2〕	会 話 文	空所補充
	〔3〕	文法・語彙	空所補充
	〔4〕	文法・語彙	空所補充
	〔5〕	文法・語彙	語句整序
2023 ●	〔1〕	読　　解	内容説明
	〔2〕	会 話 文	空所補充
	〔3〕	文法・語彙	空所補充
	〔4〕	文法・語彙	空所補充
	〔5〕	文法・語彙	語句整序

（注）●印は全問，◑印は一部マークシート方式採用であることを表す。

▶一 般 選 抜

年度	日程	番号	項　目	内　容
2024 ●	A（前期）	〔1〕	読　　解	内容説明
		〔2〕	会 話 文	空所補充
		〔3〕	文法・語彙	空所補充
		〔4〕	文法・語彙	空所補充
		〔5〕	文法・語彙	語句整序
	B（中期）	〔1〕	読　　解	内容説明
		〔2〕	会 話 文	空所補充
		〔3〕	文法・語彙	空所補充
		〔4〕	文法・語彙	空所補充
		〔5〕	文法・語彙	語句整序

年度	区分	番号	項目	内容
2023 ●	A（前期）	〔1〕	読　　解	内容説明
		〔2〕	会 話 文	空所補充
		〔3〕	文法・語彙	空所補充
		〔4〕	文法・語彙	空所補充
		〔5〕	文法・語彙	語句整序
	B（中期）	〔1〕	読　　解	内容説明
		〔2〕	会 話 文	空所補充
		〔3〕	文法・語彙	空所補充
		〔4〕	文法・語彙	空所補充
		〔5〕	文法・語彙	語句整序

（注）　●印は全問，◑印は一部マークシート方式採用であることを表す。

読解，会話文，文法・語彙　総合的な英語力の育成がポイント

01　出題形式は？

いずれの試験も全問マークシート方式で，大問５題の出題である。試験時間は，公募制推薦入試（前期）が２科目 100 分（１科目受験の場合は１科目で 100 分），一般選抜はＡ（前期）が 60 分，Ｂ（中期）が２科目 120 分（音楽学部受験者で１科目受験の場合は１科目で 120 分）。

02　出題内容はどうか？

いずれの試験も読解問題１題，会話文問題１題，文法・語彙問題３題という問題構成となっている。全体的にバランスのとれた出題で，総合的な英語力が求められている。

読解問題の英文は標準的なレベルである。ただし，英文の分量は試験時間に対して多めなので，速読の力が必要とされる。英文は科学的なものや文化的，社会的なものも含めて幅広いジャンルから出題されているので，さまざまな分野での背景知識があると心強い。設問は，パラグラフごとの内容理解を問うものが多く，文章全体のテーマが問われることもある。

会話文問題は，会話の流れを正確に把握しているかどうかを問う問題が中心で，会話表現ならではの慣用表現を問う設問が含まれる場合もある。

文法・語彙問題は，基礎的なものが多い。例年，空所補充と語句整序が出題され，主に文法の知識を問う問題と語彙の知識を問う問題に分かれている。語句整序については，英文は比較的わかりやすい構文であるが，与えられた日本語が意訳されていることが多い。したがって，内容を吟味し，英訳しやすい日本語に変換する力が必要である。また，一部に難問が含まれることがあるので，注意が必要である。

03 難易度は？

いずれの試験も高校英語の標準的なレベルの出題と考えられる。高校の授業での学習を確実にこなしていれば十分に対応できる。試験時間に比べて読解問題の英文が比較的長めなので，少しでも速く正確に読めるように，時間を意識しながら解答しよう。

対策

01 読解問題対策

内容理解ができているかを確認する設問がほとんどなので，段落ごとの内容をしっかりと把握し，本文全体の論点をとらえることができるように，パラグラフリーディングの練習を重ねておこう。そのためには，『大学入試 ぐんぐん読める英語長文〔BASIC〕』（教学社）などで標準的なレベルの英文に数多くあたって，段落ごとにその内容や本文の論点を把握しながら読む習慣をつけておくとよい。また，代名詞がどの語句を受けているのかをしっかり意識しながら読むことも大切である。必ず復習をして，自分の知らない語句や表現を確認し，知識を増やしておくことが望ましい。

02 会話文問題対策

まずは，会話特有の表現にある程度慣れておきたい。文法・語法の問題集には会話表現が載っているものも多いので，文法・語彙の勉強と合わせて会話表現も覚えておこう。次に，会話の流れを把握する練習が必要である。過去問を解いて慣れるとともに，同じ形式の問題を，問題集などを使って多く解いておくと心強い。

03 文法・語彙問題対策

文法・語彙問題は標準的なレベルなので，取りこぼしのないようにしたい。文法書や文法・語法の問題集を1冊繰り返し見直すことによって，確実に知識を身につけておこう。

語彙力を問う問題は，短文の文脈からどの単語（語句）がふさわしいかを選ぶ問題なので，受験生の語彙力がストレートに反映される。『英単語ターゲット 1400』『英単語ターゲット 1900』（いずれも旺文社）などの標準レベルの単語帳を1冊覚え，3000語程度の語彙力を目指すとよい。その際，単語帳の例文もあわせて確認し，一緒に使われる前置詞や，どういう文脈で使われるのかといったことも覚えるようにしたい。また，語句整序でも文法・語彙力は必要となる。日本語だけを見て英文を作ろうとすると壁にぶつかる。むしろ重要基本構文にしたがって英文を作ることを心がけてもらいたい。

なお，『風呂で覚える英単語』（教学社）は赤本で入試問題を分析し，重要な単語や覚えておくと差がつく単語など1500語を厳選しているので，入試直前の確認に使うとよいだろう。

04 過去問研究

例年，出題形式・傾向に大きな変更はみられないので，過去問に数多くあたっておくことは大いに役立つ。特に長文の難易度を把握し，その対策を考える上でも過去問演習が不可欠である。その際には，漫然と解くのではなく，本番を想定し必ず時間配分を意識して取り組むこと。また，それぞれの大問で自分の弱点を発見し，克服することにつなげよう。その積み重ねが英語力アップにつながり，合格に近づくことになる。

わからないところや解説を読んでも疑問が残る場合は，そのまま放置せず，授業担当の先生にこまめに質問に行くなどして，知識を確かなものにするプロセスを重ねていけば，結果は必ずついてくる。

日本史

▶一般選抜

年度	日程	番号	内容		形式
2024 ●	A（前期）	〔1〕	「『魏志』倭人伝」―3世紀の社会・習俗	⊘史料	選　択
2024 ●	A（前期）	〔2〕	承久の乱後の政治		選　択
2024 ●	A（前期）	〔3〕	寛政の改革		選　択
2024 ●	A（前期）	〔4〕	明治時代の科学の発達		選　択
2024 ●	A（前期）	〔5〕	現代の防衛政策		選択・正誤
2024 ●	B（中期）	〔1〕	国風文化	⊘史料・視覚資料	正誤・選択
2024 ●	B（中期）	〔2〕	院政期の文化		選　択
2024 ●	B（中期）	〔3〕	近世の日露関係		選　択
2024 ●	B（中期）	〔4〕	「山県有朋の議会演説」―明治時代の政治	⊘史料	選択・正誤
2024 ●	B（中期）	〔5〕	近代の文化		選　択
2023 ●	A（前期）	〔1〕	「遣唐使の廃止」―平安時代の政治・外交	⊘史料	選　択
2023 ●	A（前期）	〔2〕	「式目制定の趣旨」―御成敗式目の制定	⊘史料	選　択
2023 ●	A（前期）	〔3〕	江戸時代初期の外交		選　択
2023 ●	A（前期）	〔4〕	明治時代初期の近代化		選択・正誤
2023 ●	A（前期）	〔5〕	農地改革		選択・正誤
2023 ●	B（中期）	〔1〕	8世紀の政界	⊘史料	選　択
2023 ●	B（中期）	〔2〕	東山文化	⊘視覚資料	選　択
2023 ●	B（中期）	〔3〕	田沼時代と寛政の改革		選択・正誤
2023 ●	B（中期）	〔4〕	明治時代の政策・思想		選　択
2023 ●	B（中期）	〔5〕	占領期の文化		選択・正誤

（注）●印は全問，◑印は一部マークシート方式採用であることを表す。

正文・誤文選択問題と，近現代史・文化史対策がカギ 史料問題にも注意

01 出題形式は？

例年，全問マークシート方式で，出題数は大問５題，解答個数25個で定着している。試験時間は，Ａ（前期）が60分，Ｂ（中期）が２科目120分（音楽学部受験者で１科目受験の場合は１科目で120分）。語句選択や正文（または誤文）選択といったスタンダードな形式の問題が中心だが，複数の波線部の語句から，誤りの個数を選ぶ形式の正誤判定問題も出題されている。また，過去には，年代順を問う配列問題が出題されたこともある。

なお，2025年度は出題科目が「歴史総合，日本史探究」となる予定である（本書編集時点)。

02 出題内容はどうか？

時代別では，例年，古代・中世・近世がそれぞれ１題，近現代が２題という構成で，最近は戦後史の出題が目立っている。2023年度はＡ（前期）〔５〕で農地改革，Ｂ（中期）〔５〕で占領期の文化が，2024年度はＡ（前期）〔５〕で1950年代以降の防衛政策が大問で出題されている。

分野別では，例年，政治史・外交史・経済史が比較的多く出題されていたが，最近はＢ（中期）で文化史の出題が多く，2023年度は大問２題が，2024年度は大問３題が文化史であった。年度・日程によっての差はあるが，文化に関連する問題が全体の半分以上を占めることもあり，文化史を苦手とする受験生には要注意である。

史料問題は，例年，必ず出題されており，大問５題中１，２題が史料を用いた問題となっている。引用されている史料は，教科書や高校で使用する史料集に掲載されている有名なものが多い。初見の史料であっても，問題文や選択肢にヒントがある場合も多く，落ち着いて読み込めば十分対応できるだろう。

03 難易度は？

教科書レベルの設問がほとんどである。一見，やや詳細な内容が問われているように思える場合でも，それらは教科書・授業の理解度を測るように工夫された良問であることが多い。試験時間を意識しながら，取りこぼしのないよう着実に解答していこう。

対策

01 教科書・授業で徹底学習を

全体として人名や事件についての知識や背景への理解を問う出題が多いので，まずは教科書の本文を通読して日本史の流れを大まかにとらえ，基本的な問題への対応力を養おう。次に，「いつ」「どこ」「だれ」に注目しながら，教科書の史料・写真・図表や脚注を熟読し，『日本史用語集』（山川出版社）などで確認した内容を教科書にメモして補強していこう。特に近年の傾向として文化史対策は重要である。各時代の代表的な人物・作者とその作品などは確実に把握しておこう。「丸暗記」に走るのではなく，それぞれの時代の状況や特徴とあわせて「理解」するように心がけるとよいだろう。

02 近現代史では考える学習を

近現代史は全出題数の約 4 割を占め，2000 年代まで出題されることもあるので注意が必要である。まず基本的な政治の流れを中心にしっかりと理解，記憶して，その背景にある経済・外交や世界の動きを大きな視点から把握しておこう。「流れ」を理解しておけば，年代順の配列問題も，やみくもに丸暗記しなくても正解が導き出せる。

03 史料・資料問題対策

教科書に掲載されている史料を用いた出題のほか，2023 年度Ｂ（中期）〔２〕や 2024 年度Ｂ（中期）〔１〕のように視覚資料を用いた出題もある。史料・資料のどちらについても，教科書に掲載されているものは必ずチェックしておくこと。その際には，教科書本文と丹念に比較検討しながら，説明文や脚注までじっくりと読んで理解するようにしよう。その上で，市販の史料集や図説なども活用するとよい。なお，時代ごとの特徴をつかむには，まとめて取り組むのではなく，日頃の教科書学習と並行して行うのが最も効果的である。史料問題を苦手とする受験生は多いが，設問文や選択肢にさまざまなヒントがあるので，その史料を知らないからとあきらめてしまわないことが大事である。

04 過去問の研究

独特の設問形式もみられるため，過去問を研究することには大きな意味がある。演習の際は，必ず時間を計って取り組むようにしよう。早く解き終わっても，すぐに答え合わせをせずに，試験時間を目いっぱい使って，あらゆる角度から解答を検討してみよう。答え合わせが終わったら，問題が頭に残っているうちに教科書を参照して復習すること。過去問演習に限らず，定期テストや模擬試験においても，この作業が最も重要である。こうした“演習→復習”という作業を繰り返すうちに，自分の苦手な時代や分野がわかるようになり，さらなる対策を講じることも可能になる。

世界史

▶一般選抜

年度	日程	番号	内容		形式
2024 ●	A（前期）	〔1〕	イスラームの学問と文化活動		選択
		〔2〕	唐代の中国		選択・正誤
		〔3〕	アヤソフィアとアナトリア関連史	⊘視覚資料	選択
		〔4〕	欧米列強による東南アジアの植民地化		正誤
		〔5〕	冷戦初期から終結までの歴史		選択
	B（中期）	〔1〕	古代ギリシア・ペルシア関係史		選択
		〔2〕	モンゴル帝国史	⊘視覚資料	正誤
		〔3〕	18 世紀のプロイセンとオーストリア		選択
		〔4〕	19 世紀のラテンアメリカ史	⊘地図	選択
		〔5〕	アジアの民族解放運動とその指導者		選択
2023 ●	A（前期）	〔1〕	メソポタミアを支配した諸国家		選択
		〔2〕	春秋戦国時代から漢代の中国	⊘視覚資料	選択
		〔3〕	ルネサンス	⊘視覚資料	選択
		〔4〕	スウェーデンを中心とした近現代ヨーロッパ史		選択
		〔5〕	第一次世界大戦後の西アジア		正誤
	B（中期）	〔1〕	イスラーム世界	⊘視覚資料	選択
		〔2〕	明清時代の文化	⊘視覚資料	選択
		〔3〕	17～18 世紀のイギリス	⊘年表	選択
		〔4〕	18 世紀末～19 世紀前半の東欧		選択
		〔5〕	第一次世界大戦と第二次世界大戦		選択

（注）●印は全問，◑印は一部マークシート方式採用であることを表す。

教科書レベルだが手間のかかる独自の出題形式
古代から現代まで各地域を網羅した学習を

01　出題形式は？

例年，大問5題の出題。試験時間は，A（前期）が60分，B（中期）が2科目120分（音楽学部受験者で1科目受験の場合は1科目で120分)。すべてマークシート方式で，解答個数は年度・日程で異なり，2024年度はA（前期）が30個，B（中期）が31個であった。選択法が中心であるが，組み合わせを選ぶものなど，時間のかかる形式のものもある。年度・日程によっては正誤法も出題されている。また，ひとつづきの問いに対する解答がすべて正解のときにのみ点が与えられるといった完全解答を求める設問もある。近年は，視覚資料や年表・地図を使った問題も出題されている。

なお，2025年度は出題科目が「歴史総合，世界史探究」となる予定である（本書編集時点)。

02　出題内容はどうか？

時代別では，大問が5題と多いことから，古代から現代まで幅広い時代を問う傾向が強い。〔1〕～〔3〕で古代・中世・近世，〔4〕〔5〕で近現代が問われることが多く，時代的に偏ることはほとんどない。教科書の章や節に準拠した比較的短期間のできごとを扱う大問が多いのが特徴となっている。

地域別では，時代別と同様バランスのとれた出題となっており，欧米地域では，西ヨーロッパと北アメリカを中心に出題されている。2024年度はB（中期）でラテンアメリカ史が出題された。

アジア地域では，中国やインド，イスラーム世界から大問が1題出題されることが多い。2024年度はA（前期）で東南アジア史が出題された。

分野別では，政治史中心の出題であるが，経済史や文化史からも一定数出題されている。

03 難易度は？

教科書レベルの知識で対応できる問題がほとんどである。時折詳細な知識を問う設問もあるが，基礎～標準的問題を焦らずに解いていこう。また，例年，解答の選択肢が多いなど，解答に時間のかかる出題形式がある。正確な年代を問うものや，正誤法では細かい事実の判断を必要とするものもある。完全解答を求められる問題もあるので，正確な知識がないと思わぬ失点につながる恐れがあり，得点差が生じやすい内容となっている。ケアレスミスを防ぐためにも必ず見直しの時間を確保しよう。

対策

01 教科書中心の学習

教科書学習では，重要語句とその前後の文章のつながりに注目しながら読む習慣をつけるようにしたい。正誤問題などでは詳細な知識が要求されることもあるので，教科書の本文のみならず，脚注や図表・地図・写真の解説なども精読しておくと，解答のヒントになる知識を得られる。

02 現代史対策

例年，現代史からの大問が出題されている。第二次世界大戦以降は，教科書通りに勉強すると非常にまとめにくい分野であるが，地域史・テーマ史としてまとめ直すとわかりやすくなる。「アメリカ合衆国」「ソ連・ロシア」「中国」などの各国史，「東西冷戦」などのテーマ史をサブノートなどで整理したい。時間がなければ，資料集の現代史部分や，市販の各国史・テーマ史の問題集などを利用してもよいだろう。

03 地図問題に注意

地図問題が出題されることもあるので，対策を怠らないようにしたい。

歴史上の重要都市，交通路，主な戦場・遠征の経路，条約の締結地，領土の変遷などについては，教科書の地図などを利用しながら覚えていきたい。日頃からこまめに地図を見て視覚的に記憶しよう。

04 文化史に注意

文化史が小問単位で出題されているので，宗教や学問，芸術といった分野に関しても注意を怠らないようにしよう。また，近年は図版や写真などの視覚資料を用いた出題が目立つ。授業で使用する資料集や図版をフルに活用して，絵画・彫刻作品や建築物を視覚的に記憶しよう。文学者や思想家の業績についても，表などにまとめられているものを利用して，効率的に学習したい。

05 過去問にあたる

出題形式にさまざまな特徴があるので，入試対策として過去問分析は必須である。解答までに煩雑な作業を要する独特の形式で出題されるものもあるので，なるべく早い時期に本書を利用して，過去問の出題形式・設問内容に慣れておきたい。

数　学

▶公募制推薦入試（前期）

年度	区分	番号	項　目	内　容
2024 ●	数学(1)	〔１〕	小問３問	(1)根号を含む式の計算　(2)解から２次不等式の決定　(3)放物線の決定，平行移動，三角形の面積
		〔２〕	図形と計量	辺の長さと三角比の関係，正弦定理から得られる関係式
		〔３〕	場合の数，確率	男子４人と女子３人が一列に並ぶ順列，３個のさいころを同時に投げる試行の確率
	数学(2)	〔１〕	図形と計量	三角形の内角の二等分線と線分の比，平行線と線分の比，三角形の面積と線分比
		〔２〕	微分法	４次関数の最小値，球の断面の円に内接する正方形，台形の面積
		〔３〕	ベクトル	空間上の点の座標，ベクトルの内積
2023 ●	数学(1)	〔１〕	小問３問	(1)根号を含む式の計算　(2)根号を含む数の整数部分と小数部分　(3)２次関数で表された三角形の面積
		〔２〕	図形と計量	余弦定理，正弦定理，外接円と内接円の半径
		〔３〕	場合の数，確率	正九角形の頂点から３点を選んで三角形を作る試行に関する場合の数，さいころを振る試行に関する確率
	数学(2)	〔１〕	確率，図形と計量	正六角形の頂点から異なる３点を選ぶ試行に関する確率，面積
		〔２〕	微・積分法	２次関数と３次関数の共通接線，曲線と直線で囲まれた部分の面積
		〔３〕	ベクトル	正六角形の頂点と辺上の内分点を始点と終点にもつベクトル

（注）●印は全問，◑印は一部マークシート方式採用であることを表す。

- 文，教育，心理・社会福祉，健康・スポーツ科，生活環境，社会情報，食物栄養科，薬，看護，経営学部…数学(1)または数学(2)（社会情報学部〈情報サイエンス専攻〉は数学(1)と数学(2)での受験も可）
- 建築学部…数学(2)
- 音楽学部…数学(1)

▶一般選抜

年度	日程	区分	番号	項　目	内　容
2024 ●	A（前期）	数学(1)	〔1〕	小問4問	(1)循環小数　(2)根号を含む式の計算　(3)2次関数の決定　(4)2次関数の応用
			〔2〕	図形と計量	三角比の値の大小の判定，三角形の辺・面積・外接円
			〔3〕	確率，場合の数	玉を取り出す試行における確率，カードを取り出す試行における確率と場合の数
		数学(2)	〔1〕	小問3問	(1)2次関数の応用　(2)ベクトル　(3)数列
			〔2〕	指数·対数関数，三角関数	対数方程式，不等式，指数方程式，係数に三角関数を含む2次関数
			〔3〕	微分法，図形と方程式	極大値からの3次関数の決定，放物線と定点を通る直線が交点をもつ条件とその中点の軌跡
		数学(3)	〔1〕	図形と計量	円とその2本の接線から得られる図形の計量
			〔2〕	数列	第2階差数列が等差数列である数列の一般項
			〔3〕	微・積分法	三角関数を含む関数の極値・最大最小・不定積分の計算
	B（中期）	数学(1)	〔1〕	小問2問	(1)根号を含む式の計算　(2)パラメータを含む2次方程式の実数解
			〔2〕	図形と計量	正四面体の断面の面積，正十二角形の外接円と内接円
			〔3〕	確率	カードを取り出す試行の条件付き確率，さいころを投げる試行における確率
		数学(2)	〔1〕	小問2問	(1)集合と論理　(2)複利計算
			〔2〕	三角関数，指数·対数関数	三角関数の値とグラフの拡大，指数方程式，対数関数の応用
			〔3〕	図形と方程式	線分の外分点の軌跡，直線の傾きの最小値，直線が2つの放物線の間にある条件
2023 ●	A（前期）	数学(1)	〔1〕	小問3問	(1)式の展開　(2)式の値　(3)2次関数の最大・最小，グラフと x 軸との位置関係
			〔2〕	図形と計量	測量，立方体の平面による切り口の計量
			〔3〕	場合の数，確率	さいころを投げる試行に関する確率，同じ文字を含む文字列の順列と辞書式配列による順番
		数学(2)	〔1〕	小問2問	(1)等比数列の公比と和　(2)平面ベクトル，ベクトルの大きさ・内積，なす角の余弦
			〔2〕	指数・対数関数	対数方程式，$\log_{72}216$ が無理数であることの証明，対数関数のグラフ
			〔3〕	積分法，図形と方程式	座標平面上の内分点・外分点，重心，点と直線との距離，三角形を二分する放物線と面積
		数学(3)	〔1〕	整数の性質	自然数 n 以下で n と互いに素な自然数の個数
			〔2〕	ベクトル	空間ベクトル，外分点，球面の方程式，円の方程式，球面と平面が接する条件
			〔3〕	微・積分法	極値，曲線と直線で囲まれた部分の面積，座標平面上の動点の位置，速さ，加速度とその大きさの最大・最小

B（中期）	数学(1)	〔1〕	小問3問	(1)循環小数　(2)正五角形の計量　(3)2次関数の最大・最小
		〔2〕	図形と計量	正三角形とその辺上の内分点からできる三角形と外接円・内接円の面積
		〔3〕	場合の数，確率	じゃんけんをする試行に関する確率
	数学(2)	〔1〕	小問2問	(1)データの分析，平均値，最頻値　(2)空間ベクトル，平行四辺形となる条件，内積，面積，対角線のなす角の余弦
		〔2〕	三角関数，対数関数	三角関数の式の値，対数関数の値の大小，グラフの移動と方程式，不等式の解
		〔3〕	積分法，図形と方程式	外分点，中点，重心，直線の方程式，放物線と直線で囲まれた部分の面積

（注）●印は全問，◑印は一部マークシート方式採用であることを表す。

- 文，教育，心理・社会福祉，生活環境，社会情報，食物栄養科，薬，看護，経営学部…数学(1)または数学(2)（社会情報学部〈情報サイエンス専攻〉B（中期）は数学(1)と数学(2)での受験も可）
- 健康・スポーツ科学部…A（前期）は数学(1)または数学(2)または数学(3)，B（中期）は数学(1)または数学(2)
- 建築学部…A（前期）は数学(3)，B（中期）は数学(2)
- 音楽学部…数学(1)

出題範囲の変更

2025年度入試より，数学は新教育課程での実施となります。詳細については，大学から発表される募集要項等で必ずご確認ください（以下は本書編集時点の情報）。

	2024年度（旧教育課程）	2025年度（新教育課程）
数学(1)	数学Ⅰ・A	数学Ⅰ・A
数学(2)	数学Ⅰ・Ⅱ・A・B（数列，ベクトル）	数学Ⅰ・Ⅱ・A・B（数列）・C（ベクトル）
数学(3)	数学Ⅰ・Ⅱ・Ⅲ・A・B（数列，ベクトル）	数学Ⅰ・Ⅱ・Ⅲ・A・B（数列）・C（ベクトル，平面上の曲線と複素数平面）

旧教育課程履修者への経過措置

旧教育課程履修者に不利にならないように配慮した出題を行う。

基礎～標準的な問題中心

01 出題形式は？

いずれの試験も，全問マークシート方式，大問3題の出題で，それぞれ2～4の小問に分かれていることが多い。試験時間は，公募制推薦入試（前期）は2科目100分（1科目受験の場合は1科目で100分），一般選抜はA（前期）が60分，B（中期）が2科目120分（音楽学部受験者で1科目受験の場合は1科目で120分）。

空所補充形式で，空欄にあてはまるものを選択肢から選ぶ形式と，空欄にあてはまる数値をマークする形式がある。2023年度一般選抜A（前期）の数学(2)では，対数関数のグラフを選ぶ問題が出題された。

マークの空欄が分数の形となっていても，答えが整数値となる場合や3桁分の空欄で答えが2桁のときなどがあるので，問題冒頭の「解答上の注意」をしっかり読むことが大切である。

02 出題内容はどうか？

数学(1)では2次関数，図形と計量，場合の数・確率がよく出題されており，数学(2)と数学(3)では微・積分法や指数・対数関数，ベクトル，確率，数列などがよく出題されている。

03 難易度は？

全般的に教科書の章末問題程度の基礎～標準的な問題が多い。計算も特に複雑ではないが，問題量が多いので，試験時間内に解答し終えるには計算処理などの速さが要求される。また，工夫された融合問題が多く出題されており，さまざまな考え方を総合して解答に取り組む力も試されている。

01 基礎学力の充実

誘導形式の枝問に分かれた問題が多く，途中の計算ミスは致命的なので，全範囲にわたって基本的な問題を徹底的に練習し，確実な計算力と応用力を身につけておこう。教科書傍用問題集などで演習するとよい。また，問題演習の際には，いくつかの解法を試みることも大切である。誘導の意図を読み取る力の養成にもなるだろう。

02 練習量の確保

数学的な知識としては，教科書とその傍用問題集などで基礎力をつけておけば十分対応できる。しかし，問題文を読んで出題の意図を理解し，誘導に従って解くことができる柔軟な思考力を身につけるためには，入試問題集などで基本問題に取り組んでおきたい。１つの公式，１つの方法で解決するような出題ばかりではないので，自力で粘り強く解答する機会をできるだけ多く確保するようにしたい。

03 過去問の演習と確率の重視

試験時間の割に問題量が多いので，過去問を試験時間内にどこまで解けるか試しておくことは必須である。難問は後回しにして，できるところで確実に点を取ることが大切である。さらに，いずれの試験も確率に関する問題がよく出題されているので，確率について重点的に学習しておくこと。

物　理

▶一般選抜

年度	日程	番号	項　目	内　容
2024 ●	A（前期）	〔1〕	力　学	斜方投射
		〔2〕	熱力学	熱力学第一法則
		〔3〕	電磁気	コンデンサーを含んだ直流回路
	B（中期）	〔1〕	力　学	重心の位置，ばねでつながれた 2 物体の運動
		〔2〕	波　動	反射板を含んだドップラー効果
		〔3〕	電磁気	ローレンツ力による円運動
2023 ●	A（前期）	〔1〕	力　学	滑車に吊るされた小球の運動
		〔2〕	波　動	レンズによる像
		〔3〕	電磁気	傾いたレール上を動く導体棒
	B（中期）	〔1〕	力　学	斜面上での小球の運動
		〔2〕	波　動	水面波の干渉
		〔3〕	電磁気	磁場中を通過する長方形コイル

（注）●印は全問，◑印は一部マークシート方式採用であることを表す。

基本～標準的な内容を順に問う問題

01 出題形式は？

例年，大問 3 題で解答個数 20 個程度，全問マークシート方式である。試験時間は，A（前期）が 60 分，B（中期）が 2 科目 120 分。

02 出題内容はどうか？

出題範囲は「物理基礎，物理」である。

例年，力学と電磁気が１題ずつ出題され，残りの１題は波動または熱力学が出題されている。全体としてバランスのとれた出題となっているが，配点・難易度の両面で力学のウエートが高めになっている。

03 難易度は？

基本～標準の難易度で，教科書の例題や教科書傍用問題集程度であるが，思考力，計算力など総合的な力が要求されるものや，複雑で，解答に至るのに時間がかかるものが含まれることもある。試験時間と大問数を考慮すると，１題あたり 20 分で解くことになるが，時間がかかりそうなものは後回しにするなど，時間配分に気をつけて解答しよう。

対策

01 教科書と教科書傍用問題集を仕上げる

基本事項を組み合わせた問題が出題されているので，まず教科書を理解し，教科書傍用問題集で知識を定着させておきたい。特に力学は他のすべての分野の基礎になるので，十分に時間をかけて習熟してほしい。

02 実戦力をつけよう

１つの大問の中の小問を順に解いていく過程で，前問の結果を用いることが多い。見直しがしやすいように，式と計算過程は整理して書き残すことを普段から心がけておこう。ある程度基礎力がついてきたら，本書の過去問や出題形式の似た共通テストの過去問を解いて実戦力を養うとよい。

03 長文問題対策

長文問題に慣れておくために，入試問題集の標準程度の長文問題でトレーニングを重ねると効果的である。条件など，重要な箇所には下線を引いたり印をつけたりしながら読む習慣をつけておくとよいだろう。

化　学

▶公募制推薦入試（前期）

年度	番号	項　目	内　容
2024 ●	〔1〕	構　造	物質の分類，結晶構造，状態方程式，溶液の濃度　⊘計算
	〔2〕	変　化	電気分解，触媒，平衡の移動　⊘計算
	〔3〕	無機・変化	元素分析，気体の発生・性質，窒素化合物　⊘計算
	〔4〕	有機・構造	結合距離，アルコールの酸化，不斉炭素原子　⊘計算
2023 ●	〔1〕	状　態	溶液の濃度，気体の基本法則，希薄溶液の性質　⊘計算
	〔2〕	変　化	反応熱の算出，酸化還元滴定，平衡移動　⊘計算
	〔3〕	変化・無機	無機小問集合，AgCl の溶解度積　⊘計算
	〔4〕	有　機	分子式 $C_4H_{10}O$ の化合物の推定，エタノールとフェノールの性質

（注）●印は全問，◑印は一部マークシート方式採用であることを表す。

▶一 般 選 抜

年度	日程	番号	項　目	内　容
2024 ●	A（前期）	〔1〕	構　造	原子の構造，炭素の原子・単体，溶液の濃度，気体の溶解度，コロイド　⊘計算
		〔2〕	変　化	酸化還元滴定，化学反応，反応速度　⊘計算
		〔3〕	無　機	気体の発生・捕集法・性質，窒素の単体・化合物，水溶液の pH，反応の量的関係　⊘計算
		〔4〕	有機・変化	有機化合物の酸化，カルボン酸，エステル化，異性体の数　⊘計算
	B（中期）	〔1〕	構　造	物質の分離，イオン，分子，溶液の濃度　⊘計算
		〔2〕	変　化	電気分解　⊘計算
		〔3〕	無機・変化	窒素化合物，金属イオンの分離　⊘計算
		〔4〕	有機・変化	元素分析，構造異性体，芳香族化合物　⊘計算

年度	区分	番号	項目	内容	
2023 ●	A（前期）	〔1〕	状態	周期律，固体の密度，溶液の濃度，状態変化，コロイド溶液	⊘計算
		〔2〕	変化	結合エネルギー，平衡移動，ヨウ素滴定	⊘計算
		〔3〕	無機・変化	17族の単体と化合物	⊘計算
		〔4〕	有機	有機小問集合	
	B（中期）	〔1〕	構造・状態	混合物，電子式，物質量の比較，理想気体と実在気体，化学結合	⊘計算
		〔2〕	変化	塩化ナトリウム水溶液の電気分解，酸・塩基の識別，塩の水溶液の性質	⊘計算
		〔3〕	無機・理論	遷移元素の特徴，酸化数，溶解度積，金属イオンの分離	⊘計算
		〔4〕	有機	不飽和炭化水素の性質と反応，官能基の名称	⊘計算

（注）●印は全問，◑印は一部マークシート方式採用であることを表す。

傾向 全分野から幅広く基本的な知識を要求 計算問題が多いので時間配分に注意

01 出題形式は？

大問4題の出題。全問マークシート方式である。試験時間は，公募制推薦入試（前期）は2科目100分（1科目受験の場合は1科目で100分），一般選抜はA（前期）が60分，B（中期）が2科目120分。

02 出題内容はどうか？

出題範囲は，「化学基礎，化学（「高分子化合物の性質と利用」を除く）」である。

無機・有機・理論のさまざまな分野から幅広く，計算問題も含めて出題されている。基本的な知識を問う問題が多いが，無機化合物・有機化合物の性質や一部の計算問題において，一歩踏み込んだ内容の出題や，すべての選択肢の正誤を判断する必要のある正誤問題など，細かいところまでしっかり理解していないと対応できない問題もみられる。

03 難易度は？

公募制推薦入試（前期）の問題は標準レベルであるが，選択肢が多く，正確な知識および計算力を問われる。分量も多く，計算問題などで時間を要するので，時間的余裕はないであろう。一般選抜A（前期）・B（中期）も標準的な問題であるが，試験時間の割に問題量が多い。一部の計算問題は難しく，そこに時間をかけてしまうと，すべての問題にあたれずに時間切れになってしまう可能性もある。解答しやすいものから確実に解いていくなど，時間配分にも十分注意しよう。

対策

01 理　論

まずは，教科書傍用問題集などを用いて教科書の内容を基本から学習していくことが重要である。周期表，化学結合，濃度計算，中和，酸化数，化学反応の量的関係，電気分解などがよく出題される。計算問題は短時間で正確に計算できるよう，基本的な問題を数多く解いて，パターンをつかんでおくとよいだろう。題意を読み取り，状況を把握することが重要である。

02 無　機

それぞれの物質について，性質・製法・反応・色などを一つ一つ整理して覚えていくとよい。金属イオンの反応などについても，他のイオンと比較しながら覚えておくとわかりやすくてよいだろう。また，気体の製法と性質，無機工業化学からの出題も多い。気体を発生させる際の試薬・装置・捕集法をしっかりと覚えておきたい。さらに，無機工業化学の出発物質から目的物質までの過程の反応式は書けるようにし，生成量の計算はスムーズにできるように練習しておきたい。

03 有 機

無機と同様に，それぞれの物質について，性質・製法・化学式（構造式）を覚えていこう。アセチレンとベンゼンを中心とした有機化合物の反応を，表などにして整理しておくとよい。付加反応などの量的関係，生成物の収率などの計算問題もよく出題されているので，問題集の例題や類題などを多く解き，パターンをつかんでいくとよいだろう。また，元素分析から分子式を求め，構造決定をする問題は頻出である。構造決定問題を数多く解き，やや難しいものまで解けるようにしておきたい。

生　物

▶公募制推薦入試（前期）

年度	番号	項　目	内　容
2024 ●	〔1〕	細　　胞	細胞の構造とはたらき，細胞共生説
	〔2〕	遺伝情報	DNA の構造と複製，ラクトースオペロン　⊘計算
	〔3〕	体内環境	自然免疫，獲得免疫
	〔4〕	体内環境	肝臓の構造とはたらき，血糖濃度の調節
2023 ●	〔1〕	代　　謝	呼吸，ATP，カタラーゼのはたらき
	〔2〕	遺伝情報，生殖・発生	体細胞分裂，DNA と染色体の構造，卵成熟
	〔3〕	体内環境	自然免疫と適応免疫のしくみ，免疫と医療
	〔4〕	生　　態，植物の反応	植生の遷移，ギャップ更新，植物ホルモンと色素タンパク質

（注）●印は全問，◐印は一部マークシート方式採用であることを表す。

▶一般選抜

年度	日程	番号	項　目	内　容
2024 ●	A（前期）	〔1〕	植物の反応	発芽，植物の生長，花芽形成
		〔2〕	遺伝情報	PCR 法，遺伝子組換え技術　⊘計算
		〔3〕	代　　謝	光合成のしくみ，細菌による炭酸同化
		〔4〕	動物の反応	受容器，神経系
	B（中期）	〔1〕	発　　生	ウニの受精，両生類の形態形成と誘導
		〔2〕	代　　謝	窒素の循環　⊘計算
		〔3〕	遺伝情報	遺伝情報の転写・翻訳
		〔4〕	体内環境	免疫と病気

2023 ●	A（前期）	〔1〕	細　　胞	細胞の構造とはたらき，真核細胞と原核細胞
		〔2〕	生殖・発生	いろいろな生殖法，配偶子形成と受精，減数分裂，性染色体
		〔3〕	動物の反応	眼の構造とはたらき，暗順応
		〔4〕	遺伝情報	PCR 法，制限酵素，電気泳動
	B（中期）	〔1〕	代　　謝	酵素のはたらきと性質，酵素と補酵素
		〔2〕	遺伝情報	細胞の分化と遺伝子発現
		〔3〕	動物の反応	受容器のはたらき，活動電位と興奮の伝達，筋収縮
		〔4〕	生　　態，植物の反応	植物の環境応答のしくみ，植生の遷移，バイオーム

（注）●印は全問，◑印は一部マークシート方式採用であることを表す。

傾向　基本問題中心だが，一部にやや難問も

01　出題形式は？

いずれの試験も大問 4 題の出題。試験時間は，公募制推薦入試（前期）は 2 科目 100 分（1 科目受験の場合は 1 科目で 100 分），一般選抜は A（前期）が 60 分，B（中期）が 2 科目 120 分。すべてマークシート方式で，設問形式は，用語選択，正誤選択，実験考察の 3 つに大別される。計算問題が出題されることもある。

02　出題内容はどうか？

出題範囲は「生物基礎，生物（「生態と環境」，「生物の進化と系統」を除く）」である。

ほぼすべての分野から出題されているが，代謝，遺伝情報からの出題がやや多い。また一部に発展的な内容を含んでいることもある。

なお，2025 年度は出題科目が「生物基礎，生物（「生物の進化」を除く）」となる予定である（本書編集時点）。

03 難易度は？

公募制推薦入試（前期）は全体的に基本的な問題が多く，標準的である。しかし，一般選抜Ａ（前期）・Ｂ（中期）では，すべての選択肢の正誤を正確に判断する問題の数が多く，一部に発展的な内容も含まれている。問題の中には考察力が必要な，やや難しい問題や正誤判断に迷う問題も含まれるが，全体的には標準といえよう。いずれも正確な知識と応用力が必要である。

対策

01 基礎を徹底的に身につける

ほぼすべての大問で出題される空所補充問題に対応するため，教科書を読んで生物用語や生物現象・しくみを確実に覚えよう。そして，サブノート形式の問題集を用いて，用語を書き込み，知識をアウトプットする練習を行うこと。時間がなければ，教科書傍用問題集で基本問題の演習から始めよう。公募制推薦入試には『生物　入門問題精講』（旺文社），一般選抜には『生物　基礎問題精講』（旺文社）がおすすめである。マークシート方式だからといって答えを記述する労力を惜しむと，正確な知識が定着しにくいので，必ずノートに答えを書くことが大切である。

02 正誤問題対策

合格点を取るためには，正誤問題に正解することが重要である。これには多くの正確な知識が必要になるが，やみくもに何でもかんでも覚えるのでは効率が悪い。そこで，01の問題演習で間違った内容を専用ノートにまとめ，繰り返し見て覚えることをすすめたい。定期テストや模擬試験で間違った内容なども書き込み，通学途中やすき間時間に何度も目を通すようにしよう。

03 過去問演習とマークシート対策

例年，過去問とよく似た内容の問題が出題されており，過去問演習をしている人とそうでない人とで大きく差がつくと思われる。合格点を取るには，過去問を解き，類似問題で正答することが重要である。出題形式も正誤問題は毎年ほぼ同じ形式なので，解答速度を上げる意味でも，時間配分を知る意味でも，十分な過去問演習をしておくことが望ましい。

国　語

▶公募制推薦入試（前期）

年度	番号	種類	類別	内　容	出　典
2024 ●	〔1〕	現代文	評論	書き取り，語意，文法（口語），空所補充，内容説明，文学史	「室町記」　山崎正和
	〔2〕	現代文	評論	書き取り，語意，空所補充，内容説明	「怪獣生物学入門」　倉谷滋
2023 ●	〔1〕	現代文	評論	書き取り，語意，文法（口語），空所補充，内容説明	「人工知能と経済の未来」　井上智洋
	〔2〕	現代文	随筆	書き取り，空所補充，語意，内容説明，表現効果	「無駄と遠廻りと，行きあたりばったりと」　柳家三三

（注）●印は全問，◐印は一部マークシート方式採用であることを表す。

▶一 般 選 抜

年度	日程	番号	種類	類別	内　容	出　典
2024 ●	A（前期）	〔1〕	現代文	評論	書き取り，語意，空所補充，内容説明，文学史	「世界を切り刻む科学とありのままに愛でる科学」　須藤靖
		〔2〕	古　文	擬古物語	語意，文法，敬語，内容説明，和歌修辞，和歌解釈，文学史	「小夜衣」
		〔3〕	現代文	評論	書き取り，語意，空所補充，内容説明	「流通・文化・倫理・詩性」　西崎憲
	B（中期）	〔1〕	現代文	評論	書き取り，語意，空所補充，四字熟語，内容説明，内容真偽	「プライヴァシーの誕生」　日比嘉高
		〔2〕	古　文	日記	語意，文法，内容説明，古典常識，文学史	「うたたね」　阿仏尼
		〔3〕	現代文	評論	書き取り，語意，空所補充，内容説明	「私とは何か」　平野啓一郎

2023 ●	A（前期）	〔1〕	現代文	評論	書き取り，語意，空所補充，文学史，内容説明	「読書は格闘技」 瀧本哲史
		〔2〕	古　文	説話	文法，人物指摘，敬語，語意，口語訳，内容説明	「発心集」 鴨長明
		〔3〕	現代文	評論	書き取り，空所補充，語意，内容説明	「ル・ボン『群衆心理』」 武田砂鉄
	B（中期）	〔1〕	現代文	評論	書き取り，熟語，語意，空所補充，内容説明	「世界の読者に伝えるということ」 河野至恩
		〔2〕	古　文	随筆	語意，空所補充，文法，古典常識，口語訳，内容説明，和歌解釈，文学史	「貞徳翁の記」 松永貞徳
		〔3〕	現代文	評論	書き取り，語意，空所補充，内容説明，文学史	「日本人と神」 佐藤弘夫

（注）●印は全問，◑印は一部マークシート方式採用であることを表す。
国語(1)：〔1〕〔3〕を解答。国語(2)：〔1〕〔2〕を解答。
2024 年度：文学部日本語日本文・歴史文化学科および A（前期）の教育学部は「国語(2)」を，音楽学部および建築学部（B〈中期〉のみ）は「国語(1)」を，その他の学部・学科は「国語(1)」もしくは「国語(2)」を解答。
2023 年度：文学部日本語日本文学科および A（前期）の教育学部は「国語(2)」を，音楽学部および建築学部（B〈中期〉のみ）は「国語(1)」を，その他の学部・学科は「国語(1)」もしくは「国語(2)」を解答。

知識力，読解力が問われる良問

01　出題形式は？

全問マークシート方式となっている。

公募制推薦入試（前期）：現代文２題の出題である。試験時間は２科目100分（１科目受験の場合は１科目で100分）。

一般選抜：国語(1)（現代文のみ）と国語(2)（漢文を除く）があり，志望学部・学科によっていずれかを解答する。国語(1)は現代文２題，国語(2)は現代文と古文が１題ずつとなっており，〔1〕の現代文は国語(1)と国語(2)で共通である。試験時間は，A（前期）が60分，B（中期）が２科目120分（音楽学部受験者で１科目受験の場合は１科目で120分）。

02 出題内容はどうか？

公募制推薦入試（前期）：現代文は主に評論から出題されているが，随筆から出題されることもある。設問内容は，書き取り，空所補充，語意，内容説明などである。文学史などの知識を問う設問もみられる。

一般選抜：**現代文**は評論が出題されている。文化論・言語論が多く，2023年度は読書に関する内容の文章が目立った。設問内容としては，書き取り，語意，文学史などの知識を問うものと，文脈に沿って答える内容説明，空所補充の設問が中心である。選択肢には本文を正確に理解しなければ判別が難しいものもある。基本的な口語文法（助詞・助動詞・補助動詞）の知識を確認する設問が出題されることもある。

古文は時代・ジャンルともさまざまな作品が出題されている。設問内容は，文法や語意といった基本的なものから，口語訳や人物指摘，敬語，和歌解釈と多岐にわたっており，内容説明の設問についてはかなり正確な内容の把握が必要なものもある。文学史もよく出題されている。

03 難易度は？

公募制推薦入試（前期）：レベルとしては標準的であるが，時間配分に注意が必要である。2科目受験の場合は，大問1題を25分程度で解く練習をしておきたい。

一般選抜：現代文は公募制推薦入試（前期）とほぼ同じレベルと考えてよいだろう。古文は読解力と知識の両方が問われ，設問が多く，文章も比較的長い。全体的には標準的な難易度だが，選択肢を慎重に検討する必要がある設問が出題されており，読解力が問われている。時間配分としては，現代文2題の場合は公募制推薦入試（前期）と同様である。古文を含めて解答する場合は，古文を20分程度で済ませ，現代文にできるだけ多くの時間をあてるとよいだろう。

対策

01 現代文

本文はそれなりの分量があるので，正確な読解力をもって内容説明の問題をどれだけ正解できるかが鍵を握る。空所補充の設問は，筋道を追って本文を読み進めれば正解にたどり着く。一方で，内容説明や内容真偽などの設問はそれぞれ長めの選択肢を精査する必要がある。本文を速読できるよう，長めの評論文を素材とし，文章の正誤判定問題を含む問題集にあたっておきたい。空所補充や語意の問題の対策としては，『大学入試 全レベル問題集 現代文〈3 私大標準レベル〉』（旺文社）などがよい。内容説明などは，大学入学共通テストとの共通点も多いため，『大学入学共通テスト 現代文 集中講義』（旺文社）などを用いるのもよいだろう。出題内容を把握するためには過去問を解くのも有効である。また，普段から新書レベルの読書を心がけたい。

02 古文

文法の設問などは基本的なものが多いため，学校の授業を大切にすること。古語の意味や文法について確認をするという地道な作業が最終的に生きてくる。ストーリー性のある説話などを教材として，文章の主語や人物関係を押さえる練習をすることが大切である。一定の力がついてくれば『大鏡』や『源氏物語』といった古典の王道にチャレンジするとよい。問題演習は選択式のものを選び，問題を解くなかであいまいな知識の整理をしていくと効率も上がる。和歌や古典常識が出題されることもあるので，これらを含む問題を集めた『大学入試 知らなきゃ解けない古文常識・和歌』（教学社）で問題演習を重ねておきたい。文学史については，国語便覧を用いて知識をつけておくとよい。

03 漢　字

漢字の書き取り問題は，同一の漢字を使う語を選ぶパターンが定着している。同音異字が問題になるので，漢字を意味とともに覚えておくこと。対策としては，入試漢字の問題集などを利用して，まずは読みを克服したうえで繰り返し書いて練習しよう。また，四字熟語や慣用表現もよく出題されている。確実に得点源にするためにしっかり覚えておくこと。

2024年度

問題と解答

公募制推薦入試（前期）〈1日程分を掲載〉

問題編

▶試験科目・配点

■スタンダード型■

<table>
<tr><th colspan="2">学部等</th><th>教科</th><th colspan="2">科目</th><th>配点</th></tr>
<tr><td rowspan="4">文</td><td rowspan="2">日本語日本文，歴史文化</td><td>選択</td><td colspan="2">英語，数学(1)，数学(2)，化学，生物から1科目選択</td><td>100点</td></tr>
<tr><td>国語</td><td colspan="2">国語(1)</td><td>100点</td></tr>
<tr><td rowspan="2">英語グローバル</td><td>外国語</td><td colspan="2">英語</td><td>100点</td></tr>
<tr><td>選択</td><td colspan="2">数学(1)，数学(2)，化学，生物，国語(1)から1科目選択</td><td>100点</td></tr>
<tr><td colspan="2" rowspan="2">教育</td><td>選択〈必須〉</td><td>英語，国語(1)から1科目選択</td><td rowspan="2">英語，国語(1)の2科目受験も可</td><td>100点</td></tr>
<tr><td>選択</td><td>数学(1)，数学(2)，化学，生物から1科目選択</td><td>100点</td></tr>
<tr><td rowspan="3">心理・社会福祉</td><td rowspan="2">心理</td><td>選択〈必須〉</td><td>英語，国語(1)から1科目選択</td><td rowspan="2">英語，国語(1)の2科目受験も可</td><td>100点</td></tr>
<tr><td>選択</td><td>数学(1)，数学(2)，化学，生物から1科目選択</td><td>100点</td></tr>
<tr><td>社会福祉</td><td>選択</td><td colspan="2">英語，「数学(1)または数学(2)」，化学，生物，国語(1)から2科目選択</td><td>各100点</td></tr>
<tr><td rowspan="3">健康・スポーツ科</td><td rowspan="2">健康・スポーツ科</td><td>選択</td><td colspan="2">英語，「数学(1)または数学(2)」，化学，生物，国語(1)から1科目選択
※2科目を受験した場合は，高得点科目を採用</td><td>100点</td></tr>
<tr><td>実技</td><td colspan="2">基礎運動能力テスト〈省略〉</td><td>100点</td></tr>
<tr><td>スポーツマネジメント</td><td>選択</td><td colspan="2">英語，「数学(1)または数学(2)」，化学，生物，国語(1)から2科目選択</td><td>各100点</td></tr>
</table>

<table>
<tr><td colspan="2">生活環境</td><td>選択</td><td colspan="2">英語，「数学⑴または数学⑵」，化学，生物，国語⑴から2科目選択</td><td>各100点</td></tr>
<tr><td rowspan="2">社会情報</td><td>情報メディア</td><td>選択</td><td colspan="2">英語，「数学⑴または数学⑵」，「化学または生物」，国語⑴から2科目選択</td><td>各100点</td></tr>
<tr><td>情報サイエンス</td><td>選択</td><td colspan="2">英語，数学⑴，数学⑵，「化学または生物」，国語⑴から2科目選択
※数学⑴と数学⑵での受験も可</td><td>各100点</td></tr>
<tr><td rowspan="4">食物栄養科</td><td rowspan="2">食物栄養</td><td>選択</td><td>英語，数学⑴，数学⑵，国語⑴から1科目選択</td><td rowspan="2">化学，生物の2科目受験も可</td><td>100点</td></tr>
<tr><td>理科</td><td>化学，生物から1科目選択</td><td>100点</td></tr>
<tr><td rowspan="2">食創造科</td><td>選択</td><td>英語，国語⑴から1科目選択</td><td rowspan="2">選択〈必須〉の2科目受験も可</td><td>100点</td></tr>
<tr><td>選択〈必須〉</td><td>「数学⑴または数学⑵」，化学，生物から1科目選択</td><td>100点</td></tr>
<tr><td rowspan="4">建築</td><td rowspan="2">建築</td><td>選択</td><td colspan="2">英語，国語⑴から1科目選択</td><td>100点</td></tr>
<tr><td>数学</td><td colspan="2">数学⑵</td><td>100点</td></tr>
<tr><td rowspan="2">景観建築</td><td>選択</td><td colspan="2">英語，生物，国語⑴から1科目選択</td><td>100点</td></tr>
<tr><td>数学</td><td colspan="2">数学⑵</td><td>100点</td></tr>
<tr><td rowspan="4">音楽</td><td rowspan="2">演奏</td><td>選択</td><td colspan="2">英語，数学⑴，国語⑴，楽典〈省略〉から1科目選択
※2科目を受験した場合は，高得点科目を採用</td><td>100点</td></tr>
<tr><td>実技</td><td colspan="2">主専実技〈省略〉</td><td>200点</td></tr>
<tr><td rowspan="2">応用音楽</td><td>選択</td><td colspan="2">英語，数学⑴，国語⑴，楽典〈省略〉から1科目選択
※2科目を受験した場合は，高得点科目を採用</td><td>100点</td></tr>
<tr><td>実技</td><td colspan="2">〈省略〉</td><td>100点</td></tr>
<tr><td colspan="2" rowspan="2">薬</td><td>選択</td><td>英語，数学⑴，数学⑵，国語⑴から1科目選択</td><td rowspan="2">化学，生物の2科目受験も可</td><td>100点</td></tr>
<tr><td>理科</td><td>化学，生物から1科目選択</td><td>100点</td></tr>
<tr><td colspan="2">看護</td><td>選択</td><td colspan="2">英語，「数学⑴または数学⑵」，化学，生物，国語⑴から2科目選択</td><td>各100点</td></tr>
<tr><td colspan="2">経営</td><td>選択</td><td colspan="2">英語，「数学⑴または数学⑵」，「化学または生物」，国語⑴から2科目選択</td><td>各100点</td></tr>
</table>

※このほかに調査書（25点〈全体の学習成績の状況×5倍〉）を総合して判定。

■高得点科目重視型■

学部等		教科	科目		配点
文	日本語日本文, 歴史文化	選択	英語, 数学(1), 数学(2), 化学, 生物から1科目選択		100点
		国語	国語(1)		200点
	英語グローバル	外国語	英語		200点
		選択	数学(1), 数学(2), 化学, 生物, 国語(1)から1科目選択		100点
教育		選択〈必須〉	英語, 国語(1)から1科目選択	英語, 国語(1)の2科目受験も可[*1]	高得点科目200点 低得点科目100点
		選択	数学(1), 数学(2), 化学, 生物から1科目選択		
		高得点科目の点数を2倍			
心理・社会福祉	心理	選択〈必須〉	英語, 国語(1)から1科目選択	英語, 国語(1)の2科目受験も可[*1]	高得点科目200点 低得点科目100点
		選択	数学(1), 数学(2), 化学, 生物から1科目選択		
		高得点科目の点数を2倍			
	社会福祉	選択	英語,「数学(1)または数学(2)」, 化学, 生物, 国語(1)から2科目選択（高得点科目の点数を2倍）		高得点科目200点 低得点科目100点
健康・スポーツ科	健康・スポーツ科	選択	英語,「数学(1)または数学(2)」, 化学, 生物, 国語(1)から1科目選択 ※2科目を受験した場合は, 高得点科目を採用		100点
		実技	基礎運動能力テスト〈省略〉		200点
	スポーツマネジメント	選択	英語,「数学(1)または数学(2)」, 化学, 生物, 国語(1)から2科目選択（高得点科目の点数を2倍）		高得点科目200点 低得点科目100点
生活環境		選択	英語,「数学(1)または数学(2)」, 化学, 生物, 国語(1)から2科目選択（高得点科目の点数を2倍）		高得点科目200点 低得点科目100点

<table>
<tr><td rowspan="2">社会情報</td><td>情報メディア</td><td>選　択</td><td colspan="2">英語，「数学(1)または数学(2)」，「化学または生物」，国語(1)から2科目選択（高得点科目の点数を2倍）</td><td>高得点科目
200点
低得点科目
100点</td></tr>
<tr><td>情報サイエンス</td><td>選　択</td><td colspan="2">英語，数学(1)，数学(2)，「化学または生物」，国語(1)から2科目選択（高得点科目の点数を2倍）
※数学(1)と数学(2)での受験も可。</td><td>高得点科目
200点
低得点科目
100点</td></tr>
<tr><td rowspan="4">食物栄養科</td><td rowspan="2">食物栄養</td><td>選　択</td><td>英語，数学(1)，数学(2)，国語(1)から1科目選択</td><td rowspan="2">化学，生物の2科目受験も可</td><td>100点</td></tr>
<tr><td>理　科</td><td>化学，生物から1科目選択</td><td>200点[*2]</td></tr>
<tr><td rowspan="2">食創造科</td><td>選　択</td><td>英語，国語(1)から1科目選択</td><td rowspan="2">選択〈必須〉の2科目受験も可</td><td>100点</td></tr>
<tr><td>選　択
〈必須〉</td><td>「数学(1)または数学(2)」，化学，生物から1科目選択</td><td>200点[*3]</td></tr>
<tr><td rowspan="6">建築</td><td rowspan="3">建築</td><td>選　択</td><td colspan="2">英語，国語(1)から1科目選択</td><td rowspan="3">高得点科目
200点
低得点科目
100点</td></tr>
<tr><td>数　学</td><td colspan="2">数学(2)</td></tr>
<tr><td colspan="3">高得点科目の点数を2倍</td></tr>
<tr><td rowspan="3">景観建築</td><td>選　択</td><td colspan="2">英語，生物，国語(1)から1科目選択</td><td rowspan="3">高得点科目
200点
低得点科目
100点</td></tr>
<tr><td>数　学</td><td colspan="2">数学(2)</td></tr>
<tr><td colspan="3">高得点科目の点数を2倍</td></tr>
<tr><td rowspan="4">音楽</td><td rowspan="2">演奏</td><td>選　択</td><td colspan="2">英語，数学(1)，国語(1)，楽典〈省略〉から1科目選択
※2科目を受験した場合は，高得点科目を採用</td><td>100点</td></tr>
<tr><td>実　技</td><td colspan="2">主専実技〈省略〉</td><td>400点</td></tr>
<tr><td rowspan="2">応用音楽</td><td>選　択</td><td colspan="2">英語，数学(1)，国語(1)，楽典〈省略〉から1科目選択
※2科目を受験した場合は，高得点科目を採用</td><td>200点</td></tr>
<tr><td>実　技</td><td colspan="2">〈省略〉</td><td>100点</td></tr>
<tr><td colspan="2" rowspan="2">薬</td><td>選　択</td><td>英語，数学(1)，数学(2)，国語(1)から1科目選択</td><td rowspan="2">化学，生物の2科目受験も可</td><td>100点</td></tr>
<tr><td>理　科</td><td>化学，生物から1科目選択</td><td>200点[*2]</td></tr>
</table>

看　護	選　択	英語，「数学(1)または数学(2)」，化学，生物，国語(1)から2科目選択（高得点科目の点数を2倍）	高得点科目 200点 低得点科目 100点
経　営	選　択	英語，「数学(1)または数学(2)」，「化学または生物」，国語(1)から2科目選択（高得点科目の点数を2倍）	高得点科目 200点 低得点科目 100点

同一試験日のスタンダード型に出願し選択した科目によって判定。

＊1　スタンダード型において，英語と国語(1)の2科目で受験した場合は，高得点科目を2倍して200点，低得点科目を100点とする。

＊2　スタンダード型において，化学と生物の2科目で受験した場合は，高得点科目を2倍して200点，低得点科目を100点とする。

＊3　スタンダード型において，選択〈必須〉科目2科目で受験した場合は，高得点科目を2倍して200点，低得点科目を100点とする。

▶備　考

- 試験日自由選択制。
- 2科目を判定に採用する。ただし，健康・スポーツ科学部健康・スポーツ科学科および音楽学部は実技を含めて2科目となる。
- 学力検査の時間は2科目連続で100分。ただし，健康・スポーツ科学部健康・スポーツ科学科および音楽学部で1科目のみを受験する場合も1科目100分。
- 文学部英語グローバル学科のスタンダード型は，「資格点」として実用英語技能検定の級，TOEIC®・TOEFL®・GTECのスコアを点数化したものが調査書点に加味される。

▶出題範囲

- 英語：コミュニケーション英語Ⅰ・Ⅱ・Ⅲ，英語表現Ⅰ・Ⅱ
- 数学(1)：数学Ⅰ・A
- 数学(2)：数学Ⅰ・Ⅱ・A・B（数列，ベクトル）
- 化学：化学基礎，化学（「高分子化合物の性質と利用」を除く）
- 生物：生物基礎，生物（「生態と環境」，「生物の進化と系統」を除く）
- 国語(1)：国語総合（現代文のみ），現代文B
- 楽典：音楽史を除く

英　語

（2科目受験：2科目100分
1科目受験：100分）

Ⅰ　次の英文を読み，下の問いに答えよ。(42点)

著作権の都合上，省略。

Longman Academic Reading Series 3 by Judy Miller and Robert Cohen, Pearson Education

著作権の都合上，省略。

**canis lupus familiaris*	イヌの学名
archaeologists < archaeologist	考古学者
domesticated < domesticate	飼い慣らす
tamed < tame	飼い慣らす
Paleolithic era	旧石器時代
crucial	きわめて重大な
predisposed < predispose	あらかじめ(…の)傾向を与える
skeletons < skeleton	骨格，骸骨
paleontologist	古生物学者
stunning	驚くべき
fossil	化石化した
skull	頭蓋骨
Goyet Cave	ゴイエ洞窟
isolated	1回限りの
Yangtze River	揚子江
overlaps < overlap	(特徴が)共通する
archaeozoologist	動物考古学者

問　本文の内容を踏まえて，次の英文(A)～(G)の空所 [1] ～ [7] に入れるのに最も適当なものを，それぞれ下の①～④のうちから選べ。

(A) According to the first paragraph, ＿[1]＿.

① dogs moved their residence from place to place and created communities during the Neolithic Revolution

② it is widely accepted that the gray wolf is the ancestor of dogs, but when domestic dogs originated is still open to question

③ many researchers have criticized how humans artificially made wolves evolve into dogs

④ deciding whether dogs were the first animals to be tamed by humans will provide clues to human evolution

(B) According to the second paragraph, [2] .

① dogs are born with the instinct to follow wolves

② unlike wolves, dogs are by nature obedient to humans

③ the difference in appearance between humans and dogs is most noticeable in the size of their noses

④ wolves prefer to pay attention to humans, so we can tell wolves are different from dogs

(C) According to the third paragraph, [3] .

① there is so little difference in appearance between early dogs and present dogs that it is nearly impossible to distinguish between them

② wolves look more like current dogs than early dogs, so it is difficult to distinguish between current dogs and wolves

③ the appearances of wolves and early dogs were clearly different and their skeletons are easily distinguishable

④ since the bones of wolves and early dogs appear similar, it is difficult to distinguish between them

(D) According to the third paragraph, Mietje Germonpré [4] .

① claimed that the dog found in the Goyet Cave was lonely during its life

② discovered a dog skull in a cave from 31,700 years ago in western Russia

③ found dog bones in the Goyet Cave that could indicate the change from wolves to dogs

④ showed that the creation of the Goyet Cave dates back to 31,700 years ago

(E) According to the fourth paragraph, [5].

① to estimate the exact number of pet dogs, we should focus on the genetic differences between dogs and wolves

② in 2009, Peter Savolainen started exploring the relationship between the origin of rice agriculture in Sweden and the domestication of dogs

③ genetic analyses of dogs and wolves in different parts of the world help estimate when dogs' domestication first occurred

④ the timing and location of dogs being first tamed by humans in China are inconsistent with the beginning of rice agriculture

(F) According to the fifth paragraph, a team led by Robert Wayne [6].

① found that wolves in the Middle East are more genetically similar to dogs than those in China

② claimed that the burial of a puppy showed that dogs and humans had been treated equally in the Middle East in ancient times

③ largely confirmed Peter Savolainen's team's assertion about the timing and location of the first dog domestication in China

④ proved that current dogs' DNA relates equally with both Middle Eastern dogs and Chinese wolves

(G) According to the sixth paragraph, Susan Crockford [7].

① was not involved in either study, so other researchers suspect her claims

② argues against the need for identifying one exact time of dog domestication

③ insists that we consider that dogs became wolves at different times in different places

④ claims that North American dogs and Middle Eastern dogs have identical wolf DNA

Ⅱ 次の英文の空所 8 ～ 12 に入れるのに最も適当なものを，それぞれ下の①～④のうちから選び，会話文を完成せよ。(20点)

Two university students, Michiko and Kim, are discussing a test.

Michiko: Hi Kim! Are you ready for the test today?

Kim: I think so. I was ＿ 8 ＿.

① not worried about the test

② in the same class as you

③ sleeping all day yesterday

④ up all night preparing for it

Michiko: Wow! You must be very tired today. I only stayed up until about eleven o'clock and then went to bed.

Kim: I wanted to make sure I had ＿ 9 ＿. After all, this is the final exam.

① a good rest

② everything covered

③ class with you

④ all of your books

Michiko: I understand how you feel. If I don't do well on this test, it will really ＿ 10 ＿ my grades. I need good scores to apply for the study abroad program. Oh, by the way, did you know that you can bring your textbook to the test?

① make me think fondly about

② bring everyone together for

③ keep everyone quiet about

④ have a large effect on

Kim: Are you sure about that? I don't ever remember hearing anything about it from the teacher. [11]

① When was that announced?

② You slept too much last night.

③ Who helped you on your test?

④ Let's go to the library this afternoon.

Michiko: In class last week. It was during the last 15 minutes.

Kim: Oh no! I missed class last week! Well, [12] I'm really prepared!

① it doesn't go to show

② at least

③ at times

④ it's unhelpful that

Ⅲ 次の英文(A)～(D)の空所 13 ～ 16 に入れるのに最も適当なものを，それぞれ下の①～④のうちから選べ。(12点)

(A) I am curious if my brother (13) a present for our mother's birthday next week when he comes.

① bring　② had brought
③ has been brought　④ will bring

(B) You (14) the look on his face when I told him that I had been elected as president of the Student Council at school.

① should see　② must see
③ can have seen　④ should have seen

(C) It can be sad (15) the house in which you grew up.

① to leaving　② of leaving　③ to leave　④ will leave

(D) Would you (16) to hold the door open?

① be enough kind　② be kind enough
③ do enough kind　④ do kind enough

Ⅳ 次の英文(A)〜(E)の空所 [17] 〜 [21] に入れるのに最も適当なものを，それぞれ下の①〜④のうちから選べ。(10点)

(A) We all ([17]) admire his strong determination to become a lawyer.

① cannot but ② will not and

③ may not because ④ should not as

(B) Let's see a movie together when you are ([18]) after the exam.

① useful ② convenient ③ available ④ suitable

(C) The children were so excited that they could ([19]) speak.

① painfully ② unfortunately

③ yearly ④ hardly

(D) The voters hold the local candidate in high ([20]).

① reward ② regard

③ relation ④ representation

(E) She's studied in the UK and has a good ([21]) of English.

① occupation ② extension ③ command ④ order

V 次の文(A)〜(D)を，与えられた語(句)を用いて英文に訳したとき，空所 **22** 〜 **29** に入れるのに最も適当なものを，それぞれ下の①〜⑦のうちから選べ。(16点)

(A) 健司は花子にいま腹を立てていて，彼女とうまくいっていません。

Kenji (　　) (**22**) (　　) (　　) (**23**) (　　) (　　) he is angry with her at the moment.

① Hanako　② terms　③ isn't　④ as
⑤ with　⑥ on　⑦ good

(B) 報告書は，そのプロジェクトには多くの改善の余地があることを示しています。

The report shows there (　　) (**24**) (　　) (　　) (　　) (**25**) (　　) project.

① for improvement　② of　③ is
④ on　⑤ plenty　⑥ the　⑦ room

(C) 私たちの大みそかのプランは未定ですが，決まり次第お知らせします。

Our New Year's Eve plan is (**26**) (　　) (　　) (　　), but I will (　　) (**27**) (　　) as soon as we decide.

① you　② the　③ air　④ in
⑤ let　⑥ know　⑦ up

(D) 私の両親は退職後に住むつもりで，湖の近くの家を購入しました。

My parents bought (　　) (　　) (　　) (**28**) (　　) (　　) (**29**) there after retirement.

① the lake　② the intention　③ with　④ living
⑤ of　⑥ the house　⑦ near

数　学

◀数　学 (1)▶

（2科目受験：2科目100分
1科目受験：100分）

解答上の注意：以下の説明をよく読んでから解答してください。

1　問題の文中の空欄 □ には，数字（0～9）が入ります。なお，□□ のように2つ以上の空欄が続くところは次のような意味を表します。例えば，□□□ は3桁（けた）以下の整数値を表します。この場合，答えが2桁以下の値であれば，不要な上位の空欄 □ については解答欄に⓪をマークしてください。

例　3つ続いた空欄 □□□ のところが42になる場合は，左から順番に⓪，④，②と解答欄にマークしてください。

2　問題の文中の2重線で表された空欄 ▭ には，数字以外の記号などが入ります。文中の指示にしたがって，当てはまる記号などに対応する番号をマークしてください。

3　分数の形で解答する場合は，既約分数(それ以上約分できない分数)で答えてください。ただし，数字を入れる空欄が分数の形となっている場合でも，解答の値は必ずしも分数であるとは限りません(整数となる場合もあります)。この場合は，分母の値が1になるように答えてください。

4　根号を含む形で解答する場合は，根号の中が最小の正の整数となるように答えてください。

I　解答番号 [1] ～ [18]

次の記述の空欄 [ ] または [ ] にあてはまる数字または記号を答えよ。ただし，空欄 [3]，[5]，[8]，[11]，[13]，[15] には＋または－の記号が入る。＋の場合は①を，－の場合は②を選べ。　(34点)

(1)　$\sqrt{x}=\dfrac{2}{3+\sqrt{5}}$，$\sqrt{y}=\dfrac{2}{3-\sqrt{5}}$ のとき，$\sqrt{x}+\sqrt{y}=$ [1]，$x+y=$ [2] である。

(2)　x についての2次不等式 $ax^2+7x+b>0$（ただし，a, b は実数の定数）の解が $\dfrac{1}{2}<x<3$ のとき，$a=$ [3][4]，$b=$ [5][6] である。

(3)　座標平面上において，2点 A(0, 8)，B(3, 2) を通る放物線①があり，放物線①の軸の方程式は $x=2$ である。

放物線①を平行移動した放物線②は，放物線①の頂点Cおよび原点Oを通る。

このとき，放物線①の方程式は $y=$ [7] x^2 [8][9] $x+$ [10] であり，放物線②は，放物線①を x 軸方向に [11][12]，y 軸方向に [13][14] だけ平行移動したものである。

また，第2象限にある放物線②上の点Dにおいて，△OADの面積が△OBCの面積の4倍であるとき，点Dの座標は ([15][16]，[17][18]) である。

Ⅱ　解答番号 [19] ～ [32]

次の問1・問2に答えよ。　(33点)

問1　次の記述について，下の解答群（①～⑥）の中から空欄 [　] に入る適切なものを選べ。ただし，同じものを複数回選んでよい。また，[19] と [20]，[23] と [24] の解答の順序は問わない。

鋭角三角形ABCの辺BC上に点Hがあり，AH＝1，∠AHC＝90°，∠BAH＝α，∠HAC＝β である。

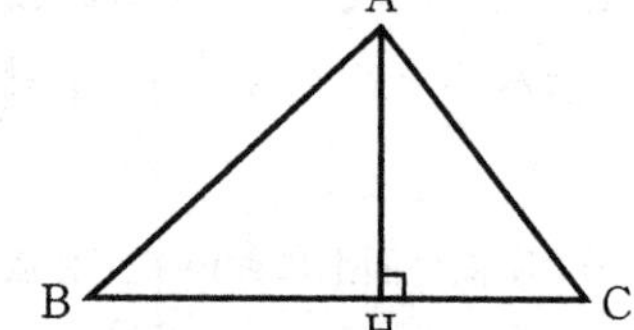

(1)　BC＝[19]＋[20] である。

(2)　$AB=\dfrac{1}{\boxed{21}}$，$AC=\dfrac{1}{\boxed{22}}$ である。

(3)　$\dfrac{BC}{\sin(\alpha+\beta)}=\dfrac{1}{\boxed{23}\times\boxed{24}}$ である。

<解答群>

①　$\sin\alpha$　②　$\sin\beta$　③　$\cos\alpha$　④　$\cos\beta$　⑤　$\tan\alpha$　⑥　$\tan\beta$

問2　次の記述の空欄 [　] にあてはまる数字を答えよ。

円に内接する四角形ABCDの各辺の長さが AB＝3，BC＝$\sqrt{2}$，CD＝1，DA＝$2\sqrt{2}$ である。

(1)　$AC=\dfrac{\boxed{25}\sqrt{\boxed{26}}}{\boxed{27}}$ であり，$\cos\angle ABC=\dfrac{\sqrt{\boxed{28}}}{\boxed{29}\,\boxed{30}}$ である。

(2)　四角形ABCDの面積は $\dfrac{\boxed{31}}{\boxed{32}}$ である。

Ⅲ　**解答番号** [33] ～ [48]

次の記述の空欄 [　] にあてはまる数字を答えよ。（33点）

(1) 男子4人と女子3人が横一列に並ぶ。

(i) 並び方は全部で [33][34][35][36] 通りある。

(ii) 男女が交互に並ぶとき，並び方は全部で [37][38][39] 通りある。

(iii) 女子3人が隣り合うとき，並び方は全部で [40][41][42] 通りある。

(2) 3個のさいころを同時に1回だけ投げる。ただし，さいころはいずれの目が出る確率も等しいものとする。

(i) 3個のさいころとも同じ目が出る確率は $\dfrac{\boxed{43}}{\boxed{44}\boxed{45}}$ である。

(ii) 3個のさいころの出る目の積が25の倍数となる確率は $\dfrac{\boxed{46}}{\boxed{47}\boxed{48}}$ である。

◀数　学　(2)▶

（2 科目受験：2 科目 100 分
1 科目受験：100 分）

解答上の注意：以下の説明をよく読んでから解答してください。

1　問題の文中の空欄 □ には，数字（0～9）が入ります。なお，□□ のように2つ以上の空欄が続くところは次のような意味を表します。例えば，□□□ は3桁（けた）以下の整数値を表します。この場合，答えが2桁以下の値であれば，不要な上位の空欄 □ については解答欄に⓪をマークしてください。

例　3つ続いた空欄 □□□ のところが42になる場合は，左から順番に⓪，④，②と解答欄にマークしてください。

2　分数の形で解答する場合は，既約分数(それ以上約分できない分数)で答えてください。ただし，数字を入れる空欄が分数の形となっている場合でも，解答の値は必ずしも分数であるとは限りません(整数となる場合もあります)。この場合は，分母の値が1になるように答えてください。

3　根号を含む形で解答する場合は，根号の中が最小の正の整数となるように答えてください。

I **解答番号** [1] ～ [19]

次の記述の空欄 [ ] にあてはまる数字を答えよ。（30点）

AB＝4，AC＝3 をみたす三角形 ABC がある。辺 AB の中点を D とすると，CD＝3 である。∠A の 2 等分線と辺 BC との交点を E とし，2 点 C，E から辺 AB に下ろした垂線をそれぞれ CF，EG とする。

このとき，

(1) $CF = \boxed{1}\sqrt{\boxed{2}}$ である。

(2) $\dfrac{BE}{EC} = \dfrac{\boxed{3}}{\boxed{4}}$ である。

(3) $EG = \dfrac{\boxed{5}\sqrt{\boxed{6}}}{\boxed{7}}$ である。

(4) $BG = \dfrac{\boxed{8}\boxed{9}}{\boxed{10}}$ である。

(5) $AE = \dfrac{\boxed{11}\sqrt{\boxed{12}}}{\boxed{13}}$ である。

(6) 三角形 ABC の面積は $\boxed{14}\sqrt{\boxed{15}}$ である。

(7) 三角形 ABE の面積は $\dfrac{\boxed{16}\boxed{17}\sqrt{\boxed{18}}}{\boxed{19}}$ である。

Ⅱ **解答番号** 20 ～ 39

次の記述の空欄 □ にあてはまる数字を答えよ。 (35点)

問1 $f(x)=x^4+2\sqrt{2}\,x^3-4\sqrt{2}\,x-4$ とする。このとき,

(1) $f'(x)=\boxed{20}\,x^3+\boxed{21}\sqrt{2}\,x^2-\boxed{22}\sqrt{2}$

である。

(2) $f'(-\sqrt{2})=\boxed{23}$

である。

(3) $f'(x)=2\sqrt{2}\left(x+\sqrt{\boxed{24}}\right)^2\left(\sqrt{\boxed{25}}\,x-1\right)$

である。

(4) $0\leqq x\leqq 1$ における $f(x)$ の最小値は

$$f\left(\frac{\sqrt{\boxed{26}}}{\boxed{27}}\right)=-\frac{\boxed{28}\,\boxed{29}}{\boxed{30}}$$

である。

問2 半径1の球を,球の中心Oを通る平面 α と,α と平行でかつOを通らない平面 β で切断する。このとき,α 上の切断面の円に内接する正方形ABCD,β 上の切断面の円に内接する正方形EFGHがあり,正方形EFGHの1辺の長さを x とする。線分ACと線分EGは平行で,かつ四角形ACGEは台形である。このとき,

(1) 正方形ABCDの1辺の長さは $\sqrt{\boxed{31}}$ である。

(2)　正方形 EFGH の外接円の中心を O′ とすると，

線分 OO′ の長さは $\sqrt{1-\dfrac{x^2}{\boxed{32}}}$ である。

(3)　台形 ACGE の面積を S とすると

$S=\dfrac{1}{2}\left(x+\sqrt{\boxed{33}}\right)\sqrt{\boxed{34}-x^2}$

である。

(4)　S は，$x=\dfrac{\sqrt{\boxed{35}}}{\boxed{36}}$ のとき最大値 $\dfrac{\boxed{37}\sqrt{\boxed{38}}}{\boxed{39}}$ をとる。

Ⅲ　解答番号 40 ～ 59

次の記述の空欄 $\boxed{}$ にあてはまる数字を答えよ。　(35点)

原点を O とする座標空間に 3 点 A(1, 0, 1), B(2, 1, 0), C(0, 2, 1) がある。A を通り $\overrightarrow{\mathrm{OB}}$ と平行な直線を l とする。l 上の任意の点 P に対して，点 Q$(x,\ y,\ z)$ は $\overrightarrow{\mathrm{OP}}\cdot\overrightarrow{\mathrm{CQ}}=0$ をみたす点とする。このとき，

(1)　P の座標は，実数 t を用いて

$\left(2t+\boxed{40},\ t,\ \boxed{41}\right)$

と表せる。

(2)　$\overrightarrow{\mathrm{CQ}}=\left(x,\ y-\boxed{42},\ z-\boxed{43}\right)$

である。

(3)　$\overrightarrow{\mathrm{OP}}$ と $\overrightarrow{\mathrm{CQ}}$ の内積は，(1)の t を用いて

$x+z-\boxed{44}+t\left(\boxed{45}x+y-\boxed{46}\right)$

と表せる。

(4)　Q の座標は，x を用いて

$$\left(x,\ -\boxed{47}\,x+\boxed{48},\ -x+\boxed{49}\right)$$

と表せる。

(5)　$|\overrightarrow{\mathrm{OQ}}|^2=\boxed{50}\,x^2-\boxed{51}\boxed{52}\,x+\boxed{53}$

なので，線分 OQ の長さが最小になるときの Q の座標は，

$$\left(\frac{\boxed{54}}{\boxed{55}},\ \frac{\boxed{56}}{\boxed{57}},\ \frac{\boxed{58}}{\boxed{59}}\right)$$

である。

化　学

（2科目受験：2科目100分
1科目受験：100分）

必要があれば，次の数値を用いよ。

原子量：H＝1.0　C＝12　N＝14　O＝16
Na＝23　Al＝27　Cl＝35.5　Cu＝64

アボガドロ定数：$N_A = 6.02 \times 10^{23}$/mol

気体定数：$R = 8.31 \times 10^3$ Pa・L/(K・mol)

ファラデー定数：$F = 9.65 \times 10^4$ C/mol

I　次の問い(問1～問4)に答えよ。(25点)

問1　次の物質の組み合わせ①～⑥のうち，純物質と混合物の組み合わせを選べ。ただし，該当するものがない場合は，⓪をマークせよ。　1

①　酸素と窒素　　②　空気と石油　　③　鉄と鋼
④　エタノールと鉄　　⑤　海水と水道水　　⑥　塩酸と骨

問2　体心立方格子(体心立方構造)をとる金属原子の配位数を次の①～⑧から選べ。　2

①　2　　②　4　　③　6　　④　8
⑤　10　　⑥　12　　⑦　14　　⑧　16

問3　次の記述を読んで，[ア]～[ウ]に入る語句の正しい組み合わせについて，下の①～⑧から選べ。 [3]

実在気体では，気体の圧力が[ア]ときや温度が[イ]ときは，状態方程式$PV = nRT$から大きく外れる。理想気体では，気体の状態方程式より，$\frac{PV}{nRT} = 1$となるが，同温同圧では，この値が1より小さいほど，実在気体の体積が理想気体に比べて，[ウ]ことを表している。

	ア	イ	ウ
①	高い	高い	大きい
②	高い	高い	小さい
③	高い	低い	大きい
④	高い	低い	小さい
⑤	低い	高い	大きい
⑥	低い	高い	小さい
⑦	低い	低い	大きい
⑧	低い	低い	小さい

問4　次の記述を読んで，下の(1)～(3)に答えよ。

塩化ナトリウム NaCl 23.4 g を 176.6 g の水に完全に溶解させ，NaCl 水溶液を調製した。ただし，この NaCl 水溶液の密度は 1.10 g/mL とする。

(1)　この NaCl 水溶液の質量パーセント濃度〔%〕はいくらか。最も近い数値を，次の①～⑥から選べ。 [4]

① 10.6　② 11.7　③ 12.0
④ 12.9　⑤ 13.3　⑥ 14.6

(2)　この NaCl 水溶液のモル濃度〔mol/L〕はいくらか。最も近い数値を，次の①～⑥から選べ。 [5]

① 1.82　② 2.00　③ 2.06
④ 2.20　⑤ 2.27　⑥ 2.49

(3) この NaCl 水溶液の質量モル濃度〔mol/kg〕はいくらか。最も近い数値を，次の①～⑥から選べ。 **6**

① 1.82　② 2.00　③ 2.06
④ 2.20　⑤ 2.27　⑥ 2.49

Ⅱ 次の問い（問1・問2）に答えよ。（25点）

問1 次の(1)・(2)に答えよ。

(1) 銅 Cu は，工業的には陰極に純銅板，陽極に粗銅板，電解液に硫酸銅（Ⅱ）$CuSO_4$ 水溶液を用い，電気分解して製造される。また，アルミニウム Al は，工業的には炭素を電極として酸化アルミニウム Al_2O_3 を電気分解して製造される。それぞれの陰極の還元反応は，次の式のように表される。係数 ア と イ にあてはまる数値を直接マークせよ。ただし，係数が1の場合も省略せず，10 以上の場合は⓪をマークせよ。

ア： **7**
イ： **8**

Cu^{2+} ＋ ア e^- ⟶ Cu
Al^{3+} ＋ イ e^- ⟶ Al

(2) 5 g の銅と 1 g のアルミニウムを，それぞれ電気分解でつくるとき，極板間に流れる電気量〔C〕を比べると，銅はアルミニウムの何倍か。あてはまる最も近い数値を，次の①～⑤から選べ。 **9**

① 0.70　② 1.4　③ 2.1
④ 2.8　⑤ 3.5

問2　次の(1)・(2)に答えよ。

(1)　化学反応における触媒に関する次の記述①～⑤のうち，正しいものはどれか。最も適当なものを選べ。 10

① 活性化エネルギーを小さくする。
② 反応熱を減少させる。
③ 反応熱を増加させる。
④ 平衡状態における生成物の生成量を増加させる。
⑤ 逆反応の反応速度を減少させる。

(2)　平衡状態にある，次の反応 a ～ d の平衡は，圧力一定で温度を上げるとどちら向きに移動するか。また，温度一定で圧力を上げるとどちら向きに移動するか。最も適当な組み合わせを下の①～⑨から選べ。ただし，同じものを繰り返し選んでもよい。

反応 a　$2HI$(気) = H_2(気) + I_2(気) − 9.0 kJ　11
反応 b　N_2O_4(気) = $2NO_2$(気) − 57 kJ　12
反応 c　$2SO_2$(気) + O_2(気) = $2SO_3$(気) + 198 kJ　13
反応 d　$2CO$(気) + O_2(気) = $2CO_2$(気) + 566 kJ　14

	温度を上げる	圧力を上げる
①	右	右
②	右	左
③	右	移動しない
④	左	右
⑤	左	左
⑥	左	移動しない
⑦	移動しない	右
⑧	移動しない	左
⑨	移動しない	移動しない

Ⅲ　次の問い(問１～問３)に答えよ。(25点)

問１　次の水溶液A～Dの中に含まれるイオンは何か。正しいものの組み合わせを，下の①～⑥から選べ。　15

水溶液Aに酢酸鉛(Ⅱ) $(CH_3COO)_2Pb$ 水溶液を加えたら，黒色の沈殿を生じた。

水溶液Bを白金線につけて炎の中に入れると，橙赤色の炎色反応が見られた。

水溶液Cに硝酸銀 $AgNO_3$ 水溶液を加えると，白色の沈殿を生じた。

水溶液Dを白金線につけて炎の中に入れると，黄緑色の炎色反応が見られた。

	A	B	C	D
①	Cl^-	K^+	S^{2-}	Li^+
②	Cl^-	Ca^{2+}	S^{2-}	Li^+
③	Cl^-	K^+	S^{2-}	Ba^{2+}
④	S^{2-}	Ca^{2+}	Cl^-	Ba^{2+}
⑤	S^{2-}	K^+	Cl^-	Ba^{2+}
⑥	S^{2-}	Ca^{2+}	Cl^-	Li^+

問2　次の記述 a と b によって，発生する気体の特徴として，最も適当なものを下の①～⑥からそれぞれ選べ。

a の気体の特徴：[16]
b の気体の特徴：[17]

a　塩化アンモニウム NH_4Cl を水酸化カルシウム $Ca(OH)_2$ とともに加熱すると発生する。
b　炭化カルシウム CaC_2 に水を加えると発生する。

① 水に溶けやすく，下方置換により捕集する。
② 可燃性で無色であり，付加反応を起こす。分子の形は，直線形である。
③ 無色，無臭で，紫外線によって，互いに同素体の関係にある物質に変わる。
④ 無色で刺激臭があり，有毒である。還元剤としてはたらき，漂白剤としても利用される。
⑤ 黄緑色で刺激臭があり，有毒である。常温では空気より重い。
⑥ 刺激臭があり，空気より軽い。水溶液は，弱塩基性を示す。

問3　次の記述を読んで，下の(1)～(3)に答えよ。

アンモニア NH_3 と空気を混合し，800 ℃で白金 Pt 網に通じると，NH_3 は酸化されて，気体 A になる。気体 A を冷却し，酸素 O_2 と反応させると，気体 B が得られ，これを水に吸収させると硝酸 HNO_3 と気体 A ができる。さらに，生じた気体 A を再利用して，最終的にすべて HNO_3 になる。

(1) 気体 B の色を，次の①～④から選べ。　[18]

① 無色　② 淡青色　③ 黄緑色　④ 赤褐色

(2)　2.0 mol の NH_3 がすべて HNO_3 に変化するとき，生成する濃硝酸の質量〔g〕はいくらか。ただし，濃硝酸の質量パーセント濃度を 63 % とする。次の①〜⑥から最も近いものを選べ。　19

① 50　② 100　③ 150
④ 200　⑤ 250　⑥ 300

(3)　3.0 mol の銅 Cu が十分量の希硝酸または濃硝酸とそれぞれ完全に反応するとき，生成する気体 A および気体 B の物質量〔mol〕はいくらか。次の①〜⑧から最も近いものを選べ。

A：20
B：21

① 1.0　② 2.0　③ 2.3　④ 3.0
⑤ 4.0　⑥ 4.5　⑦ 6.0　⑧ 9.0

Ⅳ　次の問い(問 1 〜問 4)に答えよ。(25点)

問 1　エタン，エチレン，ベンゼンを炭素原子間の結合距離が長い順に並んでいるものを，次の①〜⑥から選べ。　22

	長い ⟷		短い
①	エタン	エチレン	ベンゼン
②	エタン	ベンゼン	エチレン
③	エチレン	エタン	ベンゼン
④	エチレン	ベンゼン	エタン
⑤	ベンゼン	エタン	エチレン
⑥	ベンゼン	エチレン	エタン

問2　グルコース $C_6H_{12}O_6$ を1 mol完全燃焼させるときに消費される酸素 O_2 の物質量〔mol〕はいくらか。最も近い数値を，次の①～⑨から選べ。 **23**

① 1　② 2　③ 3　④ 4　⑤ 5
⑥ 6　⑦ 7　⑧ 8　⑨ 9

問3　分子式 $C_xH_yO_z$ の有機化合物を1 mol完全燃焼させるときに消費される O_2 の物質量〔mol〕として，最も適当な数式を次の①～⑧から選べ。 **24**

① $x+y-2z$　② $x+\frac{y}{2}-z$　③ $x+\frac{y}{2}-\frac{z}{2}$
④ $x+\frac{y}{4}-\frac{z}{2}$　⑤ $\frac{x}{2}+\frac{y}{2}-\frac{z}{2}$　⑥ $\frac{x}{2}+\frac{y}{4}-\frac{z}{2}$
⑦ $\frac{x}{2}+y-z$　⑧ $\frac{x}{2}+\frac{y}{4}-z$

問4　次の記述を読んで，下の(1)～(3)に答えよ。解答にあたっては，同じものを繰り返し選んでもよい。

分子式 C_4H_8 である化合物**A**に水を付加させたところ，2種類の化合物**B**と**C**が生成した。**B**，**C**のそれぞれに二クロム酸カリウムの硫酸酸性水溶液を加え，十分に作用させたとき，**B**は反応せず，**C**からはカルボン酸が生成した。

(1)　化合物**B**として，最も適当なものを下の解答群から選べ。 **25**

(2)　化合物**C**として，最も適当なものを下の解答群から選べ。 **26**

<解答群>

① $CH_3-CH(OH)-CH_2-CH_3$　② $CH_3-CH_2-O-CH_2-CH_3$

③ $CH_2-CH_2-CH_2-CH_3$ (CH_2 に OH)

$$\begin{array}{l} CH_2-CH_2-CH_2-CH_3 \\ | \\ OH \end{array}$$

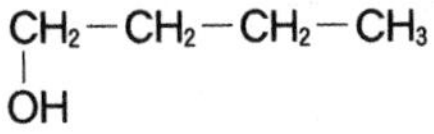

④

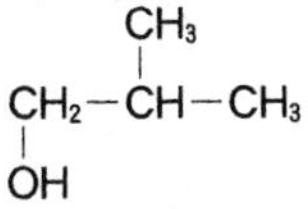

$$\begin{array}{ccccc} & & CH_3 & & \\ & & | & & \\ CH_2 & - & CH & - & CH_3 \\ | & & & & \\ OH & & & & \end{array}$$

⑤ $CH_3-O-CH_2-CH_2-CH_3$

⑥

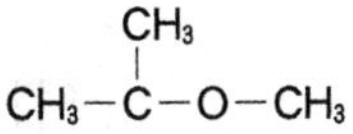

$$\begin{array}{ccccccc} & & CH_3 & & & & \\ & & | & & & & \\ CH_3 & - & C & - & O & - & CH_3 \end{array}$$

⑦

$$\begin{array}{ccccc} & & CH_3 & & \\ & & | & & \\ CH_3 & - & C & - & CH_3 \\ & & | & & \\ & & OH & & \end{array}$$

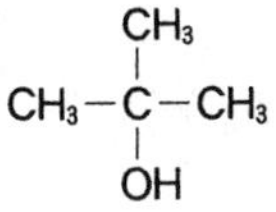

(3) 化合物Aに臭素 Br_2 を付加させたとき，生成する化合物に不斉炭素原子の数はいくつあるか。最も適当なものを，次の①～⑤から選べ。 **27**

① ない　② 1つ　③ 2つ　④ 3つ　⑤ 4つ

生　物

（2科目受験：2科目100分）
（1科目受験：100分）

I　次の文章を読んで，下の問い(問1～問4)に答えよ。(25点)

地球上に生息する多細胞生物は多種多様であるが，細胞で構成されているという共通点をもつ。細胞の発見は17世紀までさかのぼり，[1]が顕微鏡でコルクの切片を観察したことによる。さらに[2]や[3]が，植物や動物は細胞を基本単位としてできているという「細胞説」を提唱した。

生物の共通の祖先は単細胞生物であったと考えられている。そこから$_{ア)}$進化の過程でそれぞれの生物に固有の特徴が生じたが，それらを構成する細胞の構造やはたらきには，現在でも共通性が認められる。

問1　文章中の空欄[1]～[3]に入れるのに最も適当なものを，次の①～⑥から選べ。ただし，[2]・[3]の順序は問わない。

① シュライデン　② シュワン　③ フック
④ メチニコフ　⑤ ラボアジエ　⑥ リンネ

問2　下図は真核細胞を模式的に示したものである。図中(A)～(E)で示す構造の説明として正しいものはどれか。最も適当なものを，次ページの解答群からそれぞれ選べ。

(A)：[4]　(B)：[5]　(C)：[6]
(D)：[7]　(E)：[8]

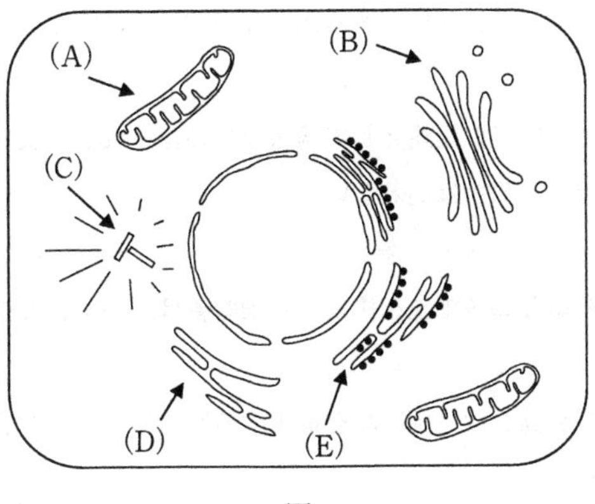

図

< 4 ～ 8 の解答群>

① アクチンフィラメントと結合し，細胞どうしを強く結合させている構造である。

② 一重の膜でできた袋状の構造で，内部の細胞液には栄養物質や老廃物の他，アントシアンなどの色素も含む。

③ 一重の膜でできた袋状の構造で，脂質の合成や細胞質のカルシウムイオンの濃度調節などを行う。

④ 一重の膜でできた袋状の構造で，ここで合成されたタンパク質はさらにゴルジ体へと輸送される。

⑤ 合成されたタンパク質を受け取り，糖鎖の付加などを行った後，それを細胞外へ分泌する構造である。

⑥ 光合成を行うことでATPや有機物を合成する構造である。

⑦ 呼吸(好気呼吸)の場であり，盛んにATPを合成する構造である。

⑧ 種々の分解酵素を含み，細胞内で生じた不要な物質や細胞外から取り込んだ異物などを分解する構造である。

⑨ 二重の膜で囲まれた構造で，その内部ではリボソームRNAやmRNA(伝令RNA)などが合成されている。

⓪ 微小管の形成の起点となる構造である。

問3　細胞を構成する生体膜に関する次の問い(1)，(2)に答えよ。

(1)　生体膜についての記述として適当なものはどれか。次の①～⑤から２つ選べ。ただし，順序は問わない。　9　10

①　原核細胞と真核細胞を構成する細胞膜は，いずれも脂質二重層という構造から成っている。

②　原形質流動とは，細胞膜を構成する脂質やタンパク質が膜上を自由に動く現象をいう。

③　細胞膜は，親水性のアミノ酸，糖類，イオンを通しやすい構造をもつ。

④　真核細胞の細胞膜のタンパク質が，細胞の内側で細胞骨格とつながっていることがある。

⑤　生体膜を構成するリン脂質は，親水性の部分を膜の内側に，疎水性の部分を膜の外側にして二重層を形成している。

(2)　真核生物の細胞を異なった濃度の溶媒に浸すと，細胞膜を通して水の移動が起こる。この現象に関する次の記述ａ～ｃのうち正しいものはどれか。最も適当なものを，次の解答群から選べ。　11

ａ．植物細胞を低張液に浸した時に，細胞壁に加わる圧力を膨圧という。

ｂ．植物細胞を低張液に浸すと，原形質分離が起こる。

ｃ．赤血球を高張液に浸すと赤血球は吸水して膨張し，溶血する。

問4　文章中の下線部ア)について，真核生物が進化の過程でもつようになった細胞小器官のミトコンドリアや葉緑体に関する次の記述ａ～ｃのうち正しいものはどれか。最も適当なものを，下の解答群から選べ。　12

ａ．真核生物の祖先となる細胞にミトコンドリアや葉緑体のもとになる原核生物が共生して生じた細胞小器官と考えられ，このような考えを細胞内共生説という。

b．ミトコンドリアは外膜と内膜で構成されるが，葉緑体は外膜と内膜に包まれた内部に，チラコイドとよばれる構造が存在する。

c．ミトコンドリアや葉緑体にはDNAが存在するが，これは核に存在するDNAとは別に独自の遺伝情報をもっている。

＜ 11 ・ 12 の解答群＞

① a	② b	③ c
④ aとb	⑤ aとc	⑥ bとc
⑦ aとbとc	⑧ a，b，cのいずれでもない	

Ⅱ　次の文章を読んで，下の問い(問1～問8)に答えよ。(25点)

親の形や性質などの特徴が，子や子孫に現れることを遺伝という。遺伝によって親から子に伝わる情報を遺伝情報といい，それを担うものが遺伝子である。a)遺伝子の本体はDNAであることが明らかにされている。DNAは，[13]という単位がつながってできている。また，[13]は，糖に塩基とリン酸が結合したものである。[13]は，(あ)が(い)を介してとなりの[13]とつながって長大な分子を形成している。DNAで使われる(あ)は，RNAで使われるものと異なっている。遺伝情報は，(う)の並びとしてDNAに保持されている。

下の表1は，いろいろな生物材料およびウイルスのDNAを解析し，各塩基の割合(%)と核1個当たりの平均DNA量を示したものである。

表1

生物材料	DNA中の各塩基の割合(%)				核1個当たりの平均DNA量($\times 10^{-12}$g)
	A(アデニン)	G(グアニン)	C(シトシン)	T(チミン)	
ア	36.9	12.5	13.2	37.4	2.4
イ	27.8	22.3	22.1	27.8	3.2
ウ	29.1	20.8	21.2	28.9	6.5
エ	32.2	18.2	17.5	32.1	44.5
オ	24.0	25.9	25.9	24.2	54.8
カ	29.6	20.1	20.5	29.8	
キ	31.1	19.1	19.1	30.7	
ク	24.8	25.4	25.1	24.7	
ケ	15.7	35.2	34.8	14.3	
コ	25.6	24.7	19.8	29.9	

問１　文章中の空欄 **13** に入れるのに最も適当なものを，次の①～⑤から選べ。

① グロブリン　② クロマチン　③ ヌクレオシド
④ ヌクレオチド　⑤ ヒストン

問２　文章中の(あ)～(う)の組み合わせとして，最も適当なものを，次の表の①～⑨から選べ。 **14**

	(あ)	(い)	(う)
①	塩基	糖	塩基
②	塩基	糖	糖
③	塩基	糖	リン酸
④	糖	リン酸	塩基
⑤	糖	リン酸	糖
⑥	糖	リン酸	リン酸
⑦	塩基	リン酸	塩基
⑧	塩基	リン酸	糖
⑨	塩基	リン酸	リン酸

問３　文章中の下線部ａ)に関する記述として正しいものを，次の①～⑤から２つ選べ。ただし，順序は問わない。 **15** **16**

① DNA の分子構造を提唱したのは，ワトソンとクリックである。
② DNA は，タンパク質，糖質，脂質の情報をコードしている。
③ 真核生物において，遺伝物質としての DNA は，核のみに存在している。
④ DNA の複製のしくみは，半保存的複製とよばれる。
⑤ 遺伝子の本体が DNA であることを証明したハーシーとチェイスの実験では，肺炎双球菌が使用された。

問4　DNAは，通常二重らせん構造をとっているが，例外的に，1本鎖のDNAを遺伝物質としてもつものも存在している。表1の中で，1本鎖のDNAを遺伝物質としてもつものはどれか。最も適当なものを，次の①～⑤から選べ。

17

①　カ　　②　キ　　③　ク　　④　ケ　　⑤　コ

問5　表1の核1個当たりの平均DNA量が記載されている生物材料の中に，同じ生物の肝臓と精子に由来したものがそれぞれ一つずつ含まれている。この生物の肝臓由来のものとして最も適当なものを，次の①～⑤から選べ。

18

①　ア　　②　イ　　③　ウ　　④　エ　　⑤　オ

問6　この表1以外の新しい生物材料からDNAを分析したところ，T(チミン)がG(グアニン)の2倍含まれていることがわかった。このDNAにおけるA(アデニン)の理論上の割合として最も適当なものを，次の①～⑤から選べ。

19

①　12.4　　②　21.2　　③　25.8　　④　33.5　　⑤　41.1

問7　転写に関する次の文章中の空欄 20 ～ 22 に入れるのに最も適当なものを，下の解答群から選べ。

大腸菌のラクトースオペロンの転写調節において，グルコース存在下で，20 が 21 に結合すると，22 は，転写を行うことができない。一方，グルコースが培地中に無くなり，ラクトースだけが存在する場合，20 が 21 に結合できないことにより，22 が機能し，オペロンの転写が始まる。

< 20 ～ 22 の解答群 >

① RNA ポリメラーゼ ② DNA ヘリカーゼ
③ DNA ポリメラーゼ ④ DNA リガーゼ
⑤ オペレーター ⑥ プロモーター
⑦ リプレッサー

問 8 大腸菌は 450 万塩基対の環状 DNA をもっている。また，大腸菌の DNA の複製は，1 つの複製起点から生じ，大腸菌の DNA 合成酵素は，1 秒当たり 1500 個の 13 を結合することができる。このとき，大腸菌の DNA の 1 回の複製には何分かかるか，記入例にしたがってマークせよ。ただし，小数点以下は四捨五入し，整数で求めよ。また，いずれの解答も正しい場合にのみ点が与えられる。

十の位 一の位
複製の長さ： 23 24 分

23 24 の記入例
解答が 100 分以上の場合は 23 に⓪，24 に⓪をマークする。
解答が 90 分の場合は 23 に⑨，24 に⓪をマークする。
解答が 9 分の場合は 23 に⓪，24 に⑨をマークする。
解答が 1 分以下の場合は 23 に⓪，24 に①をマークする。

Ⅲ　次の文章を読んで，下の問い(問1～問8)に答えよ。(25点)

ヒトの体の周囲に存在する細菌やウイルスの中には，体内に侵入すると，病気を引き起こすものがある。ヒトの体は，物理的・化学的防御によって，これら病原体の体内への侵入を防いでいる。皮膚の表面を覆う表皮の最外層は(あ)とよばれ，病原体の侵入を物理的に防いでいる。また，汗腺や皮脂腺からの分泌物によって皮膚表面は(い)に保たれることで，病原体の繁殖を防いでいる。さらに，涙やだ液には，細菌の細胞壁を分解する酵素である **26** などが含まれている。

これら物理的・化学的防御を突破して，体内に病原体が侵入した場合も，これらを排除する免疫のしくみが備わっている。これら免疫のしくみを活用することで，予防接種や血清療法など医療への応用がなされ，さまざまな病気の予防や治療に役立っている。予防接種では，弱毒化または死滅させたウイルスや細菌などのワクチンを接種する。ワクチンの接種によって弱い$_{ア)}$一次応答を引き起こし，その後，実際に病原体に感染した際には$_{イ)}$二次応答が起こるので，感染症の発症を予防したり，発症しても症状を軽減することができる。血清療法では，ハブなどの毒ヘビにかまれた場合に，$_{ウ)}$ある成分を豊富に含む血清を用いることで，体内のヘビ毒を除去することができる。

一方，免疫の反応が起こらなかったり，病原体以外のものに免疫反応が起こることが原因となる病気がある。$_{エ)}$花粉症では，スギなどの花粉がアレルゲンとなり，花粉が目や鼻の粘膜に付着すると，くしゃみや鼻水，目のかゆみなどのアレルギー症状が現れる。$_{オ)}$後天性免疫不全症候群(AIDS)は，ヒト免疫不全ウイルス(HIV)への感染によって起こる病気であり，感染によって免疫機能が極端に低下すると，日和見感染を起こしやすくなる。

問1　文章中の空欄(あ)と(い)に入れるのに最も適当な組み合わせを，次の表の①～⑥から選べ。　**25**

	(あ)	(い)
①	角質層	弱アルカリ性
②	角質層	中性
③	角質層	弱酸性
④	真皮	弱アルカリ性
⑤	真皮	中性
⑥	真皮	弱酸性

問2　文章中の空欄 **26** に入れるのに最も適当なものを，次の①～⑥から選べ。

①　アミラーゼ　　②　カタラーゼ　　③　サイトカイン
④　トリプシン　　⑤　ペプシン　　⑥　リゾチーム

問3　文章中の下線部ア)に関して，接種されたワクチンは体内で抗原と認識されて，適応免疫(獲得免疫)がはたらく。その際に体内で起こる次の記述A，Bの免疫反応は，下の解答群のどの細胞の反応に該当するか。最も適当なものを，それぞれ解答群から選べ。

A．抗原提示を受けて活性化すると増殖し，マクロファージが提示する抗原と特異的に結合することで，マクロファージを活性化する。　**27**

B．食細胞の1つで，抗原を食作用によって細胞内に取り込んで分解し，リンパ節に移動して細胞表面に抗原の一部を提示する。　**28**

<解答群>

①　NK細胞　　②　キラーT細胞　　③　樹状細胞
④　B細胞　　⑤　ヘルパーT細胞

問4　抗体は免疫グロブリンとよばれるタンパク質からできている。図は免疫グロブリンの構造を示している。下の問い(1)，(2)に答えよ。

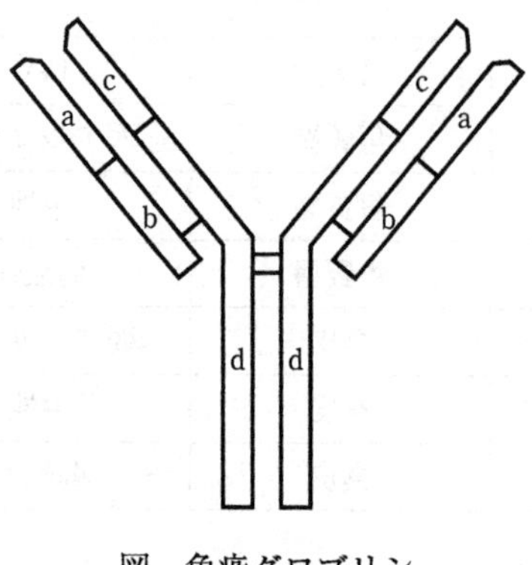

図　免疫グロブリン

(1)　次の記述A～Cは，図のどの部位に該当するか。それぞれ最も適当なものを，下の解答群から選べ。

A．可変部とよばれ，抗原が結合する。　29

B．L鎖における定常部である。　30

C．H鎖にあり，マクロファージのFc受容体と結合するFc領域が存在する。　31

<解答群>

① aのみ　② bのみ　③ cのみ　④ dのみ
⑤ aとb　⑥ aとc　⑦ aとd　⑧ bとc
⑨ bとd　⓪ cとd

(2)　ヒトの免疫グロブリンに関する次の記述①～④のうち，正しいものはどれか。最も適当なものを選べ。　32

① 1つの形質細胞(抗体産生細胞)からは，複数種類の免疫グロブリンが

産生される。

② B細胞受容体(BCR)は，免疫グロブリンと同じY字型の構造をもつ。

③ H鎖を作る遺伝子配列には，多様な抗原に対応するため，100万種類以上の遺伝子の配列が並んでいる。

④ 1種類の免疫グロブリンは，複数種類の異なる構造の抗原と結合することができる。

問5　文章中の下線部イ)について，二次応答のしくみや医療への応用に関する次の記述①～④のうち，正しいものはどれか。最も適当なものを選べ。 33

① 記憶細胞となるのは，B細胞とヘルパーT細胞であり，キラーT細胞は記憶細胞とはならない。

② 一次応答の際に産生された抗体は，減少することなく，そのほとんどが体内に残り続けるため，同じ抗原を有する病原体が体内に侵入してもすみやかに抗原抗体反応が起こる。

③ インフルエンザのワクチンでは，接種した不活化したインフルエンザウイルスの一部がリンパ節や血液中に残り続けるため，実際の感染の際にすみやかに抗体を産生させることができる。

④ ツベルクリン反応で陽性の人の接種箇所が赤く腫れるのは，結核菌の抗原に対して記憶細胞がすみやかに反応し，細胞性免疫が急速にはたらいて炎症が起こるためである。

問6　文章中の下線部ウ)について，次の①～⑤のうち，「ある成分」として正しいものはどれか。最も適当なものを選べ。 34

① ヘビ毒に対する抗体

② ヘビ毒に対して特異的に結合するキラーT細胞

③ ヘビ毒に対する抗体を産生する形質細胞(抗体産生細胞)

④　ヘビ毒を抗原として認識するヘルパーT細胞

⑤　無毒化または弱毒化したヘビ毒の分解物

問7　文章中の下線部エ)について，花粉症が起こるしくみに関する次の記述a～eのうち，正しいものはどれか。最も適当な組み合わせを，下の解答群から選べ。　**35**

a．花粉から流出したタンパク質が抗原となり，マクロファージからのサイトカインの過剰な分泌を引き起こすことで，アレルギー症状が起こる。

b．花粉から流出したタンパク質が抗原となり，形質細胞(抗体産生細胞)から抗原に対するIgEとよばれる抗体が産生される。

c．花粉から流出したタンパク質がNK細胞の過剰な活性化を引き起こす。

d．花粉から流出したタンパク質がマスト細胞の表面に付着することで，マスト細胞からアレルギー症状を引き起こすIgEとよばれる抗体が産生される。

e．花粉から流出したタンパク質に対するIgEとよばれる抗体がマスト細胞に付着し，そこへ再び花粉の抗原が結合すると，マスト細胞からアレルギー症状を引き起こすヒスタミンが放出される。

<解答群>

①　aとb	②　aとc	③　aとd	④　aとe
⑤　bとc	⑥　bとd	⑦　bとe	⑧　cとd
⑨　cとe	⓪　dとe		

問8　文章中の下線部オ)について，HIVはヘルパーT細胞に感染して破壊することで免疫機能の大幅な低下を引き起こす。ヘルパーT細胞が破壊されることで起こる次の記述a～cの現象のうち，正しいものはどれか。最も適当なものを，下の解答群から選べ。　**36**

a．キラーT細胞の活性化や増殖が低下する。

b．B細胞の活性化や形質細胞(抗体産生細胞)への分化が低下する。

c．体液性免疫と細胞性免疫の両方の機能が低下する。

<解答群>

①　a　②　b　③　c
④　aとb　⑤　aとc　⑥　bとc
⑦　aとbとc　⑧　a，b，cのいずれでもない

Ⅳ　次の文章を読んで，下の問い(問1～問5)に答えよ。(25点)

ヒトの肝臓は，体内最大の臓器で，約50万個の機能単位 37 が集まって形成される。それぞれの 37 は，約50万個の 38 を含む。肝臓には，肝動脈，ア)<u>肝門脈</u>などの血管が通っており，これらの血管から分かれた枝が内部に入り込み，血液と 38 との間で物質がやりとりされている。イ)<u>肝臓にはさまざまなはたらき</u>があり，血液中のウ)<u>グルコース濃度(血糖値)の調節</u>にも大きな役割を果たしている。エ)<u>糖尿病</u>は，慢性的に血糖値が高くなる病気である。

問1　文章中の空欄 37 ， 38 に入れるのに最も適当なものを，次の①～⑨から選べ。

①　NK細胞　②　幹細胞　③　肝細胞
④　肝小葉　⑤　肝静脈　⑥　糸球体
⑦　樹状細胞　⑧　ネフロン　⑨　ボーマンのう

問2　文章中の下線部ア)の肝門脈についての次の記述①～④のうち，正しいものはどれか。最も適当なものを選べ。 39

① 動脈血が流れている。

② 腎臓で破壊された赤血球の成分を含む。

③ 消化管で吸収されたグルコースやアミノ酸などを豊富に含む。

④ 胆のうに蓄えられた胆汁は，肝門脈を通って十二指腸へ送られる。

問３　文章中の下線部イ）の肝臓のはたらきについての記述として**誤っているもの**を次の①〜⑥から２つ選べ。ただし，順序は問わない。　40　41

① 体温の調節に役立っている。

② オプシンとレチノールからロドプシンを合成する。

③ ビリルビンを含む胆汁を生成する。

④ 体内で生じた尿素を，アンモニアに変換する。

⑤ アルコールや薬物などを酵素によって分解する。

⑥ アルブミンや血液凝固にかかわるタンパク質を合成する。

問４　文章中の下線部ウ）の血糖値の調節に関する次の模式図を見て，次ページの問い(1)，(2)に答えよ。

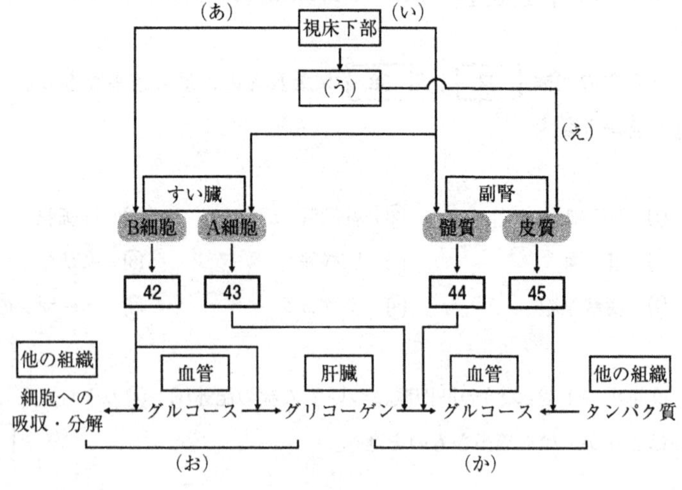

図

(1) 図中の空欄 42 ～ 45 に入れるのに最も適当なものを，次の①～⑨から選べ。

① アセチルコリン　② アドレナリン　③ インスリン
④ グルカゴン　⑤ 鉱質コルチコイド　⑥ 成長ホルモン
⑦ チロキシン　⑧ 糖質コルチコイド　⑨ バソプレシン

(2) 図に関する記述として正しいものを，次の①～⑧から２つ選べ。ただし，順序は問わない。 46 47

① (あ)は交感神経，(い)は副交感神経のはたらきを表している。
② (う)は脳下垂体後葉であり，(え)は副腎皮質刺激ホルモンのはたらきを表している。
③ (お)により血糖値が低下，(か)により血糖値が上昇する。
④ (あ)による刺激だけでなく，血糖値が上昇した血液がすい臓を流れた場合にも， 42 が分泌される。
⑤ 43 や 44 は，グリコーゲンの分解を抑制することで，血糖値を上昇する。
⑥ 45 は，グリコーゲン分解を促進するタンパク質の合成を促進する。
⑦ 43 の血中濃度は，食事をとった直後に，一時的に上昇する。
⑧ 上昇した血糖値をもとに戻すホルモンは， 42 と 45 である。

問５　文章中の下線部エ)の糖尿病に関する次の記述ａ～ｃのうち正しいものはどれか。最も適当なものを，下の解答群から選べ。 48

ａ．Ⅰ型糖尿病は，すい臓のランゲルハンス島Ａ細胞が破壊されることが原因となる。
ｂ．Ⅱ型糖尿病では，血糖値を下げる作用をもつホルモンの分泌量低下や標的細胞での作用低下が原因となる。
ｃ．Ⅰ型，Ⅱ型糖尿病とも生活習慣病の１つである。

＜解答群＞

① a	② b	③ c
④ aとb	⑤ aとc	⑥ bとc
⑦ aとbとc	⑧ a，b，cのいずれでもない	

F色を剝ぎ取ることに一役買った。

⑤　六〇年代末期から七〇年代初期にかけて怪獣特撮映画は、ＵＭＡブームの影響を受け、一斉に新生古生物たちの活躍する恐竜映画を作り出した。

⑥　六〇年代末期に現れた、怪獣映画と明確に一線を画した恐竜映画というジャンルは、古生物学ブームの影響よりもＵＭＡブームの影響を多く受けている。

ＭＡとしての怪獣が存在感のあるモンスターになったということ。

③　巨大生物は実際にはいないと多くの人が信じている時代にあって、ＵＭＡの存在は真偽不確かながら目撃情報はあるので、当時のモンスターという呼び名を独占したということ。

④　ゴジラがフィクションとして作り出されていない時代において、戦前に発見されたニッポンリュウが、唯一日本人にとって身近な巨大生物なので、ゴジラと呼ばれていたということ。

⑤　まだ怪獣映画が作られていない時代では、以前は手の届かない存在であった恐竜が日本各地で続々と発見されたために、恐竜が登場する映画だけが作られていたということ。

問十一　文中の傍線部**6**〈いずれにせよ怪獣特撮映画は、時代ごとに、作品ごとに少しずつ異なった世界観を提示してしまう、見ようによってはちょっと興味深いジャンルなのである〉とあるが、筆者が述べる怪獣特撮映画の変遷についての説明として適当なものを、次の選択肢の中から**二つ**選べ。ただし、解答の順序は問わない。 **40** 、 **41**

①　恐竜から派生した怪獣は、『メカゴジラの逆襲』（一九七五年）のころには、恐竜とは別の存在となっており、物語で与えられた役割を演じる存在となっている。

②　『ゴジラの逆襲』（一九五五年）におけるゴジラは古生物として登場しており、その意味で、怪獣特撮映画がいずれ失っていくＳＦ色の強さをとどめている。

③　ゴジラは『怪獣総進撃』（一九六八年）では恐竜として登場するが、『メカゴジラの逆襲』（一九七五年）では恐竜とは異なる怪獣として登場する。

④　七〇年代に起こった古生物学ブームによって、恐竜映画という新たなジャンルが生まれ、それは怪獣特撮映画からＳ

問九　文中の傍線部**4**〈これは、モンスター映画に本来のSF性を取り戻そうとする傾向と見えないこともない〉とあるが、なぜ筆者はこのように言うのか。その理由として最も適当なものを、次の選択肢の中から選べ。 **38**

①　モンスター映画が怪獣の出自の説明に科学的根拠を必要としなくなった時代にあって、恐竜映画は古生物に出自のある恐竜が登場する点で科学的根拠を有するから。

②　モンスター映画が怪獣の出自よりも物語での役割を重視するようになった時代にあって、恐竜映画は物語での恐竜の役割には無関心だが恐竜の出自にだけはこだわるから。

③　モンスター映画が怪獣を人々にとって身近な存在にし現実味のあるキャラクターに造形する時代にあって、恐竜映画はあくまでも想像上の生物としてモンスターを登場させるから。

④　モンスター映画が怪獣を人間の味方として描く時代にあって、恐竜映画は古生物に出自のある恐竜を登場させることで人々にとって手の届かない存在として恐竜を位置づけているから。

⑤　モンスター映画が、新種の恐竜として怪獣を作り出し登場させている時代にあって、恐竜映画は学問的に存在が認定されている古生物を登場させるから。

問十　文中の傍線部**5**〈モンスターのいなかった時代における恐竜は、人々にとってモンスターの納まるべき地位を占めた〉とあるが、これは何を言っているのか。その説明として最も適当なものを、次の選択肢の中から選べ。 **39**

①　怪獣が恐竜とは未分化でモンスターというイメージがはっきりしていなかった時代に、日本人にとってモンスターとして想像できる存在は恐竜しかなかったということ。

②　恐竜が現代も生存しているとされた時代では、目撃情報のあるネッシーを探索してその実在が確認されたために、U

人の作った絵本のこと。

③『みっきーのねずみたいじ』という絵本における、退治されるネズミと、それと違和感なく共存するネズミとしてのミッキーマウスということ。

④『みっきーのねずみたいじ』は子ども向けの絵本でもあるが、広く知られたミッキーマウスの世界観を風刺する内容でもあるということ。

⑤ミッキーマウスは生き物のネズミでもあるが、ネズミから連想される性質を人格として造形したキャラクターでもあるということ。

問七　文中の空欄（X）を補うのに最も適当なものを、次の選択肢の中から選べ。 36

①怪獣　②カメ　③ガメラ　④恐竜　⑤人間

問八　文中の空欄（Y・Z）を補う語の組み合わせとして最も適当なものを、次の選択肢の中から選べ。 37

① Y 正統性　Z 愛玩動物
② Y 生物性　Z 正義の味方
③ Y 恐竜性　Z モンスター
④ Y 虚構性　Z 実体的な存在
⑤ Y 主体性　Z 操り人形

問五　文中の傍線部**2**〈奇妙な亜現実の世界〉とあるが、なぜ筆者は『メカゴジラの逆襲』の作品世界を「奇妙」というのか。その理由として最も適当なものを、次の選択肢の中から選べ。**34**

①　架空の怪獣であるゴジラの方が、トカゲとサカナのハイブリッドのような恐竜として登場するチタノザウルスより、恐竜らしく見えるから。

②　恐竜のイメージから生まれたはずのゴジラが、作品世界では恐竜とは一線を画した怪獣として明確に認識されているから。

③　人類の進歩と発展に寄与するはずの学者が、地球侵略を試みる異星人に協力して侵略兵器であるメカゴジラを使って街を破壊するから。

④　絶滅したはずの恐竜が実は生存しており、しかもそれを制御し得るという魅力的な学説であるにもかかわらず、世間では一顧だにされないから。

⑤　フィクションとしての怪獣であるゴジラの存在の方が、架空のものとはいえ恐竜として登場するチタノザウルスの実在よりも受け入れられているから。

問六　文中の傍線部**3**〈「レベルとメタレベル」の違いに相当するもの〉とあるが、これはどういうことか。その説明として最も適当なものを、次の選択肢の中から選べ。**35**

①　絵本の中でネズミを退治するミッキーマウスは真剣だが、実はその絵本の作者は冗談を込めた内容として創作していたということ。

②　ディズニーアニメという世界観と、その世界観を踏まえてキャラクターの特徴を誇張することで笑いを生み出す日本

問三　文中の空欄（A～C）を補うのに最も適当なものを、それぞれ次の選択肢の中から選べ。

A 30 、B 31 、C 32

①　あながち　②　いわば　③　かえって　④　かくして

⑤　それにしても　⑥　ところが　⑦　もしくは

問四　文中の傍線部1〈組み合わせの結果として、恐竜と怪獣の間に要らぬ一線が引かれてしまったのである〉とあるが、これはどういうことか。その説明として最も適当なものを、次の選択肢の中から選べ。 33

①　恐竜から派生した怪獣であったはずのゴジラと、本物の恐竜を模したゴロザウルスが組み合わされたことによって、恐竜と怪獣の間に明確な区別が生じてしまったということ。

②　恐竜と怪獣が現代において戦うという荒唐無稽な設定のせいで、怪獣特撮映画を受容する観客が、より空想的な作品世界を好む層に限定されることになってしまったということ。

③　恐竜の姿を模したゴロザウルスと、実際の恐竜を忠実に再現しようとしたゴジラとが同時に登場したために、ゴジラよりもゴロザウルスの方が怪獣とみなされてしまったということ。

④　組み合わせの結果として、恐竜は不気味な生き物として観客に認知され、怪獣は人類を守ってくれる、親しみのある存在として認知されることになってしまったということ。

⑤　本物の恐竜として登場したゴロザウルスと、怪獣として登場したゴジラとが作中で対決することで、恐竜と怪獣との間に埋めようのない力の差がつくことになってしまったということ。

c　シロ物　24
① 寛ダイな処置に感謝する
② 及ダイ点に届かない
③ 献花ダイに花を供える
④ 事務手続をダイ行する
⑤ 無理難ダイをふっかける

d　カク立　25
① いよいよカク悟を決める
② カク心を突く質問をする
③ クーデターをカク策する
④ 政府が減税をカク約する
⑤ 隣国でカク命が起きる

問二　文中の波線部（i～iv）の、ここでの意味として最も適当なものを、次のそれぞれの選択肢の中から選べ。

i　銀幕　26
① 映画の世界
② 虚構の世界
③ 作品の世界
④ 舞台の世界
⑤ 物語の世界

ii　デフォルメ　27
① 対象を異化すること
② 対象を分解すること
③ 対象を変形すること
④ 対象を無化すること
⑤ 対象を模倣すること

iii　揶揄される　28
① 嫌がられる
② からかわれる
③ けなされる
④ 残念がられる
⑤ 見放される

iv　SF　29
① 科学的な知識に基づいた空想の物語
② 現実には滅多にないような冒険的な物語
③ 自由な発想に基づき構築された架空の世界
④ 不安定な心理状態を描いた作品
⑤ 古くからの価値観を覆そうとする作品

（倉谷滋『怪獣生物学入門』による）

注　メカゴジラ――異星人の侵略兵器で、『メカゴジラの逆襲』では人間の側に立ったゴジラと戦い倒される。

カリカチュア――対象の特徴を大げさに描いた戯画や風刺画などのこと。

平成ガメラシリーズ――平成に入って制作されたガメラの映画の総称。ガメラとは、亀をモチーフにした怪獣で、『大怪獣ガメラ』（一九六五年）以降、続編が多くある。

ネッシー――イギリスのネス湖で目撃情報が相次いだ未確認生物のこと。後の未確認生物ブームの先駆けとなった。

コナン・ドイル原作の『ロスト・ワールド』――イギリスの作家であるコナン・ドイル（一八五九～一九三〇年）が一九一二年に発表した、恐竜が今も生きている秘境を探検する小説のこと。この小説を踏まえた作品が、時代を超えて小説や映画などで多く発表された。

問一　文中の二重傍線部（a～d）のカタカナを漢字に直したとき、同じ漢字を用いるものを、次のそれぞれの選択肢の中から選べ。

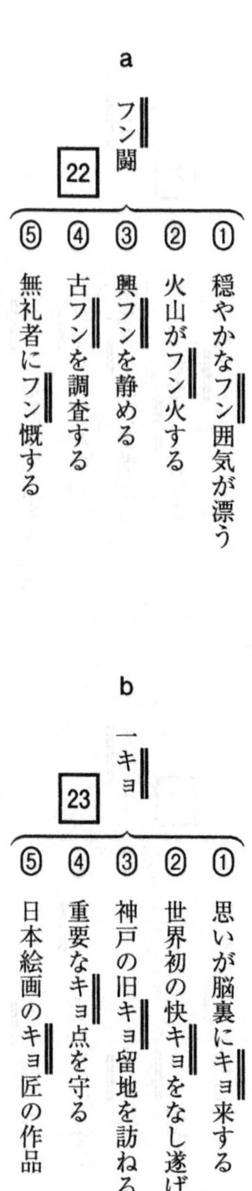

a　フン闘　22
① 穏やかなフン囲気が漂う
② 火山がフン火する
③ 興フンを静める
④ 古フンを調査する
⑤ 無礼者にフン慨する

b　一キョ　23
① 思いが脳裏にキョ来する
② 世界初の快キョをなし遂げる
③ 神戸の旧キョ留地を訪ねる
④ 重要なキョ点を守る
⑤ 日本絵画のキョ匠の作品

たとえば、一九六七年から放映された『怪獣王子』は、タイトルにこそ「怪獣」と付くものの、そこに登場するのは明瞭に古生物であり、とりわけ巨鳥ディアトリマ（最近では果実食性のトリだったと考えられているらしい）の登場でもって記憶されるべき、珍しい恐竜ＳＦドラマとしての体裁を持っていた。［C］、モンスターとの差異化を果たした、新生古生物たちの登場する舞台が設（しつら）えられたのである。

『怪獣王子』において、ブーメランを振り回す主人公の伊吹タケル少年（演・野村光徳）とつねに行動を共にするカミナリリュウは「ネッシー」と呼ばれ、そこには当時盛り上がり始めていた、いまでいうところの未確認生物（ＵＭＡ）ブームの影響が顕著である。つまりこれは、地層の中から掘り起こされた恐竜ではなく、いまでもこの地球のどこか、秘境に棲息（せいそく）しているかもしれないＵＭＡとしての恐竜なのである。つまりは、怪獣よりもむしろＵＦＯや雪男に近い存在といえようか。

一九六〇年代半ばの第一次怪獣ブームにより、もともと恐竜をベースにした怪獣世界がいつしか独自の道を歩むことになり、それに伴って怪獣がジャンル化したことが、本来の恐竜からの分化を進行させたらしい。その傾向は明瞭に六〇年代末期から七〇年代初期に起こっており、それ以前にはその区分けは存在しなかった。つまり、獣脚類だか哺乳類の祖先だか知らないが、古生物としてのゴジラとアンギラスが戦う一九五五年の『ゴジラの逆襲』は、その分化が進行していない時代の映画だからこそ、いまでもその限りにおいてＳＦ色の強い怪獣映画として観ることができ、本来の設定は当時存在していなかった恐竜映画のものだったのだ。それは、遠くコナン・ドイル原作の『ロスト・ワールド』とも完璧に地続きだったのである。5モンスターのいなかった時代における恐竜は、人々にとってモンスターの納まるべき地位を占めた。しかし、恐竜の生物学が現実味を増すにつれてモンスターは人格を伴うカリカチュアとなった。つまりは、ネズミならぬミッキーマウスと化した。そして、平成に至って「神格」さえまとってしまったが、それについては敢（あ）えて考えまい。6いずれにせよ怪獣特撮映画は、時代ごとに、作品ごとに少しずつ異なった世界観を提示してしまう、見ようによってはちょっと興味深いジャンルなのである。

ラがよく認知されているということを示すだけではない。むしろ、出自が明確に問われないゴジラは、この物語世界では役割が明確化された、いわば「ミッキーマウス的登場人物」となっているのであり、通常、ミッキーの「ネズミ性」が問われないのと同じ理由で、ゴジラの出自もまた、六〇年代末期から七〇年代にかけては問われない。すでに、この頃のゴジラは存在感のあるモンスターではなく、物語の中での正義の在処を指し示す一種のカリカチュアとしてしか機能していない。「正義の味方」になったゴジラが揶揄されることはこれまで度々あったが、その多くはむしろこの怪獣のカリカチュアライズ、もしくは「童話化」に対する批判だったと思われる。それは、モンスター映画からSF性が剝ぎ取られることとほぼ等しい。これが、恐竜から派生したモンスターたちの末路だったのである。

一九六〇年代初頭、日本人にとって恐竜は一種、手の届かぬ憧れの生物であったように記憶している。つまり、舶来の高級なシロ物であった。というのも、日本からは恐竜化石の発掘例はほとんどなく、わずかに戦前、樺太（サハリン）から発見されたニッポンリュウ（ニッポノサウルス・サハリネンシス：鳥盤類、カモノハシ恐竜の一種）があるだけだった。　A　一九六八年、（恐竜ではないが）フタバスズキリュウというクビナガリュウ（エラスモサウルス科）が福島県でほぼ完全な形で発見され、七〇年代にちょっとした古生物学ブームが起こっていたことを記憶している。続いて各地から多くの恐竜化石が報告されるようになり、いまに至っている。現実的で学問的な対象として、化石大型爬虫類は日本人にとって、次第に身近な存在になっていったのである。

　B　、早くも六〇年代末期には、怪獣映画と明確に一線を画した「恐竜映画」、もしくは「恐竜ドラマ」というジャンルが、少数ながらカク立し始めていた。これは、モンスター映画に本来のSF性を取り戻そうとする傾向と見えないこともない。古生物学的現実という科学的根拠に裏付けられた恐竜は、怪獣にまとわりついたキャラクター性を払拭するために好都合の素材だったのである。

はおらず、平成にいたってますますその哺乳類的、「鬼」的な表情と動きを顕著にしてゆくのである。

先述のことに関していつも思い出すのが、私が子供の頃絵本の中に見た、『みっきーのねずみたいじ』という不思議な話である。自宅の郵便受けの中にネズミが居ついたというので、ミッキーマウスが大フン[a]闘するというエピソードなのだがしかし、ちょっと待て。そもそもミッキー自身がネズミではなかったか。それがネズミを退治するとはいったいどういうことなのか。

じつは、ディズニーアニメに登場するミッキーやドナルドダックたちは、昔の童話におけるオオカミやキツネやクマにみるように、特定の類型的人格のカリカチュアとなっている。したがって、ミッキーもまた動物的に味付けされた人間のカリカチュアに他ならず、ネズミに見出(みいだ)されがちなキャラクターが漫画的にデフォルメ[ii]された形態として見えている――つまりはそれが、この一連のアニメの「文法」なのである。

そこまではいいのだが、そこに本物のネズミが出てくると話は一キョ[b]に複雑になる。なぜなら、「ネズミ」という記号の二重性がここではからずも露呈するからだ。おそらく、この話は日本の作家によるオリジナル作で、あまり何も考えずに絵本に掲載してしまったのだろう。しかし、それを見た幼い私には、かなり不思議な話だと感じられた。もちろんその概念も言葉も知らなかったが、あれはたしか、私が[3]「レベルとメタレベル」の違いに相当するものを人生において最初に感知した出来事ではなかったかと記憶している。要するに、子供に冗談は通じないのだ。聞くところによると、平成ガメラシリーズも、「 X のいない世界」という設定において製作されていたということらしいが、それもまたこのカリカチュア記号のダブりを避けることが目的であったと覚しい。

話を戻し、このような視点から再び『メカゴジラの逆襲』を観(み)ると、すでにこの頃のゴジラが本来の Y やモンスター性を失いつつあり、以前首都東京を蹂躙(じゅうりん)した太古のモンスターが、とうとうゴジラの着ぐるみを着けた Z となってしまっていることがよく分かる。ここで、本物の恐竜を登場させておきながら、ゴジラの出自を問わないのは、その世界でゴジ

の選択肢の中から選べ。21

① 与謝野鉄幹　② 石川啄木　③ 正岡子規　④ 斎藤茂吉　⑤ 北原白秋

Ⅱ　次の文章を読み、後の問い（問一〜問十一）に答えよ。（50点）

怪獣は少なくとも日本では恐竜の中から生まれ、いつの間にか恐竜とは別の何かとして独自の道を歩むに至った。では、日本映画史の中で怪獣が恐竜と決別したのは、一体いつのことだったのだろうか。

『怪獣総進撃』（一九六八年）では、本物の恐竜を模したゴロザウルスとゴジラが同一の場所に存在することにより、ゴジラの恐竜性が希薄になった。[1]組み合わせの結果として、恐竜と怪獣の間に要らぬ一線が引かれてしまったのである。また、『メカゴジラの逆襲』（一九七五年）では「チタノザウルス」という架空の恐竜が登場する（それがまた、トカゲとサカナのハイブリッドのような、どうにも実際の恐竜とは似ても似付かない風変わりな怪獣としか見えない）。そして、学会にそれを発表した真船信三博士（演・平田昭彦）が詐欺師呼ばわりされ、結果、この博士が世間に恨みを抱き、異星人の侵略兵器であるメカゴジラを操ることになるのである。

一方でその世界ではゴジラの存在は容認され、しかもそれは恐竜とは見なされていない。言い換えるなら、「怪獣は普通にいても良いが、恐竜の生存はなかなか信じてもらえない」という[2]奇妙な亜現実の世界がそこに立ち現れることとなった。これは、『ゴジラの逆襲』（一九五五年）において、ゴジラとアンギラスがともに恐竜として戦った背景とはかなり異なっている。

思えば、一度は銀幕上から姿を消し、一九八四年に復活して以来のゴジラは、わずかの作品を例外として恐竜的姿をまとって

背景から筆者はそれを肯定的に捉えているところに違いがある。

④ 日本の和歌はあくまで他人を動かしたときに成立するという、西洋との芸術観の違いを興味深く思う点が共通している。一方で、キーンは歌を詠む人間の背後にある超自然的な存在が他人の心を動かすと考えるが、筆者は何ものも背負わない人間が他人の心を動かすと考えるところに違いがある。

⑤ 人間の心から出てきたものが超自然的なものを動かすという日本の考え方を、西洋とは異なった珍しい考え方だとする点が共通している。一方で、キーンは他人への伝達を二義的な問題だと考えているが、筆者は芸術が自他関係の中ではじめて完結するものだと考えているところに違いがある。

問十　文中の傍線部**5**〈自他関係がなければ、表現そのものが実はまだ完結していないのだ〉とあるが、それはなぜか。その理由として最も適当なものを、次の選択肢の中から選べ。 **20**

① 芸術は自我の表現であるという考え方が、今日では常識になっているから。
② 芸術家は、その背後に何ものも背負わない存在だとされてきたから。
③ 芸術的な表現は、他人に副次的に伝達されると考えられるものだから。
④ 芸術は、個人が他人の心を動かすことで成り立つと考えられてきたから。
⑤ 二十世紀になって、他人の理解や伝達が問題にされるようになったから。

問十一　文中の破線部〈『古今集』という歌集〉とあるが、「貫之は下手な歌よみにて『古今集』はくだらぬ集に有之候(これありさうらふ)」（『歌よみに与ふる書』）と述べて批判し、「写生」を理想として近代の短歌革新を主導した歌人は誰か。最も適当なものを、次

③　ミケランジェロは自らが芸術家として高い名声を得ていることに鼻高々であったが、そんな彼に思い通りにダビデ像の鼻を低く削らせたことで、有力者は自分の力を誇らしく思い満足したということ。

④　ミケランジェロは権力を鼻に掛ける有力者を皮肉るためにわざと大きな音を立ててダビデ像の鼻を削ったが、有力者は皮肉に気付かずに自らを貶(おとし)める言葉を言ってしまい、墓穴を掘ったということ。

⑤　ミケランジェロはダビデ像の鼻を削ったふりをしていただけで実は何も直していなかったが、そのことに気付かなかったことで、有力者に芸術を評価する能力がないことがはっきりしたということ。

問九　文中の傍線部**3**〈たいへん珍しい考え方だ〉、傍線部**4**〈私にはたいへん興味深く思われるのです〉とあるが、ドナルド・キーンと筆者の考えはどのような点が共通しているか。また、どのような違いがあるか。その説明として最も適当なものを、次の選択肢の中から選べ。**19**

①　西洋の芸術家は神の世界にいるが、日本の芸術家は人間の世界にいるという考え方に興味を持っている点が共通している。一方で、西洋人のキーンは人間世界にいる芸術家を超自然的なものにつながる存在と捉えるが、筆者は芸術家をあくまで人間世界の関係の中で捉えるところに違いがある。

②　西洋では超越的なものに動かされて詩歌を作るが、日本では詩歌が他者を動かすという考え方の相違に関心を持っている点が共通している。一方で、キーンは詩歌が超自然的な存在を動かすという点に注目するのに対して、筆者は詩歌が他の人の心を動かす点に注目しているところに違いがある。

③　日本の詩歌は、西洋のそれとは異なり、人々が集まる社交の場で作られ人が他人を動かすことで成立すると考える点が共通している。一方で、芸術家は孤独だと考えるキーンはそれを否定的に捉えているが、日本の歌が作られた歴史的

① 学者と同等の合理的思考力を持ち、一般には理解できないような真実を追求するため、普通の人間からは近寄りがたく感じられるような超然としたイメージ。

② 超越的な真実を探求していれば、その表現に成功せず他人が理解しなくても責任を負わされることはなく、人間関係に煩わされずに生きるような放縦なイメージ。

③ 神の世界に属する超越的な真実を探究し、人間だけではなく神の心をも動かす創作をする、圧倒的な存在感で他人を寄せ付けないような峻厳（しゅんげん）なイメージ。

④ 人間を超えた真実を追求して表現するのが仕事で、他人からその作品を理解されることを必要とせず、一段高いところから他人を見下ろすような尊大なイメージ。

⑤ 何ものも背負わず自由な立場から創作活動をすることで、最高の真実を追求しており、他人から理解されなくても全く動じないような泰然自若としたイメージ。

問八　文中の傍線部**2**〈有力者は大きくうなずいて、「たいへんよろしい。鼻が低くなってずっとよくなった」といったというのです〉とあるが、これはどのようなことを示しているか。その説明として最も適当なものを、次の選択肢の中から選べ。 **18**

① ミケランジェロはわざと大きな音を立てながら必要以上に像の鼻を低く削ったが、鼻の低くなりすぎたそのダビデ像を褒めたことで、有力者が芸術を理解していないことが明らかになったということ。

② ミケランジェロは怒りのあまり力が入り、大きな音を立てて大理石の粉をまき散らしながら作業したが、それを熱心な仕事ぶりだと勘違いするくらい、有力者は芸術家の心情に無理解だったということ。

④　のど元過ぎれば熱さ忘れる

⑤　先生はいつも穏やかに話されていた

問四　文中の空欄（ア〜エ）を補うのに最も適当なものを、それぞれ次の選択肢の中から選べ。

ア 9 、イ 10 、ウ 11 、エ 12

①　たとえ　②　あるいは　③　むろん　④　なかんずく

⑤　それも　⑥　さらに　⑦　つまり　⑧　ただ

問五　文中の空欄（A〜C）を補うのに最も適当なものを、それぞれ次の選択肢の中から選べ。

A 13 、B 14 、C 15

①　伝統的　②　論理的　③　排他的　④　利己的

⑤　必然的　⑥　世俗的　⑦　圧倒的　⑧　進歩的

問六　文中の空欄（D）を補うのに最も適当なものを、次の選択肢の中から選べ。 16

①　感じた　②　うたれた　③　さいなまれた　④　さらされた　⑤　堪えなかった

問七　文中の傍線部1〈「傲然たる孤独者」とでもいうべき芸術家のイメージ〉とあるが、これはどのようなものか。その説明として最も適当なものを、次の選択肢の中から選べ。 17

c　シュウヤク　**3**

① 研究をシュウ大成する
② 凶器を押シュウする
③ シュウ到に準備する
④ 有シュウの美を飾る
⑤ シュウ人環視の的になる

d　セイチ　**4**

① 彼はセイ来の臆病者だ
② 反対派を粛セイする
③ 理路セイ然と話をする
④ セイ火ランナーになる
⑤ 森の妖セイに出会う

問二　文中の波線部（i〜iii）の意味として最も適当なものを、次のそれぞれの選択肢の中から選べ。

i　逸話　**5**

① よく知られた話
② あまり知られていない話
③ 昔から伝わる話
④ 忘れ去られた話
⑤ 事実かどうか疑わしい話

ii　やおら　**6**

① ゆっくり
② 突然
③ 力強く
④ 弱々しく
⑤ 無意識に

iii　ゆえん　**7**

① 方法
② 由緒
③ 証拠
④ 理由
⑤ 起源

問三　文中の波線部iv〈思われます〉の「れ」と文法的な意味が同じものはどれか。最も適当なものを、次の選択肢の中から選べ。　**8**

① 『源氏物語』は世界中で読まれている
② えも言われぬ香りが漂う
③ 過去の過ちが悔やまれてならない

どう理解されるかというようなことは、西洋の芸術家にとって非本質的な問題だ、といいかえてもよいでしょう。実際、私などが勉強した範囲でいっても、西洋の芸術論と呼ばれるもののなかで、創作にかかわる理論は d セイチでかつ立派なものがたくさんあります。ところが、鑑賞および批評についての理論は、概して近代も最近になるまで生まれてこなかったといえそうです。西洋の美学者にとって、他人の理解、あるいは端的にいって伝達ということが問題になってくるのは、ほとんど二十世紀のことだといってもいいでしょう。

これに対して、日本のばあいは、芸術というものはあくまで自分と他人との人間的関係――一言でいえば自他関係のなかではじめて完結するものであって、5 自他関係がなければ、表現そのものが実はまだ完結していないのだ、という考え方が有力であったといえるようです。

（山崎正和『室町記』による）

注　ドナルド・キーン――アメリカ出身の日本文学研究者（一九二二～二〇一九年）。

問一　文中の二重傍線部（a～d）のカタカナを漢字に直したとき、同じ漢字を用いるものを、次のそれぞれの選択肢の中から選べ。

a　ダイショウ　【1】
- ①　病気がショウ康を得る
- ②　上司の心ショウを害する
- ③　サンプルを無ショウで配る
- ④　スマホ依存に警ショウを鳴らす
- ⑤　信ショウ必罰を徹底する

b　キせられる　【2】
- ①　画キ的な発明をする
- ②　実家にキ省する
- ③　獄中生活の手キを残す
- ④　彼女はキ物が似合う
- ⑤　事業のキ模を拡大する

かすのだ、というふうにいっているわけです。

実はこの思想は中国の詩論を踏まえているのですが、それがさらに具体的な言葉で強く打ち出されたといえます。歌というものは人の心から生まれ出てきて、他人の心を動かすものだということが、一篇(いっぺん)の歌論の主張のすべてとして述べられているのです。キーンさんにとって不思議だというのは、西洋なら、詩人はかならず、超自然的な力、つまり超人間的な力に動かされて詩を作る、という考え方があるからで、その逆に、人間の心から出てきたものが超自然的なものを動かすというのは、3たいへん珍しい考え方だというふうに書いておられます。私もまったく同感で、超自然的なものはともかく、とくに歌があくまで他人を動かしたときに成立するのだという考え方が、4私にはたいへん興味深く思われるのです。

つまり、歌を作る個人は、ここではその背後に何ものをも背負っていません。超自然的なイデアやロゴスや、あるいは神というものを背負っておらず、もっぱら私的な感情を持ったただの個人であると考えられています。そして、その歌が歌であるiiiゆえんは、偉大なものを背後に背負っているからではなく、ひたすらほかの人間を動かしたからなのだ、というふうにいわれているところが面白いわけです。

考えて見れば、この貫之の考え方は、日本の歌が作られてきた歴史的背景とぴったり符合する、といえそうです。歌というものは、人々が集まる社交の場所で作られたわけで、そこで他人に感動を与え、他人の心を動かさなければすぐれた歌とはいえない、というのはたぶん当時の詩人の実感だったとiv思われます。つまり、現実にそういう場所から生まれてきた歌は、同時にそれを反映するような思想に支えられているわけなのです。

ここで、これまで述べてきたことを、少し抽象的にcシュウヤクしてみるとこういうことになりそうです。

西洋の芸術観によれば、芸術的な表現は神と個人のあいだで完結する、そしていったん完結したものが、他人にいわば副次的に伝達される、というふうにいっていいかと思います。つまり、伝達の問題はあくまで二義的なのであって、それが他人に

にしろ相手は町の有力者で、スポンサーの一人ですから、ぐっと我慢をして、[ii]やおらそこに落ちていた大理石の粉をひと握りつかんで、のみと金槌(かなづち)を持って高いところへ上りました。コツコツと聞こえよがしに音を立てて、その粉をパラパラと下へ落とし、「これでいかがですか」というと、[2]有力者は大きくうなずいて、「たいへんよろしい。鼻が低くなってずっとよくなった」といったというのです。

　これに似た逸話はけっして珍しいものではないのですが、ここで笑われているのは一般公衆の一人であり、芸術を理解しない世俗的な人間の代表者だといえます。芸術家はかくも理解されないものであり、理解されないがゆえに偉大なのだという考え方は、きわめて広くゆきわたっていて、たとえばベートーヴェンやシューベルトの孤独について、私たちは耳にたこができるほど聞かされています。

　ところが、こういう「傲然たる孤独者」という観念は、日本の芸術観の歴史のなかにはついに一度も現われてこなかったようです。むしろその正反対に、芸術家とは人間の世界のなかにいるものであり、それもごく普通の意味での人間関係のなかにいるものだという考え方が、いろいろなかたちでしばしば打ち出されていたといえそうです。

　たとえば『古今集』という歌集がありますが、これには序文が二つあって、そのうちの〈仮名序〉と呼ばれる平仮名の序文は、紀貫之の筆だということになっています。ところが、これを読んだコロンビア大学のドナルド・キーン教授が、その『日本文学入門』のなかでたいへん奇異の念に [D] ということを書いておられるのです。

　〈仮名序〉は「やまと歌はひとの心をたねとして、よろづの言(こと)の葉(は)とぞなれりける」ではじまっていて、つまり、日本の歌は人間の心から出てきたものだ、ということが強く主張されています。そして「ちからをもいれずしてあめつちを動かし、目にみえぬおに神(がみ)をもあはれと思はせ、男女(をとこをむな)のなかをもやはらげ、猛(たけ)きもののふの心をもなぐさむは歌なり」。つまり、歌は老若男女を問わず他人の心を動かし、荒あらしい侍や鬼のようなもの、もっといえば自然そのものや超自然的な存在をも動

ういう意味での孤独者なのだ、というのが西洋人の　C　な考え方です。

このばあい、芸術家は孤独ではあっても、一面、その分だけの[a]ダイショウをも与えられているわけで、彼は作品の制作に成功しさえすれば、どことなく、普通の人間よりも偉いのだという考え方もあったといえます。なにしろ、神の世界につながるような、あるいは超越的な真実につながるような精神内容を追求しているのですから、もし彼が表現に成功しさえすれば、当然、彼は普通の人間より一段偉いとされなければならない。したがって、彼の作品を他の人間が充分に理解するかしないかということも、彼の責任ではなく、むしろ鑑賞者の責任に[b]キせられるということになって来ます。もし、その芸術を多くの人たちが理解しないとすれば、それは最高の真実を理解しない大衆の方が悪いのであって、芸術家にはそれを他人に理解させるところまでの義務はない、ということになるわけです。ちょうど、原子物理学とか、あるいは哲学というような世界で、学者が難解なことをいって私たちがそれを理解しないとすれば、それは理解し得ない私たちの方が悪いのだ、ということになるのと同じことです。

この二つの考え方を綜合（そうごう）すると、そこにいわば[1]「傲然たる孤独者」とでもいうべき芸術家のイメージが浮かんできます。そして、やがて時代が下ってくると、このイメージをいわゆる近代的個人、あるいは近代的自我の観念がより強固に支えることになってきます。芸術というものは自我の表現であるという考え方は、広く今日の常識になっていますが、そういう通念が生まれてくる背後には、じつは芸術家は、本来、神に直結するものだという考え方があったからだ、といえるようです。

西洋の芸術史のなかにはこういう事情を物語る[i]逸話がたくさん残されています。事実かどうかはともかく、イタリア・ルネサンスの天才ミケランジェロにも、あの有名なダビデ像の制作をめぐって、いかにもありそうな逸話が伝えられています。

彼が、フィレンツェの町なかで巨大なダビデ像を彫っていた頃のこと、制作中の現場へ町の有力者が通りかかって、どうもこのダビデは鼻が少し高すぎるのじゃないか、と文句をつけたわけです。ミケランジェロは、当然、肚（はら）をたてるのですが、な

国語

（二科目受験：二科目一〇〇分）
（一科目受験：一〇〇分）

Ⅰ　次の文章を読み、後の問い（問一～問十一）に答えよ。（50点）

西洋では古くから、［ア］古典ギリシアの時代から、芸術家は孤独なものだという通念があり、それはほとんど世間の常識となっていたように思われます。［イ］、芸術家は孤独だということは、現代の日本人のあいだでもいわば常識となっていますが、これは日本が明治以後の西洋文明との接触によって得た、ひとつの新しい観念だといっていいでしょう。なぜ芸術家が孤独であるのかというと、それは一言でいえば、芸術の探求すべきものがつねに人間界を超えた神の世界に属していると考えられているからです。神の世界を満たしているものはイデアと呼ばれたり、［ウ］ロゴスと呼ばれたりしますが、ともかく人間を超えた超越的な真実とでもいうべきものがそこにあるわけで、これを表現するのが芸術家の仕事だという考え方が、ギリシア以来、近代にいたるまで続いているわけです。いわば芸術家の仕事は、科学者や哲学者が真実を追求してゆくのと同じ内容を含んでおり、［エ］その方法が違っているにすぎない、と考えられるのです。ところで、［A］な人間は目先の利害とか、あるいは常識的なものの考え方にとらわれていますから、そうした人々のなかで、ひとり最高の真実を追求する人間は［B］に孤独にならざるを得ない、ということになりましょう。芸術家は新しい発見をした学者や宗教家と同じく、そ

解答編

英語

I　解答　1―②　2―②　3―④　4―③　5―③　6―①　7―②

解説

《犬の起源》

1. ②が第1段第3・4文（All scientists today … evolved into dogs.）の内容と一致する。①と③は本文で言及されていない内容であるため誤り。④は前半の「犬が人間に飼いならされた最初の動物だったかどうかが」の部分が，第1段第5～7文（Were the dogs … the Paleolithic era.）の内容と一致しない。

2. ②が第2段第6文（Dogs are genetically …）の内容と一致する。①は第2段第6文（Dogs are genetically …）の内容と一致しない。③はappearance between humans and dogsの部分が第2段第2～4文（Modern wolves and … than wolf snouts.）の内容と一致しない。④は第2段第6・7文（Dogs are genetically … Wolves are not.）の内容と一致しない。

3. ④が第3段第1文（Because early dogs …）の内容に一致し正解となる。①・②・③は，いずれも第3段第1文（Because early dogs …）の内容に反するため誤りである。

4. ③が第3段第2～4文（But recently, a … wolf to dog.）の内容と一致する。②は第3段第4文（The skull, found …）の内容と一致しない。①と④は本文では言及されていない内容であるため誤り。

5. 第4段第1・2文（Another way to … River in China.）の内容と③が一致する。①は第4段第1文（Another way to …）の内容と一致しな

い。②は第４段第２文（In 2009, Peter …）の内容と一致しない。④は第４段第３文（This was about …）の内容に反するため誤りである。

6． ①が第５段第１・２文（In 2010, another … those in China.）の内容と一致する。②は第５段第３文（“We know that …）の内容と一致しない。③は第５段第１文（In 2010, another …）の内容に反する。④は第５段第２文（Using a larger …）の内容と一致しない。

7． 第６段第１文（University of Victoria …）の内容に①は一致しないが，②は一致する。③は第６段第５文（“I think we …）の内容と一致しない。④は第６段第３文（“We have evidence …）の内容と一致しない。

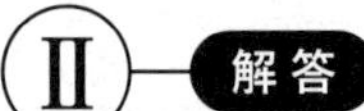
8―④　**9**―②　**10**―④　**11**―①　**12**―②

解説

《大学生の試験前の会話》

8． 空所を含むキムの発言に対して，ミチコが「あなたは今日は疲れてるに違いない。私は11時頃までしか起きてなくて，その後眠った」と発言している。このことから，空所にはキムが疲れているであろう原因を示す内容が入ると推測できる。よって，④が正解となる。be up all night は「徹夜する」を意味し，stay up all night と同意表現。

9． 空所を含む発言に続けて，キムが「これは最終試験だ」と述べていることから，キムがどのようなことを確実にしたかったのかを推測するとよい。よって，②を選択し，「確実にすべてをカバーしておきたかった」とするのが最適である。

10． 空所に続く発言で，ミチコは「留学プログラムに申し込むために，いい点数を取る必要がある」と述べている。ここから，もしこの試験で成績がよくなかった場合，そのことが成績に何をするのかを推測するとよい。よって，正解は④の「大きく影響する」である。

11． 空所は，「先生からそのことについて聞いたことを覚えていない」に続く発言であり，さらに空所での発言に対してミチコが「先週の授業で」と返答している。このことから，空所には「いつ」のことであったかを問う疑問文が入るとわかる。よって，①が正解。

12． ３つ目のミチコの発言で，試験には教科書が持ち込み可能であることが判明し，そのことを知らなかったキムは驚いているが，キムの１つ目，２つ目の発言からキムが試験の準備をしていることがわかるので，正解は②である。

Ⅲ　解答　13―④　14―④　15―③　16―②

解説

13.「私は，弟が母への誕生日プレゼントを来週来るときに持ってくるか気になっている」

本問での if 節は「～かどうか」を意味する名詞節である。本問での if 節の時制は next week があることから未来である。名詞節での未来は助動詞 will を用いて表す。よって，④が正解。

14.「私が学校の生徒会長に選ばれたことがあると彼に伝えたとき，あなたは彼の表情を見たはずだ」

時を示す副詞節である when 節の動詞が told で過去形であることから，主節の適切な時制を判断する。①と②は現在形であるため不適切。③の can have *done* の形は疑問文や間接疑問文で用いて「～したかもしれない」の意味になるが，本問は平叙文であるため不適切。よって，④が正解。shoud have *done* で「～したはずだ」と「～すべきだったのに」を意味する。本問では前者の意味で用いている。

15.「あなたが育った家を去るのは悲しいだろう」

形式主語 it を用いた it is＋形容詞「…なのは～だ」の構文。形容詞に続く真主語となるのは to 不定詞句，動名詞句，that 節である。よって，to 不定詞である③が正解。

16.「ドアを開けたままにしておいてくれませんか」

形容詞〔副詞〕＋enough to *do*「～するのに十分…」の構文。形容詞〔副詞〕は enough の直前に置かれることに注意する。この語順となっているものは②と④であるが，kind が形容詞であるため動詞として適切なものは be 動詞である。よって，②が正解。また，Would you be kind enough to *do*? で「～してくれませんか」を意味する会話での定形表現であることも覚えておくとよい。

Ⅳ 解答 17―① 18―③ 19―④ 20―② 21―③

解説

17.「我々全員，弁護士になるという彼の強い決心に感服せずにはいられない」

cannot but *do* は，cannot help *doing*「～せずにはいられない」の同意表現。動詞の原形 admire を後ろにつなげられるものは①のみである。

18.「試験後あなたの都合のいいときに，一緒に映画を見に行きましょう」

when you are availabe で「都合のいいときに」や「お手すきのときに」を意味する定形表現。②の convenient にも「都合のよい」の意味があるが，convenient は物や場所などを主語とし，人を主語として用いることができないため，本問では誤りである。

19.「子供たちはとても興奮していたので，彼らはほとんど話せなかった」

それぞれの選択肢の意味は，①painfully「苦しげに」，②unfortunately「不幸なほどに」，③yearly「毎年」，④hardly「ほとんど～ない」である。英文自体は，so ～ that …「とても～なので…」の構文である。本問では後半の that 節の内容として適切なものを推測する。前半の内容が that 節の原因であることを考慮すると，harldy を入れるのが文意として最適であると推測できる。よって，④が正解。hardly は準否定語で，それ自体に否定の意味が含まれることにも注意する。

20.「有権者たちは地元の候補者を大いに尊敬している」

hold *A* in high regard で「*A* を大いに尊敬している」を意味する定形表現。よって，②が正解。

21.「彼女はイギリスで学んでおり，英語が達者である」

have a good command of＋言語の形で，「～語が達者である」を意味する定形表現である。

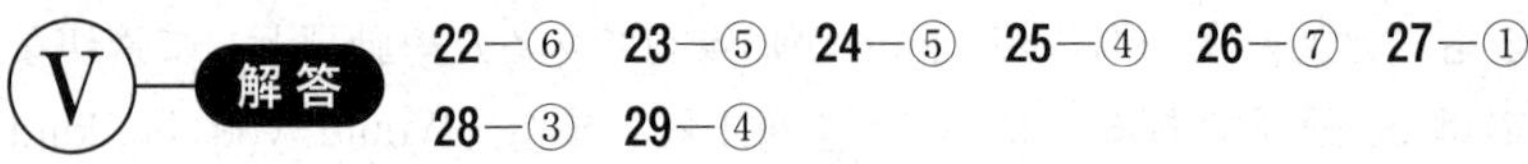
Ⅴ 解答 22―⑥ 23―⑤ 24―⑤ 25―④ 26―⑦ 27―① 28―③ 29―④

解説

完成した文は以下のとおり。

(A)(Kenji) isn't on good terms with Hanako as (he is angry with her at the moment.)

be on good terms with ～「～とよい仲である」を否定文で用いた表現。

(B)(The report shows there) is plenty of room for improvement on the (project.)

名詞 room は，可算名詞として用いると「部屋」を意味し，不可算名詞として用いると「空間，余地」を意味する。本問では room を不可算名詞として用いて，plenty of ～「十分な～」と組み合わせるとよい。

(C)(Our New Year's Eve plan is) up in the air(, but I will) let you know (as soon as we decide.)

be up in the air で「～は未決定である」を意味する表現。また，「お知らせします」の部分は，使役動詞 let を用いた let *A* *do*「*A* に～させる」の形で組み立てるとよい。

(D)(My parents bought) the house near the lake with the intention of living (there after retirement.)

with the intention of *doing* で「～するつもりで」を意味する表現。

数　学

◀数　学（1）▶

I　解答　1—③　2—⑦　3—②　4—②　5—②　6—③　7—②　8—②　9—⑧　10—⑧　11—②　12—①　13—②　14—②　15—②　16—②　17—①　18—⑥

解説

《小問3問》

(1)

$$\sqrt{x}=\frac{2}{3+\sqrt{5}}=\frac{2(3-\sqrt{5})}{(3+\sqrt{5})(3-\sqrt{5})}=\frac{3-\sqrt{5}}{2}$$

$$\sqrt{y}=\frac{2}{3-\sqrt{5}}=\frac{2(3+\sqrt{5})}{(3-\sqrt{5})(3+\sqrt{5})}=\frac{3+\sqrt{5}}{2}$$

$$\sqrt{x}+\sqrt{y}=\frac{3-\sqrt{5}}{2}+\frac{3+\sqrt{5}}{2}=3\quad(\to 1)$$

$$\begin{aligned}x+y&=(\sqrt{x}+\sqrt{y})^2-2\sqrt{x}\sqrt{y}\\&=3^2-2\cdot\frac{3-\sqrt{5}}{2}\cdot\frac{3+\sqrt{5}}{2}\\&=9-2=7\quad(\to 2)\end{aligned}$$

(2)

$$\begin{aligned}\frac{1}{2}<x<3 &\iff \left(x-\frac{1}{2}\right)(x-3)<0\\&\iff a\left(x-\frac{1}{2}\right)(x-3)>0\quad(a<0)\\&\iff ax^2-\frac{7}{2}ax+\frac{3}{2}a>0\end{aligned}$$

よって

$ax^2+7x+b=ax^2-\frac{7}{2}ax+\frac{3}{2}a$ が x の恒等式

$$\iff -\frac{7}{2}a=7,\ b=\frac{3}{2}a$$

$$\iff a=-2,\ b=-3\quad(\to 3\sim 6)$$

(3)　放物線①は，$x=2$ を軸とするから

$$y=a(x-2)^2+q \quad (a\neq 0)$$

とおける。①は，2点 A(0, 8)，B(3, 2) を通るから

$$8=4a+q \qquad 2=a+q$$

これを解いて　$a=2,\ q=0$

よって，放物線①は

$$y=2(x-2)^2=2x^2-8x+8 \quad (\to 7 \sim 10)$$

②は，①を平行移動したもので，①の頂点 C(2, 0) と原点 O を通るから，②の方程式は

$$y=2x(x-2) \iff 2(x-1)^2-2$$

②の頂点 T(1, −2) である。

この平行移動によって，頂点 C が頂点 T に移動するから，放物線②は，放物線①を x 軸方向に −1，y 軸方向に −2 だけ平行移動したものである。（→ 11〜14）

次に，△OAD と △OBC において，D は②上の第2象限の点だから，$\mathrm{D}(t,\ 2t^2-4t)\ (t<0)$ とおける。

A(0, 8)，B(3, 2)，C(2, 0) であり，辺 OA は y 軸上にあり

$$\mathrm{OA}=8$$

辺 OC は x 軸上にあり　$\mathrm{OC}=2$

$$\triangle\mathrm{OAD}=4\triangle\mathrm{OBC}$$

$$\frac{1}{2}\cdot 8(-t)=4\cdot\frac{1}{2}\cdot 2\cdot 2$$

$$t=-2$$

これは $t<0$ を満たす。

したがって　D(−2, 16)　(→ 15〜18)

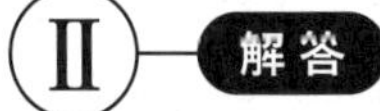

19・20—⑤・⑥（順不同）　**21**—③　**22**—④
23・24—③・④（順不同）　**25**—⑦　**26**—⑤　**27**—⑤
28—②　**29**—①　**30**—⓪　**31**—⑦　**32**—②

解説

《辺の長さと三角比の関係，正弦定理から得られる関係式》

問1. (1)　$\mathrm{BH}=\mathrm{AH}\tan\alpha=\tan\alpha$

$$\mathrm{CH}=\mathrm{AH}\tan\beta=\tan\beta$$

$$\mathrm{BC}=\mathrm{BH}+\mathrm{CH}=\tan\alpha+\tan\beta \quad (\to 19,\ 20)$$

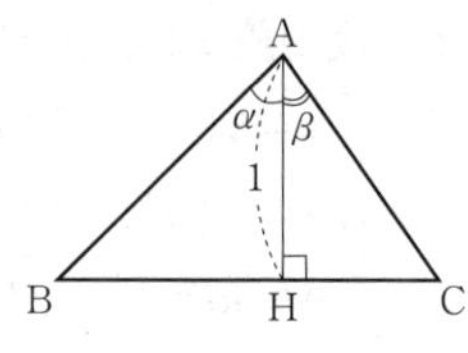

(2)

$$\cos\alpha=\frac{\mathrm{AH}}{\mathrm{AB}}=\frac{1}{\mathrm{AB}}$$

$$\mathrm{AB}=\frac{1}{\cos\alpha} \quad (\to 21)$$

$$\cos\beta=\frac{\mathrm{AH}}{\mathrm{AC}}=\frac{1}{\mathrm{AC}}$$

$$\mathrm{AC}=\frac{1}{\cos\beta} \quad (\to 22)$$

(3)　△ABC に正弦定理を用いて

$$\frac{\mathrm{BC}}{\sin(\alpha+\beta)}=\frac{\mathrm{AC}}{\sin(90^\circ-\alpha)}=\frac{1}{\cos\alpha\cos\beta} \quad (\to 23,\ 24)$$

問 2. (1)　$\angle\mathrm{ABC}=\theta$ とおく。

円に内接する四角形の対角より

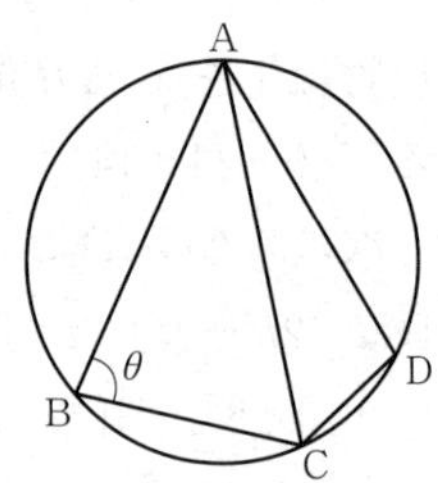

$$\angle\mathrm{CDA}=180^\circ-\theta$$

$$\cos(180^\circ-\theta)=-\cos\theta$$

$$\sin(180^\circ-\theta)=\sin\theta$$

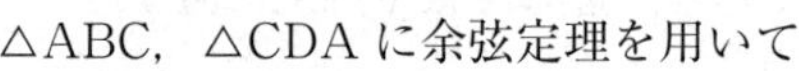
△ABC, △CDA に余弦定理を用いて

$$\mathrm{AC}^2=3^2+(\sqrt{2})^2-2\cdot3\cdot\sqrt{2}\cos\theta$$

$$=11-6\sqrt{2}\cos\theta \quad \cdots\cdots①$$

$$\mathrm{AC}^2=1^2+(2\sqrt{2})^2+2\cdot1\cdot2\sqrt{2}\cos\theta=9+4\sqrt{2}\cos\theta \quad \cdots\cdots②$$

②－① より　$0=-2+10\sqrt{2}\cos\theta$

$$\cos\theta=\frac{\sqrt{2}}{10} \quad (\to 28\sim30)$$

これを②に代入して　$\mathrm{AC}^2=\dfrac{49}{5}$

$\mathrm{AC}>0$ より　$\mathrm{AC}=\dfrac{7\sqrt{5}}{5}$　$(\to 25\sim27)$

(2)　四角形 ABCD の面積を S とする。

$\sin\theta>0$ より

$$\sin\theta=\sqrt{1-\cos^2\theta}=\sqrt{1-\left(\frac{\sqrt{2}}{10}\right)^2}=\frac{7\sqrt{2}}{10}$$

$$S=\triangle ABC+\triangle CDA$$
$$=\frac{1}{2}AB\cdot BC\sin\theta+\frac{1}{2}CD\cdot DA\sin(180^\circ-\theta)$$
$$=\frac{1}{2}\cdot\frac{7\sqrt{2}}{10}(3\sqrt{2}+2\sqrt{2})$$
$$=\frac{7}{2}\quad(\to 31,\ 32)$$

III 解答 **33**―⑤ **34**―⓪ **35**―④ **36**―⓪ **37**―① **38**―④ **39**―④ **40**―⑦ **41**―② **42**―⓪ **43**―① **44**―③ **45**―⑥ **46**―② **47**―② **48**―⑦

解説

《男子 4 人と女子 3 人が一列に並ぶ順列，3 個のさいころを同時に投げる試行の確率》

(1)(i) 異なる 7 人の順列の総数だから　$7!=5040$　(→ 33〜36)

(ii) 男子 4 人の順列を作り，男女交互になるように男子の間の 3 カ所に女子を並べる場合の数だから

$4!\times3!=144$　(→ 37〜39)

(iii) 女子 3 人をひとかたまりにし，これと男子 4 人の順列の総数は　$5!$

この順列の各々に対して，女子 3 人の並べ方が $3!$ 通りずつある。

よって　$5!\times3!=720$　(→ 40〜42)

(2)(i) 3 個のさいころを同時に 1 回投げる試行において，全事象 U とし，事象 A：「3 個とも同じ目が出る」とする。

$n(U)=6^3$　$n(A)=6$

よって，求める確率 $P(A)$ は

$$P(A)=\frac{6}{6^3}=\frac{1}{36}\quad(\to 43〜45)$$

(ii) 事象 B：「3 個の目の積が 25 の倍数となる」とする。

B が起こるのは，以下の場合である。

(a) 5 の目がちょうど 2 個出る場合

この確率は　$\frac{{}_3C_1\times5}{6^3}=\frac{15}{216}$

(b) 3個とも5の目が出る場合

この確率は $\dfrac{1}{6^3}=\dfrac{1}{216}$

よって，求める確率 $P(B)$ は

$$P(B)=\frac{15+1}{216}=\frac{2}{27} \quad (\to 46\sim48)$$

◀数　学　(2)▶

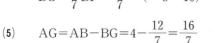

I　解答

1—②　**2**—②　**3**—④　**4**—③　**5**—⑧　**6**—②
7—⑦　**8**—①　**9**—②　**10**—⑦　**11**—⑧　**12**—⑥
13—⑦　**14**—④　**15**—②　**16**—①　**17**—⑥　**18**—②　**19**—⑦

解説

《三角形の内角の二等分線と線分の比，平行線と線分の比，三角形の面積と線分比》

(1)　△CAD は，CA＝CD＝3 の二等辺三角形で，垂線 CF は辺 AD を垂直二等分するから

$$AF=FD=1$$

△CAF に三平方の定理を用いて

$$CF=\sqrt{CA^2-AF^2}=\sqrt{3^2-1^2}=2\sqrt{2}\quad(\to 1,\ 2)$$

(2)　角の二等分線の性質から

$$\frac{BE}{EC}=\frac{BA}{AC}=\frac{4}{3}\quad(\to 3,\ 4)$$

(3)　EG∥CF より

$$\frac{EG}{CF}=\frac{BE}{BC}=\frac{4}{3+4}=\frac{4}{7}\quad(\because\ (2)\text{の結論})$$

$$EG=\frac{4}{7}CF=\frac{8\sqrt{2}}{7}\quad(\to 5\sim 7)\quad(\because\ (1)\text{の結論})$$

(4)　　$BF=AB-AF=4-1=3$

EG∥CF より

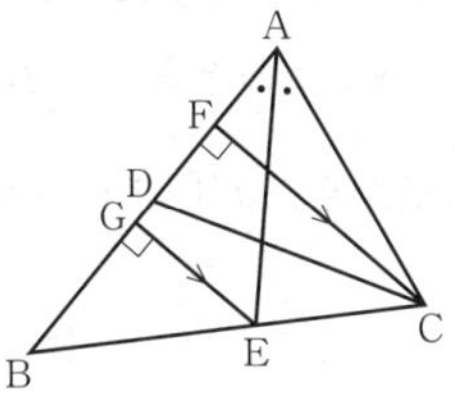

$$\frac{BG}{BF}=\frac{BE}{BC}=\frac{4}{7}$$

$$BG=\frac{4}{7}BF=\frac{12}{7}\quad(\to 8\sim 10)$$

(5)　　$AG=AB-BG=4-\frac{12}{7}=\frac{16}{7}$

△AGE に三平方の定理を用いて

$$AE=\sqrt{AG^2+EG^2}=\frac{8\sqrt{2}}{7}\sqrt{1^2+(\sqrt{2})^2}=\frac{8\sqrt{6}}{7}\quad(\to 11\sim 13)$$

(6)　$\triangle ABC=\frac{1}{2}AB\cdot CF=\frac{1}{2}\cdot 4\cdot 2\sqrt{2}=4\sqrt{2}$　(→14，15)

(7)　$\frac{\triangle ABE}{\triangle ABC}=\frac{BE}{BC}=\frac{4}{7}$ より

$\triangle ABE=\frac{4}{7}\triangle ABC=\frac{16\sqrt{2}}{7}$　(→16～19)

Ⅱ　解答　**20**―④　**21**―⑥　**22**―④　**23**―⓪　**24**―②　**25**―②　**26**―②　**27**―②　**28**―②　**29**―⑦　**30**―④　**31**―②　**32**―②　**33**―②　**34**―②　**35**―②　**36**―②　**37**―③　**38**―③　**39**―④

解説

《4次関数の最小値，球の断面の円に内接する正方形，台形の面積》

問1．(1)　$f(x)=x^4+2\sqrt{2}x^3-4\sqrt{2}x-4$

$f'(x)=4x^3+6\sqrt{2}x^2-4\sqrt{2}$　(→20～22)

(2)　$f'(-\sqrt{2})=4(-\sqrt{2})^3+6\sqrt{2}(-\sqrt{2})^2-4\sqrt{2}$

$=4\sqrt{2}(-2+3-1)$

$=0$　(→23)

(3)　$f'(x)=2\sqrt{2}(\sqrt{2}x^3+3x^2-2)$

$=2\sqrt{2}(x+\sqrt{2})(\sqrt{2}x^2+x-\sqrt{2})$

$=2\sqrt{2}(x+\sqrt{2})(\sqrt{2}x-1)(x+\sqrt{2})$

$=2\sqrt{2}(x+\sqrt{2})^2(\sqrt{2}x-1)$　(→24，25)

(4)　(3)の結論において

$x>0$ のとき　$2\sqrt{2}(x+\sqrt{2})^2>0$

だから，$f'(x)$ は $x=\frac{1}{\sqrt{2}}$ の前後で負から正に変化する。

よって，$f(x)$ は $x=\frac{1}{\sqrt{2}}$ のとき極小かつ最小となるから

最小値は　$f\left(\frac{\sqrt{2}}{2}\right)=-\frac{27}{4}$　(→26～30)

問2．(1)　正方形ABCDの対角線ACは球の直径より　$AC=2$

正方形の1辺ABの長さは

$AB=AC\cos 45°=\frac{2}{\sqrt{2}}=\sqrt{2}$　(→31)

(2)　円 O′ の直径 EG は 1 辺の長さ x の正方形の対角線より　　$\mathrm{EG}=\sqrt{2}\,x$

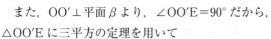

よって　　$\mathrm{O'E}=\dfrac{1}{2}\mathrm{EG}=\dfrac{x}{\sqrt{2}}$

また，$\mathrm{OO'}\perp$ 平面 β より，$\angle\mathrm{OO'E}=90^\circ$ だから，$\triangle\mathrm{OO'E}$ に三平方の定理を用いて

$$\mathrm{OO'}=\sqrt{\mathrm{OE}^2-\mathrm{O'E}^2}=\sqrt{1^2-\left(\frac{x}{\sqrt{2}}\right)^2}$$

$$=\sqrt{1-\frac{x^2}{2}}\quad(\to 32)$$

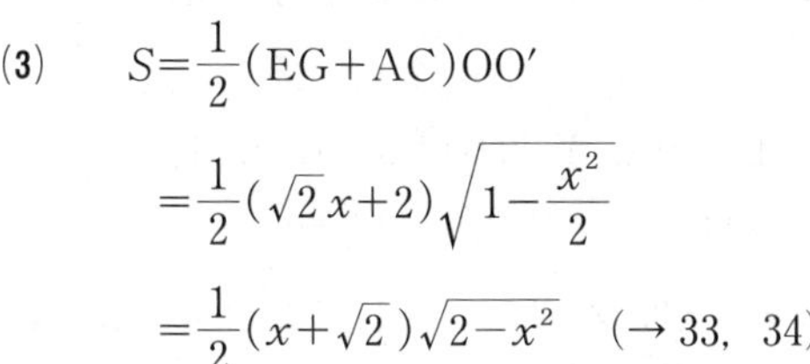

(3)

$$S=\frac{1}{2}(\mathrm{EG}+\mathrm{AC})\mathrm{OO'}$$

$$=\frac{1}{2}(\sqrt{2}\,x+2)\sqrt{1-\frac{x^2}{2}}$$

$$=\frac{1}{2}(x+\sqrt{2}\,)\sqrt{2-x^2}\quad(\to 33,\ 34)$$

(4)　$0<\mathrm{EF}<\mathrm{AB}\iff 0<x<\sqrt{2}$

(3)の結論から　　$S=\dfrac{1}{2}\sqrt{(x+\sqrt{2}\,)^3(\sqrt{2}-x)}\quad(0<x<\sqrt{2}\,)$

相加相乗平均の関係を用いて

$$\frac{x+\sqrt{2}}{3}+\frac{x+\sqrt{2}}{3}+\frac{x+\sqrt{2}}{3}+(\sqrt{2}-x)\geqq 4\sqrt[4]{\frac{(x+\sqrt{2}\,)^3(\sqrt{2}-x)}{3^3}}$$

$$2\sqrt{2}\geqq 4\sqrt[4]{\frac{(x+\sqrt{2}\,)^3(\sqrt{2}-x)}{3^3}}$$

$$\left(\frac{1}{\sqrt{2}}\right)^4\geqq\frac{(x+\sqrt{2}\,)^3(\sqrt{2}-x)}{3^3}$$

$$\frac{3^3}{4}\geqq(x+\sqrt{2}\,)^3(\sqrt{2}-x)$$

$$\frac{3\sqrt{3}}{2}\geqq\sqrt{(x+\sqrt{2}\,)^3(\sqrt{2}-x)}=2S$$

よって，$S\leqq\dfrac{3\sqrt{3}}{4}$　$(\to 37\sim 39)$

等号成立は

$$\frac{x+\sqrt{2}}{3}=\sqrt{2}-x \iff x=\frac{\sqrt{2}}{2} \quad (\to 35,\ 36)$$

これは，$0<x<\sqrt{2}$ を満たす。

Ⅲ　解答

40—① **41**—① **42**—② **43**—① **44**—① **45**—② **46**—② **47**—② **48**—② **49**—① **50**—⑥ **51**—① **52**—⓪ **53**—⑤ **54**—⑤ **55**—⑥ **56**—① **57**—③ **58**—① **59**—⑥

解説

《空間上の点の座標，ベクトルの内積》

(1)　点 P は，A(1, 0, 1) を通り，$\overrightarrow{OB}=(2,\ 1,\ 0)$ に平行な直線上の点だから

$$\overrightarrow{OP}=\overrightarrow{OA}+t\overrightarrow{OB}=(1,\ 0,\ 1)+t(2,\ 1,\ 0)=(2t+1,\ t,\ 1)$$

$\therefore$　$P(2t+1,\ t,\ 1)$　(→ 40, 41)

(2)

$$\overrightarrow{CQ}=\overrightarrow{OQ}-\overrightarrow{OC}=(x,\ y,\ z)-(0,\ 2,\ 1)$$
$$=(x,\ y-2,\ z-1) \quad (\to 42,\ 43)$$

(3)

$$\overrightarrow{OP}\cdot\overrightarrow{CQ}=x(2t+1)+(y-2)t+z-1$$
$$=x+z-1+t(2x+y-2) \quad (\to 44\sim46)$$

(4)　条件から，任意の実数 t に対して，$\overrightarrow{OP}\cdot\overrightarrow{CQ}=0$ が成立するから

$x+z-1+t(2x+y-2)=0$ が t の恒等式

$\iff$　$x+z-1=0$　かつ　$2x+y-2=0$

$\iff$　$z=-x+1,\ y=-2x+2$

よって，点 $Q(x,\ y,\ z)$ は　$Q(x,\ -2x+2,\ -x+1)$　(→ 47〜49)

(5)　(4)の結論から

$$|\overrightarrow{OQ}|^2=x^2+(-2x+2)^2+(-x+1)^2$$
$$=6x^2-10x+5 \quad (\to 50\sim53)$$
$$=6\left(x-\frac{5}{6}\right)^2+\frac{5}{6}\geqq\frac{5}{6}$$

等号成立は，$x=\dfrac{5}{6}$ のときであり，このとき $|\overrightarrow{OQ}|$ は最小となる。

よって，このとき　点 $Q\left(\dfrac{5}{6},\ \dfrac{1}{3},\ \dfrac{1}{6}\right)$　(→ 54〜59)

化　学

Ⅰ　解答

問1． ③　**問2．** ④　**問3．** ④
問4． (1)—②　(2)—④　(3)—⑤

解説

《物質の分類，結晶構造，気体の状態方程式，溶液の濃度》

問1． 鉄は純物質，鋼は鉄と炭素などからなる混合物。

問2． 単位格子の配位数は，体心立方格子 8 個，面心立方格子 12 個，六方最密構造 12 個である。

問3． 実在気体は分子に体積があり，分子間力がはたらいている。このため，低温・高圧条件では状態方程式とのズレが大きくなる。また，同温同圧下で $\dfrac{PV}{nRT}$ の値が 1 より小さくなるのは V の値が小さいためである。

問4． (1)　$$\frac{23.4}{23.4+176.6}\times 100=11.7\,[\%]$$

(2)　NaCl の式量は 58.5 なので，水に溶解している物質量は

$$\frac{23.4}{58.5}=0.400\,[\mathrm{mol}]$$

溶液の質量は 23.4＋176.6＝200〔g〕なので

$$\frac{0.400}{200\times\dfrac{1}{1.10}\times\dfrac{1}{1000}}=2.20\,[\mathrm{mol/L}]$$

(3)　質量モル濃度は溶媒 1kg（1000g）に溶けた溶質の物質量〔mol〕なので

$$0.400\times\frac{1000}{176.6}=2.265\fallingdotseq 2.27\,[\mathrm{mol/kg}]$$

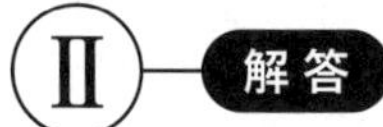

Ⅱ　解答

問1． (1)ア—②　イ—③　(2)—②
問2． (1)—①　(2)a—③　b—②　c—④　d—④

解説

《電気分解，触媒，平衡の移動》

問1．(1)　Cu^{2+} は2価の陽イオンで2個の電子を受け取り原子に戻る。Al^{3+} は3価の陽イオンで3個の電子を受け取り原子に戻る。

(2)　原子量 Al＝27，Cu＝64 なので

$$\frac{5\,\text{g の Cu を得るに必要な電子の物質量}}{1\,\text{g の Al を得るに必要な電子の物質量}}=\frac{\frac{5}{64}\times 2}{\frac{1}{27}\times 3}=1.4$$

問2．(1)　触媒は活性化エネルギーの値を小さくすることにより反応速度を大きくするが，反応熱や生成物の量は変化させない。また，正逆両方向の反応速度は等しく大きくなる。

(2)　平衡移動の原理（ルシャトリエの原理）により，圧力一定で温度を上げると平衡は吸熱方向に移動し，温度一定で圧力を上げると平衡は気体分子数が減少する方向に移動する。

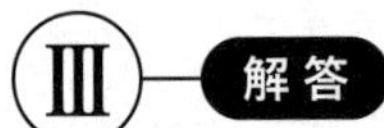

問1．④　**問2．a**－⑥　**b**－②
問3．(1)－④　(2)－④　(3)**A**－②　**B**－⑦

解説

《元素分析，気体の発生・性質，窒素化合物》

問1．水溶液**A**の酢酸鉛(Ⅱ)による黒色沈殿は PbS。水溶液**B**の炎色反応の橙赤色は Ca。水溶液**C**の硝酸銀による白色沈殿は AgCl。水溶液**D**の炎色反応の黄緑色は Ba。

問2．aにより発生する気体はアンモニア NH_3。bにより発生する気体はアセチレン（エチン）C_2H_2。

問3．(1)　アンモニアの酸化により得られる気体**A**は一酸化窒素 NO（無色）で，さらに酸化されて得られる気体**B**は二酸化窒素 NO_2（赤褐色）である。

(2)　HNO_3 の分子量は63なので

$$\text{生成する濃硝酸の質量}=2.0\times 63\times\frac{100}{63}=200\,[\text{g}]$$

(3)　希硝酸との反応は

$$3Cu+8HNO_3 \longrightarrow 3Cu(NO_3)_2+4H_2O+2NO \quad \cdots\cdots ⅰ$$

濃硝酸との反応は

$$Cu+4HNO_3 \longrightarrow Cu(NO_3)_2+2H_2O+2NO_2 \quad \cdots\cdots ⅱ$$

式ⅰより　Cu：NO＝3：2

よって，3.0 mol の Cu から 2 mol の NO が生成。

式ⅱより　Cu：NO_2＝1：2

よって，3.0 mol の Cu から 6 mol の NO_2 が生成。

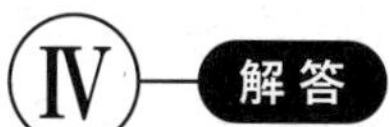

問1． ②　**問2．** ⑥　**問3．** ④

問4． (1)—⑦　(2)—④　(3)—①

解説

《結合距離，アルコールの酸化，不斉炭素原子》

問1． 炭素原子間の結合はエタンは単結合，エチレンは二重結合で，結合距離は，単結合＞二重結合。ベンゼンの炭素原子間の結合はベンゼン環の共鳴構造のため，単結合と二重結合の結合距離の中間となる。

問2． グルコースの完全燃焼の反応式は

$$C_6H_{12}O_6+6O_2 \longrightarrow 6CO_2+6H_2O$$

係数比より，1 mol のグルコースの酸化に 6 mol の O_2 が消費される。

問3． この有機化合物の完全燃焼の反応式は，O_2 の係数を a とすると

$$C_xH_yO_z+aO_2 \longrightarrow xCO_2+\frac{y}{2}H_2O$$

両辺の O 原子の数は等しいので　$z+2a=2x+\dfrac{y}{2}$

$$\therefore \quad a=x+\frac{1}{4}y-\frac{1}{2}z$$

問4． 分子式 C_4H_8 の化合物 A に水が付加したので，化合物 A はアルケンである。水付加より得られた化合物 B，C はアルコールであり，化合物 B は酸化されなかったことより第三級アルコール，化合物 C は酸化によりカルボン酸が得られたことより第一級アルコールである。解答群中で第三級アルコールは⑦のみであり，同じ炭素骨格をもつ第一級アルコールは④である。よって，化合物 B は⑦，化合物 C は④とわかる。

(3)　化合物 A の構造は

$$\begin{array}{c} CH_2 \\ \| \\ CH_3-C-CH_3 \end{array}$$

Br_2 付加後

$$\begin{array}{c} CH_2Br \\ | \\ CH_3-C-CH_3 \\ | \\ Br \end{array}$$

よって，Br_2 が付加した化合物に不斉炭素原子は存在しない。

生 物

Ⅰ 解答

問1．1－③　2・3－①・②（順不同）
問2．(A)－⑦　(B)－⑤　(C)－⓪　(D)－③　(E)－④
問3．(1)－①・④（順不同）(2)－①　問4．⑦

解説

《細胞の構造とはたらき，細胞共生説》

問2．(A)ミトコンドリア，(B)ゴルジ体，(C)中心体，(D)滑面小胞体，(E)粗面小胞体である。選択肢は①固定結合（接着結合），②液胞，⑥葉緑体，⑧リソソーム，⑨核の説明である。

問3．(1) ②誤文。原形質流動（細胞質流動）は細胞質中の細胞小器官などが一定方向に動くことで，②は流動モザイクモデルの説明である。

③・⑤誤文。細胞膜はリン脂質の二重層で構成されており，親水性の部分が膜の外側に，疎水性の部分が膜の内側に位置している。そのため親水性の物質や分子量の大きな物質，イオンなどは通りにくい。

(2) b．誤文。低張液に細胞を浸すと，細胞に水が流入して細胞壁が押される（膨圧が生じる）。細胞膜が細胞壁からはがれる「原形質分離」は高張液に浸したときにみられる。

c．誤文。赤血球を高張液に浸すと，赤血球から水が流出して赤血球が縮小する。赤血球が破裂する溶血は，蒸留水のような低張液でみられる。

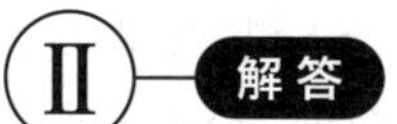

Ⅱ 解答

問1．④　問2．④　問3．①・④（順不同）
問4．⑤　問5．③　問6．④
問7．20－⑦　21－⑤　22－①　問8．23－②　24－⑤（23・24完答）

解説

《DNAの構造と複製，ラクトースオペロン》

問3．②誤文。DNAはタンパク質の情報のみをコードしている。

③誤文。DNAはミトコンドリアや葉緑体にもわずかではあるが存在している。

⑤誤文。ハーシーとチェイスの実験ではバクテリオファージが材料として

用いられた。

問4． 2本鎖のDNAはA（アデニン）とT（チミン），C（シトシン）とG（グアニン）が相補的に結合しているので，AとT（CとG）の塩基の割合が等しい。一方，1本鎖のDNAではAとT（CとG）の塩基の割合は異なる。AとTの割合の差は生物材料コで4.3%と大きいが，カ～ケでは0.1～1.4%でほぼ差はないと考えてよい。

問5． 肝臓細胞は体細胞であるが，精子は減数分裂によって作られる配偶子なので，精子は肝臓細胞の半分の染色体数をもつ。そのため，精子のDNA量は肝臓細胞のほぼ半分になる。イとウはDNA中の各塩基の割合が同程度であり，生物材料の核1個あたりのDNA量を比較すると，生物材料イ（3.2×10^{-12}g）がウ（6.5×10^{-12}g）のほぼ半分であることから，イが精子，ウが肝臓細胞であることがわかる。

問6． 生物材料の2本鎖DNAに含まれる塩基AとT，GとCの数は等しい。さらに，TはGの2倍含まれるので，塩基Gの数をxとすると，このDNAに含まれる塩基数の比はA：T：C：G＝$2x$：$2x$：x：xとなる。$2x+2x+x+x=100\%$なので，塩基Aの割合である$2x$はほぼ33.3%と考えられる。

問7． ラクトースオペロンで転写が行えないときには，調節タンパク質であるリプレッサーがオペレーターに結合し，RNAポリメラーゼのプロモーターへの結合が妨げられている。ラクトースだけが存在するようになると，ラクトース代謝産物がリプレッサーに結合し，オペレーターから離れるため，RNAポリメラーゼがプロモーターと結合して転写が可能になる。

問8． 大腸菌は環状DNAに1つの複製起点をもち，ここから下図の矢印のように，両方向に複製を始める（合成されたヌクレオチド鎖を点線で示す）。そのため，大腸菌のDNA（450万塩基対）は，半分の225万塩基対を複製したところで，2つの環状DNAが完成する。よって，1秒間に1500個のヌクレオチドをつなぐと，$\frac{2250000}{1500}$＝1500秒（25分）となる。

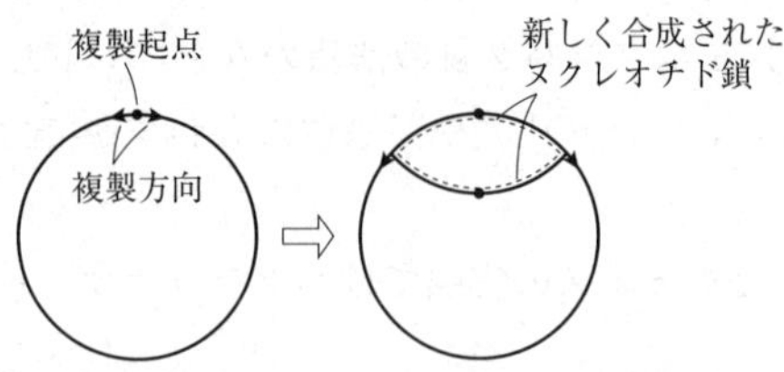

Ⅲ 解答　問1．③　問2．⑥　問3．A－⑤　B－③
問4．(1)A－⑥　B－②　C－④　(2)－②
問5．④　問6．①　問7．⑦　問8．⑦

解説

《自然免疫，獲得免疫》

問3． ワクチンに含まれる病原体は，体内に入ると樹状細胞の食作用を受け，分解される。樹状細胞はリンパ節に移動し，ヘルパーT細胞に抗原提示を行う（記述B)。抗原提示を受けたヘルパーT細胞は活性化して増殖する。一部は感染部位に移動し，マクロファージの抗原提示を受けると，マクロファージを活性化する（記述A)。増殖したヘルパーT細胞の一部は，B細胞を活性化したり，記憶細胞になったりする。

問4． (1) 抗体における各部分の名称を右図に示す。病原体に結合した抗体のFc領域に，マクロファージや好中球などのFc受容体が結合することで食作用が活性化される。

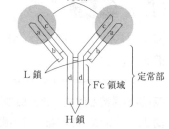

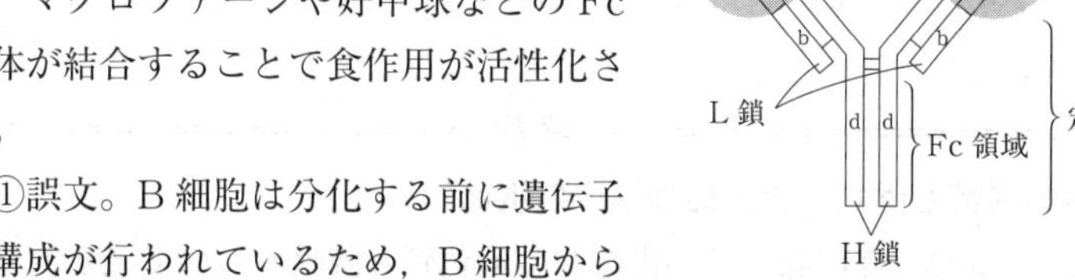

(2) ①誤文。B細胞は分化する前に遺伝子の再構成が行われているため，B細胞から分化した形質細胞は1種類の抗体（免疫グロブリン）しか作れない。
②正文。BCRと抗体は定常部の一部を除き，同じアミノ酸配列をもち，同じ構造を示す。
③誤文。H鎖を作る遺伝子には3つの領域があり，それぞれの領域に数個から数十個の遺伝子が存在し，これらが再編成される。
④誤文。1種類の抗体は可変部の構造が1種類しかないので，1種類の抗原としか結合できない。

問5． ①誤文。キラーT細胞も記憶細胞となる。
②誤文。一次応答により産生された抗体はピークを過ぎると減少し始める。
③誤文。ワクチンにより増殖したB細胞やT細胞の一部が記憶細胞となって体内に残る。

問6． 血清中には抗体は存在する（①は適当）が，リンパ球であるT細胞やB細胞（形質細胞）は存在しない（②～④は不適）。また，無毒化，弱毒化したヘビ毒の分解物は血清中には含まれない（⑤は不適)。

問7． a・d．誤文。アレルギー症状は，肥満細胞（マスト細胞）から放出されるヒスタミンなどによって起こる。

c．誤文。NK 細胞は，自然免疫において感染細胞やがん細胞などの細胞を破壊する。

問8． キラーT細胞の活性化には，ヘルパーT細胞からのはたらきかけが必要な場合もある（a は正文）。また，B細胞はヘルパーT細胞に抗原提示をすることで活性化される。そのため，ヘルパーT細胞が減少すると，キラーT細胞やB細胞の活性が低下し，形質細胞への分化も起こりにくくなり（b は正文），全体として体液性免疫や細胞性免疫の機能が低下する（c は正文）。

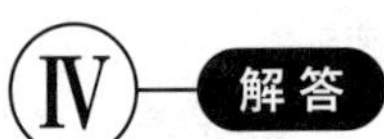

問1． 37—④　38—③　**問2．** ③

問3． ②・④（順不同）

問4． (1)42—③　43—④　44—②　45—⑧　(2)—③・④（順不同）

問5． ②

解説

《肝臓の構造とはたらき，血糖濃度の調節》

問2． ①誤文。肝門脈には小腸などの消化管と脾臓からの血液が流れ込むので静脈血が流れる。

②誤文。腎臓ではなく脾臓で破壊された赤血球の成分が流れ込む。

④誤文。胆汁は胆のうから胆管を通って十二指腸に送られる。

問3． ②誤文。ロドプシンの合成は，視細胞の桿体細胞で行われる。

④誤文。有毒なアンモニアを，弱毒の尿素に変換している。

問4． (2)　①誤文。(あ)は副交感神経，(い)は交感神経のはたらきを示す。

②誤文。(う)は脳下垂体前葉である。

⑤誤文。グルカゴンやアドレナリンはグリコーゲンの分解を促進する。

⑥誤文。糖質コルチコイドはタンパク質からのグルコース合成を促進する。

⑦誤文。グルカゴンは血糖値の上昇を促進するので，食事をすると血中濃度が低下する。

⑧誤文。糖質コルチコイドは血糖値を上昇させるホルモンである。

問5． a・c．誤文。I型糖尿病は，すい臓のランゲルハンス島B細胞が，免疫反応によって破壊されることで発症する自己免疫疾患の1つである。

b．正文。Ⅱ型糖尿病は生活習慣病の１つで，インスリンの分泌不足や，インスリンの分泌は正常であっても，標的細胞におけるインスリンに対する反応性が低下することで起こる。

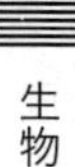

時の怪獣映画は学問的な事実という科学的根拠を重視するのではなく、あくまでもキャラクター性をもった「カリカチュア」として存在していたわけであるが、そのような中で「恐竜映画」はむしろ科学的根拠に基づいたものであったということである。

問十　「モンスターのいなかった時代」とは、同段落第一文で言う「怪獣がジャンル化」「本来の恐竜からの分化」する以前のことを指している。すなわち、恐竜と怪獣の区別がなかったということである。そこでは「恐竜」が「モンスターの納まるべき地位を占めた」、つまり人々にとってモンスターに相当するものは「恐竜」であったということである。

問十一　①は波線部iiiを含む段落の内容と合致する。②は最終段落の内容と合致する。③は第二段落の内容と矛盾する。④は「古生物学ブーム」と「恐竜映画という新たなジャンル」の発生の時系列・因果関係の誤り。空欄Aを含む段落とその次の段落にあるように、六〇年代末期には「恐竜映画」は確立し始めており、古生物学ブームが起こった七〇年代よりも前のことである。⑤は「新生古生物」に限定している点が不適。⑥は「古生物学ブームの影響よりも」という比較が不適。

問八　②

問九　①

問十　①

問十一　①・②

解説

問四　「一線を引く」とは〝境界を明確にして区別する〟という意味であるので、「恐竜と怪獣の間に要らぬ一線が引かれてしまった」とは、恐竜と怪獣の間に明確な区別が生じてしまったということである。傍線部1中の「組み合わせ」とは、傍線部1の直前の「本物の恐竜を模したゴロザウルス」と「ゴジラ」の組み合わせのことである。

問五　傍線部2の直前に「『怪獣は普通にいても良いが、恐竜の生存はなかなか信じてもらえない』という」とあるので、ここでは「怪獣」が受容される一方「恐竜」が受容されないという違いについて「奇妙」だと言っているのだとわかる。これに触れている⑤が正解。①は事実として矛盾はないが、そのことが「奇妙」であるという指摘につながらない。

問六　「メタレベル」とは〝一段高いレベル〟の意味であり、創作においてそれを俯瞰するような視点のことである。傍線部3を含む段落では、「ミッキー」の作品の中に「ネズミ」が出てくることによって「ネズミ」という記号の二重性が露呈することの問題が提示されている。前段落で言及されているように、「ミッキー」は「動物的に味付けされた人間のカリカチュア」であり、つまり作品中での「ミッキー」の立ち位置は、「ネズミ」というよりもむしろそれを「ネズミ」として対象視する「人間」に近いということである。ここで「ネズミ」を俯瞰するような「ミッキー」こそが、「メタレベル」だということである。このような二重性に触れている⑤が正解。

問九　傍線部4の直後に、「古生物学的現実という科学的根拠に裏付けられた恐竜」「怪獣にまとわりついたキャラクター性」とある。これらはそれぞれ傍線部4中の「本来のSF性」「モンスター映画」の説明になっている。つまり、当

る②が正解。

問十　傍線部5の直前に「芸術というものはあくまで自分と他人との人間的関係――一言でいえば自他関係のなかではじめて完結するものであって」とあり、これが根拠になる。さらに、これは「日本のばあいは」とあるように、西洋と比較した際の日本の考え方に関する言及箇所であることにも注意する。問九でも触れたように、西洋と対比的に日本においては、歌によって個人が他人の心を動かすという考え方がなされる。よって正解は④。③は西洋の考え方であり正反対。②も傍線部4の後の日本の考え方に関する言及の中で述べられてはいるが、やや説明不足。傍線部5の直前の内容を踏まえられていない。

問十一　正岡子規は、『万葉集』を「萬葉集は歌集の王なり」として賞賛する一方、『古今集』を徹底的に否定した。同様に『万葉集』の歌風を「ますらをぶり」として称揚する一方、『古今集』の歌風を「たをやめぶり」として批判した歌人として知られる賀茂真淵の説を踏襲している。

Ⅱ

出典　倉谷滋『怪獣生物学入門』〈第一章　恐竜と怪獣の狭間〉（インターナショナル新書）

解答

問一　a―③　b―②　c―④　d―④
問二　i―①　ii―③　iii―②　iv―①
問三　A―⑥　B―④　C―②
問四　①
問五　⑤
問六　⑤
問七　②

問七　傍線部1の直前に「この二つの考え方を綜合すると」とあるので、第一・二段落で示されていた「二つの考え方」がヒントになる。第一段落では、第四文で「人間を超えた超越的な真実」を「表現するのが芸術家の仕事だという考え方」、最終文で「芸術家は……孤独者なのだ、というのが西洋人の C な考え方」と説明されている。第二段落では、第一文で「普通の人間よりも偉いのだという考え方」、第二文で「彼は普通の人間より一段偉いとされなければならない」と説明されている。これらに加えて傍線部1における「傲然」は〝尊大でたかぶった様子〟という意味であることを踏まえると④が正解。

問八　逸話によれば、ミケランジェロは有力者からダビデ像の鼻が高すぎると指摘を受けると、「そこに落ちていた大理石の粉をひと握りつかんで」「聞こえよがしに音を立てて」「その粉をパラパラと下へ落とし」たとある。つまり、実際にミケランジェロはダビデ像の鼻を削ったわけではない。あくまでも、有力者の前でのパフォーマンスに過ぎないのであるが、有力者は満足したということである。これについて傍線部2の直後の段落で「ここで笑われているのは一般公衆の一人であり、芸術を理解しない世俗的な人間の代表者だ」と説明されている。これらを踏まえている⑤が正解。ダビデ像の鼻を実際に削ったと解釈している①・④は明らかな誤り。③は有力者が自らの力を誇らしく思って満足したと解釈している点が誤り。有力者が満足しているのは、ダビデ像の鼻が低くなった（実際には低くなっていないが）ことに対してである。

問九　キーンは、傍線部3の直前にあるように「人間の心から出てきたものが超自然的なものを動かす」という点が「たいへん珍しい考え方」と評価している。これは、西洋における「詩人はかならず、超自然的な力、つまり超人間的な力に動かされて詩を作る」という考え方との比較に基づいたものである。一方で筆者は、「私もまったく同感で」と言いつつも、「超自然的なものはともかく、とくに歌があくまで他人を動かしたときに成立するのだという考え方」に対して「たいへん興味深く思われる」と評価しているのである。同様の指摘は、波線部iii直後の「ほかの人間を動かしたからなのだ、というふうにいわれているところが面白い」という箇所でもなされている。これらを踏まえてい

国語

Ⅰ

出典 山崎正和『室町記』〈日本文化の底を流れるもの―室町期の芸術と社交を中心に〉（講談社文芸文庫）

解答

問一 a―③　b―②　c―①　d―⑤
問二 i―②　ii―①　iii―④
問三 ③
問四 ア―⑤　イ―③　ウ―②　エ―⑧
問五 A―⑥　B―⑤　C―①
問六 ②
問七 ④
問八 ⑤
問九 ②
問十 ④
問十一 ③

解説

問三 波線部ⅳ「れ」は、自発の助動詞「れる」の連用形。同様に助動詞「れる」の活用形であるのが①・②・③・⑤であるが、このうち①は受身、②は可能、⑤は尊敬。同様に自発の用法であるのは③。なお④は「過ぎる」の活用語尾。

一般選抜A（前期）〈1日程分を掲載〉

問題編

▶試験科目・配点

■3科目型■

<table>
<tr><th colspan="2">学部等</th><th>教科</th><th colspan="2">科目</th><th>同一配点</th><th>傾斜配点</th></tr>
<tr><td rowspan="8">文</td><td rowspan="3">日本語日本文，歴史文化</td><td>外国語</td><td colspan="2">英語</td><td>100点</td><td>100点</td></tr>
<tr><td>選　択</td><td colspan="2">日本史，世界史，数学(1)，数学(2)，化学，生物から1科目選択</td><td>100点</td><td>100点</td></tr>
<tr><td>国　語</td><td colspan="2">国語(2)</td><td>100点</td><td>200点</td></tr>
<tr><td rowspan="5">英語グローバル</td><td>外国語</td><td colspan="2">英語</td><td>100点</td><td>200点</td></tr>
<tr><td rowspan="3">選　択</td><td>日本史，世界史，「数学(1)または数学(2)」から1科目選択</td><td rowspan="3">2科目選択</td><td rowspan="3">各100点</td><td rowspan="3">各100点</td></tr>
<tr><td>化学，生物から1科目選択</td></tr>
<tr><td>国語(1)または国語(2)</td></tr>
<tr></tr>
<tr><td colspan="2" rowspan="4">教育</td><td>選　択〈必須〉</td><td colspan="2">英語または国語(2)</td><td>100点</td><td>200点</td></tr>
<tr><td rowspan="2">選　択</td><td>日本史，世界史，「数学(1)または数学(2)」から1科目選択</td><td rowspan="2">2科目選択</td><td rowspan="2">各100点</td><td rowspan="2">各100点</td></tr>
<tr><td>化学，生物から1科目選択</td></tr>
<tr><td colspan="5">選択〈必須〉から2科目＋選択1科目の3科目での受験も可*</td></tr>
<tr><td colspan="2" rowspan="4">心理・社会福祉，生活環境，経営</td><td>外国語</td><td colspan="2">英語</td><td>100点</td><td rowspan="4">高得点科目
200点
低得点科目
100点</td></tr>
<tr><td rowspan="3">選　択</td><td>日本史，世界史，「数学(1)または数学(2)」から1科目選択</td><td rowspan="3">2科目選択</td><td rowspan="3">各100点</td></tr>
<tr><td>化学，生物から1科目選択</td></tr>
<tr><td>国語(1)または国語(2)</td></tr>
</table>

<table>
<tr><td colspan="2" rowspan="4">健康・スポーツ科</td><td>外国語</td><td colspan="2">英語</td><td>100点</td><td rowspan="4">高得点科目200点
低得点科目100点</td></tr>
<tr><td rowspan="3">選択</td><td>日本史，世界史，「数学(1)または数学(2)または数学(3)」から1科目選択</td><td rowspan="3">2科目選択</td><td rowspan="3">各100点</td></tr>
<tr><td>物理，化学，生物から1科目選択</td></tr>
<tr><td>国語(1)または国語(2)</td></tr>
<tr><td rowspan="4">社会情報</td><td rowspan="4">情報メディア</td><td>外国語</td><td colspan="2">英語</td><td>100点</td><td rowspan="4">高得点科目200点
低得点科目100点</td></tr>
<tr><td rowspan="3">選択</td><td>日本史，世界史，「数学(1)または数学(2)」から1科目選択</td><td rowspan="3">2科目選択</td><td rowspan="3">各100点</td></tr>
<tr><td>化学，生物から1科目選択</td></tr>
<tr><td>国語(1)または国語(2)</td></tr>
<tr><td rowspan="7">食物栄養科</td><td rowspan="3">食物栄養</td><td>外国語</td><td colspan="2">英語</td><td>100点</td><td>100点</td></tr>
<tr><td>選択</td><td colspan="2">数学(1)，数学(2)，国語(1)，国語(2)から1科目選択</td><td>100点</td><td>100点</td></tr>
<tr><td>理科</td><td colspan="2">化学，生物から1科目選択</td><td>100点</td><td>200点</td></tr>
<tr><td rowspan="4">食創造科</td><td>外国語</td><td colspan="2">英語</td><td>100点</td><td>100点</td></tr>
<tr><td>選択</td><td colspan="2">日本史，世界史，国語(1)，国語(2)から1科目選択</td><td>100点</td><td>100点</td></tr>
<tr><td>選択〈必須〉</td><td colspan="2">「数学(1)または数学(2)」，化学，生物から1科目選択</td><td>100点</td><td>200点</td></tr>
<tr><td colspan="5">英語＋「数学と化学または数学と生物」の3科目での受験も可*</td></tr>
<tr><td rowspan="6">建築</td><td rowspan="3">建築</td><td>外国語</td><td colspan="2">英語</td><td>100点</td><td>100点</td></tr>
<tr><td>数学</td><td colspan="2">数学(3)</td><td>100点</td><td>200点</td></tr>
<tr><td>理科</td><td colspan="2">物理，化学から1科目選択</td><td>100点</td><td>100点</td></tr>
<tr><td rowspan="3">景観建築</td><td>外国語</td><td colspan="2">英語</td><td>100点</td><td>100点</td></tr>
<tr><td>数学</td><td colspan="2">数学(3)</td><td>100点</td><td>200点</td></tr>
<tr><td>理科</td><td colspan="2">物理，化学，生物から1科目選択</td><td>100点</td><td>100点</td></tr>
</table>

<table>
<tr><td rowspan="4">音楽</td><td rowspan="4">応用音楽</td><td rowspan="3">選　択</td><td>英語，聴音〈省略〉から1科目選択</td><td rowspan="3">2科目選択</td><td rowspan="3">各100点</td><td rowspan="4"></td></tr>
<tr><td>日本史，世界史，数学(1)から1科目選択</td></tr>
<tr><td>国語(1)，楽典〈省略〉から1科目選択</td></tr>
<tr><td>実　技</td><td colspan="2">〈省略〉</td><td>100点</td></tr>
<tr><td rowspan="4">薬</td><td rowspan="4">薬</td><td rowspan="3">選　択</td><td>英語</td><td rowspan="3">2科目選択</td><td rowspan="3">各100点</td><td rowspan="3">各100点</td></tr>
<tr><td>数学(1)または数学(2)</td></tr>
<tr><td>国語(1)または国語(2)</td></tr>
<tr><td>理　科</td><td colspan="2">化学，生物から1科目選択</td><td>100点</td><td>200点</td></tr>
<tr><td colspan="2" rowspan="4">看　　護</td><td>外国語</td><td colspan="2">英語</td><td>100点</td><td rowspan="4">高得点科目
200点
低得点科目
100点</td></tr>
<tr><td rowspan="3">選　択</td><td>数学(1)または数学(2)</td><td rowspan="3">2科目選択</td><td rowspan="3">各100点</td></tr>
<tr><td>化学，生物から1科目選択</td></tr>
<tr><td>国語(1)または国語(2)</td></tr>
</table>

＊　選択〈必須〉科目より2科目選択した場合，傾斜配点方式においては，高得点科目を200点，低得点科目を100点とする。

■2科目型■

<table>
<tr><th colspan="2">学部等</th><th>教科</th><th colspan="2">科目</th><th>配点</th></tr>
<tr><td rowspan="4">文</td><td rowspan="2">日本語日本文，歴史文化</td><td>選択</td><td colspan="2">英語，日本史，世界史，数学(1)，数学(2)，化学，生物から1科目選択</td><td>100点</td></tr>
<tr><td>国語</td><td colspan="2">国語(2)</td><td>100点</td></tr>
<tr><td rowspan="2">英語グローバル</td><td>外国語</td><td colspan="2">英語</td><td>100点</td></tr>
<tr><td>選択</td><td colspan="2">日本史，世界史，化学，生物，国語(1)，国語(2)から1科目選択</td><td>100点</td></tr>
<tr><td colspan="2" rowspan="4">教育，心理・社会福祉，生活環境，社会情報，経営</td><td rowspan="4">選択</td><td>英語</td><td rowspan="4">2科目選択</td><td rowspan="4">各100点</td></tr>
<tr><td>日本史，世界史，「数学(1)または数学(2)」から1科目選択</td></tr>
<tr><td>化学，生物から1科目選択</td></tr>
<tr><td>国語(1)または国語(2)</td></tr>
<tr><td colspan="2" rowspan="4">健康・スポーツ科</td><td rowspan="4">選択</td><td>英語</td><td rowspan="4">2科目選択</td><td rowspan="4">各100点</td></tr>
<tr><td>日本史，世界史，「数学(1)または数学(2)または数学(3)」から1科目選択</td></tr>
<tr><td>物理，化学，生物から1科目選択</td></tr>
<tr><td>国語(1)または国語(2)</td></tr>
<tr><td rowspan="5">食物栄養科</td><td rowspan="2">食物栄養</td><td>選択</td><td colspan="2">英語，数学(1)，数学(2)，国語(1)，国語(2)から1科目選択</td><td>100点</td></tr>
<tr><td>理科</td><td colspan="2">化学，生物から1科目選択</td><td>100点</td></tr>
<tr><td rowspan="3">食創造科</td><td>選択</td><td colspan="2">英語，日本史，世界史，国語(1)，国語(2)から1科目選択</td><td>100点</td></tr>
<tr><td>選択〈必須〉</td><td colspan="2">「数学(1)または数学(2)」，化学，生物から1科目選択</td><td>100点</td></tr>
<tr><td colspan="4">数学と化学または数学と生物の2科目での受験も可</td></tr>
<tr><td rowspan="2">音楽</td><td rowspan="2">演奏</td><td>選択</td><td colspan="2">英語，日本史，世界史，数学(1)，国語(1)，楽典〈省略〉，聴音〈省略〉，副専ピアノ実技（ピアノ専修除く）〈省略〉から1科目選択</td><td>100点</td></tr>
<tr><td>実技</td><td colspan="2">主専実技〈省略〉</td><td>300点</td></tr>
</table>

<table>
<tr><td rowspan="2">薬</td><td>選　択</td><td colspan="2">英語，数学(1)，数学(2)，国語(1)，国語(2)から１科目選択</td><td>100 点</td></tr>
<tr><td>理　科</td><td colspan="2">化学，生物から１科目選択</td><td>100 点</td></tr>
<tr><td rowspan="4">看　護</td><td rowspan="4">選　択</td><td>英語</td><td rowspan="4">２科目選択</td><td rowspan="4">各 100 点</td></tr>
<tr><td>数学(1)または数学(2)</td></tr>
<tr><td>化学，生物から１科目選択</td></tr>
<tr><td>国語(1)または国語(2)</td></tr>
</table>

▶備　考

- 試験日自由選択制。
- ３科目型同一配点方式（必須）に出願し，同一試験日の２科目型を併願する場合は，３科目型同一配点方式（必須）で選択した科目のうち高得点の２科目を合否判定に採用する（必須科目のある学科は必須科目を合否判定に採用する）。

▶出題範囲

- 英語：コミュニケーション英語Ⅰ・Ⅱ・Ⅲ，英語表現Ⅰ・Ⅱ
- 日本史：日本史Ｂ
- 世界史：世界史Ｂ
- 数学(1)：数学Ⅰ・Ａ
- 数学(2)：数学Ⅰ・Ⅱ・Ａ・Ｂ（数列，ベクトル）
- 数学(3)：数学Ⅰ・Ⅱ・Ⅲ・Ａ・Ｂ（数列，ベクトル）
- 物理：物理基礎，物理
- 化学：化学基礎，化学（「高分子化合物の性質と利用」を除く）
- 生物：生物基礎，生物（「生態と環境」，「生物の進化と系統」を除く）
- 国語(1)：国語総合（現代文のみ），現代文Ｂ
- 国語(2)：国語総合，現代文Ｂ，古典Ｂ（いずれも漢文を除く）
- 楽典：音楽史を除く
- 聴音：単旋律

英語

(60分)

I 次の英文を読み，下の問いに答えよ。(35点)

[1] In 1992, the Italian scientist Dr. Giacomo Rizzolatti was surprised to discover that if a monkey sees a person bring food to his mouth, the exact same neurons* in the monkey's brain reacted as if the monkey were bringing the food to its own mouth. Rizzolatti also found that when the monkey heard a peanut being opened, the same cells in its brain reacted as though it had opened the peanut itself. Scientists later named these cells, found on both sides of the brain, "mirror neurons," because they mirror what one sees and hears.

[2] Because mirror neurons are found in the monkeys' brains, and because human brains are so similar, there were many popular stories that speculated* that these cells probably exist in us too, but are more advanced. Mirror neurons shape how we see other people, because they allow for human empathy* and understanding. "We are exquisitely* social creatures. Our survival depends upon understanding the actions, intentions, and emotions of others," said Rizzolatti. "Mirror neurons allow us to grasp the minds of others... by feeling, not by thinking."

[3] Mirror neurons send messages to the emotional part of the brain, which allows us to understand how other people feel. Even without words, we can sense and feel right away what another person is communicating, whether with a smile, laugh, eye contact, body language, tone of voice, or anything else. For example, if you see a child who is happy, or crying in pain from being bullied, the exact same mirror neurons in your own brain fire*,

and you can understand how the child feels and, at some level, feel and almost enter that person's mind.

[4] While watching sports, many people share the feelings of their favorite athlete or team as they win or lose a game. For some fans, their own mirror neurons actually see and hear themselves taking part in that sport, whether it's racing across the finish line or kicking a winning goal or competing in a dance competition. For things most of us have never done before, like skydiving, just by watching, we are in a way doing it ourselves. Mirror neurons cause us to "lose ourselves" in good movies. When skilled actors put in real feeling, we become part of the movie.

[5] Mirror neurons also help us to learn and improve by watching and then copying others. Babies automatically copy others to clap their hands, eat, walk, talk, play, and even their parents' body language and behaviors. Students learn by copying their teachers. Without thinking, adults take on the attitudes, habits, and behaviors of their classmates, friends, and co-workers. "When you see me perform an action such as picking up a baseball, you copy the action in your own brain," said one UCLA* researcher. When watching a video up close of someone playing the piano, dancing, skiing, swinging a golf club, or anything else, your own mirror neurons light up as if you were doing the same thing yourself. This means that you can improve just by watching and thinking about what you see, even if you are just relaxing in a chair.

[6] Some people believe that emotions "move" between persons or groups. If you are confident, nervous, social, or funny, strangers and friends will also feel what you feel, often behave in the same way, and then mirror it to others. If you see someone who is upset, happy, smiling, sad, surprised, angry, etc., without thinking, your mirror neurons cause you to somehow feel that same way, and then mirror those feelings to others. In a room full of people who are having fun, or are sad or serious, you take on those emotions,

feel as they do, and mirror your feelings to others.

[7] Some believe by changing your own behavior, you affect how others feel. So, if you are in a good mood, people are likely to be pulled towards you; if you are in a bad mood, people are likely to be unhappy and stay away. If you are with someone who is anxious, if you remain calm, the other person will soon become calm, too.

[8] Scientists know that mirror neurons exist in monkeys, and probably in dogs, cats, rats, and other animals, as well. While these neurons are also probably found in humans, at present there is no proof, and how much they actually affect others and society is overall unknown. The study of this fascinating phenomenon has just begun.

*neurons < neuron	神経細胞
speculated < speculate	推測的に考える
empathy	共感
exquisitely	絶妙に
fire	作動する
UCLA	カリフォルニア大学ロサンゼルス校

問 本文の内容を踏まえて，次の英文 (A)〜(G) の空所 [1] 〜 [7] に入れるのに最も適当なものを，それぞれ下の①〜④のうちから選べ。

(A) According to the first paragraph, [1].

① mirror neurons are named after a famous Italian scientist Dr. Rizzolatti

② an Italian scientist saw the monkey imitate bringing food to its mouth

③ mirror neurons, which reflect what one perceives, are found on both sides of the brain

出典追記：島岡丘，Jonathan Berman『Life Topics: Deeper Connections』南雲堂

④ an Italian scientist saw the monkey open a peanut in front of a mirror

(B) According to the second paragraph, [2].

① mirror neurons are assumed to exist in humans as well as in monkeys

② mirror neurons prevent us from understanding the minds of others by feeling

③ monkeys' brains lack mirror neurons because they are more advanced than those of humans

④ monkeys' brains are completely different from human brains

(C) According to the third paragraph, [3].

① mirror neurons can send messages to all parts of the human body

② mirror neurons can make us feel and sense others' emotions

③ only words can tell us what is right or wrong in communication

④ a happy child doesn't cry in pain from being bullied

(D) According to the fourth paragraph, [4].

① mirror neurons sometimes force us to lose understanding of good movies

② many athletes see mirror neurons as something they have never heard before

③ mirror neurons cause us to see the event as if we were participating in it

④ good actors have mirror neurons which invite us to be part of a skydiving team

(E) According to the fifth paragraph, [5].

① not only babies but also adults take on others' actions

② adults like people who take them out to sports events

③ people who learn golf through a video usually lose a game

④ good students learn by copying their friends' reports

(F) According to the sixth paragraph, if you see someone who is upset, you will feel [6].

① funny, and smile at others

② nervous, and behave the opposite way

③ sad, and your friends will feel funny

④ upset, influencing others to feel the same way

(G) In the seventh and eighth paragraphs, the author believes that [7]

① mirror neurons in animals make humans feel more nervous

② you should stay away from others when you feel happy

③ the study of mirror neurons has ended and we have obtained important data

④ the existence of mirror neurons in humans has not been confirmed yet

Ⅱ 次の英文の空所 **8** ～ **12** に入れるのに最も適当なものを，それぞれ下の①～④のうちから選び，会話文を完成せよ。(20点)

Shoko and Marie, 3rd year high school students in Nagoya, are talking about housing choices for next year.

Shoko: Hi, Marie. Can you believe we're going to the same university next year in Nishinomiya?

Marie: Yeah, it'll be a whole new world for us. I'm sad to leave my family, but I am also **8** a new city.

① tired of coming to
② used to leaving
③ excited to move to
④ delighted to build

Shoko: Do you know where you'll live?

Marie: My parents want me to live near the university. There are **9** to make about the room size and cost. How about you?

① so many choices
② a lot of money
③ very few people
④ not many houses

Shoko: Well, my aunt lives in Nara. She invited me to stay with her, but it'll take two hours to get to school.

Marie: That's a long time to be on the train.

Shoko: I agree. Another thing is, I **10** when I'm on trains.

① usually drive
② may feel sorry
③ cannot share drinks
④ often get sleepy

Marie: Yeah, I cannot stay awake, either. Also, it's hard to get a seat on crowded trains.

Shoko: I think it'd [11] to live nearby than to take the train every day. And I want to get a part-time job, too.

① share housing

② be in my dreams

③ be a lot easier

④ be a terrible idea

Marie: Me, too. But if I live in the university dormitory, I have to be back before 9 p.m.

Shoko: Yeah, that's tough. What about working at a bakery? You love bread and cake, and they usually close by 8 p.m.

Marie: That's a great idea. You know me so well.

Shoko: Let's consider [12] as we think about where to live and work next year.

① all the options

② knowing less

③ pets nearby

④ graduating from university

Marie: Yeah. As you said, there are many places near school, so let's pick carefully.

Ⅲ 次の英文 (A)〜(E) の空所 **13** 〜 **17** に入れるのに最も適当なものを，それぞれ下の①〜④のうちから選べ。(15点)

(A) The company has decided to introduce a secure system to protect sensitive customer data from (**13**) threats online.

① potentiality　　② potentialities
③ potentially　　④ potential

(B) How are you progressing (**14**) your piano lessons?

① as　② with　③ for　④ by

(C) If I (**15**) about the heavy traffic, I would have left earlier to make it on time.

① was known　② known　③ had known　④ will know

(D) I've been (**16**) with Yoshiko for more than thirty years.

① friends　② the friends　③ my friend　④ the friend

(E) I could hardly imagine my daily life without my smartphone — it helps me (**17**) with my friends and family.

① connector　　② connection
③ connect　　④ to connecting

Ⅳ 次の英文 (A)〜(E) の空所 18 〜 22 に入れるのに最も適当なものを，それぞれ下の①〜④のうちから選べ。(10点)

(A) He (18) the prime minister on an overseas trip.

① accompanied ② applied ③ arranged ④ attached

(B) He and his father look alike — he resembles his father in (19).

① insurance ② avoidance ③ sequence ④ appearance

(C) You can't go (20) if you follow the instructions.

① old ② wrong ③ short ④ sweet

(D) Thanks to smartphones and tablets, we now have access to a wide (21) of entertainment on the go.

① border ② edge ③ range ④ face

(E) The team has been working tirelessly (22) the past few weeks to meet the deadline.

① as ② over ③ among ④ by

V 次の文 (A)〜(E) を，与えられた語(句)を用いて英文に訳したとき，空所 **23** 〜 **32** に入れるのに最も適当なものを，それぞれ下の①〜⑦のうちから選べ。(20点)

(A) 残された唯一の問題は，彼女が母の商売を引き継ぐかどうかでした。

The only question that (　　)(**23**)(　　)(　　)(　　)(**24**)(　　) of her mother's business.

① control　② whether　③ remained　④ would
⑤ she　⑥ take　⑦ was

(B) その仕事のために十分訓練を積んでいるとあなたが信じている人を雇うべきです。

You should hire (　　)(　　)(**25**)(　　)(**26**)(　　)(　　) the job.

① that　② you　③ well trained
④ believe　⑤ someone　⑥ for　⑦ is

(C) どんなに多くの障害が立ちふさがろうとも，わたしたちは一緒に乗り越えるでしょう。

No (　　)(**27**)(　　)(**28**)(　　),(　　)(　　) them together.

① we will　② matter　③ come　④ our way
⑤ how　⑥ many obstacles　⑦ overcome

(D) 彼の現状を考えると，最終試験に合格するのは非常に明らかです。

Considering his present state, it is as (　　)(　　)(**29**)(　　)(**30**)(　　)(　　) the final examination.

① he　② will　③ day　④ pass
⑤ that　⑥ as　⑦ clear

(E) そのコンピューターシステムはとても複雑だったので，わたしたちはユーザーマニュアルがなければ，それを使うことは不可能だとわかりました。

The computer system was (　　)(**31**)(　　)(　　)(**32**)(　　)(　　) it without a user manual.

① impossible　② we found　③ to　④ that
⑤ it　⑥ so complicated　⑦ use

日本史

（60分）

I　3世紀の倭人の社会や習俗に関する次の史料を読んで，下の問い（問1～問5）に答えよ。（20点）

倭人は帯方の東南大海の中に在り，山島に依りて国邑を為す。旧百余国，漢の時朝見する者あり。今使訳通ずる所三十国。郡より倭に至るには，海岸に循ひて水行し，……邪馬壹国に至る。女王の都する所なり。……男子は大小と無く，皆黥面文身す。……租賦を収むに邸閣有り。国々に市有り。有無を交易し，大倭をして之を監せしむ。女王国より以北には，特に一大率を置き，諸国を検察せしむ。諸国之を畏憚す。……下戸，大人と道路に相逢へば，逡巡して草に入り，辞を伝へ事を説くには，或は蹲り或は跪き，両手は地に拠り之が恭敬を為す。(1)……其の国，本亦男子を以て王と為す。住まること七，八十年。倭国乱れ，相攻伐して年を歴たり。乃ち共に一女子を立てて王と為す。名を卑弥呼と曰ふ。鬼道を事とし，能く衆を惑はす。年已に長大なるも，夫壻無し。男弟有り，佐けて国を治む。……景初二年六月，倭の女王，大夫難升米等を遣し郡に詣り，天子に詣りて朝献せんことを求む。……その年十二月，詔書して倭の女王に報じて曰く「……今汝を以て［A］と為し，金印紫綬を仮し，装封して帯方の太守に付し仮授せしむ。……」と。……卑弥呼以て死す。大いに冢を作る。径百余歩，徇葬する者，奴婢百余人。更に男王を立てしも，国中服せず，更々相誅殺し，当時千余人を殺す。復た卑弥呼の宗女壹与の年十三なるを立てて王と為す。国中遂に定まる。

問1　この史料は何と呼ばれているか。最も適切なものはどれか。　1

① 『漢書』地理志
② 高句麗好太王碑銘
③ 『後漢書』東夷伝
④ 『三国志』「魏志」倭人伝
⑤ 『宋書』倭国伝

問2　この史料から読み取れる倭国の説明として，誤りを含んでいるものはどれか。　2

① 倭人の社会は統一された国家を形成し，楽浪郡に定期的に使者を送っていた。
② 諸国は共同して邪馬台国の卑弥呼を女王として立てたところ，ようやく争乱がおさまった。
③ 卑弥呼は呪術をおこない，多くの人に自分の占いを信じさせていた。
④ 卑弥呼が亡くなった後，男の王が立ったが国内がおさまらず，壹与が王となってようやくおさまった。

問3　下線部(1)から読み取れる邪馬台国の説明として，誤っているものはどれか。　3

① 市が開かれ，交易がおこなわれていた。
② 女王国から北は特に一大率を置き，諸国を検察させていた。
③ 租税の制度が存在していた。
④ 男子はおとな，子どもの区別無く，みな顔と体にいれずみをしていた。
⑤ 身分差は無かった。

問4 空欄 [A] に当てはまるものはどれか。 [4]

① 安東大将軍倭王
② 漢委奴国王
③ 親魏倭王
④ 日本国王

問5 2009(平成21)年，奈良県桜井市において整然と配置された3世紀前半期の大型建物跡が発見された。のちのヤマト政権の王宮につながるものとして注目されているこの遺跡はどれか。 [5]

① 板付遺跡
② 岩宿遺跡
③ 荒神谷遺跡
④ 三内丸山遺跡
⑤ 登呂遺跡
⑥ 纒向遺跡

Ⅱ 承久の乱後の幕府に関する次の文章を読み，下の問い(問1～問5)に答えよ。(20点)

承久の乱(1)後の幕府は，3代執権 [A] の指導のもとに発展の時期を迎えた。執権を補佐する [B] をおいて北条氏一族中の有力者をこれに充て，ついで有力な御家人や政務にすぐれた11名を [C] に選んで，幕府の政務の処理や裁判に当たらせ，合議制にもとづいて政治をおこなった。また1232年には御成敗式目(2)を制定して，広く御家人たちに示した。

合議制の採用や御成敗式目の制定などにより，執権政治の隆盛をもたらした [A] の政策は，孫の執権 [D] に受け継がれた。[D] は，1247年に三浦泰村一族を滅ぼして(3)，北条氏の地位を不動のものとした。

問1 空欄 [A]・[D] に当てはまる人物の組み合わせとして，正しいものはどれか。 [6]

① A 北条時政　D 北条時頼
② A 北条時頼　D 北条時政
③ A 北条時政　D 北条泰時
④ A 北条時頼　D 北条泰時
⑤ A 北条泰時　D 北条時政
⑥ A 北条泰時　D 北条時頼

問2 空欄 [B]・[C] に当てはまる語の組み合わせとして，正しいものはどれか。 [7]

① B 引付衆　C 評定衆
② B 引付衆　C 連署
③ B 評定衆　C 引付衆
④ B 評定衆　C 連署

⑤　B　連署　　C　引付衆

⑥　B　連署　　C　評定衆

問3　下線部(1)に関わった上皇や天皇のうち，誤っている人物を選べ。　**8**

①　光明天皇　　②　後鳥羽上皇

③　順徳上皇　　④　仲恭天皇

問4　下線部(2)に該当する項目に含まれないものはどれか。　**9**

①　諸国守護人の職務・権限の事。

②　諸国の地頭が年貢をおさえとどめている事。

③　女性が養子を迎える事。

④　てっぽうの使用の事。

問5　下線部(3)に関する戦いは何と呼ばれるか。　**10**

①　一の谷の戦い　　②　宝治合戦

③　屋島の戦い　　④　和田合戦

Ⅲ 寛政の改革に関する次の文章を読み，下の問い(問1～問5)に答えよ。(20点)

17世紀中頃のイギリス革命，18世紀後半のアメリカ独立戦争，フランス革命を経て，ロシアのシベリア開発，19世紀以降のアメリカの西部開拓と太平洋進出など，世界情勢は近代化に向かっていた。そのなかでロシア・イギリス・アメリカ船が日本近海に現われ，幕府は外交政策の変更をせまられた。そうしたなか，1787年に江戸・大坂など全国30余りの主要都市で打ちこわしがおこり，米屋などが襲われるなど，幕府に衝撃を与えた。これら国内外の危機を感じ取った［A］は，11代将軍［B］の補佐として老中に就任し，それまで［C］が進めてきた政策を改め，(1)幕政改革に着手した。

問1 ［A］の人物の伝記とその著者の組み合わせとして，適切なものはどれか。 11

① 宇下人言 － 柴野栗山　② 花月草紙 － 尾藤二洲
③ 孝義録 － 岡田寒泉　④ 楽翁公伝 － 渋沢栄一

問2 ［B］・［C］に当てはまる人物の組み合わせとして，適切なものはどれか。 12

① B 徳川家斉 C 田沼意次
② B 徳川家斉 C 水野忠邦
③ B 徳川家治 C 田沼意次
④ B 徳川家治 C 水野忠邦

問3 下線部(1)に関連して，荒廃した村々を復興させるために行った政策として，適切なものはどれか。 13

① 人口減少の著しい九州・四国地方などで，百姓の他国への出稼ぎを制限した。

② 荒れた土地の復旧を目指し，全国で公金の貸し付けをおこなった。

③ 飢饉に備えて米穀を蓄えさせるため，各地に封戸を設置した。

④ 荒廃した村々を復興させるための備蓄政策を，上米の制という。

問4　下線部(1)に関連して，江戸を中心とする都市政策とその説明の組み合わせとして，誤っているものはどれか。　**14**

① 勘定所御用達の設定 － 両替商を中心とする豪商を幕府に登用し，その力を利用して米価調節や江戸町会所の運営などを幕府と協力して行う。

② 旧里帰農令の発布 － 江戸に流入した下層民を強制的に農村に帰し，農村の再建を図る。

③ 石川島人足寄場の設置 － 治安対策と人別改めを強化し，無宿人に技術を身につけさせ職業を持たせることを試みる。

④ 七分積金制度の設定 － 町々に町費節約を命じ，節約分の7割を積み立てさせ，町会所で運用させて米・金を蓄え，飢饉・災害時の救済体制とする。

問5　旗本・御家人の救済のため，札差への借金を放棄させた法令はどれか。　**15**

① 相対済し令　② 上知令　③ 棄捐令　④ 足高の制

Ⅳ 明治期の科学の発達に関する次の文章を読み，下の問い(問1～問5)に答えよ。(20点)

明治初年以降，近代の学問は欧米への留学生や，欧米からまねかれた学者たち(1)によってもたらされ，彼らに学ぶことから本格的に始まったが，やがて日本人による各分野の専門領域の研究(2)がおこなわれるようになった。

経済学では，まず自由放任の経済政策や自由貿易を主張する［ A ］の経済学が導入され，ついでドイツの保護貿易論や社会政策の学説などが主流となった。法律学では初め［ B ］から，ボアソナードがまねかれて法典の編纂に当たったが，民法典論争(3)をきっかけにドイツ法学が主流となった。

日本史(4)や日本文学などの分野でも，西洋学問の研究方法が取り入れられ，科学的研究が始まって従来の国学者の研究を一新した。

問1 空欄［ A ］・［ B ］に当てはまる語の組み合わせとして適切なものはどれか。［16］

① A アメリカ B イギリス
② A アメリカ B フランス
③ A イギリス B アメリカ
④ A イギリス B フランス
⑤ A フランス B アメリカ
⑥ A フランス B イギリス

問2 下線部(1)に関連する，おもな外国人教師と業績の組み合わせとして適切でないものはどれか。［17］

① ケーベル － 哲学
② コンドル － 建築
③ ジェーンズ － 宗教

④ ダイアー － 工学
⑤ フォンタネージ － 美術
⑥ フルベッキ － 自然科学

問 3　下線部(2)に関連する，おもな我が国の自然科学者と業績の組み合わせとして適切でないものはどれか。 **18**

① 大森房吉 － 大森式地震計の発明
② 志賀潔 － 赤痢菌の発見
③ 鈴木梅太郎 － アドレナリンの抽出
④ 木村栄 － 緯度変化のZ項の発見
⑤ 田中館愛橘 － 地磁気の測定
⑥ 牧野富太郎 － 植物の分類法

問 4　下線部(3)に関連する文章として適切ではないものはどれか。 **19**

① 家制度を守るため妻に対する姦通罪・堕胎罪，大逆罪・不敬罪や内乱罪を厳罰とする規定を設け，1907 年にドイツ法系のものに改正した。
② 1892 年の第三議会において商法とともに修正を前提に施行延期となり，1896 年と 1898 年に，先の民法を大幅に修正するかたちとなった。
③ 帝国大学教授の穂積八束は法律雑誌に「民法出デヽ忠孝亡ブ」という論文を書き，ボアソナードの民法を厳しく批判した。
④ 民法は 1890(明治 23)年に大部分がいったん公布されたが，制定以前から一部の法学者の間で日本の伝統的倫理が破壊されるとの批判がおこり論争となった。
⑤ 論争により，戸主の家族員に対する絶大な支配権(戸主権)や家督相続制度など，家父長制的な家の制度を存続させる新民法ができた。

問5　下線部(4)について，この時期・この分野の研究業績として適切なものはどれか。　20

① 『国意考』
② 『経国美談』
③ 『大日本史料』
④ 『日本及日本人』
⑤ 『群書類従』

V　1950～1970年代の日本の防衛政策に関する次の文章を読み，下の問い(問1～問5)に答えよ。(20点)

朝鮮戦争が始まると，在日アメリカ軍が朝鮮に動員されたあとの軍事的空白を埋めるために，1950(昭和25)年8月，ＧＨＱの指令で［ A ］が新設された。1951(昭和26)年には日米安全保障条約が調印され(1)，アメリカが必要とすれば日本のどの地域でも基地として要求できるとされた。1952(昭和27)年には［ B ］が締結され，日本は駐留軍に基地を提供し，駐留費用を分担することとなった。

1954(昭和29)年，［ C ］が締結され，アメリカの経済援助を受けるかわりに，自衛力の増強を義務づけられると，防衛庁を新設し，陸・海・空の3隊からなる自衛隊(2)を発足させた。1960(昭和35)年には［ D ］が調印され，それにはアメリカの日本防衛義務が明文化された。

1960年代後半になると，沖縄(3)では祖国復帰を求める住民運動が続き，1971(昭和46)年には沖縄返還協定が調印された(4)。これにより翌年に沖縄の日本復帰は実現したが，広大なアメリカ軍事基地は存続することとなった。

問1　空欄［ A ］に当てはまる語として，正しいものはどれか。　21

① 海上警備隊　② 警察予備隊
③ 都道府県警察　④ 保安隊

問2　空欄 B ～ D に当てはまる語の組み合わせとして，正しいものはどれか。 22

① B　日米行政協定
C　ＭＳＡ協定
D　日米共同声明

② B　日米行政協定
C　ＭＳＡ協定
D　日米相互協力及び安全保障条約

③ B　日米共同声明
C　ＭＳＡ協定
D　日米行政協定

④ B　日米共同声明
C　ＰＫＯ協力法
D　日米相互協力及び安全保障条約

⑤ B　日米相互協力及び安全保障条約
C　ＰＫＯ協力法
D　日米行政協定

⑥ B　日米相互協力及び安全保障条約
C　ＰＫＯ協力法
D　日米共同声明

問3　下線部(1)・(4)がおこなわれたときの内閣総理大臣の組み合わせとして，正しいものはどれか。 23

① (1)　鳩山一郎　(4)　池田勇人
② (1)　鳩山一郎　(4)　岸信介
③ (1)　鳩山一郎　(4)　佐藤栄作
④ (1)　吉田茂　(4)　池田勇人

⑤ (1) 吉田茂　(4) 岸信介

⑥ (1) 吉田茂　(4) 佐藤栄作

問4　下線部(2)に関連する次の文章で，3つの波線部のうち誤りはいくつあるか。下の①～④から選べ。 **24**

自衛隊は，直接・間接の侵略からの自衛を主たる任務とし，災害救助や治安維持を目的に出動を命じることができる。自衛隊の最高指揮監督権は天皇に属し，内閣総理大臣の指揮・監督のもと文民の防衛大臣が隊務を統轄することになっている。

① 1　② 2　③ 3　④ なし

問5　下線部(3)に関連する次の文章のうち，記述に誤りを含むものはどれか。 **25**

① アメリカ軍が1945(昭和20)年4月に沖縄本島に上陸し，同年6月23日に組織的な戦闘が終了するまで，死者は軍民あわせて18万人余りにのぼった。

② 沖縄返還にあたって日本政府は非核三原則を掲げたが，1969(昭和44)年のアメリカのジョンソン大統領との日米首脳会議では，「核抜き」の沖縄返還は合意されなかった。

③ 1965(昭和40)年以降，アメリカがベトナムへの介入を本格化させると，沖縄や日本本土はアメリカ軍の最前基地となり，沖縄では基地用地の接収やアメリカ兵による犯罪増加が問題となり，祖国復帰運動が本格化した。

④ 南西諸島・小笠原諸島は，アメリカの信託統治が予定されていたが，アメリカはこれを国際連合に提案せずに施政権下においた。その後，小笠原諸島は1968(昭和43)年に返還された。

世界史

（60分）

I イスラームの学問と文化活動に関する次の問い（問1～問5）に答えよ。（20点）

問1　法学や神学などのイスラーム諸学をおさめた知識人たちを何と呼ぶか，次の①～④のうちから選べ。 1

① ウラマー　② スーフィー
③ マムルーク　④ マワーリー

問2　751年におこった，製紙法がイスラーム教徒に伝えられる契機となった戦いを，次の①～④のうちから選べ。 2

① タラス河畔の戦い　② トゥール・ポワティエ間の戦い
③ ニハーヴァンドの戦い　④ 白村江の戦い

問3　『世界史序説』を著して，王朝興亡の歴史の法則性について論じた歴史家を，次の①～④のうちから選べ。 3

① イブン＝シーナー　② イブン＝バットゥータ
③ イブン＝ハルドゥーン　④ イブン＝ルシュド

問4　「万学の祖」と称され，イスラーム哲学にも大きな影響を与えた古代ギリシアの哲学者を，次の①～④のうちから選べ。 4

① アリストテレス　② ソクラテス
③ ヒッポクラテス　④ プラトン

問5　インド数学を導入してアラビア数学を確立し，代数学を発展させた人物を，次の①～④のうちから選べ。　5

①　ウマル＝ハイヤーム　　②　ガザーリー

③　フィルドゥシー　　④　フワーリズミー

Ⅱ　次に示すのは，H.G.ウェルズ著，長谷部文雄・阿部知二訳『世界史概観(上)』から一部分を抜き出し，漢数字をアラビア数字に改めたものである。これを読んで，下の問い(問1～問5)に答えよ。(20点)

ローマ帝国に大打撃をあたえた2世紀末の，あの同じ大疫病が，中国では漢王朝をくつがえした。それから，分裂とフン人侵略の時代とがきたが，中国の復興はヨーロッパのそれにくらべていっそう迅速であり，またいっそう完全であった。6世紀が終わらぬうちに，中国は隋王朝のもとにふたたび統一され，その隋王朝にかわって，ヘラクリウス時代に唐王朝が現われた。(1)唐王朝の治世はまた新たに中国の大繁栄時代を出現させたのであった。

7世紀，8世紀および9世紀を通じて，中国は世界中でもっとも安泰な文明国であった。漢王朝はその国境を北方にひろげたが，隋王朝と唐王朝とはいまやその文明を南方にひろめ，こうして中国は今日見るような大きさのものとなりはじめた。中央アジア方面ではその勢力がはるか遠方におよんで，朝貢するトルコ族を通じてついにペルシアとカスピ海とに達した。

復興した新しい中国は漢人の古い中国とはひじょうに異なった国であった。新たないっそう活気のある文学上の流派が現われ，(2)詩の大復活があった。(3)仏教が哲学的および宗教的思想を変革していたのである。芸術的制作においても，技術的熟練においても，生活上のあらゆる愉楽においても，偉大な進歩があった。茶がはじめて用いられ，紙が製造され，木版印刷がはじまった。この数世紀間，中国ではじつに数百万の人々が秩序ある優美な気持のよい生活をしていたが，ヨーロッパや西部アジアの人口は減少して，彼らはあばら屋や城壁のある小さな都市や恐ろしい盗賊の城塞に住んでいた。西方の人心は神学的な憑きもののために暗かったが，中国の人心は開放的で寛容で探究的であった。

問1　［下線部(1)に関して］ 626年に即位し，628年に全国統一を達成した第2代皇帝を，次の①～④のうちから選べ。 6

① 高宗　② 太宗　③ 文帝　④ 煬帝

問2　［下線部(1)に関して］ 7世紀前半，ペルシア人阿羅本が布教した，キリスト教ネストリウス派の中国での呼称を，次の①～④のうちから選べ。 7

① 回教　② 景教　③ 祆教　④ 道教

問3　［下線部(2)に関して］ 唐中期の詩人李白や杜甫にならんで，唐後期に独創的な詩風で名声を博し，玄宗と楊貴妃の悲哀「長恨歌」をうたった詩人を，次の①～④のうちから選べ。 8

① 韓愈　② 蘇軾　③ 白居易　④ 柳宗元

問4　［下線部(3)に関して］ 唐王朝時代の人物とそれに関連する書物との組み合わせとして正しいものを，次の①～④のうちから選べ。 9

① 義浄－『五経正義』
② 孔穎達－『仏国記』
③ 玄奘－『大唐西域記』
④ 法顕－『南海寄帰内法伝』

問5　下の文章は，唐代の制度に関する記述である。文中の下線部(a)・(b)の正誤を判断し，その組み合わせを次の解答群から選べ。 10

＜解答群＞

① (a)＝正　(b)＝正　② (a)＝正　(b)＝誤
③ (a)＝誤　(b)＝正　④ (a)＝誤　(b)＝誤

唐は，隋の制度を受け継ぎ，それを律・令・格・式の法制に基づく体系につくりあげた。中央には三省(中書・門下・尚書)・六部(吏・戸・礼・兵・刑・工)や，中国の官吏監察機関である(a)御史台を中心とする官制を設けて，地方には，隋唐時代に確立された地方行政区画制度である(b)屯田制をしいた。

Ⅲ　次に示すのは，『地球の歩き方 E03　イスタンブールとトルコの大地　2019～2020年版』から一部分を抜き出し，文の一部を空所にしたものである。これを読んで，下の問い(問1～問5)に答えよ。(20点)

スルタンアフメット・ジャーミィとトプカプ宮殿の間に建つアヤソフィアは，ビザンツ建築の最高傑作とも評され，長い歴史のなか，さまざまな宗教に利用されながらも，トルコの歴史を体現してきた建築物だ。

西暦325年，(1)コンスタンティヌス1世によりアヤソフィアのもととなる教会の建築が始まり，360年，コンスタンティヌス2世の時代になって完成した。その後，幾たびかの消失を経て，537年，時の皇帝(2)ユスティニアヌスの命を受け，6年近くの歳月をかけてビザンツ様式の大聖堂が完成。この後，ビザンツ帝国の時代が終わりを告げるまで，ギリシア正教の大本山としてあがめられていた。ギリシア語ではハギア・ソフィアという。

中庭に置かれたギリシア様式の円柱は，ユスティニアヌス帝が，アテネやエフェソスから運ばせたもの。直径31mの大ドームの円屋根は，ロドス島(出題者注：ロードス島のこと)で造られた軽いれんがでできている。皇帝は威信をかけて当時の最高技術を駆使し，その時代の最大級の建物を造ったのだ。内部には，多数のモザイク画が残り，ビザンツ文化を象徴している。

1453年にコンスタンティノープルが陥落すると，当時のスルタン，［　　］により，(3)聖堂はジャーミィに変えられ，メッカの方向を示すミフラーブ(出題者注：ミフラーブのこと)などが加えられた。その後，1700年代には残されていたモザイクも漆喰で塗りつぶされ，20世紀に発見されるまで，日の目を見ることはなかった。

1931年，アメリカ人の調査隊により，壁の中のモザイク画が発見され，アヤソフィアはビザンツ時代の遺跡として再び脚光を浴び始める。機を見るに敏な初代大統領アタテュルク(4)は翌年，ここを博物館として一般公開することを決定した。

問1　［下線部(1)に関して］　この皇帝が主宰したもので，キリスト教における，最初の正統教義を決定した公会議として正しいものを，次の①～④のうちから選べ。　11

① エフェソス公会議　② カルケドン公会議
③ コンスタンツ公会議　④ ニケーア公会議

問2　［下線部(2)に関して］　この皇帝の事績として正しくないものを，次の①～④のうちから選べ。　12

① イタリアのラヴェンナに，サン＝ヴィターレ聖堂を建立した。
② 北アフリカのヴァンダル王国やイタリアの東ゴート王国を滅ぼして一時的に地中海のほぼ全域にローマ帝国を復活させた。
③ 中国から養蚕技術を導入して，絹織物産業を育成した。
④ 『ローマ法大全』を編纂（へんさん）させた。

問3　文中の［　　］に入るスルタンを，次の①～④のうちから選べ。　13

① バヤジット1世　② メフメト2世
③ セリム1世　④ スレイマン1世

問4　［下線部(3)に関して］ 聖堂の四隅に建てられた尖塔(図)の名称を，次の①～④のうちから選べ。 **14**

① アラベスク　② ミナレット

③ ミニアチュール　④ モスク

図　アヤソフィア聖堂

問5　［下線部(4)に関して］「アタテュルク(父なるトルコ人)」の尊称を授与された人物を，次の①～④のうちから選べ。 **15**

① イブン＝サウード　② フセイン(フサイン)

③ ムスタファ＝ケマル　④ レザー＝ハーン

Ⅳ 下の1～5は，いずれも列強による東南アジアの植民地化に関係する文章である。それぞれの文章にある下線部(a)・(b)の正誤を判断し，正しい組み合わせを，次の解答群から選べ。(20点)

<解答群>

①　(a)＝正　(b)＝正　　②　(a)＝正　(b)＝誤

③　(a)＝誤　(b)＝正　　④　(a)＝誤　(b)＝誤

1　**16**

オランダは，1623年のアンボイナ事件後，ジャワでの領土獲得に動き出した。18世紀半ばには(a)マタラム王国が滅ぼされ，ジャワ島の大部分がオランダの支配下となった。19世紀に入ると，オランダ政庁による直接支配となり，コーヒーやサトウキビ・藍などの商品作物の栽培が導入されるようになった。オランダ政庁は，栽培すべき商品作物の種類と土地，必要な労働者の数，生産量などを指示し，収穫された生産物を低い指示価格で徴収した。こうした支配に対し，1825年にはジャワ戦争と呼ばれる大きな反乱が勃発(ぼっぱつ)した。オランダは，この反乱によって財政状況が悪化したが，(b)プランテーションを導入することによって莫大な利益をあげた。

2　**17**

イギリスは，東南アジアから中国への貿易拡大を目指し，シンガポールをはじめとするマレー半島の港市を手に入れ，更に，ジャワも一時占拠した。イギリスは，オランダと協定を締結し，マラッカ海峡を境界とする支配権の分割を決め，ジャワを返還する一方で，マレー半島の(a)ペナン・クアラルンプール・シンガポールを海峡植民地として成立させた。ビルマでは，(b)タウングー朝がモン人の侵攻で滅亡したが，コンバウン朝がモン人を撃退し，全土を支配した。更に，コンバウン朝はインド北東部のアッサムにも進出した。これに対し，イギリスは，3回にわたるコンバウン朝との戦争に勝利し，1886年，ビルマをインド帝国に併合した。

3　**18**

スペインは，フィリピンに進出していた。スペインは，政教一致体制をとり，住民を(a)カトリックに強制改宗させ，また，フィリピン人を長とする行政組織を新たにつくった。さらに，スペインは自由貿易を求める圧力を受け，他の欧米勢力を排除する政策を転換し，1834年には，(b)マニラを正式に開港した。

4　**19**

フランスは，19世紀半ばになるとベトナムに軍事介入をはじめ，1862年，サイゴンやコーチシナ東部を獲得した。さらに領土拡大を狙うフランスに対して，(a)阮福暎が組織した黒旗軍がベトナム北部に根拠を置いて抵抗した。しかし，フランスはそれを口実に北部に進出し，(b)ユエ(フエ)条約によってベトナムを保護国化した。

5　**20**

ベトナムへの宗主権を巡って清朝とフランスとの間で，1884年，清仏戦争が勃発した。敗北した清は宗主権を放棄して1885年の(a)南京条約で，ベトナムに対するフランスの保護権を承認した。フランスは，1863年に保護国化したカンボジアを組み入れて，1887年，フランス領インドシナ連邦を成立させた。さらに，1899年にはフランス領インドシナ連邦に(b)タイも編入した。

V　次のA～Eは，いずれも見出しの文とそれに続く文①～④とから成り立っている。見出しの文は，20世紀におこった出来事を記したものであり，それに先だっておこった出来事を記した文が①～④の中に2つ含まれている。それはどれとどれか。解答の順序は問わないが，両方とも正解のときにのみ点が与えられる。(20点)

A　アメリカのトルーマン大統領がトルーマン＝ドクトリンを提唱した。　21 , 22

① アメリカのマーシャル国務長官がヨーロッパ経済復興援助計画を発表した。

② イギリスのチャーチル前首相がソ連の政策を「鉄のカーテン」であると批判する演説を行った。

③ 国際連合が発足した。

④ ソ連を中心にコミンフォルム(共産党情報局)が結成された。

B　NATO構築のための北大西洋条約が調印された。　23 , 24

① 経済相互援助会議(COMECON)が結成された。

② ソ連がベルリン封鎖を開始した。

③ ドイツ民主共和国(東ドイツ)の成立が宣言された。

④ ドイツ連邦共和国(西ドイツ)が成立した。

C　朝鮮戦争が勃発(ぼっぱつ)した。　25 , 26

① アメリカとオーストラリア・ニュージーランドが太平洋安全保障条約を結んだ。

② サンフランシスコ平和条約と同時に日米安全保障条約が結ばれた。

③ 中ソ友好同盟相互援助条約が結ばれた。

④ 中華人民共和国の成立が宣言された。

D　米・英・仏・ソ４国がベルリンの現状維持協定を結んだ。 27 ， 28

① 全欧安全保障協力会議が開催され，ヘルシンキ宣言が採択された。

② 東西両ドイツが同時に国際連合に加盟した。

③ 西ドイツがソ連と武力不行使条約を結んだ。

④ 西ドイツとポーランドが戦後国境を認めた国交正常化条約を結んだ。

E　アメリカのブッシュとソ連のゴルバチョフがマルタ島で会談を行い，冷戦の終結を宣言した。 29 ， 30

① アメリカのレーガンとゴルバチョフが中距離核戦力(INF)の全廃に合意した。

② ゴルバチョフがソ連の大統領に選出された。

③ ゴルバチョフが新ベオグラード宣言を発した。

④ ワルシャワ条約機構が解散した。

数　学

◀数　学 (1)▶

(60 分)

解答上の注意：以下の説明をよく読んでから解答してください。

1 問題の文中の空欄 □ には，数字（0～9）が入ります。なお，□□ のように2つ以上の空欄が続くところは次のような意味を表します。例えば，□□□ は3桁(けた)以下の整数値を表します。この場合，答えが2桁以下の値であれば，不要な上位の空欄 □ については解答欄に⓪をマークしてください。

例　3つ続いた空欄 □□□ のところが42になる場合は，左から順番に⓪，④，②と解答欄にマークしてください。

2 問題の文中の2重線で表された空欄 ▭ には，数字以外の記号などが入ります。文中の指示にしたがって，当てはまる記号などに対応する番号をマークしてください。

3 分数の形で解答する場合は，既約分数(それ以上約分できない分数)で答えてください。ただし，数字を入れる空欄が分数の形となっている場合でも，解答の値は必ずしも分数であるとは限りません(整数となる場合もあります)。この場合は，分母の値が1になるように答えてください。

4 根号を含む形で解答する場合は，根号の中が最小の正の整数となるように答えてください。

I　解答番号 $\boxed{1}$ ～ $\boxed{16}$

次の記述の空欄 $\boxed{}$ または $\boxed{\boxed{}}$ にあてはまる数字または記号を答えよ。ただし，空欄 $\boxed{\boxed{9}}$，$\boxed{\boxed{13}}$ には＋または－の記号が入る。＋の場合は①を，－の場合は②を選べ。（34点）

⑴　循環小数 $4.\dot{2}\dot{7}$ を分数で表すと $\dfrac{\boxed{1}\,\boxed{2}}{\boxed{3}\,\boxed{4}}$ となる。

⑵　$\sqrt{2}=1.41421$，$\sqrt{3}=1.73205$，$\sqrt{5}=2.23607$ とするとき，$\dfrac{2\sqrt{6}}{\sqrt{2}+\sqrt{3}-\sqrt{5}}$ を小数第4位を四捨五入して，小数第3位までの数で表すと

$\boxed{5}.\boxed{6}\,\boxed{7}\,\boxed{8}$ である。

⑶　座標平面上の3点（0，－9），（1，1），（3，9）を通る放物線の方程式は

$y=\boxed{\boxed{9}}\,\boxed{10}\,x^2+\boxed{11}\,\boxed{12}\,x\,\boxed{\boxed{13}}\,\boxed{14}$ である。

⑷　次図のように，長方形の花壇（だん）Aを作り，その周囲を囲むように幅が一定の花壇Bを作る計画を立てる。なお，花壇Bの幅は2mであり，四隅はすべて，半径が2m，中心角が90°の扇形である。花壇Aの縦と横の長さは1mの整数倍とし，縦と横の2辺の長さの和は20mとする。花壇Aと花壇Bの面積の差の絶対値がもっとも小さくなるとき，花壇Aの面積は $\boxed{15}\,\boxed{16}$ m^2 である。

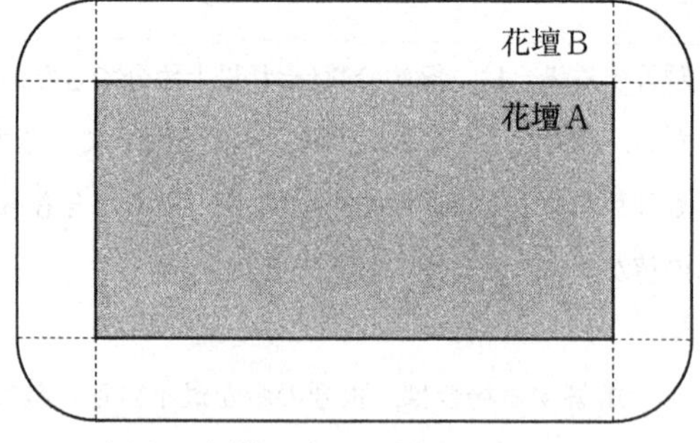

※図中の点線の長さはすべて2mである。

Ⅱ 解答番号 [17] ～ [33]

次の記述の空欄 [　] または [　] にあてはまる数字または記号を答えよ。ただし，空欄 [17] ～ [20] には解答群（①～④）のいずれかの値が入る。あてはまる値の記号を選べ。（33点）

(1) $\cos 23°$，$\sin 57°$，$\cos 103°$，$\tan 157°$ を小さい順に並べると，

[17]，[18]，[19]，[20] である。

＜解答群＞

① $\cos 23°$　② $\sin 57°$　③ $\cos 103°$　④ $\tan 157°$

(2) △ABC があり，$AB=4\sqrt{2}$，$AC=2\sqrt{2}$，$\angle A=60°$ である。∠A の 2 等分線と辺 BC との交点を D とする。

(i) $BC=$ [21] $\sqrt{[22]}$ であり，$CD=\dfrac{[23]\sqrt{[24]}}{[25]}$ である。

(ii) △ABD の面積は $\dfrac{[26]\sqrt{[27]}}{[28]}$ である。

(iii) △ABC の外接円の半径は [29] $\sqrt{[30]}$ である。

(iv) 点 D から辺 AB に下ろした垂線の長さは $\dfrac{[31]\sqrt{[32]}}{[33]}$ である。

Ⅲ 解答番号 [34] ～ [53]

次の記述の空欄 [ ] にあてはまる数字を答えよ。 (33点)

(1) 赤玉3個と青玉7個が入っている箱から，玉を同時に3個取り出す試行について考える。ただし，いずれの玉も取り出す確率は等しいものとする。

(i) 取り出した玉が赤玉1個と青玉2個である確率は $\dfrac{\boxed{34}\boxed{35}}{\boxed{36}\boxed{37}}$ である。

(ii) 少なくとも1個の青玉を取り出す確率は $\dfrac{\boxed{38}\boxed{39}\boxed{40}}{\boxed{41}\boxed{42}\boxed{43}}$ である。

(2) 0から4までの数字が1枚に1つずつ書かれた白いカードと黒いカードがそれぞれ5枚，計10枚のカードがある。

(i) 10枚のカードを無作為に1列に並べるとき，両端が4である確率は

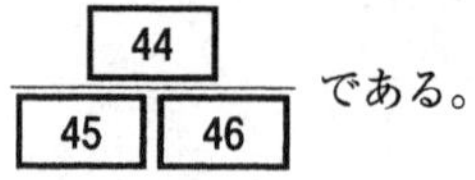

$\dfrac{\boxed{44}}{\boxed{45}\boxed{46}}$ である。

(ii) 10枚のカードから3枚を取り出して，カードの色は考えず横に並べて3桁の数をつくる。3桁の数は全部で [47][48] 通りでき，大きい方から30番目の数の一の位の数字は [49] である。

(iii) 数直線上を動く点Pが原点にある。カードを1枚引き，白いカードが出れば点Pは書かれた数だけ正の向きに進み，黒いカードが出れば点Pは書かれた数だけ負の向きに進むゲームを3回続けて行う。

ただし，引いたカードはもとに戻さず，1回目は10枚のカードから，2回目は9枚のカードから，3回目は8枚のカードから1枚引くものとする。また，どのカードも取り出す確率は等しいものとする。

（ア）取り出したカードに書かれた3つの数字の組合わせが（4，3，2）のとき，ゲームを3回終えたあとの点Pの座標は，全部で 50 通りある。

（イ）ゲームを3回終えたあとの点Pの座標が＋5である確率は

$$\frac{\boxed{51}}{\boxed{52}\,\boxed{53}}$$ である。

◀数　学　(2)▶

（60分）

解答上の注意：以下の説明をよく読んでから解答してください。

1　問題の文中の空欄 □ には，数字（0〜9）が入ります。なお，□□ のように2つ以上の空欄が続くところは次のような意味を表します。例えば，□□□ は3桁(けた)以下の整数値を表します。この場合，答えが2桁以下の値であれば，不要な上位の空欄 □ については解答欄に⓪をマークしてください。

例　3つ続いた空欄 □□□ のところが42になる場合は，左から順番に⓪，④，②と解答欄にマークしてください。

2　問題の文中の2重線で表された空欄 □ には，数字以外の記号などが入ります。文中の指示にしたがって，当てはまる記号などに対応する番号をマークしてください。

3　分数の形で解答する場合は，既約分数(それ以上約分できない分数)で答えてください。ただし，数字を入れる空欄が分数の形となっている場合でも，解答の値は必ずしも分数であるとは限りません(整数となる場合もあります)。この場合は，分母の値が1になるように答えてください。

4　根号を含む形で解答する場合は，根号の中が最小の正の整数となるように答えてください。

I　**解答番号** [1] ～ [20]

次の記述の空欄 [ ] または [[ ]] にあてはまる数字または記号を答えよ。ただし，空欄 [[12]]，[[15]]，[[17]] には＋または－の記号が入る。＋の場合は①を，－の場合は②を選べ。(33点)

(1) 高校の文化祭でクレープを売ることになった。クレープ1個あたりの原価は80円である。

クレープ1個の値段（売価）を300円とすると100個売れ，値段を1円上げるごとに売れる個数が1個ずつ減り，値段を1円下げるごとに売れる個数は1個ずつ増える。このとき，売り上げる個数 y（個）と値段 x（円）の関係は

$y=$ [1][2][3] $-x$ である。

また，利益が最大となるときのクレープ1個の値段は

[4][5][6] 円であり，

その利益は [7][8][9][10][11] 円である。

(2) 平面上で，ベクトル $\vec{a}$，$\vec{b}$ が $|\vec{a}+\vec{b}|=3$，$|\vec{a}-\vec{b}|=1$ を満たすとき，

$\vec{a}\cdot\vec{b}=$ [[12]][13] であり，$|2\vec{a}-\vec{b}|^2+|\vec{a}-2\vec{b}|^2=$ [14] である。

(3) $\displaystyle\sum_{k=1}^{8}\frac{-2}{\sqrt{k}+\sqrt{k+2}}=$ [[15]][16][[17]]$\sqrt{[18]}-\sqrt{[19][20]}$

である。

Ⅱ **解答番号** [21] ～ [35]

次の記述の空欄 [ ] にあてはまる数字を答えよ。 (33点)

(1) $2\log_2 3 = \log_4$ [21][22] である。

(2) 不等式 $1.08^n > 30$ を満たす最小の自然数 n は [23][24] である。

ただし，$\log_{10} 2 = 0.3010$，$\log_{10} 3 = 0.4771$ とする。

(3) 不等式 $7^x - \dfrac{12}{7^x} > -4$ の解は，$x > \log_7$ [25] である。

(4) 2次関数 $f(x) = x^2 - (8\sin\theta - 6\cos\theta)x + \dfrac{75}{4}$ (θ は実数の定数で，$0 \leqq \theta \leqq \pi$) について考える。

また，α は $\sin\alpha = \dfrac{3}{5}$，$\cos\alpha = \dfrac{4}{5}$ を満たすものとする。

(i) $5\sin(\theta - \alpha) =$ [26] $\sin\theta -$ [27] $\cos\theta$ である。

(ii) 2次方程式 $f(x) = 0$ が重解をもつとき，$\sin^2(\theta - \alpha) = \dfrac{[28]}{[29]}$ である。

(iii) 2次方程式 $f(x) = 0$ が重解をもつとき，

$$\cos\theta = -\frac{[30]\sqrt{[31]}}{[32][33]} \pm \frac{[34]}{[35]}$$ である。

Ⅲ **解答番号** [36] ～ [51]

次の記述の空欄 [ ] または [[ ]] にあてはまる数字または記号を答えよ。ただし，空欄 [[40]]，[[43]]，[[47]]，[[49]] には＋または－の記号が入る。＋の場合は①を，－の場合は②を選べ。（34点）

(1) 関数 $f(x)=x(x-a)^2+b$（ただし，a，b は実数の定数）が，$x=1$ で極大値5をとる。

このとき，$a=$ [36]，$b=$ [37] であり，関数 $f(x)$ は $x=$ [38] で極小値 [39] をとる。

(2) 座標平面上において，放物線 $C：y=x^2$ と直線 $l：y=m(x+1)$（ただし，m は実数の定数）が異なる2点A，Bで交わっている。

(i) 定数 m の値にかかわらず，直線 l は点（[[40]][41]，[42]）を通る。

(ii) m のとり得る値の範囲は，$m<$ [[43]][44]，[45] $<m$ である。この m の範囲全体で m の値が変化するとき，線分ABの中点の軌跡は，放物線 $y=$ [46] x^2 [[47]][48] x のうち，$x<$ [[49]][50]，[51] $<x$ の部分である。

◀数　学　(3)▶

(60分)

解答上の注意：以下の説明をよく読んでから解答してください。

1　問題の文中の空欄 □ には，数字（0～9）が入ります。なお，□□ のように2つ以上の空欄が続くところは次のような意味を表します。例えば，□□□ は3桁(けた)以下の整数値を表します。この場合，答えが2桁以下の値であれば，不要な上位の空欄 □ については解答欄に⓪をマークしてください。

例　3つ続いた空欄 □□□ のところが42になる場合は，左から順番に⓪，④，②と解答欄にマークしてください。

2　問題の文中の2重線で表された空欄 ▭ には，記号などが入ります。文中の指示にしたがって，当てはまる記号などに対応する番号をマークしてください。

3　分数の形で解答する場合は，既約分数(それ以上約分できない分数)で答えてください。ただし，数字を入れる空欄が分数の形となっている場合でも，解答の値は必ずしも分数であるとは限りません(整数となる場合もあります)。この場合は，分母の値が1になるように答えてください。

4　根号を含む形で解答する場合は，根号の中が最小の正の整数となるように答えてください。

Ⅰ **解答番号 [1] ～ [15]**

次の記述の空欄 [ ] にあてはまる数字を答えよ。（30点）

点Oを中心とする半径1の円周上に，$\angle AOB = 120°$ をみたす2点A，Bをとる。A，Bにおいてそれぞれ円の接線を引き，両接線の交点をPとする。線分ABと線分OPの交点をCとし，直線BOと円との交点のうちBではない点をD，直線CDと円との交点のうちDではない点をEとする。

このとき，

(1) 線分APの長さは $\sqrt{\fbox{1}}$ である。

(2) 線分ACの長さは $\dfrac{\sqrt{\fbox{2}}}{\fbox{3}}$ である。

(3) 線分CDの長さは $\dfrac{\sqrt{\fbox{4}}}{\fbox{5}}$ である。

(4) 三角形CODの面積は $\dfrac{\sqrt{\fbox{6}}}{\fbox{7}}$ である。

(5) $\cos \angle CDO = \dfrac{\fbox{8}\sqrt{\fbox{9}}}{\fbox{10}\,\fbox{11}}$ である。

(6) 線分CEの長さは $\dfrac{\fbox{12}\sqrt{\fbox{13}}}{\fbox{14}\,\fbox{15}}$ である。

Ⅱ **解答番号** [16] ～ [35]

次の記述の空欄 [ ] にあてはまる数字を答えよ。ただし [28] は，あてはまる数字のうち最も小さいものを答えること。

また空欄 [[ ]] は，解答群の中から最も適当な番号を1つずつ選べ。(30点)

数列 $\{a_n\}$ の最初のいくつかの項は次のようになっている。

10，12，17，27，44，…

$\{a_n\}$ の階差数列を $\{b_n\}$，$\{b_n\}$ の階差数列を $\{c_n\}$ とすると，$\{c_n\}$ は等差数列となることがわかっている。このとき $\{c_n\}$ は

[16]，[17]，[18]，…

なので，一般項は

$$c_n = \boxed{19}\,n + \boxed{20}$$

である。

よって，$n \geqq 2$ のとき

$$b_n = b_1 + \sum_{k=\boxed{22}}^{\boxed{21}} c_k$$

$$= n^{\boxed{23}} \,\boxed{24}\, \boxed{25} \quad \cdots①$$

である。①は $n=1$ のときにも成り立つ。

さらに，$n \geqq 2$ のとき

$$a_n = a_1 + \sum_{k=\boxed{27}}^{\boxed{26}} b_k$$

である。以上から，$n \geqq \boxed{28}$ における $\{a_n\}$ の一般項は，

$$a_n = \frac{\boxed{29}}{\boxed{30}}n^3 - \frac{\boxed{31}}{\boxed{32}}n^2 + \frac{\boxed{33}}{\boxed{34}}n + \boxed{35}$$

である。

21, 26 の解答群

① $n-2$　② $n-1$　③ n　④ $n+1$　⑤ $n+2$

24 の解答群

① $+$　② $-$

Ⅲ　**解答番号 36 ～ 55**

次の記述の空欄 □ について，解答群の中から最も適当な番号を１つずつ選べ。また空欄 □ は，あてはまる数字を答えよ。（40点）

$f(x)=x-\dfrac{\pi}{2}\sin x$　$(0\leqq x\leqq\pi)$ とする。このとき，

(1) $f'(x)=1$ [36] $\dfrac{\pi}{2}$ [37] x である。

(2) $f(x)$ が $x=\alpha$ のとき極値をとる。このとき，

$\dfrac{\pi}{2}$ [37] $\alpha=$ [38][39]

$f(\alpha)=\alpha$ [40] $\sqrt{\dfrac{[41]}{[42]}\pi^2-[43]}$

である。

(3) $f(x)$ は $x=$ [44] のとき，極値ではない最大値または最小値をとる。このとき，$f\left([44]\right)=$ [45] は [46] である。

(4) 座標平面上における曲線 $y=f(x)$ と x 軸との交点の座標は $\left([47],\ 0\right)$ と $\left([48],\ 0\right)$ である。ただし [47] < [48] とする。

(5) $\displaystyle\int f(x)dx=\frac{x^2}{[49]}$ [50] $\dfrac{\pi}{2}$ [51] $x+C$

である。ただし，C は積分定数である。

(6)　座標平面上において，曲線 $y=f(x)$ と x 軸で囲まれた部分の面積は

$-\dfrac{\boxed{52}}{\boxed{53}}\pi^2+\dfrac{\boxed{54}}{\boxed{55}}\pi$ である。

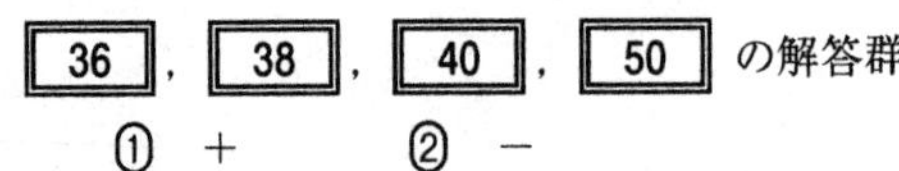

$\boxed{36}$, $\boxed{38}$, $\boxed{40}$, $\boxed{50}$ の解答群

①　$+$　　②　$-$

$\boxed{37}$, $\boxed{51}$ の解答群

①　sin　　②　cos　　③　tan

$\boxed{44}$, $\boxed{45}$, $\boxed{47}$, $\boxed{48}$ の解答群

①　$\dfrac{\pi}{6}$　　②　$\dfrac{\pi}{4}$　　③　$\dfrac{\pi}{3}$　　④　$\dfrac{\pi}{2}$　　⑤　$\dfrac{2}{3}\pi$

⑥　$\dfrac{3}{4}\pi$　　⑦　$\dfrac{5}{6}\pi$　　⑧　π　　⑨　$\dfrac{3}{2}\pi$　　⓪　0

$\boxed{46}$ の解答群

①　最大値　　②　最小値

物 理

(60 分)

I 次の文章を読み，下の問い(問１～問８)について最も適当なものを，それぞれの選択肢から選べ。(40点)

図のように，原点Ｏの水平方向右向きに x 軸，鉛直方向上向きに y 軸をとる。原点Ｏより高さ h の地点Ｐから，水平方向と30°の角をなす方向に初速 v_0 で小球を投げ上げた。重力加速度の大きさは g とし，空気の抵抗は考えないものとする。

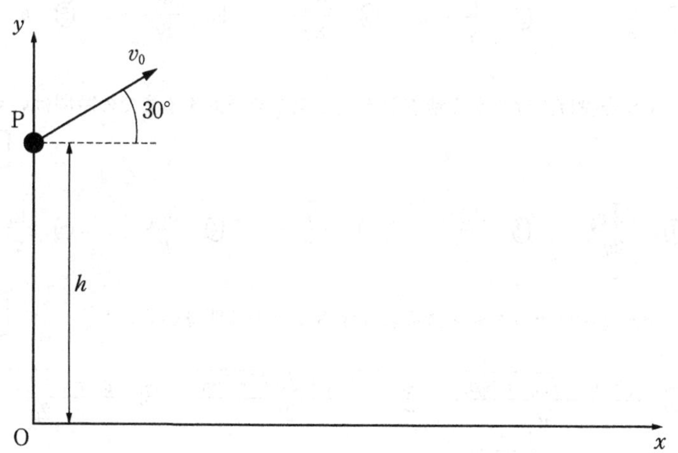

問１ 小球を投げ上げた直後の小球の速度の y 成分はいくらか。 1

① $-\frac{v_0}{2}$　② $-\frac{\sqrt{3}v_0}{2}$　③ $-v_0$

④ $\frac{v_0}{2}$　⑤ $\frac{\sqrt{3}v_0}{2}$　⑥ v_0

問2　小球の速度の x 成分はいくらか。 **2**

① $-\dfrac{v_0}{2}$　② $-\dfrac{\sqrt{3}\,v_0}{2}$　③ $-v_0$

④ $\dfrac{v_0}{2}$　⑤ $\dfrac{\sqrt{3}\,v_0}{2}$　⑥ v_0

問3　小球を投げ上げてから小球が最高点に到達するまでの時間はいくらか。 **3**

① $\dfrac{v_0}{2g}$　② $\dfrac{\sqrt{2}\,v_0}{g}$　③ $\dfrac{\sqrt{3}\,v_0}{g}$　④ $\dfrac{\sqrt{3}\,v_0}{2g}$　⑤ $\dfrac{2v_0}{g}$

問4　最高点の y 座標はいくらか。 **4**

① $\dfrac{v_0{}^2}{8g}$　② $\dfrac{v_0{}^2}{8g}+h$　③ $\dfrac{3v_0{}^2}{8g}$　④ $\dfrac{3v_0{}^2}{8g}+h$　⑤ h

問5　小球を投げ上げてから地点Pと同じ高さを通過するまでの時間はいくらか。 **5**

① $\dfrac{\sqrt{3}\,v_0}{2g}$　② $\dfrac{\sqrt{2}\,v_0}{g}$　③ $\dfrac{\sqrt{3}\,v_0}{g}$　④ $\dfrac{3v_0}{g}$　⑤ $\dfrac{v_0}{g}$

問6　小球を投げ上げてから地面に達するまでの時間はいくらか。 **6**

① $\dfrac{\sqrt{3}\,v_0+\sqrt{v_0{}^2+8gh}}{2g}$　② $\dfrac{\sqrt{3}\,v_0+\sqrt{v_0{}^2+2gh}}{2g}$　③ $\dfrac{v_0+\sqrt{v_0{}^2+8gh}}{2g}$

④ $\dfrac{-v_0+\sqrt{v_0{}^2+8gh}}{2g}$　⑤ $\dfrac{v_0}{g}$

問7　地面に達する直前の小球の速さはいくらか。 **7**

① $\dfrac{v_0}{2}$　② $\dfrac{\sqrt{2}\,v_0}{2}$　③ v_0

④ $\sqrt{v_0{}^2+2gh}$　⑤ $\sqrt{2gh}$　⑥ $2v_0$

問8　小球が地面に達した地点の x 座標はいくらか。　8

① $\dfrac{\sqrt{v_0{}^2+2gh}}{2g}$　② $\dfrac{\sqrt{3}\,v_0(v_0+\sqrt{v_0{}^2+2gh})}{2g}$

③ $\dfrac{\sqrt{3}\,v_0(v_0+\sqrt{v_0{}^2+8gh})}{4g}$　④ $\dfrac{v_0(v_0+\sqrt{v_0{}^2+8gh})}{4g}$

⑤ $\dfrac{\sqrt{3}\,v_0{}^2}{2g}$

Ⅱ　次の文章を読み，下の問い(問1～問5)について最も適当なものを，それぞれの解答群から選べ。(30点)

なめらかに動くピストンがついた容器に単原子分子理想気体を閉じこめた。気体がされる仕事を W〔J〕，気体の内部エネルギーの変化を ΔU〔J〕，気体に与える熱量を $Q\,(Q>0)$〔J〕とする。

問1　ピストンを固定して気体に熱量 Q〔J〕を与える。気体がされる仕事と内部エネルギーの変化について最も適当なものを選べ。　9

① $W=0,\ \Delta U=Q$　② $W>0,\ \Delta U=Q+W>0$

③ $W<0,\ \Delta U=Q+W>0$　④ $W=0,\ \Delta U=0$

⑤ $W>0,\ \Delta U=0$　⑥ $W<0,\ \Delta U=0$

⑦ $\Delta U=W>0$　⑧ $\Delta U=W<0$

問2　ピストンが自由に動ける状態にして気体に熱量 Q〔J〕を与え，気体を膨張させる。気体がされる仕事と内部エネルギーの変化について最も適当なものを選べ。　10

① $W=0,\ \Delta U=Q$　② $W>0,\ \Delta U=Q+W>0$

③ $W<0,\ \Delta U=Q+W>0$　④ $W=0,\ \Delta U=0$

⑤ $W>0,\ \Delta U=0$　⑥ $W<0,\ \Delta U=0$

⑦ $\Delta U=W>0$　⑧ $\Delta U=W<0$

問3　気体の温度を一定に保ちながらピストンをゆっくりと操作し，気体に熱量 Q〔J〕を与え，気体を膨張させる。気体がされる仕事と内部エネルギーの変化について最も適当なものを選べ。 11

① $W=0,\ \Delta U=Q$　② $W>0,\ \Delta U=Q+W>0$
③ $W<0,\ \Delta U=Q+W>0$　④ $W=0,\ \Delta U=0$
⑤ $W>0,\ \Delta U=0$　⑥ $W<0,\ \Delta U=0$
⑦ $\Delta U=W>0$　⑧ $\Delta U=W<0$

問4　熱の出入りがない状態でピストンをゆっくりと操作し，気体を圧縮する。気体がされる仕事と内部エネルギーの変化について最も適当なものを選べ。 12

① $W=0,\ \Delta U=0$　② $W>0,\ \Delta U=0$　③ $W<0,\ \Delta U=0$
④ $\Delta U=W>0$　⑤ $\Delta U=W<0$

問5　熱の出入りがない状態でピストンをゆっくりと操作し，気体を膨張させる。気体がされる仕事と内部エネルギーの変化について最も適当なものを選べ。 13

① $W=0,\ \Delta U=0$　② $W>0,\ \Delta U=0$　③ $W<0,\ \Delta U=0$
④ $\Delta U=W>0$　⑤ $\Delta U=W<0$

Ⅲ 次の文章を読み，下の問い(問1～問5)について最も適当なものを，それぞれの解答群から選べ。(30点)

下図のように，電圧がそれぞれ80 V，120 Vの電池E_1，E_2，電気容量がそれぞれ50 μF，25 μFのコンデンサーC_1，C_2，抵抗値が20 Ωの抵抗R_1，R_3，30 Ωの抵抗R_2，およびスイッチS_1，S_2，S_3，S_4を接続した。はじめ，スイッチは全て開いておりコンデンサーC_1，C_2には電荷が蓄えられていない。電池の内部抵抗および導線の電気抵抗は無視できるものとする。

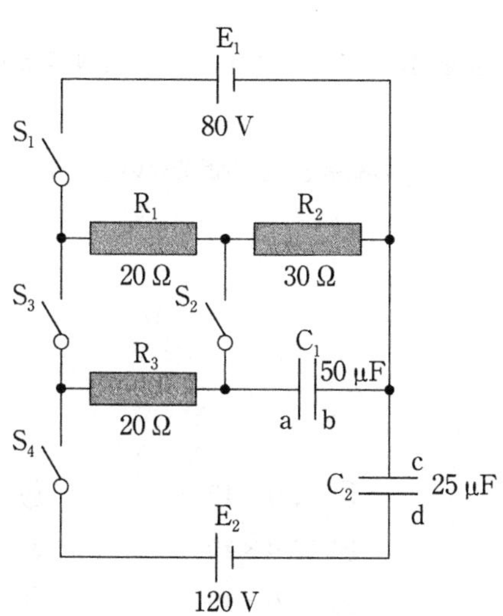

まず，スイッチS_1，S_2を閉じてから十分に時間が経過した。

問1　R_1を流れる電流の大きさはいくらか。　**14** A

①　1.0　②　1.2　③　1.6　④　3.0　⑤　6.0

問2　C_1に蓄えられる電気量はいくらか。　**15** C

①　1.0×10^{-3}　②　2.0×10^{-3}　③　2.4×10^{-3}

④　3.6×10^{-3}　⑤　6.0×10^{-3}

つぎに，S_1，S_2 を閉じたまま，S_3 を閉じてから十分に時間が経過した。

問3　R_3 を流れる電流の大きさはいくらか。　**16** A

① 1.0　② 1.5　③ 2.0　④ 3.0　⑤ 5.0

問4　C_1 に蓄えられる電気量はいくらか。　**17** C

① 1.0×10^{-3}　② 2.0×10^{-3}　③ 3.0×10^{-3}
④ 4.0×10^{-3}　⑤ 6.0×10^{-3}

最後に，S_1，S_2，S_3 を開いて S_4 を閉じてから十分に時間が経過した。

問5　コンデンサー C_1，C_2 の極板 a，c の電荷はいくらか。

極板 a　**18** C

極板 c　**19** C

① 1.0×10^{-4}　② 2.0×10^{-4}　③ 3.0×10^{-4}
④ 4.0×10^{-4}　⑤ 5.0×10^{-4}　⑥ 1.0×10^{-3}
⑦ 2.0×10^{-3}　⑧ 3.0×10^{-3}　⑨ 4.0×10^{-3}
⓪ 5.0×10^{-3}

化 学

（60分）

必要があれば，次の数値を用いよ。

原子量：H＝1.0　C＝12　N＝14　O＝16

アボガドロ定数：$N_A = 6.02\times10^{23}$/mol

気体定数：$R = 8.31\times10^{3}$ Pa・L/(K・mol)

ファラデー定数：$F = 9.65\times10^{4}$ C/mol

I 次の問い（問１～問５）に答えよ。(25点)

問１　^{14}C と ^{16}O からなる二酸化炭素の分子１個に含まれる陽子の数および中性子の数の正しい組み合わせを，次の①～⑨から選べ。 1

	陽子の数	中性子の数
①	20	20
②	20	22
③	20	24
④	22	20
⑤	22	22
⑥	22	24
⑦	24	20
⑧	24	22
⑨	24	24

問2　炭素の原子あるいは単体に関する次の記述a～dのうち，正しいものの組み合わせを，下の①～⑥から選べ。　**2**

a　炭素の原子量を厳密に求めると，12.0000である。

b　炭素原子の大きさは，フッ素原子の大きさより大きい。

c　ナフタレンとダイヤモンドは，互いに同素体である。

d　ダイヤモンドは，各炭素原子が隣接する4個の炭素原子と共有結合して正四面体形になり，それが繰り返された構造をもっている。

①（a，b）　②（a，c）　③（a，d）
④（b，c）　⑤（b，d）　⑥（c，d）

問3　分子量Mの化合物の水溶液の質量パーセント濃度がc〔%〕，密度がd〔g/cm^3〕のとき，この水溶液中のモル濃度〔mol/L〕を表す式として最も適当なものを，次の①～⑥から選べ。　**3**

① $\dfrac{M}{10cd}$　② $\dfrac{10cd}{M}$　③ $\dfrac{cd}{10M}$

④ $\dfrac{10M}{cd}$　⑤ $\dfrac{10c}{dM}$　⑥ $\dfrac{dM}{10c}$

問4　窒素N_2は，圧力1.0×10^5 Paのもと，0℃の水1.0 Lに1.0×10^{-3} mol溶解する。5.0×10^5 Paの空気が，0℃の水10 Lに接して溶解平衡にあるとき，この水に溶けているN_2の質量〔g〕はいくらか。最も近い数値を，次の①～⑥から選べ。ただし，空気は体積比でN_2 80 %，酸素O_2 20 %の混合気体とする。　**4**

① 0.032　② 0.11　③ 0.28
④ 0.32　⑤ 1.1　⑥ 1.3

問5　次の物質①～⑥のうち，水溶液が親水コロイドであるものを選べ。 5

① エタノール　② 塩化ナトリウム　③ 水酸化鉄(Ⅲ)
④ スクロース　⑤ タンパク質　⑥ 硫酸銅(Ⅱ)

Ⅱ　次の[イ]および[ロ]の問いに答えよ。(25点)

[イ]　次の記述を読んで，下の問い(問1～問3)に答えよ。

濃度不明の過酸化水素 H_2O_2 水を，その体積が10倍になるようにうすめ，そのうちの10 mL を ア で正確に量り取り，空のコニカルビーカーに移したあと，希硫酸で酸性にした。ここに，0.020 mol/L の過マンガン酸カリウム $KMnO_4$ 水溶液を イ から少しずつ滴下したところ，20 mL 加えたときに1)反応の終点に達した。これらの反応は，次のイオン反応式で表すことができる。

$$H_2O_2 \longrightarrow O_2 + 2H^+ + 2e^-$$
$$MnO_4^- + 8H^+ + 5e^- \longrightarrow Mn^{2+} + 4H_2O$$

問1　ア および イ にあてはまる器具の正しい組み合わせを，次の①～⑥から選べ。 6

	ア	イ
①	ろうと	駒込ピペット
②	ろうと	ビュレット
③	メスフラスコ	駒込ピペット
④	メスフラスコ	ビュレット
⑤	ホールピペット	駒込ピペット
⑥	ホールピペット	ビュレット

問2 下線部1)に関して，コニカルビーカー内で起こる現象として最も適当なものを，次の①～⑤から選べ。 **7**

① 水素 H_2 の気泡が生じた。

② 赤褐色の沈殿が生じた。

③ 水溶液の色が無色から褐色になった。

④ 滴下した $KMnO_4$ 水溶液の赤紫色が消えなくなった。

⑤ 水溶液が白濁した。

問3 濃度不明の H_2O_2 水の濃度〔mol/L〕はいくらか。最も近い数値を，次の①～⑥から選べ。 **8**

① 0.010　　② 0.020　　③ 0.10

④ 0.20　　⑤ 1.0　　⑥ 2.0

［ロ］ 次の問い(問1・問2)に答えよ。

問1 化学反応に関する次の記述a～dのうち，正しいものの組み合わせを，下の①～⑥から選べ。 **9**

a 反応物のもつ化学エネルギーの総和が，生成物のもつ化学エネルギーよりも大きい場合，反応は発熱反応となる。

b 化合物1gが，その成分元素の単体から生成するときの反応熱を生成熱という。

c 物質が変化するときの反応熱の総和は，変化の経路や実験手法に依存する。

d 強酸と強塩基のうすい水溶液どうしの中和では，酸や塩基の種類に関係なく中和熱の値は一定となる。

①（a，b）　②（a，c）　③（a，d）
④（b，c）　⑤（b，d）　⑥（c，d）

問2　次の式で表される反応について，温度を一定に保ちながら，AとBの初濃度〔mol/L〕を変えて，Cの生成速度 v_c〔mol/(L·s)〕を求めると，表1のようになった。Aの濃度を[A]〔mol/L〕，Bの濃度を[B]〔mol/L〕で表すとき，v_c〔mol/(L·s)〕を表す式として最も適当なものを，下の①～⑥から選べ。

10

$$A + B \longrightarrow C$$

表1

実験	A〔mol/L〕	B〔mol/L〕	v_c〔mol/(L·s)〕
1	0.10	0.10	2.0×10^{-3}
2	0.10	0.30	6.0×10^{-3}
3	0.30	0.30	5.4×10^{-2}

① $[A]^2[B]$　② $[A][B]^2$　③ $2.0 \times [A]^2[B]$
④ $2.0 \times [A][B]^2$　⑤ $3.0 \times [A]^2[B]$　⑥ $3.0 \times [A][B]^2$

Ⅲ　次の[イ]および[ロ]の問いに答えよ。(25点)

[イ]　気体に関する次の問い(問1・問2)に答えよ。

問1　次の記述aおよびbの操作によって発生する気体とその捕集法を，下の<気体の解答群>および<捕集法の解答群>からそれぞれ選べ。ただし，同じものを繰り返し選んでもよい。

a　硫化鉄(Ⅱ)に希硫酸を加える。　気体：11　捕集法：12

b　塩化ナトリウムに濃硫酸を加えて加熱する。　気体：13　捕集法：14

問2　次の記述aおよびbにあてはまるものを，下の<気体の解答群>からそれぞれ選べ。ただし，同じものを繰り返し選んでもよい。

a　通常は還元剤としてはたらくが，酸化剤としてはたらくこともある。　15

b　淡青色で，水で湿らせたヨウ化カリウムデンプン紙を青紫色に変える。　16

<気体の解答群>

① 酸素　② 塩化水素　③ オゾン

④ 硫化水素　⑤ 二酸化硫黄

<捕集法の解答群>

① 上方置換　② 下方置換　③ 水上置換

［ロ］ 次の記述を読んで，下の問い(問１～問５)に答えよ。

窒素は，元素の周期表の ア 族に属する。窒素の単体 N_2 は，常温で安定な，無色・無臭の気体である。一方，高温では酸素 O_2 と反応し，1)一酸化窒素 NO が生成する。N_2 の分子には，２つの窒素原子の間に イ 組の共有電子対で結ばれた結合がある。

窒素の化合物であるアンモニア NH_3 は，2)硝酸 HNO_3 の合成原料として用いられる。NH_3 は3)水に溶けやすく，水溶液は弱い塩基性を示す。実験室では，4)水酸化カルシウム $Ca(OH)_2$ と塩化アンモニウム NH_4Cl の混合物を加熱して発生させる。

問１ ア および イ にあてはまる数の正しい組み合わせを，次の①～⑨から選べ。 17

	ア	イ
①	13	1
②	13	2
③	13	3
④	14	1
⑤	14	2
⑥	14	3
⑦	15	1
⑧	15	2
⑨	15	3

問2　下線部1)に関して，NOに関する次の記述a～cの正誤について，正しい組み合わせを，下の①～⑧から選べ。 **18**

a　水に溶けやすい。

b　空気中ですみやかに酸化される。

c　赤褐色の有毒な気体である。

	a	b	c
①	正	正	正
②	正	正	誤
③	正	誤	正
④	誤	正	正
⑤	正	誤	誤
⑥	誤	正	誤
⑦	誤	誤	正
⑧	誤	誤	誤

問3　下線部2)に関する次の記述a～dのうち，正しいものの組み合わせを，下の①～⑥から選べ。 **19**

a　HNO_3の工業的製法を，接触法という。

b　HNO_3の工業的製法では，触媒として白金Ptが用いられる。

c　濃HNO_3にアルミニウムAlの単体を入れると，気体を発生して完全に溶ける。

d　濃HNO_3は，褐色瓶に入れて，冷暗所に保存する。

① （a，b）　② （a，c）　③ （a，d）
④ （b，c）　⑤ （b，d）　⑥ （c，d）

問4　下線部3)に関して，標準状態(0℃，1.013×10^5 Pa)で0.56 LのNH_3が溶けている2.5 LのNH_3水溶液のpHはいくらか。最も近い数値を，次の①～⑥から選べ。ただし，このNH_3水溶液中のNH_3の電離度を0.010，水のイオン積を$1.0 \times 10^{-14} (mol/L)^2$とする。　**20**

① 8　　② 9　　③ 10
④ 11　　⑤ 12　　⑥ 13

問5　下線部4)に関して，0.020 molの$Ca(OH)_2$を用いてこの反応をおこなったとき，使用するNH_4Clの物質量と発生するNH_3の物質量の最大値との関係を示すグラフとして最も適当なものを，次の①～⑥から選べ。　**21**

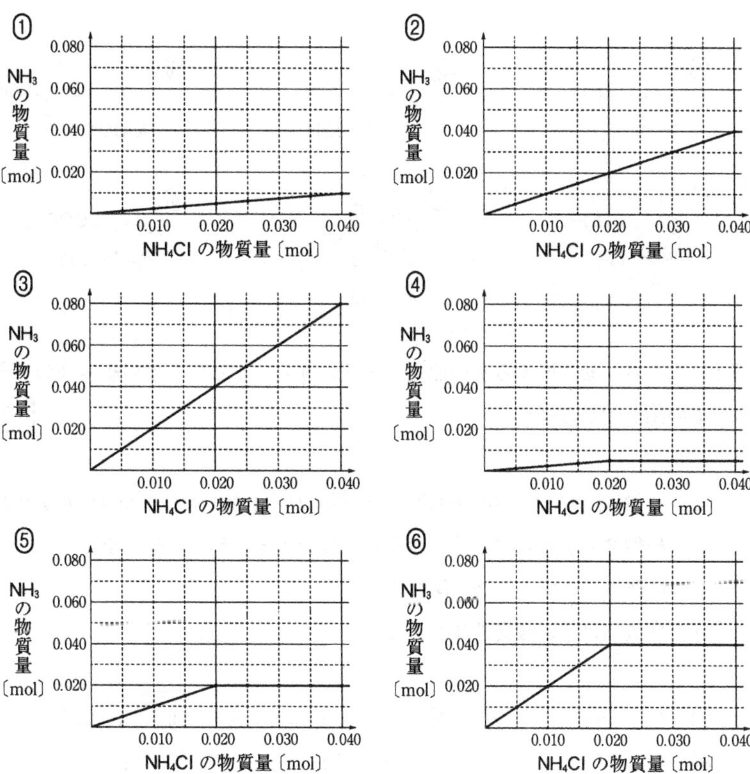

Ⅳ 次の記述を読んで，下の問い(問1～問5)に答えよ。(25点)

一般に，カルボン酸は第一級アルコールやアルデヒドの [ア] 反応により得られる。例えば，トルエンを過マンガン酸カリウム水溶液と反応させ，強酸を加えると，[イ] が生成する。

問1 [ア] にあてはまる語を，次の①～⑥から選べ。 [22]

① 中和　② 加水分解　③ 酸化
④ 還元　⑤ 重合　⑥ 脱水

問2 [イ] として最も適当な化合物を，次の①～⑥から選べ。 [23]

① COOH
② COOH, COOH
③ HOOC, COOH
④ COOH, OH
⑤ O, C, O, C, O
⑥ $OCOCH_3$, COOH

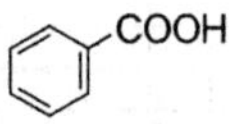

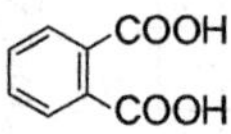

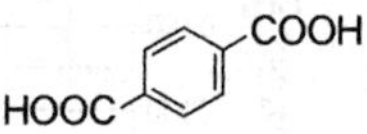

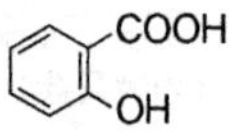

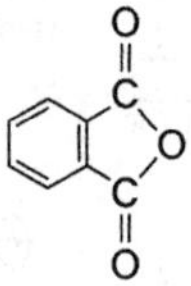

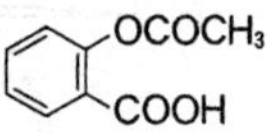

問3 カルボン酸に関する次の記述a～dのうち，正しいものの組み合わせを，下の①～⑥から選べ。 [24]

a 一般に，カルボン酸の融点は，同程度の分子量をもつアルコールより低い。
b 酢酸2分子から水1分子が取れて縮合すると無水酢酸となる。
c 酢酸は，ギ酸より強い酸性を示す。
d 乳酸には，鏡像異性体がある。

① (a，b)　② (a，c)　③ (a，d)
④ (b，c)　⑤ (b，d)　⑥ (c，d)

問 4　酢酸 4.0 mol とエタノール 6.0 mol の混合物に触媒として少量の濃硫酸を加えて加熱すると，酢酸エチル 176 g が得られた。このときの収率〔%〕はいくらか。最も近い数値を，次の①～⑥から選べ。ただし，収率とは理論上得られる生成物の質量に対する，実験で得られた生成物の質量の割合である。 **25**

① 10　　② 25　　③ 33
④ 50　　⑤ 75　　⑥ 100

問 5　分子式 $C_4H_6O_2$ で示される鎖状構造のカルボン酸として何種類が考えられるか。その数を，直接マークせよ。ただし，立体異性体を区別せよ。 **26**

生　物

（60分）

I　次の文章を読んで，下の問い（問1～問4）に答えよ。（25点）

植物は場所を移動することができないために，周囲の環境の変化に反応する能力が発達している。種子植物の生活は，ア）種子の発芽，イ）成長，ウ）花の形成と開花，種子の形成という順で進行する。この間，植物は環境の刺激を受容し，その変化に応答しながら生活している。植物の環境応答は，刺激の受容，情報の変換と伝達，そして刺激に対する応答の3つの過程に分けることができる。

問1　文章中の下線部ア）についての次の文章を読んで，以下の問い(1)と(2)に答えよ。

光発芽種子を暗所において，［ 1 ］を照射すると発芽するが，その光照射の直後に［ 2 ］を照射すると発芽しない。しかし，再び［ 1 ］を照射すると発芽する。これらの2種類の波長の光には互いに他方の効果を打ち消す作用があり，［ 3 ］が関与している。

一方，イネやコムギなど多くの植物の種子では，［ 4 ］が発芽を促進し，［ 5 ］が発芽を抑制する。温度や水分などの環境条件の変化によって発芽が促進されるとき，種子中の［ 4 ］の増加，［ 5 ］の減少が誘導される。このとき，(a)で合成された［ 4 ］は，(b)の細胞に作用してアミラーゼの発現を誘導する。生成されたアミラーゼによって，(c)のデンプンが分解され，糖が生じる。糖は(a)に吸収され，(a)の細胞の浸透圧が高まり吸水が促進され，呼吸も促進される。このように(a)の働きによって，種子の発芽がはじまる。

(1)　文章中の空欄 [1] ～ [5] に入れるのに最も適当なものを，それぞれの解答群から選べ。

＜ [1] ・ [2] の解答群＞

① 遠赤色光　② 黄色光　③ 青色光
④ 赤色光　⑤ 緑色光

＜ [3] の解答群＞

① アミロプラスト　② クリプトクロム　③ フィトクロム
④ フォトトロピン　⑤ フロリゲン

＜ [4] ・ [5] の解答群＞

① アブシシン酸　② エチレン　③ オーキシン
④ ジベレリン　⑤ ジャスモン酸　⑥ フロリゲン

(2)　文章中の(a)～(c)に入れるのに，最も適当な組み合わせを，次の表の①～⑥から選べ。 [6]

	(a)	(b)	(c)
①	胚(はい)	胚乳	糊(こ)粉層
②	胚	糊粉層	胚乳
③	胚乳	胚	糊粉層
④	胚乳	糊粉層	胚
⑤	糊粉層	胚	胚乳
⑥	糊粉層	胚乳	胚

問2　文章中の下線部イ)について，ある程度成長した植物を用いて，その茎の先端の芽を除去すると，それまで小さかった下方の側芽が急に成長を始める。このような茎の先端の芽と側芽の関係と，この反応に関与する植物ホルモンとして最も適当なものをそれぞれの解答群から選べ。

茎の先端の芽と側芽との関係　7

植物ホルモン　8

＜ 7 の解答群＞

① 花芽形成　② 極性　③ 屈性
④ 傾性　⑤ 脱分化　⑥ 頂芽優勢

＜ 8 の解答群＞

① アブシシン酸　② エチレン　③ オーキシン
④ ジベレリン　⑤ ブラシノステロイド

問3　文章中の下線部ウ)についての次の文章を読んで，下の問い(1)〜(3)に答えよ。

成長した植物に，白色光を用いて明と暗の周期を与えて日長を変化させた場合，エ)<u>ある植物では一定の時間以上の連続した暗期が与えられると花芽が形成され始める</u>。一方，連続した暗期の長さが一定以下になると花芽が形成される植物も存在する。このような，花芽を形成するかしないかの境界となる暗期の長さを限界暗期という。

(1) 文章中の下線部エ)のような植物として，正しいものはどれか。最も適当なものを，次の①〜⑥から選べ。　9

① C_3 植物　② C_4 植物　③ CAM 植物
④ 短日植物　⑤ 中性植物　⑥ 長日植物

(2) 花芽を形成するときに日長に反応する性質として，正しいものはどれか。最も適当なものを，次の①～④から選べ。 **10**

① 光周性　② 春化　③ 脱分化　④ 光中断

(3) 花芽形成の反応に関与する物質として，正しいものはどれか。最も適当なものを，次の①～⑥から選べ。 **11**

① アブシシン酸　② エチレン　③ オーキシン
④ ジャスモン酸　⑤ フロリゲン　⑥ ブラシノステロイド

問4 植物の中には，花が外界の刺激によって開閉するものがある。チューリップのように刺激の方向とは無関係に花弁を開閉する性質として，正しいものはどれか。最も適当なものを，次の①～⑥から選べ。 **12**

① 化学屈性　② 極性移動　③ 傾性
④ 重力屈性　⑤ 水分屈性　⑥ 接触屈性

Ⅱ 次の文章を読んで，下の問い(問1～問5)に答えよ。(25点)

近年，バイオテクノロジーの進歩は著しく，医療や農業を中心に様々な分野に応用されている。遺伝子組換え技術では，特定の塩基配列を認識してDNAを切断する 13 を用いて，目的の遺伝子を含むDNA断片を取り出し，別のDNAに組み込んで細胞に導入することが可能である。 14 を用いると，同じ 13 で切断したDNA断片どうしを連結することができる。例えば，ア)目的の遺伝子を含むDNA断片をプラスミドとよばれる小さな環状のDNAに組み込み，これを大腸菌に取り込ませて培養すると，目的の遺伝子からタンパク質を大量に得ることができる。この手法を用いて，ヒトのインスリンや成長ホルモンなどが工業的に製造されている。

大腸菌など生物体を用いずに，目的とする微量のDNAを多量に増幅させる方法としてイ)PCR法（ポリメラーゼ連鎖反応法）がある。PCR法では，目的の塩基配列を含む鋳型となるDNA，耐熱性の 15 ，（あ）種類のプライマー，（い）種類のヌクレオチドを材料に用いる。この手法は，遺伝子組換えのほか，DNA型鑑定やゲノム解析などに応用されている。

問1 文章中の空欄 13 ～ 15 に入れるのに最も適当なものを，次の①～⓪から選べ。

① ATP合成酵素 ② ATP分解酵素
③ DNAリガーゼ ④ DNAポリメラーゼ
⑤ RNAポリメラーゼ ⑥ アロステリック酵素
⑦ 制限酵素 ⑧ ベクター ⑨ 補酵素 ⓪ ルビスコ

問2　文章中の空欄（あ）と（い）に入れるのに最も適当な組み合わせを，次の表の①～⑨から選べ。　16

	（あ）	（い）
①	1	2
②	1	4
③	1	8
④	2	2
⑤	2	4
⑥	2	8
⑦	3	2
⑧	3	4
⑨	3	8

問3　文章中の下線部ア）に関する次の問い(1)～(3)に答えよ。

(1)　目的の遺伝子のDNAを組み込んだプラスミドの作製と大腸菌への導入に関する次の記述①～④のうち，正しいものはどれか。最も適当なものを選べ。　17

①　目的の遺伝子を含むDNA断片を得る場合に用いる　13　とそれを組み込むプラスミドに作用させる　13　は，必ず異なる種類のものを使用する。

②　相補的な塩基どうしが水素結合を形成するには，　14　の作用が必要である。

③　目的の遺伝子のDNAを組み込んだプラスミドは，環状から線状になる。

④　プラスミドを大腸菌に導入すると，プラスミドは大腸菌内で自己増殖する。

(2) プラスミドを用いて大腸菌にヒトのインスリンを生産させる場合，次の記述①〜④のうち，正しいものはどれか。最も適当なものを選べ。 **18**

① ヒトのRNAポリメラーゼを大腸菌に導入する必要がある。

② ヒトのリボソームを大腸菌に導入する必要がある。

③ インスリンの遺伝子を含むDNA断片に，ヒトのプロモーターの塩基配列を連結させる必要がある。

④ イントロンを除いたインスリンの遺伝子をプラスミドに組み込む必要がある。

(3) 目的の遺伝子のDNAを組み込んだプラスミドの作製において，すべてのプラスミドにDNA断片が組み込まれることはなく，またすべての大腸菌にプラスミドが導入されることはない。そこで，組み込むDNA断片にGFP(緑色蛍光タンパク質) の遺伝子をつなげて，これをアンピシリン耐性遺伝子をもつプラスミドに組み込んで大腸菌に導入してアンピシリンを含む培地で培養することで，目的の遺伝子のDNAを組み込んだプラスミドを導入できた大腸菌を選別することが可能となる。

次の条件A〜Cの大腸菌をアンピシリンを含む培地またはアンピシリンを含まない培地で培養した場合，コロニーの形成の有無，紫外線照射による蛍光の有無はどのような結果になるか。最も適当なものを，それぞれ次ページの表の①〜⑦から選べ。なお，大腸菌が生育しコロニーを形成する場合を○，しない場合を×とし，紫外線照射により緑色の蛍光を発する場合を○，発しない場合を×とする。ただし，GFPの遺伝子をつなげたDNA断片はすべて転写の順方向にアンピシリン耐性遺伝子をもつプラスミドに組み込まれたものとする。

A 目的の遺伝子のDNAおよびGFP遺伝子を組み込んだプラスミドが導入された大腸菌 **19**

B 目的の遺伝子のDNAおよびGFP遺伝子が組み込まれなかったプラス

ミドが導入された大腸菌 **20**

C　いずれのプラスミドも導入されなかった大腸菌 **21**

	アンピシリンを含む培地		アンピシリンを含まない培地	
	コロニー	蛍光	コロニー	蛍光
①	○	○	○	○
②	○	○	×	×
③	○	×	○	×
④	○	×	×	×
⑤	×	×	○	○
⑥	×	×	○	×
⑦	×	×	×	×

問4　文章中の下線部イ)PCR法に関する次の問い(1)，(2)に答えよ。

(1)　PCR法では，95℃→50～60℃→72℃の温度条件を1サイクルとして20～30サイクルを繰り返す。PCR法の1サイクルの流れに関する次の記述①～④のうち，**誤っているもの**はどれか。最も適当なものを選べ。 **22**

① 95℃で加熱すると，2本鎖のDNAが解離して1本鎖のDNAとなる。

② 95℃から50～60℃に冷やすと，鋳型となるDNAにプライマーが結合する。

③ 60℃から72℃に加熱すると，鋳型となるDNAに結合したプライマーが離れて，再び1本鎖のDNAとなる。

④ 72℃において，耐熱性の **15** が効率的にはたらき，鋳型となるDNAに相補的なヌクレオチド鎖が合成される。

(2) (1)のサイクルを20サイクル繰り返すと，理論上，鋳型となるDNAはもとの量の約何倍に増幅されるか。最も適当なものを，次の①〜⑥から選べ。 23

① 10倍　② 20倍　③ 100倍　④ 1000倍
⑤ 100万倍　⑥ 10億倍

問5　バイオテクノロジーの応用に関する次の記述a〜cのうち，正しいものはどれか。最も適当なものを，下の解答群から選べ。 24

a．DNAマイクロアレイ解析によって，がん細胞と正常細胞とでの遺伝子の発現パターンの違いなどを調べることができる。

b．アグロバクテリウムには，感染した植物細胞のDNAに自身のゲノムDNAを導入する性質があり，この性質を用いて遺伝子組換え植物が作製される。

c．DNA型鑑定において調べるゲノム中の塩基の反復配列は，反復配列の回数の個人差を調べることで，親子鑑定や犯罪捜査に利用されている。

＜解答群＞

① a　② b　③ c　④ aとb
⑤ aとc　⑥ bとc　⑦ aとbとc
⑧ a，b，cのいずれでもない

Ⅲ 次の文章を読んで，下の問い(問1～問4)に答えよ。(25点)

光合成において光エネルギーを吸収する色素は光合成色素といわれ，青緑色の [25] や橙色の [26] などがある。植物の光合成は，大きく分けて葉緑体中のア)[27] 膜で起こる反応と [28] で起こるイ)カルビン・ベンソン回路からなる。植物の光合成によって，多糖である [29] などの有機物や酸素がつくられる。

光合成は同化の一例であり，光エネルギーを利用する炭酸同化が行われる。植物だけでなく，ウ)細菌の中にも，炭酸同化を行うことができるものがいる。

問1 文章中の空欄 [25] ～ [29] に入れるのに最も適当なものを，それぞれの解答群から選べ。

＜ [25] ・ [26] の解答群＞

① カロテン ② キサントフィル ③ クリプトクロム
④ クロロフィル a ⑤ クロロフィル b ⑥ サイトカイニン
⑦ フィトクロム ⑧ フォトトロピン

＜ [27] ・ [28] の解答群＞

① グラナ ② クリステ ③ 細胞質基質
④ ストロマ ⑤ チラコイド ⑥ マトリックス
⑦ 内 ⑧ 外

＜ [29] の解答群＞

① グリコーゲン ② 脂肪 ③ ピルビン酸
④ デンプン ⑤ ヌクレオチド ⑥ リン脂質

問２　次の図１は，文章中の下線部ア)の反応の模式図である。この図に関する記述として正しいものを，下の①～⑧から２つ選べ。ただし，順序は問わない。　30　31

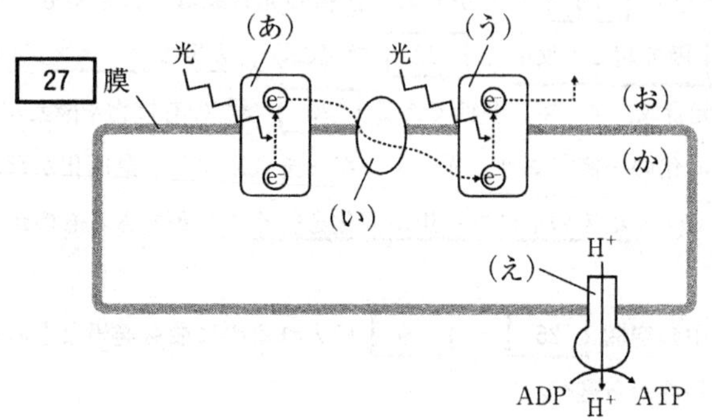

図１

（あ）～（え）は膜上のタンパク質複合体，（お）は　27　膜でできた小胞の外側，（か）は　27　膜でできた小胞の内腔(こう)を示す。

① （あ）は光化学系Ⅰ，（う）は光化学系Ⅱとよばれる。

② （あ）内の光合成色素の活性化に伴い，水が分解されて，H^+ と酸素が生じる。

③ （あ）内で生じた電子は，$NADP^+$ を酸化し，NADPH を生じる。

④ 電子が（い）を移動する際に，H^+ が（お）から（か）に移動する。

⑤ （う）内の光合成色素の活性化に伴い，水が分解されて，H^+ と酸素が生じる。

⑥ （う）内で生じた電子は，$NADP^+$ を酸化し，NADPH を生じる。

⑦ H^+ が（え）を通って移動する際に ATP が合成される過程を酸化的リン酸化という。

⑧ （お）の H^+ 濃度は，（か）内に比べて高い。

問3　次の図2は，文章中の下線部イ)の模式図である。この図に関する下の問い(1)と(2)に答えよ。

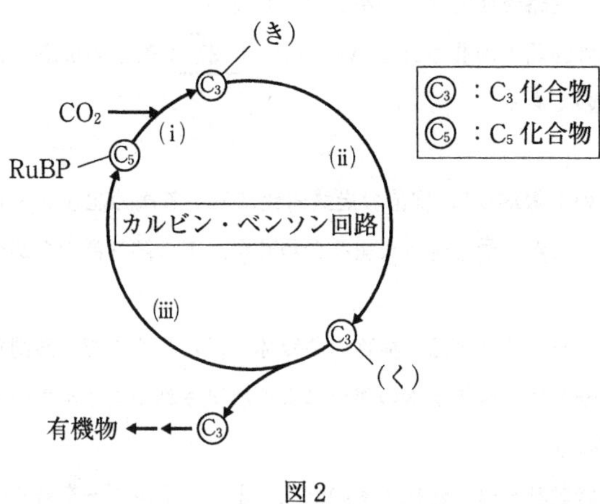

図2

(1)　図2内の化合物（き）と（く）に入れるのに，最も適当なものを，次の①〜⑧から選べ。

（き）　32　（く）　33

① アセチル CoA　② エタノール　③ オキサロ酢酸
④ クエン酸　⑤ グリセルアルデヒドリン酸（GAP）
⑥ 乳酸　⑦ ピルビン酸
⑧ ホスホグリセリン酸（PGA）

(2)　図2に関する記述として**誤っているもの**を，次の①〜⑧から2つ選べ。ただし，順序は問わない。　34　35

① 反応(i)を触媒する酵素は，ルビスコとよばれる。
② 反応(ii)では，ATP と NADPH が消費される。
③ 化合物（き）が酸化されて，化合物（く）となる。
④ 化合物（く）のおよそ6分の1が有機物の合成に使われる。

⑤　反応(iii)では，ATP と NADPH が消費される。

⑥　回路全体では，RuBP 6 分子につき H_2O 6 分子が生じる。

⑦　この回路の反応は，光を必要としない。

⑧　この回路で消費される ATP は，［27］膜上の反応により合成されたものである。

問 4　文章中の下線部ウ)の細菌の炭酸同化に関する次の記述 a ～ e のうち正しいものはどれか。最も適当な組み合わせを，下の解答群から選べ。［36］

a．シアノバクテリアは，植物の葉緑体と似たしくみで炭酸同化を行う。

b．硫黄細菌は，硫化水素の酸化により放出されたエネルギーを用いて炭酸同化を行う。

c．緑色硫黄細菌は，硫化水素の酸化によりエネルギーを得るので，炭酸同化に光を必要としない。

d．光合成細菌は，植物と同じ［25］や［26］の光合成色素の活性化により生じたエネルギーを用いて炭酸同化を行う。

e．硝酸菌は，空気中の窒素をアンモニウムイオンに変換するときに放出されたエネルギーを用いて炭酸同化を行う。

<解答群>

①　a・b	②　a・c	③　a・d	④　a・e
⑤　b・c	⑥　b・d	⑦　b・e	⑧　c・d
⑨　c・e	⓪　d・e		

Ⅳ　次の文章を読んで，下の問い(問1～問4)に答えよ。(25点)

ヒトが，A)外界からの物理的刺激や化学的刺激を受容し，すばやい反応を行えるのは，B)中枢神経系とC)末梢(しょう)神経系のはたらきによる。これらの神経系は，D)体外環境の変化を受容し，体内環境を一定に保つしくみにも関わっている。

問1　文章中の下線部A)の外界からの刺激の受容について，次の記述ア)～エ)の刺激の受容を行う受容器あるいは受容細胞はどれか。最も適当なものを，下の解答群から選べ。

ア）400 nm 付近の波長の光を最もよく受容する。　37

イ）1600 ヘルツの波長の振動を受容する。　38

ウ）体や頭の傾きを受容する。　39

エ）水溶性の化学物質を受容する。　40

< 37 ～ 40 の解答群>

① 青錐(すい)体細胞　② 赤錐体細胞　③ 嗅細胞
④ コルチ器　⑤ 前庭　⑥ 半規管
⑦ 味細胞　⑧ 緑錐体細胞

問2　文章中の下線部B)の中枢神経系に関する次の記述ア)～エ)に当てはまる部位はどれか。最も適当なものを下の解答群から選べ。

ア）筋の運動を調節して，体の平衡を保つ中枢。　41

イ）呼吸運動，血液循環，消化器の調節に関わる中枢。　42

ウ）姿勢の維持や眼球運動の制御などに関わる中枢。　43

エ）欲求や感情などの基本的な生命活動に関わる中枢。　44

< 41 ～ 44 の解答群>

① 延髄　② 橋　③ 視床　④ 視床下部
⑤ 小脳　⑥ 脊髄　⑦ 大脳新皮質
⑧ 大脳辺縁系（辺縁皮質）　⑨ 中脳

問3　文章中の下線部C)の末梢神経系に関する次の記述a～cのうち，正しいものはどれか。最も適当なものを下の解答群から選べ。 45

a．自律神経系のうち，各標的器官へと分布する交感神経はすべて脊髄から出る。
b．体性神経系は，散在神経と集中神経から構成される。
c．末梢神経の軸索が，シュワン細胞でできた神経鞘（しょう）に包まれているものをすべて有髄神経繊維と呼ぶ。

<解答群>

① a　② b　③ c　④ aとb
⑤ aとc　⑥ bとc　⑦ aとbとc
⑧ a，b，cのいずれでもない

問4　文章中の下線部D)のしくみのうち体温調節に関する次の文章を読んで，空欄 46 ～ 48 に入れるのに最も適当なものを，下のそれぞれの解答群から選べ。

皮膚の冷覚受容体が体表面の温度低下を感知すると，その情報は中枢神経系の 46 の体温調節中枢へと伝えられる。 46 は，交感神経を介した刺激を 47 に伝え， 48 の分泌を促し，肝臓などの代謝促進により発熱量を増やす。

＜ 46 の解答群＞

① 延髄　② 橋　③ 視床
④ 視床下部　⑤ 小脳　⑥ 脊髄
⑦ 大脳新皮質　⑧ 大脳辺縁系　⑨ 中脳

＜ 47 の解答群＞

① 甲状腺　② すい臓A細胞　③ すい臓B細胞
④ 脳下垂体後葉　⑤ 脳下垂体前葉　⑥ 副甲状腺
⑦ 副腎髄質　⑧ 副腎皮質

＜ 48 の解答群＞

① アセチルコリン　② アドレナリン　③ インスリン
④ グルカゴン　⑤ 糖質コルチコイド　⑥ チロキシン
⑦ バソプレシン　⑧ パラトルモン

その説明として最も適当なものを、次の選択肢の中から選べ。 59

① 『地下生活者の手記』や『居酒屋』においては登場人物の間で流通が生じず、結果として読者の共感も得られなくなっているが、そのことが逆にこれらの作品を文学史上決して忘れることのできないものにしている、ということ。

② 『地下生活者の手記』や『居酒屋』のような、一般の読者がかみ砕いて味わうことのできない難解な文芸は、読者との間に流通を生まないものになっているが、それがかえってプロの文筆家や批評家の評価を上げることに貢献している、ということ。

③ 抒情的で審美的な詩性は、読み手に共感をもたらし、人々に広く知られて出版物としても世の中に流通することになるが、こうした知性や感性に豊かに美しく訴えかける作品は、永く読み手の心に残り、その人の行動に影響を与えることになる、ということ。

④ 抒情や審美では語ることのできない詩性をもつ文芸作品も、美しさや感情的豊かさをもつ文芸作品も、どちらもともにさまざまな人間のありようを表すものであり、これらが互いに足りないところを補い合って読み手の心に少なからず作用を及ぼす、ということ。

⑤ 共感が付随して流通しやすい詩性をもつ作品とは異なり、抒情もなく美しくもない詩性をもつ作品は、共感をもたらすことなく流通を拒否して読み手の心の中に残り続けるが、そのことがかえって読み手の振る舞いに影響を及ぼすことになる、ということ。

③　流通的要素で世界は溢（あふ）れている
④　文化の流通のみが真の流通である
⑤　芸術を認めてもらうには流通が必要である

問十　文中の傍線部**3**〈そう考えることは楽しい〉とあるが、筆者はなぜ「楽しい」と感じるのか。その説明として最も適当なものを、次の選択肢の中から選べ。 **58**

①　ロック・ミュージックや「モカバー」、大正琴のインド音楽への影響などの文化の流通を陰で支え、ドストエフスキーやゾラの文芸作品に現れ出る「詩性」は、天与のものであって、私たちが日常的に享受できるものだと言えるから。
②　私たちの「意思」は個人に属するものではなく根本的な決定はDNAが下すという考え方があるが、文学作品の示す「詩性」は人類の生存や繁殖とは関係がない人間の特性であり、DNAに束縛されない個人の自由な企図だと言えるから。
③　『地下生活者の手記』や『居酒屋』に見られる高い「詩性」は、DNAの知らないところで人知のなしたわざであり、私たちはDNAを運ぶ個々の身体とともにこれを読んで喜ぶだけの知性や感性を持っていると言えるから。
④　私たちが「意思」をもって行っていると思っている政治経済の活動もDNAの命令によるものなのであり、文芸に見られるさまざまな「詩性」も、詰まるところDNAのもたらした人間の生きる喜びの発現だと言えるから。
⑤　人間の生存や繁殖とは関係がなく、実際に有益でないと広く考えられている「詩性」も、実は人類に生来備わっている特性であり、歴史的社会的に獲得したかに見える自由を私たちははじめから手にしていると言えるから。

問十一　文中の傍線部**4**〈それこそが文芸の価値ではないだろうか〉とあるが、ここで筆者が言いたいのはどういうことか。

① 五七五　② 六七三　③ 六七四　④ 七七五　⑤ 七八五　⑥ 七九六

問八　文中の傍線部**2**〈関係性で括った場合それ以外の面白さは擦りぬけてしまう〉とあるが、筆者はなぜこのように言うのか。その説明として最も適当なものを、次の選択肢の中から選べ。 **56**

① 三橋鷹女のこの句はデペイズマンや二物衝撃の意外性を有するが、その面白みは二物の関係性よりも二物とその関係性の変容を含み込む流通という概念によって、より的確に捉えることができると、筆者は考えたから。

② シュルレアリスムを象徴する「手術台の上のミシンと蝙蝠傘の出会い」という詩句は、二つの事物の意外な関係性を巧みに表現したが、この関係性の概念を時間の推移を含む俳句に当てはめるには無理があると、筆者は感じたから。

③ シュルレアリスムの「デペイズマン」と俳句の「二物衝撃」はよく似た特徴を持つ一方で、俳句には、押韻といった修辞や風景の描写を超えた作り手の想念が表現されていて、後者がより優れていると、筆者は思ったから。

④ 「目前の樹に登ったとすれば私は鬼になるであろう」というこの句の持つ情念は、二物の「関係性」に加えて、この句の「夕紅葉」という背景を含めなければ語ることはとてもできないと、筆者は悟ったから。

⑤ 近代の俳句は西洋のシュルレアリスムの影響を受けながらも、空間的・時間的広がりを持つより洗練された詩へと変化したが、これを捉えるには文化の流通という概念が鍵になると、筆者は考えたから。

問九　文中の空欄（**Y**）を補うのに最も適当なものを、次の選択肢の中から選べ。 **57**

① 流通には関係性とは別種の広がりがある

② 経済的流通なしには世界は回らない

問五　文中の空欄（A・B）を補うのに最も適当なものを、次のそれぞれの選択肢の中から選べ。

A 52　①恒常　②理知　③包括　④消極　⑤静止

B 53　①多面　②組織　③排外　④観念　⑤象徴

問六　文中の傍線部1〈自分はそういうものに似た場でずっと過ごしてきた〉とあるが、それはどういうことか。その説明として最も適当なものを、次の選択肢の中から選べ。54

①海外の作品の翻訳は二つの言語の仲介役をすることであり、編集の仕事は作家と読者を交わらせることであって、これらの仕事によって人や言葉の往来を促すような環境に身を置いてきたことになる、ということ。

②英語の小説を日本語に翻訳して読者に届けるという仕事が、空港や港、駅という場で海外や遠い地域からやってきた人や物を人々に届けるという仕事に、とてもよく似ていると思われた、ということ。

③駅や港、空港といった空間は人と人とが出会う場であり、それが英語から日本語への翻訳、あるいは作家と読者が出会う空間となる文芸誌の編集という作業場の比喩としてうまく捉えられた、ということ。

④父親が鉄道員で、人や物の流通に関わる仕事をしていたことが、翻訳や編集を通して、外国語や異文化の人々同士の交流を助ける自身の仕事に、少なからず影響を与えた、ということ。

⑤「仲介者・媒介者」と「交通・交際」という、偶然思いついたかに見える二つの言葉が、実は、自身が営んでいる翻訳や編集といった仕事と奇妙に類似していると分かり、いぶかしく思われた、ということ。

問七　文中の空欄（X）を補うのに最も適当なものを、次の選択肢の中から選べ。55

問二　文中の波線部（i～iv）の意味として最も適当なものを、次のそれぞれの選択肢の中から選べ。

i　妙がある　44
①　普通とは違っていておかしいこと
②　なんとも不思議で奇跡的であること
③　言うに言われぬほど優れていること
④　きわめてよい評判が立っていること
⑤　目には見えない神仏の働きがあること

ii　一線を画す　45
①　異なる時代をつくる
②　境界や制限がない
③　違った様相を呈する
④　はっきりと区別がつく
⑤　越えてはならない所を越える

iii　スローガン　46
①　聖書に記されている一節
②　日常の行動の目標や方針となる語句
③　組織や団体の行動を正当化する言葉
④　主義・主張を簡潔に言い表した標語
⑤　人々を一定の方向へいざなう美辞麗句

iv　カタルシス　47
①　精神の浄化作用
②　感情の激しい表出
③　美醜を見極める力
④　心身を鍛錬する技
⑤　日常生活からの逃避

問三　文中の空欄（ア・イ）を補うのに最も適当なものを、それぞれ次の選択肢の中から選べ。ア　48　、イ　49

①　つい　②　さて　③　まして　④　あるいは　⑤　いかにも　⑥　さながら

問四　文中の空欄（ウ・エ）を補うのに最も適当なものを、それぞれ次の選択肢の中から選べ。ウ　50　、エ　51

①　けれど　②　たとえば　③　ところで　④　要するに　⑤　だとすると　⑥　いずれにせよ

問一　文中の二重傍線部（a～d）のカタカナを漢字に直したとき、同じ漢字を用いるものを、次のそれぞれの選択肢の中から選べ。

a　イフ　40

① 政敵をイ圧する
② 極論にイを唱える
③ イ大な業績を残す
④ 神仏にイ敬の念を抱く
⑤ 権限を自治体にイ譲する

b　キコウ　41

① 綱キを粛正する
② 国の安寧をキ念する
③ キ業の収益を上げる
④ 会議でキ調演説を行う
⑤ ランドセルをキ贈する

c　ケッセツ点　42

① 彼はセッ操がない
② 定セツをくつがえす
③ 状況はセッ迫している
④ 観測基地をセツ営する
⑤ 主治医に従いセッ生する

d　ケンザイ化　43

① 祖母は壮ケンだ
② 長年のケン案を解決する
③ 功労者をケン彰する
④ 生活費をケン約する
⑤ 高いケン識を備える

（西崎憲「流通・文化・倫理・詩性」による）

注

シュルレアリスム――第一次大戦後のフランスに起こった芸術運動。既成の美学・道徳にこだわらず非合理なものや意識下の心象を表現することを目指す。超現実主義。

ロートレアモン――フランスの詩人（一八四六～一八七〇年）。シュルレアリスムの先駆者とされる。

三橋鷹女――俳人（一八九九～一九七二年）。口語を駆使した奔放な作風を開拓した。

インディーレーベル――小規模な自主制作販売会社。

モッズ――一九五〇年代から六〇年代にかけてイギリスの労働者階級の若者の間で流行した音楽やファッション、ライフスタイル。また、それを支持する人たち。

大正琴――大正時代初期に創案された弦楽器。家庭用楽器として流行した。

リチャード・ドーキンス――イギリスの進化生物学者、動物行動学者。一九四一年生まれ。

ゾラの『居酒屋』では洗濯場での女同士の凄絶な喧嘩(けんか)が描かれる。そこにあるのは精神的な流通の断絶である。ジェルヴェーズとヴィルジニーは髪をつかんで殴りあい、流通は失われる。

けれど流通が起こらない事態、失われる事態を描くことによって『地下生活者の手記』や『居酒屋』は「流通」に関するなにかを伝える。両者にはきわめて強度の高い詩性がある。「詩性」とはいかにも曖昧な語であって、定義しないまま使うことは混乱を招くのだが、定義することは大変難しい。けれども詩が実際面で役に立たないという歴史的地域的に広く見られる見解が、定義を助けてくれるかもしれない。詩性はDNAが意図する生存、繁殖とは関係がない。それは事実である。そしてそれが事実であるということはある観点を示唆する。つまり詩性がDNAからの影響を直接に受けないということを。人が詩を作ったり、好んだりすることをおそらくDNAは知らない。詩とはDNAが企図したものではなく個人が企図したものなのではないか。3そう考えることは楽しい。なにしろそれは神に等しいDNAからの自由を意味するのだから。

詩性についてさらに考察を進めていくと、詩性にも種類があることがわかる。詩性はあるときは抒情(じょじょう)であり、あるときはⅣカタルシスが得られる審美である。そしてその種のものはたいてい「共感」をもたらす。共感が付随した詩性は流通しやすい。るものとして広く受容される。けれど、ここにあげた二作のように抒情でもなく美しくもない詩性が文芸には時折現れる。『地下生活者の手記』と『居酒屋』に共感することはできない。むしろ忌避されるべきことが描かれている。けれどここに記されたことは忘れがたい。それはおそらく共感という形でこの二作が咀嚼(そしゃく)されないからだろう。そして逆説的な現象が起こる。咀嚼したものは忘れられるが、咀嚼できなかったものは記憶に残る。『地下生活者の手記』と『居酒屋』は流通を拒否することによって忘れられることを免れるのだ。忘れられないということは心のうちに常駐するということであり、心に常駐することはおそらくその心の持ち主の行動に影響を与える。4そしてそれこそが文芸の価値ではないだろうか。詩性の真の意義ではないだろうか。

楽で重要な役割をはたすといったことはすこしも珍しいことではないのだ。

流通という視点を文化から政治や経済に向けるとそこにもまた多くの例が見られる。国や民族、宗教団体、営利団体というものは拡大を目指す。現状にとどまって満足するということを知らない。隠者的な国家、民族、宗教団体、会社といったものは考えにくい。なぜだろう。なぜ満足を知らないのだろう。

一九七六年にオックスフォード大学出版局から刊行された『利己的な遺伝子』のなかでイギリスのリチャード・ドーキンスは、人間の個体はDNAの乗り物だと述べている。われわれが考える「意思」とは個人に属するものではなく、根本的な決定はDNAが下す、といったようなことを述べた。［エ］拡大・拡張は性欲と同じようにDNAに書かれているのかもしれない。その昔、ヨーロッパの列強は帝国主義的政策をとった。イギリス、スペイン、フランス。かれらはとにかく拡大し流通することを図った。いずれもアフリカの人々を武力で脅して商材にした。北アメリカに渡ったイギリス人たちは自分たちが先住民から土地を奪い殺戮（さつりく）しながら西漸する際に、明白な天命 Manifest Destiny という身勝手なスローガン（iii）を創造した。つまり自分たちがそうする権利は神が決めたことだと主張したのだ。かれらは共存は考えなかった。政治的経済的宗教的流通には［B］的な傾向がある。それは独占を目指すのだ。

（中略）

文芸に戻るとしよう。ドストエフスキーの『地下生活者の手記』の主人公はタイトル通りずっと地下の部屋で暮らしている。奇跡のように現れた好意的な異性に乞われたにもかかわらず主人公は最終的に地下で生活をつづけることを選択する。流通は起こらない。

れど2関係性で括(くく)った場合それ以外の面白さは擦りぬけてしまう。頭韻のｋ・ｉの音の繰り返し、「登らば・なるべし」というふたつの予測あるいは仮定が仄(ほの)めかすもの、「夕紅葉」という限定で示唆される時間の推移、「登らば」の示す上方という概念。この句には空間的な広がりと時間的な広がりがあり、運動があり、それは関係性という　A　的な語では捉えきれない。

そしてより現実的なかたちで流通はやってくる。電子書籍のインディーレーベルをはじめたので、より一般的な意味での流通を考えざるを得なくなったのである。それはもちろん刊行したものを売るために必要なことだった。

そしてそのように流通について複数の角度から考えはじめると、それまで見ていた世界の形がすこし変わりはじめた。とにかく　Y　ように見えたのだ。

たとえば一昨年ロック・ミュージックの歴史の本を書いたときに強く感じたのはロック・ミュージックが流通によって成立したことだった。アイルランドの人々の北アメリカへの移動、アフリカから北アメリカへの人々の移動、それらがロック・ミュージックの下地を作った。

そしてその本にも記したが、一九五〇年代のイタリアのコーヒー文化のイギリスへの流入も興味深い。

一九五三年にイタリアの著名な女優ジーナ・ロロブリジーダがロンドンのソーホーのフリス通りで「モカバー」という店を開く。同店はイタリア式のコーヒーバーで、イギリスではじめてエスプレッソを飲ませた。モカバーは若者たちを強烈に惹きよせ、新しい文化が生まれるきっかけになった。若者がそこに見出(みいだ)したのは最新の音楽がジュークボックスから流れる自由な場所、イングリッシュティーやパブとはii一線を画す新世界だった。

イタリア文化の流入はコーヒーだけではなかった。当時の族(トライブ)であるモッズがイタリア製のスクーターを好んだことも併記しておこう。

そのような文化の流通はもちろん珍しいものではない。むしろ常態とさえ言える。インドに渡った日本の大正琴がインド音

負っている。文芸誌の編集という仕事も同様に仲介することである。個人的なことを言えば、父親が鉄道員で子供のころの引っ越しが多かったことなども　イ　影響しているかもしれない。

メールで送ったテーマの影響がどの程度だったのかわからないが、著者から届いた作品はオールタイムベスト級の作品で筆者は小躍りすることになった。

筆者の興味はこのときケンザイ化した。そしてその後の経験によってさらに変化を遂げる。「仲介・媒介・交通」から「流通」に変わったのである。そしてこの「流通」はそれまでの自分の詩歌観を更新するものにもなった。

フランス語に「デペイズマン Dépaysement」という語がある。「住み慣れた国を去らせる」といった意味であるが、シュルレアリスムの文脈で用いられる場合は、ある事象を文脈から切り離した場に置く、といった意味あいになる。シュルレアリスムを説明する際にもっとも多く用いられるロートレアモンの「手術台の上のミシンと蝙蝠傘(こうもり)の出会い」という表現がその好例である。

また俳句には「二物衝撃」という概念がある。ふたつの要素の組みあわせに妙があるというもので、デペイズマンに見られる意外性に価値を置く考えかたとごく近い。

筆者はデペイズマンと二物衝撃はつまり「関係性」の問題かと考えていた。詩の根本原理はそれではないかと。　ウ　その考えはいま変わっている。関係性でくることももちろんできるのだが流通のほうがもうすこし包括的であるように見えるのだ。

以下は三橋鷹女の広く知られた句である。　X　というすこし変わった構成の句である。

この樹(き)登らば鬼女となるべし夕紅葉

「樹」と「鬼」というふたつの大きな要素の対比がまず目につき、そこは関係性という語で面白さを説明できるだろう。け

次の Ⅲ の問題は、「国語(1)」の受験者が解答してください。（解答番号は 40 〜 59 ）

Ⅲ　次の文章を読み、後の問い（問一〜問十一）に答えよ。（40点）

「流通」という語は多くの人にとってお馴染(なじ)みの言葉であるし、日常でしばしば目にするものでもあるのだが、筆者はもう三年ばかりこの語について考えつづけている。

きっかけは小さな文芸誌の編集長をやっていた際に著名な作家とやりとりしたメールだった。[a]イフすべき筆力の持ち主であるその著者は、[b]キコウの依頼に快く了承のメールをくださり、こちらは深く安堵(あんど)しかつ感謝したのだが、二、三日後に、その著者からふたたびメールが届いた。二通目のメールの内容は、題のようなものはないのか、あったほうが書きやすいのだが、というものだった。

その著者は優秀な作家であるし、自由な作風で有名だったので意外に思いながら、けれども自在に書けるつまりどんなものも扱えるので逆に迷うのだろうなと納得して、［ア］どう返事するかと頭を捻(ひね)り最初に浮かんだのが intermediate という語だった。「仲介者・媒介者」という意味である。そしてやや狭めすぎたかと思い、多少広げる意味で、もう一語足すことにした。intercourse の語でこちらは「交通・交際」という意になる。

そのふたつの語は深く考えたすえに選ばれたものではない。思いつきだった。けれど、思いつきにこそ真の興味が表れるということはいかにもありそうで、実際あらためて考えてみると、そのふたつの語は自分にとって興味深いもので、駅や港や空港という空間・場はつねに自分の興味を惹(ひ)いた。[1]自分はそういうものに似た場でずっと過ごしてきた。長いあいだ英語の小説を日本語に訳しているが、それはいってみればふたつの言語の[c]ケッセツ点に立つことであるし、作家と読者を媒介する役割を

⑤　夜が明けるまで姫君との恋の行方に思い悩んでいると、たまたま置いてあった姫君からの手紙に気づく様子。

問九　文中のX〈ほととぎすかたらふほどもなきものをうたて明けぬるしののめの空〉の和歌の解釈として最も適当なものを、次の選択肢の中から選べ。 38

①　あけぼのの空に向かってほととぎすが鳴き声を上げるように、あなたを恋い慕って私もさめざめと泣いています。
②　妻を恋い慕って囀るほととぎすのように、あなたを思って泣いていると、いつの間にか夜が明けてしまいました。
③　夏が過ぎると少しも鳴かないほととぎすと同じくらい、あなたはどれだけなだめてもずっと心を閉ざしていましたね。
④　人の気配を感じ取ると囀るのを止めるほととぎすではないが、どうにもあなたは私と打ち解けてくれなかったなあ。
⑤　ほととぎすが囀る暇もないくらい、あなたと親しく話せる時間はないのに、無情にも夏の夜は明けてしまったなあ。

問十　『小夜衣』と同様に中世（鎌倉時代から室町時代）に成立した作品として最も適当なものを、次の選択肢の中から選べ。 39

①　『奥の細道』　②　『更級日記』　③　『将門記』　④　『徒然草』　⑤　『風土記』

れない様子。

④　宮の、雨に打たれた唐撫子を見さえしなければ姫君のことを思い出すこともなかったのにという、姫君への恋しさが募る様子。

⑤　宮の、姫君と逢わなかったならこんなにも恋い焦がれて苦しむことはなかったのにという、後悔するほど姫君に心引かれる様子。

⑥　宮の、もしこれから姫君との対面がかなわないならとてもつらい日々になるだろうという、恋の行く末を心配する様子。

問七　文中の傍線部4〈呉竹の〉とあるが、この枕詞が導き出す語は二重波線部（a～e）のうちのどれか。最も適当なものを、次の選択肢の中から選べ。**36**

①　a　その　②　b　夜　③　c　ごと　④　d　にも　⑤　e　通は

問八　文中の傍線部5〈いまだ明けもはてぬに、御硯召し寄せて、いつしか文あり〉とあるが、これは宮のどういう様子をいうものか。その説明として最も適当なものを、次の選択肢の中から選べ。**37**

①　宰相の君への義理を果たすため、気分が乗らないながらも硯を用意させて、ゆっくりと姫君に後朝（きぬぎぬ）の文を書く様子。

②　姫君への思慕のあまり、まだ夜が明けていないのに硯を用意させて、すぐに後朝の文を書いて姫君に送る様子。

③　もうすっかり夜が明けてしまったので、体裁を取り繕うように、慌てて後朝の文を姫君に送る様子。

④　山里に寂しく暮らす姫君を思いやって、夜も明けきらないうちに硯を用意させ、姫君に手紙を送ろうとする様子。

③　昼日中まで姫君と一緒にいるわけにはいかないので、ということ。
④　もし姫君と打ち解けるのに昼までかかったとしたなら、ということ。
⑤　もし昼の間だけでも姫君と共に過ごすことが出来たなら、ということ。

問五　文中の傍線部**2**〈露けかりつる面影〉とあるが、これは何を指しているか。その説明として最も適当なものを、次の選択肢の中から選べ。**34**

①　雨に打たれてすっかりしおれている、唐撫子の風情。
②　雨に濡(ぬ)れた唐撫子が、夕日の光の中で美しく輝く様子。
③　暗闇でも手触りから美しさが伝わってくる、姫君の髪の様子。
④　どれだけ優しく言っても打ち解けない、姫君の毅然(きぜん)とした態度。
⑤　宮の懸想にひたすら怯(おび)えて泣いていた、姫君の様子。

問六　文中の傍線部**3**〈見ざらましかば、とおぼす〉とあるが、これは誰のどういう様子のことか。その説明として最も適当なものを、次の選択肢の中から選べ。**35**

①　姫君の、五月雨の夕方の景色を見なかったなら宮の面影を思い出すこともなかったのにという、宮への想(おも)いに心乱れる様子。
②　姫君の、宮と関係を持たなかったならこれほど切なく思うこともなかったのにという、宮を慕う気持ちが増す様子。
③　姫君の、もし宮の訪れが今後途絶えてしまうようならどれほどつらくて悲しいだろうかという、宮の誠実さを信じ切

C　こしらへ　**24**

①　備え
②　整え
③　繕い
④　慰め
⑤　装い

D　御心ざし　**25**

①　御愛情の深さ
②　御温情の厚さ
③　御気性の荒さ
④　御性格の身勝手さ
⑤　御性情の性急さ

問二　文中の破線部**ア**〈ぬ〉、**イ**〈なる〉、**ウ**〈るる〉、**エ**〈る〉の助動詞の意味として最も適当なものを、それぞれ次の選択肢の中から選べ。**ア** **26** 、**イ** **27** 、**ウ** **28** 、**エ** **29**

①　受身　②　打消　③　可能　④　自発　⑤　尊敬　⑥　存在　⑦　存続　⑧　断定

問三　文中の二重傍線部Ⅰ〈給ひ〉、Ⅱ〈御〉、Ⅲ〈聞こゆれ〉の、敬意の対象（誰への敬意か）として最も適当なものを、それぞれ次の選択肢の中から選べ。ただし、同じものを繰り返し選んでもよい。Ⅰ **30** 、Ⅱ **31** 、Ⅲ **32**

①　作者（語り手）　②　宮　③　宰相　④　姫君　⑤　読者

問四　文中の傍線部**1**〈昼さへかくてあるべきならねば〉とあるが、これはどういうことか。その説明として最も適当なものを、次の選択肢の中から選べ。**33**

①　明けゆく日の光までもが出立を急(せ)かすようなので、ということ。
②　昼になってもまだ姫君の機嫌が悪いようなので、ということ。

いまだ明けもはてぬに、御硯（すずり）召し寄せて、いつしか文あり。

X ほととぎすかたらふほどもなきものをうたて明けぬるしののめの空

待ちつけ給へ（エ）る所には、「いつのほどに書かせ給ひ（Ⅰ）つらん」と、御心ざし思ひ知る（D）。「今は、（Ⅱ）御手づから御返り事も」など聞（Ⅲ）こゆれど、姫君は起きも上がり給はず、ひきかづきて臥（ふ）し給へば、聞こえさせんかたなし。

注 千歳の山を頼めおきて――宮が姫君に永遠に変わらない気持ちを約束している。
唐撫子――大和撫子に対して外来の撫子の花のこと。
玉鉾の――「道」を導き出す枕詞。

問一 文中の波線部（A～D）の意味として最も適当なものを、次のそれぞれの選択肢の中から選べ。

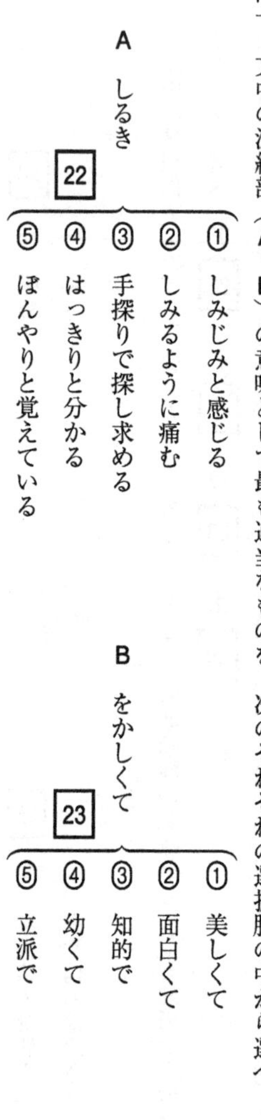

A しるき 22
① しみじみと感じる
② しみるように痛む
③ 手探りで探し求める
④ はっきりと分かる
⑤ ぼんやりと覚えている

B をかしくて 23
① 美しくて
② 面白くて
③ 知的で
④ 幼くて
⑤ 立派で

問十一　夏目漱石の作品を、次の選択肢の中から選べ。21

①『夜明け前』　②『草枕』　③『舞姫』　④『山月記』　⑤『斜陽』

次の Ⅱ の問題は、「国語(2)」の受験者が解答してください。（解答番号は 22 ～ 39 ）

Ⅱ　次の文章は中世の物語『小夜衣』の一節である。五月雨の頃、院の息子である兵部卿宮（ひょうぶきょうのみや）（「宮」）は、宰相の君（「宰相」）から山里でひっそりと暮らす美しい「姫君」の話を聞く。本文は、「姫君」への関心を抑えきれない兵部卿宮が、雨宿りを口実にして彼女の屋敷に宿泊し、その部屋に忍び込む場面である。これを読み、後の問い（問一～問十）に答えよ。（40点）

宮は、夜目にも[A]しるき事なれば、御髪（みぐし）の手あたりなど、いまだかかるを御覧ぜぬ心地して、めでたきに、近劣りする事もや、とおぼしつるに、恐ろしくいみじと、怖（お）ぢわななきたるけはひも、らうたく[B]をかしくて、とかく慰め語らひ給（たま）へども、聞き分くべくもあら[ア]ぬ気色を、いと心苦しく、[C]こしらへわび給ふに、明けぬる気色[イ]なるも、くちをしく、[1]昼さへかくてあるべきならねば、千歳（ちとせ）の山を頼めおきて、明けぐれのほどに出（い）で給ふにも、ひき返[ウ]さるる心地し給ふ。宰相が思ふらん事も恥づかしければ、「かく」とものたまはず。

道すがらも、唐撫子（からなでしこ）の五月雨にしをれたる夕映えの心地して、[2]露けかりつる面影、めづらかにあはれにて、[3]見ざらましかば、とおぼすにも、今は夜の間の隔ても心苦しかるべきを、玉鉾（たまぼこ）の道もはるけきほどなれば、思ふままにも[4]呉竹（くれたけ）の[a]その[b]夜[c]ごと[d]にも[e]通はずは、いとど節々なる気色や絶えざらんと、いつしか心苦しくうち嘆かれ給ふ。

てこそ理解されるべきであり、冷徹な科学のたった数行の数式に還元されてしまうのはどうしても耐えられないと考えているから。

④　退屈にすら感じられる文学的修辞に出合ってもそれを丹念に読み解き、作品の深みを味わっていくことは、科学的な心理学の手法を用いるのに劣らず、人間の心を記述して理解していく上である程度有効な方法であると考えているから。

⑤　人の自己認識は膨大な知識によって支えられるものであるので、そのような人の感情を理解するためには、単純な記述であればあるほどよいと考えがちな狭い意味での科学より、修辞を凝らした文学的記述の方が有効だと考えているから。

問九　文中の傍線部**4**〈植物学と文学に共通する何ものなのかもしれない〉とあるが、筆者はどのような点が共通すると考えているか。その説明として最も適当なものを、次の選択肢の中から選べ。 **19**

①　可能な限り主観を抑制しながら自然や社会の現実と向き合って観察したものについて、ありのままの描写が求められる点。

②　名前や形、香りといったさまざまな情報を細かに書き留めておき、それらを総合することで世界の象徴とする点。

③　世界を細分化することに抗う一方で、そうした考え方をいかにして取り込んで調和できるかを考える点。

④　具体性・個別性に意味があり、あるがままの姿を捉えることによってはじめて表現できる世界を対象とする点。

⑤　動物学・植物学・鉱物学・地質学などを背景としながら、自然界全体にわたる知識を修辞的に記載する点。

問十　文中の空欄（**X**）を補うのに最も適当なものを、次の選択肢の中から選べ。 **20**

①　不要不急の思考　②　地動説的世界観　③　無意味な無駄話　④　非効率な記述法　⑤　観念的な方法論

② 最新の理論に基づき、最小単位を目指して世界を分けていったとしても、分けるべき対象が次々と現れてくるだけで、いつまで続けても世界の本当の姿を見出（みいだ）すことなどできはしないということ。

③ 花に関わるありとあらゆる情報を集め、花とそれを取り巻く世界とを可能な限り詳細に捉えようとすると、かえって自然現象そのものを制御する法則や本質的な面を見失ってしまうことになるということ。

④ 基礎となる法則と物質を見つけ出して理論化し、その理論によって世界を再構成しようとすると予想外の歪（ひず）みが生じることとなり、世界は本来のありようを保てなくなってしまうことがあるということ。

⑤ 花を細胞レベルで分割してしまうとその美しさが理解できないように、物質と法則という要素に還元してしまうと、そのものが本来的にもつ性質を説明できなくなってしまうことも多いということ。

問八　文中の傍線部**3**〈文学の存在価値の一つはまさにそこにあるのだろう〉とあるが、筆者がこのように言うのはなぜか。その理由として最も適当なものを、次の選択肢の中から選べ。 18

① 現在までのところ、狭義の科学の手法が人の心に対する理解と表現に関して十分な成果があげられていないのに対し、文学の、一見冗長とも見える委細を尽くした記述が、世界を写し取って理解する方法として大きな意味があると考えているから。

② 目覚ましい進歩を遂げている物理学をはじめとする狭義の科学は、これまで以上に人間の心に迫ってくるのは疑いないことであるが、その段階に達するまでの間は、時に退屈に感じられ、不十分でしかないものではあっても、文学に委ねるほかはないと考えているから。

③ 繊細で傷つきやすい人の心は、たとえ持って回った冗漫なものであったとしても、多様性と柔軟性を備えた文学によっ

問六　文中の傍線部**1**〈植物好きが見ることのできる世界の驚異的深さ〉とあるが、それはどういうことか。その説明として最も適当なものを、次の選択肢の中から選べ。**16**

① 植物の名前や性質に詳しければ、「白百合」について検証していったのと同じやり方で、複雑なように見えて実は基本的な構造の組み合わせから成る自然界に向き合い、普通の人の理解をはるかに超えた領域まで研究を進めていけるということ。

② 漱石作品の「白百合」への考察にも見られるように、植物学者ならではの知識と方法を生かしつつ、小説中のさまざまな記述から粘り強くその正体を確かめようとするなかで、普通の人には捉えられない世界を展開しているということ。

③ 文学にも通じた植物学者であれば、近代文学に描かれる植物へのアプローチと同様に、自らの広範な知識と実験器具や顕微鏡を駆使して、地球の自然が備えていながら肉眼では見ることができない微細な世界を明らかにしうるということ。

④ 植物を心から愛している人は、いつも湛(たた)えている穏やかさとは裏腹に、一般の人々からは病的にさえ見えるしつこさで自然界の謎に肉薄しようと懸命に挑戦を繰り返し、普通にしていては見えない世界の奥深さを見ようとするということ。

⑤ 漱石が描いた「白百合」をはじめとする植物を日々観察する人は、生きとし生けるものに対する慈しみの感情に基づいた、この世界の全てを深く味わう感性と解き明かす知性とをおのずと身に付けているということ。

問七　文中の傍線部**2**〈そのように世界を切り刻み細かく分割してしまうことで、かえって本質が失われる現象も数多い〉とあるが、それはどういうことか。その説明として最も適当なものを、次の選択肢の中から選べ。**17**

① 生物とは何なのかという根源的な問いに答えるためには、その問いにちょうど見合った程度に世界を切り分けて考えてみる必要があり、やみくもに細分化してみれば答えが出るわけではないということ。

ⅳ　森羅万象　7

① 多様で複雑極まりない生物のありよう
② 世界全体を構成する人知を超えた仕組み
③ 数限りなく存在する一切のものごと
④ 生物が種をつないできたことの証（あかし）
⑤ 自然の奥深いところで繰り広げられる活動

問三　文中の波線部ⅲ〈愚考〉とあるが、この「愚」と同じくへりくだりの意味の「愚」を含む語として最も適当なものを、次の選択肢の中から選べ。　8

① 愚者　② 愚息　③ 愚直　④ 愚挙　⑤ 愚痴

問四　文中の空欄（ア〜エ）を補うのに最も適当なものを、それぞれ次の選択肢の中から選べ。

ア　9　、イ　10　、ウ　11　、エ　12

① いっそう　② やっと　③ たとえ　④ なかでも
⑤ さらに　⑥ もしも　⑦ ほとんど　⑧ あまり

問五　文中の空欄（A〜C）を補うのに最も適当なものを、それぞれ次の選択肢の中から選べ。

A　13　、B　14　、C　15

① 最終的　② 理想的　③ 文学的　④ 皮相的　⑤ 散発的　⑥ 本質的　⑦ 徹底的

c ヘンキョウ 3
① 都市部に人口がヘン在する
② 図書館に本をヘン却する
③ 臨機応ヘンに振る舞う
④ 彼には一ペンの良心もない
⑤ ヘン著者に名を連ねる

d ジョジョ 4
① 物語のジョ曲となった舞踏会
② 大みそかにジョ夜の鐘をつく
③ 構内ではジョ行運転が必要だ
④ 古典の長篇ジョ事詩を読む
⑤ ジョ才ない受け答えをする

問二 文中の波線部（i・ii・iv）の意味として最も適当なものを、次のそれぞれの選択肢の中から選べ。

i 現金 5
① 当たり障りのない社交辞令を口にすること
② 自分の利益を最大化する方法を考えること
③ 現実的な処世や考え方を最後まで貫くこと
④ 目先の利益で態度や主張を変えること
⑤ 儲(もう)けになることを探して歩き回ること

ii 試金石 6
① 金を生み出す原石となる可能性があるもの
② 性質が善であるか否かを判断する基準となるもの
③ 無価値のものを実験的に価値あるものとして扱うこと
④ ある物質の価値を飛躍的に高められる媒体となるもの
⑤ 価値や能力などを判定する材料となるもの

を熟知している人にとって、この短い表現から生み出されるイメージは、無限の深さを持ちうる。世界の多様性を切り刻むことなく、あえてありのままの姿で理解するには、冗長で重複するがゆえに膨大な情報量が必要だ。そのような X でなくては語り尽くせない世界も確実にある。「漱石の白くない白百合」は、それを端的に教えてくれた。

（須藤靖「世界を切り刻む科学とありのままに愛でる科学」による）

注　『UP』――東京大学出版会のPR誌。

問一　文中の二重傍線部（a～d）のカタカナを漢字に直したとき、同じ漢字を用いるものを、次のそれぞれの選択肢の中から選べ。

a　カテイ　1
① 親からカ業を引き継ぐ
② 総務カに配属される
③ 彼はカ黙な人だ
④ 看カすべからざる大問題
⑤ 物語にカ空の人物を登場させる

b　セイゼン　2
① 隔セイの感がある
② 微調セイを繰り返す
③ セイ天に恵まれる
④ 旗色の悪い方に加セイする
⑤ 厳セイな判断を下す

いくら名前を覚えていたとしても、世界の本質の理解とは無関係だと信じていたからである。ところが、ある意味ではそれがcヘンキョウな考え、あるいは負け惜しみ以外の何ものでもないことを今回痛感した。

いうまでもなく、世界を記述し理解する方法論は必ずしも科学には限らない。特に、人間の感情が絡んでくると、狭い意味の科学は（まだ）成功しているとは言い難い。3文学の存在価値の一つはまさにそこにあるのだろう。

『それから』では、代助の価値観や人となり、生き様と葛藤が、これでもかこれでもかとしつこく記述されている。また、本筋とは関係ないとしか思えない逸話の類が長々と続く。要素還元主義的価値観に支配されている人間が読んでいると、あまりに冗長で退屈に思えてくる。仮に私の学生がそのようなスタイルで論文の草稿を書いてきたならば、容赦なく九割以上を削除し、はるかに簡潔かつ明快な改訂稿に直して突き返すことだろう。

ところが、今回あらためて『それから』を読み返してみると、その無意味にすら思えるほど長い記述のおかげで、当初はどう考えても救いようがないとしか思えなかった代助にdジョジョに感情移入できる自分がいることに気づいた。私が年をとったせいかも知れないが、自分と異なる視点からの世界の記述法に共感できるようになったようだ。

いくら美しい花であろうと、細胞レベルに分割してしまえば、その美しさはすべて消え失（う）せてしまう。したがってその美しさを議論するためには、無数の異なる種に名前をつけるのみならず、その名前に、形、色、香り、原産地、開花時期といった情報を適切にリンクしておくことが必須である。要素還元主義者からみると冗長で圧縮可能でしかない情報なのだが、そこには、ありのままの姿でなくては表現できない世界が個別に実在するのも確かだ。ひょっとすると、それは4植物学と文学に共通する何ものなのかもしれない。

例えば、「立てば芍薬（しゃくやく）、座れば牡丹（ぼたん）、歩く姿は百合の花」という言葉がある。これらの花の実物を知らない私にとっては、単に「すごい美人」という［C］なイメージを想起させる表現に過ぎない。しかし、それぞれの花の色、形状、香り、季節

さらに本書では、この最初の考察に加えて、「描かれた山百合の謎」（一九九三年）と「白百合再考」（二〇一二年）でこのテーマがさらに深掘りされ、[B]な結論が提示されている。もちろんここではこれ以上の紹介は控えるが、『三四郎』、『それから』、『門』の三部作と同じく、T先生自身の成長も感じられる（失礼！）。というわけでこの三作をまとめて読まれることを是非お薦めしておきたい。とまあ、T先生の著作に対する拙い読書感想文程度の紹介はここまでとし、以下ではそれを受けた iii 愚考を展開してみたい。

物理学の目標の一つは、この世界を構成する物質と法則の基礎を突き詰めることである。そしてそれは、いわゆる要素還元主義と呼ばれる方法論にもとづいてかなり成功を収めてきた。すべての物質はクォークとレプトンと名付けられた素粒子からなり、それらは四つの相互作用と呼ばれる物理法則に支配されている、という標準素粒子モデルは、その到達点である。

一方で、2 そのように世界を切り刻み細かく分割してしまうことで、かえって本質が失われる現象も数多い。無数の自由度を持つ系が互いに相互作用することで、予想もしないような性質を発現することがある。それらもまた素粒子と四つの相互作用だけで完全に説明できるに決まっている、と原理主義的な主張を繰り返したところで、納得できるものではない。物理現象以外に端的な例を挙げれば、生物と無生物の違い、意識の起源もまた同じである。それらを理解する上では、標準素粒子モデルはほぼ無力である。

言い換えれば、この世界の多様性をありのままに愛（め）でる姿勢なくしては、世の中の iv 森羅万象は理解できないのだ。植物学、あるいはより一般に博物学とはその種の科学である。

正直に告白するならば、私が天体や花の名前を知らない（覚えられない）のは、自分の記憶力が悪いためでしかない。そもそも数学や物理学方面を志した理由の一つも、いろいろなことを覚える必要性が低い学問だと思ったからだった気がする。植物、動物、昆虫、恐竜などに関して膨大な知識をもつ人を見るにつけ、驚きはするものの、必ずしも尊敬したことはなかった。

い茂る山があったし、町は二つの川にはさまれており、友達の家に遊びに行くため、毎日のように自転車で橋を渡っていた。**ウ**、住んでいた借家の裏側の国道を横切るとすぐそこには太平洋が広がっていた。今考えるととても贅沢な環境だったのだが、だからこそ逆に、私はありのままの自然にはあまり興味をそそられなかったようだ。おかげで、今でも名前を知っている天体は太陽と月のみ。植物となると、朝顔、菊、チューリップ、マリーゴールド、オジギソウ、椿、たんぽぽ、以外は実物と名前を結びつける自信がない。私がこんな人間であることを知ってか知らずか、T先生が送ってくださった本は、[1]植物好きが見ることのできる世界の驚異的深さを思い知らせてくれたのだった。

まずその本の書名にも一部用いられている、最初の文章「漱石の白くない白百合」の内容を簡単に紹介しておこう。漱石の作品にはしばしば百合が登場する。**エ**『それから』において「白百合」は重要な役割を果たしている。私レベルの読み手であれば、白く美しいものを象徴する花という漠然としたイメージを抱いて読み進めるだけであるが、漱石と植物をともに愛してやまないT先生がそれで満足できるはずはない。色、香り、形態、季節など、小説中の記述を総動員して、その種類を**A**に絞り込み、どちらかといえば消去法的にそれが山百合であるとの結論に至る。

しかし、本当に山百合を見たことがある人が、それを「白い」百合と形容するにはかなり無理があるとも悩む。とすればこれは漱石の文学的修辞に過ぎないのか、あるいは、この科学的推論のどこかに誤りがあるのか。この（一般人にはやや病的にすら思える）漱石愛好家かつ植物学者による問題提起と自問自答のカテイ[a]が、科学的に極めて理路セイゼン[b]と綴られた名作である。

ちなみにこの文章はT先生が大学院に入学した一九八八年に、なんとこの『UP』誌上で発表した処女作であるらしい。漱石作品に対する造詣の深さと、植物に関する正確な知識の双方に裏打ちされた、妥協を許さない真っ直ぐな論理展開は、若者（当時）ならではの迫力にあふれており読んでいて心地よい。

国語

（六〇分）

「国語(1)」の問題は Ⅰ と Ⅲ 、「国語(2)」の問題は Ⅰ と Ⅱ です。（ Ⅰ と Ⅲ は現代文、 Ⅱ は古文です。）

次の Ⅰ の問題は、「国語(1)」の受験者、および「国語(2)」の受験者に共通の問題です。（解答番号は 1 ～ 21 ）

Ⅰ　次の文章を読み、後の問い（問一～問十一）に答えよ。（60点）

某新聞の書評委員をやっていた期間には、ひっきりなしに新刊本が送られてきた。しかし、天の邪鬼（じゃく）の私は、こちらから頼んでもいない本を送りつけられても、一部の例外を除き、書評でとりあげるどころか、 ア 読むことすらしなかった。現金（i）なもので、今年の三月末で任期を終えてからは、本がパタリと送られてこなくなった。だからこそ、それを知った上で献本して頂いたならば、 イ 時間もできたことだし読んでみようという気持ちにもなる。書評委員任期終了後の献本こそ、本当に信頼できる友人とそうでない人間との試金石（ii）にほかなるまい。というわけで、最近、私のほうでは信頼できる友人だと信じている植物学者のT先生に送って頂いた本に刺激を受け考えさせられたことを書いてみたい。

私が小学生の頃住んでいた高知県室戸市吉良川町は、まさに自然に恵まれていた。小学校までの通学路のすぐ脇には木が生

解答編

英　語

I　解答　1－③　2－①　3－②　4－③　5－①　6－④　7－④

解説

《ミラーニューロン》

1. ③が第1段第3文（Scientists later named …）の内容と一致し，正解となる。①は第1段第3文（Scientists later named …）の内容と一致しない。②と④は本文では述べられていない内容であるため誤りである。

2. ①は第2段第1文（Because mirror neurons …）の内容と一致する。②は第2段第5文（"Mirror neurons allow …）の内容に反する。③と④は第2段第1文（Because mirror neurons …）の内容と一致しない。

3. ②は第3段第1文（Mirror neurons send …）と第3段最終文（For example, if …）で述べられている内容と一致する。①は第3段第1文（Mirror neurons send …）の内容と一致しない。③は第3段第2文（Even without words, …）の内容に反する。④は本文で言及されていない内容であるため誤り。

4. ③が第4段第2・3文（For some fans, … doing it ourselves.）の内容と一致し，正解となる。①は第4段第4文（Mirror neurons cause …）の内容と一致しない。②と④は本文では言及されていない内容である。

5. ①が第5段第1～4文（Mirror neurons also … friends, and co-workers.）の内容と一致する。②・③・④の内容は本文では言及されていないため誤りである。

6. 第6段第3・4文（If you see … feelings to others.）によると，ミラーニューロンによって，我々は相手と同じように感じさせられ，それを見た他人もミラーニューロンによって同じように感じさせられるようである。よって，我々は取り乱している人を見たときに，自分自身も同じように感じ，その感情を他人に伝達すると推測できる。よって，④が正解となる。

7． ④が第8段第2文（While these neurons …）の内容と一致する。②は第7段第2文（So, if you are …）の内容と一致しない。③は第8段第3文（The study of …）の内容に反する。①は本文で述べられていない内容であるため誤り。

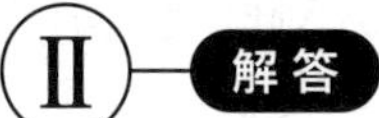

8－③　**9**－①　**10**－④　**11**－③　**12**－①

解説

《高校3年生2人の下宿先についての会話》

8． 直前の「家族の元を離れるのが悲しい」と逆接の等位接続詞 but でつながることから，新しい都市に対してマリエがどう感じているのかを推測するとよい。よって，③が正解。

9． 空所には，直後の to 不定詞句 to make about the room size and cost で後置修飾される名詞が入る。このことから，「部屋の大きさと費用についてすべき」何があるのかを推測する。よって，①が正解。

10． 空所を含む発言に対して，続いてマリエが「ええ，私も起きていられない」と返答している。よって，空所にも同様の内容が入ることから，④が正解となる。

11． 空所までのショーコとマリエの発言で，奈良の叔母の家に住むと，通学に長時間かかること，電車で寝てしまうこと，空席を見つけることが大変であることの3つのデメリットが述べられている。このことから，毎日電車で通学することよりも，大学の近くに住むことのほうがどうなのかを推測する。よって，③が正解となる。

12． これまでの会話から，「来年どこに住みアルバイトするのかを考えるとき」に，ショーコとマリエが何を熟考しないといけないのかを考える。空所を含むショーコの発言に対して，続いてマリエが「あなたが言うように，大学の近くにはたくさん場所があるので，注意深く選ぼう」と返事をしている。よって，①が正解。

Ⅲ 解答 13―④　14―②　15―③　16―①　17―③

解説

13.「その会社は，オンライン上の潜在的な脅威から機密の顧客情報を守るためのセキュリティシステムを導入することに決めた」

空所直後の名詞 threats を修飾するものを選択する。名詞を修飾するのは形容詞である。よって，④が正解。

14.「あなたのピアノのレッスンはどのくらい進行してますか」

progress with ～ で「～がはかどる，～が進歩する」の意味。よって，②が正解。

15.「もし交通渋滞を知っていたならば，時間に間に合うように早く出発したのに」

主節の動詞が would have left となっているため，仮定法過去完了の英文であるとわかる。仮定法過去完了は If S had *done*, S＋助動詞過去＋have *do* の形で表す。よって，正解は③。

16.「私はヨシコと 30 年以上親しくしている」

be friends with ～ で「～と親しい」を意味する成句表現。よって，①が正解。

17.「私はスマートフォンのない日常を想像できない。それは私が友人や家族と連絡するのに役立っている」

help *A* (to) *do* で「*A* が～するのに役立つ」の意味となる。よって，空所には動詞の原形が入るため，③が正解。

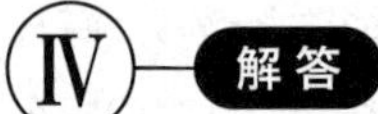

Ⅳ 解答 18―①　19―④　20―②　21―③　22―②

解説

18.「彼は外遊で総理大臣に同行した」

それぞれの選択肢の動詞の意味は，①accompany「～に同行する」，②apply「～を適用する」，③arrange「～を手配する」，④attach「～を貼り付ける」である。目的語が the prime minister であるため，①を選び「総理大臣に同行した」とするのが最適である。

19.「彼と父親は似ている。彼は彼の父親と容姿が似ている」

選択肢の意味はそれぞれ，①insurance「保険」，②avoidance「回避」，③sequence「連続」，④appearance「外見」である。英文の前半部分の内容を考慮すると，in appearance「外見は」とするのが適切。

20.「あなたが指示に従うのならば，失敗しようがない」

cannot go wrong で「失敗のしようがない」や「間違いない」を意味する定形表現。よって，②が正解。

21.「スマートフォンとタブレットのおかげで，いま我々は外出中に幅広い娯楽を利用できる」

選択肢はそれぞれ，①border「境界」，②edge「端」，③range「範囲」，④face「表面」の意味。a wide range of ～で「広範囲の～」の意味である。よって，③が正解。

22.「締切に間に合わすために，そのチームは過去数週間たゆみなく働いている」

動詞が has been working と現在完了進行形であることから，the past few weeks は期間を示すと判断できる。よって，期間を示す前置詞の over「～にわたって」が適切である。②が正解。

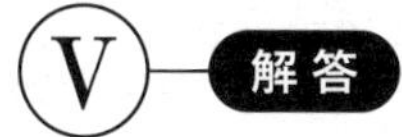

23－⑦　**24**－⑥　**25**－②　**26**－⑦　**27**－⑤　**28**－③
29－③　**30**－①　**31**－④　**32**－①

解説

完成した文は以下のとおり。

(A)(The only question that) remained <u>was</u> whether she would <u>take</u> control (of her mother's business.)

whether S V は，「～するかどうか」を意味する名詞節として用いることができる。これに take control of ～「～の経営権を握る」を組み合わせて文の補語とするとよい。また，英文の question 直後の that は関係代名詞であることにも注意する。

(B)(You should hire) someone that <u>you</u> believe <u>is</u> well trained for (the job.)

連鎖関係代名詞 that を用いて目的語である someone を後置修飾する。英文の that 以降の節は，元々 you believe he〔she〕is well trained for the job の形であるが，someone を置き換えた he〔she〕が関係代名詞に変わり，節の先頭に移動したものである。

(C) (No) matter how many obstacles come our way(,) we will overcome (them together.)

no matter how＋形容詞＋S V＝however＋形容詞＋S Vで，「どんなに～しようとも」の意味。また，come *one's* wayで「～に起こる」を意味する成句表現。

(D) (Considering his present state, it is as) clear as day that he will pass (the final examination.)

that節を真主語とする形式主語itを用いた頻出の基本構文。as clear as dayは「明白な」を意味する成句表現。

(E) (The computer system was) so complicated that we found it impossible to use (it without a user manual.)

so ～ that …「とても～なので…」の基本構文。この構文のthat節に，形式目的語itを用いた表現であるfind it C to *do*「～することがCであるとわかる」を入れて，英文を完成させるとよい。

日本史

Ⅰ 解答　問1．④　問2．①　問3．⑤　問4．③　問5．⑥

解説

《3世紀の社会・習俗》

問1． 正答は④。史料は「魏志」倭人伝。邪馬台国への道程や政治体制，社会，習俗などが記されている。

問2． ①が誤っている。楽浪郡への定期的遣使の記述は『漢書』地理志に記載されている。

問3． ⑤が誤っている。大人という高い身分と，大人に出会うと土下座をして挨拶する下戸という身分との上下差が存在した。

問5． ⑥が正答。纒向遺跡は奈良県桜井市にあり，当時最大級の建物遺跡や運河址で注目されている。②岩宿遺跡（群馬県）は旧石器時代の，④三内丸山遺跡（青森県）は縄文時代の，①板付遺跡（福岡県），③荒神谷遺跡（島根県），⑤登呂遺跡（静岡県）は弥生時代の遺跡。

Ⅱ 解答　問1．⑥　問2．⑥　問3．①　問4．④　問5．②

解説

《承久の乱後の政治》

問1． 正答は⑥。初代執権である北条時政の孫が3代執権（空欄A）の泰時で，さらにその孫が空欄Dの時頼である。

問2． 正答は⑥。執権補佐は連署，有力御家人による合議機関は評定衆。引付衆は，時頼が設置した，裁判を公平かつ迅速に進めるための審理機関である。

問3． ①が誤り。光明天皇は1336年に足利尊氏に擁立された北朝方の天皇である。承久の乱後，②後鳥羽上皇は隠岐へ，③順徳上皇は佐渡へ配流され，④仲恭天皇は廃位となった。

問4． ④が含まれない。①は「諸国守護人奉行の事」，②は「諸国地頭，年貢所当を抑留せしむる事」，③は「女人養子事」として，御成敗式目に規定されているが，④は規定されていない。「てっぽう」の伝来は1543年とされる。

問5． 正答は②。①一の谷の戦い，③屋島の戦いは源平の争乱での戦い，④和田合戦は1213年に北条義時が有力御家人和田義盛を討った戦いである。

Ⅲ　解答　問1．④　問2．①　問3．②　問4．②　問5．③

解説

《寛政の改革》

問1． 正答は④。Aの人物は11代将軍を老中として補佐し幕政改革を進めた人物なので松平定信である。「楽翁」は松平定信の号であり，白河藩藩主であったため「白河楽翁」と自称した。『楽翁公伝』は渋沢栄一が著した松平定信の伝記である。

問2． 正答は①。空欄Bは11代将軍なので徳川家斉，空欄Cはそれ以前に政策を進めてきた人物なので，10代将軍家治のもとで権力を握っていた田沼意次である。水野忠邦は12代将軍家慶のとき天保の改革を実施した人物。

問4． ②が誤り。旧里帰農令は帰村を促す法令であり，帰村を強制するものではない。帰村を強制する人返し令は天保の改革で発された。

問5． 正答は③。①相対済し令，④足高の制は享保の改革での，②上知令は天保の改革での法令である。

Ⅳ　解答　問1．④　問2．⑥　問3．③　問4．①　問5．③

解説

《明治時代の科学の発達》

問2． 正答は⑥。フルベッキはプロテスタント派の宣教師で，伝道や翻訳に携わった人物で，自然科学者ではない。

問3． 正答は③。鈴木梅太郎が発見したのはオリザニン（ビタミンB）である。

問4． 正答は①。姦通罪・堕胎罪・大逆罪・不敬罪などは民法に規定されていない。

問5． 正答は③。『大日本史料』は，帝大に設置された現在の史料編纂所でまとめられた，六国史から明治維新までの日本史関係基礎資料集である。①『国意考』は賀茂真淵の著書，②『経国美談』は自由民権思想を宣伝する矢野竜渓の政治小説，④『日本及日本人』は明治時代の政教社の機関誌，⑤『群書類従』は塙保己一によって編纂が開始された国書を分類した叢書である。

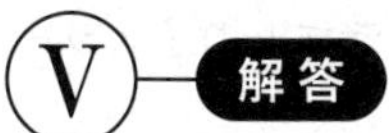

V 解答 **問1．** ②　**問2．** ②　**問3．** ⑥　**問4．** ①　**問5．** ②

解説

《現代の防衛政策》

問1． 正答は②。1950年に設立された警察予備隊は，1952年に保安隊，1954年に自衛隊へと改組される。

問2． 正答は②。「日米相互協力及び安全保障条約」は1960年に締結されたいわゆる新安保条約，「PKO協力法」は1992年に成立した平和維持活動に協力する自衛隊の海外派遣を可能にした法律である。

問4． 波線部で誤っているのは「天皇」。自衛隊の最高指揮監督権は内閣総理大臣に属している。誤りは一カ所なので正答は①。

問5． ②が誤り。沖縄返還にあたっては，1969年のニクソン大統領との日米首脳会談（佐藤・ニクソン会談）で「核抜き」の沖縄返還が合意された。

世界史

Ⅰ 解答 問1．① 問2．① 問3．③ 問4．① 問5．④

解説

《イスラームの学問と文化活動》

問1． ②誤り。スーフィーはアッラーとの一体化を目指した修行者。③誤り。マムルークは軍人奴隷。④誤り。マワーリーは非アラブ人のイスラーム教改宗者。

問2． ①正解。タラス河畔の戦いは，751年に唐とアッバース朝との間で起こった。この時に製紙法が中国からイスラーム世界に伝わった。

Ⅱ 解答 問1．② 問2．② 問3．③ 問4．③ 問5．②

解説

《唐代の中国》

問2． ①回教はイスラーム教，③祆教はゾロアスター教のことで，拝火教とも呼ばれた。

問4． ①誤り。『五経正義』は孔穎達が編纂した。②誤り。『仏国記』は法顕の著作である。④誤り。『南海寄帰内法伝』は義浄の著作である。

問5． (a)正しい。(b)誤り。隋唐時代の地方行政区画制度は州県制である。屯田制は公有地に人民を動員して耕作させる土地制度で，三国時代の魏で行われたものが有名である。

Ⅲ 解答 問1．④ 問2．① 問3．② 問4．② 問5．③

解説

《アヤソフィアとアナトリア関連史》

問2． 難問。①誤文。サン＝ヴィターレ聖堂は，ユスティニアヌス帝と高官たちが描かれたモザイク壁画が有名であり，創建された時代もユスティニアヌス帝治世期と一致するが，正確な建立者ははっきりとわかっていない。この問題では，②〜④は基本的事項として正文であると判断できるので，消去法で対応したい。

問3. ②正解。1453年にコンスタンティノープルを陥落させて，ビザンツ帝国を滅亡させたのは，オスマン帝国スルタンのメフメト2世である。

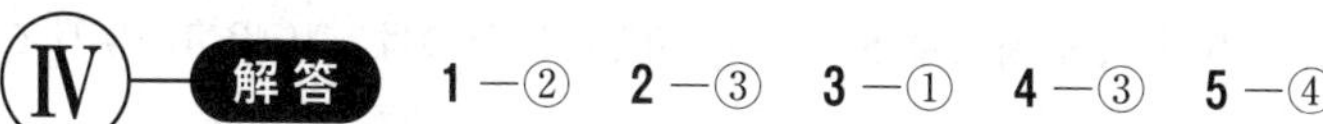

Ⅳ 解答　1―②　2―③　3―①　4―③　5―④

解説

《欧米列強による東南アジアの植民地化》

1. (a)正しい。(b)誤り。ジャワ戦争後に悪化した財政状況改善のためオランダが導入したのは政府栽培制度（強制栽培制度）。オランダは財政状況を改善するため，コーヒー・さとうきび・藍などの商品作物の栽培を村ごとに割り当て，安価で買い上げた。政府栽培制度は，オランダが公的に行い，村ごとに作物を割り当てるなどした村落制度的側面もある。

2. (a)誤り。「クアラルンプール」が誤り。海峡植民地はペナン・マラッカ・シンガポールで構成された。(b)正しい。

4. (a)誤り。黒旗軍を組織してフランスに抵抗したのは劉永福である。阮福暎は19世紀初頭にフランスの支援を受けてベトナムの南北を統一し，阮朝を創始した人物。(b)正しい。

5. (a)誤り。清仏戦争後に結ばれ，敗れた清がベトナムの宗主権を放棄した条約は，天津条約である。(b)誤り。タイは独立を維持し植民地化されていない。1899年にフランス領インドシナ連邦に編入されたのは，ラオスである。

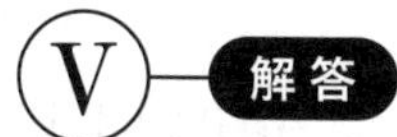

Ⅴ 解答　A―②・③　B―①・②　C―③・④　D―③・④
E―①・③（解答はいずれも順不同・完答）

解説

《冷戦初期から終結までの歴史》

A. トルーマン＝ドクトリンは1947年3月に発表された。

①不適。ヨーロッパ経済復興援助計画（マーシャル＝プラン）は1947年6月に発表された。マーシャル＝プランはトルーマン＝ドクトリンの具体

策の一つと考えて，時系列を整理するといい。

④不適。コミンフォルム（共産党情報局）が結成されたのは，1947年9月。コミンフォルムの結成はマーシャル＝プランに対抗したソ連の動きである。

B. やや難。北大西洋条約は1949年4月に調印され，同月NATO（北大西洋条約機構）が構築された。

③不適。ドイツ民主共和国（東ドイツ）が成立したのは，1949年10月である。

④不適。ドイツ連邦共和国（西ドイツ）が成立したのは，1949年5月である。

C. 朝鮮戦争が勃発したのは，1950年6月である。

①不適。太平洋安全保障条約（ANZUS）が締結されたのは，1951年9月である。

②不適。サンフランシスコ平和条約および，日米安全保障条約は1951年9月に結ばれた。太平洋安全保障条約（ANZUS）も日米安全保障条約も，朝鮮戦争を契機に，アジアで社会主義勢力が伸張することを警戒したアメリカが形成した安全保障体制であると理解すれば，時系列での整理がしやすくなるだろう。

D. 難問。米・英・仏・ソによるベルリンの現状維持協定（ベルリン協定）が結ばれたのは，1971年9月である。1970年代の東西陣営の緊張緩和であるデタントの現れであった。

①不適。全欧安全保障協力会議が開催されたのは，1975年7月で，8月にヘルシンキ宣言が発表された。

②不適。東西両ドイツの国際連合同時加盟は1973年9月である。

③・④適切。西ドイツとソ連による武力不行使条約および，西ドイツとポーランドの国交正常化条約はともに1970年に締結された。

E. やや難。冷戦終結が宣言されたマルタ会談が行われたのは1989年12月である。

②不適。ゴルバチョフがソ連の大統領に選出されたのは，1990年3月である。

④不適。ワルシャワ条約機構が解散したのは，1991年7月である。

数　学

◀数　学 (1)▶

I 解答　1－④　2－⑦　3－①　4－①　5－⑤　6－③　7－⑧　8－②　9－②　10－②　11－①　12－②　13－②　14－⑨　15－⑨　16－①

解説

《小問4問》

(1)　$x=4.\dot{2}\dot{7}$　……①

とおく。

$100x=427.\dot{2}\dot{7}$　……②

②−① より　$99x=423$

$x=\dfrac{47}{11}$　(→1～4)

(2)　$\dfrac{2\sqrt{6}}{\sqrt{2}+\sqrt{3}-\sqrt{5}}$

$=\dfrac{2\sqrt{6}\{(\sqrt{2}+\sqrt{3})+\sqrt{5}\}}{\{(\sqrt{2}+\sqrt{3})-\sqrt{5}\}\{(\sqrt{2}+\sqrt{3})+\sqrt{5}\}}$

$=\dfrac{2\sqrt{6}(\sqrt{2}+\sqrt{3}+\sqrt{5})}{(\sqrt{2}+\sqrt{3})^2-(\sqrt{5})^2}$

$=\sqrt{2}+\sqrt{3}+\sqrt{5}$

$=1.41421+1.73205+2.23607$

$=5.38233$

$\fallingdotseq 5.382$　(→5～8)

(3)　点 $(0,\ -9)$ を通る放物線の方程式は

$y=ax^2+bx-9$　$(a\neq 0)$

とおける。これが，点 $(1,\ 1)$ と $(3,\ 9)$ を通るから

$a+b-9=1 \iff a+b=10$　……①

$$9a+3b-9=9 \iff 3a+b=6 \quad \cdots\cdots ②$$

②−① より　$2a=-4$　$a=-2$

①に代入して　$b=12$

このとき，$a \neq 0$ を満たす。

よって，求める放物線の方程式は

$$y=-2x^2+12x-9 \quad (\to 9 \sim 14)$$

(4)　花壇 A の長方形の縦の長さを x〔m〕（$0<x<20$，x は整数）とすると，横の長さは $(20-x)$〔m〕。

花壇 A の面積を A，花壇 B の面積を B とすると

$$A=x(20-x)=-(x-10)^2+100$$

$$B=2\times(20\times2)+2^2\pi=4\pi+80$$

$$B-A=(x-10)^2-20+4\pi$$

$$-20+4\pi \fallingdotseq -20+4\times3.14=-7.44$$

x は 19 以下の自然数より，$(x-10)^2$ のとり得る値は小さい方から順に 0，1，4，9，16，25，36，49，64，81 である。

これらの値に -7.44 を加えたとき 0 に最も近くなる（絶対値が最小になる）のは，

$$(x-10)^2=9$$

のときである。

このとき　$x-10=\pm3 \iff x=13,\ 7$

このとき　$A=13\times7=91$〔m^2〕　$(\to 15,\ 16)$

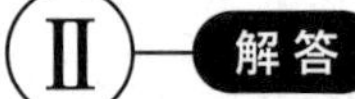

17−④　**18**−③　**19**−②　**20**−①　**21**−②　**22**−⑥　**23**−②　**24**−⑥　**25**−③　**26**−⑧　**27**−③　**28**−③　**29**−②　**30**−②　**31**−②　**32**−⑥　**33**−③

解説

《三角比の値の大小の判定，三角形の辺・面積・外接円》

(1)　$\cos23^\circ$，$\sin57^\circ$，$\cos103^\circ$，$\tan157^\circ$ の大小について

$$\sin57^\circ=\sin(90^\circ-33^\circ)=\cos33^\circ$$

$$\tan157^\circ=\tan(180^\circ-23^\circ)=-\tan23^\circ$$

$$=-\frac{\sin23^\circ}{\cos23^\circ}<-\sin23^\circ \quad \cdots\cdots ① \quad (\because\ 0<\cos23^\circ<1)$$

$0^\circ \leqq x \leqq 180^\circ$ のとき，$\cos x$ は単調減少するから

$$\cos 103^\circ < 0 < \cos 33^\circ = \sin 57^\circ < \cos 23^\circ \quad \cdots\cdots②$$

$-\sin 23^\circ < 0$ より，$-\sin 23^\circ$ と $\cos 103^\circ$ の大小を比較する。

$$\cos 103^\circ = \cos(90^\circ + 13^\circ) = -\sin 13^\circ$$

$0^\circ \leqq x \leqq 90^\circ$ のとき $\sin x$ は単調増加するから

$$\sin 23^\circ > \sin 13^\circ$$

$$\iff \quad -\sin 23^\circ < -\sin 13^\circ = \cos 103^\circ \quad \cdots\cdots③$$

①，③より　$\tan 157^\circ < \cos 103^\circ \quad \cdots\cdots④$

②，④より　$\tan 157^\circ < \cos 103^\circ < \sin 57^\circ < \cos 23^\circ$

$\therefore$　④<③<②<①　(→17〜20)

(2)(i)　余弦定理より

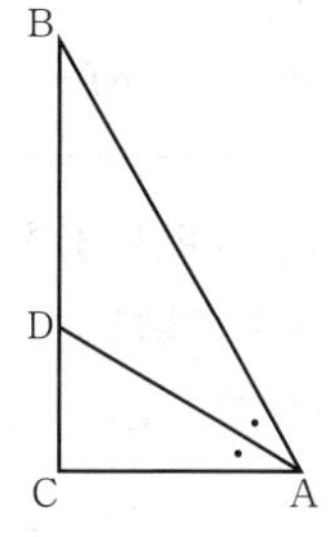

$$BC^2 = CA^2 + AB^2 - 2CA \cdot AB\cos 60^\circ$$

$$= (2\sqrt{2})^2 + (4\sqrt{2})^2 - 2 \cdot 2\sqrt{2} \cdot 4\sqrt{2} \cdot \frac{1}{2}$$

$$= (2\sqrt{2})^2(1 + 4 - 2) = 3 \cdot (2\sqrt{2})^2$$

$BC > 0$ より　$BC = 2\sqrt{6}$　(→21，22)

このとき　$BC^2 + AC^2 = (2\sqrt{6})^2 + (2\sqrt{2})^2 = 32$

$$AB^2 = (4\sqrt{2})^2 = 32$$

つまり　$BC^2 + AC^2 = AB^2$

だから，三平方の定理の逆により

$$\angle BCA = 90^\circ$$

$$\angle DAC = \frac{1}{2} \times 60^\circ = 30^\circ$$

$$CD = CA\tan 30^\circ = 2\sqrt{2} \cdot \frac{1}{\sqrt{3}} = \frac{2\sqrt{6}}{3} \quad (\to 23〜25)$$

(ii)　角の二等分線の性質から

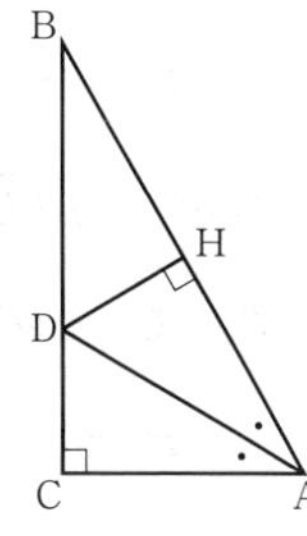

$$\triangle ABD : \triangle ADC = BD : DC = BA : AC$$

$$= 4\sqrt{2} : 2\sqrt{2} = 2 : 1$$

$$\triangle ABD = 2\triangle ADC$$

$$= 2 \cdot \frac{1}{2} \cdot 2\sqrt{2} \cdot \frac{2\sqrt{6}}{3} = \frac{8\sqrt{3}}{3} \quad (\to 26〜28)$$

(iii)　$\angle C = 90^\circ$ より，$\triangle ABC$ の外接円の直径は線分 AB

である。

よって，この半径は　$\frac{1}{2}\mathrm{AB}=2\sqrt{2}$　（→ 29，30）

(iv)　点 D から辺 AB に下ろした垂線の足を H とする。

直角三角形の斜辺1鋭角相等だから

$\triangle\mathrm{AHD}\equiv\triangle\mathrm{ACD}$

よって　$\mathrm{DH}=\mathrm{DC}=\frac{2\sqrt{6}}{3}$　（∵ (i)の結論）（→ 31〜33）

Ⅲ ― 解答

34―② **35**―① **36**―④ **37**―⓪ **38**―① **39**―①
40―⑨ **41**―① **42**―② **43**―⓪ **44**―① **45**―④
46―⑤ **47**―⑨ **48**―⑥ **49**―④ **50**―⑧ **51**―① **52**―② **53**―⓪

解説

《玉を取り出す試行における確率，カードを取り出す試行における確率と場合の数》

(1)(i)　全事象を U とすると

$$n(U)={}_{10}\mathrm{C}_3=\frac{10\cdot9\cdot8}{3\cdot2\cdot1}=3\cdot4\cdot10=120$$

事象 A：「赤玉1個と青玉2個が出る」とする。

$$n(A)={}_3\mathrm{C}_1\cdot{}_7\mathrm{C}_2=3\cdot\frac{7\cdot6}{2\cdot1}=3^2\cdot7$$

よって，求める確率 $P(A)$ は

$$P(A)=\frac{n(A)}{n(U)}=\frac{3^2\cdot7}{3\cdot4\cdot10}=\frac{21}{40}\quad(\to 34\sim37)$$

(ii)　事象 B：「少なくとも1個の青玉が出る」とする。

$\overline{B}$：「3個とも赤玉が出る」である。

$$n(\overline{B})={}_3\mathrm{C}_3=1$$

であり　$P(\overline{B})=\frac{n(\overline{B})}{n(U)}=\frac{1}{120}$

よって，求める確率 $P(B)$ は

$$P(B)=1-P(\overline{B})=1-\frac{1}{120}=\frac{119}{120}\quad(\to 38\sim43)$$

(2)(i)　与えられた10枚のカードを無作為に1列に並べる試行において，全事象をUとする。

$$n(U)=10!$$

事象A:「両端が4となる」とする。

$$n(A)={}_2P_2\cdot 8!=2\cdot 8!$$

よって，求める確率$P(A)$は

$$P(A)=\frac{2\cdot 8!}{10!}=\frac{1}{45}\quad (\to 44\sim 46)$$

(ii)　与えられた10枚のカードから3枚取り出して3桁の整数を作る試行において，この3桁の整数を5進数表記と考える。すべての3桁の5進数のうち3桁とも同じ数字のものを除くことによって，この試行で作られる5進数がすべて得られるから，求める個数は

$$4\cdot 5\cdot 5-4=96\quad (\to 47,\ 48)$$

次に，この96個の3桁の整数の内訳は，最高位が1，2，3，4のものがそれぞれ$96\div 4=24$個ずつである。

大きい方から24番目の3桁の整数が400である。

順に25番目，26番目，27番目，28番目，29番目，30番目を列挙すると

344，343，342，341，340，334

となるから，30番目の数は334であり，この一の位は　4　(→ 49)

(iii)(ア)　取り出した3枚のカードの数字の組が(4，3，2)のとき，各カードの色によって，試行後の点Pの座標は，$\pm 4\pm 3\pm 2$（複号順不問）と表される。

よって，試行後の点Pの座標の場合の数は　$2^3=8$　(→ 50)

(イ)　カードの数字にそのカードの色が白のとき符号 + を，黒のとき符号 − をつけることにより，そのカードが出たときの点Pの座標の増加量を表すことができる。

3回の座標の増加量の和が +5 となる3回の増加量の組を考える。

同じ数字が2回出るとPの座標の増加量は0となるから，試行後のPの座標が +5 となることはない。−4 または −3 が出たとき試行後の点Pの座標が +5 となることはない。

よって，(−2，+3，+4)，(−1，+2，+4)，(0，+1，+4)，

(0, +2, +3) で，点 P の座標が +5 となる。

0 はカードの色が白でも黒でもよいことに注意すれば，求める確率は

$$\frac{3!\times 6}{{}_{10}\mathrm{P}_3}=\frac{3\cdot 2\cdot 1\cdot 6}{10\cdot 9\cdot 8}=\frac{1}{20} \quad (\to 51\sim 53)$$

◀数　学 (2)▶

1—④　2—⓪　3—⓪　4—②　5—④　6—⓪
7—②　8—⑤　9—⑥　10—⓪　11—⓪　12—①
13—②　14—⑨　15—②　16—②　17—①　18—②　19—①　20—⓪

解説

《小問3問》

(1)　売り上げる個数 y は，値段 x が1増加すると1減少し，$x=300$ のとき $y=100$ だから，y は x の1次関数であり，そのグラフは傾き -1，点 $(300,\ 100)$ を通る直線である。

よって，この方程式は

$$y-100=-(x-300)$$

$$y=400-x\quad(\to 1\sim 3)$$

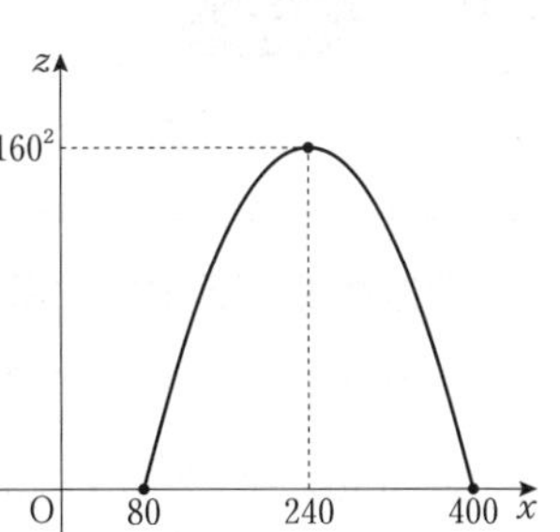

利益を z とすると，1個あたりの原価が80円だから

$$z=(x-80)y$$
$$=(x-80)(400-x)$$
$$=-(x-80)(x-400)$$

グラフより　$x=240$　$(\to 4\sim 6)$

このとき，z は最大値 $160^2=25600$ をとる。$(\to 7\sim 11)$

(2)　与えられた等式の両辺を2乗する。

$$|\vec{a}+\vec{b}|^2=3^2 \iff |\vec{a}|^2+|\vec{b}|^2+2\vec{a}\cdot\vec{b}=9 \quad\cdots\cdots①$$

$$|\vec{a}-\vec{b}|^2=1^2 \iff |\vec{a}|^2+|\vec{b}|^2-2\vec{a}\cdot\vec{b}=1 \quad\cdots\cdots②$$

①−②より　$4\vec{a}\cdot\vec{b}=8$　$\vec{a}\cdot\vec{b}=2$　$(\to 12,\ 13)$

このとき　$|\vec{a}|^2+|\vec{b}|^2=5$　……③

ここで　$|2\vec{a}-\vec{b}|^2+|\vec{a}-2\vec{b}|^2$

$$=5(|\vec{a}|^2+|\vec{b}|^2)-8\vec{a}\cdot\vec{b}$$
$$=5\cdot5-8\cdot2=9\quad(\to 14)$$

(3)　$\dfrac{-2}{\sqrt{k}+\sqrt{k+2}}=\dfrac{-2(\sqrt{k}-\sqrt{k+2})}{(\sqrt{k}+\sqrt{k+2})(\sqrt{k}-\sqrt{k+2})}=\sqrt{k}-\sqrt{k+2}$ より

$$\sum_{k=1}^{8}\frac{-2}{\sqrt{k}+\sqrt{k+2}}$$

$$=\sum_{k=1}^{8}(\sqrt{k}-\sqrt{k+2})$$

$$=\sum_{k=1}^{8}\sqrt{k}-\sum_{k=1}^{8}\sqrt{k+2}$$

$$=\sum_{k=1}^{8}\sqrt{k}-\sum_{k=3}^{10}\sqrt{k}$$

$$=(\sqrt{1}+\sqrt{2})-(\sqrt{9}+\sqrt{10})$$

$$=-2+\sqrt{2}-\sqrt{10}\quad(\to 15\sim20)$$

Ⅱ 解答

21―⑧ **22**―① **23**―④ **24**―⑤ **25**―② **26**―④ **27**―③ **28**―③ **29**―④ **30**―③ **31**―③ **32**―① **33**―⓪ **34**―② **35**―⑤

解説

《対数方程式，不等式，指数方程式，係数に三角関数を含む 2 次関数》

(1) $2\log_2 3=\log_4 x\ (x>0)$ とする。

$$\log_4 x=\frac{\log_2 x}{\log_2 4}=\frac{1}{2}\log_2 x$$

だから

$$\frac{1}{2}\log_2 x=2\log_2 3$$

$\Longleftrightarrow\quad \log_2 x=4\log_2 3$

$\Longleftrightarrow\quad \log_2 x=\log_2 3^4$

$\Longleftrightarrow\quad x=81\quad(\to 21,\ 22)$

(2) $1.08^n>30\quad\Longleftrightarrow\quad n\log_{10}\frac{108}{100}>\log_{10}30$

$\Longleftrightarrow\quad n(\log_{10}108-\log_{10}100)>\log_{10}10+\log_{10}3$

$\Longleftrightarrow\quad n\{\log_{10}(2^2\cdot3^3)-2\}>1+\log_{10}3$

$\Longleftrightarrow\quad n(2\log_{10}2+3\log_{10}3-2)>1+\log_{10}3$

$\Longleftrightarrow\quad n(0.6020+1.4313-2)>1.4771$

$\Longleftrightarrow\quad 0.0333n>1.4771$

$\Longleftrightarrow\quad n>\frac{1.4771}{0.0333}=44+\frac{119}{333}$

よって，求める最小の自然数 n は　45　(→ 23，24)

(3)　$7^x-\dfrac{12}{7^x}>-4 \iff 7^x+4-\dfrac{12}{7^x}>0$

$\iff (7^x)^2+4(7^x)-12>0 \quad (\because\ 7^x>0)$

$\iff (7^x+6)(7^x-2)>0$

$7^x+6>0$ より

$7^x>2$

$\log_7 7^x>\log_7 2 \quad (\because$ 底 $7>1)$

$x>\log_7 2$　(→ 25)

(4)(i)　$\sin\alpha=\dfrac{3}{5}$，$\cos\alpha=\dfrac{4}{5}$ より

$$5\sin(\theta-\alpha)=5(\sin\theta\cos\alpha-\cos\theta\sin\alpha)$$
$$=4\sin\theta-3\cos\theta \quad (\to 26,\ 27)$$

(ii)　方程式 $f(x)=0$ について

$$x^2-2(4\sin\theta-3\cos\theta)x+\frac{75}{4}=0$$

$$x^2-10\sin(\theta-\alpha)\cdot x+\frac{75}{4}=0 \quad \cdots\cdots ①$$

①の x についての判別式を D とすると，①が重解をもつとき

$$\frac{D}{4}=0$$

$$25\sin^2(\theta-\alpha)-\frac{75}{4}=0$$

$$\sin^2(\theta-\alpha)=\frac{3}{4} \quad (\to 28,\ 29)$$

(iii)　(ii)の結論から，$f(x)=0$ が重解をもつとき

$$\sin^2(\theta-\alpha)=\frac{3}{4} \quad \cdots\cdots ①$$

$\cos\alpha=\dfrac{4}{5}$，$\sin\alpha=\dfrac{3}{5}$ より，$0<\alpha<\dfrac{\pi}{2}$ である。

$0\leqq\theta\leqq\pi$ より，$-\alpha\leqq\theta-\alpha\leqq\pi-\alpha$ であり

$$-\frac{\pi}{2}<-\alpha<0,\quad \frac{\pi}{2}<\pi-\alpha<\pi$$

だから

$$\sin(-\alpha) \leqq \sin(\theta-\alpha) \leqq 1 \iff -\frac{3}{5} \leqq \sin(\theta-\alpha) \leqq 1$$

$$\frac{\sqrt{3}}{2} = \sqrt{\frac{3}{4}} = \sqrt{\frac{75}{100}},\quad \frac{3}{5} = \sqrt{\frac{9}{25}} = \sqrt{\frac{36}{100}}$$

だから，$\dfrac{\sqrt{3}}{2} > \dfrac{3}{5} \iff -\dfrac{\sqrt{3}}{2} < -\dfrac{3}{5}$ となり，①より

$$\begin{aligned}\sin(\theta-\alpha) = \frac{\sqrt{3}}{2} &\iff 5\sin(\theta-\alpha) = \frac{5\sqrt{3}}{2}\\ &\iff 4\sin\theta - 3\cos\theta = \frac{5\sqrt{3}}{2} \quad (\because\ (\mathrm{i}))\\ &\iff 8\sin\theta = 6\cos\theta + 5\sqrt{3}\end{aligned}$$

ここで，$(8\sin\theta)^2 + (8\cos\theta)^2 = 64$ より

$$(6\cos\theta + 5\sqrt{3})^2 + (8\cos\theta)^2 = 64$$

$$(10\cos\theta)^2 + 6\sqrt{3}(10\cos\theta) + 11 = 0$$

$$10\cos\theta = -3\sqrt{3} \pm \sqrt{(3\sqrt{3})^2 - 11}$$

$$10\cos\theta = -3\sqrt{3} \pm 4$$

$$\cos\theta = -\frac{3\sqrt{3}}{10} \pm \frac{2}{5} \quad (\rightarrow 30\sim35)$$

III　解答

36―③　**37**―①　**38**―③　**39**―①　**40**―②　**41**―①　**42**―⓪　**43**―②　**44**―④　**45**―⓪　**46**―②　**47**―①　**48**―②　**49**―②　**50**―②　**51**―⓪

解説

《極大値からの3次関数の決定，放物線と定点を通る直線が交点をもつ条件とその中点の軌跡》

(1)　$f(x) = x(x-a)^2 + b = x^3 - 2ax^2 + a^2x + b$

$f'(x) = 3x^2 - 4ax + a^2 = (3x-a)(x-a)$

$x=1$ で極大値5をもつためには，$f'(1)=0$ かつ $f(1)=5$ であることが必要である。

このとき

$$a^2 - 4a + 3 = 0 \quad \cdots\cdots ① \quad かつ \quad a^2 - 2a + 1 + b = 5 \quad \cdots\cdots ②$$

①より　$(a-3)(a-1) = 0 \iff a = 1,\ 3$

(a)　$a=1$ のとき

$f'(x)=(3x-1)(x-1)$ であり，$x=1$ の前後で $f'(x)$ は負から正に変化するから，$x=1$ で $f(x)$ は極小となり，不適切。

(b)　$a=3$ のとき

$f'(x)=3(x-1)(x-3)$ であり，$x=1$ の前後で $f'(x)$ は正から負に変化するから，$x=1$ で $f(x)$ は極大となり適する。

このとき，②より　$b=1$

以上から　$a=3$　（→ 36）　$b=1$　（→ 37）

このとき，$x=3$ の前後で $f'(x)$ は負から正に変化するから，極小値をとる x の値は　$x=3$　（→ 38）

極小値は　$f(3)=3(3-a)^2+b=1$　（→ 39）

(2)(i)　直線 $l: y=m(x+1)$　……①　において

①が m の恒等式となるのは

$$x+1=0 \quad かつ \quad y=0 \iff x=-1 \quad かつ \quad y=0$$

よって，直線 l が m の値に関係なく，通る定点は

$(-1,\ 0)$　（→ 40〜42）

(ii)　$C: y=x^2$ と l の共有点の x 座標について

$$x^2-m(x+1)=0 \iff x^2-mx-m=0 \quad ……②$$

の解である。

C と l が異なる 2 点 A，B で交わるのは，②が異なる 2 つの実数解をもつときだから，②の x についての判別式を D とすると

$D>0$

$(-m)^2-4\cdot1\cdot(-m)>0$

$\iff \quad m(m+4)>0$

$\iff \quad m<-4 \quad または \quad 0<m$　（→ 43〜45）

このとき，②の実数解を α，β とし，$\mathrm{A}(\alpha,\ m(\alpha+1))$，$\mathrm{B}(\beta,\ m(\beta+1))$ と表せる。

解と係数の関係から　$\alpha+\beta=m$

線分 AB の中点を $\mathrm{M}(x,\ y)$ とすると

$$x=\frac{\alpha+\beta}{2}=\frac{m}{2} \quad ……③$$

$$y=\frac{m(\alpha+\beta+2)}{2}=\frac{m(m+2)}{2} \quad \cdots\cdots ④$$

③より　　$m=2x$

④に代入して　　$y=\dfrac{2x(2x+2)}{2}$

求める点Mの軌跡は　　放物線 $y=2x^2+2x$　(→ 46〜48)

また，この軌跡の x の範囲について

$$m<-4,\ 0<m \iff 2x<-4,\ 0<2x$$
$$\iff x<-2,\ 0<x \quad (\to 49\sim51)$$

◀数　学 (3)▶

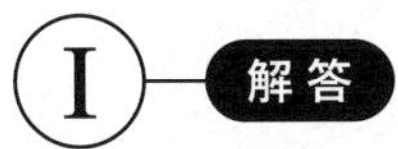

Ⅰ 解答　**1**—③　**2**—③　**3**—②　**4**—⑦　**5**—②　**6**—③　**7**—⑧　**8**—⑤　**9**—⑦　**10**—①　**11**—④　**12**—③　**13**—⑦　**14**—①　**15**—④

解説

《円とその2本の接線から得られる図形の計量》

(1) 円の接線の性質より

$$\angle OAP=\angle OBP=90^\circ$$

$\triangle OAP\equiv\triangle OBP$ より

$$\angle POA=\angle POB=\frac{1}{2}\times\angle AOB=60^\circ$$

$$AP=OA\tan\angle POA=\tan 60^\circ=\sqrt{3}\quad(\to 1)$$

(2) $\triangle OAC$ において，$\angle ACO=90^\circ$，$\angle COA=60^\circ$ より

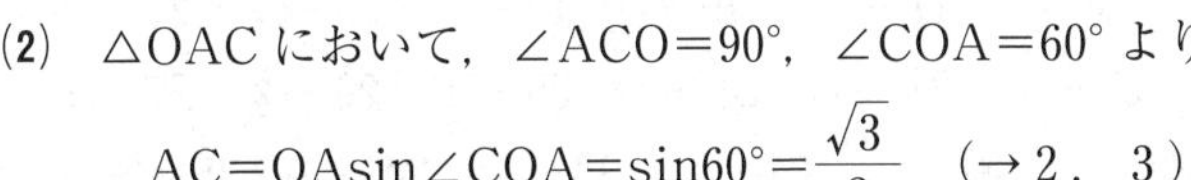

$$AC=OA\sin\angle COA=\sin 60^\circ=\frac{\sqrt{3}}{2}\quad(\to 2,\ 3)$$

(3) $\triangle COD$ において

$$\angle COD=120^\circ,\ CO=OA\cos 60^\circ=\frac{1}{2},\ OD=1$$

だから，余弦定理より

$$CD^2=CO^2+OD^2-2CO\cdot OD\cos 120^\circ$$

$$=\left(\frac{1}{2}\right)^2+1^2-2\cdot\frac{1}{2}\cdot 1\cdot\left(-\frac{1}{2}\right)=\frac{7}{4}$$

$CD>0$ より　　$CD=\dfrac{\sqrt{7}}{2}\quad(\to 4,\ 5)$

(4) (3)の議論に引き続き

$$\triangle COD=\frac{1}{2}\cdot CO\cdot OD\sin 120^\circ$$

$$=\frac{1}{2}\cdot\frac{1}{2}\cdot 1\cdot\frac{\sqrt{3}}{2}=\frac{\sqrt{3}}{8}\quad(\to 6,\ 7)$$

(5) $\triangle COD$ に余弦定理を用いて

$$\cos\angle CDO=\frac{OD^2+DC^2-CO^2}{2OD\cdot DC}$$

$$=\frac{5}{2\sqrt{7}}=\frac{5\sqrt{7}}{14}\quad (\rightarrow 8\sim 11)$$

(6)　△BDE において，直径の上に立つ円周角より，∠DEB＝90° だから

$$DE=BD\cos\angle CDO=2\cdot\frac{5\sqrt{7}}{14}=\frac{5\sqrt{7}}{7}$$

よって　$CE=DE-DC=\frac{5\sqrt{7}}{7}-\frac{\sqrt{7}}{2}=\frac{3\sqrt{7}}{14}$　(→ 12〜15)

別解　方べきの定理より

$$CD\cdot CE=AC\cdot CB$$

$$\frac{\sqrt{7}}{2}CE=\left(\frac{\sqrt{3}}{2}\right)^2$$

$$CE=\frac{3}{4}\cdot\frac{2}{\sqrt{7}}=\frac{3\sqrt{7}}{14}$$

Ⅱ 解答

16—③　**17**—⑤　**18**—⑦　**19**—②　**20**—①　**21**—②　**22**—①　**23**—②　**24**—①　**25**—①　**26**—②　**27**—①　**28**—①　**29**—①　**30**—③　**31**—①　**32**—②　**33**—⑦　**34**—⑥　**35**—⑨

解説

《第２階差数列が等差数列である数列の一般項》

$\{a_n\}$：10, 12, 17, 27, 44, …

$\{b_n\}$ は $\{a_n\}$ の階差数列だから，$b_n=a_{n+1}-a_n$ であり

$\{b_n\}$：2, 5, 10, 17, …

$\{c_n\}$ は $\{b_n\}$ の階差数列だから，$c_n=b_{n+1}-b_n$ であり

$\{c_n\}$：3, 5, 7, …　(→ 16〜18)

条件から $\{c_n\}$ は，初項３，公差２の等差数列だから

$c_n=3+2(n-1)=2n+1$　(→ 19, 20)

$n\geqq 2$ のとき

$$b_n=b_1+\sum_{k=1}^{n-1}c_k\quad (\rightarrow 21,\ 22)$$

$$=2+\sum_{k=1}^{n-1}(2k+1)$$

$$=2+\frac{(n-1)\{3+(2n-1)\}}{2}$$

$=2+(n-1)(n+1)$

$=n^2+1$　(→ 23〜25)

これは，$n=1$ のときにも成立する。

さらに，$n\geqq 2$ のとき

$$a_n=a_1+\sum_{k=1}^{n-1}b_k \quad (\to 26,\ 27)$$

$$=10+\sum_{k=1}^{n-1}(k^2+1)$$

$$=10+\frac{(n-1)n(2n-1)}{6}+(n-1)$$

これは，$n=1$ のときにも成立する。

よって，$n\geqq 1$ で　$a_n=\dfrac{1}{3}n^3-\dfrac{1}{2}n^2+\dfrac{7}{6}n+9$　(→ 28〜35)

Ⅲ 解答

36―②　**37**―②　**38**―①　**39**―①　**40**―②　**41**―①
42―④　**43**―①　**44**―⑧　**45**―⑧　**46**―①　**47**―⓪
48―④　**49**―②　**50**―①　**51**―②　**52**―①　**53**―⑧　**54**―①　**55**―②

解説

《三角関数を含む関数の極値・最大最小・不定積分の計算》

$$f(x)=x-\frac{\pi}{2}\sin x \quad (0\leqq x\leqq \pi)$$

(1)　$f'(x)=1-\dfrac{\pi}{2}\cos x$　(→ 36，37)

(2)　$f(x)$ が $x=\alpha$ で極値をとるから $f'(\alpha)=0$ である。

つまり

$$1-\frac{\pi}{2}\cos\alpha=0 \iff \frac{\pi}{2}\cos\alpha=1 \quad (\to 38,\ 39)$$

$$f(\alpha)=\alpha-\frac{\pi}{2}\sin\alpha \quad \cdots\cdots①$$

$\cos\alpha=\dfrac{2}{\pi}>0$ より　$0<\alpha<\dfrac{\pi}{2}$

だから，$\sin\alpha>0$ であり

$$\sin\alpha=\sqrt{1-\cos^2\alpha}=\sqrt{1-\left(\frac{2}{\pi}\right)^2} \quad \cdots\cdots②$$

①，②より　　$f(\alpha)=\alpha-\sqrt{\frac{1}{4}\pi^2-1}$　(→ 40〜43)

(3)　(1)，(2)の議論から $f(x)$ の増減表は右のとおり。

x	0	$\cdots$	α	$\cdots$	π
$f'(x)$		$-$	0	$+$	
$f(x)$	0	↘		↗	π

増減表より，$x=\pi$ のとき，最大値をとり，$f(\pi)=\pi$ である。(→ 44〜46)

(4)　$y=f(x)$ と x 軸との共有点の x 座標は，方程式 $f(x)=0$　……(A) の解である。

増減表より，$f(0)=0$ より，$x=0$ は(A)の解である。

また，$\alpha<x<\pi$ にただ１つの解をもつ。

$$f\left(\frac{\pi}{2}\right)=\frac{\pi}{2}-\frac{\pi}{2}\sin\frac{\pi}{2}=0$$

だから，$x=\frac{\pi}{2}$ は(A)の解である。

以上から，共有点の座標は　　$(0,\ 0)$，$\left(\frac{\pi}{2},\ 0\right)$　(→ 47，48)

(5)　$$\int f(x)dx=\int\left(x-\frac{\pi}{2}\sin x\right)dx$$

$$=\frac{x^2}{2}+\frac{\pi}{2}\cos x+C$$　（C は積分定数）(→ 49〜51)

(6)　求める面積は(4)，(5)より

$$\int_0^{\frac{\pi}{2}}(-f(x))dx=\left[-\frac{x^2}{2}-\frac{\pi}{2}\cos x\right]_0^{\frac{\pi}{2}}=-\frac{\pi^2}{8}+\frac{\pi}{2}$$　(→ 52〜55)

物　理

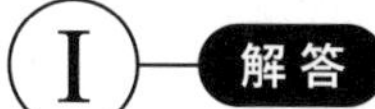

問1． ④　**問2．** ⑤　**問3．** ①　**問4．** ②　**問5．** ⑤
問6． ③　**問7．** ④　**問8．** ③

解説

《斜方投射》

問1． 求める初速度の y 成分 v_{y0} は，右図より

$$v_{y0}=v_0\sin 30^\circ=\frac{v_0}{2}$$

問2． 小球の速度の x 成分は放物運動中に変化しないので，右上図の初速度の x 成分 v_{x0} に等しい。

$$v_{x0}=v_0\cos 30^\circ=\frac{\sqrt{3}\,v_0}{2}$$

問3． 放物運動中の物体には，y 軸負の向きに重力が働くので，y 軸方向には $-g$ の加速度が生じる。よって，求める時間を t_1 とすると，最高点では小球の速度の y 成分 v_y が 0 になることより

$$v_y=\frac{v_0}{2}-gt_1=0 \qquad \therefore \quad t_1=\frac{v_0}{2g}$$

問4． 等加速度運動の公式より，投げ出しの位置から最高点までの高さ H は

$$H=\frac{v_0}{2}t_1-\frac{1}{2}g{t_1}^2=\frac{{v_0}^2}{8g}$$

となるので，地面からの高さは $\dfrac{{v_0}^2}{8g}+h$ となる。

参考　H は次のように求めてもよい。

$$0^2-\left(\frac{v_0}{2}\right)^2=2(-g)H \qquad \therefore \quad H=\frac{{v_0}^2}{8g}$$

問5． 同じ高さに戻るまでの時間は，投げ上げてから最高点に達するまでの時間の 2 倍になるので

$$2t_1=\frac{v_0}{g}$$

問6． 求める時間を t_2 とする。y 軸方向で等加速度運動の公式を用いると，地面に達したとき小球の y 座標が 0 となることより

$$y=\frac{v_0}{2}t_2-\frac{1}{2}gt_2{}^2+h=0$$

$$\therefore \quad gt_2{}^2-v_0t_2-2h=0$$

t_2 が正となる解を選ぶと，2 次方程式の解の公式より

$$t_2=\frac{v_0+\sqrt{v_0{}^2+8gh}}{2g}$$

問7． 求める速さを v_2 とすると，投げ上げた直後から落下直前までの間，力学的エネルギーは保存するので

$$\frac{1}{2}mv_0{}^2+mgh=\frac{1}{2}mv_2{}^2 \qquad \therefore \quad v_2=\sqrt{v_0{}^2+2gh}$$

問8． x 軸方向には問 2 で求めた速度 v_{x0} で等速度運動をするので

$$v_{x0}t_2=\frac{\sqrt{3}\,v_0(v_0+\sqrt{v_0{}^2+8gh})}{4g}$$

Ⅱ　解答　問1．①　問2．③　問3．⑥　問4．④　問5．⑤

解説

《熱力学第一法則》

問1． 仕事は力と動いた距離の積なので，ピストンが動かなければ，気体がされる仕事 W は 0 である。したがって熱力学第一法則 $\Delta U=Q+W$ より，気体の内部エネルギーの変化 ΔU は，与えられた熱量 Q に等しい。

問2． 気体が膨張するとき，気体がされる仕事 W は負である。また，ピストンが自由に動ける状態（圧力一定）で気体に熱を与えると，気体は温度を上げながら膨張する。したがって $\Delta U>0$ である。

問3． 気体の温度が変化しないことから，$\Delta U=0$ である。また，気体が膨張していることから，問 2 と同様に $W<0$ である。

問4． 熱の出入りがないので，$Q=0$ である。よって，熱力学第一法則より $\Delta U=W$ となる。また，気体が圧縮されていることから，$W>0$ である。

問5． 熱の出入りがないので，問 4 と同様に $\Delta U=W$ であるが，気体が

膨張していることから，$W<0$ である。

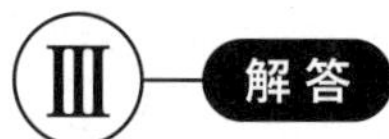

問1．③　問2．③　問3．①　問4．③
問5．a－⑨　c－⑥

解説

《コンデンサーを含んだ直流回路》

問1． 十分に時間が経過すると，コンデンサーC_1には電流が流れなくなるので，回路は右図の回路と等しくなる。

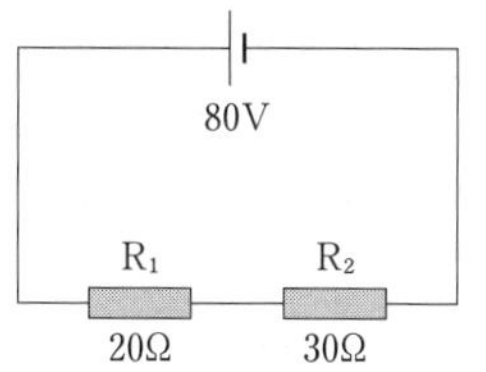

よって，求める電流 I_1〔A〕は，オームの法則より

$$I_1=\frac{80}{20+30}=1.6〔\mathrm{A}〕$$

問2． 問1のとき，R_2に加わる電圧 V_2〔V〕は，オームの法則より

$$V_2=30\times1.6=48〔\mathrm{V}〕$$

である。S_2が閉じているとき，R_2とC_1は並列接続された形となっていて，同じ電圧が加わるので，$1\mu\mathrm{F}=1\times10^{-6}\mathrm{F}$ に注意すると，求める電気量 Q_1〔C〕は次のようになる。

$$Q_1=50\times10^{-6}\times48=2.4\times10^{-3}〔\mathrm{C}〕$$

問3． 十分に時間が経過すると，コンデンサーC_1には電流が流れなくなるので，回路は右図の回路と等しくなる。R_1とR_3が並列接続された部分の合成抵抗は10Ωであるので，回路全体の合成抵抗は $10+30=40$〔Ω〕となり，回路全体に流れる電流 I_2〔A〕は

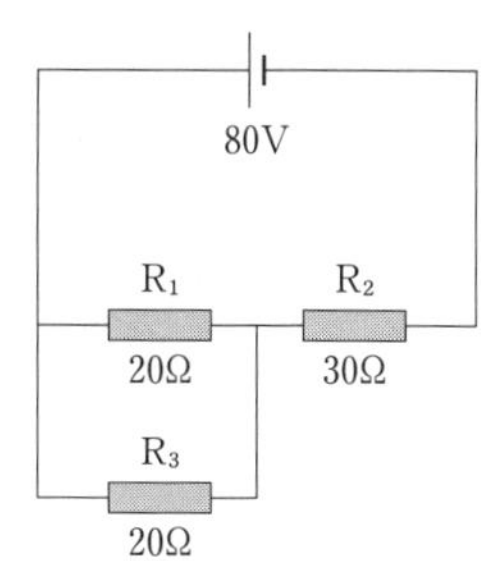

$$I_2=80\div40=2.0〔\mathrm{A}〕$$

となる。並列接続されたR_1とR_3は抵抗が等しいため同じ電流が流れるので，R_3を流れる電流はI_2の半分の1.0Aとなる。

問4． このとき，C_1と並列接続されたR_2に加わる電圧 V_2'〔V〕は

$$V_2'=30\times2.0=60〔\mathrm{V}〕$$

となる。よって，C_1に蓄えられる電気量 Q_1'〔C〕は

$$Q_1'=50\times10^{-6}\times60=3.0\times10^{-3}〔\mathrm{C}〕$$

問5． S_1，S_2，S_3 を開き S_4 を閉じると回路は右図の回路と等しくなる。

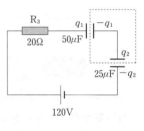

十分に時間が経過した後の極板 a，c の電荷を，それぞれ q_1〔C〕，q_2〔C〕とすると，図中の点線内で囲われた部分での電気量保存則より

$$-q_1+q_2=-Q_1'=-3.0\times10^{-3}\text{〔C〕} \quad \cdots\cdots ⓘ$$

また，十分に時間がたつと，R_3 を流れる電流は 0 となるので，キルヒホッフの第二法則より

$$\frac{q_1}{50\times10^{-6}}+\frac{q_2}{25\times10^{-6}}=120\text{〔V〕}$$

$$\therefore \quad q_1+2q_2=6.0\times10^{-3}\text{〔C〕} \quad \cdots\cdots ⓘⓘ$$

ⓘ，ⓘⓘより

$$q_1=4.0\times10^{-3}\text{〔C〕},\quad q_2=1.0\times10^{-3}\text{〔C〕}$$

(注) スイッチ S_1，S_2，S_3 を開く操作で C_1 に蓄えられた電気量は変化しないと考えた。

化　学

I　解答　問1．⑥　問2．⑤　問3．②　問4．⑤　問5．⑤

解説

《原子の構造，炭素の原子・単体，溶液の濃度，気体の溶解度，コロイド》

問1． ^{14}C は原子番号 6 で質量数 14 なので，陽子 6 個で中性子 8 個。^{16}O は原子番号 8 で質量数 16 なので，陽子 8 個で中性子 8 個。よって，この 2 つの原子からなる CO_2 は

陽子：$6+8\times2=22$ 個

中性子：$8+8\times2=24$ 個

問2． a．誤り。炭素の原子量は 12.01。

c．誤り。ナフタレンは C_6H_6 で示される化合物なので，ダイヤモンド（C の単体）の同素体ではない。

問3． モル濃度は，溶液 1L＝1000 cm^3 中の溶質の物質量で求められる。溶液 1L の質量＝$1000d$〔g〕なので，溶質の質量は

$$1000d\times\frac{c}{100}=10cd\text{〔g〕}$$

これより，溶質の物質量は $\frac{10cd}{M}$〔mol〕と表せる。よって

$$\text{モル濃度}=\frac{10cd}{M}\text{〔mol/L〕}$$

問4． 空気中の N_2 分圧は　$5.0\times10^5\times0.80=4.0\times10^5$〔Pa〕

N_2 は 1.0×10^5 Pa で水 1.0 L に 1.0×10^{-3} mol 溶解するが，溶媒が 10 L（10 倍），圧力が 4.0×10^5 Pa（4 倍）になっているので，溶解量は $10\times4=40$ 倍になる。この条件での N_2 溶解量は

$1.0\times10^{-3}\times40=4.0\times10^{-2}$〔mol〕

N_2 分子量＝28 なので，質量は　$28\times4.0\times10^{-2}=1.12\fallingdotseq1.1$〔g〕

問5． 選択肢の中で，疎水コロイドは水酸化鉄(Ⅲ)，親水コロイドはタンパク質，他の物質はコロイドではない。

Ⅱ 解答

［イ］問1．⑥　**問2．**④　**問3．**⑤
［ロ］問1．③　**問2．**③

解説

《酸化還元滴定，化学反応，反応速度》

［イ］問1． 溶液を正確な体積で量り取るときにはホールピペット，溶液を少しずつ滴下して滴下量を量るにはビュレットを用いる。

問2． 2つのイオン反応式をまとめると

$$2KMnO_4+5H_2O_2+3H_2SO_4 \longrightarrow K_2SO_4+2MnSO_4+8H_2O+5O_2$$

溶液中の MnO_4^-（赤紫色）は反応により，Mn^{2+}（無色）に変化する。

問3． 上記の反応式の係数より，反応物質量比は

$$KMnO_4 : H_2O_2=2:5$$

薄めた H_2O_2 の濃度を x〔mol/L〕とすると

$$KMnO_4 : H_2O_2=0.020\times\frac{20}{1000} : x\times\frac{10}{1000}=2:5$$

$\therefore\quad x=0.1$〔mol/L〕

よって求める濃度は　$0.1\times10=1.0$〔mol/L〕

［ロ］問1． b．誤り。生成熱は，化合物1molがその成分元素の単体から生成するときの反応熱である。

c．誤り。ヘスの法則（総熱量保存の法則）により反応熱の総和は反応前後の物質の種類と状態だけで決まり，途中の経路や方法には関係しない。

問2． 実験1と実験2より，Bの濃度が3倍になると反応速度も3倍になっているので，反応速度はBの濃度に比例している。実験2と実験3より，Aの濃度が3倍になると反応速度は9倍になっているので，反応速度はAの濃度の3乗に比例している。また，反応速度定数 k は実験1の結果を $v_c=k\times[A]^2\times[B]$ に代入し

$$2.0\times10^{-3}=k\times(0.10)^2\times0.10 \qquad \therefore\quad k=2.0$$

したがって，$v_c=2.0\times[A]^2\times[B]$ となる。

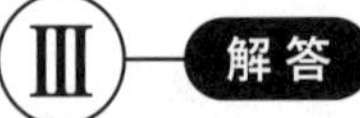

Ⅲ 解答

［イ］問1．a．気体：④　捕集法：②
b．気体：②　捕集法：②

問2．a－⑤　**b**－③

［ロ］問1．⑨　**問2．**⑥　**問3．**⑤　**問4．**③　**問5．**②

解説

《気体の発生・捕集法・性質，窒素の単体・化合物，水溶液の pH，反応の量的関係》

［イ］問1． 操作 a：$FeS+H_2SO_4 \longrightarrow FeSO_4+H_2S$

H_2S は水に溶けやすく空気より重い気体なので，下方置換で捕集する。

操作 b：$NaCl+H_2SO_4 \longrightarrow NaHSO_4+HCl$

HCl は水に溶けやすく空気より重い気体なので，下方置換で捕集する。

問2． a．酸化剤にも還元剤にもなるのは，SO_2 であり，他には H_2O_2 などもある。

b．淡青色の気体といえば O_3 で，KI を酸化して I_2 を生じる。

［ロ］問1． 窒素原子は15族元素で不対電子を3個持ち，窒素分子では2個の窒素原子が不対電子3個を互いに出し合って，3組の共有電子対による三重結合を形成する。

問2． 無色の NO は空気中で速やかに酸化されて赤褐色 NO_2 となる。水に NO はほとんど溶けないが，NO_2 はよく溶ける。

問3． a．誤り。HNO_3 の工業的製法はオストワルト法。

c．誤り。Al は酸化力のある濃 HNO_3 に対して不動態をつくるので溶けない。

問4． 標準状態で 0.56 L の N_2 は

$$\frac{0.56}{22.4}=\frac{1}{40}=0.025\,[\mathrm{mol}]$$

よって，この溶液のモル濃度は

$$\frac{0.025}{2.5}=\frac{1}{100}=1.0\times10^{-2}\,[\mathrm{moL/L}]$$

NH_3 の電離度は 0.010 より

$$[OH^-]=1.0\times10^{-4}\,[\mathrm{mol/L}]$$

よって，$[H^+]=1.0\times10^{-10}$ mol/L となり　　pH=10

問5． 反応式 $2NH_4Cl+Ca(OH)_2 \longrightarrow CaCl_2+2NH_3+2H_2O$ の係数より，NH_4Cl と NH_3 の物質量は等しい。これより，グラフは②または⑤。また，0.020 mol の $Ca(OH)_2$ と反応する NH_4Cl は 0.040 mol であり，反応する最大量の NH_4Cl は 0.040 mol であることより，当てはまるグラフは②となる。

Ⅳ 解答　問1．③　問2．①　問3．⑤　問4．④　問5．④

解説

《有機化合物の酸化，カルボン酸，エステル化，異性体の数》

問1． 第一級アルコールは酸化剤で酸化され，アルデヒドを経てカルボン酸となる。

問2． トルエンに過マンガン酸カリウムを加えると酸化されて安息香酸カリウムになるが，強酸による弱酸遊離によって安息香酸が得られる。ベンゼン環の側鎖の炭化水素基は酸化によりカルボキシ基となる。

問3． a．誤り。カルボン酸は，分子間に水素結合が形成され二量体をつくる。そのため見かけ上の分子量が大きくなり，同程度の分子量のアルコールより融点が高くなる。

c．誤り。酢酸のメチル基の方がギ酸の水素原子より電子供与性が高いため，O−H 基に電子が与えられ，O−H 間の電離が起こりにくくなり，酸性が弱くなる。

問4． 理論的には酢酸 4.0 mol と反応するエタノールは 4.0 mol で，酢酸エチル（分子量 88）4.0 mol（$4.0\times88=352$ g）が生成する。実際に得られた酢酸エチルは 176 g なので

$$収率=\frac{176}{352}\times100=50〔\%〕$$

問5． 分子式 $C_4H_6O_2$ で示される鎖状構造のカルボン酸には，次の 4 種類の立体異性体を含む異性体が存在する。

$CH_2=C(CH_3)-COOH$

$CH_2=CH-CH_2-COOH$

$CH_3CH=CH-COOH$（シス型とトランス型あり）

生　物

I　解答

問1. (1) **1**—④　**2**—①　**3**—③　**4**—④　**5**—①
(2)—②

問2. **7**—⑥　**8**—③　**問3.** (1)—④　(2)—①　(3)—⑤　**問4.** ③

解説

《発芽，植物の生長，花芽形成》

問2. 植物において茎の先端にある頂芽が成長しているときには，側芽の成長が抑制される（頂芽優勢）。これは頂芽で合成されるオーキシンが茎を下降し，側芽の付け根においてサイトカイニンの合成を抑制するからである。

II　解答

問1. **13**—⑦　**14**—③　**15**—④　**問2.** ⑤
問3. (1)—④　(2)—④　(3) **A**—①　**B**—③　**C**—⑥
問4. (1)—③　(2)—⑤　**問5.** ⑤

解説

《PCR法，遺伝子組換え技術》

問2. DNAを構成するヌクレオチド鎖は5′→3′の方向性をもっており，2本のヌクレオチド鎖は互いに逆向きの方向性をもっている（図1）。DNAポリメラーゼによるヌクレオチド鎖の伸長は，5′→3′方向に進行し，プライマーが必要である。そこでプライマー（図2中の➡）を，鋳型となるヌクレオチド鎖において，増幅させたい領域の3′末端部分に相補的に結合させ複製を行う（図2）。そのため，2種類のプライマーが必要である。また，DNAを構成する塩基であるA，T，C，Gをそれぞれ1種類ずつ含むヌクレオチド4種類が必要である。

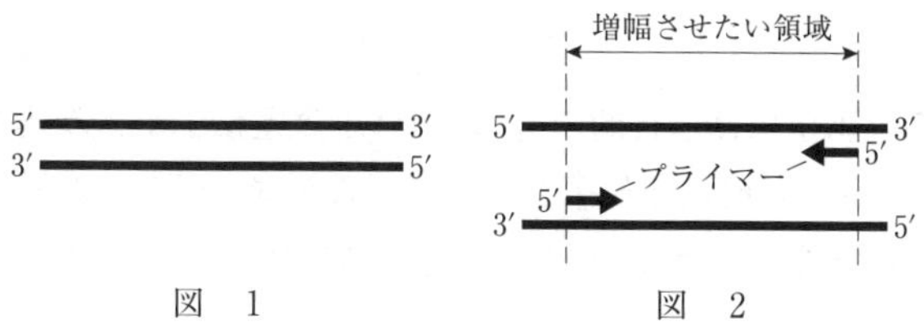

図　1　　図　2

問3．(1)　①誤文。図3のようにG↓AATTCを認識して↓部分で切断する制限酵素と，G↓ACGTCを認識して↓部分で切断する制限酵素で，それぞれDNA断片とプラスミドを切断したと仮定しよう。DNA断片とプラスミドの切断部では1本鎖部分がAATTとTGCAとなり，互いに相補的ではないので両者は結合できない。

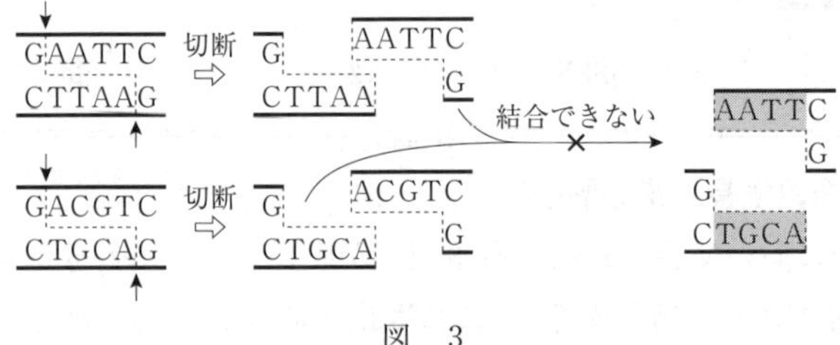

図　3

②誤文。DNAリガーゼはDNA断片どうしを連結する酵素である。

③誤文。目的とするDNAの両端とプラスミドの切断部分は相補的な塩基配列をもつので，再び環状となる。

(2)　①・②誤文。大腸菌の細胞内にあるRNAポリメラーゼやリボソームを用いて，ヒトDNAを転写・翻訳できる。

③誤文。大腸菌のプロモーター配列に続くインスリン遺伝子も転写されるので，ヒトのプロモーター配列を連結させる必要はない。

④正文。大腸菌はスプライシングを行ってイントロンを除き，エキソンどうしを連結させることはできない。そのため，イントロンを除いたインスリン遺伝子をプラスミドに組み込む必要がある。

(3)　目的の遺伝子とGFP遺伝子は，プラスミドにあるアンピシリン耐性遺伝子の途中に組み込まれたとは書かれていないので，アンピシリン耐性遺伝子とは別の位置に組み込まれたと考える（図4）。そのため，図4のプラスミドが導入された条件Aの大腸菌は，アンピシリンを含む培地でもアンピシリンを含まない培地でも，増殖してコロニーを作る。さらに，GFP遺伝子をもつため，いずれのコロニーも紫外線を照射すればコロニーが緑色の蛍光を発する。

条件Bの大腸菌には，目的の遺伝子やGFP遺伝子が組み込まれていないが，アンピシリン耐性遺伝子をもつプラスミド（図5）が導入されている。そのため条件Bの大腸菌は，培地にアンピシリンが含まれていてもいなくても，増殖してコロニーを形成できる。しかし，GFP 遺伝子をもたないので，いずれのコロニーも紫外線を照射しても蛍光を発しない。

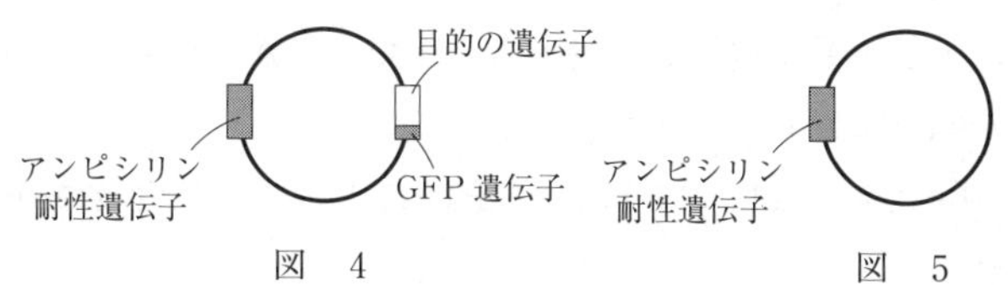

図　4　　　図　5

条件Ｃの大腸菌はプラスミドが導入されていないのでアンピシリン耐性遺伝子も GFP 遺伝子ももたない。そのため，アンピシリンを含む培地では増殖できずコロニーは形成されないが，アンピシリンを含まない培地では増殖してコロニーを形成する。さらに，紫外線を照射してもコロニーは蛍光を発しない。

問４．(2)　(1)のサイクル１回で DNA 量は２倍になると考えられる。そのため，20 サイクル繰り返すと 2^{20} 倍となる。$2^{10}=1024 \fallingdotseq 1000$ なので，$2^{20} \fallingdotseq 1000 \times 1000 = 10^6$ となる。

問５．ｂ．誤文。アグロバクテリウムは感染した植物体に，自身のゲノム DNA ではなく，プラスミドを導入する性質をもつため，プラスミドに標的遺伝子を組み込んだアグロバクテリウムを感染させて遺伝子組換え植物が作製される。

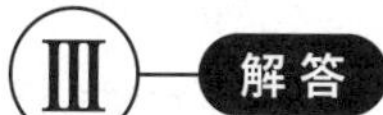

問１． **25**—④　**26**—①　**27**—⑤　**28**—④　**29**—④

問２．②・④（順不同）

問３．(1)(き)—⑧　(く)—⑤　(2)—③・⑤（順不同）

問４．①

解説

《光合成のしくみ，細菌による炭酸同化》

問１．29. グリコーゲンもデンプンも多糖類であるが，グリコーゲンは植物ではなく，動物の肝臓や筋肉中に蓄えられる。

問２．①誤文。電子は光化学系Ⅱから光化学系Ⅰに移動する。したがって，(あ)が光化学系Ⅱ，(う)が光化学系Ⅰである。

③・⑥誤文。(あ)ではなく，(う)で生じた電子が，$NADP^+$ を還元して NADPH を生じる。

⑤誤文。水の分解は(う)ではなく，(あ)で起こる。

⑦誤文。光合成における ATP の生成は光リン酸化と呼ばれる。

⑧誤文。電子伝達系を電子が移動することで H^+ が(お)から(か)に移動するので，H^+ 濃度は(お)よりも(か)で高くなる。

問3．(2) ③誤文。反応(ii)では NADPH によって，化合物(き)が化合物(く)に還元される。

⑤誤文。反応(iii)では ATP を用いて RuBP が再生されるが，NADPH による還元反応は行われない。

問4． c．誤文。緑色硫黄細菌は光エネルギーを用い，硫化水素を電子供与体として光合成を行う。

d．誤文。光合成細菌はバクテリオクロロフィルを光合成色素として用いる。

e．誤文。硝酸菌は土壌などに存在する亜硝酸イオンを硝酸イオンに酸化して化学エネルギーを得，炭酸同化に用いている。

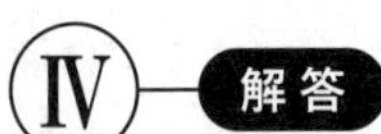

問1．ア)—① **イ)**—④ **ウ)**—⑤ **エ)**—⑦

問2．ア)—⑤ **イ)**—① **ウ)**—⑨ **エ)**—⑧

問3．① **問4．46**—④ **47**—⑦ **48**—②

解説

《受容器，神経系》

問3． b．誤文。体性神経系は感覚神経と運動神経によって構成されている。

c．誤文。有髄神経繊維は，軸索にシュワン細胞が何重にも巻き付いてできた髄鞘で囲まれている。

企図したもの」だということ、またさらに直前の「詩性がＤＮＡからの影響を直接に受けないということ」である。これらを踏まえている②が正解。なお、②中の「私たちの『意思』は個人に属するものではなく根本的な決定はＤＮＡが下すという考え方があるが」は空欄エ直前の記述を踏まえたものであるので問題ない。

問十一　傍線部4中の指示語「それ」の指示内容は、「『地下生活者の手記』と『居酒屋』は流通を拒否することによって忘れられることを免れる」という「逆説的な現象が起こる」こと、また「心のうちに常駐する」ことで、「その心の持ち主の行動に影響を与える」ことである。これらの二作は、同段落第六・七文にもあるように、「抒情でもなく美しくもない詩性」「共感することはできない」ような作品の代表として提示されている。これらを踏まえている⑤が正解。①は「文学史上」が本文中から読み取れない余分な記述である。③は「抒情的で審美的な詩性は」が誤り。真逆である。

問六　①
問七　④
問八　①
問九　③
問十　②
問十一　⑤

解説

問六　傍線部1中の指示語「そういうもの」の指示内容は、直前の「駅や港や空港という空間・場」であり、それらはいずれもさらに直前の「そのふたつの語」に深くかかわるものである。「そのふたつの語」が指すのは、前の段落の「仲介者・媒介者」「交通・交際」であり、これを具体的に説明したものが、傍線部1の直後の「ふたつの言語のケッセツ点」「作家と読者を媒介する役割」「編集という仕事も同様に仲介すること」である。これらに触れている①が正解。なお、②は傍線部中の「過ごしてきた」に該当する要素が選択肢中にないため誤り。④は「影響を与えた」ということを確定的に書いている点が誤り。空欄イの直後で「かもしれない」と明言を避けている。⑤は「いぶかしく思われた」が誤り。

問八　三橋鷹女の句は、空欄ウを含む段落にもあるように、俳句は「二物衝撃」という「関係性」の問題として理解するよりもむしろ「流通」の概念のほうがより包括的で適切に理解できるということを示すための例として提示されている。「流通」について言及している選択肢は①・⑤であるが、⑤は「近代の俳句は……より洗練された詩へと変化した」が誤り。

問十　傍線部3の直後に「それは神に等しいＤＮＡからの自由を意味するのだから」とあり、これが直接的な傍線部3の理由である。ここでの指示語「それ」が指すのは、傍線部3の直前の「詩とはＤＮＡが企図したものではなく個人が

と思い出される）と感じているのは宮である。「て」は単純な接続を表す接続助詞であり、同じ主語が継続することが多い。よって、傍線部3の主語も宮である。「ましかば」は後に「まし」を伴って反実仮想をつくるが、後半の「まし」の部分は省略されることもあり、今回はその一例。〝（姫君と）会わなかったならば（このような思いをせずにすんだのに）〟といった意味。

問八　「いまだ明けもはてぬ」は〝まだ（夜が）明けきっていない〟の意。これに正しく言及している②・④が残る。⑤は手紙を姫君からのものと解釈しているのが誤り。①・②に「後朝の文」とあるように、逢瀬の明けた朝に、男が女に和歌を添えて手紙を送る文化があった。④は「山里に寂しく暮らす姫君を思いやって」が誤り。「玉鉾の道もはるけき」とはあるが、そのような山里に住むことに姫君が寂しさを感じているとは書かれていない。そもそも姫君は宮の来訪に対して終始怯えていたことを踏まえると、宮が姫君の寂しさを思いやったとする解釈はやや疑問。

問九　「うたて」は嘆く様や情けなさを表す際に用いる副詞。「しののめ」は「東雲」と書き、東方から徐々に明るんでいく夜明けの頃のこと。合わせて、ここでは夜明けを嘆く心情が詠まれている。「ほととぎすかたらふほどもなき」は、〝ほととぎすがさえずる時間もない〟の意。

出典　西崎憲「流通・文化・倫理・詩性」（『図書』二〇二一年五月号　岩波書店）

解答

問一　a—④　b—⑤　c—①　d—③

問二　i—③　ii—④　iii—④　iv—①

問三　ア—②　イ—④

問四　ウ—①　エ—⑤

問五　A—⑤　B—③

ウ、直後が体言「心地」であるので、「るる」は連体形。連体形で「るる」になる助動詞は受身・可能・自発・尊敬の助動詞「る」。ここでは、「心地」とあるように、心の動きに関する文脈であるので、「自発」とするのが適当。夜明け前に姫君のもとを発ったが、名残惜しさを感じているという場面である。

エ、直後が体言「所」であるので、「る」は連体形。連体形で「る」になる助動詞は完了・存続の助動詞「り」。ここでは選択肢に完了が存在しないので、存続。

問三　**Ⅰ、**「給ふ」は尊敬語、謙譲語いずれも存在するが、「せ給ふ」の形で用いられる際は、尊敬語。尊敬語は動作の主体に対する敬意を表しており、ここは、手紙を書いた宮に対する敬意を表している。

Ⅱ、「御」は体言の上について尊敬の意を表す表現。ここで「手づから」(＝自らの手で)「返り事」(＝返事)をするのは、宮から手紙を受け取った姫君であるので、姫君に対する敬意だとわかる。

Ⅲ、「聞こゆ」は〝申し上げる〟の意味の謙譲語。謙譲語は動作の客体に対する敬意を表しており、ここは、〝自らの手でお返事を〟と言われた姫君に対する敬意である。

問四　傍線部1中の「さへ」は添加の助詞で、〝〜まで(も)〟と訳す。「ば」は打消の助動詞「ぬ」の已然形に接続しているので、順接の確定条件。〝〜ので、〜ところ、〜するといつも〟と訳す。「べき」は助動詞「べし」の連体形であるが、この部分のみでは意味が特定し難いのでここでは後回しにする。これらより傍線部1を直訳すると〝昼までこのようでいるべきではないので〟となる。「かくてある(＝このようでいる)」の具体的な内容は、宮が姫君のもとで機嫌を取って話しかけている状況のことである。これらを適切に説明できている③が正解。

問五　「露けかり」は〝涙がちである〟という意味の形容詞「露けし」の連用形。第一段落第一文に「怖ぢわななきたる」(＝怯えて震えている)という姫君の様子の描写があり、またそれに対して宮が「慰め語らひ給へども」とあることから、ここで涙がちであったのは姫君だとわかる。

問六　問五でも触れたように、涙がちだった姫君の様子を「めづらかにあはれ」(＝めったにないことだったとしみじみ

だ」「そのような X でなくては語り尽くせない世界」である。これらを踏まえている④が正解。①は「主観を抑制」が誤り。問八で触れたように、文学は人間の感情が絡む世界の理解に関係する。③は「そうした考え方をいかにして取り込んで調和できるか」が本文中に言及がなく誤り。

Ⅱ

出典　『小夜衣』〈上〉

解答

問一　A―④　B―①　C―④　D―①

問二　ア―②　イ―⑧　ウ―④　エ―⑦

問三　Ⅰ―②　Ⅱ―④　Ⅲ―④

問四　③

問五　⑤

問六　⑤

問七　②

問八　②

問九　⑤

問十　④

解説

問二　**ア**、直後が体言「気色」であるので、「ぬ」は連体形。連体形で「ぬ」になるのは打消の助動詞。

イ、直前が体言「気色」である。体言に接続する助動詞は断定・存在の「なり」もしくは同じく断定の「たり」しか存在しない。「気色」は場所を指す語ではないため、存在ではなく断定だとわかる。

のカテイが、科学的に極めて理路セイゼンと綴られた名作」、さらに続く段落でも「植物に関する正確な知識の双方に裏打ちされた、妥協を許さない真っ直ぐな論理展開」と説明されている。これらを踏まえている②が正解。①は「複雑なように見えて……自然界」が、③は「実験器具や顕微鏡を駆使して」が、④は「穏やかさ」が、⑤は選択肢後半部分がそれぞれ本文中に言及がなく誤り。

問七　傍線部2中の指示語「そのように」の指示内容は、直前の「すべての物質はクォークとレプトンと名付けられた素粒子からなり」ということであり、そのようなことを、物質と法則の基礎を突き詰めるための「要素還元主義」と呼ぶのである。まずこのような細分化に言及していない④は誤り。①は、「その問いにちょうど見合った程度に」が余分。③も「詳細に捉えようとする」では不十分。残る②・⑤を見ると、②は「分けるべき対象が次々と現れてくるだけ」であることを「本質が失われる」ことの内容として解釈している点が不適。⑤は、傍線部4直前の内容を踏まえた説明であり、正しい。

問八　傍線部3中の指示語「そこ」の指示内容は、直前でも言及されていた、「人間の感情が絡んで」いる世界を「記述し理解する」ということである。筆者は「文学」と「(狭い意味の) 科学」とを対比しており、「科学」はそのような人間の感情が絡むような世界の記述や理解に「(まだ) 成功しているとは言い難い」と言っている。一方「文学」は、傍線部3の直後の段落にもあるように「冗長で退屈に思えてくる」ものでありつつも、人間の感情が絡む世界の記述や理解においては価値があるというのである。②は文学の価値を、科学が発展するまでの間という限定的なものとして捉えている点が誤り。④は「心理学の手法を用いるのに劣らず」が誤り。このように言ってしまうと、科学的手法でも十分であることになってしまう。

問九　傍線部4の主語は「それは」であり、その指示内容は直前の「ありのままの姿でなくては表現できない世界が個別に実在する」ということ、またそのような世界のことである。さらにこれを言い換えたのが、空欄X前後の「世界の多様性を切り刻むことなく、あえてありのままの姿で理解するには、冗長で重複するがゆえに膨大な情報量が必要

国語

出典　須藤靖「世界を切り刻む科学とありのままに愛でる科学―注文の多い雑文　その五十九」(『UP』二〇二二年九月号　東京大学出版会)

解答

問一　a―④　b―②　c―①　d―③

問二　i―④　ii―⑤　iv―③

問三　②

問四　ア―⑦　イ―②　ウ―⑤　エ―④

問五　A―⑦　B―①　C―④

問六　②

問七　⑤

問八　①

問九　④

問十　④

問十一　②

解説

問六　「T先生に送って頂いた本」については、空欄Aを含む文で「色、香り、形態、季節など、小説中の記述を総動員して……山百合であるとの結論に至る」、続く段落で「(一般人にはやや病的にすら思える)……問題提起と自問自答

一般選抜B（中期）〈1回分を掲載〉

問題編

▶試験科目・配点

学部等		教科	科目	同一配点	傾斜配点
文	日本語日本文，歴史文化	選択	英語，日本史，世界史，数学(1)，数学(2)，化学，生物から1科目選択	100点	100点
		国語	国語(2)	100点	200点
	英語グローバル	外国語	英語	100点	200点
		選択	日本史，世界史，化学，生物，国語(1)，国語(2)から1科目選択	100点	100点
教育		選択	英語，「日本史または世界史」，「数学(1)または数学(2)」，「化学または生物」，「国語(1)または国語(2)」から2科目選択	各100点	高得点科目 200点 低得点科目 100点
心理・社会福祉，健康・スポーツ科，生活環境，経営		選択	英語，日本史，世界史，「数学(1)または数学(2)」，化学，生物，「国語(1)または国語(2)」から2科目選択	各100点	高得点科目 200点 低得点科目 100点
社会情報	情報メディア	選択	英語，日本史，世界史，「数学(1)または数学(2)」，化学，生物，「国語(1)または国語(2)」から2科目選択	各100点	高得点科目 200点 低得点科目 100点
	情報サイエンス	選択	英語，日本史，世界史，数学(1)，数学(2)，化学，生物，「国語(1)または国語(2)」から2科目選択 ※数学(1)と数学(2)での受験も可	各100点	高得点科目 200点 低得点科目 100点

<table>
<tr><td rowspan="7">食物栄養科</td><td rowspan="3">食物栄養</td><td>選　択</td><td>英語，数学(1)，数学(2)，国語(1)，国語(2)から1科目選択</td><td>100点</td><td>100点</td></tr>
<tr><td>理　科</td><td>化学，生物から1科目選択</td><td>100点</td><td>200点</td></tr>
<tr><td colspan="4">理科2科目での受験も可*1</td></tr>
<tr><td rowspan="3">食創造科</td><td>選　択</td><td>英語，日本史，世界史，国語(1)，国語(2)から1科目選択</td><td>100点</td><td>100点</td></tr>
<tr><td>選　択
〈必須〉</td><td>「数学(1)または数学(2)」，化学，生物から1科目選択</td><td>100点</td><td>200点</td></tr>
<tr><td colspan="4">選択〈必須〉から2科目での受験も可*2</td></tr>
<tr><td rowspan="4">建築</td><td rowspan="2">建　築</td><td>選　択</td><td>英語，物理，化学，国語(1)から1科目選択</td><td>100点</td><td rowspan="2">高得点科目
200点
低得点科目
100点</td></tr>
<tr><td>数　学</td><td>数学(2)</td><td>100点</td></tr>
<tr><td rowspan="2">景観建築</td><td>選　択</td><td>英語，物理，化学，生物，国語(1)から1科目選択</td><td>100点</td><td rowspan="2">高得点科目
200点
低得点科目
100点</td></tr>
<tr><td>数　学</td><td>数学(2)</td><td>100点</td></tr>
<tr><td rowspan="4">音楽</td><td rowspan="2">演　奏</td><td>選　択</td><td>英語，日本史，世界史，数学(1)，国語(1)，楽典〈省略〉，副専ピアノ実技（ピアノ専修除く）〈省略〉から1科目選択
※副専ピアノ実技を選択する場合，副専ピアノ実技を含む2科目以上の選択も可。その場合は高得点科目を採用</td><td>100点</td><td rowspan="4"></td></tr>
<tr><td>実　技</td><td>主専実技〈省略〉</td><td>300点</td></tr>
<tr><td rowspan="2">応用音楽</td><td>選　択</td><td>英語，日本史，世界史，数学(1)，国語(1)，楽典〈省略〉から1科目選択
※2科目を受験した場合は，高得点科目を採用</td><td>100点</td></tr>
<tr><td>実　技</td><td>〈省略〉</td><td>100点</td></tr>
<tr><td colspan="2" rowspan="3">薬</td><td>選　択</td><td>英語，数学(1)，数学(2)，国語(1)，国語(2)から1科目選択</td><td>100点</td><td>100点</td></tr>
<tr><td>理　科</td><td>化学，生物から1科目選択</td><td>100点</td><td>200点</td></tr>
<tr><td colspan="4">理科2科目での受験も可*1</td></tr>
<tr><td colspan="2">看　護</td><td>選　択</td><td>英語，「数学(1)または数学(2)」，化学，生物，「国語(1)または国語(2)」から2科目選択</td><td>各100点</td><td>高得点科目
200点
低得点科目
100点</td></tr>
</table>

＊1　理科2科目で受験した場合，傾斜配点型においては，高得点科目を200点，低得点科目を100点とする。
＊2　選択〈必須〉科目から2科目選択し受験した場合，傾斜配点型においては，高得点科目を200点，低得点科目を100点とする。

▶備　考

- 試験時間帯自由選択制（午前と午後で別の試験として実施）。
- 学力検査の時間は2科目連続で120分。ただし，音楽学部で1科目のみを受験する場合も1科目120分。

▶出題範囲

- 英語：コミュニケーション英語Ⅰ・Ⅱ・Ⅲ，英語表現Ⅰ・Ⅱ
- 日本史：日本史B
- 世界史：世界史B
- 数学⑴：数学Ⅰ・A
- 数学⑵：数学Ⅰ・Ⅱ・A・B（数列，ベクトル）
- 物理：物理基礎，物理
- 化学：化学基礎，化学（「高分子化合物の性質と利用」を除く）
- 生物：生物基礎，生物（「生態と環境」，「生物の進化と系統」を除く）
- 国語⑴：国語総合（現代文のみ），現代文B
- 国語⑵：国語総合，現代文B，古典B（いずれも漢文を除く）
- 楽典：音楽史を除く

英　語

（2科目 120 分）

（注）音楽学部受験者は，1科目または2科目で 120 分。

I　次の英文を読み，下の問いに答えよ。(35点)

［1］　What do you know about eggs? Do you know how they work to make babies? You probably know that baby chicks hatch* from eggs. You probably know that every animal has a mother and father. Mother chickens (hens) lay the eggs. Father chickens are roosters. Most of the egg comes from the hen, but a tiny part comes from the rooster. The rooster's part combines with part of the hen's egg to form a fertilized* nucleus*. The nucleus is just a very small part of an egg. The rest of the egg is mostly food. It feeds the fertilized nucleus. The fertilized nucleus contains all the "information" needed for the egg to become a chicken. The chick gets some of its mother's characteristics and some from its father. The part of the nucleus with the information for those characteristics is the DNA. In fact, DNA is like a plan for a living thing, a blueprint.

［2］　Among human beings, a baby usually resembles one parent or the other. Identical twins, who come from the same egg, begin life exactly alike. Most children have characteristics of each parent. The DNA makes sure that it happens. It works that way with other animals, too.

［3］　Biologists have done a lot of work with fertilized eggs of chickens and other animals. They know how to take the fertilized nucleus out of an egg. It takes a lot of skill. They have to work very carefully. They can also replace one nucleus with another nucleus. Then the new nucleus will grow in the egg into a different chicken. Sometimes the biologists substitute the nucleus with one from a different kind of bird, like a duck. The DNA from a duck replaces the DNA of the chicken. That egg will not become a chicken. It will grow into a different kind of bird, a duck.

[4] Biologists have done the same kind of experiment with mammals* as well as birds. Scientists have also done other experiments with the DNA from different creatures. The results have been some very surprising animals. For example, jellyfish are naturally fluorescent*; they make light when they swim. In Japan, the light-making DNA from jellyfish was added to the DNA of mice. The new mice glow in the dark.

[5] In Scotland, DNA from human beings was used to make a new drug. Some biologists added human DNA to the DNA of sheep. The new sheep produce a drug to treat cystic fibrosis*. Cystic fibrosis is a terrible disease. A person's lungs become filled with fibers. Then the person can't breathe. The new drug helps a person with this disease breathe easier and live longer.

[6] There are some other interesting possibilities. One concerns woolly mammoths*. These mammals lived 20,000 years ago. They were huge, nine-ton creatures. They looked kind of like elephants. They lived at the same time and same places as human beings. Some of the mammoths lived in Siberia. At that time Siberia was much warmer than it is now. Grass and trees grew there. But suddenly the climate changed. It got very, very cold! The cold froze some mammoths in mud. It was like a big deep freeze. The mammoths' flesh became frozen hard. It stayed frozen for 20,000 years. Some of the cells in the frozen flesh have DNA in good shape. This DNA can replace the DNA in an elephant's egg. The egg with the new DNA could be put into another elephant. If all of the theory is right, the egg with the mammoth DNA will grow into a baby mammoth. Then the mammoth will no longer be extinct*.

[7] Experiments with animals are teaching scientists a great deal about

DNA. There are already clones, animals that are exactly like other animals. These animals are the result of genetic experiments. In a sense, they don't have parents. They result from making the DNA of one animal copy itself into another animal. Through such work, biologists may be able to help improve all animal life. For example, they might be able to choose characteristics. They could make sheep with longer wool. Or perhaps they would make smarter dogs. Another aspect is that they might be able to destroy weaknesses to disease. Making another one just like the first is an extraordinary kind of science.

*hatch	孵化(ふか)する
fertilized < fertilize	受精させる
nucleus	細胞の核
mammals < mammal	ほ乳類
fluorescent	光を発する
cystic fibrosis	嚢胞性線維症(のうほうせいせんいしょう)
woolly mammoths < woolly mammoth	ケナガマンモス
extinct	絶滅した

問 本文の内容を踏まえて，次の英文 (A)～(G) の空所 [1] ～ [7] に入れるのに最も適当なものを，それぞれ下の①～④のうちから選べ。

(A) According to the first paragraph, [1] .

① the fertilized nucleus carries information about the parents' characteristics

② the information on the fertilized nucleus determines the number of baby chicks from the egg

③ the smallest part of an egg is called the rooster

出典追記：Steps to Academic Reading 2 by Jean Zukowski-Faust, Heinle & Heinle Pub

④ a baby chick consumes the egg's nucleus as it grows

(B) According to the second paragraph, [2] .

① identical twins will have exactly the same destiny until the end of life

② twins begin to resemble each other when they consume more eggs

③ DNA makes animals resemble their parents just as humans do

④ a baby who resembles the father will never resemble the mother

(C) According to the third paragraph, [3] .

① biologists failed to hatch eggs when they replaced one nucleus with another

② a chicken's egg grows as a duck if its nucleus is replaced with a duck's

③ the process of replacing the nucleus of a fertilized egg requires permission from chickens

④ a duck is born from the egg whose nucleus is replaced with a chicken's

(D) According to the fourth paragraph, [4] .

① scientists successfully added some new features to mammals by modifying their DNA

② biologists performed similar experiments on mammals, but did not get any results

③ jellyfish light up in the dark when the DNA of mice is added by researchers

④ adding the jellyfish DNA to mice has allowed them to move faster in the dark

(E) According to the fifth paragraph, [5] .

① experiments with human DNA are prohibited in Scotland

② scientists have used sheep with human DNA to make a new drug

③ the new sheep with human DNA in it begins to create fibers

④ the new drug was originally intended to help people with sleep disorder

(F) According to the sixth paragraph, [6].

① woolly mammoths lived in a different time than humans in Siberia

② it is believed that the warmer climate in Siberia caused mammoths to disappear

③ in theory, scientists may be able to use DNA to bring mammoths back to life

④ mammoth flesh that has been frozen solid cannot be removed from the soil

(G) According to the seventh paragraph, [7].

① experiments to improve animal DNA have added little to science

② biologists have stopped cloning because of genetic issues and animal welfare

③ research on DNA is expected to make dogs weaker to diseases

④ cloning may enable humans to select desirable characteristics in animals

Ⅱ　次の英文の空所 8 ～ 12 に入れるのに最も適当なものを，それぞれ下の①～④のうちから選び，会話文を完成せよ。(20点)

Dan and Victoria, university students majoring in music, are making weekend plans.

Dan: Hey, Victoria! What are your plans this weekend?

Victoria: I'm going fishing on Saturday with my brother. How about you?

Dan: I've got my part-time job on Sunday but I'm free on Friday. Do you want to meet up?

Victoria: Sure, let's meet at the new café near school. I [8] there yet and I have a coupon for a free coffee.

① could join
② haven't been
③ must work together
④ didn't miss my friend

Dan: Some students [9] at the café for an hour to buy their delicious cheesecake.

① stand in line
② do their taxes
③ forget to ask their mothers
④ take a bus

Victoria: I heard they invite local singers to play on Friday nights. What a [10] to hear their music while chatting with friends!

① difficult place
② good singer
③ great chance
④ funny student

Dan: Do you think they'd let us sing our new song *Make It Real*?

Victoria: It's [11] . If the café says yes, then we can post it on our SNS.

① worth asking
② not possible
③ real
④ never enough

Dan: Good idea! Oh, by the way, did you see the comments after our music club event last month?

Victoria: Yeah. There were lots of positive reviews. What do you think of hosting a jazz night as our next event?

Dan: Sure, [12] . Let's talk about it since we've got some free time before the next meeting.

① that's so uncomfortable
② that'll be a negative review
③ that was last week
④ that'd be wonderful

Victoria: Okay, see you on Friday.

Ⅲ　次の英文 (A)〜(E) の空所 13 〜 17 に入れるのに最も適当なものを，それぞれ下の①〜④のうちから選べ。(15点)

(A) (13) by the wrong name, I didn't realize I was the one being addressed.

① Calling　② Been calling　③ Called　④ Had called

(B) I visited many cities during my trip, one of (14) was Paris.

① there　② what　③ which　④ where

(C) (15) that my friends aren't coming, I need to find a smaller restaurant.

① Likewise　② Now　③ Meanwhile　④ Only

(D) The team's success heavily relies on their ability to (16) quickly and effectively under pressure.

① collaborate　② collaborates

③ collaborating　④ collaboration

(E) The universe is still a mystery — scientists have (17) to identify how it began.

① ready　② final　③ never　④ yet

Ⅳ 次の英文 (A)〜(E) の空所 **18** 〜 **22** に入れるのに最も適当なものを，それぞれ下の①〜④のうちから選べ。(10点)

(A) (**18**) people get the chance to study abroad in a foreign country.

① Never few ② Never little ③ Not many ④ So much

(B) Just in case the first solution doesn't work well, I'm now considering (**19**) ones to address the problem.

① alternative ② awkward ③ colonial ④ rude

(C) Having missed the train, we arrived (**20**) for the meeting.

① lately ② late ③ hardly ④ hard

(D) (**21**) has it that she has more than fifty pairs of shoes in her house.

① Labor ② Neighbor ③ Rumor ④ Humor

(E) As a student, he had to learn how to do laundry and cook (**22**) his own.

① in ② on ③ with ④ to

V 次の文 (A)〜(E) を，与えられた語(句)を用いて英文に訳したとき，空所 **23** 〜 **32** に入れるのに最も適当なものを，それぞれ下の①〜⑦のうちから選べ。ただし，文頭に来る語(句)も小文字になっている。(20点)

(A) 当店では，毎週新しい商品を仕入れながら，あらゆる種類の野菜をお届けすることを約束します。

We (　　)(**23**)(　　)(　　)(　　)(**24**)(　　) coming every week.

① all kinds　② deliver　③ with　④ to
⑤ promise　⑥ of vegetables　⑦ new stock

(B) 医者は彼にタバコの吸いすぎを控えるよう忠告しました。

The doctor (　　)(　　)(**25**)(　　)(　　)(**26**)(　　) much.

① smoking　② so　③ advised　④ refrain
⑤ him　⑥ from　⑦ to

(C) わたしたちは，従業員が私的な目的で会社のメールアカウントを使用することを許可していません。

(　　)(　　)(**27**)(　　)(**28**)(　　)(　　) personal purposes.

① use their company email accounts　② for　③ employees
④ to　⑤ don't　⑥ allow　⑦ we

(D) その会社が主催するジャズコンサートは，8時に始まることになっています。

The jazz concert (　　)(　　)(**29**)(　　)(**30**)(　　)(　　) at eight o'clock.

① is　② supposed　③ sponsored
④ begin　⑤ the company　⑥ to　⑦ by

(E) 彼の不用意な発言が，感じるとは思わなかった怒りをわたしの中で引き起こしました。

His (　　)(　　)(**31**)(　　)(**32**)(　　)(　　) feel.

① would　② anger within me　③ careless comment

④ that I didn't　⑤ sparked　⑥ I　⑦ know

日本史

（2科目120分）

（注） 音楽学部受験者は，１科目または２科目で120分。

Ⅰ 国風文化に関する次の文章を読んで，下の問い（問１～問５）に答えよ。（20点）

９世紀後半から10世紀になると，それまでに受け入れられた大陸文化を踏まえ，さらに日本の風土にあうように工夫した文化が生まれてきた。文化の国風化を象徴するのは(1)かな文字の発達である。その結果，人びとの感情や感覚を，日本語で生き生きと伝えることが可能となり，(2)和歌がさかんになった。かなは日常生活で広く用いられるようになり，(3)かな文学の作品がつぎつぎに著された。

美術工芸の面でも，国風化の傾向は著しく，(4)貴族の住宅は白木造・檜皮葺の建築様式をもつ日本風のものになった。屋内の調度品にも，(5)日本独自の発達を遂げた手法が多く用いられた。

問１　下線部(1)に関連して，これ以前から用いられていた文字に関して述べた次の文ア・イについて，その正誤の組み合わせとして，正しいものを下の①～④から選べ。　**1**

ア：万葉がなの草書体を簡略化した平がなが公文書に用いられていた。
イ：漢字の一部をとった片かなが表音文字として用いられていた。

① ア－正　イ－正
② ア－正　イ－誤
③ ア－誤　イ－正
④ ア－誤　イ－誤

問２　下線部(2)に関連して，紀貫之らによって編集された最初の勅撰和歌集はどれか。　2

①　懐風藻
②　古今和歌集
③　拾遺和歌集
④　菟玖波集
⑤　万葉集

問３　下線部(3)に関連して，次の史料はかなで書かれた日記の一部である。この日記の名称はどれか。下の①〜⑤から選べ。　3

をとこ(男)もすなる日記といふものを、をむな(女)もしてみんとてするなり。それのとしのしはすのはつかあまりひとひのひのいぬのときに、かどです。

①　和泉式部日記
②　蜻蛉日記
③　更級日記
④　土佐日記
⑤　紫式部日記

問４　下線部(4)に関連して，この時代に成立した貴族の住宅形式はどれか。　4

①　校倉造
②　権現造
③　書院造
④　寝殿造
⑤　数寄屋造

問5　下線部(5)に関連して，螺鈿の手法を用いた作品として適切なものはどれか。

5

②

写真②：出典：ColBase（https://colbase.nich.go.jp/）
著作権の都合により，類似の写真と差し替えています。

Ⅱ　院政期の文化に関する文章を読み，下の問い(問１～問５)に答えよ。(20点)

『大鏡』や(1)『今鏡』などの和文体のすぐれた歴史物語が著されたのは，転換期に立って過去の歴史を振り返ろうとする，この時期の貴族の思想の表れである。

貴族と武士や庶民を結んだのは，寺院に所属しない聖や上人などと呼ばれた民間の布教者であって，その(2)浄土教の思想は全国に広がった。奥州藤原氏が建てた平泉の［A］や，陸奥の［B］，九州豊後の［C］など，地方豪族のつくった阿弥陀堂や浄土教美術の秀作が各地に残されている。また，平氏に信仰された［D］には，豪華な『平家納経』が寄せられており，平氏の栄華と貴族性を物語っている。

(3)絵と詞書を織りまぜて時間の進行を表現する絵巻物が，この時代には大和絵の手法が用いられて発展した。

問１　空欄［A］～［C］に当てはまる語句の組み合わせとして，正しいものはどれか。［6］

① A　白水阿弥陀堂　B　中尊寺金色堂　C　富貴寺大堂
② A　白水阿弥陀堂　B　富貴寺大堂　C　中尊寺金色堂
③ A　中尊寺金色堂　B　白水阿弥陀堂　C　富貴寺大堂
④ A　中尊寺金色堂　B　富貴寺大堂　C　白水阿弥陀堂
⑤ A　富貴寺大堂　B　白水阿弥陀堂　C　中尊寺金色堂
⑥ A　富貴寺大堂　B　中尊寺金色堂　C　白水阿弥陀堂

問２　空欄［D］に当てはまるものはどれか。［7］

① 厳島神社
② 石清水八幡宮
③ 春日神社
④ 熊野本宮

問3　下線部(1)の著者はどれか。　**8**

① 藤原兼実　② 藤原公任　③ 藤原実資　④ 藤原忠通
⑤ 藤原為経

問4　下線部(2)の説明として，正しいものはどれか。　**9**

① 教派神道の一つで，黒住宗忠が創始した宗教である。
② 空海が中国から伝え，開宗した密教宗派である。
③ 中国天台山の智顗が大成した宗派である。
④ 如来や菩薩の住む世界への往生を願う信仰である。

問5　下線部(3)に関連して，院政期に描かれた絵巻物として，誤っているものはどれか。　**10**

① 『源氏物語絵巻』
② 『信貴山縁起絵巻』
③ 『年中行事絵巻』
④ 『伴大納言絵巻』
⑤ 『平治物語絵巻』

Ⅲ 18世紀末から19世紀初頭にかけての日本とロシアとの対外関係について，次の文章を読み，下の問い(問1～問5)に答えよ。(20点)

18世紀末の日本においては，諸外国，特にロシアからの危機に対する対応が課題となった。1789年のアイヌの蜂起は松前藩に鎮圧されたが，幕府はアイヌとロシアの連携を危惧していた。1792年，ロシア使節 A が B に来航し，漂流民(1)を届けるとともに通商を求めた。

この頃ロシア人は C に上陸して現地の人々と交易をおこなっていた。そこで1798年，幕府は D と E らに C を探査させ，ロシアとの境界を引くことを意図した。

1804年にはロシア使節 F が A が持ち帰った入港許可証をもって長崎に来航したが，幕府が追い返したため，ロシア船は C などに攻撃を加えた。

問1　空欄 A ・ B に当てはまる語の組み合わせとして，適切なものはどれか。　11

① A　プチャーチン　　B　箱館
② A　プチャーチン　　B　根室
③ A　ラクスマン　　B　箱館
④ A　ラクスマン　　B　根室

問2　下線部(1)について，アリューシャン列島に漂着し，ロシア人に救われて首都ペテルブルクで女性皇帝エカチェリーナ2世に謁見したのはだれか。　12

① 江川太郎左衛門　　② 大黒屋光太夫
③ 高田屋嘉兵衛　　④ 津太夫

問3　空欄 C は，のちにロシアとの領土問題の対象となる北方四島のうちのひとつである。北方四島に含まれないものはどれか。 13

① 択捉　② 樺太　③ 国後　④ 色丹
⑤ 歯舞

問4　空欄 D ・ E に当てはまる人物の組み合わせとして，適切なものはどれか。 14

① D 近藤重蔵　E 林子平
② D 近藤重蔵　E 間宮林蔵
③ D 近藤重蔵　E 最上徳内
④ D 林子平　E 間宮林蔵
⑤ D 林子平　E 最上徳内
⑥ D 間宮林蔵　E 最上徳内

問5　空欄 F に当てはまる人物として，適切なものはどれか。 15

① ゴローウニン　② シーボルト　③ ハリス
④ レザノフ

Ⅳ　次の史料および文章を読み，下の問い(問１～問５)に答えよ。(20点)

……蓋(けだし)国家独立自衛ノ道ニ二途(と)アリ。第一ニ主権線ヲ守禦(しゅぎょ)スルコト、第二ニハ利益線(1)ヲ保護スルコトデアル。其(そ)ノ主権線トハ国ノ疆域(きょういき)ヲ謂(い)ヒ、利益線トハ其ノ主権線ノ安危(あんき)ニ、密着ノ関係アル区域ヲ申シタノデアル。

上記は，1890(明治23)年，第１回帝国議会(第一議会)における首相［ A ］の施政方針演説の一部である。第一議会では，超然主義(2)の立場をとる第１次［ A ］内閣は軍備拡張予算を提出したが，衆議院の過半数を占めていた民党に攻撃された(3)。民党の一部を切り崩して予算を成立させたものの，つづく第二議会では，第１次［ B ］内閣が民党と衝突し，衆議院を解散して対抗した。1892年の第二回総選挙に際し，政府は激しい選挙干渉をおこなって政府支持者の当選につとめたが，民党優勢はくつがえすことはできなかった。

ついで成立した第２次［ C ］内閣は自由党と接近し，詔書(4)の力もあって海軍軍備の拡張に成功したが，政府と議会との対立は日清戦争直前の第六議会まで繰り返された。

問１　空欄［ A ］～［ C ］に当てはまる語の組み合わせとして，適切なものはどれか。［16］

① A　伊藤博文　B　松方正義　C　山県有朋
② A　伊藤博文　B　山県有朋　C　松方正義
③ A　松方正義　B　伊藤博文　C　山県有朋
④ A　松方正義　B　山県有朋　C　伊藤博文
⑤ A　山県有朋　B　伊藤博文　C　松方正義
⑥ A　山県有朋　B　松方正義　C　伊藤博文

問2　下線部(1)が指す主な地域として，適切なものはどれか。　**17**

① 樺太
② 台湾
③ 朝鮮半島
④ 満洲
⑤ モンゴル

問3　下線部(2)の説明として，適切なものはどれか。　**18**

① 一般国民の幸福を重視しつつ，その前提として国家の独立や国民性を重視する考え。
② 条約改正のために，欧米の制度・生活様式を取り入れることを重視する考え。
③ 政府の政策は政党の意向によって左右されてはならないという考え。
④ 対外膨張論を中心とした，日本の大陸進出を肯定する考え。
⑤ 朝鮮や満洲などの植民地を放棄し，平和的な経済発展を主張する考え。

問4　下線部(3)で民党が政費節減とともに掲げたスローガンとして，適切なものはどれか。　**19**

① 国民皆学
② 殖産興業
③ 忠君愛国
④ 富国強兵
⑤ 民力休養

問5　下線部(4)に関する次の文章で，波線部の誤りはいくつあるか。下の①～⑥から選べ。 20

天皇が政府と議会のお互いの譲歩を求めて出した文書。天皇自ら宮廷費を削減して6年間毎年30万円ずつ下付し，また文武官の俸給の10分の1を出させて軍艦建造費に当てるから，議会も政府に協力するようにとの詔勅であった。立憲改進党が政府に協力的姿勢をとり，予算案が修正・可決された。

① 1　② 2　③ 3　④ 4　⑤ 5　⑥ なし

V　近代の文化に関する下の問い(問1～問5)に答えよ。(20点)

問1　西田幾多郎による日本最初の創造的哲学書はどれか。 21

①『古寺巡礼』　②『鎖国論』　③『善の研究』
④『風土』

問2　『郷土研究』を発行して民俗・伝承を集め，日本民俗学の確立に貢献したのはだれか。 22

① 折口信夫　② 河上肇　③ 田辺元　④ 柳田国男

問3　美術作品と作者の組み合わせとして適切なものはどれか。 23

①『金蓉』　－　竹久夢二　②『紫禁城』　－　安井曽太郎
③『生々流転』　－　横山大観　④『麗子微笑』　－　梅原龍三郎

問4　この時代の文学について説明した文のうち，誤っているものはどれか。　24

① 芥川龍之介は，『河童』を著して人間の存在に対して厳しい批判をし，新思潮派と呼ばれた。

② 谷崎潤一郎は，『痴人の愛』を著して奔放な女性に対する主人公の情念を描写し，耽美派と呼ばれた。

③ 田山花袋は，『こころ』を著して人間のエゴイストと倫理との葛藤を追求し，新感覚派と呼ばれた。

④ 武者小路実篤は，『友情』を著して楽天的な人生肯定の態度を批判し，白樺派と呼ばれた。

問5　プロレタリア文学について説明した次の文章の空欄 A ～ C に当てはまるものの組み合わせとして，適切なものはどれか。　25

大正の末から昭和の初めにかけて，社会主義運動・労働運動の高揚にともなって，プロレタリア文学運動がおこり， A （1921年創刊）や『戦旗』（1928年創刊）などの機関誌が創刊された。これらの雑誌には小林多喜二の B や， C の『太陽のない街』など，労働者の生活に根ざし，階級闘争の理論に即した作品が掲載された。

① A 『スバル』　B 『海に生くる人々』　C 葉山嘉樹
② A 『スバル』　B 『蟹工船』　C 徳永直
③ A 『種蒔く人』　B 『海に生くる人々』　C 葉山嘉樹
④ A 『種蒔く人』　B 『蟹工船』　C 徳永直
⑤ A 『文芸戦線』　B 『海に生くる人々』　C 葉山嘉樹
⑥ A 『文芸戦線』　B 『蟹工船』　C 徳永直

世界史

（2科目120分）

(注) 音楽学部受験者は，1科目または2科目で120分。

I 次に示すのは，丹下和彦著『ギリシア悲劇－人間の深奥を見る』から一部分を抜き出し，ふりがなをつけたり，文の一部を空所にしたり，漢数字をアラビア数字に改めたりしたものである。文中の「アテナイ」はアテネのことである。これを読んで，下の問い(問1～問5)に答えよ。(20点)

アテナイの前5世紀は激動の時代だった。世紀の初めの頃，ギリシアは二度にわたってペルシア(1)の侵攻を受けた。前490年と前480年である。後者の場合には，アテナイ市はペルシア軍に占領されるという憂き目に遭った。世紀の終わりの頃には，アテナイとスパルタ(2)をそれぞれ領袖(りょうしゅう)としてギリシアを二分する内戦が勃発(ぼっぱつ)した。ペロポネソス戦争(前431～前404年)である。ただこの世紀の初めと終わりのあいだの期間，約50年は，比較的落ち着いた時代だった。

ペルシア戦争後，アテナイはエーゲ海域の諸ポリスとのあいだにデロス同盟という一種の安全保障条約を結び，そのグループの盟主の座にすわる。各ポリスから供出された同盟の基金も，やがてアテナイに移され，管理されるようになる。その資金力をバックにアテナイは，ギリシアでも有数の都市国家としてエーゲ海域に君臨することになる。

国内的には［　　　］という稀代の名指導者のもとに，アテナイの政治，経済，社会は安定を見た。古代ギリシアの民主制(出題者注：民主政のこと)(3)が確立した時代である。社会が安定すれば人心が落ち着く。落ち着けば精神的営為も活発化する。やはり大国ペルシアの侵攻を食い止めたことが大きかった。これでギリシア人は自信を持った。自らの民族性と政治体制に対する自信である。

すでに前6世紀末の頃からエーゲ海域には自然哲学者と呼ばれる人々が出て，

人間と人間を取り巻く世界(自然)との関係を探ろうとする動きが起きていた。それは前5世紀に入ってさらに活発化する。前5世紀は，のちに啓蒙の世紀，理性の世紀と呼ばれることになるが，そこでは，人間とその人間が住む世界＝共同体との関わり，また共同体内での人間同士の関わりを探る精神活動も活発化した。その一つが劇場という場，劇という形式を借りて行われた<u>ギリシア悲劇</u>(4)の諸作品である。

問1　［下線部(1)に関して］ペルシアについて述べた文として正しいものを，次の①～④のうちから選べ。　1

① 初代の王はアルダシール1世で，メディア王国，リディア王国を次々に征服した。

② 第3代の王ダレイオス1世のとき領土は最大となり，西はエーゲ海北岸から東はインダス川にいたる大帝国となった。

③ 各州に知事をおき，サトラップと呼ばれる監察官を巡回させて国内を統治した。

④ 「王の道」と呼ばれる国道を整備し，首都クテシフォンを中心に駅伝制をしいた。

問2　［下線部(2)に関して］スパルタについて述べた文として正しいものを，次の①～④のうちから選べ。　2

① コリントス同盟の盟主であった。

② 非ドーリア系の被征服民をペリオイコイと呼び，奴隷身分の農民として農業に従事させた。

③ 他国との自由な行き来を奨励した。

④ ペロポネソス戦争時には，ペルシアと結んだ。

問3　文中の［　　］にあてはまる，前5世紀半ばにアテネを指導した将軍を，次の①～④のうちから選べ。　3

① クレイステネス　② テミストクレス

③ ペイシストラトス　④ ペリクレス

問4　［下線部(3)に関して］　アテネの民主政について述べた文として正しいものを，次の①～④のうちから選べ。　**4**

① 成年男女の全体集会である民会における多数決によって政策が決定された。

② 代議制ではなく，参政権のある市民全員が参加する直接民主政であった。

③ 行政は，一般市民から抽選された役人が，終生，担当した。

④ 裁判は，民会の中で特権を持つ一部の者だけで行われた。

問5　［下線部(4)に関して］　古代ギリシアの「三大悲劇詩人」ではない人物を，次の①～④のうちから選べ。　**5**

① アイスキュロス　② アリストファネス

③ エウリピデス　④ ソフォクレス

Ⅱ　下の1～5は，モンゴル帝国に関する記述と，その記述に関する図とから成り立っており，それらの記述には下線部(a)・(b)が含まれている。下線部の正誤を判断し，その組み合わせを次の解答群から選べ。(20点)

＜解答群＞

① (a)＝正　(b)＝正　② (a)＝正　(b)＝誤

③ (a)＝誤　(b)＝正　④ (a)＝誤　(b)＝誤

1　**6**

図1は，ラシード＝アッディーンが編纂(へんさん)した歴史書『集史』(a)における，チンギス＝ハンの即位の様子を描いた挿絵である。13世紀のはじめ，モンゴル高原東北部のモンゴル部族のなかで，テムジンが勢力をのばしてモンゴル高原の諸部族を統合した。テムジンは，1206年に，モンゴル語で「集会」を意味する議決機関であるクリルタイ(b)でハン位につき，モンゴル系・トルコ系の諸部族を統一して大モンゴル国を建てた。

図1

2　　7

図2は，モンゴル馬に騎乗して，弓と矢を用いて戦うモンゴル軍の戦術の様子を描いている。チンギス＝ハンは，全遊牧民を1000戸単位に編成した千戸制とよばれる軍事・行政のための組織(a)をしいて，支配体制を固めていた。騎馬軍を率いる彼は，草原・オアシス地帯に支配を広げていき，彼の遠征軍は1227年に西夏(b)を滅ぼした。

図2

3 **8**

図3は,「死者の町」(ワールシュタット)における戦いの一場面を描いている。チンギス=ハンの死後,彼の息子や孫,弟たちの子孫がモンゴル人を率いて,東に西にと征服活動を続けた。チンギス=ハンの死後即位した(a)ハイドゥは,金を滅ぼし,1234年に華北を領有するとともに,カラコルムに都を建設した。ついで1241年,(b)オゴタイ率いるモンゴル軍が東ヨーロッパにまで侵攻し,ワールシュタットの戦いでドイツ・ポーランド連合軍を破った。

図3

4 **9**

図4は,バグダードを占領するモンゴル軍を描いている。西アジアでは,(a)モンケがバグダードを占領してアッバース朝を滅ぼし,カスピ海南西部タブリーズを首都にイル=ハン国を建てた。モンゴルの支配は,13世紀半ばまでに,中国北部からロシア・イランにいたる広大な領域に広がった。この大領土のなかに,チンギス=ハンの子孫たちがおさめる地方的政権がつくられ,それらが大ハンのもとゆるやかに連合していたが,(b)バトゥとフビライとの長期にわたる争いなど,大ハン位をめぐる相続争いもしばしばあった。

図4

5 10

図5は，ヴェネツィアから出発するマルコ＝ポーロの一行を描いている。モンゴル帝国がユーラシア大陸を広範に支配していたため東西交易は飛躍的に発展し，東西文化の交流が盛んになった。フランス国王ルイ9世はプラノ＝カルピニ(a)を使節としてモンゴル高原におくった。『三大陸周遊記』(b)で知られるヴェネツィアの商人・旅行家のマルコ＝ポーロは，陸路で元を訪れてフビライに仕えたのち，海路で帰国した。

図5

Ⅲ　18世紀のプロイセンとオーストリアに関する次の文章を読み，下の問い(問1～問5)に答えよ。(20点)

ドイツでは，スペイン継承戦争で神聖ローマ帝国を軍事的に援助した(1)プロイセンが王国への昇格を許されると，2代目の王フリードリヒ＝ヴィルヘルム1世は財政・行政をととのえて軍備を増強し，絶対王政の基礎をつくりあげた。

1740年に即位した(2)フリードリヒ2世は，オーストリアの［　　］がハプスブルク家の全領土を継承したことに異議をとなえて，資源の豊富なシュレジエンを占領した。フリードリヒは，バイエルン公やフランス王らとともに，オーストリア継承戦争をおこし，シュレジエンを獲得した。

シュレジエン奪回をめざす［　　］は，(3)「外交革命」を断行するなどして，プロイセンを国際的に孤立させた。こうした困難な状況のなか，フリードリヒが1756年に始めた(4)七年戦争では，プロイセンは孤立した戦いを強いられたが，1763年にはオーストリアと有利な和平を結んでシュレジエンの領有を守り，ヨーロッパの強国の地位についた。

問1　［下線部(1)に関して］ 1415年以降ホーエンツォレルン家が支配し，1618年にプロイセン公国と同君連合として結びついた国を，次の①～④のうちから選べ。　11

①　ザクセン　　②　ハノーヴァー

③　ブランデンブルク　　④　ベーメン

問2　［下線部(2)に関して］『哲学書簡』を著したフランスの啓蒙思想家で，王の啓蒙専制君主としての政治に影響を与えた人物を，次の①～④のうちから選べ。　12

①　ヴォルテール　　②　ディドロ

③　モンテスキュー　　④　ルソー

問3　文中の [　　] に入る人名を，次の①～④のうちから選べ。 **13**

① カール5世　② マリ＝アントワネット
③ マリア＝テレジア　④ ヨーゼフ2世

問4　［下線部(3)に関して］ オーストリアが同盟を結んだ，イタリア戦争以来の宿敵であった国を，次の①～④のうちから選べ。 **14**

① イギリス　② スペイン
③ フランス　④ ロシア

問5　［下線部(4)に関して］ この戦争中に起こった出来事を，次の①～④のうちから選べ。 **15**

① アンボイナ事件　② イギリス＝オランダ戦争
③ プラッシーの戦い　④ ボストン茶会事件

Ⅳ 次の地図は，現代のラテンアメリカ諸国を示したものである。これを見て，下の問い（問1～問5）に答えよ。（20点）

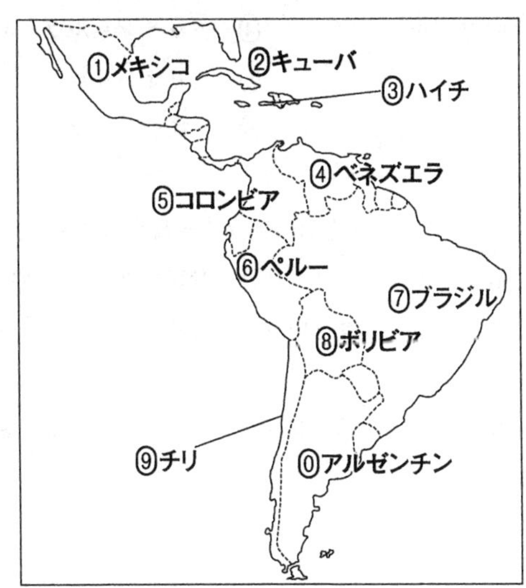

問1　キューバの独立運動に乗じて，1898年，アメリカ＝スペイン(米西)戦争を起こし，勝利したアメリカ合衆国大統領を，次の①～④のうちから選べ。 16

① ウィルソン　② セオドア＝ローズヴェルト
③ タフト　④ マッキンリー

問2　史上はじめての黒人共和国が1804年に誕生した。この国を，地図の①～⓪のうちから選べ。 17

問3　ブラジルが独立するまで宗主国であった国を，次の①～⑤のうちから選べ。 18

① イギリス　② オランダ　③ スペイン　④ フランス
⑤ ポルトガル

問4　ボリビアの独立運動の中心となった人物を，次の①～④のうちから選べ。また，植民地生まれの白人の呼称を，次の⑤～⑧のうちから選べ。

人物＝ 19 ，呼称＝ 20

① イダルゴ　② サン＝マルティン
③ シモン＝ボリバル　④ トゥサン＝ルヴェルチュール
⑤ インディオ　⑥ クリオーリョ
⑦ ムラート　⑧ メスティーソ

問5　1823年，ラテンアメリカ諸国の独立を支持するために，ヨーロッパ諸国はアメリカ大陸に干渉せず，アメリカ合衆国もヨーロッパに干渉しないという相互不干渉を表明する教書を発表した大統領を，次の①～④のうちから選べ。 21

① ジェファソン　② ジャクソン　③ モンロー
④ リンカン

V 20世紀になって，アジア各国で植民地支配からの解放を目指す動きが見られた。次の1～5に記された史実に最も関係の深い国を，下の解答群Aから選べ。さらに，それらの史実に最も関係の深い人物を，下の解答群Bから選べ。両方とも正解のときにのみ点が与えられる。(20点)

1　1930年に，生活必需品である塩への課税に反発し「塩の行進」を組織して，植民地支配に抵抗した。　国＝ **22** ，人物＝ **23**

2　1924年に自らの党を改組し，「連ソ・容共・扶助工農」を掲げて軍閥や帝国主義を打倒する方針を示した。　国＝ **24** ，人物＝ **25**

3　1923年にローザンヌ条約を締結して，国境の画定や治外法権の廃止，関税自主権の回復を実現させた。　国＝ **26** ，人物＝ **27**

4　1930年に共産主義の政党を結成して，弾圧を受けながらも村々にソヴィエト政権を樹立する農民運動を展開し，第二次世界大戦後に旧宗主国からの独立を宣言した。　国＝ **28** ，人物＝ **29**

5　1925年，みずからシャー（国王)を称してパフレヴィー朝を開き，国名を改称するなどナショナリズムを鼓舞しながら近代化に努めた。
国＝ **30** ，人物＝ **31**

＜解答群A＞

① アフガニスタン	② イラン	③ インド
④ インドネシア	⑤ サウジアラビア	⑥ 中国
⑦ トルコ	⑧ フィリピン	⑨ ベトナム

＜解答群Ｂ＞

① イブン＝サウード　② ガンディー　③ スカルノ

④ 孫文　⑤ 陳独秀　⑥ ネルー

⑦ ホー＝チ＝ミン　⑧ ムスタファ＝ケマル　⑨ 毛沢東

⓪ レザー＝ハーン

数　学

◀数　学 (1)▶

（2科目120分）

（注）音楽学部受験者は，1科目または2科目で120分。

解答上の注意：以下の説明をよく読んでから解答してください。

1　問題の文中の空欄 [　] には，数字（0～9）が入ります。なお，[　][　] のように2つ以上の空欄が続くところは次のような意味を表します。例えば，[　][　][　] は3桁（けた）以下の整数値を表します。この場合，答えが2桁以下の値であれば，不要な上位の空欄 [　] については解答欄に⓪をマークしてください。

例　3つ続いた空欄 [　][　][　] のところが42になる場合は，左から順番に⓪，④，②と解答欄にマークしてください。

2　問題の文中の2重線で表された空欄 [　] には，数字以外の記号などが入ります。文中の指示にしたがって，当てはまる記号などに対応する番号をマークしてください。

3　分数の形で解答する場合は，既約分数(それ以上約分できない分数)で答えてください。ただし，数字を入れる空欄が分数の形となっている場合でも，解答の値は必ずしも分数であるとは限りません(整数となる場合もあります)。この場合は，分母の値が1になるように答えてください。

4　根号を含む形で解答する場合は，根号の中が最小の正の整数となるように答えてください。

I **解答番号 [1] ～ [15]**

次の記述の空欄 [ ] または [[ ]] にあてはまる数字または記号を答えよ。ただし，空欄 [[6]]，[[9]] には＋または－の記号が入る。＋の場合は①を，－の場合は②を選べ。 (34点)

(1) $\dfrac{18}{4-\sqrt{7}}$ の整数部分を a，小数部分を b とするとき，$a=$ [1][2]，$b=$ [3]$\sqrt{[4]}-$[5] である。

(2) 2次方程式 $x^2-2(a-1)x+a-1=0$ （ただし，a は実数の定数）について考える。

(i) この2次方程式が異なる2つの実数解をもつとき，a のとり得る値の範囲は $a<$ [[6]][7]，[8] $<a$ である。

(ii) この2次方程式が異なる2つの実数解をもち，その解の1つだけが -1 より大きく，かつ，1より小さいとき，a のとり得る値の範囲は

$a<$ [[9]] $\dfrac{[10]}{[11]}$，[12] $<a$ である。

(iii) この2次方程式の2つの解を α，β とすると，$\alpha+\beta=2(a-1)$，$\alpha\beta=a-1$ という関係が成り立つ。

この2つの解 α，β の差の絶対値が2であるとき，$a=\dfrac{[13]\pm\sqrt{[14]}}{[15]}$ である。

Ⅱ　**解答番号** [16] ～ [33]

次の記述の空欄 [　] にあてはまる数字を答えよ。　（33点）

(1)　図のように，一辺の長さが1の正四面体ABCDがある。辺ACの中点をE，辺ADの中点をFとする。

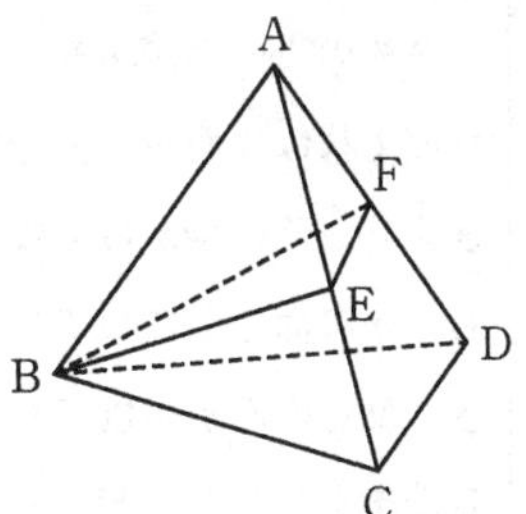

(i)　$\mathrm{BE} = \dfrac{\sqrt{[16]}}{[17]}$，$\mathrm{EF} = \dfrac{[18]}{[19]}$ である。

(ii)　$\cos\angle\mathrm{EBF} = \dfrac{[20]}{[21]}$ である。

(iii)　△BEFの面積は $\dfrac{\sqrt{[22][23]}}{[24][25]}$ である。

(2)　半径 R の円 O_1 に内接する正十二角形がある。この正十二角形の一辺の長さを a とする。

(i)　正十二角形の面積を R で表すと，[26] R^2 である。

(ii)　$a^2 = \left([27] - \sqrt{[28]}\right)R^2$ である。

(iii)　正十二角形に内接する円 O_2 の半径を r とすると，$\dfrac{1}{2}ar = \dfrac{[29]}{[30]}R^2$ である。

(iv)　正十二角形に内接する円 O_2 の面積を R で表すと，$\dfrac{[31] + \sqrt{[32]}}{[33]}\pi R^2$ である。

Ⅲ　**解答番号** 34 ～ 46

次の記述の空欄 □ にあてはまる数字を答えよ。（33点）

(1)　愛さんと真さんが，次の問題について話し合い，正しい解答を得た。

> 問題
>
> 3枚のカードがある。1枚は両面とも赤色で，もう1枚は両面とも黒色，残りの1枚は片面が赤色で反対の面が黒色である。この3枚を袋に入れてよくかきまぜ，その袋から1枚のカードを無作為に取り出して，両面の色を見ずにどちらかの面を上にしてテーブルの上に置く。カードの見えている面が赤色のとき，反対の面が赤色である確率はいくらか。ただし，どのカードが取り出される確率も等しく，どちらの面を置く確率も等しい。

真：3枚のカードのうち，両面が黒色のカードの可能性はなくなったね。残る2枚のどちらかのカードがテーブルの上にあるのだから，反対の面が赤色である確率は $\frac{1}{2}$ だと思うんだけど。

愛：そうかなあ。残る2枚で考えるところまでは同じだけれど，少し違う見方で考えてみようよ。
両面が黒色のカードを除いた残る2枚のカードだけを袋に入れて，同じようにそのうちの1枚のカードを取り出して置いた場合，見えている面が赤色である確率はいくらかなあ。

真：2枚のカードの面は合計4面あるから，見えている面が赤色である確率は $\dfrac{\boxed{34}}{\boxed{35}}$ だよ。

愛：そうよね。赤色の面を一つずつ区別して考えることが，“同様に確からしい”根元事象となるのよね。

真：そうか，わかった。では，問題の場合，見えている赤色の面がどの面か区別して考えると，求める確率は $\dfrac{\boxed{36}}{\boxed{37}}$ になるよ。

(2) いずれの目が出る確率も等しい1個のさいころを投げる。

(i) 1回投げるとき，6の約数の目が出る確率は $\frac{\boxed{38}}{\boxed{39}}$ である。

(ii) 3回続けて投げるとき，3回とも6の約数の目が出る確率は

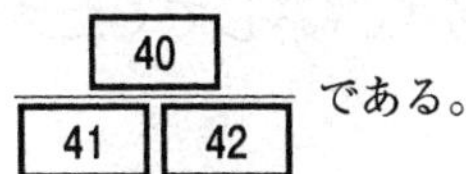
$\frac{\boxed{40}}{\boxed{41}\boxed{42}}$ である。

(iii) 4回続けて投げるとき，6の約数の目が3回以上出る確率は

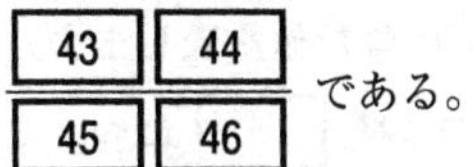
$\frac{\boxed{43}\boxed{44}}{\boxed{45}\boxed{46}}$ である。

◀数 学 (2)▶

（2科目120分）

解答上の注意：以下の説明をよく読んでから解答してください。

1 問題の文中の空欄 □ には，数字（0～9）が入ります。なお，□□ のように2つ以上の空欄が続くところは次のような意味を表します。例えば，□□□ は3桁（けた）以下の整数値を表します。この場合，答えが2桁以下の値であれば，不要な上位の空欄 □ については解答欄に⓪をマークしてください。

例 3つ続いた空欄 □□□ のところが42になる場合は，左から順番に⓪，④，②と解答欄にマークしてください。

2 問題の文中の2重線で表された空欄 □ には，数字以外の記号などが入ります。文中の指示にしたがって，当てはまる記号などに対応する番号をマークしてください。

3 分数の形で解答する場合は，既約分数（それ以上約分できない分数）で答えてください。ただし，数字を入れる空欄が分数の形となっている場合でも，解答の値は必ずしも分数であるとは限りません（整数となる場合もあります）。この場合は，分母の値が1になるように答えてください。

4 根号を含む形で解答する場合は，根号の中が最小の正の整数となるように答えてください。

I 解答番号 [1] ～ [16]

次の問1・問2に答えよ。 (33点)

問1 次の記述の空欄 [ ] にあてはまるもっとも適切なものを下の解答群（①～④）から選び，その記号を答えよ。ただし，同じ記号を複数回使ってもよい。

x，y，z を実数とする。

(1) $x=-3$ は，$x^2+4x+3=0$ であるための [1]。

(2) $x+y\leqq 6$ は，$x\leqq 3$ または $y\leqq 3$ であるための [2]。

(3) $xy=yz$ は，$x=z$ であるための [3]。

(4) $xy>0$ は，$x>0$ であるための [4]。

(5) $x^4+y^2=0$ は，$x=y=0$ であるための [5]。

<解答群>

① 必要条件であるが，十分条件ではない
② 十分条件であるが，必要条件ではない
③ 必要十分条件である
④ 必要条件でも十分条件でもない

問２　次の記述の空欄 □ にあてはまる数字を答えよ。

ある銀行に預金口座を作り，ここに毎年はじめに一定の金額を入金していく。入金して預けたお金には年利４％の利息がつき，たとえば，ある年のはじめに口座に預けたお金が 100000 円であれば，その年の終わりには入金額と利息の合計（預金総額）が 104000 円となる。その次の年のはじめにはこの 104000 円に入金額を加えたものが預金総額となり，年の終わりにはまた預金総額に対する利息がつく。

(1)　毎年のはじめに入金する額を１万円としたとき，２年目の終わりには預金総額が 21 [6] [7] [8] 円となり，３年目の終わりには預金総額が 32 [9] [10] [11] 円（ただし，小数第１位を四捨五入）となる。

(2)　毎年の入金額を a 円とし，この口座の契約年数を n 年とするとき，n 年目の終わりには預金総額が，

$a\times$ [12] [13] $\times\left(\right.$ [14] . [15] [16] $\left.^{n}-1\right)$ 円となる。

Ⅱ **解答番号** [17] ～ [36]

次の記述の空欄 [ ] または [ ] にあてはまる数字または記号を答えよ。ただし，空欄 [17]，[20]，[23]，[31] には，＋または－の記号が入る。＋の場合は①を，－の場合は②を選べ。（33点）

(1)　$\theta=240^\circ$ のとき，$\sin\theta=$ [17] $\dfrac{\sqrt{\boxed{18}}}{\boxed{19}}$ であり，$\cos\theta=$ [20] $\dfrac{\boxed{21}}{\boxed{22}}$ である。

(2)　θ が第３象限の角で，$\sin\theta=-\dfrac{1}{4}$ のとき，

$\tan\theta=$ [23] $\dfrac{\sqrt{\boxed{24}\boxed{25}}}{\boxed{26}\boxed{27}}$ である。

(3)　座標平面において，$y=\sin 3\theta$ のグラフを，θ 軸方向に $\dfrac{1}{3}$ 倍して，y 軸方向に３倍したグラフの方程式は，$y=$ [28] $\sin$ [29] θ である。

(4)　３を n 乗すると１になるとき $n=$ [30] であり，

３を m 乗すると $\dfrac{1}{243}$ になるとき $m=$ [31][32] である。

(5)　騒音の指標などに使われる音圧レベル y は，音圧を p，人が聞き取れる最小の音圧を p_0 とすると，$y=20\times\log_{10}\left(\dfrac{p}{p_0}\right)$ と表せる。

音圧 p が100倍になると音圧レベル y は [33][34] 上がり，音圧 p が $\dfrac{1}{1000}$ 倍になると音圧レベル y は [35][36] 下がる。

Ⅲ　**解答番号** [37] ～ [56]

次の記述の空欄 [ ] または [ ] にあてはまる数字または記号を答えよ。ただし，空欄 [37]，[39]，[41]，[43]，[44]，[48]，[53] には＋または－の記号が入る。＋の場合は①を，－の場合は②を選べ。　(34点)

原点をOとする座標平面上において，放物線 $y=2x^2+2$ 上に動点Pがある。線分OPを2：3に外分する点をQとする。点Pの x 座標を s と表す。

(1)　点Qの座標は([37][38] s, [39][40] s^2 [41][42])である。

よって，点Qの軌跡は放物線 $y=$ [43] x^2 [44][45] である。

(2)　$s>0$ のとき，直線PQの傾きを s を用いて表すと [46] $s+\dfrac{[47]}{s}$ である。したがって，その傾きの最小値は [48][49] である。

(3)　直線 $x+y=k$ 上の任意の点が $y \leqq 2x^2+2$ かつ

$y \geqq$ [43] x^2 [44][45] を満たすとき，k の最大値は $\dfrac{[50][51]}{[52]}$ であり，最小値は [53] $\dfrac{[54][55]}{[56]}$ である。

物　理

（2科目120分）

I 次の文章A・Bを読み，下の問い（問1～問7）について最も適当なものを，それぞれの選択肢から選べ。（40点）

A　質量M，半径r（中心O_1）の一様な円板C1から，半径$\frac{r}{4}$の円板状の2つの部分C2（中心O_2），C3（中心O_3）を切り抜いた。C2の外周はO_1を通り，C3はC1とC2に接する。C1の中心O_1を原点とし，図のように中心O_2とO_3を通るようにX軸をとる。

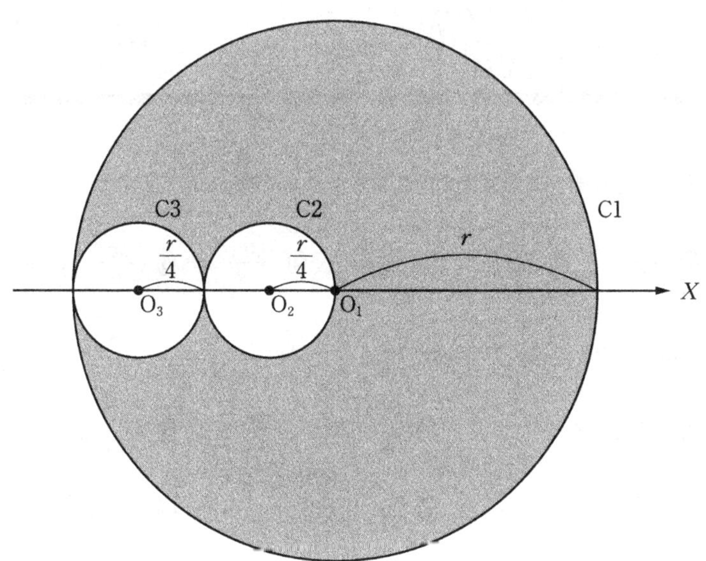

問1　残った部分の質量はいくらか。　**1**

①　$\frac{2M}{3}$　　②　$\frac{3M}{4}$　　③　$\frac{4M}{5}$

④ $\dfrac{5M}{6}$　⑤ $\dfrac{7M}{8}$　⑥ $\dfrac{15M}{16}$

問2　残った部分の重心の位置の X 座標はいくらか。 **2**

① $\dfrac{r}{6}$　② $\dfrac{r}{7}$　③ $\dfrac{r}{8}$　④ $\dfrac{r}{14}$　⑤ $\dfrac{r}{15}$　⑥ $\dfrac{r}{16}$

B　質量 $2m$ の小物体Pと質量 m の小物体Qを，ばね定数 k の軽いばねの両端に取り付けて，なめらかで水平な床に静止させて置く。同じ床に質量 m の小物体Rを置き，左向きに速さ v_0 を与えて，Qに衝突させる。QとRとの間の反発係数は0.5とする。RがQに衝突したあと，Qがばねを押し縮めると同時に，Pも動き出した。

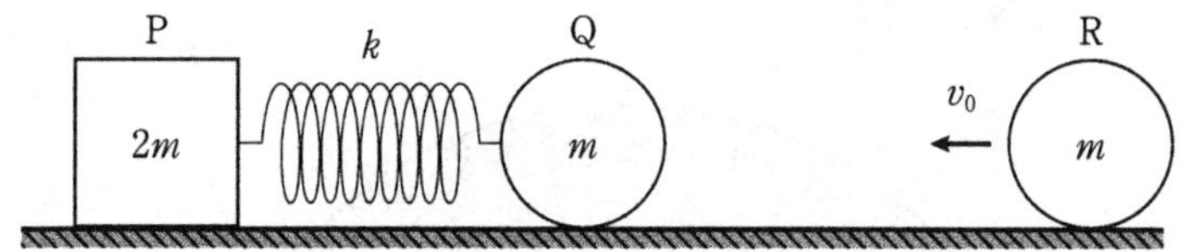

問3　RがQに衝突した直後の，床に対するQの速さはいくらか。 **3**

① $\dfrac{v_0}{4}$　② $\dfrac{v_0}{2}$　③ $\dfrac{3v_0}{5}$　④ $\dfrac{3v_0}{4}$　⑤ $\dfrac{5v_0}{6}$　⑥ v_0

問4　衝突した際に失われた運動エネルギーはいくらか。 **4**

① $\dfrac{1}{16}m{v_0}^2$　② $\dfrac{1}{8}m{v_0}^2$　③ $\dfrac{3}{16}m{v_0}^2$

④ $\dfrac{5}{16}m{v_0}^2$　⑤ $\dfrac{7}{12}m{v_0}^2$　⑥ $\dfrac{3}{4}m{v_0}^2$

問5　ばねが最も縮んだとき，Pに対するQの相対速度はいくらか。 **5**

① 0　② v_0　③ $-v_0$　④ $\dfrac{v_0}{2}$　⑤ $-\dfrac{v_0}{2}$　⑥ $\dfrac{v_0}{3}$

問６　ばねが最も縮んだとき，床に対するＰの速さはいくらか。 **6**

① $\frac{v_0}{4}$　② $\frac{v_0}{2}$　③ $\frac{3v_0}{5}$　④ $\frac{3v_0}{4}$　⑤ $\frac{5v_0}{6}$　⑥ v_0

問７　ばねの縮みの最大値はいくらか。 **7**

① $v_0\sqrt{\frac{m}{k}}$　② $\frac{v_0}{2}\sqrt{\frac{3m}{k}}$　③ $\frac{v_0}{4}\sqrt{\frac{6m}{k}}$

④ $\frac{2v_0}{3}\sqrt{\frac{6m}{k}}$　⑤ $\frac{3v_0}{4}\sqrt{\frac{3m}{k}}$　⑥ $\frac{4v_0}{5}\sqrt{\frac{6m}{k}}$

Ⅱ　次の文章を読み，下の問い(問１～問７)について最も適当なものを，それぞれの選択肢から選べ。(30点)

図のように振動数 6.4×10^2 Hz の音源Ｓ，観測者Ｏ，反射板Ｒが同一直線上に並んでいる。観測者Ｏは静止しており，音源Ｓは右向きに速さ 20 m/s，反射板Ｒは右向きに速さ 5.0 m/s で移動している。反射板Ｒには音波の振動数を測定する装置が固定されている。音速は 3.4×10^2 m/s とし，風の影響は無視できるものとする。

問１　観測者Ｏが観測する音源Ｓからの直接音の波長はいくらか。 **8** m

① 0.25　② 0.50　③ 0.52　④ 0.53　⑤ 0.54

⑥ 0.55　⑦ 0.56　⑧ 1.0　⑨ 2.0

問2　観測者Oが観測する音源Sからの直接音の振動数はいくらか。 **9** Hz

① 6.1×10^2　② 6.2×10^2　③ 6.3×10^2
④ 6.4×10^2　⑤ 6.5×10^2　⑥ 6.6×10^2
⑦ 6.7×10^2　⑧ 6.8×10^2　⑨ 6.9×10^2

問3　音源Sが10秒間音を発し続けたとき，観測者Oが音源Sからの直接音を聞く時間はいくらか。 **10** 秒

① 9.1　② 9.2　③ 9.3　④ 9.4　⑤ 9.5
⑥ 9.6　⑦ 9.7　⑧ 9.8　⑨ 10

問4　反射板Rに固定した装置が測定する音源Sからの直接音の振動数はいくらか。 **11** Hz

① 6.1×10^2　② 6.2×10^2　③ 6.3×10^2
④ 6.4×10^2　⑤ 6.5×10^2　⑥ 6.6×10^2
⑦ 6.7×10^2　⑧ 6.8×10^2　⑨ 6.9×10^2

問5　観測者Oが観測する反射板Rからの反射音の振動数はいくらか。 **12** Hz

① 6.1×10^2　② 6.2×10^2　③ 6.3×10^2
④ 6.4×10^2　⑤ 6.5×10^2　⑥ 6.6×10^2
⑦ 6.7×10^2　⑧ 6.8×10^2　⑨ 6.9×10^2

問6　観測者Oが単位時間あたりに聞くうなりの回数はいくらか。 **13** 回

① 5.0　② 10　③ 15　④ 20　⑤ 25
⑥ 30　⑦ 35　⑧ 40　⑨ 45

問7　観測者Oが一定の速さ v〔m/s〕で同一直線上を動いたところ，うなりが聞こえなくなった。v はいくらか。 **14** m/s

① 1.0　② 2.0　③ 3.0　④ 4.0　⑤ 5.0
⑥ 10　⑦ 15　⑧ 20　⑨ 25

Ⅲ 次の文章を読み，下の問い(問1～問6)について最も適当なものを，それぞれの選択肢から選べ。(30点)

磁束密度B〔T〕の一様な磁場の中に，電気量q〔C〕，質量m〔kg〕の正の荷電粒子を，点Oで磁場に垂直に速さv〔m/s〕で入射させたところ，荷電粒子は半径r〔m〕の等速円運動をした。円周率をπとする。

問1 荷電粒子の等速円運動の周期T〔s〕はいくらか。 **15** 〔s〕

① $\frac{\pi r}{2v}$ ② $\frac{r}{v}$ ③ $\frac{2r}{v}$ ④ $\frac{\pi r}{v}$ ⑤ $\frac{2\pi r}{v}$

問2 荷電粒子が受けるローレンツ力F〔N〕の大きさはいくらか。 **16** 〔N〕

① qvB ② qB ③ qvr ④ vB ⑤ vr

問3 荷電粒子の比電荷$\frac{q}{m}$〔C/kg〕はいくらか。 **17** 〔C/kg〕

① $\frac{Br}{v}$ ② $\frac{1}{Br}$ ③ $\frac{v}{Br}$ ④ Br ⑤ vBr

問4 荷電粒子が磁場に入射したときの運動エネルギーE〔J〕はいくらか。

18 〔J〕

① $\frac{qv^3}{2Br}$ ② $\frac{qv^2Br}{2}$ ③ $\frac{qvBr}{2}$ ④ $\frac{qv^2}{2Br}$ ⑤ $\frac{qv}{2Br}$

問5 荷電粒子が磁場の中に入射して1周する間にローレンツ力がした仕事W〔J〕はいくらか。 **19** 〔J〕

① $\frac{qv^3}{2Br}$ ② $\frac{qv^2Br}{2}$ ③ $\frac{qvBr}{2}$ ④ $\frac{qv^2}{2Br}$ ⑤ $\frac{qv}{2Br}$ ⑥ 0

問 6　荷電粒子が磁場の中に入射して $\frac{5}{4}T$〔s〕後に点 P を通った。長さ OP〔m〕はいくらか。 **20** 〔m〕

① $\frac{r}{2}$　② r　③ $\sqrt{2}\,r$　④ $2r$　⑤ $2\pi r$

化　学

（2科目120分）

必要があれば，次の数値を用いよ。

原子量：H＝1.0　C＝12　N＝14　O＝16

Cl＝35.5　Cu＝64

アボガドロ定数：$N_A = 6.02 \times 10^{23}$/mol

気体定数：$R = 8.31 \times 10^{3}$ Pa·L/(K·mol)

ファラデー定数：$F = 9.65 \times 10^{4}$ C/mol

Ⅰ　次の問い(問1～問5)に答えよ。(25点)

問1　図の装置を用いる実験に関する次の記述a～cについて，正しいものはどれか。最も適当なものを，下の①～⑥から選べ。　1

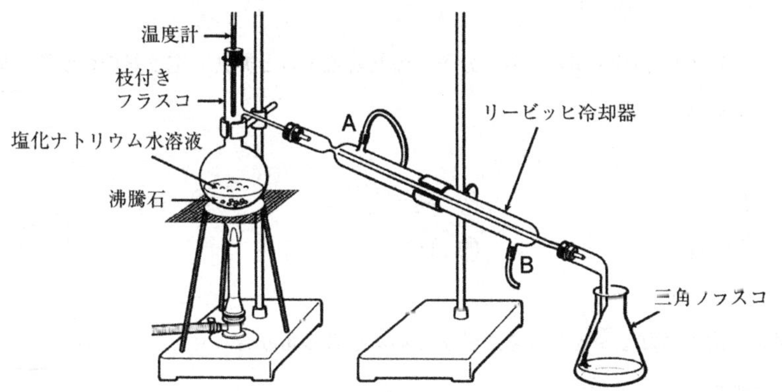

a この装置を用いることで，溶媒に対する溶解度の違いを利用して，混合物から特定の物質を分離することができる。

b 冷却水は A から B の方向へ流す。

c 三角フラスコには，蒸留水がたまる。

① a　② b　③ c
④ a と b　⑤ a と c　⑥ b と c

問２ イオンに関する次の記述 a ～ d のうち，正しいものの組み合わせを，下の①～⑥から選べ。 **2**

a 電子親和力が小さい原子は，陰イオンになりやすい。

b イオン化エネルギーが最大の原子は，フッ素である。

c F^- および Al^{3+} は，同じ電子配置をもつ。

d O^{2-} と Mg^{2+} のイオン半径を比較すると，Mg^{2+} の方が小さい。

① （a，b）　② （a，c）　③ （a，d）
④ （b，c）　⑤ （b，d）　⑥ （c，d）

問３ 次の分子①～⑤のうち，分子内の共有電子対と非共有電子対の数が等しいものはどれか。 **3**

① N_2　② H_2　③ H_2O
④ NH_3　⑤ HCl

問４ 次の物質 a ～ d のうち，分子であるものの組み合わせを，下の①～⑥から選べ。 **4**

a 塩化ナトリウム　b 鉄　c 二酸化炭素　d 硫化水素

① (a, b)　② (a, c)　③ (a, d)
④ (b, c)　⑤ (b, d)　⑥ (c, d)

問5　質量パーセント濃度が10.0%である塩酸の質量モル濃度〔mol/kg〕はいくらか。最も近い数値を，次の①～⑥から選べ。ただし，この塩酸の密度は1.10 g/cm³とする。　**5**

① 2.2　② 2.7　③ 3.0
④ 3.3　⑤ 3.6　⑥ 4.0

Ⅱ　次の記述を読んで，下の問い(問1～問5)に答えよ。(25点)

次の図のように，2つの電解槽を直列につなぎ，0.500 A の電流を流して電気分解を行ったところ，電解槽Ⅰの陽極では 1.00×10^{-2} mol の気体が生成した。

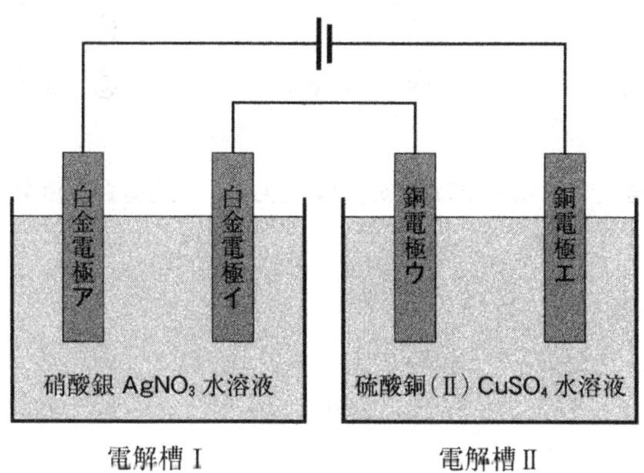

問1　この装置の電気分解に関する次の記述a～dのうち，正しいものの組み合わせを，下の①～⑥から選べ。ただし，電気分解による水溶液の体積の変化はないものとする。　**6**

a　電極**ア**および電極**ウ**は，陽極である。

b　電解槽Ⅰの陽極付近のpHの値は，小さくなる。

c　電解槽Ⅰの陰極では，酸化反応が起こる。

d　電解槽Ⅱでは，電気分解の進行に伴い，水溶液の$CuSO_4$の濃度が大きくなる。

①（a，b）　②（a，c）　③（a，d）
④（b，c）　⑤（b，d）　⑥（c，d）

問2　電解槽Ⅰの陽極で生じた気体に関する次の記述a～cについて，正しいものはどれか。最も適当なものを，下の①～⑥から選べ。　**7**

a　同素体が存在する。

b　ナトリウムと水の反応でも発生する。

c　ギ酸に濃硫酸を加えて加熱することでも発生する。

①　a　②　b　③　c
④　aとb　⑤　aとc　⑥　bとc

問3　電気分解をおこなった時間〔分〕はいくらか。最も近い数値を，次の①～⑥から選べ。　**8**

①　32　②　64　③　129
④　640　⑤　3200　⑥　6000

問4　電解槽Ⅱの陰極の質量変化について，最も適当なものを，次の①～⑥から選べ。　**9**

①　0.640 g減少　②　1.28 g減少　③　2.56 g減少
④　0.640 g増加　⑤　1.28 g増加　⑥　2.56 g増加

問5　電解槽Ⅰの$AgNO_3$水溶液を，次の水溶液①～④に置き換えて，電気分解した。陽極で発生する気体が，$AgNO_3$水溶液を電気分解したときと同じものはどれか。正しいものを，次の①～④から2つ選べ。ただし，解答の順序は問わない。　10 ， 11

① 塩化ナトリウム NaCl 水溶液

② 希硫酸 H_2SO_4

③ 水酸化ナトリウム NaOH 水溶液

④ ヨウ化カリウム KI 水溶液

Ⅲ　次の[イ]および[ロ]の問いに答えよ。(25点)

［イ］　次の記述を読んで，下の問い(問1・問2)に答えよ。

アンモニアNH_3と空気を混合し，加熱した白金触媒に触れさせると，NH_3は酸化されて ア になる。さらに， ア は冷却後，酸化され イ になる。 イ を水に溶かすと硝酸HNO_3と ア ができる。さらに ア を再利用して，最終的にすべてHNO_3とする。このHNO_3の製法をオストワルト法という。

問1　 ア および イ として最も適当な物質を，次の①～⑥から選べ。

ア： 12 　イ： 13

① H_2　② N_2　③ NO

④ NO_2　⑤ O_2　⑥ O_3

問2　標準状態(0℃，1.013×10^5 Pa)で22.4 LのNH_3からオストワルト法によって得られる63% HNO_3水溶液の質量〔g〕は，最大でいくらか。最も近い数値を，下の①～⑥から選べ。　14

① 10　② 50　③ 100
④ 200　⑤ 400　⑥ 500

［ロ］ 次の記述を読んで，下の問い(問1～問4)に答えよ。

4種類の金属イオン Al^{3+}，Ca^{2+}，Fe^{3+}，Zn^{2+} を含む混合水溶液について，次の図で示す操作によって，金属イオンを分離した。

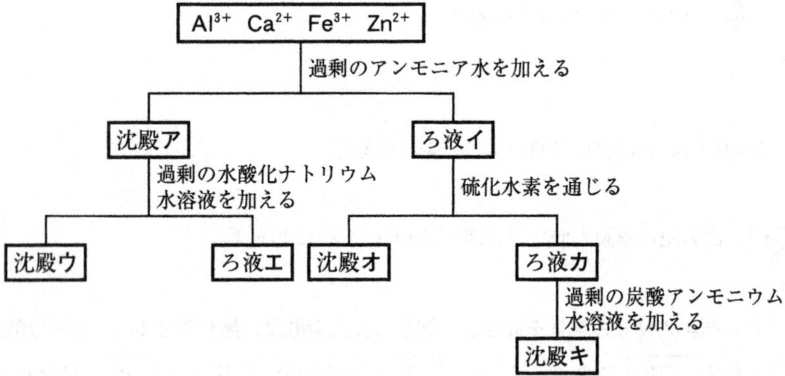

問1　沈殿アに分離される2種類の金属イオンの組み合わせとして最も適当なものを，次の①～⑥から選べ。 15

① Al^{3+}，Ca^{2+}　② Al^{3+}，Fe^{3+}　③ Al^{3+}，Zn^{2+}
④ Ca^{2+}，Fe^{3+}　⑤ Ca^{2+}，Zn^{2+}　⑥ Fe^{3+}，Zn^{2+}

問2　沈殿ウおよび沈殿オの色を，次の①～⑤から選べ。ただし，同じ番号を繰り返し選んでもよい。　沈殿ウ： 16 　沈殿オ： 17

① 白色　② 黒色　③ 赤褐色
④ 緑白色　⑤ 濃青色

問3　次の記述 a ～ d のうち，正しいものの組み合わせを，下の①～⑥から選べ。 18

a　ろ液**イ**には，錯イオンが含まれている。

b　ろ液**イ**に希塩酸を加えて pH = 2 未満にした後，硫化水素を通じても沈殿**オ**が得られる。

c　ろ液**エ**に分離される金属イオンの酸化物は，両性酸化物である。

d　ろ液**カ**に分離される金属イオンは，炎色反応で赤紫色を示す。

①（a，b）　②（a，c）　③（a，d）
④（b，c）　⑤（b，d）　⑥（c，d）

問4　沈殿**キ**に関する次の記述 a ～ d のうち，正しいものの組み合わせを，下の①～⑥から選べ。 19

a　白色である。

b　生石灰(せいせっかい)とよばれる。

c　希塩酸に溶けて，水素を発生する。

d　大理石の主成分である。

①（a，b）　②（a，c）　③（a，d）
④（b，c）　⑤（b，d）　⑥（c，d）

Ⅳ　次の[イ]および[ロ]の問いに答えよ。(25点)

[イ]　次の記述1～3を読んで，下の問い(問1～問3)に答えよ。

1　エステルAは，炭素C，水素H，酸素Oのみからなり，分子量は170より小さい。

2　1価アルコールBとプロピオン酸$C_3H_6O_2$の混合物に［ア］を少量加えて加熱すると，Aが得られた。

3　Aの3.90 mgを完全燃焼させると，二酸化炭素CO_2 9.24 mgと水H_2O 3.78 mgが得られた。

問1　［ア］にあてはまる物質として最も適当なものを，次の①～⑤から選べ。［20］

① 亜硝酸ナトリウム　② 過マンガン酸カリウム
③ 水酸化カリウム　④ 炭酸ナトリウム
⑤ 濃硫酸

問2　Aの分子量はいくらか。最も近い数値を，次の①～⑥から選べ。［21］

① 88　② 102　③ 116
④ 130　⑤ 144　⑥ 168

問3　Bの構造異性体であるアルコールは，Bを含めていくつあるか。その数を直接マークせよ。［22］

［ロ］ 次の記述を読んで，下の問い(問1～問4)に答えよ。

ベンゼンを原料とし，化合物**ア**および**イ**を経てフェノールが生成する経路と，化合物**ウ**を経てフェノールおよび化合物**エ**が生成する経路を，次の図に示す。

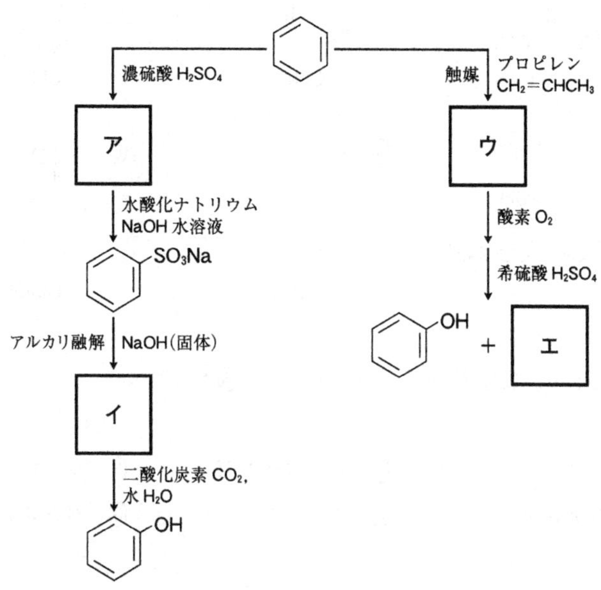

問1 **ア**に関する次の記述 a ～ c の正誤について，正しいものはどれか。最も適当なものを，下の①～⑥から選べ。 **23**

a ベンゼンから**ア**が得られる反応をスルホン化という。

b **ア**はフェノールよりも強い酸である。

c **ア**を還元すると，アニリンが生じる。

① a　　② b　　③ c

④ a と b　　⑤ a と c　　⑥ b と c

問2　**イ**を高温高圧のもとでCO_2と反応させることで得られる化合物として，最も適当なものを，次の①～⑥から選べ。　**24**

①　ONa　CH_3

②　ONa　CH_3

③　ONa　CH_3

④　OH　COONa

⑤　OH　COONa

⑥　OH　COONa

問3　**ウ**として，最も適当なものを，次の①～⑥から選べ。　**25**

①　クメン　②　クロロベンゼン　③　シクロヘキサン
④　スチレン　⑤　トルエン　⑥　ベンズアルデヒド

問4　**エ**に関する次の記述a～dのうち，正しいものの組み合わせを，下の①～⑥から選べ。　**26**

a　アンモニア性硝酸銀水溶液を加えて温めると，銀が析出する。
b　塩化鉄(Ⅲ)水溶液と反応し，紫色を呈する。
c　水酸化ナトリウム水溶液とヨウ素を加えて温めると，黄色沈殿が生じる。
d　2-プロパノールに，硫酸酸性の二クロム酸カリウム水溶液を加えて加熱すると，**エ**が生じる。

①　(a，b)　②　(a，c)　③　(a，d)
④　(b，c)　⑤　(b，d)　⑥　(c，d)

生　物

（2科目120分）

I　次の文章を読んで，下の問い(問1・問2)に答えよ。(25点)

ア)動物の発生は受精卵から始まる。ウニの受精の過程では，まず，精子が卵の［1］に触れることによって精子頭部にある［2］が壊れ，タンパク質分解酵素などの内容物が［1］に放出される。すると，［3］という構造が形成される。このような一連の反応を［4］反応という。［3］が卵の細胞膜に到達すると，その細胞膜のすぐ下にある［5］の膜と細胞膜が融合し，受精膜の形成が進行する。最初の精子が進入すると新たな精子の進入が妨げられる多精拒否では，［6］チャネルを介した［6］イオンの卵内への流入による膜電位の変化が重要な役割を担っている。

問1　文章中の空欄［1］～［6］に入れるのに最も適当なものを，次の①～⑨から選べ。ただし，同じものを繰り返し選んでもよい。

①　塩素	②　カリウム	③　カルシウム
④　ゼリー層	⑤　先体	⑥　先体突起
⑦　ナトリウム	⑧　半透膜	⑨　表層粒

問2　文章中の下線部ア)動物の発生の観察では，カエルやイモリなどの両生類を材料に用いられることが多い。これらの生物の発生に関する次の問い(1)～(3)に答えよ。

(1) 次の図は，カエルの胞胚(はい)を模式的に示し，そこに受精卵における精子の進入点と灰色三日月（環）の位置を示したものである。これに関する記述として正しいものを，次の①～⑥から2つ選べ。ただし，順序は問わない。 7 8

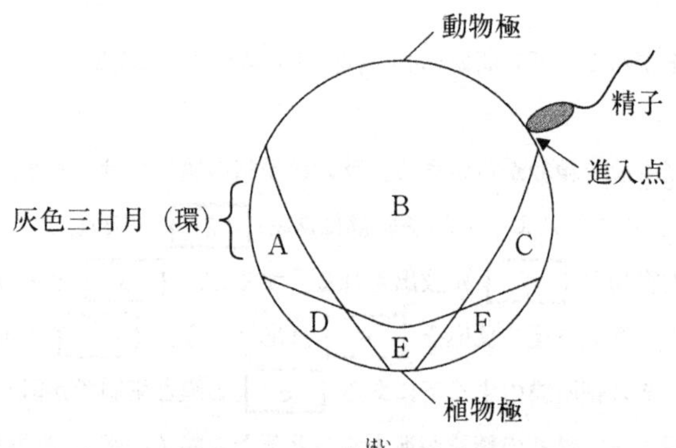

図　カエルの胞胚(はい)の模式図

① 将来，領域Aは腹側に，領域Cは背側になる。

② 植物極側の予定内胚葉は，隣接する動物極側の細胞に作用して中胚葉を誘導し，これを中胚葉誘導という。

③ ノーダルタンパク質の合成を活性化する母性因子は，領域Cに局在している。

④ 母性効果遺伝子βカテニンのmRNAは受精卵の植物極側に局在しているので，胞胚期の胚におけるそのタンパク質はD，E，Fに局在している。

⑤ 母性因子のディシェベルトは，受精の際の表層回転に伴って移動するため，胞胚期の領域Cに局在している。

⑥ 領域Aでは，βカテニンの分解が抑制されている。

(2) イモリの胚の各領域の予定運命がどの時期で決定するのかを調べるため，イモリの胚の一部を別の種類のイモリの胚に移植する次の実験を行った。それぞれの移植片は将来，どのような器官になるか。最も適当なものを下の解答群から選べ。ただし，同じものを繰り返し選んでよい。

・イモリの初期原腸胚の予定神経域の一部を，別の種類のイモリ初期原腸胚の予定表皮域に移植した場合　[9]

・イモリの初期神経胚の予定神経域の一部を，別の種類のイモリ初期神経胚の予定表皮域に移植した場合　[10]

<[9]・[10]の解答群>

① 移植片は脱落する。

② 神経系の器官になる。

③ 二次胚を生じる。

④ 表皮になる。

(3) カエルやイモリの原腸胚初期から後期の胚の発生過程でみられる，原腸の形成や神経誘導に関する記述として正しいものを，次の①〜⑥から2つ選べ。ただし，順序は問わない。　[11] [12]

① 原口背唇（部）に由来する原腸胚後期の中胚葉域は，予定外胚葉域に作用して神経系の器官の形成を誘導する。

② 原腸胚後期の胚では，原口背唇（部）に由来する領域からBMPとよばれる物質が産生される。

③ 原腸胚初期の原口背唇（部）は原腸形成で胚の内部へ移動して神経管へと分化するが，この器官は将来，脊椎骨に置き換わる。

④ ノギンやコーディンとよばれる物質は胚の全体に存在し，主に外胚葉の表皮への分化を誘導している。

⑤ ノギンやコーディンとよばれる物質は形成体（オーガナイザー）の一種で，産生された領域の分化の誘導作用をもつ。

⑥ ノギンやコーディンはBMPと結合する物質で，これらが存在する領域ではBMPが作用できないため神経の分化が促進される。

Ⅱ　次の文章を読んで，下の問い(問1～問7)に答えよ。(25点)

植物は土壌から無機窒素化合物を吸収し，アミノ酸，タンパク質，核酸などの有機窒素化合物を合成する。一方，微生物は有機窒素化合物を無機窒素化合物に変換するなど自然界において窒素循環に大きな役割をはたしている。下図は，炭素と窒素の同化と利用について模式的に示したものである。矢印は，物質循環の流れを示す。

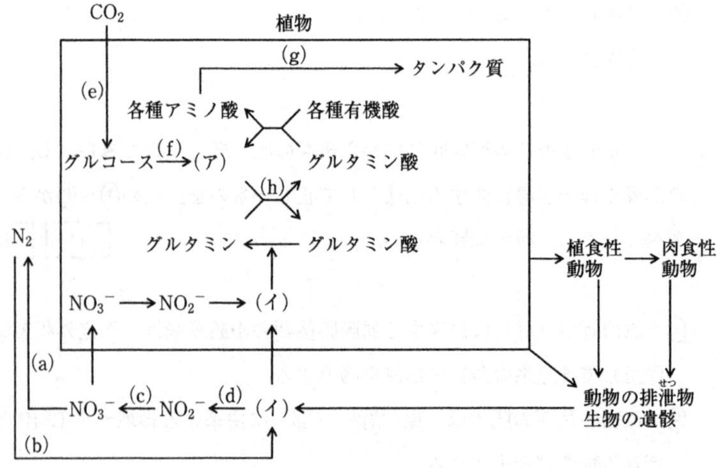

図　炭素と窒素の同化と利用

問1　図中の空欄（ア）と（イ）に入れるのに最も適当なものを，次の①～⑧から選べ。　（ア）13　（イ）14

① アセチルCoA　② アンモニウムイオン　③ オキサロ酢酸
④ カルシウムイオン　⑤ ケトグルタル酸　⑥ 酸素
⑦ ナトリウムイオン　⑧ 乳酸

問2　図中の(a)と(b)の反応過程として最も適当なものを，次の①～⑤から選べ。
(a) 15　(b) 16

① 硝化　② 脱炭酸　③ 脱窒
④ 炭酸同化　⑤ 窒素固定

問3　図中の(c)と(d)の反応過程に関係の深い生物として最も適当なものを，次の①～⑥から選べ。　(c) 17　(d) 18

① 亜硝酸菌　② アゾトバクター　③ クロストリジウム
④ 根粒菌　⑤ シアノバクテリア　⑥ 硝酸菌

問4　図中(d)に関係の深い生物は，有機物を含まない培養液でも培養することができる。その理由として，正しいものはどれか。最も適当なものを，次の①～④から選べ。　19

① クロロフィルaをもっているため，植物と同じ光合成をおこなうことができる。
② バクテリオクロロフィルをもっているため，植物と異なる光合成をおこなうことができる。
③ 土壌中の炭素化合物を効率よく吸収し利用することができる。
④ 無機物を酸化することで得られる化学エネルギーを用いて炭素化合物を合成することができる。

問5　図中の(e)～(g)に関する次の問い(1)～(3)に答えよ。

(1) (e)の過程で光エネルギーを利用するための色素を含む細胞小器官として，正しいものはどれか。最も適当なものを，下の解答群から選べ。
20

(2)　(ア)を生じさせる(f)の過程が行われる細胞小器官として，正しいものはどれか。最も適当なものを，下の解答群から選べ。　**21**

(3)　(g)の過程に重要な細胞質基質中に存在する微小な顆粒として，正しいものはどれか。最も適当なものを，下の解答群から選べ。　**22**

< **20** ～ **22** の解答群>

① 液胞	② ゴルジ体	③ ミトコンドリア
④ 葉緑体	⑤ リソソーム	⑥ リボソーム

問6　図中の(h)の反応に関与する酵素として最も適当なものを，次の①～⑤から選べ。　**23**

① グルタミン合成酵素	② グルタミン酸合成酵素
③ 脱水素酵素	④ 脱炭酸酵素
⑤ ルビスコ	

問7　ある植物に10グラムの硝酸カリウム（KNO_3）を与えたところ，その窒素の20%がタンパク質に取り込まれた。タンパク質の窒素量を14%とした場合，その植物内で合成されたタンパク質量は何グラムか。最も適当なものを，次の①～⑥から選べ。ただし，四捨五入して整数で求めよ。原子量は，K＝39，N＝14，O＝16とする。　**24**

① 1	② 2	③ 3
④ 4	⑤ 5	⑥ 6

Ⅲ 次の文章を読んで，下の問い(問1～問8)に答えよ。(25点)

遺伝情報の発現は，DNAの塩基配列をもとにRNAがつくられる転写とRNAの塩基配列をもとにアミノ酸配列が指定される翻訳の2つの過程を経て，タンパク質が合成される。ア)この転写から翻訳の一方向の遺伝情報の流れの原則をセントラルドグマという。

真核細胞では， **25** で転写がおこなわれる。イ)転写では，DNAに結合したRNAポリメラーゼが鋳型鎖を（あ）の方向に移動しながら鋳型鎖の塩基配列に相補的なRNAのヌクレオチド鎖を合成する。RNAのヌクレオチド鎖は，（い）の方向に順に合成されていく。ウ)転写によってできたRNAは， **26** においてスプライシングを受け，mRNA（伝令RNA）がつくられる。

エ)真核細胞では，合成されたmRNAは **27** に移動し，リボソームにおいて翻訳がおこなわれる。翻訳では，コドンと呼ばれるmRNAの連続した塩基3つの並びが1つのアミノ酸を指定する。AUGは **28** を指定する開始コドンであり，UAA，UAG，UGAは対応するtRNA（転移RNA）がない終止コドンである。終止コドンを除く（う）種類のコドンが（え）種類のアミノ酸に対応している。翻訳は，リボソームがmRNAとの結合の位置を移動することでおこなわれ，mRNAのコドンに対応するアンチコドンをもつtRNAによって運搬されてきたアミノ酸が順に連結されてポリペプチドとなり，タンパク質が合成される。

問1　文章中の空欄 **25** ～ **28** に入れるのに最も適当なものを，それぞれの解答群から選べ。ただし，同じものを繰り返し選んでもよい。

< **25** ～ **27** の解答群>

① 液胞　② 核内　③ 核膜
④ ゴルジ体　⑤ 細胞質基質　⑥ 細胞膜
⑦ 中心体　⑧ リソソーム

＜ 28 の解答群＞

① アラニン　② アルギニン　③ イソロイシン
④ グルタミン　⑤ セリン　⑥ メチオニン
⑦ フェニルアラニン　⑧ リシン　⑨ ロイシン

問2　文章中の空欄（あ）と（い）に入れるのに最も適当な組み合わせを，次の表の①～④から選べ。 29

	（あ）	（い）
①	5′ → 3′	5′ → 3′
②	5′ → 3′	3′ → 5′
③	3′ → 5′	5′ → 3′
④	3′ → 5′	3′ → 5′

問3　文章中の空欄（う）と（え）に入れるのに最も適当な組み合わせを，次の表の①～⑨から選べ。 30

	（う）	（え）
①	20	20
②	20	48
③	20	61
④	48	20
⑤	48	48
⑥	48	61
⑦	61	20
⑧	61	48
⑨	61	61

問4　文章中の下線部ア)について，セントラルドグマに従わない逆転写とよばれる現象が存在する。逆転写や逆転写をおこなうウイルスに関する次の記述①〜④のうち，正しいものはどれか。最も適当なものを選べ。 **31**

① 逆転写酵素は，アミノ酸配列を鋳型としてDNAを合成する。

② 逆転写は，大腸菌などすべての原核生物の遺伝情報の発現において多く観察される。

③ ヒト免疫不全ウイルス（HIV）がヒトの細胞に侵入すると，HIVは逆転写酵素をもたないため，感染した細胞にもともと存在する逆転写酵素によって，HIVのDNAが合成される。

④ 逆転写により合成されたHIVのDNAは，侵入したヒトの細胞のゲノムに挿入される。

問5　文章中の下線部イ)に関する次の問い(1)，(2)に答えよ。

(1) 真核細胞における転写のしくみや調節に関する次の記述①〜④のうち，**誤っているもの**はどれか。最も適当なものを選べ。 **32**

① DNAの2本鎖のうち，どちらが鋳型鎖となるかは遺伝子によって異なる。

② クロマチンがほどけた状態になると，RNAポリメラーゼがDNAに結合できるようになる。

③ RNAポリメラーゼは，基本転写因子とよばれる複数のタンパク質とともに複合体を形成してプロモーターに結合する。

④ 1つの遺伝子には転写調節領域が1箇所のみ存在し，そこに結合する1種類の調節タンパク質によって転写が調節される。

(2) 図のDNAの塩基配列を鋳型鎖として相補的に合成されるRNAの塩基配列はどのような配列となるか。最も適当なものを下の①〜⑧から選べ。 33

5′-T A C T A G T T G-3′

図　ある遺伝子のDNA塩基配列の一部

① 5′-TACTAGTTG-3′　② 5′-UACUAGUUG-3′
③ 5′-ATGATCAAC-3′　④ 5′-AUGAUCAAC-3′
⑤ 5′-GTTGATCAT-3′　⑥ 5′-GUUGAUCAU-3′
⑦ 5′-CAACTAGTA-3′　⑧ 5′-CAACUAGUA-3′

問6　文章中の下線部ウ)スプライシングに関する次の記述①〜④のうち，正しいものはどれか。最も適当なものを選べ。 34

① スプライシングを受けるRNAは，スプライシングの前にRNAのヌクレオチド鎖の5′末端にポリA鎖とよばれる構造が付加される。
② スプライシングによって取り除かれるDNAの領域をエキソンといい，翻訳されない配列である。
③ 選択的スプライシングによって，1つの遺伝子から複数の種類のmRNAが合成される場合がある。
④ ヒトの遺伝子では，選択的スプライシングはほとんど観察されない。

問7　文章中の下線部エ)について，真核細胞における翻訳に関する次の記述a〜cのうち，正しいものはどれか。最も適当なものを，次ページの解答群から選べ。 35

a．リボソームは，mRNA上を3′ → 5′の方向に移動する。
b．mRNAに結合したtRNAは，アミノ酸を渡した後もmRNAから離れることなく，翻訳が終了するまでmRNAと結合した状態が維持される。

c．リボソームがmRNAの終止コドンを認識すると，終止コドンに対応するtRNAは存在しないため，翻訳が終了する。

問８　転写や翻訳に関する次の記述a～cのうち，真核細胞と原核細胞の共通点として，正しいものはどれか。最も適当なものを，次の解答群から選べ。　36

a．　25　で転写がおこなわれる。

b．リボソームで翻訳がおこなわれる。

c．mRNAの転写が終了する前に翻訳が始まる。

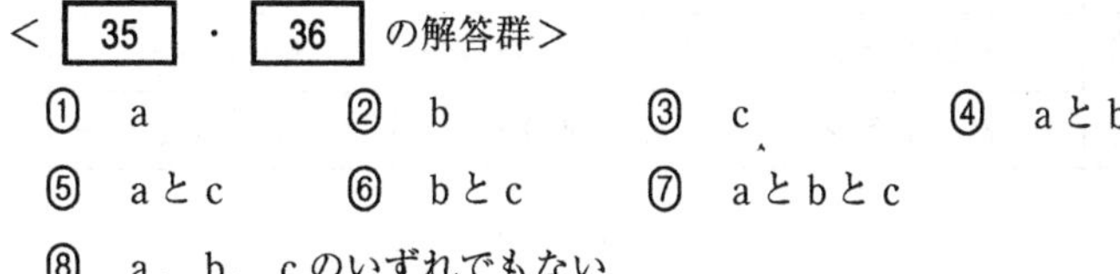

<　35　・　36　の解答群>

① a　② b　③ c　④ aとb

⑤ aとc　⑥ bとc　⑦ aとbとc

⑧ a，b，cのいずれでもない

Ⅳ　次の文章を読んで，下の問い(問１～問６)に答えよ。(25点)

免疫は私たちの体を守っているが，免疫のしくみに異常が生じるとさまざまな病気を発症する。

免疫応答が過敏に起こって生体に不都合な影響を与えるような反応を（ⅰ）という。例として，ア)花粉症やじんましんなどがあげられる。（ⅰ）の原因となる抗原を（ⅱ）という。（ⅰ）による症状のうち，呼吸困難や血圧低下などが生じ，症状が全身的に現れることを（ⅲ）ショックという。

自己の成分に対して免疫反応が起こると，イ)自己免疫疾患とよばれる組織障害や機能異常が生じる。これは，自己成分に対する（ⅳ）のしくみに異常が生じたために発症したものと考えられている。自己と非自己の認識には，ウ)MHC分子といわれるタンパク質が関与する。

免疫が十分にはたらかなくなる一連の疾患は免疫不全症とよばれ，感染症を起こしやすくなる。エ)エイズはその例である。

問1　文章中の（i）～（iii）に入れるのに最も適当な組み合わせを，次の表の①～⑥から選べ。 **37**

	（i）	（ii）	（iii）
①	アナフィラキシー	アレルギー	アレルゲン
②	アナフィラキシー	アレルゲン	アレルギー
③	アレルギー	アナフィラキシー	アレルゲン
④	アレルギー	アレルゲン	アナフィラキシー
⑤	アレルゲン	アナフィラキシー	アレルギー
⑥	アレルゲン	アレルギー	アナフィラキシー

問2　文章中の（iv）に入れるのに最も適当なものを，次の①～⑥から選べ。 **38**

① 炎症　② 自然免疫　③ 食作用
④ 二次応答　⑤ 免疫寛容　⑥ 免疫記憶

問3　文章中の下線部ア)の花粉症に関する次の文章中の空欄 **39** ～ **42** に入れるのに最も適当なものを，それぞれの解答群から選べ。

花粉が粘膜に付着すると，花粉から抗原となるタンパク質が流出する。花粉症のヒトの体内では，この抗原に対して， **39** から分化した細胞が特殊な抗体である **40** を産生する。 **40** は，粘膜上皮の近くに存在する **41** の表面に付着する性質があり，花粉抗原がこの抗体に結合すると， **41** から **42** が分泌される。 **42** は，上皮細胞や毛細血管に作用して，くしゃみや鼻汁，目のかゆみなどの症状を引き起こす。

＜ 39 ・ 41 の解答群＞

① B細胞　② キラーT細胞
③ ヘルパーT細胞　④ NK細胞
⑤ マクロファージ　⑥ マスト細胞（肥満細胞）

＜ 40 ・ 42 の解答群＞

① IgE　② インターロイキン　③ エピトープ
④ 凝集素　⑤ ケモカイン　⑥ ディフェンシン
⑦ ヒスタミン　⑧ リゾチーム

問4　文章中の下線部イ）の自己免疫疾患として正しいものを，次の①～⑨から2つ選べ。ただし，順序は問わない。　43　44

① Ⅰ型糖尿病　② Ⅱ型糖尿病　③ インフルエンザ
④ 鎌状赤血球貧血症　⑤ 関節リウマチ　⑥ ジフテリア
⑦ 天然痘　⑧ 破傷風　⑨ 百日咳（ぜき）

問5　文章中の下線部ウ）のMHC分子に関する記述として正しいものを，次の①～⑥から2つ選べ。ただし，順序は問わない。　45　46

① MHC分子には，クラスⅠ分子とクラスⅡ分子があり，常に細胞内部に存在する。

② MHCクラスⅠ分子は樹状細胞などの限られた細胞のみがもち，クラスⅡ分子はほぼすべての体細胞がもつ。

③ MHCクラスⅠ分子はキラーT細胞，クラスⅡ分子はヘルパーT細胞に抗原を提示する。

④ T細胞は，細胞表面のTLRで樹状細胞の提示する抗原とMHC分子に接触する。

⑤ ヒトのMHC分子は，HLAとよばれ，第6染色体に存在する遺伝子群

の情報をもとに産生される。

⑥　ヒトのMHC分子の型が他人と一致する可能性は非常に低く，兄弟でも一致する確率は1%未満である。

問6　文章中の下線部エ）について，次の(1)，(2)に答えよ。

(1)　エイズの原因となるウイルスが感染する細胞として正しいものはどれか。最も適当なものを，次の①～⑤から選べ。　47

①　B細胞　②　キラーT細胞　③　ヘルパーT細胞
④　NK細胞　⑤　マスト細胞（肥満細胞）

(2)　次の免疫のしくみa～cのうちエイズによって機能不全となるものはどれか。最も適当なものを，下の解答群から選べ。　48

a．自然免疫　b．体液性免疫　c．細胞性免疫

<解答群>

①　a　②　b　③　c　④　aとb
⑤　aとc　⑥　bとc　⑦　aとbとc
⑧　a，b，cのいずれでもない

に自分なりに意味づけしたりするのに加えて、インターネットを通して、経済的・精神的に自己表現をすることもできるようになってきているということ。

⑤ 社会的な存在である人間は、あらかじめ確固とした自分があるわけではなく、社会において役割が与えられ認められることではじめて個性が生まれるということ。

問九　文中の傍線部**4**〈ネットを通じての活動は、そのいずれでもない方法で、今日、私たちのアイデンティティの安定に寄与しつつある〉とあるが、それはどういうことか。その説明として最も適当なものを、次の選択肢の中から選べ。**53**

① テクノロジーが絶えず進歩を続ける今の社会では、小説を読んで深く自分を考えたり、仕事を探す際に自分らしさを見つめたりするやり方だけでなく、インターネットを利用して行う自己表現を通して自分自身を認められるようになってきているということ。

② 今日の社会にあっては、不本意ながらも仕事に就いたり、消費行動で自分を経済的に意味ある存在であると示したりするのとは異なる方法で、インターネットを通して最先端の流行に触れることで自分の存在を感じられるようになってきているということ。

③ 現在のわれわれは、自分の「個性」にうまく合った仕事をしたり、金銭をかけて自らを飾り立てたりするのとはまた違ったかたちで、インターネット上での自己表現と相互承認を通して、自分という存在を実感できるようになってきているということ。

④ インターネットが発達した現代を生きるわれわれにとってみれば、身に着けるものによって自分が制度から自由であることを示したり、所有する物品から高いセンスを感じさせたりする以外の手法を用いて、自己認識を確立することが可能となってきているということ。

⑤ 価値観が多様化している現在のわれわれならば、自分の本領を十分に発揮して生きたり、一見すると無価値な「個性」

問七　文中の空欄（Ⅰ～Ⅳ）を補うのに最も適当な組み合わせを、次の選択肢の中から選べ。 51

① Ⅰ 必要 ― Ⅱ 自由 ― Ⅲ 役割 ― Ⅳ 義務
② Ⅰ 必要 ― Ⅱ 自由 ― Ⅲ 義務 ― Ⅳ 役割
③ Ⅰ 自由 ― Ⅱ 必要 ― Ⅲ 役割 ― Ⅳ 義務
④ Ⅰ 自由 ― Ⅱ 義務 ― Ⅲ 必要 ― Ⅳ 役割
⑤ Ⅰ 義務 ― Ⅱ 自由 ― Ⅲ 必要 ― Ⅳ 役割
⑥ Ⅰ 義務 ― Ⅱ 必要 ― Ⅲ 役割 ― Ⅳ 自由

問八　文中の傍線部3〈アイデンティティを考える上で、社会的な属性は大きな意味を持っている〉とあるが、それはどういうことか。その説明として最も適当なものを、次の選択肢の中から選べ。 52

① 社会的な立場や居場所がはっきりと確認できることは、社会において評価されて役目が与えられているという点で、自分が何者であるかを指し示すことになるということ。
② 仕事で個性を発揮して自己を実現することがこの世に生を受けた意味であるという考えからすると、職業という社会的な役割こそがその人の存在を示すものになるということ。
③ 社会的な地位が高ければその人の社会における存在意義が大きいと考えられるように、収入や立場といった社会的な評価がその人自身の自己認識に大きな影響を与えるということ。
④ 自らがいかなる存在であるかを考えるとき、自分が社会に対してどのような働きかけをしてどんな影響を与えているかということほど大きな意味を持つものはないということ。

②　美や生や死について深く思索することができる、特別な価値を有する自分。
③　場面に応じて様々な人格を巧みに使いこなせる、自由自在な自分。
④　様々な側面をあわせ持ち、これらを統合した存在としての自分。
⑤　相手や状況に左右されることのない、ただひとつの揺るぎない自分。

問六　文中の傍線部**2**〈自分のしたいことが、そんなに簡単にわかるわけがない〉とあるが、筆者がこのように言うのはなぜか。その説明として最も適当なものを、次の選択肢の中から選べ。**50**

①　職業にさまざまな種類があるのは個性に対応するためではなく、社会的要請に基づいて生み出された結果であり、個性が職業と直接に結びついているわけではないから。
②　教育の現場で教師は、将来のためにしたいことを見つけなさいと口を酸っぱくして言うが、若い人にとってみればかえって不安を煽られ、追い込まれることになってしまうから。
③　そもそものこととして本当にしたいことを自らの仕事にできている人はほんの一握りであって、若い人に限らず、誰しもが自分のしたいことを探し求めながら生きているから。
④　ありもしない「本当の自分」という幻想に捕らわれている若者は、したいことを考えるその前に、自分の心に強固に張り付いている幻想から抜け出す必要があるから。
⑤　個人の資質は実に多様であるが、この世に存在する職業の多様さに比べると決して十分とは言えず、自分に一番合った職業を見つけるのは非常に難しいものであるから。

iii　取り沙汰される　41

① たびたび蒸し返されること
② 世間に広まること
③ 世の中の話題になること
④ 高く評価されること
⑤ 奪い合いになること

問三　文中の空欄（ア～エ）を補うのに最も適当なものを、それぞれ次の選択肢の中から選べ。

ア 42 、イ 43 、ウ 44 、エ 45

① それで　② せめて　③ おそらく　④ そもそも
⑤ まったく　⑥ もしも　⑦ まさに　⑧ むしろ

問四　文中の空欄（A～C）を補うのに最も適当なものを、それぞれ次の選択肢の中から選べ。

A 46 、B 47 、C 48

① 個性的　② 本質的　③ 特徴的　④ 普遍的　⑤ 限定的　⑥ 社会的　⑦ 創造的

問五　文中の傍線部1〈どこかに「本当の自分」があるはずだと考えようとする〉とあるが、ここでいう「本当の自分」とはどのようなものか。その説明として最も適当なものを、次の選択肢の中から選べ。 49

① どんな相手でも出会った途端に打ち解けられる、愉快で魅力的な自分。

問一　文中の二重傍線部（a・b）のカタカナを漢字に直したとき、同じ漢字を用いるものを、次のそれぞれの選択肢の中から選べ。

a　ケイハツ　37

① 天のケイ示を受ける
② 紅葉のケイ谷を歩く
③ ケイ聴に値する意見だ
④ 自治会で夜ケイ団を結成する
⑤ あの国とは互ケイ関係にある

b　ネンブツ　38

① 奉公のネン季が明ける
② 妙案をネン出する
③ 後継者争いが再ネンする
④ ふと疑ネンを抱く
⑤ 彼はネン着質でこだわりが強い

問二　文中の波線部（i〜iii）の意味として最も適当なものを、次のそれぞれの選択肢の中から選べ。

i　一途　39

① 長い道程
② はっきりとした傾向
③ 唯一の方針
④ 後戻りできない道
⑤ ただひとつの方向

ii　軋轢　40

① 温度差
② 葛藤
③ 断絶
④ 距離
⑤ 親和性

どこのブランドの服を着ていて、拘り抜いたこんな家に住んでいる。これが、自分という人間だ、と。
しかし、経済状態の悪化は、その両方の可能性を圧迫する。アイデンティティ・クライシス自体は近代以降の普遍的な現象だが、それが過剰に煽られる時代もある。
4ネットを通じての活動は、そのいずれでもない方法で、今日、私たちのアイデンティティの安定に寄与しつつある。しかし、まだそれも手探り状態だった二〇〇〇年前後には、雑誌の特集などで「本当の自分」というキーワードがやたらと目についていた。

（平野啓一郎『私とは何か』による）

注　分人――筆者の造語。関わる相手との相互作用の中で生じる、一人の人間の中にある様々な自分のこと。
団塊ジュニア世代――昭和四十年代後半頃の第二次ベビーブームの時期に生まれた人たち。団塊の世代の子どもにあたる世代。
感投詞――感動詞に同じ。ここでは感嘆文の意味で用いられている。

それでも何とか、やりたい仕事が見つかったとする。ところが、私が大学を出る一九九八年、九九年ごろは、元々大学生の数が非常に多かったにも拘らず、バブル崩壊後の不況のせいで、就職超氷河期だった。職業を通じて自己実現し、社会の中で十全に個性を発揮して生きたいと思っていたのに、自分の希望通りの職業につけないという人が続出した。これは、今日でも多く見られる事態である。

3 アイデンティティを考える上で、社会的な属性は大きな意味を持っている。自分の個性を、社会が役に立つものとして、認めてくれている、という意味だからだ。

しかし、社会の中に居場所が見つけられないまま、「個性的に生きなさい」という、例のお題目だけが心の中に残り続けている状態は、非常に苦しいものだ。職業＝個性だと考えると、不本意な仕事をすることにも抵抗がある。そんな仕事をするのは、「本当の自分」ではない気がする。だからこそ、かりそめにバイトなどで食いつなぎながら、いつか「本当の自分」の「個性」が発揮出来る仕事をしたいと夢見る。

漱石の先ほどの講演には、後段、次のような一節がある。

「ああここにおれの進むべき道があった！　ようやく掘り当てた！　こういう感投詞を心の底から叫び出される時、あなたがたは始めて心を安んずる事ができるのでしょう。」

アイデンティティの動揺は、時代を問わず、誰もが成長のプロセスで経験する。「私って何？」という自問を、一度もしないまま大人になる人はいないだろう。そして、それが定まらないというのは、恐ろしく苦しい。振り返ってみても、将来がまったく漠然としていた私自身の大学時代も、何とも言えず暗かった。

漱石の言う通り、自分の「個性」を発揮できる仕事に就ければ、その動揺はある程度鎮まるだろう。

他方、仕事に不満でも、消費を通じて自分のアイデンティティを確認するという方法もある。自分はどんな車に乗っていて、

多様性は、元々は、社会の必要に応じて生じたもので、色々な個性の人間がいるから、それを生かせるように多様な職業が作られた、というわけではない。手紙を届けるのが得意な人がいるから、郵便局が作られたのではなく、手紙のやりとりが必要だから、郵便局が作られ、そこで働く人が求められているのである。そして、職業の多様性は、個性の多様性と比べて遥(はる)かに限定的であり、量的にも限界がある。

繰り返すが、個性は誰にでもある。問題は、職業とのマッチングである。それがわかりやすい人はいい。しかし、漠然とした自分の個性が、一体、何の職業と適合的なのか、なかなか見えにくい人もいる。何かをしたいという気持ちは、身悶(みもだ)えするほど強い。しかし、それが何かがわからない。私自身にも、そういう時期があった。

私たちには、「職業選択の［Ⅰ］」がある。しかし、それは同時に、「職業選択の［Ⅱ］」でもある。なぜなら、私たちの社会は、［Ⅲ］に応じて様々に機能分化し、誰かがその［Ⅳ］を担わなければ、不都合だからだ。農業や漁業の後継者問題がよく取り沙汰されるが、農業や漁業に向いている人は、農業や漁業をしてもらわなければ困るのだ。

そして、この義務を果たさない人間の「個性」を、社会はなかなか承認してくれない。［C］な分業の一環として、それは、役に立ってない個性だからだ。

夏目漱石は、「私の個人主義」という有名な講演録の中で、こう語っている。

「私は始終中腰で隙があったら、自分の本領へ飛び移ろう飛び移ろうとのみ思っていたのですが、さてその本領というのがあるようで、無いようで、どこを向いても、思い切ってやっと飛び移れないのです。

私はこの世に生まれた以上何かしなければならん、といって何をして好(い)いか少しも見当がつかない。私はちょうど霧の中に閉じ込められた孤独の人間のように立ち竦(すく)んでしまったのです。」

学生時代の私が非常に共感した一節だ。

にも拘らず、その個性がわからないというのは、いつでも煩悶（はんもん）の種だ。

一体、個性とは何なのか？

文部科学省（当時の文部省）の中央教育審議会で、「個性の尊重」が明確に目標として掲げられるようになったのは、一九八〇年代前半のことである。七五年生まれの私が小、中学生になったころには、教育現場でも、やかましいくらいに「個性を伸ばせ」、「個性的に生きなさい」と言われていた。

私が属する団塊ジュニア世代は、［ア］人数が多く、受験戦争も激化の一途（i）を辿（たど）っていたので、詰め込み式の画一化教育からの脱却という問題意識自体は、真っ当だったと思う。しかし、年がら年中、ネンブツ（b）のように聞かされていた「個性」という言葉は、［イ］もってうっとうしかった。

そもそも、個性的に生きろと言われても、その年頃の子供は、何をどうして良いのかわからない。みんな同じ制服を着て、朝から夕方まで、同じカリキュラムに従って勉強している。部活動でもすれば、個性的ということなのか？　仕方がないから、髪型に凝ってみたり、制服を改造してみたりすると、それは個性を履き違えている！と、職員室に呼び出されたりする。

個性というのは、実のところ、誰にでもある。まったく同じ人間は、この世の中に二人といない。ものの見方から感じ方、考え方まで、十人十色である。そして、際立って［B］である人は、社会との軋轢（ii）（あつれき）も大きくなる分、苦しむことも多い。自分は周りから浮いてると感じる人は、［ウ］平凡さにこそ、憧れるものだ。

結局、教育現場で「個性の尊重」が叫ばれるのは、将来的に、個性と職業とを結びつけなさいという意味である。自分のやりたいことを見つけなさい、努力して夢を実現しなさい。社会に出て、自分のしたい仕事をすることこそが個性的に生きる、という意味だ。自分の個性を発揮するのは、［エ］その時である。……

とはいえ、[2]自分のしたいことが、そんなに簡単にわかるわけがない。若いのに、夢も目標もないのかと言われるが、職業の

次の Ⅲ の問題は、「国語⑴」の受験者が解答してください。（解答番号は 37 ～ 53 ）

Ⅲ　次の文章を読み、後の問い（問一～問九）に答えよ。（40点）

私たちは、たとえどんな相手であろうと、その人との対人関係の中だけで、自分のすべての可能性を発揮することは出来ない。中学時代の私が、小説を読み、美に憧れたり、人間の生死について考えたりしていたことを、級友と共有出来なかったのは、その一例である。だからこそ、1どこかに「本当の自分」があるはずだと考えようとする。しかし、実のところ、小説に共感している私もまた、その作品世界との相互作用の中で生じたもう一つ別の分人に過ぎない。決してそれこそが、唯一価値を持っている自分ではなく、学校での顔は、その自分によって演じられ、使い分けられているのではないのだ。

分人はすべて、「本当の自分」である。

私たちは、しかし、そう考えることが出来ず、唯一無二の「本当の自分」という幻想に捕らわれてきたせいで、非常に多くの苦しみとプレッシャーを受けてきた。どこにも実体がないにも拘（かかわ）らず、それを知り、それを探さなければならないと四六時中嗾（そそのか）されている。

それが、「私」とは何か、という、アイデンティティの問いである。

雑誌の占い特集や自己aケイハツ書などでしょっちゅう目にする「本当の自分」という言葉。これとセットになっているのが、「個性」である。そして、個性とは、一人一人の「個人」に A な性質のことである。

私たちは、自分の中に、何か人とは違う個性的なところを見つけたいと願い、人に左右されず、その個性を大切にしたいと思っている。

次の選択肢の中から選べ。 34

① さみだれ　② しぐれ　③ むらさめ　④ あきさめ　⑤ ながあめ

問九　文中の傍線部6〈今はかくにこそと思ひなりぬる世の心細さ〉とはどういうことか。その説明として最も適当なものを、次の選択肢の中から選べ。 35

① 恋人との破局が決定的になってしまい、もはや現世に未練はないと思うほどの心細さ。
② 軽はずみな恋愛に走った挙げ句に捨てられたと、世間の物笑いにされることへの心細さ。
③ 毎日のように雨が降り続き、これではますます恋人が訪れなくなると心配になる心細さ。
④ 恋人との間にもめ事があっても、周囲の人々が誰も味方をしてくれないことへの心細さ。
⑤ これまでになかったほど長い間訪れがなくなり、恋人との仲はこれまでだと感じる心細さ。

問十　本文の筆者である阿仏尼の著作を、次の選択肢の中から選べ。 36

① 『蜻蛉日記』　② 『更級日記』　③ 『たまきはる』　④ 『十六夜日記』　⑤ 『とはずがたり』

② つき合い始めてからしばらくして、相手への不信感が芽生え始めている、筆者の気持ち。
③ もう終わりだと思っているものの、なかなか別れを切り出すことのできない、筆者の気持ち。
④ つき合い始めの頃の、まともに物事も考えられないほど夢中になっている、恋人の気持ち。
⑤ つき合い始めてからしばらくして、次第に他の女性に心移りしてしまった、恋人の気持ち。
⑥ もう終わりだと思っているものの、なかなか別れを切り出すことのできない、恋人の気持ち。

問六　文中の傍線部**3**〈ありしにもあらず〉とはどういうことか。その説明として最も適当なものを、次の選択肢の中から選べ。 32

① 恋人の態度が変わり、筆者は一緒にいても楽しくないと感じるようになったということ。
② 以前ほど恋人は通ってこなくなり、筆者の気持ちもすっかり冷めてしまったということ。
③ 以前とは異なり、恋人の訪れを信じて待つことができなくなってしまったということ。
④ 筆者の気持ちが離れ始めたのを悟り、恋人は以前ほどには訪れなくなったということ。
⑤ 恋人を待つ間が前よりも肌寒く感じるようになり、季節の変化を実感しているということ。

問七　文中の傍線部**4**〈十月〉の読みとして最も適当なものを、次の選択肢の中から選べ。 33

① きさらぎ　② しもつき　③ ながつき　④ かんなづき　⑤ みなづき

問八　文中の傍線部**5**〈降りみ降らずみ定めなきころの空のけしき〉とあるが、この空模様を示す語として最も適当なものを、

問三　文中の二重傍線部 i〈知らぬ〉、ii〈思ひ知らざりける〉、iii〈思ひ知られける〉とあるが、筆者はここでどのようなことを「知る」あるいは「知らない」と言いたいのか。最も適当なものを、それぞれ次の選択肢の中から選べ。

i **27** 、ii **28** 、iii **29**

①　気持ちが通じない悲しさ　②　恋人を待つせつなさ　③　この世の無常

④　将来味わうことになる悲しみ　⑤　自分の気持ちの揺れ動き　⑥　恋人を見送るつらさ

⑦　男の心の移ろいやすさ　⑧　草花の色の移ろい

問四　文中の傍線部1〈関守のうち寝るほどをだに、いたくもたどらずなりにし〉とはどういうことか。その説明として最も適当なものを、次の選択肢の中から選べ。 **30**

①　人目が多く、逢うことができなかったということ。

②　人目を盗んで、無理に逢っていたということ。

③　人目を憚って、逢おうとしなかったということ。

④　人目を憚ることもなく、逢っていたということ。

⑤　人目を気にして、時々しか逢わなかったということ。

問五　文中の傍線部2〈さもうちつけにあやにくなりし心迷ひ〉とは誰のどのような気持ちのことか。その説明として最も適当なものを、次の選択肢の中から選べ。 **31**

①　つき合い始めの頃の、まともに物事も考えられないほど夢中になっている、筆者の気持ち。

問一　文中の破線部（ア〜エ）の解釈として最も適当なものを、次のそれぞれの選択肢の中から選べ。

ア　夢うつつ　19
① 夢と現実
② 夢と幻
③ 夢と希望
④ 夢と心
⑤ 夢と睡眠

イ　うたてく　20
① 際限なく
② 腹立たしく
③ 寂しく
④ つらく
⑤ 寒々しく

ウ　けぢめ　21
① 待遇
② 相違
③ 態度
④ 節度
⑤ 決着

エ　おぼつかなさ　22
① 失望
② 焦燥
③ 不安
④ 絶望
⑤ 窮屈

問二　文中の波線部（a〜d）の文法的な説明として最も適当なものを、それぞれ次の選択肢の中から選べ。

a　23、b　24、c　25、d　26

① 受身の助動詞　② 自発の助動詞　③ 尊敬の助動詞　④ 可能の助動詞
⑤ 存続の助動詞　⑥ 四段活用の動詞の一部　⑦ 上二段活用の動詞の一部　⑧ 下二段活用の動詞の一部

5降りみ降らずみ定めなきころの空のけしきは、いとど袖のいとまなき心地して、起き臥しながめわぶれど、絶えてほど経るエおぼつかなさの、慣らはぬ日数の隔つるも、6今はかくにこそと思ひなりぬる世の心細さぞ、何にたとへてもあかず悲しかりける。

注　関守のうち寝る――「人知れぬわが通ひ路の関守は宵々ごとにうちも寝ななむ」（『古今集』）を踏まえる。「関守」は関所の番人で、恋路の障害となるものの比喩。

月草――ツユクサの別名。ツユクサの花は鮮やかな青色をしているが、すぐに色あせる。

「伏柴の」――「かねてより思ひしことぞ伏柴の懲（こ）るばかりなる嘆きせむとは」（『千載集』）を踏まえる。

「鳥はものかは」――「待つ宵のふけゆく鐘の声聞けば帰るあしたの鳥はものかは」（『平家物語』）を踏まえる。『平家物語』では、小侍従という女性が、「恋人の訪れを待つ宵と、帰る恋人を見送る朝とで、どちらの方が「あはれ」はまさっているか」と問われ、この歌で返答した。

葦分――舟が茂った葦を押し分けて進むこと。障害が多いことの比喩。

④ 自分の情報をコントロールしたいという望みが当然の権利として認められるべきものであるか否かは、議論の余地のある問題である。

⑤ プライヴァシーの権利をどのような権利であると考えるかという問題について、独自の文化を背景に日本は諸外国と異なる立場をとっている。

次のⅡの問題は、「国語⑵」の受験者が解答してください。（解答番号は 19 ～ 36 ）

Ⅱ　次の文章は、鎌倉時代の歌人である阿仏尼の日記『うたたね』の一節で、自身の初恋を回想して記したものである。これを読み、後の問い（問一～問十）に答えよ。（40点）

夢うつつとも分きがたかりし宵の間より、関守（せきもり）のうち寝るほどをだに、いたくもたどらずなりにしにや。うちしきる夢の通ひ路は、一夜ばかりの途絶えもあるまじきやうに慣らひにけるを、さるは、月草のあだなる色を、かねて知らぬにしもあらざりしかど、いかに移りいかに染めける心にか、さもうちつけにあやにくなりし心迷ひには、「伏柴（ふししば）の」とだに思ひ知らざりける。やうやう色づきぬ。秋の風の憂き身に知らるる心ぞ、うたてく悲しきものなりけるを、おのづから頼むる宵は、ありしにもあらず、打ち過ぐる鐘の響きをつくづくと聞き臥（ふ）したるも、生ける心地だにせねば、げに今さらに「鳥はものかは」とぞ思ひ知られける。

さすがに絶えぬ夢の心地は、ありしにかはるけぢめも見えぬものから、とにかくに障りがちなる葦分（あしわけ）にて、十月にもなりぬ。

①　Facebookのユーザーが更新・変更の自動通知に腹を立てたのは、それにより自己情報のコントロールを強化しようとした背景が露見する恐れを感じたからだ、という点が指摘されていないところ。
②　Facebookのユーザーが更新・変更の自動通知に腹を立てたのは、それにより秘匿しておくべき心のうちを、読み手として登録していない読者にも読み解かれる恐れを感じたからだ、という点が指摘されていないところ。
③　Facebookのユーザーが更新・変更の自動通知に腹を立てたのは、それにより新たに読者として加えられた人たちにその意味を懐疑的に捉えられる恐れを感じたからだ、という点が指摘されていないところ。
④　Facebookのユーザーが更新・変更の自動通知に腹を立てたのは、それによりことばでは示していない事柄も読み手が勝手に読み取ってしまう恐れを感じたからだ、という点が指摘されていないところ。
⑤　Facebookのユーザーが更新・変更の自動通知に腹を立てたのは、それにより情報へのアクセス権に変更を加えようとしたことが見抜かれる恐れを感じたからだ、という点が指摘されていないところ。

問十二　本文の内容と合致する事柄として最も適当なものを、次の選択肢の中から選べ。 18

①　プライヴァシーの問題に関心のある法学者たちは、「ひとりにしておいてもらう権利」はプライヴァシーの権利に含まれないと考えている。
②　公開しても差し支えないと考えていた情報であっても、あまりに多くの人に実際に見られていることがわかると強い抵抗を覚えることがある。
③　ＳＮＳなどで自分が公開する情報の読み手の範囲を制御したいという思いは、公開条件を設定できる仕組みの存在によって十分にかなえられている。

④　親友との交換日記を別の友人に見られない権利
⑤　私信を公開されないようにしておく権利

問十　文中の傍線部**3**〈これはセキュリティの問題として現れたとき、さらに問題を難しくする〉とあるが、なぜか。その理由として最も適当なものを、次の選択肢の中から選べ。 **16**

①　セキュリティが守られ安全に暮らしたいという望みをかなえようとすれば、国家権力が個人の自由を奪うことさえ許さざるを得なくなるから。
②　セキュリティ対策のとられた社会を作るという希望の実現には、私生活を衆目にさらすというつらい状況までも甘受せざるを得なくなるから。
③　セキュリティを高めて身の安全を確保したいというあたりまえの望みをかなえるためには、守りたいはずのプライヴァシーであっても提供せざるを得なくなるから。
④　セキュリティとプライヴァシーとが二者択一の関係にあるとき一方を選択するには、国の方針が定まることが必要で、個人では判断すらできないから。
⑤　セキュリティを確保するためにプライヴァシーを放棄するかどうかは、他から迫られてする判断であるのに、主体的に考えようとする姿勢まで求められるから。

問十一　文中の傍線部**4**〈この意味で、ソロブの指摘は事態の半面しか突いていない〉とあるが、筆者はソロブの指摘のどこが不十分であると考えているか。その説明として最も適当なものを、次の選択肢の中から選べ。 **17**

② 登録された友人ならば誰でもプロフィールを読むことができるにもかかわらず、書き手はそのことを特に意識していなかったが、自動通知によって自分が思い描いていた以外の友人までプロフィールを見る可能性があることに気づき、それはプライヴァシーの侵害にあたると思ったから。

③ 友人たちには最初からプロフィールが公開されており、書き手はそのことを知っていたが、書き手自身の知らないところで自動通知が届けられることによってプロフィールの公開範囲が自動的に設定変更されることになり、それはプライヴァシーの侵害にあたると思ったから。

④ 書き手はプロフィールの読み手となる読者の範囲を限定して公開していたが、自動通知が届けられると、書き手の意志とは関係なく、プロフィールの読み手として勝手に登録しようとする人が現れる可能性があり、それはプライヴァシーの侵害にあたると思ったから。

⑤ もともと書き手はプロフィールを隠すつもりはなく、公開して友人たちが読めるようにはしていたものの、自動通知が出されることで数十万単位の人がプロフィールの読み手となる可能性を排除することができなくなり、それはプライヴァシーの侵害にあたると思ったから。

問九　文中の傍線部**2**〈従来的な基準〉から見てプライヴァシーの権利に**含まれない例**として最も適当なものを、次の選択肢の中から選べ。 **15**

① 有名人が顔を広くは知られずにすむ権利

② 通行人に家の中をのぞかれずにすむ権利

③ 友人から過去の恋愛関係を秘密にしておく権利

して最も適当なものを、次のそれぞれの選択肢の中から選べ。

朝三暮四 12
① 物事は一挙にではなく、少しずつ段階を追って進めるのがよいということ。
② 時間をかけたところで、結果はたいして何も変わらないということ。
③ 命令や方針がたえず改められ、あてにならないこと。
④ 地道に努力を続ければ、わずかではあるが進歩できるということ。
⑤ 目に見える相違にこだわって、結局は同じになることに気付かないこと。

五里霧中 13
① 我を忘れて熱中すること
② 見通しがまったく立たないこと
③ 周囲にいる人が愚鈍で困ること
④ 近くのことがかえってよくわからないこと
⑤ 物事を拙速に進めて混乱すること

問八　文中の傍線部1〈彼らはその変更の知らせの自動通知には怒った〉とあるが、その理由を「ソロブ」はどのように考えているか。最も適当なものを次の選択肢の中から選べ。 14

① プロフィールは友人たちだけがアクセスできるようにされており、広く公開はされていなかったが、自動通知が出されることにより、友人ではない人たちに隠しておいたはずのプロフィールがのぞき見られるようになり、それはプライヴァシーの侵害にあたると思ったから。

問四　文中の空欄（ア～ウ）を補うのに最も適当なものを、それぞれ次の選択肢の中から選べ。

ア 6 、イ 7 、ウ 8

①　あるいは　②　たとえば　③　それゆえ　④　ひょっとすると
⑤　だが　⑥　だからといって　⑦　いずれも

問五　文中の空欄（Ⅰ・Ⅱ）を補うのに最も適当なものを、次のそれぞれの選択肢の中から選べ。

Ⅰ 9　①　名目的　②　象徴的　③　可及的　④　二次的　⑤　疑似的

Ⅱ 10　①　積極的　②　規範的　③　逆説的　④　物理的　⑤　世俗的

問六　文中の傍線部X〈取る〉とあるが、これと同じ意味の「取る」を含む例文として最も適当なものを、次の選択肢の中から選べ。 11

①　あの人はぜんぜん年を取らない。
②　今度こそ親の仇（かたき）を取ってやるぞ。
③　場所を取らない家具がほしいなあ。
④　僕ならそのやり方は取らないね。
⑤　証拠品を手に取ってたしかめた。

問七　文中の傍線部Y〈四六時中〉とあるが、このように数字が用いられている四字熟語「朝三暮四」「五里霧中」の意味と

問一　文中の二重傍線部（a・b）のカタカナを漢字に直したとき、同じ漢字を用いるものを、次のそれぞれの選択肢の中から選べ。

a　コンセキ　1
① 過去をセキ裸々に語る
② 自セキの念にかられる
③ 逃亡者を追セキする
④ セキ年のうらみをはらす
⑤ 外国製品を排セキする

b　キョウイ　2
① 全権を役員にイ任する
② 宇宙の神秘にイ敬の念を抱く
③ 画家としてイ彩をはなつ
④ 失敗が重なりイ縮する
⑤ 相手にイ圧感を与える

問二　文中の波線部（i・ii）の意味として最も適当なものを、次のそれぞれの選択肢の中から選べ。

i　妥当　3
① よくあてはまること
② あてにできること
③ ぶつかりあわないこと
④ あたりまえであること
⑤ まとまりがあること

ii　懸念　4
① 注意して気をつけていること
② 次々と思い出されること
③ 問題として議論すべきこと
④ 常に意識されていること
⑤ 気にかかって不安になること

問三　文中の波線部iii〈トレードオフ〉とあるが、これを別の語で言い換える場合に最も適当なものを、次の選択肢の中から選べ。　5

① 共存共栄　② 相互依存　③ 二律背反　④ 交換可能　⑤ 不即不離

ザーの満足はえられるだろうし、実際そう感じられてもいるだろう。だが、この方向性では前述のFacebookユーザーのもったような種類の不満は解決できない。Facebookの仕様設定は、ユーザーが公開を許諾した読者の範囲に変更を加えたわけではなかったからである。では彼らは何に腹を立てたのか。仕様の変更に腹を立てたユーザーたちは、「プロフィールを変更したこと」の意味を勘ぐられるかもしれないことに拒否反応を起こしたのだろう、と私は考える。4この意味で、ソロブの指摘は事態の半面しか突いていない。

（日比嘉高『プライヴァシーの誕生』による）

注　D・J・ソロブ――アメリカ合衆国の法学者。一九七二年生まれ。プライヴァシーの問題に関する国際的権威として著名。

東浩紀――哲学者、批評家。一九七一年生まれ。専門は現代思想、情報社会論など。

ユビキタス――いつでもどこでも必要な情報が得られるコンピューター環境を作ること。

芹沢一也――社会学者。一九六八年生まれ。専門は日本近代思想史など。

まずそもそもすでに、質的にも量的にも自己情報をコントロールすることが、一人の個人の力では事実上ほぼ不可能になっているということがある。東浩紀は「プライバシー権を自己情報管理権として捉える考えかたは、現在、個人情報の質的（ユビキタス化が引き起こす断片化）、量的（ネットワーク化が引き起こす増殖）な変化によって大きな危機を迎えている」といい、「自己情報の完全管理という理念は、いまや、あまりに強すぎて実現不可能なものになってしまっている」と指摘する。

さらに、プライヴァシーについての諸種の懸念が、「別のメリットとトレードオフの関係にあることが多い」という現実がある。つまり、プライヴァシーを取るか、値引きやポイント付与を取るか。プライヴァシーを取るか、利便性の高いサービスを取るか、というような形で、われわれに選択を迫ってくるのである。これはセキュリティの問題として現れたとき、さらに問題を難しくする。芹沢一也はセキュリティ意識の高まりが、国家（警察）の介入への要求を高めていると指摘する。「警察の介入を要請しているのは私たち住人の方なのです。自分たちの社会、あるいは女性や子供を、暴力や危険から守ってほしい、その要望に警察が応えていく、そういう構造ですね。言い換えれば、われわれがセキュリティ社会を望み、国家がそれを具現化しているわけです」。そして繰り返せば、その際のプライヴァシーの譲渡先は、国家・警察だけではない。セキュリティを扱う民間企業などもはや珍しくはない。防犯／監視カメラの設置主体はむしろ民間がほとんどだろう。防犯／監視カメラに四六時中さらされることを喜ぶ人はいない。だが、玄関に防犯／監視カメラがついたマンションと、そうでないマンションを同額で選べるとするなら、いまどちらのマンションがより多く選ばれるだろうか。自己情報のコントロールという理念は、トレードオフを行なう場面において屈曲を余儀なくされるのである。

もう一つ指摘したいのは、自己情報のコントロールの可能性の問題と、自己情報へのアクセス制御の可能性の問題は、重なる部分も多いにせよ、実は完全には一致しないということである。たとえば、各種ＳＮＳや日記サービスでは、日記の「公開レベル」の設定を可能にしていることが多い。自己情報をコントロールしたいのであれば、これを精密化すれば、ある程度ユー

だった。しかし、ストリート・ビューは、自宅の外観をウェブを閲覧できるすべての人間のもとにさらすことを可能にした。何かの拍子に、誰かの自宅の外観を示すＵＲＬがネットを駆けめぐり、万単位の人がそれを見るとしたら、所有者はそれを非常に気味が悪いと感じ、自分の〈私的領域〉がキョウイ[b]にさらされていると感じるだろう。かつて、一般の個人宅の前に数万人の人が集まることはありえなかった。だが、いまや［Ⅰ］にそれは起こりうる。

プライヴァシーを「アクセス性」の問題だとするソロブの主張は、こうした事態を考える際に適当だ。いま、プライヴァシーは隠す／隠さないという発想だけでは捉えられない時代に入っている。〈私的領域〉を見せるか見せないかの判断は、見える／見えないという［Ⅱ］基準だけではもはや測れない。どの程度、誰に対してアクセスを許すかというアクセス性の制御の問題として考えねばならなくなっているのである。

プライヴァシーに関心を寄せる法学者たちは、早くからこの種の問題に気づいていた。ウォーレンとブランダイスが一九世紀末にプライヴァシーを論じたときは「ひとりにしておいてもらう権利」として提起されたが、一九六七年にアラン・F・ウェスティンが自己にまつわる情報の伝え方を決定できる権利としてとらえ直して以来、プライヴァシーの権利を「自己情報コントロール権」として考える道が開けた。

この発想はプライヴァシー保護の国際的指針の一つとみなされている一九八〇年のＯＥＣＤ理事会勧告の八原則の一つにも「個人参加の原則」として明記されており、日本における関連法律制定の議論にも大きな影響を与えているという。

みずからに付随する情報を、みずからが望むように適切に制御したい、処理してもらいたい、という欲求は当然のものであり、プライヴァシーの権利を自己情報コントロール権として捉える方向性は、妥当[i]なものだといえるだろう。だが、現在われわれが直面している問題の一つは、こうした発想の妥当さにもかかわらず、そのコントロールそのものが非常に困難になりつつある点にあるだろう。

行している。

ウェブ上に自発的に公開された個人の日記や記録の例を考えよう。これらは公開されているものであり、必要な設備と言語能力さえあれば誰でも読むことが可能である。 ウ かつての枠組みで考えるならば、たとえそこに書いてあることが私的なものであったとしてもそれは〈公〉の領域に存在するものと判断されるべきだろう。だが、実際には書き手たちはそう感じてはいない。D・J・ソロブはソーシャル・ネットワーキング・サービスのFacebookが「ニュースフィード」というサービスを開始したときに起こった問題を紹介している。ニュースフィードにおいては、利用者のプロフィールが更新・変更されると、登録した友人たちにそのことが自動通知されるという仕組みだった。これはFacebookのユーザーたちの反発を買った。ユーザーは、もともと自分のプロフィールを友人たちにアクセスできるようにしていた。にもかかわらず[1]彼らはその変更の知らせの自動通知には怒った。なぜだろうか。ソロブはこれを、「彼らはプライバシーを、暗いクローゼットに隠した秘密ではなく、アクセス性の問題としてとらえていた」からだと説明する。

ウェブ日記で、非常に個人的な生活日誌や内面を「公開」している人々がいる。たとえば、ある日突然数十万単位の読者が彼らの書いたものに殺到したとしたら、彼らはそれでも同じことを書き続けるだろうか。彼らは書く内容を変えるか、場合によってはこれまで書いたことを削除しさえするかもしれない。書き手たちは、自分の書いたものが原理的には誰にでも読みうる状態に置かれていることを承知しているが、自身の想定する読者の範囲をもっており、体感としてはその限られた想定された読者たちに向けて書いている。アクセス性に何らかの変化が起こり、読者像がみずからの想定するものとずれ、拡大してしまったとき、彼らは自分たちのプライヴァシーの範囲を調整するのである。

同様の問題はGoogleのストリート・ビューでも起こっている。個人の自宅の外観は、その前を通ればだれでも目にすることができる。だから、[2]従来的な基準でいえば、自宅の外観を個人のプライヴァシーに属すると主張することは、的外れなこと

国語

（二科目一二〇分）

（注）音楽学部受験者は、一科目または二科目で一二〇分。

「国語(1)」の問題はⅠとⅢ、「国語(2)」の問題はⅠとⅡです。（ⅠとⅢは現代文、Ⅱは古文です。）

次のⅠの問題は、「国語(1)」の受験者、および「国語(2)」の受験者に共通の問題です。（解答番号は1～18）

Ⅰ　次の文章を読み、後の問い（問一～問十二）に答えよ。（60点）

既存の社会規範に加え、新しいテクノロジーが影響力を増大していることにより、プライヴァシーの境界は捉え直されなくてはならなくなっている。かつて「のぞき見」とは、実際に垣根や窓や扉などによって物理的に隔てられた空間を、一方からひそかに窃視する行為だった。［ア］、その人の身体やその人の残したコンセキ（a）（日記や手紙を含む）を、悟られぬうちにうかがい見る行為だった。見えるか見えないかは、人間の視認性と障害（物）のあるなしの問題だった。この手の「のぞき見」がなくなったというわけではもちろんない。［イ］、見えることとプライヴァシーとの現在的関係は、より複雑な状態へ移

解答編

英語

I

解答 1―①　2―③　3―②　4―①　5―②　6―③　7―④

解説

《DNA について》

1. ①が第1段第12～14文（The fertilized nucleus … is the DNA.）の内容と一致し，正解となる。②は第1段第12～14文（The fertilized nucleus … is the DNA.）の内容と一致しない。③は第1段第6文（Father chickens are …）の内容に反する。④は第1段第9～11文（The nucleus is … the fertilized nucleus.）の内容と一致しない。

2. ③が第2段第3～5文（Most children have … other animals, too.）の内容と一致する。①・②・④はともに本文では言及されていないため誤りである。

3. ①と④は第3段第7～9文（Sometimes the biologists … bird, a duck.）の内容に反するが，②はこの内容に一致する。③は本文で言及されていない内容であるため誤り。

4. ①が第4段第4～6文（For example, jellyfish … in the dark.）の内容と一致し正解。②は第4段第1～3文（Biologists have done … very surprising animals.）の内容と一致しない。③は第4段第4文（For example, jellyfish …）の内容に反する。④は第4段第5・6文（In Japan, the … in the dark.）の内容と一致しない。

5. ②が第5段第1～3文（In Scotland, DNA … treat cystic fibrosis.）の内容と一致する。①は第5段第1文（In Scotland, DNA …）の内容と一致しない。③は第5段第2・3文（Some biologists added … treat cystic fibrosis.）の内容に反する。④は第5段第4～7文（Cystic fibrosis is … and live longer.）の内容と一致しない。

6. ③が第6段第16～20文（Some of the cells … longer be extinct.）の内容と一致し，正解となる。①は第6段第2～7文（One concerns woolly … lived in Siberia.）の内容と一致しない。②は第6段第10～12文（But suddenly the … mammoths in mud.）の内容と一致しない。④は本文では述べられていない内容であるため誤りである。

7. ④が第7段第6・7文（Through such work, … to choose characteristics.）の内容と一致する。①は第7段第1文（Experiments with animals …）の内容に反する。②は本文では述べられていない内容であるため誤り。③は第7段第7～10文（For example, they … weaknesses to disease.）の内容と一致しない。

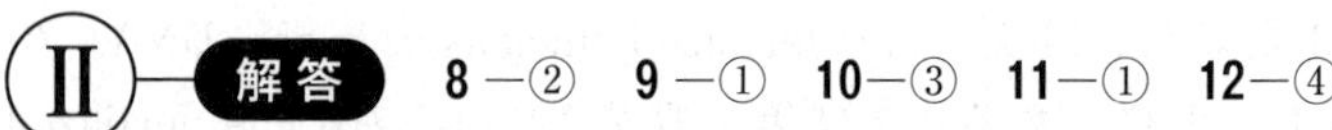

Ⅱ　解答　**8**―②　**9**―①　**10**―③　**11**―①　**12**―④

解説

《音楽専攻の大学生の週末の予定についての会話》

8. 空所直後に there yet が続いている。ここでの副詞 there は the new café を指しており，完了形の否定文で用いる yet が置かれていることから，空所には完了形を入れるのが適切である。よって，②が正解。

9. 空所を含む発言の後半部分の to buy their delicious cheesecake は，to 不定詞の副詞的用法である。よって，「美味しいチーズケーキを買うために，そのカフェで」何をするのかを推測するとよい。よって，①が正解。stand in line は「一列に並んで待つ」を意味する表現。

10. 選択肢から空所には名詞が入る。空所に入る名詞を後続の to hear their music while chatting with friends が修飾している。よって，③を選び，「友人とおしゃべりしながら，音楽を聞くなんて素晴らしい機会なんだ」とするのが最適である。a chance to *do* で「～する機会」を意味する。また，what a＋形容詞＋名詞の形で「なんて～な…」の意味となる感嘆表現である。

11. 直前の発言でダンは，そのカフェが自分たちの新曲を演奏させてくれるかどうかを尋ねている。空所はその質問に対するビクトリアの返答である。さらに，空所に続けて「もしカフェがイエスといえば」と述べていることから，可能性がまったくないわけではないことが示されている。よって，①を入れて，「尋ねてみる価値はある」とするのが最適である。be worth *doing* は「～する価値がある」の意味。

12. 直前のビクトリアの「次のイベントとしてジャズナイトを開催するのはどうか」という提案に対して，ダンは Sure と肯定的に返事をしており，空所にも肯定的なものが入ると推測できる。よって，④が正解である。

13―③　**14**―③　**15**―②　**16**―①　**17**―④

解説

13.「間違った名前で呼ばれたので，私は自分が話しかけられている人だとわからなかった」

分詞構文を用いた英文。省略されている主語は I，分詞化している動詞は call である。call は他動詞であるため目的語が必要であるが，本問での空所直後の by the wrong name は目的語にはなれない。よって，受動態の分詞構文であると判断できる。受動態の分詞構文は，(being) *done,* S V の形で表す。よって，正解は③。

14.「旅行の間に私は多くの都市を訪れた，そしてそのうちのひとつはパリだった」

非制限用法の関係詞の問題。選択肢のうち非制限用法があるのは③の関係代名詞 which と④の関係副詞の where である。本問での空所は one of ～「～のうちのひとつ」の前置詞 of の直後なので，関係代名詞が入る。よって，③が正解。

15.「今や友人たちがやって来ないので，私はより小さいレストランを見つける必要がある」

now that ～ で「今や～なので」を意味する従属接続詞的な表現となる。よって，②が正解。

16.「そのチームの成功は，重圧の下で素早く効果的に協力する彼らの能力に大いにかかっている」

an ability to *do* で「～する能力」の意味。よって，①が正解。

17.「宇宙は未だ謎である。科学者はそれがどのように始まったのかをまだ特定していない」

have yet to *do* で「まだ〜していない」や「これから〜することになっている」を意味する定形表現。英文の前半部分の内容と後半の identify how it began の内容を考慮すると，④を選択し，文意を「科学者はそれがどのように始まったのかをまだ特定していない」とするのが最適であると考えられる。

Ⅳ　解答　18―③　19―①　20―②　21―③　22―②

解説

18.「外国では留学の機会を得られる人は多くはない」

空所直後の people は複数扱いされる名詞であるため，little と much ではなく，few と many で修飾する。また，never few という表現は存在しないため，③が正解となる。not many 〜 で「〜は多くはない」の意味となる。

19.「最初の解決策がうまくいかなかった場合に備えて，今私は問題を解決するための代替案を考えている」

選択肢の意味は，①alternative「代わりの」，②awkward「やっかいな」，③colonial「植民地の」，④rude「無礼な」である。英文の前半部分の内容を考慮すると，①を選び，「代わりのもの」とするのが最適である。just in case 〜 は「〜の場合に備えて」の意味である。

20.「電車を逃したので，我々は会議に遅刻した」

空所が自動詞 arrive の直後であることから，空所には副詞が入る。選択肢のそれぞれを副詞として用いた場合の意味は，①lately「最近」，②late「遅れて」，③hardly「ほとんど〜ない」，④hard「熱心に」である。分詞構文で表現された前半部分の内容が「電車を逃した」であることから，②の late を入れるのが最適。late for 〜 で「〜に遅れて」の意味である。

21.「噂では，彼女の自宅には 50 足以上の靴があるらしい」

Rumor has it that 〜 で「噂では〜ということらしい」の意味となる定形表現。

22.「学生の頃，彼は自分で洗濯して料理する方法を学ぶ必要があった」

on *one's* own は「自分で」や「独力で」を意味する成句表現。よって，

②が正解。

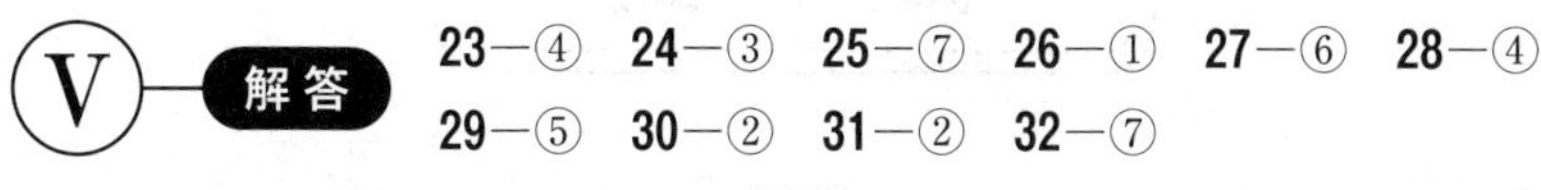

V 解答 23―④　24―③　25―⑦　26―①　27―⑥　28―④　29―⑤　30―②　31―②　32―⑦

解説

完成した文は以下のとおり。

(A) (We) promise to deliver all kinds of vegetables with new stock (coming every week.)

promise to *do* で「〜すると約束する」。また，with *A doing* で，付帯状況を表し「*A* が〜しながら」の意味となる。

(B) (The doctor) advised him to refrain from smoking so (much.)

advise *A* to *do*「*A* に〜するように忠告する」と refrain from *doing*「〜するのを差し控える」を組み合わせるとよい。

(C) We don't allow employees to use their company email accounts for (personal purposes.)

allow *A* to *do* で「*A* に〜するのを許可する」を意味する表現。

(D) (The jazz concert) sponsored by the company is supposed to begin (at eight o'clock.)

be supposed to *do* は「〜することになっている」を意味する成句表現。sponsored by the company の部分は過去分詞句で，直前の名詞 The jazz concert を後置修飾している。

(E) (His) careless comment sparked anger within me that I didn't know I would (feel.)

「彼の不用意な発言」が主語，「引き起こした」が動詞，「怒り」が目的語となる第3文型の英文を組み立てる。すると，書き出しの His の直後に careless commment が入り，他動詞 spark「〜の引き金となる」の過去形である sparked が続く。その直後に目的語となる anger within me をおく。「感じるとは思わなかった」の部分は目的語である「怒り」を修飾する部分である。残ったものを並べ替え，直訳で「私が感じるとは知らなかった」の意味となる関係代名詞節 that I didn't know I woud feel の形とし，英文につなげるとよい。

日本史

I　解答　問1．③　問2．②　問3．④　問4．④　問5．②

解説

《国風文化》

問1． 正答は③。ア．誤文。万葉がなの草書体を簡略化した平がなは，公文書ではなく，女性が私的に使用する文字として用いられた。イ．正文。

問2． 正答は②。③『拾遺和歌集』は3番目の勅撰和歌集，④『菟玖波集』は室町時代の准勅撰連歌集，⑤『万葉集』は現存する最古の歌集である。①『懐風藻』は最古の漢詩文集である。

問3． 正答は④。『土佐日記』は，作者の紀貫之が，土佐守の任期を終え京に帰るまでの旅日記。自らは男でありながら，女に身を託して平がなで記した日記で，最初のかな日記である。

問5． 正答は②。螺鈿とは，夜光貝などの貝殻を薄く削り，漆を塗った台などにはめ込む工芸技法で，蒔絵と合わさって日本独特の工芸となった。①は野々村仁清の色絵藤花紋茶壺，③は源氏物語絵巻，④は正倉院碧瑠璃坏である。

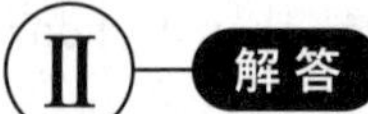

II　解答　問1．③　問2．①　問3．⑤　問4．④　問5．⑤

解説

《院政期の文化》

問2． ①が正しい。①は安芸の国（現在の広島県）にあり，大宰府の役人や安芸守などを歴任し西国に関係の深い平氏の崇敬を得た。

問3． 正答は⑤。『今鏡』は1170年頃成立した歴史書。『大鏡』『水鏡』『増鏡』とあわせて四鏡とされる。①藤原（九条）兼実は『玉葉』の，②藤原公任は『和漢朗詠集』の，③藤原実資は『小右記』の著者として知られる。

問4． 正答は④。①は19世紀におこった黒住教，②は真言宗，③は天台宗の説明文である。

問5． ⑤が誤り。⑤『平治物語絵巻』は1159年の平治の乱を題材としており鎌倉時代中期の作である。

III 解答 問1．④　問2．②　問3．②　問4．③　問5．④

解説

《近世の日露関係》

問1． 正答は④。プチャーチンは1853年に長崎に来航したロシア使節である。

問2． 正答は②。①江川太郎左衛門は伊豆韮山の代官で，砲術を学び，反射炉を築造した。③高田屋嘉兵衛は択捉航路を開拓したがロシア兵に捕えられ，解放の後捕縛されていたゴローウニンの釈放に尽力した。④津太夫は遭難してロシアに漂着，レザノフに護送され帰国した。

問3． ②が含まれない。空欄Cは択捉島であり，他に国後・色丹・歯舞が北方四島である。

問4． ③が正答。林子平は江戸時代後期の思想家。『海国兵談』などの著書が人心を惑わせたとして処罰された。間宮林蔵は江戸時代後期の探検家。幕命で北方を踏査し樺太が島であることを確認した。

問5． 正答は④。レザノフは空欄Aのラクスマンが持ち帰った入港許可証を持って，1804年に長崎に来航した。①ゴローウニンは1811年に国後島で捕えられたロシア軍人。『日本幽囚記』の著書がある。②シーボルトはオランダ商館付きの医師。長崎に「鳴滝塾」を開設し多くの門人を育てた。③ハリスは1856年に着任した初代アメリカ総領事である。

IV 解答 問1．⑥　問2．③　問3．③　問4．⑤　問5．①

解説

《明治時代の政治》

史料は第1回帝国議会での予算案の説明で，首相山県有朋が国境としての「主権線」とともに朝鮮を含む「利益線」の防衛のための陸海軍の増強の必要を力説した部分である。

問1． 正答は⑥。当時の内閣は，第1次山県有朋内閣→第1次松方正義内閣→第2次伊藤博文内閣の順番である。

問3． 正答は③。憲法発布直後の黒田清隆首相による，「政府は…超然として政党の外に立ち」という演説によって，政党の意向に左右されない方針として示されていた。

問4． 正答は⑤。「民力休養」「政費節減」は行政費を節約し地租軽減・地価修正を求めるものであった。

問5． 波線部で誤っているのは「立憲改進党」。立憲改進党を「自由党」に改めれば正しい文章になる。間違いは1カ所なので正答は①。

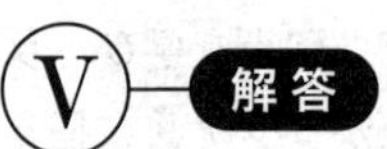

問1．③　問2．④　問3．③　問4．③　問5．④

解説

《近代の文化》

問1． 正答は③。①『古寺巡礼』と④『風土』は和辻哲郎の著書，②『鎖国論』は，江戸時代にオランダ商館付きの医師であったケンペルの著書『日本誌』の一部を志筑忠雄が訳述したもの。

問3． 正答は③。①「金蓉」は安井曽太郎の，②「紫禁城」は梅原龍三郎の，④「麗子微笑」は岸田劉生の作品である。

問4． ③が誤り。『こころ』は夏目漱石の作品である。

問5． 正答は④。『文芸戦線』もプロレタリア文学の雑誌であるが，発刊は1924年である。『海に生くる人々』は葉山嘉樹の作品である。

世界史

Ⅰ　解答　問1．②　問2．④　問3．④　問4．②　問5．②

解説

《古代ギリシア・ペルシア関係史》

問1． 下線部(1)のペルシアは，アケメネス朝ペルシアのことである。

①誤文。アルダシール1世はササン朝ペルシアの初代の王である。

③誤文。サトラップはアケメネス朝ペルシアで置かれた地方行政官（知事）である。国内を巡回した監察官は「王の目」「王の耳」と呼ばれた。

④誤文。「クテシフォン」が誤り。ティグリス河畔のクテシフォンにはパルティアやササン朝が都を置いた。アケメネス朝の駅伝制で中心となった都はスサ。

問2． ①誤文。コリントス同盟の盟主はマケドニアである。

②誤文。スパルタにおいて奴隷身分とされた被征服民は，ヘイロータイと呼ばれた。ペリオイコイは農業や商工業に従事する半自由民で，貢納・従軍の義務があったが参政権を持たない人々をさす。

③誤文。スパルタは一種の鎖国体制を採っており，他国との自由な往来は制限されていた。

問4． ①誤文。「男女」が誤り。アテネで市民権をもち，民会に参加できたのは成年男性市民のみであった。

③誤文。「終生」が誤り。将軍など一部の職を除いて，抽選で選ばれた役人は1年任期とされた。

④誤文。アテネでは裁判官も民衆から抽選で選ばれていた。

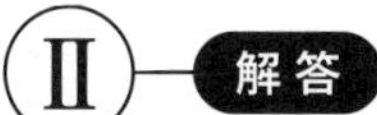

Ⅱ　解答　1－①　2－①　3－④　4－④　5－④

解説

《モンゴル帝国史》

3． (a)誤り。チンギス＝ハンの死後に即位し，カラコルムに都を建設したのはオゴタイ（オゴデイ）である。

(b)誤り。ワールシュタットの戦いで，ドイツ・ポーランド連合軍を破ったモンゴル軍を率いたのはバトゥである。

4．(a)誤り。バグダードを占領してアッバース朝を滅ぼし，西アジアにイル＝ハン国を建てたのはフラグである。

(b)誤り。大ハン位についたフビライに対し反乱を起こしたのはハイドゥ（カイドゥ）である。

5．(a)誤り。フランス国王ルイ9世がモンゴル帝国に派遣した使節はルブルックである。

(b)誤り。『三大陸周遊記』を著したのは，ムスリムの旅行家であったイブン＝バットゥータ。マルコ＝ポーロは『世界の記述（東方見聞録）』を著した。

問1．③ **問2．**① **問3．**③ **問4．**③ **問5．**③

解説

《18世紀のプロイセンとオーストリア》

問2．①正解。ヴォルテールはフランスの啓蒙主義者。著書の『哲学書簡』はイギリス社会を賛美することでフランス社会を批判した。

問3・問4．「外交革命」とは，オーストリア＝ハプスブルク家とフランス＝ブルボン家が対立関係から同盟関係に転じた出来事をさす。両家はイタリア戦争以来対立を続けていたが，マリア＝テレジアが統治するオーストリアはオーストリア継承戦争でプロイセンに奪われたシュレジエンを奪回するために，フランスに同盟を提唱した。

問5．正解は③。七年戦争は1756～63年。プラッシーの戦い（1757年）では，クライヴが率いるイギリス東インド会社がベンガル太守・フランス連合軍を破った。この勝利によってイギリスはインドにおける覇権を確立した。

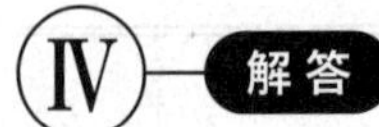
問1．④ **問2．**③ **問3．**⑤

問4．人物＝③ 呼称＝⑥ **問5．**③

解説

《19 世紀以降のラテンアメリカ史》

問２. ③正解。フランス領サン＝ドマングでは，1791 年に黒人奴隷のトゥサン＝ルヴェルチュールを指導者として，フランスからの独立運動が起きた。1804 年に独立を達成し，史上初めての黒人共和国であるハイチ共和国が成立した。

問５. ③正解。アメリカ大統領モンローによる，アメリカ大陸とヨーロッパ大陸の相互不干渉の表明は，モンロー宣言と呼ばれ，その後のアメリカ合衆国の外交方針の底流となる孤立主義へと続くことになった。

1. 国＝③，人物＝②　**2.** 国＝⑥，人物＝④
3. 国＝⑦，人物＝⑧　**4.** 国＝⑨，人物＝⑦
5. 国＝②，人物＝⓪

解説

《アジアの民族解放運動とその指導者》

1. 正解はインド（③），ガンディー（②）。「塩の行進」がポイント。塩の行進は，ガンディーが主導した非暴力不服従運動の過程で行われた。生活必需品の塩への課税に反発することで，イギリスの圧政をアピールしたものであった。

2. 正解は中国（⑥），孫文（④）。孫文は 1924 年に中国国民党を改組して，「連ソ・容共・扶助工農」をスローガンとした。「連ソ」は中国とソ連との提携を，「容共」は共産党を受け入れたことを，「扶助工農」は労働者や農民を支援することをさす。これにより中国国民党と中国共産党による第１次国共合作が成立した。

3. 正解はトルコ（⑦），ムスタファ＝ケマル（⑧）。ムスタファ＝ケマルは 1922 年にスルタン制の廃止を宣言しオスマン帝国を滅ぼした。第一次世界大戦の敗戦に際し，オスマン帝国が列強と結んだセーヴル条約に代わって新たにローザンヌ条約を締結した。

4. 正解はベトナム（⑨），ホー＝チ＝ミン（⑦）。ベトナムでは 1930 年にホー＝チ＝ミンを指導者としてインドシナ共産党が結成された。

数 学

◀数 学 (1)▶

I 解答 1—① 2—③ 3—② 4—⑦ 5—⑤ 6—①
7—① 8—② 9—① 10—② 11—③ 12—②
13—③ 14—⑤ 15—②

解説

《小問2問》

(1) $\dfrac{18}{4-\sqrt{7}}=\dfrac{18(4+\sqrt{7})}{(4-\sqrt{7})(4+\sqrt{7})}=2(4+\sqrt{7})=8+\sqrt{28}$

$5=\sqrt{25}<\sqrt{28}<\sqrt{36}=6$

だから　$13<8+\sqrt{28}<14$

整数部分 $a=13$　(→1，2)

小数部分 $b=2(4+\sqrt{7})-13=2\sqrt{7}-5$　(→3～5)

(2) $x^2-2(a-1)x+a-1=0$　……①

①の x についての判別式を D とすると

$\dfrac{D}{4}=(a-1)^2-(a-1)=(a-1)(a-2)$

(i) ①が異なる2つの実数解をもつのは

$D>0 \iff (a-1)(a-2)>0$

$\iff a<1,\ 2<a$　(→6～8)

(ii) $f(x)=x^2-2(a-1)x+a-1$ とおく。

$f(x)=0$ の異なる2つの実数解のうち1つだけが $-1<x<1$ の範囲にある

$\iff f(-1)f(1)<0$

$\iff \{(-1)^2+2(a-1)+a-1\}\{1^2-2(a-1)+a-1\}<0$

$\iff (3a-2)(-a+2)<0$

$\iff a<\dfrac{2}{3},\ 2<a$　(→9～12)

(iii)　条件から

$$
\begin{aligned}
|\alpha-\beta|=2 \quad &\Longleftrightarrow \quad |\alpha-\beta|^2=4 \\
&\Longleftrightarrow \quad (\alpha-\beta)^2=4 \\
&\Longleftrightarrow \quad (\alpha+\beta)^2-4\alpha\beta=4 \\
&\Longleftrightarrow \quad \{2(a-1)\}^2-4(a-1)=4 \\
&\Longleftrightarrow \quad (a-1)^2-(a-1)-1=0 \\
&\Longleftrightarrow \quad a-1=\frac{1\pm\sqrt{5}}{2} \\
&\Longleftrightarrow \quad a=\frac{3\pm\sqrt{5}}{2} \quad (\to 13\sim15)
\end{aligned}
$$

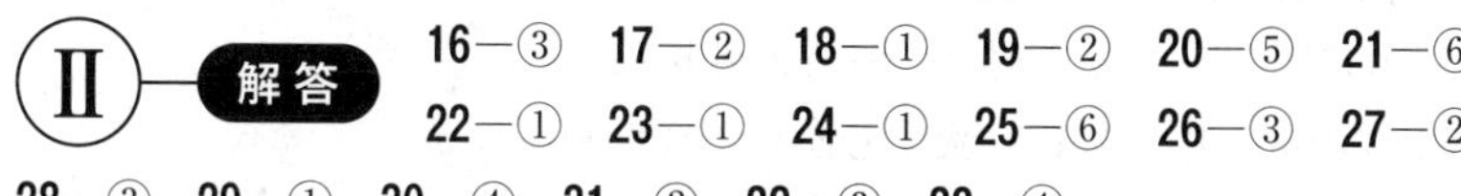
II 解答　**16**—③　**17**—②　**18**—①　**19**—②　**20**—⑤　**21**—⑥
22—①　**23**—①　**24**—①　**25**—⑥　**26**—③　**27**—②
28—③　**29**—①　**30**—④　**31**—②　**32**—③　**33**—④

解説

《正四面体の断面の面積，正十二角形の外接円と内接円》

(1)(i)　△ABC は 1 辺の長さが 1 の正三角形であり，この中線 BE は，辺 AC を垂直二等分する。

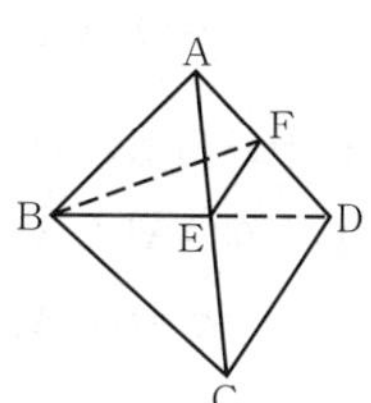

△BCE に三平方の定理を用いて

$$
\mathrm{BE}=\sqrt{\mathrm{BC}^2-\mathrm{CE}^2}
$$

$$
=\sqrt{1^2-\left(\frac{1}{2}\right)^2}=\frac{\sqrt{3}}{2} \quad (\to 16,\ 17)
$$

△ACD に中点連結定理を用いて

$$
\mathrm{EF}=\frac{1}{2}\mathrm{CD}=\frac{1}{2} \quad (\to 18,\ 19)
$$

(ii)　△BEF において

$$
\mathrm{BF}=\mathrm{BE}=\frac{\sqrt{3}}{2},\ \mathrm{EF}=\frac{1}{2}
$$

だから，余弦定理を用いて

$$
\cos\angle\mathrm{EBF}=\frac{\mathrm{BE}^2+\mathrm{BF}^2-\mathrm{EF}^2}{2\mathrm{BE}\cdot\mathrm{BF}}
$$

$$=\frac{2\left(\frac{\sqrt{3}}{2}\right)^2-\left(\frac{1}{2}\right)^2}{2\cdot\left(\frac{\sqrt{3}}{2}\right)^2}=\frac{2}{3}\cdot\frac{5}{4}=\frac{5}{6} \quad (\to 20,\ 21)$$

(iii) (ii)より，∠EBF は鋭角であり，sin∠EBF＞0 だから

$$\sin\angle\mathrm{EBF}=\sqrt{1-\cos^2\angle\mathrm{EBF}}=\sqrt{1-\left(\frac{5}{6}\right)^2}=\frac{\sqrt{11}}{6}$$

$$\triangle\mathrm{BEF}=\frac{1}{2}\mathrm{BE}\cdot\mathrm{BF}\sin\angle\mathrm{EBF}$$

$$=\frac{1}{2}\left(\frac{\sqrt{3}}{2}\right)^2\cdot\frac{\sqrt{11}}{6}=\frac{\sqrt{11}}{16} \quad (\to 22\sim 25)$$

(2) 正十二角形の頂点を図のように A_i（$i=1$, 2, …, 12）とし，この正十二角形の外接円と内接円の中心 O_1，O_2 は一致するからこれを O とする。

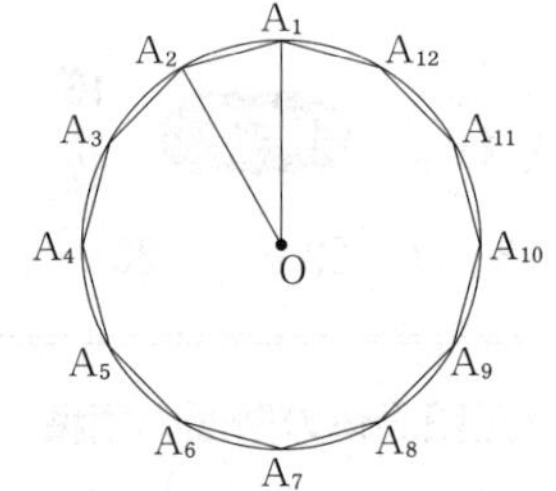

(i) $\angle\mathrm{A}_1\mathrm{OA}_2=360°\div 12=30°$

$$\triangle\mathrm{OA}_1\mathrm{A}_2=\frac{1}{2}R^2\sin 30°=\frac{R^2}{4}$$

正十二角形の面積は　$12\triangle\mathrm{OA}_1\mathrm{A}_2=3R^2$ （→ 26）

(ii) $\triangle\mathrm{OA}_1\mathrm{A}_2$ に余弦定理を用いて

$$a^2=\mathrm{A}_1\mathrm{A}_2{}^2=\mathrm{OA}_1{}^2+\mathrm{OA}_2{}^2-2\mathrm{OA}_1\cdot\mathrm{OA}_2\cos 30°$$

$$=2R^2-2R^2\cdot\frac{\sqrt{3}}{2}=(2-\sqrt{3})R^2 \quad (\to 27,\ 28)$$

(iii) 内接円の半径 r は，点 O から辺 $\mathrm{A}_1\mathrm{A}_2$ に下ろした垂線の長さだから，$\triangle\mathrm{OA}_1\mathrm{A}_2$ の面積について

$$\frac{1}{2}ar=\frac{1}{4}R^2 \quad (\to 29,\ 30)$$

(iv) 内接円 O_2 の面積を S とすると

$$S=\pi r^2 \quad \cdots\cdots①$$

(iii)から，$a=\frac{R^2}{2r}$ より　$a^2=\frac{R^4}{4r^2}$

(ii)から

$$\frac{R^4}{4r^2}=(2-\sqrt{3})R^2$$

$$\iff \quad r^2=\frac{R^2}{4(2-\sqrt{3})}=\frac{(2+\sqrt{3})R^2}{4} \quad \cdots\cdots②$$

①，②より　$S=\dfrac{(2+\sqrt{3})}{4}\pi R^2$　（→31～33）

Ⅲ ―解答

34―③　35―④　36―②　37―③　38―②　39―③
40―⑧　41―②　42―⑦　43―①　44―⑥　45―②
46―⑦

解説

《カードを取り出す試行の条件付き確率，さいころを投げる試行における確率》

(1)　両面が赤のカードRとし，Rの一方の面を赤1，他方の面を赤2，両面が黒のカードBとし，Bの一方の面を黒1，他方の面を黒2，赤と黒を両面にもつカードMとし，Mの赤の面を赤3，黒の面を黒3とする。

【1】会話の前半部分について

テーブルに置いたカードの見えている面が赤だから，取り出したカードは，B以外のRまたはMである。

RとMを入れた2枚のカードから1枚取り出してテーブルに置く試行において，全事象Uは

$U=\{$赤1，赤2，赤3，黒3$\}$

だから　$n(U)=4$

見えている面が赤となる事象Aは　$A=\{$赤1，赤2，赤3$\}$

だから　$n(A)=3$

よって，求める確率$P(A)$は　$P(A)=\dfrac{3}{4}$　（→34，35）

【2】問題の確率について

テーブルに置いたカードの見えている面が赤である事象は

$\{$赤1，赤2，赤3$\}$

このうち，テーブルに置いたカードの裏面も赤となる事象は$\{$赤1，赤2$\}$だから，求める確率は　$\dfrac{2}{3}$　（→36，37）

(2)(i)　1個のさいころを1回投げる試行において

全事象 U は　$U=\{1,\ 2,\ 3,\ 4,\ 5,\ 6\}$

6の約数の目が出る事象 A は，$A=\{1,\ 2,\ 3,\ 6\}$ である。

求める確率 $P(A)$ は　$P(A)=\dfrac{n(A)}{n(U)}=\dfrac{4}{6}=\dfrac{2}{3}$　(→38，39)

(ii)　1個のさいころを3回続けて投げる試行において

(i)の結論から各回の試行で6の約数の目が出る確率は　$\dfrac{2}{3}$

だから，3回とも6の約数の目が出る確率は

$$\left(\frac{2}{3}\right)^3=\frac{8}{27}\quad (\to 40\sim 42)$$

(iii)　1個のさいころを4回続けて投げる試行において

6の約数の目が3回以上出る確率について

6の約数の目がちょうど3回出る確率は

$${}_4C_3\left(\frac{2}{3}\right)^3\left(\frac{1}{3}\right)=\frac{4\cdot 2^3}{3^4}$$

4回とも6の約数の目が出る確率は　$\left(\dfrac{2}{3}\right)^4=\dfrac{2^4}{3^4}$

これらの和事象の確率を考えて，求める確率は

$$\frac{4\cdot 2^3+2^4}{3^4}=\frac{3\cdot 2^4}{3^4}=\frac{16}{27}\quad (\to 43\sim 46)$$

◀数　学（2）▶

I　解答

1―②　2―②　3―①　4―④　5―③　6―②
7―①　8―⑥　9―④　10―⑥　11―⑤　12―②
13―⑥　14―①　15―⓪　16―④

解説

《小問2問》

問1．(1)　$x^2+4x+3=0 \iff (x+1)(x+3)=0$

$\iff x=-1$　または　$x=-3$

$\Longleftarrow x=-3$

よって，$x=-3$ は $x^2+4x+3=0$ であるための十分条件であるが，必要条件ではない。(②)　(→1)

(2)　条件 p：$x+y\leqq 6$，条件 q：$x\leqq 3$ または $y\leqq 3$ とする。

これらの否定をそれぞれ $\overline{p}$，$\overline{q}$ とする。

$\overline{p}$：$x+y>6$　　$\overline{q}$：$x>3$　かつ　$y>3$

$\overline{q} \Longrightarrow x+y>3+y>3+3=6$

となり

$\overline{q} \Longrightarrow \overline{p}$ は真　$\iff$　$p \Longrightarrow q$ は真

（∵　命題の真偽はその対偶の真偽と一致する）

$q \Longrightarrow p$ は偽　　反例 $(x,\ y)=(2,\ 5)$

よって，p は q であるための十分条件であるが，必要条件ではない。

(②)　(→2)

(3)　$xy=yz \iff y(x-z)=0$

$\iff y=0$　または　$x=z$

$\Longleftarrow x=z$

だから，$xy=yz$ は $x=z$ であるための必要条件であるが，十分条件ではない。(①)　(→3)

(4)　$xy>0 \Longrightarrow x>0$ は偽　　反例 $(x,\ y)=(-1,\ -1)$

$x>0 \Longrightarrow xy>0$ は偽　　反例 $(x,\ y)=(1,\ -1)$

よって，$xy>0$ は $x>0$ であるための必要条件でも十分条件でもない。

（④）　（→ 4 ）

(5)　　$x^4=(x^2)^2 \geqq 0$　（等号成立は $x=0$ のとき）

$y^2 \geqq 0$　（等号成立は $y=0$ のとき）

だから，$x^4+y^2 \geqq 0$ であり，等号成立は $x=y=0$ のときである。

よって，$x^4+y^2=0 \iff x=y=0$ となり，必要十分条件である。

（③）　（→ 5 ）

問2. (1)　1年目末の預金総額は　　1.04万円

2年目の年始めの預金総額は　　$1.04+1=2.04$ 万円

2年目末の預金の総額は　　$2.04\times1.04=2.1216$ 万円

つまり　　21216円　（→ 6 〜 8 ）

3年目の年始めの預金総額は　　$2.1216+1=3.1216$ 万円

3年目の末の預金総額は　　$3.1216\times1.04=3.246464$ 万円

つまり　　32464.64円≒32465円　（→ 9 〜11）

(2)　n 年後末の預金の総額を a_n 円とする。

$$a_{n+1}=1.04(a_n+a),\ a_1=1.04a=\frac{26}{25}a$$

$$a_{n+1}=\frac{26}{25}a_n+a_1$$

$$a_{n+1}+25a_1=\frac{26}{25}(a_n+25a_1)=\cdots=\left(\frac{26}{25}\right)^n(a_1+25a_1)=26a_1\left(\frac{26}{25}\right)^n$$

$$a_n+25a_1=26a_1\left(\frac{26}{25}\right)^{n-1}$$

$$a_n+26a=26a\left(\frac{26}{25}\right)^n$$

$$a_n=26a(1.04^n-1)\quad (\to 12\sim16)$$

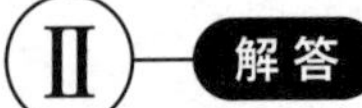

17—②　**18**—③　**19**—②　**20**—②　**21**—①　**22**—②
23—①　**24**—①　**25**—⑤　**26**—①　**27**—⑤　**28**—③
29—⑨　**30**—⓪　**31**—②　**32**—⑤　**33**—④　**34**—⓪　**35**—⑥　**36**—⓪

解説

《三角関数の値とグラフの拡大，指数方程式，対数関数の応用》

(1)　　$\sin240^\circ=\sin(180^\circ+60^\circ)=-\sin60^\circ=-\dfrac{\sqrt{3}}{2}$　（→ 17〜19）

$$\cos 240^\circ = \cos(180^\circ + 60^\circ) = -\cos 60^\circ = -\frac{1}{2} \quad (\to 20\sim22)$$

(2)　θ は第 3 象限の角だから，$\cos\theta < 0$ であり

$$\cos\theta = -\sqrt{1-\sin^2\theta} = -\sqrt{1-\left(-\frac{1}{4}\right)^2} = -\frac{\sqrt{15}}{4}$$

$$\tan\theta = \frac{\sin\theta}{\cos\theta} = -\frac{1}{4}\cdot\left(-\frac{4}{\sqrt{15}}\right) = \frac{\sqrt{15}}{15} \quad (\to 23\sim27)$$

(3)　$y=\sin 3\theta$　……①上の任意の点を $\mathrm{P}(s,\ t)$ とする。

このとき　$t=\sin 3s$　……②

①を θ 軸方向に $\frac{1}{3}$ 倍，y 軸方向に 3 倍にしたとき，P が移動する点を $\mathrm{Q}(\theta,\ y)$ とする。

$$\theta = \frac{1}{3}s,\quad y=3t$$

$$s=3\theta,\quad t=\frac{y}{3}$$

これを②に代入して

$$\frac{y}{3} = \sin 3(3\theta) \iff y=3\sin 9\theta \quad (\to 28,\ 29)$$

(4)

$$3^n=1 \iff 3^n=3^0 \iff n=0 \quad (\to 30)$$

$$3^m=\frac{1}{243} \iff 3^m=3^{-5} \iff m=-5 \quad (\to 31,\ 32)$$

(5)　$y=20\log_{10}\left(\frac{p}{p_0}\right)$ において，$f(p)=20\log_{10}\left(\frac{p}{p_0}\right)$ とする。

$$\begin{aligned} f(100p) &= 20\log_{10}\left(\frac{100p}{p_0}\right) = 20\left\{\log_{10}100+\log_{10}\left(\frac{p}{p_0}\right)\right\} \\ &= 20\log_{10}100+20\log_{10}\left(\frac{p}{p_0}\right) \\ &= 40+f(p) \end{aligned}$$

よって，音圧が 100 倍になると音圧レベルは 40 上がる。（→ 33，34）

$$\begin{aligned} f\left(\frac{p}{1000}\right) &= 20\log_{10}\left(\frac{p}{1000p_0}\right) \\ &= 20\left\{\log_{10}\frac{1}{1000}+\log_{10}\left(\frac{p}{p_0}\right)\right\} \end{aligned}$$

$$=20\log_{10}10^{-3}+20\log_{10}\left(\frac{p}{p_0}\right)$$

$$=-60+f(p)$$

よって，音圧が $\frac{1}{1000}$ 倍になると音圧レベルは60下がる。(→35，36)

Ⅲ　解答

37－②　**38**－②　**39**－②　**40**－④　**41**－②　**42**－④
43－②　**44**－②　**45**－④　**46**－②　**47**－②　**48**－①
49－④　**50**－①　**51**－⑤　**52**－⑧　**53**－②　**54**－①　**55**－⑤　**56**－④

解説

《線分の外分点の軌跡，直線の傾きの最小値，直線が2つの放物線の間にある条件》

(1)　条件から，点 $P(s,\ 2s^2+2)$ と表せる。

$$\overrightarrow{OQ}=\frac{3\overrightarrow{OO}-2\overrightarrow{OP}}{-2+3}=-2\overrightarrow{OP}$$

$$=-2(s,\ 2s^2+2)=(-2s,\ -4s^2-4)$$

よって　　$Q(-2s,\ -4s^2-4)$　(→37～42)

点 $Q(x,\ y)$ とすると

$$x=-2s,\ y=-4s^2-4$$

$s=-\frac{x}{2}$ より

$$y=-4\left(-\frac{x}{2}\right)^2-4 \iff y=-x^2-4 \quad (\to 43\sim45)$$

(2)　3点O，P，Qは一直線上にあるから，PQ∥OPとなり，OPの傾きを考えて

$$\frac{2s^2+2}{s}$$

$$=2s+\frac{2}{s}\quad (s>0)\quad (\to 46,\ 47)$$

$$\geqq 2\sqrt{2s\cdot\frac{2}{s}}\quad (\because\ 相加相乗平均の関係)$$

$$=4\quad (等号成立は\ s=1\ のとき)\quad (\to 48,\ 49)$$

(3)　$x+y=k \iff y=-x+k$

条件から，任意の実数 x に対して，次の不等式が成立するような k の範囲を求める。

$$-x^2-4 \leqq -x+k \leqq 2x^2+2$$

$$\iff \quad -x^2+x-4 \leqq k \leqq 2x^2+x+2$$

ここで

$$-x^2+x-4=-\left(x-\frac{1}{2}\right)^2-\frac{15}{4} \leqq -\frac{15}{4}$$

$$\left(\text{等号成立は } x=\frac{1}{2} \text{ のとき}\right)$$

$$2x^2+x+2=2\left(x+\frac{1}{4}\right)^2+\frac{15}{8} \geqq \frac{15}{8} \quad \left(\text{等号成立は } x=-\frac{1}{4} \text{ のとき}\right)$$

だから，x が任意の実数値をとるとき　$-\dfrac{15}{4} \leqq k \leqq \dfrac{15}{8}$

よって，k の最大値は　$\dfrac{15}{8}$　（→50～52）

k の最小値は　$-\dfrac{15}{4}$　（→53～56）

物　理

I　解答

問1．⑤　問2．④　問3．④　問4．③　問5．①
問6．①　問7．③

解説

《重心の位置，ばねでつながれた2物体の運動》

問1． 半径 $\frac{r}{4}$ の円板は，面積が $\pi\left(\frac{r}{4}\right)^2=\frac{\pi r^2}{16}$ であるので，質量は $\frac{M}{16}$ である。よって，残った部分の質量は

$$M-\frac{M}{16}\times 2=\frac{7M}{8}$$

問2． 求める重心の座標を X_G とする。右図のように，切り取られた部分に，切り取ったC2，C3を埋め込むと，全体の重心は O_1 に戻る。そのとき，O_1 回りで重力のモーメントがつりあうので

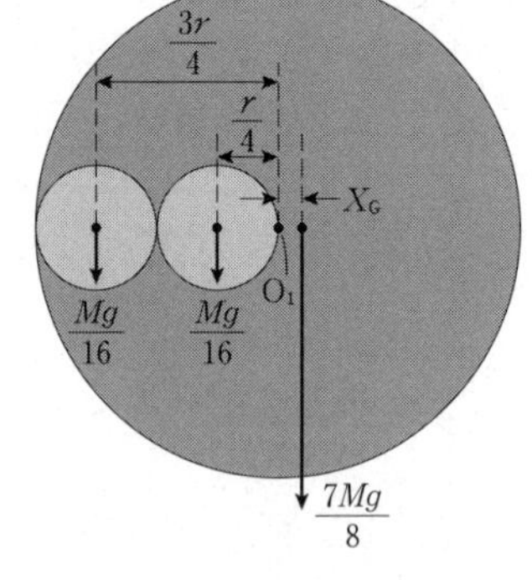

$$\frac{Mg}{16}\times\frac{3r}{4}+\frac{Mg}{16}\times\frac{r}{4}-\frac{7Mg}{8}\times X_G=0$$

$$\therefore\quad X_G=\frac{r}{14}$$

問3． 衝突直後のQとRの床に対する速度を，左向きを正として，それぞれ v_Q，v_R とする。衝突直後には，まだPは動いていないので，運動量保存則より

$$mv_Q+mv_R=mv_0\qquad\therefore\quad v_Q+v_R=v_0\quad\cdots\cdots\text{ⓘ}$$

また，反発係数の式より

$$-\frac{v_Q-v_R}{0-v_0}=0.5\qquad\therefore\quad v_Q-v_R=0.5v_0\quad\cdots\cdots\text{ⓘⓘ}$$

ⓘ，ⓘⓘより　$v_Q=\frac{3v_0}{4}$

問4． 問3のⓘ式，ⓘⓘ式より，$v_R=\frac{v_0}{4}$ となるので，衝突の際失われた運

動エネルギーは

$$\frac{1}{2}mv_0{}^2-\frac{1}{2}mv_Q{}^2-\frac{1}{2}mv_R{}^2$$

$$=\frac{1}{2}mv_0{}^2-\frac{1}{2}m\left(\frac{3v_0}{4}\right)^2-\frac{1}{2}m\left(\frac{v_0}{4}\right)^2$$

$$=\frac{1}{2}mv_0{}^2\left(1-\frac{10}{16}\right)=\frac{3}{16}mv_0{}^2$$

問5． ばねが最も縮んだとき，Pに対するQの相対速度は0である。

問6． 問5の結果より，ばねが最も縮んだとき，床に対するPとQの速度は等しくなっている。その速度を v_G とすると，運動量保存則より

$$2mv_G+mv_G=m\left(\frac{3v_0}{4}\right)\qquad\therefore\quad v_G=\frac{v_0}{4}$$

参考　Pが動き出した後，Qはばねが自然長に戻ったときにもう一度だけRと衝突するが，2回目の衝突でPに対するQの相対速度の大きさは小さくなるため，ばねの縮みが最初に縮んだときより大きくなることはない。

問7． ばねの弾性エネルギーを含めると，衝突後はPとQからなる系全体の力学的エネルギー保存則が成り立つ。よって，求めるばねの縮みの最大値を x とし，問6の結果を用いると

$$\frac{1}{2}(2m)\left(\frac{v_0}{4}\right)^2+\frac{1}{2}m\left(\frac{v_0}{4}\right)^2+\frac{1}{2}kx^2=\frac{1}{2}m\left(\frac{3v_0}{4}\right)^2$$

$$\therefore\quad x=\frac{v_0}{4}\sqrt{\frac{6m}{k}}$$

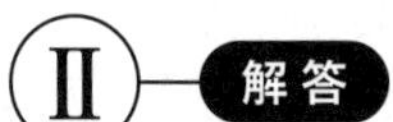

問1． ②　**問2．** ⑧　**問3．** ④　**問4．** ⑦　**問5．** ⑥
問6． ④　**問7．** ⑤

解説

《反射板を含んだドップラー効果》

問1． 音源Sが20m/sの速さで動いていることから，1秒間に音源から進行方向に出される音波の長さは340−20＝320〔m〕となる。

この中には，6.4×10^2 個の波が含まれるので，1個の波の長さ λ〔m〕は

$$\lambda=320\div(6.4\times10^2)=0.50\,〔\mathrm{m}〕$$

問2． ドップラー効果の公式より，求める振動数 f_1〔Hz〕は

$$f_1=\frac{340}{340-20}\times6.4\times10^2=6.8\times10^2\text{〔Hz〕}$$

別解 観測者Oが静止していることから，問1の結果を用いて

$$f_1=\frac{340}{\lambda}=6.8\times10^2\text{〔Hz〕}$$

としてもよい。また，逆に問1の〔別解〕として，公式で求めた f_1 を用いて，次のように λ を求めてもよい。

$$\lambda=\frac{340}{f_1}=0.50\text{〔m〕}$$

問3． 音源Sの振動数が 6.4×10^2 Hz であることから，10秒間にSから出される波の数は 6.4×10^3 個となり，これと同数の波が観測者Oに観測される。問2の結果より，Oが1秒間に観測する波の数は，6.8×10^2 個なので，求める時間を t〔s〕とすると

$$6.8\times10^2\times t=6.4\times10^3 \qquad \therefore\quad t=9.41\fallingdotseq9.4\text{〔s〕}$$

問4． ドップラー効果の公式より，求める振動数 f_2〔Hz〕は

$$f_2=\frac{340-5}{340-20}\times6.4\times10^2=6.7\times10^2\text{〔Hz〕}$$

問5． 反射板Rが振動数 f_2 の音源となっていると見て，ドップラー効果の公式を用いると，求める振動数 f_3〔Hz〕は

$$f_3=\frac{340}{340+5}\times6.7\times10^2=6.60\times10^2\fallingdotseq6.6\times10^2\text{〔Hz〕}$$

問6． 観測者Oが聞くのは，問2で求めた振動数の音と，問5で求めた振動数の音なので，うなりの振動数の公式より

$$|f_1-f_3|=20\text{〔Hz〕}$$

問7． 観測者Oが反射板Rと同じ速さで動くと，両者に音源Sから届く音の振動数は等しくなる。また，OとRが同じ速さで動いていれば，Rが発する音の振動数とOが観測する音の振動数は等しくなるので，Oに届く反射音とSから届く直接音の振動数が等しくなり，うなりは観測されなくなる。

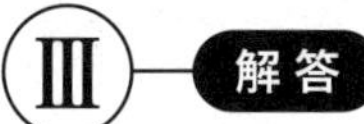

III 解答　**問1.** ⑤　**問2.** ①　**問3.** ③　**問4.** ③　**問5.** ⑥
問6. ③

解説

《ローレンツ力による円運動》

問1. 円軌道の1周の長さは $2\pi r$ なので，速さ v の等速で回ると，1周に要する時間 T は

$$T=\frac{2\pi r}{v}\text{〔s〕}$$

問2. ローレンツ力の式より

$$F=qvB\text{〔N〕}$$

問3. ローレンツ力は，右図のように荷電粒子の速度に垂直に働き，円運動の向心力となっている。よって，円運動の運動方程式より

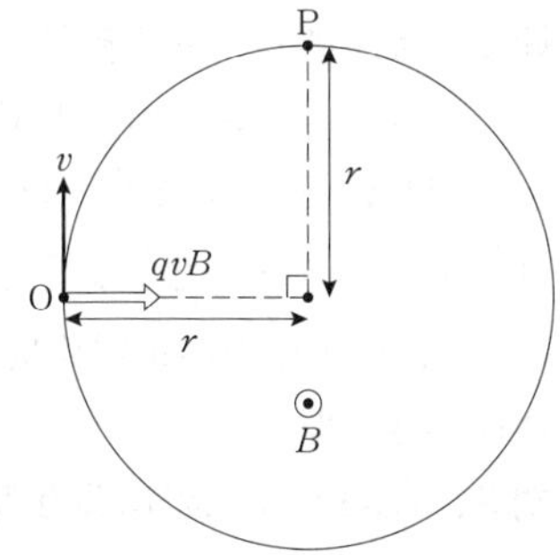

$$qvB=m\times\frac{v^2}{r}$$

$$\therefore\quad \frac{q}{m}=\frac{v}{Br}\text{〔C/kg〕}$$

問4. 選択肢を見ると，m を使わずに表

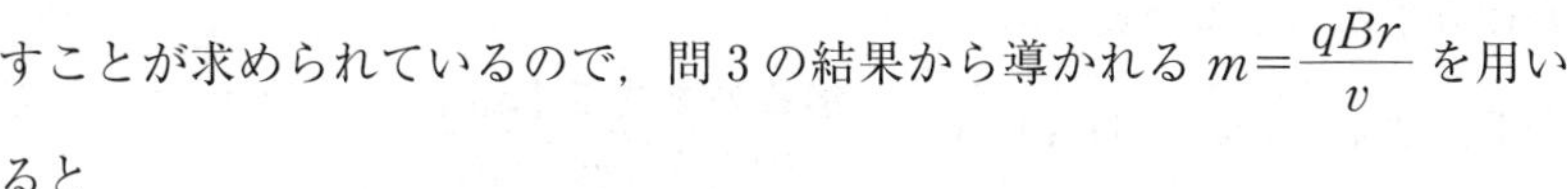

すことが求められているので，問3の結果から導かれる $m=\dfrac{qBr}{v}$ を用いると

$$E=\frac{1}{2}mv^2=\frac{1}{2}\frac{qBr}{v}v^2=\frac{qvBr}{2}\text{〔J〕}$$

問5. ローレンツ力は，常に荷電粒子の進行方向に垂直に働くので，ローレンツ力が荷電粒子にする仕事は0である。

問6. 荷電粒子は1周期後に点Oに戻り，さらに4分の1周期後には円軌道を4分の1周し，上図のように点Pに達する。

よって，三平方の定理より，$\mathrm{OP}=\sqrt{2}\,r$〔m〕となる。

化　学

I　解答　問1．③　問2．⑥　問3．③　問4．⑥　問5．③

解説

《物質の分離，イオン，分子，溶液の濃度》

問1． a．誤り。図の装置は沸点の差で物質を分離する蒸留装置である。

b．誤り。冷却水は下側のBから上側のAの方向に流す。

問2． a．誤り。電子親和力の大きい原子が陰イオンになりやすい。

b．誤り。イオン化エネルギーが最大の原子はヘリウムである。

c．正しい。F^- および Al^{3+} はともにNe型の電子配置である。

d．正しい。O^{2-} と Mg^{2+} は同じ電子配置であるが，原子番号の大きな Mg^{2+} は原子核中の正電荷量が大きくなり電子をより強く引くため原子半径は小さくなる。

問3． H_2O 分子内には共有電子対2組，非共有電子対2組がある。

問4． 塩化ナトリウムはイオン結晶，鉄は金属結晶，二酸化炭素と硫化水素は分子からなる物質である。

問5． $$\text{質量モル濃度〔mol/kg〕}=\frac{\text{溶質の物質量〔mol〕}}{\text{溶媒の質量〔kg〕}}$$

ここで，塩酸の密度は1.10 g/cm^3 より，1Lの溶液（塩酸）の質量は

$$1000\times1.10=1100\text{〔g〕}$$

質量パーセント濃度が10.0%であるので，溶質（HCl）の質量は

$$1100\times\frac{10.0}{100}=110\text{〔g〕}$$

よって，溶媒の質量は

$$1100-110=990\text{〔g〕}$$

また，HClの式量は36.5より，溶質の物質量は

$$110\times\frac{1}{36.5}=3.01\text{〔mol〕}$$

これらより，求める質量モル濃度は

$$\frac{3.01}{990\times10^{-3}}=3.04\fallingdotseq3.0\,[\mathrm{mol/kg}]$$

Ⅱ　解答　問1．①　問2．①　問3．③　問4．⑤
問5．②・③

解説

《電気分解》

問1． a．正しい。電極ア，ウは陽極，電極イ，エは陰極。

b．正しい。電解槽Ⅰの陽極では H_2O が消費され H^+ が生じるため pH は小さくなる。

c．誤り。電解槽Ⅰの陰極では還元反応が起こる。

d．誤り。電解槽Ⅱの陰極では Cu^{2+} が還元されて Cu として析出し Cu^{2+} 濃度は低下する。

問2． 電解槽Ⅰの陽極では，酸素が発生する。

a．正しい。酸素には同素体としてオゾンが存在する。

b．誤り。ナトリウムと水の反応で発生するのは水素。

c．誤り。ギ酸に濃硫酸を加えて加熱して発生するのは一酸化炭素。

問3． 電解槽Ⅰの陽極での酸素発生の反応式は

$$2H_2O \longrightarrow O_2+4H^++4e^-$$

この係数比より O_2 が 1.00×10^{-2} mol 発生する時の e^- 物質量は 4.00×10^{-2} mol。ファラデー定数 9.65×10^4 C/mol なので，電流を流した時間を t〔秒〕とすると

$$\frac{0.500\times t}{9.65\times10^4}=4.00\times10^{-2}$$

$\therefore\ \ t=7720$〔秒〕

分に直すと　　128.6≒129 分

問4． 電解槽Ⅱの陰極では銅(Ⅱ)イオンが還元され銅の析出が起こり，$Cu^{2+}+2e^- \longrightarrow Cu$ で示される。流れる e^- の物質量は 4.00×10^{-2} mol なので，Cu の析出量は 2.00×10^{-2} mol。よって求める質量は

$$2.00\times10^{-2}\times64=1.28\,[\mathrm{g}]$$

なお，陽極では銅が $Cu \longrightarrow Cu^{2+}+2e^-$ の反応により酸化され銅(Ⅱ)イ

オンとなって溶け出す。

問5． 陽極で生じる物質は，塩化ナトリウム水溶液では塩素，希硫酸では酸素，水酸化ナトリウム水溶液では酸素，ヨウ化カリウム水溶液ではヨウ素である。硝酸銀水溶液では酸素なので，②と③が正解となる。

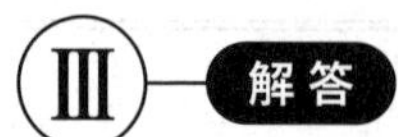
[イ] 問1．ア―③　**イ**―④　**問2．**③
[ロ] 問1．②　**問2．ウ**―③　**オ**―①
問3．②　**問4．**③

解説

《窒素化合物，金属イオンの分離》

[イ] 問1． アンモニアを白金触媒のもとで酸化すると一酸化窒素，さらに酸化すると二酸化窒素になる。

問2． オストワルト法により生じる HNO_3 の物質量は，用いた NH_3 の物質量と等しい。22.4L の NH_3 は 1.0mol なので生じる HNO_3（分子量 63）は 1mol＝63g であり，63g の HNO_3 から得られる 63% HNO_3 水溶液の質量は

$$63\times\frac{100}{63}=100\,[\mathrm{g}]$$

[ロ] 問1． 過剰のアンモニア水によって，Al^{3+} は $Al(OH)_3$，Fe^{3+} は $Fe(OH)_3$ として沈殿する。

問2． 沈殿ウは $Fe(OH)_3$ で赤褐色。アンモニア過剰のろ液イに含まれている $[Zn(NH_3)^4]^{2+}$ イオンは，Zn^{2+} と化学平衡の状態にあり，硫化水素を通じると，Zn^{2+} が S^{2-} と反応し，ZnS の白色沈殿を生じる。よって，沈殿オは ZnS の白色である。

問3． a．正しい。ろ液イには $[Zn(NH_3)_4]^{2+}$ が含まれる。

b．誤り。Zn^{2+} イオンは中性・塩基性溶液で S^{2-} イオンと沈殿を生成する。

c．正しい。ろ液エに分離される金属イオンは $[Al(OH)_4]^-$ でその酸化物は Al_2O_3 で両性酸化物である。

d．誤り。ろ液カに分離されるのは Ca^{2+} であり，橙赤色の炎色反応を示す。

問4． 沈殿キは，$CaCO_3$ である。

b．誤り。生石灰は CaO。

c．誤り。$CaCO_3$ は希塩酸に溶けて二酸化炭素を発生する。

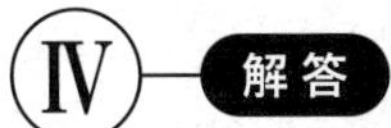

［イ］問1． ⑤　**問2．** ④　**問3．** ④

［ロ］問1． ④　**問2．** ④　**問3．** ①　**問4．** ⑥

解説

《元素分析，構造異性体，芳香族化合物》

［イ］問1． アルコールとカルボン酸の反応の際に少量加える物質は，エステル化の際に加える濃硫酸と考えられる。

問2． 元素分析の結果より，各元素の質量は

$$C=9.24\times\frac{12}{44}=2.52\,[g]$$

$$H=3.78\times\frac{2.0}{18}=0.42\,[g]$$

$$O=3.90-(2.52+0.42)=0.96\,[g]$$

$$C:H:O=\frac{2.52}{12}:\frac{0.42}{1.0}:\frac{0.96}{16}=7:14:2$$

組成式は $C_7H_{14}O_2$ であるが，分子量は 170 より小さいので分子式は $C_7H_{14}O_2$ と決まる。

よって，分子量は　$12\times7+1.0\times14+16\times2=130$

問3． プロピオン酸 $C_3H_6O_2$ と反応して，分子式 $C_7H_{14}O_2$ のエステルとなるアルコール **A** の分子式は $C_4H_{10}O$ である（1 分子の H_2O が脱離している）。

分子式は $C_4H_{10}O$ をもつアルコールの構造異性体は，次の 4 つである（炭素骨格と −OH 基のみ示す）。

```
C−C−C−C−OH      C−C−C−C
                      |
                      OH

                  OH
                  |
C−C−C          C−C−C
  |               |
  C−OH            C
```

［ロ］問1． c．誤り。還元してアニリンを生じるのはニトロベンゼン。

問2． イはナトリウムフェノキシドなので，高温高圧のもとでCO_2と反応して得られる化合物は④のサリチル酸ナトリウムである。

問3． プロピレンにベンゼンが付加して，クメンが生じる。

問4． エはアセトンである。

a．誤り。アセトンは還元性をもたず銀鏡反応は示さない。

b．誤り。塩化鉄(Ⅲ)水溶液と反応するのはフェノール類である。

生物

I

解答

問1． **1**—④　**2**—⑤　**3**—⑥　**4**—⑤　**5**—⑨　**6**—⑦

問2． ⑴—②・⑥（順不同）　⑵**9**—④　**10**—②　⑶—①・⑥（順不同）

解説

《ウニの受精，両生類の形態形成と誘導》

問2． ⑴　①誤文。精子が進入した側（領域C側）が腹側，灰色三日月（環）のできる側（領域A側）が背側となる。

③誤文。ノーダルタンパク質は背側（領域A側）で濃度が最も高くなる。これはVegT（領域D・E・Fに存在する）がβカテニン（領域A・Dに存在する）とともに，領域Dの部分でノーダルタンパク質遺伝子の転写を促進するからである。

④誤文。βカテニンではなく，VegTのmRNA（母性効果遺伝子）が受精卵の植物極側に局在しており，VegTが胞胚の領域D・E・Fに局在するようになる。

⑤誤文。ディシェベルトは植物極に局在しているが，受精後の表層回転で灰色三日月（環）のあたり（領域A）に移動する。

⑥正文。βカテニンmRNA（母性効果遺伝子）は卵全体に蓄えられており，卵全体でβカテニンが作られる。受精後，表層回転によって移動したディシェベルトが，βカテニンの分解を行う酵素のはたらきを阻害することで，領域A・Dにβカテニンが局在するようになる。

⑵　イモリの初期原腸胚では外胚葉（予定表皮域や予定神経域）の予定運命はまだ決定していないので，移植片は移植された場所の予定運命に従って分化する。一方，初期神経胚では外胚葉の予定運命は決定しているので，移植片は移植された場所の予定運命には従わず，移植片の予定運命に従って分化する。

⑶　②・④誤文。原腸胚後期の胚ではBMPが胚全体に均一に分布しており，外胚葉の細胞膜にある受容体に結合して細胞を表皮に分化させる。しかし，原口背唇部から分泌されるノギンやコーディンがBMPに結合する

と，BMP は受容体に結合することができなくなり，外胚葉の細胞は神経に分化する。

③誤文。原腸胚初期の原口背唇部は脊索に分化するが，やがて退化し，脊椎骨に置き換わる。

⑤誤文。形成体は他の胚域にはたらきかけて，分化の方向を決定する「誘導作用」をもつ胚域である。ノギンとコーディンは形成体で合成される誘導物質である。

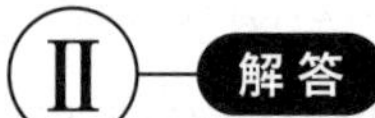

問1. (ア)―⑤　(イ)―②　**問2.** (a)―③　(b)―⑤

問3. (c)―⑥　(d)―①　**問4.** ④

問5. (1)―④　(2)―③　(3)―⑥　**問6.** ②　**問7.** ②

解説

《窒素の循環》

問4. ④正文。(c)の硝酸菌と(d)の亜硝酸菌は化学合成細菌である。そのため，前者は亜硝酸イオン（NO_2^-）を硝酸イオン（NO_3^-）に，後者はアンモニウムイオン（NH_4^+）を亜硝酸イオン（NO_2^-）に酸化することで化学エネルギーを得，このエネルギーを用いて炭酸同化を行っている。

問5. (2)　(ア)のケトグルタル酸は，呼吸のクエン酸回路において合成される。

問7. 10g の KNO_3（分子量 101）に含まれる窒素量は，$\frac{14}{101}\times10$〔g〕である。このうち 20% がタンパク質に取り込まれたので，タンパク質の窒素量は

$$\frac{14}{101}\times10\times0.2\text{〔g〕}\quad\cdots\cdots\text{ⅰ}$$

となる。一方，タンパク質量を x〔g〕とすると，このタンパク質に含まれる窒素量は 14% なので，タンパク質中の窒素量を $0.14x$〔g〕　……ⅱ と表すことができる。

ⅰとⅱは等しいので

$$\frac{14}{101}\times10\times0.2=0.14x$$

となり　$x=1.98\cdots\fallingdotseq2$〔g〕

となる。

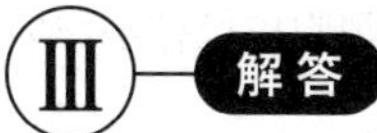

問1．25―②　26―②　27―⑤　28―⑥
問2．③　問3．⑦　問4．④
問5．(1)―④　(2)―⑧　問6．③　問7．③　問8．②

解説

《遺伝情報の転写・翻訳》

問1．28. AUGはタンパク質合成の開始を指示する開始コドンで，かつメチオニンを指定するコドンでもある。そのため，タンパク質の合成は常にメチオニンから始まる。

問2． 2本のヌクレオチド鎖は，必ず逆の方向性をもつ。このため，下図に示したようにRNAポリメラーゼは，鋳型鎖の3′→5′方向に向かって移動し，mRNAのヌクレオチドを5′→3′方向に連結してmRNAを合成していく。

問4． ①誤文。逆転写はRNAを鋳型としてDNAを合成することである。

②・③誤文。遺伝子としてRNAをもつウイルスの中に逆転写酵素をもつものがあり，逆転写を行う。ヒトは逆転写酵素はもたない。

問5． (1)　④誤文。真核生物では，一般に，1つの遺伝子に複数の転写調節領域がある。5′末端側には5′キャップ構造が付加される。

問6． ①誤文。スプライシングを受けるRNAは，スプライシングの前にRNAのヌクレオチド鎖の3′末端にポリA鎖と呼ばれる構造が付加される。

②誤文。スプライシングによって取り除かれるDNAの領域をイントロンという。

④誤文。ヒトの遺伝子はおよそ2万種類であるが，選択的スプライシングを行うので，およそ10万種類ものmRNAを合成でき，多様なタンパク質を作ることができる。

問7． a．誤文。リボソームは5′→3′の方向に移動する。

b．誤文。tRNAはアミノ酸を渡した後，mRNAから離れる。

問8. a．誤文。真核細胞は核内で転写を行うが，原核細胞には核がないため，細胞質基質中で転写が行われる。

c．誤文。真核細胞では，核内で転写とスプライシングを行った後，細胞質中で翻訳が行われる。一方，原核細胞では細胞質基質中で転写途中のmRNAが翻訳され始める。

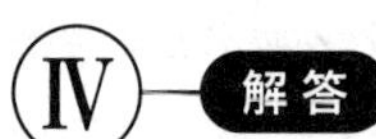

問1. ④ **問2.** ⑤

問3. **39**—① **40**—① **41**—⑥ **42**—⑦

問4. ①・⑤（順不同） **問5.** ③・⑤（順不同）

問6. (1)—③ (2)—⑥

解説

《免疫と病気》

問2. 自分自身の成分を異物として認識するリンパ球を死滅させたり，はたらきを抑制したりすることで，自分自身の成分などに対して免疫がはたらかない状態を免疫寛容という。

問4. Ⅰ型糖尿病では，インスリンを分泌するすい臓ランゲルハンス島B細胞が免疫反応によって破壊され，インスリンの分泌不足が起こる。また，関節リウマチは関節に存在する細胞が免疫反応の標的となるため，関節が炎症を起こしたり，変形したりする。

問5. ①誤文。MHC分子は細胞膜上に存在する。

②誤文。MHCクラスⅠ分子はほぼすべての細胞がもち，クラスⅡ分子は樹状細胞やB細胞などの一部の免疫細胞がもつ。

④誤文。T細胞は細胞表面にあるT細胞受容体（TCR）で樹状細胞の提示する抗原とMHC分子に接触する。

⑥誤文。ヒトのMHC分子（HLAともいう）は第6染色体上の6つの遺伝子座にある遺伝子群（MHC）で決まる。また，各遺伝子座には多くの対立遺伝子がある。そのためMHCは多様で，他人との一致率は数百～数万分の1といわれている。しかし，このMHCでは遺伝子間の組換えが起こりにくく，子は両親から第6染色体を1本ずつ受け継ぐので，子に受け継がれるMHCの組み合わせは4通りしかない。そのため，兄弟姉妹間では，MHCが$\frac{1}{4}$（25%）の確率で一致する。

問6. (2) HIV（ヒト免疫不全ウイルス）はヘルパーT細胞に感染し，やがてこれを破壊するため，ヘルパーT細胞にB細胞が活性化される体液性免疫や，ヘルパーT細胞によるキラーT細胞の活性化が必要な場合もある細胞性免疫のはたらきが低下する。また，ヘルパーT細胞によるマクロファージの食作用の活性化も行われなくなってしまうが，自然免疫の好中球による食作用やNK細胞による感染細胞の破壊などは行われるので，機能していると考えられる。

と思っている」という記述がある。これらの他人に左右されない唯一無二性について言及している⑤が正解。

問六 傍線部2の直後に「職業の多様性は、元々は、社会の必要に応じて生じたもので、色々な個性の人間がいるから、それを生かせるように多様な職業が作られた、というわけではない」とある。また、同様に「個性」と「職業」の関係について続く段落でも「漠然とした自分の個性が、一体、何の職業と適合的なのか、なかなか見えにくい人もいる」とある。これらのように、人々が自分のしたいことを簡単には理解できないのは、そもそも職業が個性に応じる形でなく社会的要請によって形作られているからでもあり、また、自分の個性がどの職業と合うのかがわからないからでもあるということである。これらを踏まえている①が正解。⑤は「職業の多様さに比べると決して十分とは言えず」が逆。傍線部2を含む段落の最終文には、「職業の多様性は、個性の多様性と比べて遥かに限定的であり、量的にも限界がある」とある。

問八 「アイデンティティ」は〝自分が他者と明確に区別される独自性を持ったほかならぬ自分であるという意識、自己同一性、個性〟の意。「社会的な属性」とは、直後の「社会が役に立つものとして、認めてくれている」かどうかということである。つまり、社会が自らのことを認め、評価しているということが、自らのほかならぬ自分としての確信を与えるということである。これらを踏まえている①が正解。⑤は「はじめて」が言い過ぎ。

問九 傍線部4中の「そのいずれでもない」とは、二段落前の「仕事」「消費」のいずれでもないということである。各選択肢を検討する。①は「消費」、④は「仕事」、⑤は「仕事」「消費」両方に関する言及がないため誤り。②・③はいずれも両者に言及されているが、②は「不本意ながらも」が本文中に言及されておらず誤り。

問八　「〜み…み」は〝〜したり…したり〟の意。秋の終わりから冬のはじめに通り雨のように降る雨を時雨と言う。なお、この箇所は「神無月降りみ降らずみ定めなき時雨ぞ冬の始めなりける」という和歌を踏まえている。

問九　「今はかくにこそ」は〝今となっては（二人の仲は）このようになってしまった〟の意。具体的には、傍線部6を含む一文の「絶えてほど経るおぼつかなさの、慣らはぬ日数の隔つる」（＝訪れが絶えて長い中で不安なまま、今までにないほど日数が隔たってしまった）という状況を指している。

Ⅲ

出典　平野啓一郎『私とは何か――「個人」から「分人」へ』〈第1章「本当の自分」はどこにあるか〉（講談社現代新書）

解答

問一　a―①　b―④

問二　i―⑤　ii―②　iii―③

問三　ア―④　イ―⑤　ウ―⑧　エ―⑦

問四　A―③　B―①　C―⑥

問五　⑤

問六　①

問七　④

問八　①

問九　③

解説

問五　「本当の自分」について、第三段落で「唯一無二の『本当の自分』」と説明されており、同様の内容は第一段落第五文にも「唯一価値を持っている自分」という記述が、また第六段落にも「人に左右されず、その個性を大切にしたい

容と、〝（男の心は）月草のようにすぐに色あせてしまう（＝移り気だ）〟といった内容が示されているので、筆者が〝かねてから知らないわけでもなかった〟と言っているのは、そのように移り気な男の心のことである。

ii、注によると、「伏柴の」は「かねてより思ひしことぞ伏柴の懲るばかりなる嘆きせむとは」（＝かねてから予想したことです、後で懲りるほどの嘆きを味わうだろうとは）という和歌を踏まえている。つまり、後からこんな嘆きを味わうだろうとは思いもしなかったという筆者の思いを言っているのである。

iii、秋の風が憂き身（＝もの思うわが身）に（つらく）思い知られるという文脈である。波線部bを含む一文の「頼むる宵」が、〝当てにさせる宵（＝今夜は行く、と約束して期待させた夜）〟を意味することも手掛かりにすると、ここで言う〝つらく思い知られる〟というのは、男を待つつらさのことだとわかる。

問四　注によると、「関守のうち寝る」は「人知れぬわが通ひ路の関守は宵々ごとにうちも寝ななむ」（＝人に知られないように通う私の通い路の見張り番は、毎晩いつも眠っていてほしい）という和歌を踏まえている。つまり、人目を忍んでの逢瀬だということである。これに対して傍線部1では、「（関守のうち寝るほどを）だに、いたくもたどらずなりにし」（＝（そのように人目を忍ぶことを）さえ、ほとんどしなくなった）と言っている。「だに」は〝〜さえ〟と訳す類推の副助詞。

問五　直前の「いかに移りいかに染めける心にか」（＝どんなにあの人に心を移し、どんなにあの人を心から思ったのだろうか）を踏まえて、傍線部2は筆者の「心迷ひ」のことを言っている。「うちつけなり」は〝無分別だ、思慮がない〟、「あやにくなり」は予想・期待に反して好ましくないことが起こったときに広く用いる語。男を思うあまり、思慮もなく熱中している様子を言っている。

問六　「ありしにもあらず」は〝以前のようではない〟の意。傍線部3の主部にあたる「おのづから頼むる宵」とは、〝まれに当てにさせた（＝来ると期待させた）夜〟という意味なので、男が来訪を期待させた夜も、以前とは違って期待して待つことができないということである。

問五 ①
問六 ③
問七 ④
問八 ②
問九 ⑤
問十 ④

解説

問二 a、体言「心」の直前であるため連体形。助動詞の連体形で「るる」の形になるのは受身・自発・尊敬・可能の助動詞「る」のみである。直前が知覚動詞の「知る」なので自発。

b、体言「宵」の直前であるため連体形。選択肢を一瞥すると「助動詞」か「動詞の一部」かのいずれかであるので、仮に助動詞であれば連体形で「る」の形になるのは完了・存続の助動詞「り」である。しかし、完了・存続の助動詞「り」はサ行変格活用動詞の未然形か四段活用動詞の已然形に接続するが、ここではそれに該当しない。よってここまでで①〜⑤は消去できる。残る動詞の種類の判別に移る。活用語尾が「むる」の形をとることができるのは上二段活用か下二段活用であるが、ここでは「頼めず」の形をとれるので、下二段活用。

c、体言「鐘」の直前であるため連体形。bと同様の理由で、①〜⑤は消去できる。活用語尾が「ぐる」の形をとることができるのは上二段活用か下二段活用であるが、ここでは「過ぎず」の形をとれるので、上二段活用。

d、体言「心地」の直前であるため、連体形。仮に助動詞であれば、bで触れたように、完了・存続の助動詞「り」である。仮に動詞であれば、連体形のときに「生ける」の形をとれる必要があるが、そのようなものは存在しない。よって存続の助動詞と断定できる。

問三 i、二重傍線部iの直前で〝あの人との逢瀬がただの一夜も途絶えることのないならいになっていた〟といった内

人の自由を奪う」も言い過ぎ。

問十一　傍線部4中の指示語「この意味で」の指示内容は、直前の「『プロフィールを変更したこと』の意味を勘ぐられるかもしれないことに拒否反応を起こした」ということである。ここで選択肢を一瞥すると、いずれも「Facebookのユーザーが更新・変更の自動通知に腹を立てたのは」で始まっていることがわかる。つまり、Facebookにおける自動通知の問題は、単なるアクセス範囲や情報コントロールの問題ではなく、「プロフィールを変更した」という事実が意味する暗示的な事柄を見た者に与えてしまうことに対する拒否反応と見るべきだということである。この点が、ソロブの指摘では欠落しているというのが筆者の主張である。

問十二　①は「プライヴァシーの権利に含まれない」が誤り。空欄Ⅱを含む段落の次の段落にもあるように、「ひとりにしておいてもらう権利」という捉え方は、「プライヴァシー」を正しくとらえたものではないためとらえ直しが起きたとはあるが、「プライヴァシーの権利に含まれない」かどうかについては言及されていない。②は第二・三段落の具体例の内容に合致する。③は第三段落の具体例と矛盾する。公開条件を設定できても、実際の読者像と書き手の想定との齟齬がある場合には問題が生じることがある。④は「議論の余地のある問題である」が波線部ⅰ前後の内容と矛盾する。⑤は「諸外国と異なる立場」が波線部ⅰを含む段落の前の段落の内容と矛盾する。

Ⅱ

解答

出典　阿仏尼『うたたね』

問一　ア―①　イ―④　ウ―②　エ―③

問二　a―②　b―⑧　c―⑦　d―⑤

問三　ⅰ―⑦　ⅱ―④　ⅲ―②

問四　④

選択肢の中では④が〝選ぶ〟の意である「取る」である。

問八　直接的には、傍線部1の直後にあるように「アクセス性の問題としてとらえていた」からであるが、これでは説明不足なので、さらに続く段落を読み進めると、「書き手たちは、自分の書いたものが原理的には誰にでも読みうる状態に置かれていることを承知しているが、自身の想定する読者の範囲をもっており、体感としてはその限られた想定された読者たちに向けて書いている」「アクセス性に何らかの変化が起こり、読者像がみずからの想定するものとずれ、拡大してしまったとき、彼らは自分たちのプライヴァシーの範囲を調整する」とある。これらを踏まえた②が正解。①は「友人ではない人たちに隠しておいたはずのプロフィール」が本文中に言及がなく誤り。③も前半は良いが、後半の「公開範囲が自動的に設定変更される」が誤り。④は「勝手に登録しようとする人が現れる可能性があり」が誤り。⑤は「数十万単位の人がプロフィールの読み手となる可能性」が誤り。

問九　傍線部2の直前にある「個人の自宅の外観は、その前を通ればだれでも目にすることができる」や傍線部2直後の「自宅の外観を個人のプライヴァシーに属すると主張することは、的外れなこと」を踏まえると、「従来的な基準」におけるプライヴァシーの権利に当てはまらないのは、元々だれもが自由に目にすることができるような公共性のあるものである。①の「有名人」は、元々その顔を広く知られているので、当てはまらない。その他は、本来だれもが知り得るようなものではない、文字通りプライベートなものである。

問十　傍線部3中の指示語「これ」の指示内容は、直前の「プライヴァシーを取るか、利便性の高いサービスを取るか、というような形で、われわれに選択を迫ってくる」ことである。つまり、プライヴァシーを重視すれば利便性が犠牲になり、逆に利便性を重視すればプライヴァシーが犠牲になるということである。このことが、「セキュリティの問題として現れたとき、さらに問題を難しくする」とは、「利便性の高いサービス」の内容がセキュリティに関するものである場合、プライヴァシーを犠牲にしなければ、セキュリティを高めて身の安全を確保したいという望みが叶えられないということである。これらに言及している③が正解。①は「国家権力」に限定している点が不適。また「個

国語

Ⅰ

出典　日比嘉高『プライヴァシーの誕生――モデル小説のトラブル史』〈終章　ネット社会のプライヴァシーと表現〉（新曜社）

解答

問一　a―③　b―⑤
問二　i―①　ii―⑤
問三　③
問四　ア―①　イ―⑤　ウ―③
問五　Ⅰ―⑤　Ⅱ―④
問六　④
問七　朝三暮四―⑤　五里霧中―②
問八　②
問九　①
問十　③
問十一　④
問十二　②

解説

問六　傍線部Xにおける「取る」は、〈選ぶ〉と置き換え可能であり、「…を取るか～を取るか」の形をとることも多い。

2023年度

問題と解答

■公募制推薦入試（前期）〈1日程分を掲載〉

問題編

▶試験科目・配点

■スタンダード型■

<table>
<tr><th colspan="2">学部等</th><th>教科</th><th colspan="2">科目</th><th>配点</th></tr>
<tr><td rowspan="4">文</td><td rowspan="2">日本語日本文</td><td>選択</td><td colspan="2">英語，数学(1)，数学(2)，化学，生物から1科目選択</td><td>100点</td></tr>
<tr><td>国語</td><td colspan="2">国語(1)</td><td>100点</td></tr>
<tr><td rowspan="2">英語グローバル</td><td>外国語</td><td colspan="2">英語</td><td>100点</td></tr>
<tr><td>選択</td><td colspan="2">数学(1)，数学(2)，化学，生物，国語(1)から1科目選択</td><td>100点</td></tr>
<tr><td colspan="2" rowspan="2">教育，心理・社会福祉</td><td>選択〈必須〉</td><td>英語，国語(1)から1科目選択</td><td rowspan="2">英語，国語(1)の2科目受験も可</td><td>100点</td></tr>
<tr><td>選択</td><td>数学(1)，数学(2)，化学，生物から1科目選択</td><td>100点</td></tr>
<tr><td colspan="2" rowspan="2">健康・スポーツ科</td><td>選択</td><td colspan="2">英語，「数学(1)または数学(2)」，化学，生物，国語(1)から1科目選択
※2科目を受験した場合は，高得点科目を採用</td><td>100点</td></tr>
<tr><td>実技</td><td colspan="2">基礎運動能力テスト〈省略〉</td><td>200点</td></tr>
<tr><td colspan="2">生活環境</td><td>選択</td><td colspan="2">英語，「数学(1)または数学(2)」，化学，生物，国語(1)から2科目選択</td><td>各100点</td></tr>
<tr><td rowspan="2">社会情報</td><td>情報メディア</td><td>選択</td><td colspan="2">英語，「数学(1)または数学(2)」，「化学または生物」，国語(1)から2科目選択</td><td>各100点</td></tr>
<tr><td>情報サイエンス</td><td>選択</td><td colspan="2">英語，数学(1)，数学(2)，「化学または生物」，国語(1)から2科目選択
※数学(1)，数学(2)での受験も可</td><td>各100点</td></tr>
</table>

<table>
<tr><td rowspan="4">食物栄養科</td><td rowspan="2">食物栄養</td><td>選択</td><td>英語，数学(1)，数学(2)，国語(1)から1科目選択</td><td rowspan="2">化学，生物の2科目受験も可</td><td>100点</td></tr>
<tr><td>理科</td><td>化学，生物から1科目選択</td><td>100点</td></tr>
<tr><td rowspan="2">食創造科</td><td>選択</td><td>英語，国語(1)から1科目選択</td><td rowspan="2">選択〈必須〉の2科目受験も可</td><td>100点</td></tr>
<tr><td>選択〈必須〉</td><td>「数学(1)または数学(2)」，化学，生物から1科目選択</td><td>100点</td></tr>
<tr><td rowspan="4">建築</td><td rowspan="2">建築</td><td>選択</td><td colspan="2">英語，国語(1)から1科目選択</td><td>100点</td></tr>
<tr><td>数学</td><td colspan="2">数学(2)</td><td>100点</td></tr>
<tr><td rowspan="2">景観建築</td><td>選択</td><td colspan="2">英語，生物，国語(1)から1科目選択</td><td>100点</td></tr>
<tr><td>数学</td><td colspan="2">数学(2)</td><td>100点</td></tr>
<tr><td rowspan="4">音楽</td><td rowspan="2">演奏</td><td>選択</td><td colspan="2">英語，数学(1)，国語(1)，楽典〈省略〉から1科目選択
※2科目を受験した場合は，高得点科目を採用</td><td>100点</td></tr>
<tr><td>実技</td><td colspan="2">主専実技〈省略〉</td><td>200点</td></tr>
<tr><td rowspan="2">応用音楽</td><td>選択</td><td colspan="2">英語，数学(1)，国語(1)，楽典〈省略〉から1科目選択
※2科目を受験した場合は，高得点科目を採用</td><td>100点</td></tr>
<tr><td>実技</td><td colspan="2">〈省略〉</td><td>100点</td></tr>
<tr><td colspan="2" rowspan="2">薬</td><td>選択</td><td>英語，数学(1)，数学(2)，国語(1)から1科目選択</td><td rowspan="2">化学，生物の2科目受験も可</td><td>100点</td></tr>
<tr><td>理科</td><td>化学，生物から1科目選択</td><td>100点</td></tr>
<tr><td colspan="2">看護</td><td>選択</td><td colspan="2">英語，「数学(1)または数学(2)」，化学，生物，国語(1)から2科目選択</td><td>各100点</td></tr>
<tr><td colspan="2">経営</td><td>選択</td><td colspan="2">英語，「数学(1)または数学(2)」，「化学または生物」，国語(1)から2科目選択</td><td>各100点</td></tr>
</table>

※このほかに調査書（25点〈全体の学習成績の状況×5倍〉）を総合して判定。

■大学：高得点科目重視型■

<table>
<tr><th colspan="3">学部等</th><th>教科</th><th colspan="2">科目</th><th>配点</th></tr>
<tr><td rowspan="4">文</td><td colspan="2" rowspan="2">日本語日本文</td><td>選択</td><td colspan="2">英語，数学(1)，数学(2)，化学，生物から1科目選択</td><td>100点</td></tr>
<tr><td>国語</td><td colspan="2">国語(1)</td><td>200点</td></tr>
<tr><td colspan="2" rowspan="2">英語グローバル</td><td>外国語</td><td colspan="2">英語</td><td>200点</td></tr>
<tr><td>選択</td><td colspan="2">数学(1)，数学(2)，化学，生物，国語(1)から1科目選択</td><td>100点</td></tr>
<tr><td colspan="3" rowspan="3">教育，心理・社会福祉</td><td>選択〈必須〉</td><td>英語，国語(1)から1科目選択</td><td rowspan="2">英語，国語(1)の2科目受験も可*1</td><td rowspan="3">高得点科目200点
低得点科目100点</td></tr>
<tr><td>選択</td><td>数学(1)，数学(2)，化学，生物から1科目選択</td></tr>
<tr><td colspan="3">高得点科目の点数を2倍</td></tr>
<tr><td rowspan="8">健康・スポーツ科</td><td rowspan="6">健康・スポーツ科</td><td rowspan="2">基礎運動能力テスト方式</td><td>選択</td><td colspan="2">英語，「数学(1)または数学(2)」，化学，生物，国語(1)から1科目選択
※2科目を受験した場合は，高得点科目を採用</td><td>200点</td></tr>
<tr><td>実技</td><td colspan="2">基礎運動能力テスト〈省略〉</td><td>100点</td></tr>
<tr><td rowspan="4">得意競技審査方式</td><td>選択</td><td colspan="2">英語，「数学(1)または数学(2)」，化学，生物，国語(1)から1科目選択
※2科目を受験した場合は，高得点科目を採用</td><td>100点</td></tr>
<tr><td rowspan="2">書類審査</td><td colspan="2">得意競技書類審査（競技成績証明書）</td><td>150点</td></tr>
<tr><td colspan="2">調査書</td><td>50点</td></tr>
<tr style="display:none"></tr>
<tr><td colspan="2" rowspan="2">スポーツマネジメント</td><td>選択</td><td colspan="2">英語，「数学(1)または数学(2)」，化学，生物，国語(1)から1科目選択
※2科目を受験した場合は，高得点科目を採用</td><td>200点</td></tr>
<tr><td>実技</td><td colspan="2">基礎運動能力テスト〈省略〉</td><td>100点</td></tr>
<tr><td colspan="3">生活環境</td><td>選択</td><td colspan="2">英語，「数学(1)または数学(2)」，化学，生物，国語(1)から2科目選択（高得点科目の点数を2倍）</td><td>高得点科目200点
低得点科目100点</td></tr>
</table>

<table>
<tr><td rowspan="2">社会情報</td><td>情報メディア</td><td>選　択</td><td colspan="2">英語，「数学(1)または数学(2)」，「化学または生物」，国語(1)から2科目選択（高得点科目の点数を2倍）</td><td>高得点科目
200点
低得点科目
100点</td></tr>
<tr><td>情報サイエンス</td><td>選　択</td><td colspan="2">英語，数学(1)，数学(2)，「化学または生物」，国語(1)から2科目選択（高得点科目の点数を2倍）
※数学(1)，数学(2)での受験も可。</td><td>高得点科目
200点
低得点科目
100点</td></tr>
<tr><td rowspan="4">食物栄養科</td><td rowspan="2">食物栄養</td><td>選　択</td><td>英語，数学(1)，数学(2)，国語(1)から1科目選択</td><td rowspan="2">化学，生物の2科目受験も可</td><td>100点</td></tr>
<tr><td>理　科</td><td>化学，生物から1科目選択</td><td>200点*2</td></tr>
<tr><td rowspan="2">食創造科</td><td>選　択</td><td>英語，国語(1)から1科目選択</td><td rowspan="2">選択〈必須〉の2科目受験も可</td><td>100点</td></tr>
<tr><td>選　択
〈必須〉</td><td>「数学(1)または数学(2)」，化学，生物から1科目選択</td><td>200点*3</td></tr>
<tr><td rowspan="6">建築</td><td rowspan="3">建築</td><td>選　択</td><td colspan="2">英語，国語(1)から1科目選択</td><td rowspan="3">高得点科目
200点
低得点科目
100点</td></tr>
<tr><td>数　学</td><td colspan="2">数学(2)</td></tr>
<tr><td colspan="3">高得点科目の点数を2倍</td></tr>
<tr><td rowspan="3">景観建築</td><td>選　択</td><td colspan="2">英語，生物，国語(1)から1科目選択</td><td rowspan="3">高得点科目
200点
低得点科目
100点</td></tr>
<tr><td>数　学</td><td colspan="2">数学(2)</td></tr>
<tr><td colspan="3">高得点科目の点数を2倍</td></tr>
<tr><td rowspan="4">音楽</td><td rowspan="2">演奏</td><td>選　択</td><td colspan="2">英語，数学(1)，国語(1)，楽典〈省略〉から1科目選択
※2科目を受験した場合は，高得点科目を採用</td><td>100点</td></tr>
<tr><td>実　技</td><td colspan="2">主専実技〈省略〉</td><td>400点</td></tr>
<tr><td rowspan="2">応用音楽</td><td>選　択</td><td colspan="2">英語，数学(1)，国語(1)，楽典〈省略〉から1科目選択
※2科目を受験した場合は，高得点科目を採用</td><td>200点</td></tr>
<tr><td>実　技</td><td colspan="2">〈省略〉</td><td>100点</td></tr>
<tr><td colspan="2" rowspan="2">薬</td><td>選　択</td><td>英語，数学(1)，数学(2)，国語(1)から1科目選択</td><td rowspan="2">化学，生物の2科目受験も可</td><td>100点</td></tr>
<tr><td>理　科</td><td>化学，生物から1科目選択</td><td>200点*2</td></tr>
</table>

看　　護	選　択	英語，「数学(1)または数学(2)」，化学，生物，国語(1)から２科目選択（高得点科目の点数を２倍）	高得点科目 200点 低得点科目 100点
経　　営	選　択	英語，「数学(1)または数学(2)」，「化学または生物」，国語(1)から２科目選択（高得点科目の点数を２倍）	高得点科目 200点 低得点科目 100点

同一試験日の大学スタンダード型に出願し選択した科目によって判定。

＊1　スタンダード型において，英語と国語(1)の２科目で受験した場合は，高得点科目を２倍して200点，低得点科目を100点とする。

＊2　スタンダード型において，化学と生物の２科目で受験した場合は，高得点科目を２倍して200点，低得点科目を100点とする。

＊3　スタンダード型において，選択〈必須〉科目２科目で受験した場合は，高得点科目を２倍して200点，低得点科目を100点とする。

▶備　考

- 試験日自由選択制。
- ２科目を判定に採用する。ただし，健康・スポーツ科学部および音楽学部は実技を含めて２科目となる。
- 学力検査の時間は２科目連続で100分。ただし，健康・スポーツ科学部および音楽学部で１科目のみを受験する場合，１科目100分。
- 文学部英語グローバル学科の大学スタンダード型は，「資格点」として実用英語技能検定の級，TOEIC®・TOEFL®・GTECのスコアを点数化したものが調査書点に加味される。

▶出題範囲

- 英語：コミュニケーション英語Ⅰ・Ⅱ・Ⅲ，英語表現Ⅰ・Ⅱ
- 数学(1)：数学Ⅰ・A
- 数学(2)：数学Ⅰ・Ⅱ・A・B（数列，ベクトル）
- 化学：化学基礎，化学（「高分子化合物の性質と利用」を除く）
- 生物：生物基礎，生物（「生態と環境」，「生物の進化と系統」を除く）
- 国語(1)：国語総合（現代文のみ），現代文B
- 楽典：音楽史を除く

英語

（2 科目受験：2 科目 100 分
1 科目受験：100 分）

I　次の英文を読み，下の問いに答えよ。(42点)

［1］　George Washington Carver, who was born a slave in 1861, became one of America's greatest scientists in the field of agriculture. His discoveries changed farming in the South of the United States. A quiet and kind man, he could have become rich from his discoveries but preferred "to be of the greatest good to the greatest number of my people."

［2］　George's mother was a slave, but soon after he was born, he and his brother lost their mother and became orphans*. They were raised by Moses and Susan Carver, who were their owners. Slaves took the names of their owners, so George Washington's last name was Carver, too. In 1865, there were no longer slaves in the United States, but George and his brother continued to live with the Carvers. The Carvers gave him as much of an education as they could. At age 12, George left the Carvers to start life on his own.

［3］　For the next 12 years, he worked whenever he could and went to school whenever he could. He managed to finish high school and won a scholarship to go to Highland University. However, when he appeared at the university, they refused to admit him because he was black. This did not stop Carver. He continued to work and save money. Eventually, he went to Simpson College in 1890 to study painting and paid for his school by ironing clothes for other students. Soon, he realized he could not support himself as an artist and decided to study agriculture instead.

[4]　In 1891, he was accepted at Iowa Agricultural College. He was the only black student at the college, and as usual he supported himself by doing small jobs. He amazed* everyone with his special work with plants. After he graduated, the college asked him to stay on as an instructor because his work with plants and chemistry was so outstanding. So Carver stayed on and taught, but he continued his research with plants while he was teaching.

[5]　One day he received a letter from Booker T. Washington, who was the most respected black educator in the country. Washington asked him to work at the Tuskegee Institute, a black agricultural school in Alabama. Tuskegee was a poor black school that could not give Carver a laboratory or a high salary, but Carver decided to go there.

[6]　In 1896, Carver started to teach and do research with plants at the Tuskegee Institute. He taught classes on agriculture, and through his experiments he found new ways to help the poor, struggling farmers of the South. Here, farmers had been growing cotton, which wore out the soil. He showed farmers how to plant different crops like peanuts to make the soil richer. After a while, farmers did what he said and were growing more and more peanuts. They were now making more money from peanuts than from cotton.

[7]　Carver developed many uses for the peanut. In fact, he found more than 300 uses for the peanut, and he became known as the "peanut man." He received many prizes and awards for his work. He gave lectures about the uses of peanuts all over the United States and even spoke to Congress about peanuts in 1921. Meanwhile*, Carver began to experiment with the sweet potato and discovered more than 100 products that could be made from it, including glue for postage stamps.

[8]　By the 1930s, Carver had become famous all over the country and the world. He visited the Prince of Sweden and the British Prince of Wales*. Thomas Edison* asked Carver to work for him at a salary of more than

$100,000 a year. The car manufacturer Henry Ford also made him a generous offer. But Carver was not interested in money; he stayed on at the Tuskegee Institute with a monthly salary of $125.

[9] In 1940, he gave all his life savings of $33,000 to the George Washington Carver Foundation to provide opportunities for African Americans to study in his field, because for Carver, "Education is the key to unlock the golden door of freedom...." Carver died in 1943.

*orphans < orphan	孤児
amazed < amaze	ひどく驚かせる
meanwhile	そうしているときに
the British Prince of Wales	プリンス・オブ・ウェールズ(英国皇太子の称号)
Thomas Edison	トーマス・エジソン(米国の発明家)

問 本文の内容を踏まえて，次の英文(A)~(G)の空所 [1] ~ [7] に入れるのに最も適当なものを，それぞれ下の①~④のうちから選べ。

(A) According to the first and second paragraphs, George Washington Carver ___[1]___.

① engaged in agricultural transformation of the American South with the idea of becoming wealthy and helping his mother

② achieved significant accomplishment in agriculture in the American South, which had a great impact on many people

③ was provided the best education possible by his parents, Moses and Susan Carver

④ and his brother asked Moses Carver for help to save their mother who was a slave

(B) According to the third paragraph, George Washington Carver

出典追記：Weaving It Together 3 by Milada Broukal, Cengage Learning

[2] .

① won a scholarship for college, but was denied admission because he was black, so he gave up his college education

② entered Simpson College to study painting, and 12 years later, he established himself as an artist

③ received a scholarship and was admitted to Highland University to study agriculture

④ was denied admission to college for being black, but he was determined to continue his education

(C) According to the fourth and fifth paragraphs, [3] .

① Iowa Agricultural College, a university that specialized in the study of plants, was associated with the Tuskegee Institute

② Booker T. Washington promised Carver a lab and a higher salary at the Tuskegee Institute

③ Carver continued his plant research after graduating from Iowa Agricultural College

④ the Tuskegee Institute was a highly regarded institute for plant and chemical research, and its researchers were financially privileged

(D) According to the sixth paragraph, [4] .

① Carver's research aimed at improving the quality of soil, which led to an increased peanut production in the South

② the Southern farmers, physically and mentally exhausted from growing peanuts, switched to cotton

③ Carver taught that in order to improve the condition of the soil, planting cotton rather than peanuts was more beneficial

④ cotton was more economically profitable than peanuts, but peanuts were easier to grow

(E) According to the seventh paragraph, Carver ＿＿5＿＿.

① experimented with a variety of peanuts, and discovered and sold more than 100 products made from peanuts, including glue

② developed various uses for peanuts and was awarded the "peanut man" prize by Congress in 1921

③ became known as the "peanut man" because of his speeches to Congress on the benefits of peanuts

④ was awarded many prizes for his work with peanuts, and cultivated sweet potatoes to make various products

(F) According to the eighth and ninth paragraphs, ＿＿6＿＿.

① Carver, who became world famous, moved to Europe to receive multiple salaries from royal families

② Carver, who recognized the importance of education, was committed to providing opportunities for African Americans to learn agriculture

③ Carver, internationally famous, later accepted a large offer and gave African Americans the opportunity to learn how to unlock doors

④ the George Washington Carver Foundation was generously funded by Thomas Edison and Henry Ford

(G) According to the whole passage, ＿＿7＿＿.

① George Washington Carver thought that growing peanuts was the key to becoming famous and rich

② George Washington Carver and Thomas Edison worked together to invent a new farming method to help poor farmers in the South

③ thanks to George Washington Carver, both Simpson College and the Tuskegee Institute became world famous

④ George Washington Carver, one of the most respected African Americans in agriculture, believed that education was the main reason for his success

Ⅱ　次の英文の空所 8 ～ 12 に入れるのに最も適当なものを，それぞれ下の①～④のうちから選び，会話文を完成せよ。(20点)

Satomi and Mike, two university students, are talking together as they walk to class.

Satomi: I'm really worried about next week.

Mike: Why? What's happening next week?

Satomi: I have my health check ＿ 8 ＿ on Thursday. I think I may have put on weight since last year.

① promotion
② appointment
③ schedule
④ opening

Mike: Really? You look good to me. Are you sure?

Satomi: I'm positive. My pants are getting tighter and I've been too busy to exercise lately.

Mike: Why are you so busy?

Satomi: I started a new part-time job, and I am taking a lot of classes at school this semester.

Mike: I ＿ 9 ＿ what you mean. By the way, have you heard about the new gym that opened near Mega Market?

① understand
② remember
③ recognize
④ get it

Satomi: Yeah, I saw the 'coming soon' sign for a new gym but I didn't know that it had already opened.

Mike: It opened last week. I am going to join with my brother while a [10] is being offered. The first month is half-price to welcome new members.

① sign
② ticket
③ trade
④ discount

Satomi: That sounds like a great deal and a smart way to attract new customers. Do you mind if I ask how much a membership costs?

Mike: It may sound expensive, but your health is worth it. It costs about ¥10,000 a month. I'm going to the gym tomorrow, if you want to join me.

Satomi: I'm busy tomorrow but is it [11] to meet you there this Saturday?

① promising
② maybe
③ certainly
④ possible

Mike: Sorry, I have a club meeting on Saturday. How about on Sunday? Do you have time in the afternoon?

Satomi: Sounds good. I'll feel [12] about going to my health check after I've joined a gym.

① better
② exciting
③ arranged
④ complete

Mike: OK, see you then.

Ⅲ 次の英文(A)～(D)の空所 [13] ～ [16] に入れるのに最も適当なものを，それぞれ下の①～④のうちから選べ。(12点)

(A) Her mother suggested that Mary ([13]) for her piano concert next week.

① prepares　② prepare
③ would prepare　④ may prepare

(B) You should remember ([14]) she has asked you to bring with you tomorrow.

① that　② where　③ what　④ which

(C) Never ([15]) I seen such a beautiful ocean before I first visited the island.

① have　② had　③ did　④ was

(D) The idea has been ([16]) widely accepted these days that it is not easy to reject it.

① so　② which　③ such　④ that

Ⅳ 次の英文(A)〜(E)の空所 17 〜 21 に入れるのに最も適当なものを，それぞれ下の①〜④のうちから選べ。(10点)

(A) The travel plan is going to fail because it (17) one important factor — money.

① attends ② prevents ③ ignores ④ blames

(B) (18) of time prevented me from explaining my complicated point sufficiently.

① A conclusion ② An expense ③ A figure ④ A shortage

(C) On (19) of that, he refused to apologize for the delay.

① owing ② cause ③ addition ④ top

(D) Before using the software, please make sure your computer system (20) the requirements described below.

① meets ② files ③ sees ④ obtains

(E) From the (21) on his face, she knew that her son was happy.

① impression ② extension ③ expression ④ session

V　次の文(A)～(D)を，与えられた語(句)を用いて英文に訳したとき，空所 22 ～ 29 に入れるのに最も適当なものを，それぞれ下の①～⑦のうちから選べ。ただし，文頭に来る語(句)も小文字になっている。(16点)

(A) もし台風のせいでほとんどのスタッフが来られないということがなければ，昨日私は忙しくなかったでしょう。

Yesterday I (　　) (22) (　　) (　　) (　　) (23) (　　) most of the staff away.

① been　② busy　③ hadn't　④ have
⑤ if the typhoon　⑥ kept　⑦ wouldn't

(B) ホテルの部屋から誰もタオルを持ち出さないように気をつけてください。

(　　) (24) (　　) (　　) (　　) (25) (　　) from the hotel rooms.

① no one　② see　③ removes　④ it
⑤ that　⑥ to　⑦ towels

(C) 最新の天気予報によると，ロンドンの天気は晴れ，気温は摂氏16度です。

(　　) (　　) (26) (　　) (27) (　　) (　　) and a ground temperature of sixteen degrees Celsius in London.

① clear　② information　③ the　④ latest
⑤ reports　⑥ skies　⑦ weather

(D) 警察は，泥棒が部屋に入るのに通ったと思われる窓を徹底的に調査しました。

The police thoroughly inspected (　　) (28) (　　) (　　) (　　) (29) (　　) entered the room.

① the window　② have　③ seemed　④ the thief
⑤ through　⑥ to　⑦ which

数学

◀数　学（1）▶

（2科目受験：2科目100分
　1科目受験：100分）

解答上の注意：以下の説明をよく読んでから解答してください。

1　問題の文中の空欄 □ には，数字（0～9）が入ります。なお，□□ のように2つ以上の空欄が続くところは次のような意味を表します。例えば，□□□ は3桁（けた）以下の整数値を表します。この場合，答えが2桁以下の値であれば，不要な上位の空欄 □ については解答欄に⓪をマークしてください。

例　3つ続いた空欄 □□□ のところが42になる場合は，左から順番に⓪，④，②と解答欄にマークしてください。

2　問題の文中の2重線で表された空欄 □ には，数字以外の記号などが入ります。文中の指示にしたがって，当てはまる記号などに対応する番号をマークしてください。

3　分数の形で解答する場合は，既約分数(それ以上約分できない分数)で答えてください。ただし，数字を入れる空欄が分数の形となっている場合でも，解答の値は必ずしも分数であるとは限りません(整数となる場合もあります)。この場合は，分母の値が1になるように答えてください。

4　根号を含む形で解答する場合は，根号の中が最小の正の整数となるように答えてください。

I　**解答番号** $\boxed{1}$ ～ $\boxed{22}$

次の記述の空欄 $\boxed{}$ または $\boxed{\boxed{}}$ にあてはまる数字または記号を答えよ。ただし，空欄 $\boxed{\boxed{16}}$ には＋または－の記号が入る。＋の場合は①を，－の場合は②を選べ。（34点）

(1)　実数 x が $x^2<1$ を満たすとき，$\sqrt{(x-1)^2}+\sqrt{(x+1)^2}=\boxed{1}$ である。

(2)　$\dfrac{4}{1+\sqrt{2}-\sqrt{3}}$ の整数部分を a，小数部分を b とするとき，

$a=\boxed{2}$，$b=\sqrt{\boxed{3}}+\sqrt{\boxed{4}}-\boxed{5}$（ただし，$\boxed{3}<\boxed{4}$）である。

(3)　長方形ABCDがあり，AB＝6 cm，AD＝12 cm である。

点Pは点Aを出発し，辺AB上を秒速2 cmで点Aから点Bまで動き，点Bで折り返して同じく秒速2 cmで点Aまで動く。点Qは点Aを出発し，秒速3 cmで，2辺AD，DC上を点Aから点Dを通って点Cまで動く。

2点P，Qが同時に出発し，出発してから x 秒後（ただし，$0<x<6$）の△PCQの面積を y cm^2 とするとき，x と y の関係を表す式は

(i)　$0<x<3$ のとき　$y=\boxed{6}\left(\boxed{7}x-x^2\right)$

(ii)　$3\leqq x<4$ のとき　$y=\boxed{8}\left(x^2-\boxed{9}x+\boxed{10}\boxed{11}\right)$

(iii)　$4\leqq x<6$ のとき　$y=\boxed{12}\boxed{13}\left(\boxed{14}-x\right)$

である。また，△PCQの面積が長方形ABCDの面積の $\dfrac{1}{3}$ 以上になるとき，x のとり得る値の範囲は

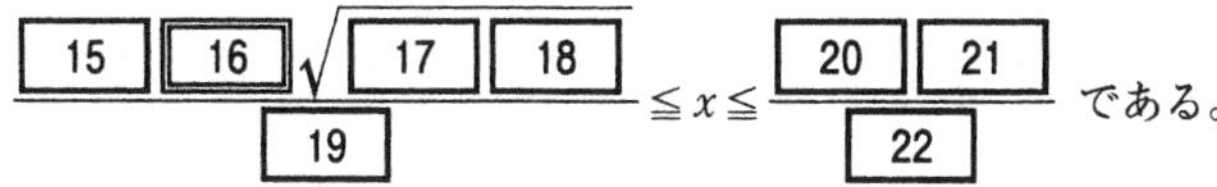

$\dfrac{\boxed{15}\boxed{\boxed{16}}\sqrt{\boxed{17}\boxed{18}}}{\boxed{19}}\leqq x\leqq\dfrac{\boxed{20}\boxed{21}}{\boxed{22}}$ である。

Ⅱ **解答番号** [23] ～ [40]

次の記述の空欄 [ ] または [ ] にあてはまる数字または記号を答えよ。ただし，空欄 [23] には＋または－の記号が入る。＋の場合は①を，－の場合は②を選べ。 （33点）

下図のように，3辺の長さが AB＝2，BC＝4，CA＝3である△ABC と，辺 AB，AC をそれぞれ1辺とする2つの正方形 AFGB，ACDE がある。

(1) $\cos\angle BAC = \boxed{23}\dfrac{\boxed{24}}{\boxed{25}}$ である。

(2) △ABC の外接円の半径は $\dfrac{\boxed{26}\sqrt{\boxed{27}\boxed{28}}}{\boxed{29}\boxed{30}}$ である。

(3) 線分 EF の長さは $\sqrt{\boxed{31}\boxed{32}}$ である。

(4) △AEF の面積は $\dfrac{\boxed{33}\sqrt{\boxed{34}\boxed{35}}}{\boxed{36}}$ である。

(5) △ABC の内接円の半径を r_1，△AEF の内接円の半径を r_2 とするとき，

$\dfrac{r_1}{r_2} = \dfrac{\boxed{37}+\sqrt{\boxed{38}\boxed{39}}}{\boxed{40}}$ である。

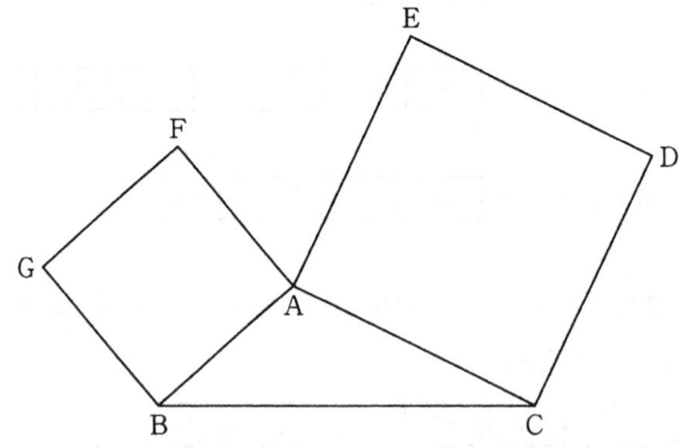

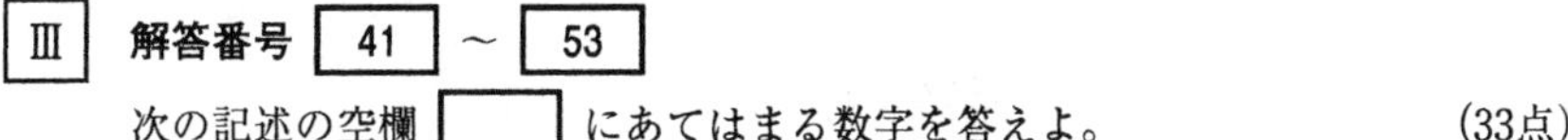

Ⅲ　**解答番号** [41] ～ [53]

次の記述の空欄 [　] にあてはまる数字を答えよ。（33点）

(1)　下図のような正九角形 ABCDEFGHI がある。この正九角形の頂点から3点を選び三角形をつくる。

(i)　三角形は全部で [41][42] 個できる。

(ii)　正三角形は全部で [43] 個できる。

(iii)　3辺の長さが全て異なる三角形は全部で [44][45] 個できる。

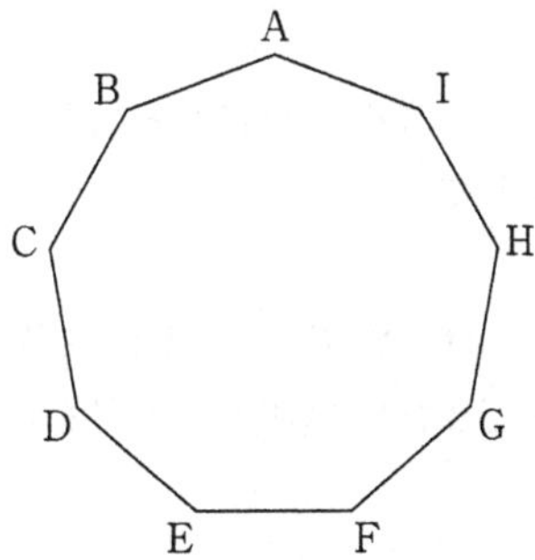

(2)　1個のさいころを3回振り，出た3つの目の数の積を A とする。ただし，さいころはいずれの目が出る確率も等しいものとする。

(i)　$A \leqq 5$ となる確率は $\dfrac{[46]}{[47][48]}$ である。

(ii)　A の一の位の数が5となる確率は $\dfrac{[49][50]}{[51][52][53]}$ である。

◀数　学（2）▶

（2科目受験：2科目100分
1科目受験：100分）

解答上の注意：以下の説明をよく読んでから解答してください。

1　問題の文中の空欄 □ には，数字（0～9）が入ります。なお，□□ のように2つ以上の空欄が続くところは次のような意味を表します。例えば，□□□ は3桁（けた）以下の整数値を表します。この場合，答えが2桁以下の値であれば，不要な上位の空欄 □ については解答欄に⓪をマークしてください。

例　3つ続いた空欄 □□□ のところが42になる場合は，左から順番に⓪，④，②と解答欄にマークしてください。

2　問題の文中の2重線で表された空欄 ▣ には，数字以外の記号などが入ります。文中の指示にしたがって，当てはまる記号などに対応する番号をマークしてください。

3　分数の形で解答する場合は，既約分数(それ以上約分できない分数)で答えてください。ただし，数字を入れる空欄が分数の形となっている場合でも，解答の値は必ずしも分数であるとは限りません(整数となる場合もあります)。この場合は，分母の値が1になるように答えてください。

4　根号を含む形で解答する場合は，根号の中が最小の正の整数となるように答えてください。

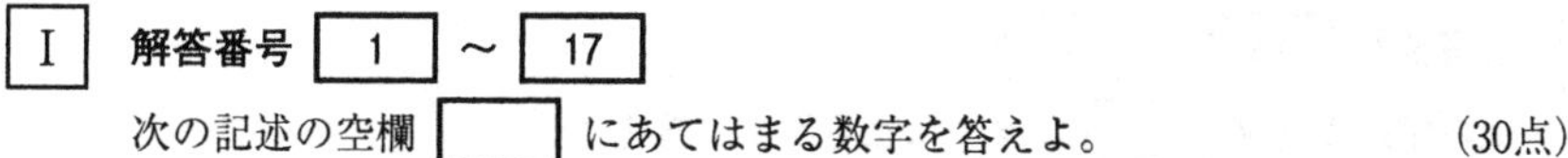

次の記述の空欄 $\boxed{}$ にあてはまる数字を答えよ。　(30点)

半径1の円に内接する正六角形の頂点から，相異なる3点A，B，Cを無作為に選ぶ。このとき，

(1)　線分ABと線分ACのなす角が直角となる確率は $\dfrac{\boxed{1}}{\boxed{2}}$ である。

(2)　△ABCが直角三角形となる確率は $\dfrac{\boxed{3}}{\boxed{4}}$ で，この直角三角形の面積は $\dfrac{\sqrt{\boxed{5}}}{\boxed{6}}$ である。

(3)　△ABCが正三角形となる確率は $\dfrac{\boxed{7}}{\boxed{8}\boxed{9}}$ で，この正三角形の面積は $\dfrac{\boxed{10}\sqrt{\boxed{11}}}{\boxed{12}}$ である。

(4)　△ABCが正三角形ではない二等辺三角形となる確率は $\dfrac{\boxed{13}}{\boxed{14}\boxed{15}}$ で，この二等辺三角形の面積は $\dfrac{\sqrt{\boxed{16}}}{\boxed{17}}$ である。

Ⅱ　**解答番号** [18] ～ [35]

次の記述の空欄 [ ] にあてはまる数字を答えよ。

また，空欄 [[ ]] には＋または−が入る。＋の場合は①を，−の場合は②を選べ。　(35点)

$f(x)=x^3+3x$，$g(x)=\dfrac{9}{8}x^2+3x$ とする。座標平面において，曲線 $y=f(x)$，$y=g(x)$ を考える。このとき，

(1)　$f'(x)=$ [18] x^2+ [19]

である。

(2)　曲線 $y=f(x)$ の点 $(t,\ f(t))$ における接線は

$y=\Big($ [20] t^2+ [21] $\Big)x$ [[22]] [23] $t^{\boxed{24}}$

である。

(3)　2曲線 $y=f(x)$，$y=g(x)$ にともに接する直線は2本あり，その式は

$y=$ [25] x

$y=$ [26] x [[27]] [28]

である。

(4)　曲線 $y=f(x)$ と直線 $y=$ [26] x [[27]] [28] の接点の x 座標は [[29]] [30]，交点の x 座標は [[31]] [32] である。

(5)　曲線 $y=f(x)$ と直線 $y=$ [26] x [[27]] [28] で囲まれた部分の面積は

$\dfrac{\boxed{33}\ \boxed{34}}{\boxed{35}}$ である。

Ⅲ **解答番号** 36 ～ 57

次の記述の空欄 □ にあてはまる数字を答えよ。

また，空欄 ◫ には＋または－が入る。＋の場合は①を，－の場合は②を選べ。（35点）

1辺の長さが1の正六角形 ABCDEF における辺 AB，CD，EF をそれぞれ 1：2に内分する点を G，H，I とし，線分 AH と EG，線分 CI と AH の交点をそれぞれ P，Q とする。$\overrightarrow{AB}=\vec{a}$，$\overrightarrow{AF}=\vec{b}$ とする。このとき，

(1) $\overrightarrow{AG}=\dfrac{\boxed{36}}{\boxed{37}}\vec{a}$，$\overrightarrow{AH}=\boxed{38}\,\vec{a}+\dfrac{\boxed{39}}{\boxed{40}}\vec{b}$

である。

(2) $\vec{a}\cdot\vec{b}=\boxed{\boxed{41}}\dfrac{\boxed{42}}{\boxed{43}}$

である。

(3) s，t を実数とする。

$\overrightarrow{GP}=s\overrightarrow{GE}$ とおくと

$$\overrightarrow{AP}=\frac{\boxed{44}\,s+\boxed{45}}{\boxed{46}}\vec{a}+\boxed{47}\,s\vec{b}$$

である。さらに $\overrightarrow{AP}=t\overrightarrow{AH}$ とおくと

$$s=\frac{\boxed{48}}{\boxed{49}},\quad t=\frac{\boxed{50}}{\boxed{51}\,\boxed{52}}$$

である。

(4) $\overrightarrow{AQ}=\dfrac{\boxed{53}}{\boxed{54}}\overrightarrow{AH}$

である。

(5) $|\overrightarrow{\mathrm{PQ}}| = \dfrac{\boxed{55}\sqrt{\boxed{56}}}{\boxed{57}}$

である。

化学

（2科目受験：2科目100分
　1科目受験：100分）

必要があれば，次の数値を用いよ。

原子量：H＝1.0　C＝12　O＝16　Na＝23
　　　　S＝32　Cl＝35.5　K＝39　Mn＝55
　　　　Ag＝108

アボガドロ定数：$N_A = 6.02 \times 10^{23}$/mol

気体定数：$R = 8.31 \times 10^3$ Pa・L/(K・mol)

ファラデー定数：$F = 9.65 \times 10^4$ C/mol

I　次の問い(問1～問3)に答えよ。(25点)

問1　1.00 mol/Lの塩化ナトリウムNaCl水溶液を50.0 mL調製する。次の(1)～(3)に答えよ。ただし，水溶液の密度は1.04 g/cm^{3}とする。

(1)　この水溶液を調製するために必要なNaClの質量〔g〕はいくらか。最も近い数値を，次の①～⑧から選べ。　**1**

①　0.975　②　1.18　③　2.93　④　3.51
⑤　975　⑥　1180　⑦　2930　⑧　3510

(2)　この水溶液の質量モル濃度〔mol/kg〕はいくらか。最も近い数値を，次の①～⑤から選べ。　**2**

① 0.910　② 0.962　③ 1.02　④ 1.00　⑤ 1.06

(3) この水溶液の質量パーセント濃度〔%〕はいくらか。最も近い数値を，次の①～⑥から選べ。 **3**

① 2.8　② 4.1　③ 5.6　④ 8.1
⑤ 11　⑥ 15

問2　27℃，1.5×10^3 Pa の酸素 O_2 の体積は，7℃，3.0×10^4 Pa の O_2 の体積の何倍か。最も適当なものを，次の①～⑧から選べ。ただし，O_2 の物質量は同じとする。 **4**

① 0.013倍　② 0.048倍　③ 0.13倍　④ 0.48倍
⑤ 2.1倍　⑥ 7.7倍　⑦ 21倍　⑧ 77倍

問3　不揮発性の非電解質の希薄溶液の性質に関する記述として，正しいものを，次の①～⑤から選べ。 **5**

① 凝固点降下度は，溶媒の種類に関係なく，質量モル濃度に比例する。
② モル凝固点降下は，溶質の種類に関係なく，各溶媒に固有の値である。
③ 沸点上昇度は，溶質の種類に関係なく，モル濃度に反比例する。
④ モル沸点上昇は，溶媒の種類に関係なく，溶質に固有の値である。
⑤ 蒸気圧降下は，溶液表面から蒸発する溶媒分子が多くなることで起こる。

Ⅱ　次の問い(問1～問3)に答えよ。(25点)

問1　次に示す熱化学方程式を用い，下の(1)～(3)に答えよ。最も適当なものを下の<解答群>から選べ。ただし，同じものを繰り返し選んでもよい。

$$C(黒鉛) + O_2(気) = CO_2(気) + 394\,kJ$$
$$C(黒鉛) + 2H_2(気) = CH_4(気) + 75\,kJ$$
$$H_2(気) + \frac{1}{2}O_2(気) = H_2O(液) + 286\,kJ$$
$$H_2(気) + \frac{1}{2}O_2(気) = H_2O(気) + 242\,kJ$$

(1)　水蒸気1 molが凝縮するときに放出される，熱量〔kJ〕はいくらか。　**6**

(2)　メタンの生成熱〔kJ/mol〕はいくらか。　**7**

(3)　水素は，工業的には，メタンを高温の水蒸気と反応させることによって製造される。メタン1 molが水蒸気と反応して，気体の水素 H_2 と二酸化炭素 CO_2 が発生するときの反応熱〔kJ〕はいくらか。　**8**

<解答群>

① 15	② 44	③ 62	④ 75	⑤ 165
⑥ −15	⑦ −44	⑧ −62	⑨ −75	⓪ −165

問2　酸性水溶液中で，シュウ酸イオン $C_2O_4{}^{2-}$ が還元剤として，過マンガン酸イオン $MnO_4{}^-$ が酸化剤として働くとき，それらの反応は次のイオン反応式で表せる。

$$H_2C_2O_4 \longrightarrow 2CO_2 + 2e^- + 2H^+$$

$$MnO_4^- + 8H^+ + 5e^- \longrightarrow Mn^{2+} + 4H_2O$$

シュウ酸ナトリウム $Na_2C_2O_4$ の結晶を正確に3.35 g はかり取り，水に溶かして500 mL の標準溶液(溶液 A)を調製した。溶液 A を25.0 mL とって，適当量の希硫酸を加え，おだやかに温めながら，過マンガン酸カリウム $KMnO_4$ 水溶液で滴定を行ったところ，20.0 mL 加えた時点で薄く赤紫色になった。

このとき，使用した $KMnO_4$ 水溶液のモル濃度〔mol/L〕はいくらか。次の①～⑤から最も近いものを選べ。ただし，薄く赤紫色になった時点で過不足なく反応したものとする。 9

① 0.0250　② 0.0500　③ 0.0780
④ 0.157　⑤ 0.313

問3 次の熱化学方程式で表される反応が平衡状態に達しているときに，下の a，b，c は，どのように変化するか。最も適当な組み合わせを下の①～⑧から選べ。

$$C_2H_4(気) + H_2(気) = C_2H_6(気) + 137\,kJ$$

a 圧力を一定に保ち，温度を下げたときの平衡の移動

b 温度と圧力を一定に保ち，水素 H_2(気)を加えたときの，右向きの反応速度

c 温度と圧力を一定に保ち，アルゴン Ar(気)を加えたときの，右向きの反応速度

10

	a	b	c
①	右に移動する	大きくなる	大きくなる
②	右に移動する	大きくなる	小さくなる
③	右に移動する	小さくなる	大きくなる
④	右に移動する	小さくなる	小さくなる
⑤	左に移動する	大きくなる	大きくなる
⑥	左に移動する	大きくなる	小さくなる
⑦	左に移動する	小さくなる	大きくなる
⑧	左に移動する	小さくなる	小さくなる

Ⅲ 次の問い(問1～問4)に答えよ。(25点)

問1　ハロゲンの単体の中で最も酸化力が強い物質と，ハロゲンではない物質の組み合わせはどれか。次の①～⑥から最も適当なものを選べ。 **11**

①　ヨウ素と塩素　　②　ヨウ素とバリウム　　③　ヨウ素とフッ素

④　塩素とバリウム　　⑤　塩素とフッ素　　⑥　フッ素とバリウム

問2　次の試薬の組み合わせA～Dで発生する気体が，同じものである組み合わせはどれか。下の①～⑥から最も適当なものを選べ。

A　亜硫酸ナトリウムに希硫酸を加えた。

B　硫化鉄(Ⅱ)に希硫酸を加えた。

C　塩化ナトリウムに濃硫酸を加えて，加熱した。

D　銅に濃硫酸を加えて，加熱した。

12

①　AとB　　②　AとC　　③　AとD

④　BとC　　⑤　BとD　　⑥　CとD

問3　硫黄8kgを用いて接触法により，100%の効率で硫酸を製造したときに得られる，質量パーセント濃度98%の濃硫酸の質量〔kg〕はいくらか。最も近い数値を，次の①～⑥から選べ。　13

①　8　　②　16　　③　25
④　30　　⑤　50　　⑥　100

問4　次の記述を読んで，下の(1)～(4)に答えよ。

塩化銀AgClは，ごくわずかだけが水に溶けて飽和水溶液になる。溶解した微量のAgClは完全に電離し，次の溶解平衡が成り立っている。

$$\mathrm{AgCl(固)} \rightleftarrows \mathrm{Ag^+} + \mathrm{Cl^-}$$

このとき，温度が一定であれば，溶解度積$K_{sp(AgCl)}$は一定($K_{sp(AgCl)}=[Ag^+][Cl^-]$)であり，25℃では$1.8\times10^{-10}(\mathrm{mol/L})^2$となる。

25℃で，AgClの飽和水溶液100mLに，1.0mol/Lの塩酸を0.1mL加えると［ア］により，反応は［イ］へ移動し，再び平衡に達する。塩酸を加え，平衡に達した後のAg^+のモル濃度は［ウ］mol/Lであり，塩酸を加える前に溶けていたAg^+の［エ］%が沈殿したことになる。ただし，塩酸添加による水溶液の体積変化は無視できるものとする。

(1)　25℃で，AgClの飽和水溶液1Lを調製した。このとき，溶解しているAgClの質量〔mg〕はいくらか。次の①～⑧から最も近いものを選べ。ただし，$\sqrt{1.8}=1.34$とする。　14

①　1.3　　②　1.5　　③　1.7　　④　1.9

⑤ 130　　⑥ 150　　⑦ 170　　⑧ 190

(2) ア と イ にあてはまる語の正しい組み合わせを，次の①～⑥から選べ。 15

	ア	イ
①	共通イオン効果	左
②	共通イオン効果	右
③	脱水作用	左
④	脱水作用	右
⑤	電離	左
⑥	電離	右

(3) ウ に入る最も近い数値を，次の①～⑥から選べ。 16

① 1.4×10^{-9}　　② 1.6×10^{-9}　　③ 1.8×10^{-9}
④ 1.4×10^{-7}　　⑤ 1.6×10^{-7}　　⑥ 1.8×10^{-7}

(4) エ にあてはまる最も近い数値を，次の①～⑧から選べ。 17

① 0.1　　② 0.9　　③ 5　　④ 9
⑤ 50　　⑥ 90　　⑦ 95　　⑧ 99

Ⅳ　次の問い(問1・問2)に答えよ。(25点)

問1　次の記述a～fを読んで，下の(1)・(2)に答えよ。

a　分子式が$C_4H_{10}O$の化合物には，A，B，C，Dの構造異性体が存在する。

b　A，B，C，Dはいずれもナトリウムと反応して水素を発生する。

c　A，Cは硫酸酸性の二クロム酸カリウム水溶液で酸化されるが，Bは酸化されにくい。

d　Aの沸点は117℃で，Cの沸点は108℃である。

e　Dには，鏡像異性体が存在する。

f　Dは水酸化ナトリウム水溶液中で，ヨウ素とともに加熱すると反応して黄色結晶が生じる。

(1)　A，B，C，Dとして，最も適当なものを下の＜解答群＞から選べ。

A：18

B：19

C：20

D：21

(2)　記述fにおいて析出した黄色の固体として，最も適当なものを下の＜解答群＞から選べ。 22

＜解答群＞

① $(CH_3)_3COH$　② $CH_3CH_2CH(OH)CH_3$

③ $CH_3CH_2CH_2CH_2OH$　④ $CH_3CH(CH_3)CH_2OH$

⑤ CHI_3　⑥ NaI

問2　エタノールおよびフェノールに関する次の(1)・(2)に答えよ。

(1)　エタノールのみにあてはまるものを，下の<解答群>から選べ。　**23**

(2)　エタノールおよびフェノールのどちらにもあてはまるものを，下の<解答群>から選べ。　**24**

<解答群>

① 水に溶けて弱酸性を示す。

② 酸化するとアルデヒドを生じる。

③ 塩化鉄(Ⅲ) $FeCl_3$ 水溶液と反応し，紫色を示す。

④ 室温(25℃)で固体である。

⑤ カルボン酸とエステルをつくる。

生物

（2科目受験：2科目100分
　1科目受験：100分）

I　次の文章(A・B)を読んで，下の問い(問1～問6)に答えよ。(25点)

A　体内ではさまざまな化学反応が行われている。生体内における化学反応をまとめて代謝という。代謝のうち，複雑な物質を単純な物質に分解し，エネルギーを取り出す過程を［ 1 ］といい，呼吸がその代表的な例である。ア)<u>呼吸は，有機物を分解してエネルギーを取り出す点で，燃焼という現象に似ているが，異なる点もある</u>。真核細胞では，イ)<u>ミトコンドリア</u>が呼吸において重要な役割を果たしている。一方，単純な物質から複雑な物質を合成し，エネルギーを蓄える過程を［ 2 ］といい，光合成における有機物の合成が例にあげられる。代謝においてエネルギーの受け渡しをする分子として，ウ)<u>ATP</u>が用いられる。

問1　文章中の空欄［ 1 ］，［ 2 ］に入れるのに最も適当なものを，次の①～⑧から選べ。

①　異化　　②　還元　　③　酸化　　④　硝化
⑤　消化　　⑥　進化　　⑦　同化　　⑧　分化

問2　文章中の下線部ア)について，呼吸と有機物の燃焼の両方に該当する記述として正しいものを，次の①～⑤から2つ選べ。ただし，順序は問わない。
［ 3 ］［ 4 ］

①　酸素を必要とする。

② 熱と光を放出する。

③ ATPが合成される。

④ 二酸化炭素と水が生じる。

⑤ 多数の酵素を必要とする。

問3　文章中の下線部イ)ミトコンドリアについての次の記述①～⑤のうち，正しいものはどれか。最も適当なものを選べ。 5

① 内部には独自のDNAが含まれている。

② 解糖系や電子伝達系に関わる酵素が存在する。

③ 呼吸によって生成されるATPは，すべてミトコンドリア内で合成される。

④ 内膜と外膜の2枚の膜でできており，内膜の内側はストロマとよばれる。

⑤ 細胞内にシアノバクテリアが取り込まれて共生することでできたと考えられている。

問4　文章中の下線部ウ)ATPに関する次の記述a～eのうち正しいものはどれか。最も適当な組み合わせを，下の解答群から選べ。 6

a．1分子中に高エネルギーリン酸結合を3つ含む。

b．アミノ酸，糖，リン酸からなる有機化合物である。

c．大腸菌から植物，動物に至るまですべての生物が共通にもつ物質である。

d．筋肉の収縮や糖の合成などさまざまな生命活動に利用される。

e．細胞内で分解されて，NADHを放出する。

<解答群>

① a・b	② a・c	③ a・d	④ a・e
⑤ b・c	⑥ b・d	⑦ b・e	⑧ c・d

⑨ c・e　　⓪ d・e

B　カタラーゼのはたらきについて調べるため，次の手順で実験を行った。

1．試験管を4本用意し(A～D)，それぞれに3%過酸化水素水を2mLずつ加えた。

2．試験管Aに石英粒，Bに酸化マンガン(Ⅳ)，Cにブタ肝臓片，Dにすりおろしたダイコンをそれぞれ1gずつ入れた。

3．各試験管内で気泡が発生した場合，火のついた線香を試験管に入れ，線香の火が激しく燃え上がるのを確認した。

4．気泡が出なくなったら，すべての試験管に過酸化水素水を2mLずつ加え，手順3と同様に気泡の発生と線香の火が燃え上がるのを確認した。

問5　試験管A～Dのうち，手順3，4のそれぞれについて，線香の火が激しく燃え上がったものの組み合わせとして，最も適当なものはどれか。次の①～⑨から選べ。ただし，同じものを繰り返し選んでもよい。

手順3：［7］

手順4：［8］

① Aのみ　② Bのみ　③ Cのみ　④ Dのみ　⑤ AとB

⑥ BとC　⑦ CとD　⑧ AとBとC　⑨ BとCとD

問6　本実験についての記述として正しいものを，次の①～⑥から2つ選べ。ただし，順序は問わない。［9］［10］

① 最も気泡が発生したのは，石英粒であった。

② カタラーゼは，動物細胞にのみ含まれる。

③ 酵素は，繰り返しはたらくことができる。

④ 細胞外に出た酵素は，ただちにその機能を失う。

⑤　酸化マンガン(Ⅳ)は，カタラーゼの基質としてはたらいた。

⑥　カタラーゼは，過酸化水素を分解して酸素を発生させる。

Ⅱ　次の文章を読んで，下の問い(問1～問5)に答えよ。(25点)

我々の体をつくる細胞は，細胞分裂によって増えていく。細胞分裂には，体を構成している細胞が増殖するときにおこなわれる体細胞分裂と，生殖細胞が形成されるときにおこなわれる減数分裂がある。

ヒトの体細胞分裂がおこるとき，まず<u>ア)核のDNA</u>が2倍にならなくてはならない。DNAが複製される時期を［11］期とよぶ。次に，複製したDNAを新たに生じる2つの娘細胞に正確に分配し，細胞が2つに分断される時期を［12］期とよぶ。卵が受精してすぐあとの発生のごく初期にはこの2つの時期が繰り返されるが，やがて［11］期の直前と［12］期の直前に，それぞれ［13］期と［14］期とよばれる期間が見られるようになる。［13］期の後期には，R点とよばれる細胞の外環境(栄養状態など)を検知して増殖に進むか否かを判断する時点がある。いったんR点を通過できれば，細胞周期は，外界の状況に関わらずにすみやかに［11］期に進入し，その後［14］期，［12］期へと進み，［13］期へと戻ってくる。また，細胞周期から外れて増殖を休止している時期は［15］期とよばれる。外環境によっては，細胞はR点を通過できず，［11］期に進めずにそのまま［13］期にとどまるか，［15］期に入ることもある。さらに，細胞が分化，アポトーシス，分裂を促進するようなシグナルを受け取る場合，それらの細胞状態への分岐点はR点前に存在する。

問1　文章中の空欄［11］～［15］に入れるのに，最も適当なものを，次の①～⑤から選べ。

①　G_0　　②　G_1　　③　G_2

④　M　　⑤　S

問2　[12] 期はさらに前期，中期，後期，終期に分けることができる。それぞれの期間の終わった時点における1個の細胞に存在する核内のDNAの相対量として，次の①～⑧の組み合わせのうち正しいものはどれか選べ。

[16]

	前期	中期	後期	終期
①	2	2	2	2
②	2	2	2	1
③	2	2	1	1
④	4	2	2	1
⑤	4	4	4	1
⑥	4	4	2	1
⑦	4	2	1	1
⑧	4	1	1	1

問3　文章中の下線部ア)についての次の記述として**誤っているもの**はどれか。次の①～⑥から2つ選べ。ただし，順序は問わないが，ともに正解のときのみ点数が与えられる。　[17] [18]

① DNAの遺伝情報は，タンパク質，糖質，脂質をコードしている。

② DNAに使われている塩基は，シトシン，チミン，グアニン，アデニンの4種類である。

③ 真核生物ではDNAはヒストンに巻きついてヌクレオソームを形成する。

④ ヌクレオソームが規則的に積み重なった構造をクロマチン繊維とよぶ。

⑤ ヒトの女性の1つの体細胞において，染色体は46本存在する。

⑥ 核内の1本の染色体を構成しているDNAは，その相同染色体を鋳型として複製される。

問4　ヒトの細胞分裂に関する記述a～cのうち正しいものはどれか，最も適当

なものを下の解答群から選べ。　19

a．12 期の直前と直後で，母細胞と娘細胞のそれぞれ1個を比較すると，細胞膜に囲まれた部分の体積とDNA量は1/2になっている。
b．体細胞分裂と減数分裂の両方で，核膜は消失しない。
c．減数分裂において，二価染色体が形成されるのは第一分裂の中期である。

<解答群>

① a　② b　③ c
④ aとb　⑤ aとc　⑥ bとc
⑦ aとbとc　⑧ a，b，cのいずれでもない

問5　ほとんどの脊椎動物の卵巣内で一次卵母細胞は，減数第一分裂の前期で停止した状態にある。それらの一次卵母細胞はホルモン刺激によって減数分裂を再開したのち，減数第二分裂中期で再び停止して成熟卵(未受精卵)として排卵され受精を待っている。この過程は卵成熟とよばれている。カエルをもちいて卵成熟過程を制御する因子について実験をおこない，以下の結果を得た。

結果1：未受精卵の細胞質基質を成熟していない一次卵母細胞に注入すると，ホルモン刺激なしで卵成熟が進行し未受精卵となった。
結果2：未受精卵の細胞質基質を2細胞期の胚(はい)の割球に注入すると，卵割が分裂期の中期で停止した。
結果3：受精卵の細胞質基質を2細胞期の胚の割球に注入しても卵割は停止することはなく正常に進行した。

以上の結果より考えられることとして，正しいものはどれか。最も適当なものを次の①～⑤から選べ。　20

① ホルモンの刺激により，一次卵母細胞の細胞質基質には卵成熟を抑制する因子がつくられ，受精後分解される。

② ホルモンの刺激により，一次卵母細胞の細胞質基質には卵成熟を抑制する因子と，減数第二分裂でも卵割でも中期で停止させることができる因子がつくられる。

③ ホルモンの刺激により，一次卵母細胞の細胞質基質には卵成熟を誘起する因子と，減数第二分裂でも卵割でも中期で停止させることができる因子がつくられる。

④ ホルモンの刺激により一次卵母細胞の細胞質基質には，卵成熟を抑制する因子と，減数第二分裂の中期で停止させるが，卵割の中期では停止させることはできない因子がつくられる。

⑤ ホルモンの刺激により，一次卵母細胞の細胞質基質には卵成熟を誘起する因子と，減数第二分裂の中期で停止させるが，卵割の中期では停止させることはできない因子がつくられる。

Ⅲ　次の文章を読んで，下の問い(問1～問4)に答えよ。(25点)

ヒトの体には，病原体などの異物の侵入を防いだり，侵入した異物を排除する仕組みが備わっている。外界と接する皮膚や粘膜は，ア)物理的・化学的な生体防御によって異物の侵入を防いでいる。侵入した異物に対しては，イ)自然免疫とウ)適応免疫(獲得免疫)の両方によって対応し，体から排除している。

エ)これらの仕組みは，予防接種などの医療に利用されている一方で，免疫の仕組みの異常が病気を引き起こすことがある。

問1　文章中の下線部ア)に関する次の記述①～⑤のうち，正しいものはどれか。最も適当なものを選べ。　21

① 皮膚や粘膜上皮には，細菌の細胞膜を壊すタンパク質であるディフェン

シンが存在する。

② ヒトの腸内は強酸性に保たれており，細菌は生息することができない。

③ 汗，だ液，涙に含まれるリゾチームは，ウイルスの遺伝物質の分解に特異的に作用する。

④ 汗や皮脂によって皮膚表面は弱アルカリ性に保たれており，細菌の増殖を抑えている。

⑤ 皮下組織では，細胞分裂が盛んな角質層を形成することで異物の侵入を防ぐ。

問2　文章中の下線部イ)に関して，物理的・化学的防御を突破して体内に侵入した病原体などの異物に対しては，第二の防御機構である食作用がはたらく。好中球とマクロファージは食作用をもつ代表的な細胞である。次の記述A～Cは，好中球とマクロファージのうち，どちらに該当するか。最も適当なものを，下の解答群から選べ。

A．骨髄にある造血幹細胞が分化してつくられる。 [22]

B．血液中では単球として存在する。 [23]

C．内部に顆粒(か)をもち，通常は血管内を循環しており，血管の壁を通り抜けて組織で異物を取り込むと，多くは死滅して膿(うみ)を形成する。 [24]

< [22] ～ [24] の解答群>

① 好中球のみ　　② マクロファージのみ

③ 好中球とマクロファージ

④ 好中球とマクロファージのいずれでもない

問3　文章中の下線部イ)と下線部ウ)に関する次の問い(1)～(3)に答えよ。

(1) 免疫における異物の認識に関する次の記述a～eのうち，正しいものはどれか。最も適当な組み合わせを，下の解答群から選べ。 [25]

a．マクロファージは，細胞内感染に最も幅広く対応する細胞であり，ウイルスに感染した細胞を正常細胞との細胞表面の違いを認識して攻撃し，死滅させる。

b．1 つの樹状細胞には 1 種類のトル様受容体(TLR)が存在し，個々の樹状細胞は 1 種類の異物を特異的に認識する。

c．B 細胞は，樹状細胞による抗原提示なしに，B 細胞受容体(BCR)によって抗原を直接認識することができる。

d．個々のヘルパー T 細胞は，多種類の T 細胞受容体(TCR)をもつことで，さまざまな抗原を認識することができる。

e．B 細胞や T 細胞の成熟の過程で，自己の成分を抗原と認識するリンパ球は，死滅して排除されたり，はたらきが抑制されたりする。

＜解答群＞

① a と b	② a と c	③ a と d	④ a と e
⑤ b と c	⑥ b と d	⑦ b と e	⑧ c と d
⑨ c と e	⓪ d と e		

(2) 適応免疫(獲得免疫)では，さまざまな細胞が相互作用しながら，病原体の排除にはたらいている。適応免疫(獲得免疫)の仕組みに関する次の記述 A ～ C の(X)と(Y)に入る細胞の組み合わせとして最も適当なものを，下の表の①～⓪から選べ。

A．(X)は病原体を取り込むとリンパ節に移動し，病原体由来のタンパク質断片を MHC クラス I 分子上に提示する。(Y)細胞はそれを特異的な抗原受容体によって認識することで活性化され，感染細胞を直接攻撃する。　**26**

B．(X)が提示した抗原を同じ抗原により活性化された(Y)が認識すると，(Y)はサイトカインを分泌して(X)を活性化させる。活性化された(X)はより活発に食作用を行う。　**27**

C．(X)は細胞内に取り込んで分解した抗原由来のタンパク質断片を細胞表面に提示する。同じ抗原により活性化された(Y)はそれを特異的な抗原受容体によって認識するとサイトカインを分泌して(X)を活性化することで形質細胞に分化させる。 **28**

	(X)	(Y)
①	B細胞	キラーT細胞
②	B細胞	ヘルパーT細胞
③	樹状細胞	B細胞
④	樹状細胞	キラーT細胞
⑤	樹状細胞	ヘルパーT細胞
⑥	ヘルパーT細胞	キラーT細胞
⑦	ヘルパーT細胞	B細胞
⑧	マクロファージ	B細胞
⑨	マクロファージ	キラーT細胞
⓪	マクロファージ	ヘルパーT細胞

(3)　図は(2)の記述Cの下線部を模式的に示したものである。図中の(あ)と(い)の組み合わせとして最も適当なものを，下の表の①～⑨から選べ。 **29**

図　(2)の記述Cの下線部を模式化

	(あ)	(い)
①	BCR	MHC分子
②	BCR	TCR
③	BCR	TLR
④	TCR	BCR
⑤	TCR	MHC分子
⑥	TCR	TLR
⑦	MHC分子	BCR
⑧	MHC分子	TCR
⑨	MHC分子	TLR

問4　文章中の下線部エ)に関する次の記述ａ～ｅのうち，正しいものはどれか。最も適当な組み合わせを，下の解答群から選べ。　30

ａ．ワクチンの接種による免疫記憶では，主にNK細胞が記憶細胞としてはたらく。

ｂ．ツベルクリン反応では，結核菌に対する記憶細胞が存在しない場合，接種部位の皮膚が赤く腫れ，陰性と判断される。

ｃ．ヘビ毒などの毒素を抗原と認識するヘルパーＴ細胞を含む血清を注射することで，毒素を取り除く治療法を血清療法という。

ｄ．花粉症では，抗原である花粉の成分に対する，ある種の抗体が肥満細胞(マスト細胞)に結合することで，肥満細胞に含まれるヒスタミンなどの炎症性の物質を放出させる。

ｅ．1型糖尿病では，すい臓のランゲルハンス島Ｂ細胞が自己成分に対する免疫反応によって破壊されることで，最終的にインスリン分泌量が激減する。

<解答群>

①　ａとｂ　　②　ａとｃ　　③　ａとｄ　　④　ａとｅ

⑤　b と c　　⑥　b と d　　⑦　b と e　　⑧　c と d
⑨　c と e　　⓪　d と e

Ⅳ　次の文章を読んで，下の問い(問１～問５)に答えよ。(25点)

ある場所の植生は，A) 環境の変化に伴い B) 植生の相観が変化していき，最終的に C) 極相となる。しかし，極相となっても，D) ギャップ更新が起こるため，多様な相観がみられることが多い。このような植生の変化には，E) 植物の環境への応答の仕組みが密接に関わっている。

問１　文章中の下線部 A)の環境の変化に関わる次の因子 a)～ f)のうち，環境形成作用を受けないものはいくつあるか。最も適当なものを下の①～⑦から選べ。　**31**

a ）栄養塩類の量　　b ）降水量　　c ）地表の温度
d ）地表の湿度　　e ）地表の光の強さ　　f ）土壌の厚さ

①　1　　②　2　　③　3　　④　4
⑤　5　　⑥　6　　⑦　0

問２　文章中の下線部 B)の相観の変化として，浅い湖沼が草原になる過程で観察された植物種 a)～ c)が優占種となった順序として，最も適当なものを下の表の①～⑥から選べ。　**32**

a ）抽水植物　　b ）沈水植物　　c ）浮葉植物

①	a → b → c
②	a → c → b
③	b → a → c
④	b → c → a
⑤	c → a → b
⑥	c → b → a

問3 文章中の下線部C)の極相となった照葉樹林の説明として**誤っているもの**はどれか。次の①〜⑨から2つ選べ。ただし，順序は問わない。

33 34

① 高木層を構成する植物の光補償点は，低木層を構成する植物の光補償点と同じか，それ以上となる。
② 草本層は，陰生植物と陽生植物から構成される。
③ 照葉樹林では，階層構造が見られる。
④ 照葉樹林の土壌では，層状構造が見られる。
⑤ 地表面では，コケの密生が見られる。
⑥ 低木層では，アオキなどが見られる。
⑦ 林冠を構成する植物には，スダジイやアラカシが見られる。
⑧ 林冠を形成する高木層では，冬に落葉するため，下層まで光が届きやすくなる。
⑨ 林床へ届く光の量は，林冠の数%以下となる。

問4 （設問省略） 35 36

問５　文章中の下線部E)の植物の環境応答に関わる以下の調節に関わる因子 a ～ f のうち発芽，果実の形成・成長，気孔の開閉，落葉の調節のそれぞれに関わるものはどれか。最も適当なものを下の解答群から選べ。

発芽	： **37**	果実の形成・成長	： **38**
気孔の開閉	： **39**	落葉の調節	： **40**

a）アブシシン酸　　b）エチレン　　c）オーキシン
d）ジベレリン　　e）フィトクロム　　f）フォトトロピン

<解答群>

① a と b　② a と e　③ a と f　④ b と c
⑤ b と d　⑥ b と e　⑦ c と d　⑧ c と e
⑨ d と e　⓪ d と f

しを評価する客の方が場をコントロールする立場にある、ということ。

③ 演者の繰り出した言葉が客席の雰囲気と一つになり、おのずと噺を作り上げていくような、予期せぬことも起こり得るのだから、演者がすべてを掌握していると考えるのは思い上がりだ、ということ。

④ 新しいネタを披露するときは、下手にあらかじめ計画などせず客席の雰囲気に事を委ねておけば、おのずと楽しい噺が出来上がるものなので、演者が噺をコントロールするという考えは誤っている、ということ。

⑤ 演者のせりふ覚えが悪くて追いつめられていると、客席の誰かが何かしら助け船を出してくれて話が自然に流れるようになるのだから、演者はむしろ何も考えない方がよい、ということ。

問十　本文の文章の特徴について説明したものとして**適当でないもの**を、次の選択肢の中から選べ。 39

① 「出囃子」や「くすぐり」といった落語家の仲間言葉を使って、落語の世界の雰囲気を伝えるものになっている。

② 「虫けら以下」や「バカ犬」など、自分や噺家仲間を蔑むような表現を用いて、軽妙な印象を与えるものになっている。

③ 「…なんてのが」や「…何だってハナシですな」といった言葉遣いによって、落語家らしい言葉の特徴が際立つものになっている。

④ 「文違い」という落語のネタになぞらえて文章全体を構成することで、読者の興味を引くものになっている。

⑤ 「…申し上げるということで。」のように、述部を整えないまま文章全体を終えることで、落語の語り口を再現するものになっている。

誰にも分からないことだから。

問八　文中の傍線部**3**〈「お客さまのご機嫌をうかがう」〉とあるが、それはどういうことか。その説明として最も適当なものを、次の選択肢の中から選べ。 37

① 目の前にいる客が何を期待し、何を面白いと思うかを瞬時に捉え、それに応じたネタを選び取って披露するということ。
② 頭の中にある噺を記憶のままに話すのではなく、その時々の客の反応を察知して、客がより楽しめるように演じていくということ。
③ その時の客が、自分の容姿や声や雰囲気に興味があるのか、話のストーリーに関心があるのか、しっかりと判別するということ。
④ その時その時の客一人一人に対して、その気分の良し悪しを即座に見極め、できるだけ丁寧な対応をするということ。
⑤ 気分にむらのある客をうまい具合に持ち上げて、高座の雰囲気を盛り上げながら噺を語っていくということ。

問九　文中の傍線部**4**〈自分が噺を操るなんて考えはおこがましい〉とあるが、それはどういうことか。その説明として最も適当なものを、次の選択肢の中から選べ。 38

① 物語を語って本当の意味で客を楽しませることができるのは、修業を十分に積んだ名人だけが成し遂げられることであり、技量の不十分な演者が自分にもできると考えるのは愚かだ、ということ。
② 演者は頭の中にあるせりふを面白おかしくしゃべる立場であり、それを見たり聞いたりして楽しみ、あるいは良し悪

③　地方都市の小田原に生まれ育ったため、昔から大都会であった東京・新宿の人々の話を聞いて、やるせない憧れの気持ちを抱いたということ。
④　大人の男女がどのように騙し合いをするのか、複雑なストーリーの展開を読み解きながら、言いようもなく知的な興奮を覚えたということ。
⑤　子どもの自分には内容がよくつかめなかったが、語りや雰囲気に引きつけられ、その場に居合わせているかのような気持ちの高ぶりを覚えたということ。

問七　文中の傍線部2〈この修業が何のためにどんな役に立つのかを誰からも教わらない〉とあるが、その理由を筆者はどのように考えているか。最も適当なものを、次の選択肢の中から選べ。 36

①　人はそもそも理不尽な生き物なのだから、やっている修業が何の役に立つかを言葉で説明して理解させたとしても、何の意味もないことだから。
②　好きなことだけをして嫌なことはしないというように甘やかされて育った人間に、落語家としての厳格な心得を口で説明しても理解されないから。
③　人間は実に多様な存在であることを言葉で説明したところで、目の前にある様々な雑用が決して減っていくわけではないから。
④　場を読むという落語家にとって大切な力は、誰かから教わるものではなく、自ら体を使って各人が自分なりに獲得するしかないものだから。
⑤　様々な仕事をこなしていく中で落語家としても人間としても成長していくのだが、そうした働きが何になるのかは、

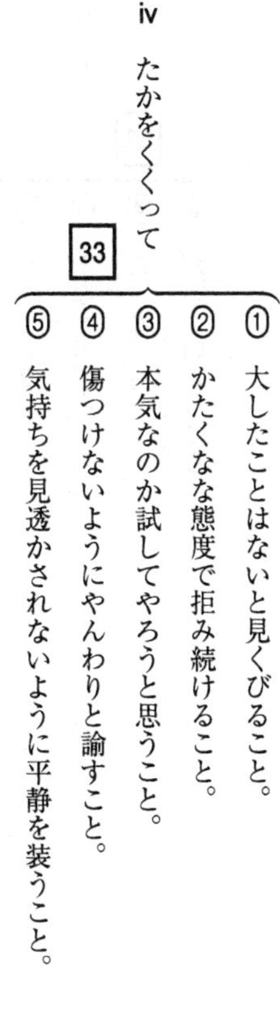

iv　たかをくくって　**33**

① 大したことはないと見くびること。
② かたくなな態度で拒み続けること。
③ 本気なのか試してやろうと思うこと。
④ 傷つけないようにやんわりと諭すこと。
⑤ 気持ちを見透かされないように平静を装うこと。

v　逆鱗にふれて　**34**

① 人の弱みや欠点を指摘すること。
② 目上の人を激しく怒らせること。
③ 言ってはならないことを口にすること。
④ 相手の予想を超えて驚かすこと。
⑤ 失礼な態度で相手を不快にさせること。

問六　文中の傍線部**1**〈不思議な高揚感があった〉とあるが、それはどういうことか。その説明として最も適当なものを、次の選択肢の中から選べ。**35**

① 子どもながらに見聞きしてはいけない話だと自覚しつつ、敬愛している噺家が演じていたので、耳を傾けながら何とも言えず感動したということ。
② まだ寄席に連れて行ってはもらえない年齢だったので、人気の落語家の話をテレビで聞くことができ、わくわくする幸せを感じたということ。

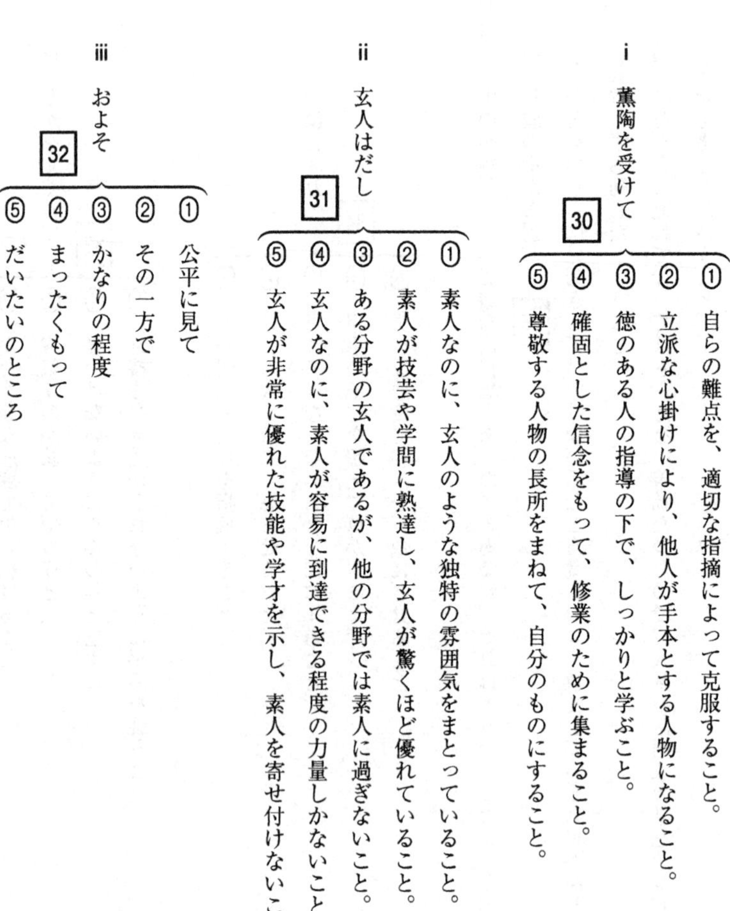

i　薫陶を受けて　30

① 自らの難点を、適切な指摘によって克服すること。
② 立派な心掛けにより、他人が手本とする人物になること。
③ 徳のある人の指導の下で、しっかりと学ぶこと。
④ 確固とした信念をもって、修業のために集まること。
⑤ 尊敬する人物の長所をまねて、自分のものにすること。

ii　玄人はだし　31

① 素人なのに、玄人のような独特の雰囲気をまとっていること。
② 素人が技芸や学問に熟達し、玄人が驚くほど優れていること。
③ ある分野の玄人であるが、他の分野では素人に過ぎないこと。
④ 玄人なのに、素人が容易に到達できる程度の力量しかないこと。
⑤ 玄人が非常に優れた技能や学才を示し、素人を寄せ付けないこと。

iii　およそ　32

① 公平に見て
② その一方で
③ かなりの程度
④ まったくもって
⑤ だいたいのところ

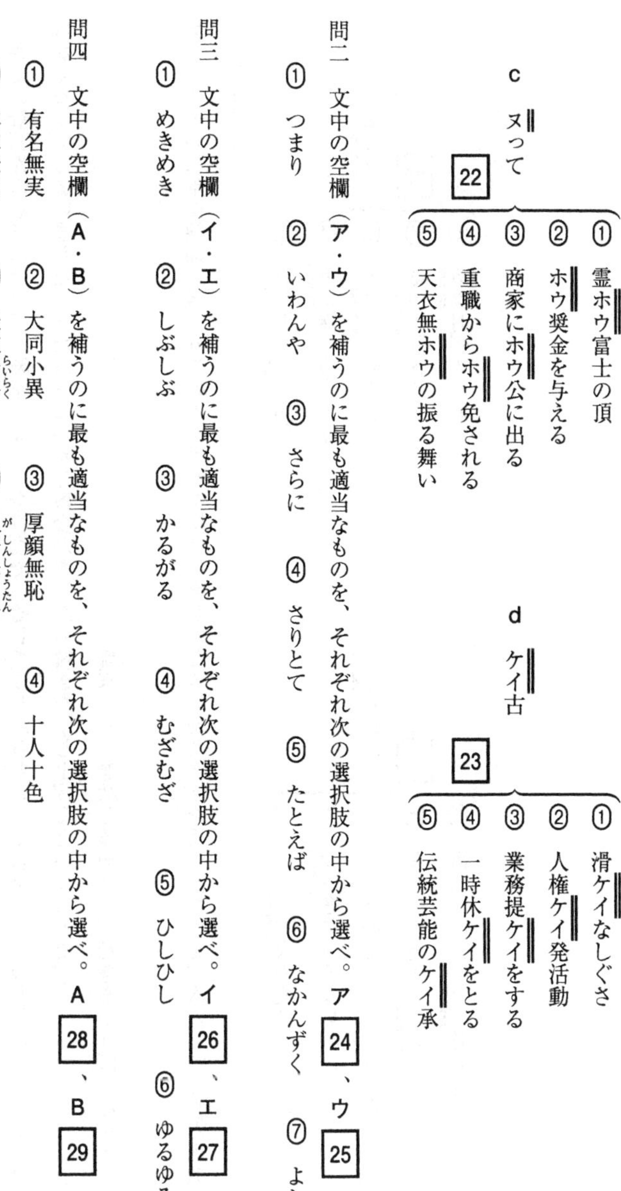

c　ヌって　22
①　霊ホウ富士の頂
②　ホウ奨金を与える
③　商家にホウ公に出る
④　重職からホウ免される
⑤　天衣無ホウの振る舞い

d　ケイ古　23
①　滑ケイなしぐさ
②　人権ケイ発活動
③　業務提ケイをする
④　一時休ケイをとる
⑤　伝統芸能のケイ承

問二　文中の空欄（ア・ウ）を補うのに最も適当なものを、それぞれ次の選択肢の中から選べ。ア 24 、ウ 25
①　つまり　②　いわんや　③　さらに　④　さりとて　⑤　たとえば　⑥　なかんずく　⑦　よしんば

問三　文中の空欄（イ・エ）を補うのに最も適当なものを、それぞれ次の選択肢の中から選べ。イ 26 、エ 27
①　めきめき　②　しぶしぶ　③　かるがる　④　むざむざ　⑤　ひしひし　⑥　ゆるゆる

問四　文中の空欄（A・B）を補うのに最も適当なものを、それぞれ次の選択肢の中から選べ。A 28 、B 29
①　有名無実　②　大同小異　③　厚顔無恥　④　十人十色
⑤　本末転倒　⑥　豪放磊落（らいらく）　⑦　臥薪嘗胆（がしんしょうたん）

問五　文中の波線部（i〜v）の意味として最も適当なものを、次のそれぞれの選択肢の中から選べ。

ところ何度もありました。そのたびに深く後悔はするのですが、ごくまれに追いつめられて登場人物が私の思いもよらない言葉をしゃべり出し、勝手に行動するという不思議な経験をすることがあります。そうなると物語のゆくえは演者の手から離れて、でもお客さまも一体となって楽しんでいる空気も［エ］伝わってくる。4自分が噺を操るなんて考えはおこがましいと思い知ります。

さて、計画性のなさのせいで、噺家になって今日まで、そしてこれからといったお話をするつもりが、もはやそのスペースはなくなってしまいました。またお目にかかる機会があったら続きを申し上げるということで。

（柳家三三「無駄と遠廻りと、行きあたりばったりと」による）

問一　文中の二重傍線部（a～d）のカタカナを漢字に直したとき、同じ漢字を用いるものを、次のそれぞれの選択肢の中から選べ。

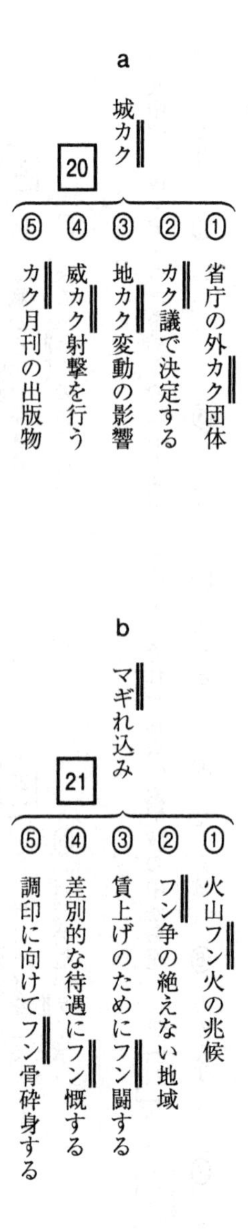

a　城カク［20］
①　省庁の外カク団体
②　カク議で決定する
③　地カク変動の影響
④　威カク射撃を行う
⑤　カク月刊の出版物

b　マギれ込み［21］
①　火山フン火の兆候
②　フン争の絶えない地域
③　賃上げのためにフン闘する
④　差別的な待遇にフン慨する
⑤　調印に向けてフン骨砕身する

毎日高座で落語を演じるという行為は、暗記した科白（せりふ）をペラペラしゃべればいいのではありません。登場人物に感情を込めるのはもちろん、お客席の反応という外からの要素にも左右されます。お客さまが自分の噺にどれくらい興味を持ち、どの程度理解してくれているかを目や耳や肌で感じ取り、しゃべる速度や言葉の言い廻（まわ）しに常に微調整を加えながら演じる、まさに3「お客さまのご機嫌をうかがう」稼業です。ときには察知したうえであえて合わせないという選択もします。いずれにしろ場を読む力があってこそ。この、相手の様子を察しながら働くというのが……そう、見習いのときは師匠ばかりでなくその家族にも受け入れてもらえるように、前座時代は更に楽屋の師匠がたが気分良く高座に上がれるよう最善のお手伝いをするという行為そのものです。誰からも教わらなかったからこそ何年もたって自分でたどりついた、しかも正解かどうかも分からない答え。こういう無駄と遠廻（とおまわ）りって面白いですね。

うーん、気がつけばまた脱線。こうなったら逸（そ）れたついでにお話ししますけど、前座時代は修業という名の雑用にかまけて落語のケイ古をあまりしませんでした。二ツ目昇進時はふつう二十〜三十席、立川流のご一門は五十席の落語を覚える必要があるそうです。私は三年の前座期間で六席か七席。別に一席ずつに時間をかけて練り上げたとか格好のいいものでなく、毎日師匠宅の用事や楽屋の仕事をこなすことに追われて「こんな忙しいときに落語なんか覚えてる場合じゃねぇよ」と……落語をしゃべりたくてこの世界に飛び込んだのに、［B］もいいところです。

ことほど左様に私の生きかたは行きあたりばったりな傾向が大きいようです。計画的にものごとを組み立てるのが苦手で、目の前のものをくわえて駆け出すバカ犬みたいなもの。で、途中でふと我に返り、帳尻を合わせるために大わらわ。たちが悪いのは、その帳尻合わせが思いのほかうまくいって、周囲からなぜかわりとしっかり者のように勘違いされて今日に至っているフシがあります。

「芸は人なり」という話に戻りますが、新しいネタを初演する折なども、一夜漬けどころかその日漬けなんてことが正直な

許したのだそうです。

弟子入りしたからといってすぐに高座で落語を演じられるわけではありません。見習いの期間を経てから身分の階級があがって、下から、前座(ぜんざ)→二ツ目(ふたつめ)→真打(しんうち)→ご臨終……って、これは高座でよくやるくすぐりでした。真打がいちばん上で、昇進するまで十五年ほど。スタートラインに立つ見習いの間は師匠宅に毎日通って（現在もですが、約三十年前でも、住み込みの内弟子はごく少数でした）の修業……といっても掃除、洗濯、電話番、お使いにカバン持ちといった雑用がほとんど。そういう毎日の中で礼儀や心構えを身につけ、時間を見つけて着物の着かたやたたみかた、太鼓の叩(たた)きかた（寄席で出囃子(でばやし)の三味線に合わせて叩くので必修です）、**ウ** そのあいまをヌ[c]って落語のケイ古[d]をつけてもらうのです。

芸人としての基本の〝キ〟を仕込まれると前座となり、師匠宅での雑用に毎日の寄席での楽屋働きが加わります。

寄席での前座の仕事は、開演前からの楽屋の支度や番組進行の調整、太鼓を叩くことから出演料を渡すなど多岐にわたり、身分は最下層の虫けら以下といわれつつ責任は重大です。しかし何といってもいちばんの仕事は、出演する芸人が楽屋入りしてから出番を終えて帰るまでのお手伝いです。落語家といっても **A** 。自分の師匠にはこれでいいと思っていた働きかたが、他の師匠の逆鱗(げきりん)[v]にふれて大目玉、なんてこともあります。「どこの弟子だ、何を教わってきやがった」なんて小言のときにも口答えや言い訳をしないのが前座の心得。人によって何が快適かは違うんだと身をもって叩き込まれ、そして面白いのが理不尽とも思える[2]この修業が何のためにどんな役に立つのかを誰からも教わらないのです。「厭(いや)ならやめろ」ってなもんで、説明なんかナシ。私は高卒の子供同然でしたから疑問を感じる暇もなかったけれど、中には耐えられない人もいるようです。

そんなよく分からない修業を終えて二ツ目になる、これはうれしいものです。ようやく自由を手に入れて、落語をしゃべることでお金を手にするようになるんですから。真打昇進時よりうれしいという落語家も多いんですよ。そしてしばらくして「これ、前座の経験が役に立ってるんじゃない？」と感じることがありました。

故郷にはやっぱり愛着があります。小田原という街、暑さはさほど厳しからず、［ア］冬の寒さも困るほどでなし、いわゆる穏やかな気候でほっとできます。そして私の大好きなもののひとつ、お城のある街です。というより城下町に育ったからこそ城好きになったのでしょう。

この仕事をするようになって日本じゅう公演でおじゃまします。毎回とはいきませんが、機会があれば会場近くに城跡がないか調べて行ってみることがたびたびあります。そういえば群馬県甘楽(かんら)町に行ったときには共演が春風亭昇太師匠でした。落語界随一の城好きというだけでなく、城カク(a)に関する知識は玄人はだし(ii)という師匠です。「近くにいい城があるんだよ。一緒に見に行くかい？」と、私が好きなのを知っていて声をかけてくれました。芸人同士ならふつうは「いい飲み屋があるんだ」なんてのがお誘いの言葉ですけどね。「いい城」って何だってハナシですな。

小田原で生まれ育ち、落語との出会いはおそらく小学一年生ごろ。両親がたまたまテレビで放送されていた「文違い(ふみちがい)」という落語を見ていたのを、これまたたまたま一緒に見たんです。「文違い」は新宿の花柳界を舞台にした女郎買いの噺です。しかも男と女の騙(だま)し合いで笑いもそんなに多くない、およそ(iii)子供には不向きなネタ。それでも見ているうちに噺の世界の中にマギ(b)れ込み、ことの成りゆきを物陰から息をひそめて見ているような不思議な高揚感があった(1)のをよく覚えています。でもあのときの演者は誰だったんだろうなぁ。

中学一年の夏休みに初めて寄席に行きました。生の落語は最高で、高座も客席も演者も聴き手も消えて、ただ噺の風景が広がった片隅にたたずんでいる……。そんな気持ちのいい時間をいちばん味わわせてくれたのが後に入門する柳家小三治でした。中二の冬には「落語家になりたい」と「高校に行きたくない」という気持ちが半分ずつ、これに背中を押され入門志願。しかし「高校ぐらい出てなけりゃ無理だ」と追い返されて［イ］進学。後年師匠から聞いたのは「高校に通ってるうちに熱も冷めて気が変わるだろう」とたかをくくって(iv)いたとのこと。それが高校卒業目前に再び頼みに来ちゃったから、仕方なく入門を

① 有り余る生産物を残らず消費し尽くして、誰もが至高性の追求に没頭できる世界が到来するということ。

② 「限定経済学」が学問的に否定され、バタイユの提唱した「普遍経済学」の正しさが証明されるということ。

③ 爆発的な経済成長による途方もなく実り豊かな生産の時代が到来して、仕事を失って困る人が続出するということ。

④ 労働することなく過剰な消費をむさぼる昔の王侯貴族のような階層が復活して、極端な格差社会になるということ。

⑤ 汎用ＡＩを配下に従えたバタイユの子孫が至高の帝王として君臨し、世界を全面的に支配するということ。

Ⅱ

次の文章を読み、後の問い（問一～問十）に答えよ。（50点）

芸は人なり——噺家になってから何度この言葉にふれてきたでしょうか。私の大師匠（自分の師匠のそのまた師匠。おじいちゃんにあたる関係）である五代目柳家小さんがよく説いた教えであり、一門もその薫陶を受けて心に留める者が多いゆえでしょう。

「落語ってやつは演者の人柄が出る。素直な奴の噺は素直だし、ずるい奴の噺はどこかずるくなる。だから落語の技術以上にまず人間を磨かなくちゃいけない」と、生前の小さん師匠はさまざまな機会に語っていました。……あ、お断りしておきますが、別にこれから芸について深く掘り下げようとか、落語論をくり広げようなんてつもりはありません。この言葉をとっかかりとして「そういえば自分がどんな人間か、あまり考えたこともなかったなあ」なんて、ぼんやり思ったのです。

柳家三三、稼業は落語家です。噺家って言いかたをする人もいますね。私はどちらでも構いません。やってることが変わるわけでもないので。一九七四年、神奈川県の西のはずれ、小田原市で生まれました。

⑤　有用性を極度に重視する近代人特有の価値観が、人間の生それ自体の価値を徐々に摩耗させて忘却に導き、ついに価値転倒が起きたことすら意識できないほどに世界を覆い尽くしたということ。

問十　文中の傍線部5〈教育は人的資本に対する投資と見なされます〉とあるが、それはどういうことか。その説明として最も適当なものを、次の選択肢の中から選べ。 18

①　教育は、技能や資格、能力を備えた人材を育成して生産量を増大させるのに大きな意味があった一方で、資本主義の発達に伴って学術研究の深化を阻害することにもなったと考えられるということ。

②　教育は、高度な知識や技能を備えた人材の供給を促し、画一的な工場労働から、自らの知識によって企業や社会に貢献する知識労働への移行を円滑に行うことに一役買ったと考えられるということ。

③　教育は、時間や費用をかけて知識や技能を持った有用な人材を育成し、生産性の向上を目指すとともに、教育を受けた当人の収入の増大を図る企てであると考えられるということ。

④　教育は、塾や予備校に通うことも組み合わせるならば、現在を犠牲にして遊ぶ時間を削ることになっても、その代わりに高学歴を得て生涯賃金を上げるための有力な手段になると考えられるということ。

⑤　教育は、生産の際に投入される資本として、一定の技能を備えた工場労働者を多数育成し、大規模工場における大量生産を実現するために不可欠であると考えられるということ。

問十一　文中の傍線部6〈世界は完全にバタイユのものとなります〉とあるが、それはどういうことか。その説明として最も適当なものを、次の選択肢の中から選べ。 19

かせることによって人の役に立つことを目指すべきだということ。

③　天の星々に有用性を求めても、人間の利用に供することはできないのと同じく、人間もどれほど有用性を求めてもかなえられないことがあると認めるべきであるということ。

④　天の星々は手が届くところで光っているように見えても、実際にははるか遠くにあって人の支配が及ばないのと同様に、人間も本当の意味で他人から支配されることはないということ。

⑤　天の星々は何かの役に立つために存在しているわけでなくても、その存在自体に価値があるのと同じく、人間も有用性ではなく、生それ自体の尊厳に目を向けるべきだということ。

問九　文中の傍線部**4**〈資本主義がもたらした価値転倒〉とあるが、それはどういうことか。その説明として最も適当なものを、次の選択肢の中から選べ。 **17**

①　現在を犠牲にして投資することによって未来にさらに多くの利得を得ようとする資本主義のあり方が、人間の生それ自体よりも人間の有用性を重視するような価値観を圧倒的な優位に立たせたということ。

②　自分が他人に必要とされているかどうかは他人の問題であり、自分にはかかわりのないことであって悩む必要などないはずなのに、他人との関係を強要する資本主義がそのような倒錯した価値観をもたらしたということ。

③　資本主義の発展によって近代人は経済的な活動を活発化させることを強いられており、そのことが投資とその回収を重視するような拝金主義的な価値観を広く浸透させたということ。

④　人間の生それ自体に価値を認めようとするまっとうな価値観よりも、役に立つかどうかで人間の価値を定めようとする価値観の方が、人間を自由にする風潮に合致して強い説得力を持つようになってしまったということ。

なるから。

⑤ 未来に利益を得ることが絶対視されて我慢を強いられるにもかかわらず、目標を達成できなければ自分を責めることになるから。

問七　文中の傍線部**2**〈その価値は独立的ではありません〉とあるが、それはどういうことか。その説明として最も適当なものを、次の選択肢の中から選べ。 **15**

① 個人の能力は減退することが避けられないから、役に立つという価値は必ずしも永続的ではないということ。

② 何かに役立つという価値はそれ自体の価値ではなく、その何かに依存することによって生ずる価値であるということ。

③ 何にでも通用するような有用性は考えにくく、免許や資格はいくつあっても決して安心できないということ。

④ 免許や資格は、授与した機関がその価値を保証しており、その機関の動向によって効力が左右されるということ。

⑤ 有用性とは他の何かのために役に立つということであり、他者からの信頼がなくなれば価値を失うということ。

問八　文中の傍線部**3**〈天の無数の星々は仕事などしない。利用に従属するようなことなど、なにもしない〉とあるが、バタイユはこの言葉によってどのようなことを言おうとしているのか。その説明として最も適当なものを、次の選択肢の中から選べ。 **16**

① 天の星々が自ら求めて光っているわけではないのと同様に、人間も他人から求められているわけでもないときに、わざわざ自らの有用性を主張する必要はないということ。

② 天の星々が闇夜を美しく彩り自ら輝くことによって人の目を楽しませるのと同じく、人間も生それ自体を充実させ輝

問四　文中の空欄（ア～ウ）を補うのに最も適当なものを、それぞれ次の選択肢の中から選べ。

ア 8 、イ 9 、ウ 10

①　価値　②　共感　③　驚嘆　④　作法　⑤　成果
⑥　打撃　⑦　手口　⑧　道具　⑨　場面

問五　文中の空欄（エ～カ）を補うのに最も適当なものを、それぞれ次の選択肢の中から選べ。

エ 11 、オ 12 、カ 13

①　さて　②　あるいは　③　しかも　④　したがって　⑤　ただし　⑥　たとえ　⑦　もし

問六　文中の傍線部１〈有用な営みに覆われた人生は奴隷的だ〉とあるが、なぜそう言えるのか。その理由として最も適当なものを、次の選択肢の中から選べ。 14

①　いずれ有用になるかもしれないというあいまいな期待にとらわれて、将来本当にやりたいことに着手することができないから。
②　お仕着せの目標が与えられることにより、他人の言いなりになって、自らの欲望を満たすことが強く制限されることになるから。
③　将来の役に立つためという目的を常に優先して行動することになり、現在の行動が未来に支配されることがいつまでも続くから。
④　職業や人間像などの将来の目標が動かないものになって、未来のさまざまな可能性を弾力的に考えることができなく

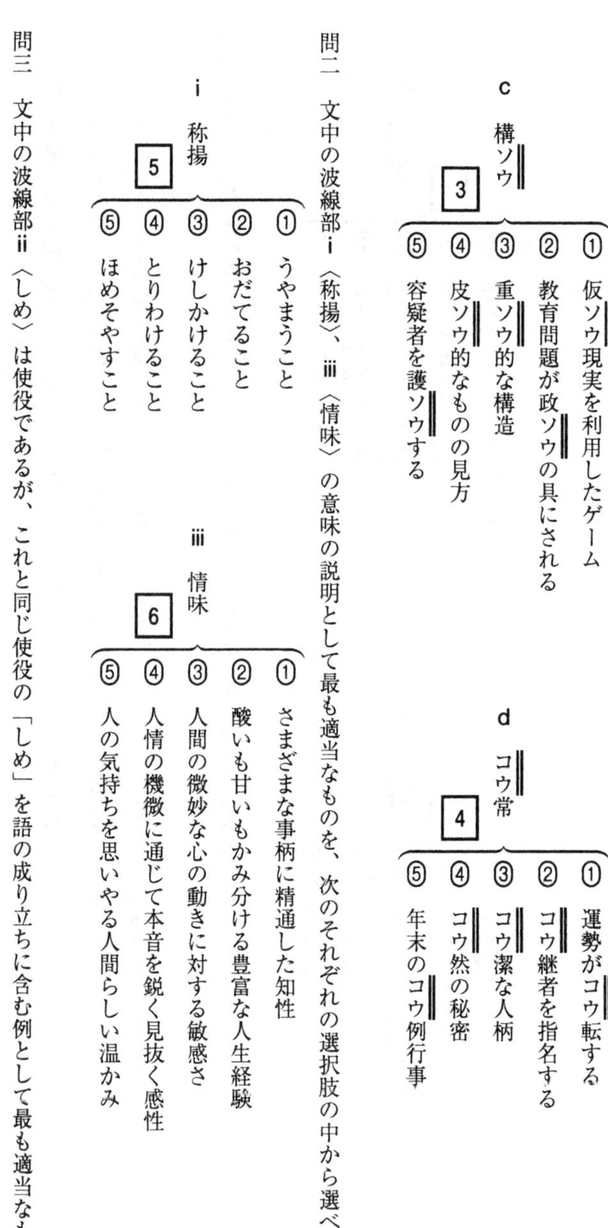

c　構ソウ　3

① 仮ソウ現実を利用したゲーム
② 教育問題が政ソウの具にされる
③ 重ソウ的な構造
④ 皮ソウ的なものの見方
⑤ 容疑者を護ソウする

d　コウ常　4

① 運勢がコウ転する
② コウ継者を指名する
③ コウ潔な人柄
④ コウ然の秘密
⑤ 年末のコウ例行事

問二　文中の波線部 i 〈称揚〉、iii 〈情味〉の意味の説明として最も適当なものを、次のそれぞれの選択肢の中から選べ。

i　称揚　5

① うやまうこと
② おだてること
③ けしかけること
④ とりわけること
⑤ ほめそやすこと

iii　情味　6

① さまざまな事柄に精通した知性
② 酸いも甘いもかみ分ける豊富な人生経験
③ 人間の微妙な心の動きに対する敏感さ
④ 人情の機微に通じて本音を鋭く見抜く感性
⑤ 人の気持ちを思いやる人間らしい温かみ

問三　文中の波線部 ii 〈しめ〉は使役であるが、これと同じ使役の「しめ」を語の成り立ちに含む例として最も適当なものを、次の選択肢の中から選べ。　7

① 子供を抱きしめる
② 商品の買い占めに走る
③ 敵を苦しめる
④ 扉を開け閉めする
⑤ 見せしめにする

落し「過剰性の経済学」が支配的となるわけです。

バタイユは、労働することなく生活に必要なものが満たされ、そのうえ過剰に消費し得る昔の王侯貴族のような人間を「至高者」と呼びました。未来の世界では、誰もが至高者になれるかもしれません。

（井上智洋『人工知能と経済の未来』による）

注　市場で交換価値を持つもの――ここでは、値段がついていてお金で買えるもののこと。

デフレ不況――消費が低迷し、物価も賃金も下落して、経済活動が停滞すること。

汎用ＡＩ――特定の用途や目的に限定されず、人間と同じようにさまざまな課題を処理することができる人工知能。

問一　文中の二重傍線部（a～d）のカタカナを漢字に直したとき、同じ漢字を用いるものを、次のそれぞれの選択肢の中から選べ。

a　タイ職　1

① 災害へのタイ策を講ずる
② 首相がタイ陣を表明する
③ タイ熱素材を開発する
④ 身の程知らずなタイ望を抱く
⑤ 悪タイをついて叱られる

b　存ボウ　2

① 横ボウな振る舞い
② 官ボウ長官が官邸に入る
③ 帝国の興ボウを描く
④ 町並みを遠ボウする
⑤ 路ボウの花を見る

その観点からすれば、小学校に上がってからタイ職するまでの人生は、投資期間とその回収期間として位置づけられます。受験勉強のための塾通いは多くの場合まさにこの観点からなされています。子供の時間は未来の富のために捧げられているのです。

資本主義の発達に伴って、学術は真実を探求するもの、あるいは人間を自由にするものとしての価値を失ってきました。「知識は、それ自身だけで善いものとみられず、また一般的にいって、ひろくて情味豊かな人生観を生み出す方法としては考えられず、単なる技術の一要素とみなすようになって来ている」のです。

さらには、将来の富を生む手段としての価値が強調され、そのような価値を持たない学術分野は存ボウが危うくなっています。学術的研究が投資物件のように扱われているのが現状です。

バタイユは、その著書『呪われた部分』で「普遍経済学」の構ソウを示しています。それは、必要を満たすために生産するという通常の経済学とは逆に、過剰に生産された財をいかに「蕩尽」（消費）するかについて論じるような経済学です。別の言い方をすれば、バタイユが「限定経済学」と呼んでいる通常の経済学は「希少性の経済学」であり、普遍経済学は「過剰性の経済学」です。

既に私たちは、過剰に生産された財をいかに蕩尽するかに頭を悩まさなければならないような社会に生きています。供給に対し需要がコウ常的に不足したために発生した日本のデフレ不況をバタイユ的問題としてとらえることもできます。ただ、幸か不幸かこの社会には欲しい物を全て手に入れ消費が飽和し切っているお金持ちだけが住んでいる訳ではありません。そのため、依然として貨幣量を増大させ消費需要を喚起するような政策が効果を持っています。

ところが、汎用ＡＩが出現した後には爆発的な経済成長が可能となり、途方もなく実り豊かな生産の時代がやってくるでしょう。あらゆる人々が消費に倦み飽きるようになるその時、世界は完全にバタイユのものとなります。「希少性の経済学」が没

経理係を務めているがために［ウ］があると見なされている人間は、情報技術が経理業務の一切を担うようになればその価値を失うことになります。転職して他の仕事に就いたとしても同じことです。その仕事もまたＡＩなりロボットなりに奪われる可能性があるからです。

要するに、有用性という価値は普遍的なものではなく、波打ち際の砂地に描いた落書きが波に洗われるように、やがては消え去る運命にあるのです。

ＡＩやロボットの発達は、真に価値あるものを明らかにしてくれます。［エ］、人間に究極的に価値があるとするならば、人間の生それ自体に価値があるという他ありません。

機械の発達の果てに多くの人間が仕事を失います。役立つことが人間の価値の全てであるならば、ほとんどの人間はいずれ存在価値を失います。［オ］、役に立つと否とにかかわらず人間には価値があるとみなすような価値観の転換が必要となってきます。

そもそも、自分が必要とされているか否かで悩むことは近代人特有の病であり、[4]資本主義がもたらした価値転倒の産物です。［カ］、価値転倒が起きたことすら意識できないくらいに、私たちは有用性を重んじるような世界に慣れ親しんでしまっています。有用性を極度に重視する近代的な価値観は資本主義の発展とともに育まれてきました。資本主義は、生産物の全てを消費せずにその一部を投資に回して、資本を増大させることによって拡大再生産を行うような経済として考えられます。より大きな投資は後により大きな利得を生むことから、資本主義は未来のために現在を犠牲にするような心的傾向をもたらし、あらゆる物事を未来の利得のための有用な投資と見なす考えをはびこらせたわけです。

経済学では、「資本」は通常、工場や機械などの生産設備を意味しますが、[5]しばしば知識や技能をもった人間も生産の際に投入される資本として扱われます。後者については特に「人的資本」と呼ばれ、教育は人的資本に対する投資と見なされます。

バタイユは「有用性」に「至高性」を対置させました。「至高性」は、役に立つと否とに関わらず価値のあるものごとを意味します。「至高の瞬間」とは未来に隷属することない、それ自体が満ち足りた気持ちを抱かせるような瞬間です。

至高の瞬間は、労働者が一日の仕事の後に飲む一杯のワインによって与えられることもあれば、「春の朝、貧相な街の通りの光景を不思議に一変させる太陽の燦然（さんぜん）たる輝き」によってもたらされることもあります。

注意してもらいたいのは、バタイユが市場で交換価値を持つものを貶（おとし）めて、そうでないものを称揚[i]しているわけではないということです。「奇蹟（きせき）的な感覚」をもたらす一杯のワインは、スーパーの酒類コーナーで買ってきたものでも構わないのです。

購入したものであれ自家製のものであれ、ポリフェノールは体に良いなどと分別臭いことを言って、この上ない陶酔をもたらし得るワインを未来の健康のための手段へと変えてしまうせせこましい思考回路をバタイユは軽蔑しています。「こうした人間は詩を知らないし、栄誉を知らない。こうした人間からみると太陽は、カロリー源にすぎない」のです。

さらに私たち近代人は、人間に対してですら有用性の観点でしか眺められなくなり、人間はすべからく社会の役に立つべきだなどという偏狭な考えにとりつかれているように思われます。

現代社会で失業は、人々に対し収入が途絶えるという以上の［ア］を与えます。つまり人としての尊厳を奪うわけですが、それは私たちが自らについてその有用性にしか尊厳を見出（みいだ）せない哀れな近代人であることをあらわにしています。みずからを社会に役に立つ［イ］として従属せしめて[ii]いるのです。

そのことを批判してバタイユはこう言っています。[3]「天の無数の星々は仕事などしない。利用に従属するようなことなど、なにもしない」。

人間の価値は究極的なところ有用性にはありません。人の役に立っているか、社会貢献できているか、お金を稼いでいるか、などといったことは最終的にはどうでも良いことなのです。

国語

（二科目受験：二科目一〇〇分
一科目受験：一〇〇分）

Ⅰ　次の文章を読み、後の問い（問一～問十一）に答えよ。（50点）

何年も前のことですが、「有用性」について考えを巡らせたことがあります。「有用性」というのは、20世紀前半のフランスの思想家で小説家のジョルジュ・バタイユが提示した概念で、要するに「役に立つこと」を意味します。バタイユは有用性を批判するような思想を展開しました。

資本主義に覆われたこの世界に生きる人々は、有用性にとりつかれ、役に立つことばかりを重宝し過ぎる傾向にあります。将来に備えて資格のための勉強をすることは言うまでもなく有用です。

ところが、その勉強は未来の利益のために現在を犠牲にする営みであるとも言えます。現在という時が未来に「隷従」させられているのです。[1]有用な営みに覆われた人生は奴隷的だとバタイユは考えました。

役に立つが故に価値あるものは、役に立たなくなった時点で価値を失うので、[2]その価値は独立的ではありません。会計士の資格は会計ソフトの普及で、運転免許はセルフドライビングカーの普及で、英会話能力は自動通訳機の普及で、有用ではなくなり価値を失うかもしれません。

解答編

英語

I **解答** 1—②　2—④　3—③　4—①　5—④　6—②
7—④

解説　≪ジョージ=ワシントン=カーバーの功績≫

1．第1段第2・3文（His discoveries changed … my people."）の内容と②の「(ジョージ=ワシントン=カーバーは）アメリカ南部の農業において，著しい功績を挙げ，それは多くの人々に大きな影響を与えた」が一致。

2．第3段第3～6文（However, when he … for other students.）の内容と④の「(ジョージ=ワシントン=カーバーは）黒人という理由で大学入学を拒否されたが，教育を受け続けようと決心した」が一致。

3．第4段第4・5文（After he graduated, … he was teaching.）の内容と③の「カーバーはアイオワ農業大学を卒業した後も植物の研究を続けた」が一致。

4．第6段第2～5文（He taught classes … and more peanuts.）の内容と①の「カーバーの研究は土壌の質を高めることを目標としていて，その結果，アメリカ南部ではピーナツの生産が増加した」が一致。

5．第7段第1～3文（Carver developed many … for his work.）と同段最終文（Meanwhile, Carver began …）を読めば，④の「(カーバーは）ピーナツに関する研究で多くの賞を受賞し，さまざまな製品を作るためにさつまいもを栽培した」が一致とわかる。

6．第9段全文の内容と②の「カーバーは，教育の重要性を認識していたので，アフリカ系アメリカ人が農業を学ぶ機会を提供することに献身した」が一致。

7．第1段第1文（George Washington …）と第9段全文を読めば，④の「ジョージ=ワシントン=カーバーは農業の分野で最も尊敬されたアフリカ系アメリカ人の一人であり，教育を受けることが成功の主な理由だと信じていた」が一致。

Ⅱ　解答　8 —②　9 —①　10—④　11—④　12—①

解説　≪サトミが気になっている悩みとは？≫

8．文意から，健康診断の予約だと推測できる。appointment「(医師・美容師などの）予約」 したがって，②が正解。

9．マイクは「君の言いたいことはわかるよ」と話していると推測できる。what S mean「Sが言いたいこと」 したがって，①の「～を理解する」が正解。recognize は「～を認識する」という意味なので，この場合は合わない。

10. 空所後のマイクの発言に，「入会したら最初の1カ月の会費は半額だ」とあるから，「割引期間の間に」と話していると推測できる。したがって，④の「割引」が正解。

11. サトミは「明日は忙しいけど，今週の土曜日にあなたにそこで合流することはできるかしら」とマイクに尋ねていると推測できる。Is it possible to *do*?「～することは可能ですか？」 したがって，④が正解。

12. マイクとサトミのこれまでの会話から，健康診断前にジムに一緒に行くことが決まって，サトミは気が楽になったと推測できる。feel better「気が楽になる」 したがって，①が正解。

Ⅲ　解答　13—②　14—③　15—②　16—①

解説　13.「メアリーの母親はメアリーに来週のピアノ発表会の準備をしたほうがいいよとそれとなく言った」 suggest that S (should) *do*「Sが～するほうがよいとそれとなく言う〔提案する〕」 that 節の中は直説法。(例文) They suggested to him that he (should) invest his money in property.「彼らは彼に不動産に投資してはどうかと提案した」 prepare for ～「～の準備をする」

14.「君は彼女が明日何を持ってくるように依頼したのかを覚えておくべきだよ」 what S V「SがVするもの，何をSがVするのか」 ask *A* to *do*「*A* に～するように依頼する」

15.「私がその島を訪れて初めてこんなに美しい海を見た」 Never had S_2 *done* before S_1 V（過去）$=S_2$ had never *done* before S_1 V（過去）

「S_1がVして初めてS_2は～した」 neverを強調するために文頭に出す場合，主語と動詞（助動詞）は倒置する。
16.「その考えは最近では大変広く受け入れられてきているので，拒否するのはたやすくない」 so＋形容詞・過去分詞など＋that S V「大変～なのでSはVである」

　**解答**　17―③　18―④　19―④　20―①　21―③

〔解説〕 17.「その旅行プランはある重要な要素，すなわち金銭面を無視していたので失敗するだろう」 attend「～に出席する」 prevent「～を妨げる」 ignore「～を無視する」 blame「～を責める」 したがって，③が正解。
18.「時間不足のため，私の複雑な問題点を十分に説明できなかった」 conclusion「結論」 expense「費用」 figure「形」 shortage「不足」 したがって，④が正解。
19.「その上，彼は遅れて来たことに対して謝罪するのを拒否した」 on top of that「その上」 したがって，④が正解。
20.「そのソフトウェアを使う前に，あなたのコンピュータシステムが以下に記載されている必要条件を満たしていることを確認してください」 meet the requirement「その必要条件を満たす」 したがって，①が正解。
21.「息子の顔の表情から，彼女は息子が喜んでいることがわかった」 impression「印象」 extension「拡張」 expression「表情」 session「集まり，会期」 したがって，③が正解。

　**解答**　22―④　23―③　24―⑥　25―③　26―⑦　27―⑤　28―⑤　29―⑥

〔解説〕 完成した文は以下のとおり。
(A) (Yesterday I) wouldn't <u>have</u> been busy if the typhoon <u>hadn't</u> kept (most of the staff away.)　S_1 would have *done* if S_2 had *done*.（仮定法過去完了）「もしあのときS_2が…していたらS_1は～しただろうに」 keep *A* away「*A*を遠ざける」
(B) See <u>to</u> it that no one <u>removes</u> towels (from the hotel rooms.)　see

to it that S V「SがVするように気をつける」 remove *A* from *B*「*A*を*B*から離す」

(C)　The latest weather information reports clear skies (and a ground temperature of sixteen degrees Celsius in London.) the latest weather information「最新の天気予報」 report「～を報じる」 clear「(天候が) 晴れる」

(D)　(The police thoroughly inspected) the window through which the thief seemed to have (entered the room.) thoroughly「徹底的に」 名詞＋through which S V「それを通してSがVする～」 seem to have *done*「～したと思われる」

数学

◀数　学 (1)▶

I **解答**　1—②　2—⑤　3—②　4—⑥　5—③　6—③
7—⑦　8—③　9—⑦　10—②　11—④　12—①
13—⑧　14—⑥　15—⑦　16—②　17—①　18—⑦　19—②　20—①
21—④　22—③

解説　≪小問3問≫

(1)　$x^2<1$ より

$$-1<x<1 \quad \cdots\cdots ①$$

よって

$$\begin{aligned}\sqrt{(x-1)^2}+\sqrt{(x+1)^2}&=|x-1|+|x+1|\\&=-(x-1)+(x+1)\quad (\because\ ①)\\&=2\quad (\to 1)\end{aligned}$$

(2)

$$\begin{aligned}\frac{4}{1+\sqrt{2}-\sqrt{3}}&=\frac{4\{(1+\sqrt{2})+\sqrt{3}\}}{\{(1+\sqrt{2})-\sqrt{3}\}\{(1+\sqrt{2})+\sqrt{3}\}}\\&=\frac{4(1+\sqrt{2}+\sqrt{3})}{(1+\sqrt{2})^2-(\sqrt{3})^2}\\&=\frac{4(1+\sqrt{2}+\sqrt{3})}{2\sqrt{2}}\\&=\sqrt{2}(1+\sqrt{2}+\sqrt{3})\\&=2+\sqrt{2}+\sqrt{6}\quad \cdots\cdots ②\end{aligned}$$

ここで

$$(\sqrt{2}+\sqrt{6})^2=8+2\sqrt{12}=8+\sqrt{48}$$

$6=\sqrt{36}<\sqrt{48}<\sqrt{49}=7$ より

$$14<(\sqrt{2}+\sqrt{6})^2<15$$

$$3=\sqrt{9}<\sqrt{14}<\sqrt{2}+\sqrt{6}<\sqrt{15}<\sqrt{16}=4$$

よって，$\sqrt{2}+\sqrt{6}$ の整数部分は3であるから，②の整数部分 a は

$a=2+3=5$　（→2）

これより，②の小数部分 b は

$$b=2+\sqrt{2}+\sqrt{6}-5=\sqrt{2}+\sqrt{6}-3 \quad (\to 3\sim 5)$$

(3)　点Aを原点とし，B(6, 0)，D(0, 12) となるように XY 平面を導入する。このとき，C(6, 12) である。

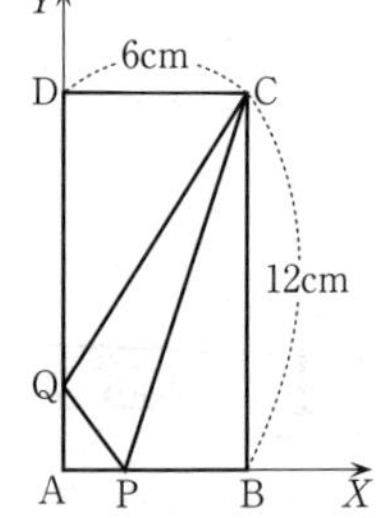

(i)　$0<x<3$ のとき

P$(2x,\ 0)$，Q$(0,\ 3x)$ であるから

$$\begin{aligned}y&=6\cdot 12-\triangle APQ-\triangle CDQ-\triangle BCP\\&=72-\frac{1}{2}\cdot 2x\cdot 3x-\frac{1}{2}\cdot 6(12-3x)-\frac{1}{2}\cdot 12(6-2x)\\&=72-3x^2-36+9x-36+12x\\&=-3x^2+21x\\&=3(7x-x^2) \quad (\to 6,\ 7)\end{aligned}$$

(ii)　$3\leqq x<4$ のとき

P$(6-2(x-3),\ 0)$ つまり，P$(-2x+12,\ 0)$，Q$(0,\ 3x)$ であるから

$$\begin{aligned}y&=6\cdot 12-\triangle APQ-\triangle CDQ-\triangle BCP\\&=72-\frac{1}{2}\cdot(-2x+12)\cdot 3x-\frac{1}{2}\cdot 6(12-3x)-\frac{1}{2}\cdot 12(2x-6)\\&=72+3x^2-18x-36+9x-12x+36\\&=3x^2-21x+72\\&=3(x^2-7x+24) \quad (\to 8\sim 11)\end{aligned}$$

(iii)　$4\leqq x<6$ のとき

P$(-2x+12,\ 0)$，Q$(3(x-4),\ 12)$ であるから

$$\begin{aligned}y&=\triangle CQP\\&=\frac{1}{2}\{6-3(x-4)\}\cdot 12\\&=6(18-3x)\\&=18(6-x) \quad (\to 12\sim 14)\end{aligned}$$

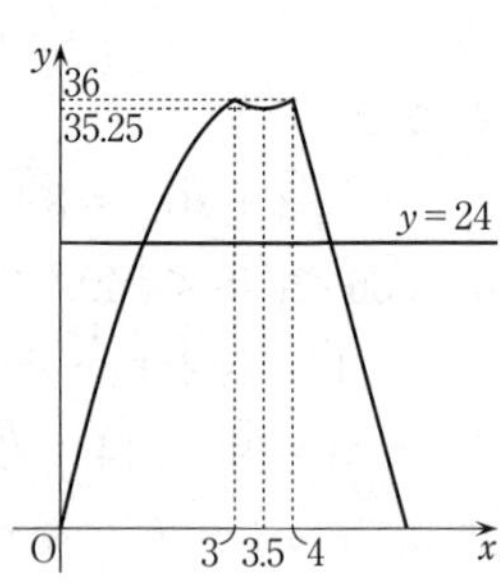

次に，$y\geqq\frac{1}{3}\cdot 6\cdot 12=24$ となるときについて，右図より，$y=24$ となるのは(i)または(iii)のときで

ある。

(i)のとき

$$3(7x-x^2)=24$$
$$x^2-7x+8=0$$
$$x=\frac{7\pm\sqrt{17}}{2}$$

$4<\sqrt{17}<5$ であり，$0<x<3$ より

$$x=\frac{7-\sqrt{17}}{2}$$

(iii)のとき

$$18(6-x)=24$$
$$6-x=\frac{4}{3}$$
$$x=\frac{14}{3}$$

これは，$4\leqq x<6$ を満たす。

以上より，上図から，$y\geqq 24$ となる x の値の範囲は

$$\frac{7-\sqrt{17}}{2}\leqq x\leqq\frac{14}{3}\quad(\rightarrow 15\sim 22)$$

23—②　24—①　25—④　26—⑧　27—①　28—⑤
29—①　30—⑤　31—①　32—⓪　33—③　34—①
35—⑤　36—④　37—⑤　38—①　39—⓪　40—⑨

解説　≪余弦定理，正弦定理，外接円と内接円の半径≫

(1)　△ABC に余弦定理を用いて

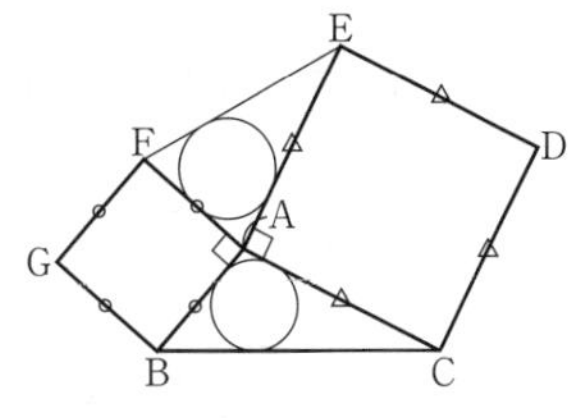

$$\cos\angle BAC=\frac{2^2+3^2-4^2}{2\cdot 2\cdot 3}=\frac{-3}{2\cdot 2\cdot 3}=-\frac{1}{4}\quad(\rightarrow 23\sim 25)$$

(2)　(1)の結果から

$$\sin\angle BAC=\sqrt{1-\cos^2\angle BAC}=\frac{\sqrt{15}}{4}$$

△ABCについて，外接円の半径をRとして，正弦定理を用いると

$$2R=\frac{\mathrm{BC}}{\sin\angle\mathrm{BAC}}=\frac{16}{\sqrt{15}}$$

$$R=\frac{8\sqrt{15}}{15}\quad(\to 26\sim 30)$$

(3)　△AEFについて，$\angle\mathrm{FAE}=180°-\angle\mathrm{BAC}$だから

$$\cos\angle\mathrm{FAE}=\cos(180°-\angle\mathrm{BAC})=-\cos\angle\mathrm{BAC}=\frac{1}{4}$$

余弦定理より

$$\mathrm{EF}^2=\mathrm{FA}^2+\mathrm{AE}^2-2\cdot\mathrm{FA}\cdot\mathrm{AE}\cos\angle\mathrm{FAE}$$

$$=2^2+3^2-2\cdot2\cdot3\cdot\frac{1}{4}=10$$

$\mathrm{EF}>0$より　　$\mathrm{EF}=\sqrt{10}\quad(\to 31,\ 32)$

(4)　$\sin\angle\mathrm{FAE}=\sin\angle\mathrm{BAC}=\dfrac{\sqrt{15}}{4}$

よって

$$\triangle\mathrm{AEF}=\frac{1}{2}\cdot\mathrm{FA}\cdot\mathrm{AE}\sin\angle\mathrm{FAE}$$

$$=\frac{1}{2}\cdot2\cdot3\cdot\frac{\sqrt{15}}{4}=\frac{3\sqrt{15}}{4}\quad(\to 33\sim 36)$$

(5)　$\triangle\mathrm{ABC}=\triangle\mathrm{AEF}=\dfrac{3\sqrt{15}}{4}$　……①

三角形における内接円と面積の関係から

$$\triangle\mathrm{ABC}=\frac{2+3+4}{2}r_1$$

$$r_1=\frac{2}{9}\triangle\mathrm{ABC}\quad\cdots\cdots②$$

$$\triangle\mathrm{AEF}=\frac{2+3+\sqrt{10}}{2}r_2$$

$$r_2=\frac{2}{5+\sqrt{10}}\triangle\mathrm{AEF}\quad\cdots\cdots③$$

①～③より　　$\dfrac{r_1}{r_2}=\dfrac{5+\sqrt{10}}{9}\quad(\to 37\sim 40)$

III **解答**　41—⑧　42—④　43—③　44—⑤　45—④　46—②
47—②　48—⑦　49—①　50—⑨　51—②　52—①
53—⑥

解説　≪正九角形の頂点から3点を選んで三角形を作る試行に関する場合の数，さいころを振る試行に関する確率≫

(1)　(i)　正九角形のどの3個の頂点も一直線上にないから，三角形の個数は，異なる9個の頂点から異なる3個の点を選んでできる組合せの数である。

よって，求める個数は

$$ {}_9C_3 = \frac{{}_9P_3}{3!} = \frac{9\cdot8\cdot7}{3\cdot2\cdot1} = 84 \text{ 個} \quad (\to 41,\ 42) $$

(ii)　このときできる正三角形は，△ADG，△BEH，△CFI であるから，求める個数は3個である。（→43）

(iii)　正三角形でない二等辺三角形の個数について，頂点の決め方は9通りあり，各頂点に対する底辺の決め方は3通りある。積の法則により，このような三角形の個数は

$9\times3=27$ 個

これと(i)，(ii)の結果より，3辺の長さがすべて異なる三角形の個数は

$84-(3+27)=54$ 個　（→44，45）

(2)　(i)　さいころを3回振るときの目の出方の総数は　$6^3=216$ 通り

$A\leqq5$ となる3つの目の組について，3つの目の最小値が2となるとき，$A\geqq2^3=8$ となり，$A\leqq5$ を満たさない。

よって，目の最小値が1である3つの目の組合せで $A\leqq5$ を満たすものは

$(1,\ 1,\ i)\quad(i=1,\ 2,\ 3,\ 4,\ 5)$，$(1,\ 2,\ 2)$

であるから，$A\leqq5$ となる目の出方の総数は

$1+3\times4+3=16$ 通り

したがって，求める確率は

$$ \frac{16}{6^3} = \frac{2}{27} \quad (\to 46\sim48) $$

(ii)　A の一の位の数が5となる場合は，すべての目が奇数かつ5の目を少なくとも1つ含む場合である。

これは，「3つの目が奇数となる場合」から「3つの目が1または3とな

る場合」を除いた場合であり，この場合の数は　　$3^3-2^3=19$ 通り

よって，求める確率は　　$\dfrac{19}{216}$　(→49〜53)

◀数　学　(2)▶

I　解答

1―①　2―⑤　3―③　4―⑤　5―③　6―②
7―①　8―①　9―⓪　10―③　11―③　12―④
13―③　14―①　15―⓪　16―③　17―④

解説　≪正六角形の頂点から異なる3点を選ぶ試行に関する確率，面積≫

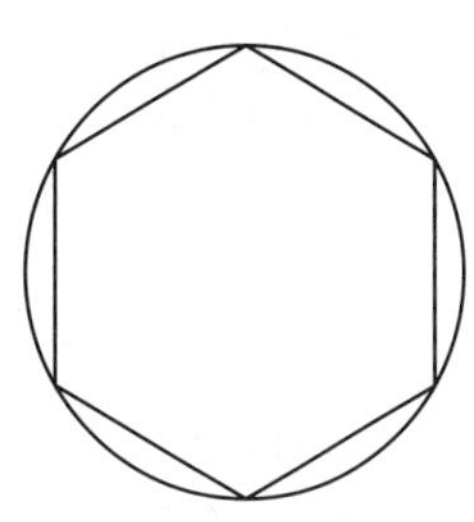

(1)　起こり得るすべての場合の数は，異なる6個の頂点から3個を選んで，A，B，Cの区別をつける場合の数だから

$${}_6P_3=6\cdot5\cdot4=120 \text{ 通り}$$

$\angle BAC=90°$ となる場合の数について，$\angle A$ が半円弧BCに対する円周角となるときで，線分BCが外接円の直径となるときである。

直径BCの決め方は 3×2 の6通りあり，直径BCに対して頂点Aの決め方は4通りある。

積の法則より，この場合の数は

$$6\times4=24 \text{ 通り}$$

よって，求める確率は

$$\frac{24}{120}=\frac{1}{5}\quad(\to 1,\ 2)$$

(2)　$\triangle ABC$ が直角三角形となるのは，$\angle BAC=90°$ または $\angle ACB=90°$ または $\angle CBA=90°$ となるときである。

(1)と同様に，これらの事象がそれぞれ起こる確率は $\frac{1}{5}$ であり，この3つの事象は排反だから，これらの事象の和事象の確率は

$$\frac{1}{5}\times3=\frac{3}{5}\quad(\to 3,\ 4)$$

この直角三角形は，3辺の長さが，1，2，$\sqrt{3}$ の直角三角形だから，面積は

$$\frac{1}{2}\cdot 1\cdot \sqrt{3}=\frac{\sqrt{3}}{2}\quad (\to 5,\ 6)$$

(3)　正六角形の頂点から3個の頂点を選んでできる正三角形は2つある。この正三角形の3個の頂点にA，B，Cの区別をつける場合の数は

$$3!=6 \text{ 通り}$$

積の法則より，△ABCが正三角形となる場合の数は

$$2\times 6=12 \text{ 通り}$$

よって，△ABCが正三角形となる確率は

$$\frac{12}{120}=\frac{1}{10}\quad (\to 7\sim 9)$$

この正三角形の1辺の長さは$\sqrt{3}$だから，求める面積は

$$\frac{1}{2}(\sqrt{3})^2\sin 60^\circ=\frac{3\sqrt{3}}{4}\quad (\to 10\sim 12)$$

(4)　△ABCが正三角形でない二等辺三角形となる場合の数について，この二等辺三角形は，正六角形と2辺を共有する三角形で，これは6つある。この各々の二等辺三角形に対して，頂点A，B，Cの区別のつけ方は$3!=6$通りある。

積の法則より，この場合の数は

$$6\times 6=36 \text{ 通り}$$

よって，求める確率は

$$\frac{36}{120}=\frac{3}{10}\quad (\to 13\sim 15)$$

この二等辺三角形の面積は

$$\frac{1}{2}\cdot 1\cdot 1\cdot \sin 120^\circ=\frac{\sqrt{3}}{4}\quad (\to 16,\ 17)$$

Ⅱ　**解答**　18―③　19―③　20―③　21―③　22―②　23―②　24―③　25―③　26―⑥　27―②　28―②　29―①　30―①　31―②　32―②　33―②　34―⑦　35―④

解説　≪2次関数と3次関数の共通接線，曲線と直線で囲まれた部分の面積≫

(1)　$f(x)=x^3+3x$ より

$$f'(x)=3x^2+3 \quad (\to 18,\ 19)$$

(2)　曲線 $y=f(x)$ の点 $(t,\ f(t))$ における接線の方程式は

$$y-f(t)=f'(t)(x-t)$$

$$y=f'(t)x+f(t)-tf'(t)$$

$$=(3t^2+3)x+(t^3+3t)-t(3t^2+3) \quad (\because \ (1))$$

$$=(3t^2+3)x-2t^3 \quad (\to 20\sim 24)$$

(3)　2 曲線 $y=f(x)$ と $y=g(x)$ の両方に接する直線は，(2)の接線で $y=g(x)$ に接するものである。

(2)の接線と $y=g(x)$ の共有点の x 座標は，x の方程式

$$g(x)-\{(3t^2+3)x-2t^3\}=0 \quad \cdots\cdots①$$

の実数解である。

$$① \Longleftrightarrow \frac{9}{8}x^2-3t^2x+2t^3=0$$

接する条件は，これが重解をもつときだから，x についての方程式の判別式を D とすると

$$D=0$$

なので

$$(-3t^2)^2-4\cdot\frac{9}{8}\cdot 2t^3=0$$

$$9t^3(t-1)=0$$

$$\therefore \quad t=0,\ 1$$

よって，求める 2 本の直線の方程式は

$t=0$ のとき　　$y=3x$　$(\to 25)$

$t=1$ のとき　　$y=6x-2$　$(\to 26\sim 28)$

(4)　$y=f(x)=x^3+3x$ と $y=6x-2$ の共有点の x 座標について，(3)の $t=1$ のときだから，接点の x 座標は　　$+1$　$(\to 29,\ 30)$

また，この共有点の x 座標は，次の方程式の実数解である。

$$x^3+3x-(6x-2)=0$$

$$x^3-3x+2=0$$

$$(x-1)^2(x+2)=0$$

$$\therefore \quad x=1,\ -2$$

よって，交点の x 座標は　　-2　$(\to 31,\ 32)$

(5)　求める面積を S とすると

$$S=\int_{-2}^{1}\{x^3+3x-(6x-2)\}\,dx$$

$$=\int_{-2}^{1}(x^3-3x+2)\,dx$$

$$=\left[\frac{1}{4}x^4-\frac{3}{2}x^2+2x\right]_{-2}^{1}$$

$$=\left(\frac{1}{4}\cdot1^4-\frac{3}{2}\cdot1^2+2\cdot1\right)-\left\{\frac{1}{4}(-2)^4-\frac{3}{2}(-2)^2+2(-2)\right\}$$

$$=\frac{27}{4}\quad(\to 33\sim35)$$

Ⅲ

36―①　37―③　38―②　39―④　40―③　41―②
42―①　43―②　44―②　45―①　46―③　47―②
48―①　49―⑦　50―③　51―①　52―④　53―⑥　54―⑦　55―③
56―⑦　57―⑦

解説　≪正六角形の頂点と辺上の内分点を始点と終点にもつベクトル≫

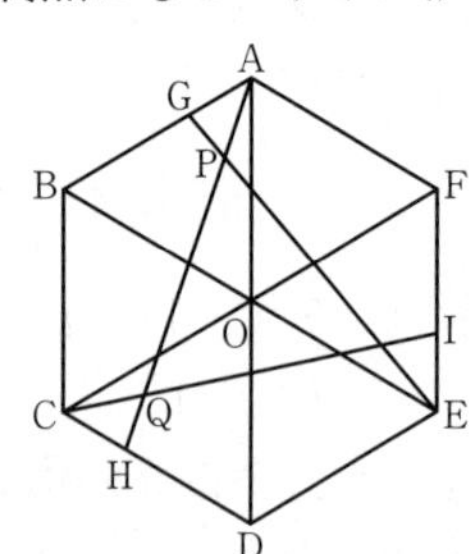

(1)　$\overrightarrow{AG}=\frac{1}{1+2}\overrightarrow{AB}=\frac{1}{3}\vec{a}$　(→36，37)

$$\overrightarrow{AH}=\overrightarrow{AF}+\overrightarrow{FC}+\overrightarrow{CH}$$

$$=\vec{b}+2\vec{a}+\frac{1}{3}\vec{b}$$

$$=2\vec{a}+\frac{4}{3}\vec{b}\quad(\to 38\sim40)$$

(2)　$\vec{a}\cdot\vec{b}=|\vec{a}||\vec{b}|\cos120^\circ$

$$=1\cdot1\cdot\left(-\frac{1}{2}\right)=-\frac{1}{2}\quad(\to 41\sim43)$$

(3)　$\overrightarrow{GE}=\overrightarrow{AE}-\overrightarrow{AG}$

$$=(\overrightarrow{AB}+\overrightarrow{BE})-\frac{1}{3}\overrightarrow{AB}$$

$$=(\vec{a}+2\vec{b})-\frac{1}{3}\vec{a}$$

$$=\frac{2}{3}\vec{a}+2\vec{b}$$

であるから

$$\overrightarrow{GP}=s\overrightarrow{GE}=s\left(\frac{2}{3}\vec{a}+2\vec{b}\right)$$

よって

$$\overrightarrow{AP}=\overrightarrow{AG}+\overrightarrow{GP}$$
$$=\frac{1}{3}\vec{a}+s\left(\frac{2}{3}\vec{a}+2\vec{b}\right)$$
$$=\frac{2s+1}{3}\vec{a}+2s\vec{b}\quad(\to 44\sim 47)$$

(1)の結果から

$$\overrightarrow{AP}=t\overrightarrow{AH}=t\left(2\vec{a}+\frac{4}{3}\vec{b}\right)=2t\vec{a}+\frac{4}{3}t\vec{b}$$

$\vec{a}$, $\vec{b}$ は 1 次独立だから

$$\frac{2s+1}{3}=2t,\ \ 2s=\frac{4}{3}t$$

これを解くと

$$s=\frac{1}{7},\ \ t=\frac{3}{14}\quad(\to 48\sim 52)$$

(4)　正六角形の対称の中心を点 O とする。

△CHQ は△AGP を点 O を中心に反時計まわりに 120° 回転したものである。

また，線分 AH は線分 EG を点 O を中心に反時計まわりに 120° 回転したものである。

よって　　AH = GE

さらに，(3)の結果より

$$QH=PG=\frac{1}{7}GE=\frac{1}{7}AH$$

$$AQ=\frac{6}{7}AH$$

だから　　$\overrightarrow{AQ}=\frac{6}{7}\overrightarrow{AH}\quad(\to 53,\ 54)$

(5)　(1), (3), (4)から

$$\overrightarrow{PQ}=\overrightarrow{AQ}-\overrightarrow{AP}$$
$$=\frac{6}{7}\overrightarrow{AH}-\frac{3}{14}\overrightarrow{AH}\quad(\because\ (3),\ (4))$$

$$=\frac{9}{14}\overrightarrow{AH}$$

$$=\frac{9}{14}\left(2\vec{a}+\frac{4}{3}\vec{b}\right)\quad (\because\ (1))$$

$$=\frac{3}{7}(3\vec{a}+2\vec{b})$$

ここで

$$|3\vec{a}+2\vec{b}|^2=9|\vec{a}|^2+12\vec{a}\cdot\vec{b}+4|\vec{b}|^2=9-6+4=7\quad (\because\ (2))$$

$|3\vec{a}+2\vec{b}|\geqq 0$ より　　$|3\vec{a}+2\vec{b}|=\sqrt{7}$

よって　　$|\overrightarrow{PQ}|=\frac{3}{7}|3\vec{a}+2\vec{b}|=\frac{3\sqrt{7}}{7}$　(→55～57)

化学

I

解答　問1．(1)―③　(2)―③　(3)―③

問2．⑦　問3．②

解説　≪溶液の濃度，気体の基本法則，希薄溶液の性質≫

問1．(1)　NaClの式量は58.5であるから

$$1.00\times\frac{50.0}{1000}\times58.5=2.925\fallingdotseq2.93\text{〔g〕}$$

(2)　水溶液全体の質量は

$$50.0\times1.04=52.0\text{〔g〕}$$

このうち，(1)より，水の質量は

$$52.0-2.92=49.0\text{〔g〕}$$

よって，質量モル濃度は

$$\left(1.00\times\frac{50.0}{1000}\right)\times\frac{1000}{49.0}=1.020\fallingdotseq1.02\text{〔mol/kg〕}$$

(3)　(1)，(2)より，質量パーセント濃度は

$$\frac{2.92}{52}\times100=5.61\fallingdotseq5.6\text{〔%〕}$$

問2．気体の状態方程式 $PV=nRT$ より，$V=\dfrac{nRT}{P}$ である。これより，同じ物質量では，気体の体積 V は，$\dfrac{T}{P}$ に比例することがわかるので

$$\frac{\dfrac{300}{1.5\times10^3}}{\dfrac{280}{3.0\times10^4}}=21.4\fallingdotseq21\text{倍}$$

問3．①誤文。凝固点降下度は，溶媒に依存し，質量モル濃度に比例する。

②正文。

③誤文。沸点上昇度は，溶質の種類に関係ないが，質量モル濃度に比例する。

④誤文。モル沸点上昇は，溶質の種類に関係なく，溶媒に固有の値である。

⑤誤文。蒸気圧降下は，溶質の粒子数が増加することで，溶液表面から蒸発する溶媒分子の数が減少して起こる。

Ⅱ　解答　問1．(1)―②　(2)―④　(3)―⓪
問2．①　問3．②

解説　≪反応熱の算出，酸化還元滴定，平衡移動≫

問1．与えられた熱化学方程式を，下のように(A)～(D)とする。

$$C\,(黒鉛) + O_2\,(気) = CO_2\,(気) + 394\,kJ \quad \cdots\cdots(A)$$

$$C\,(黒鉛) + 2H_2\,(気) = CH_4\,(気) + 75\,kJ \quad \cdots\cdots(B)$$

$$H_2\,(気) + \frac{1}{2}O_2\,(気) = H_2O\,(液) + 286\,kJ \quad \cdots\cdots(C)$$

$$H_2\,(気) + \frac{1}{2}O_2\,(気) = H_2O\,(気) + 242\,kJ \quad \cdots\cdots(D)$$

(1)　(C)−(D)より

$$H_2O\,(気) = H_2O\,(液) + 44\,kJ$$

(2)　生成熱とは，1molの化合物がその成分元素の単体から生成するときの反応熱のことである。(B)がメタンの生成熱を表す熱化学方程式となっている。

(3)　−(B)−(D)×2＋(A)より

$$CH_4\,(気) + 2H_2O\,(気) = 4H_2\,(気) + CO_2\,(気) - 165\,kJ$$

問2．還元剤（$Na_2C_2O_4$：式量134）の与える電子e^-の数と酸化剤（MnO_4^-）の受け取る電子e^-の数は同じであるから，$KMnO_4$水溶液のモル濃度をx〔mol/L〕とおくと

$$\underbrace{\left(\frac{3.35}{134}\times\frac{25.0}{500}\right)\times 2}_{還元剤の与える\,e^-〔mol〕} = \underbrace{\left(x\times\frac{20.0}{1000}\right)\times 5}_{酸化剤の受け取る\,e^-〔mol〕}$$

$\therefore\ x = 0.0250$〔mol/L〕

問3．a．ルシャトリエの原理より，温度を下げると発熱方向へ平衡が移動するので，平衡は右に移動する。

b．反応に関係する水素H_2が加えられると，その影響を打ち消すように反応が進行するため，H_2を減らす右向きの反応速度は大きくなる。

c．圧力が一定の条件で，反応に関係しないアルゴンArが加えられると，

体積が大きくなり，各分圧が小さくなる。その影響を打ち消すように粒子数が増加する方向へ平衡が移動するので，左向きの反応速度は大きくなり，右向きの反応速度は小さくなる。

Ⅲ　解答

問1．⑥　問2．③　問3．③
問4．(1)―④　(2)―①　(3)―⑥　(4)―⑧

解説　≪無機小問集合，AgCl の溶解度積≫

問1．ハロゲンの単体の酸化力の強弱は，$F_2>Cl_2>Br_2>I_2$ で，F_2 が最も酸化力が強い。また，バリウムは2族元素である。

問2．A～Dの反応は次のとおり。

A：$Na_2SO_3+H_2SO_4 \longrightarrow Na_2SO_4+H_2O+SO_2$

B：$FeS+H_2SO_4 \longrightarrow FeSO_4+H_2S$

C：$NaCl+H_2SO_4 \longrightarrow NaHSO_4+HCl$

D：$Cu+2H_2SO_4 \longrightarrow CuSO_4+SO_2+2H_2O$

問3．接触法により，硫黄S（式量32）と同物質量の硫酸 H_2SO_4（分子量98）が得られるので，質量パーセント濃度98％の濃硫酸の質量は次のように求められる。

$$\frac{8\times10^3}{32}\times98\div0.98=25\times10^3〔g〕=25〔kg〕$$

問4．(1)　飽和水溶液での Ag^+ と Cl^- のモル濃度は等しいので，それらを x〔mol/L〕として，溶解度積より

$$x^2=1.8\times10^{-10}$$

$x>0$ なので

$$x=\sqrt{1.8}\times10^{-5}=1.34\times10^{-5}〔mol/L〕$$

よって，溶解している AgCl（式量143.5）の質量は

$$1.34\times10^{-5}\times1\times143.5\times10^3=1.92\fallingdotseq1.9〔mg〕$$

(2)　共通イオン効果とは，ある種のイオンを含む溶液に，それと同じイオンをもつ物質を加えると，両者に共通するイオンの濃度を減少させる方向へ平衡移動が起こる現象のことである。

(3)　塩酸は強酸であるから，完全電離しており，溶液中の塩化物イオンは，塩酸由来のものに等しい。よって

$$[\mathrm{Cl^-}] = 1.0 \times \frac{0.1}{1000} \div \frac{100}{1000} = 1.0 \times 10^{-3}〔\mathrm{mol/L}〕$$

このときの Ag^+ のモル濃度は，溶解度積より

$$\frac{1.8 \times 10^{-10}}{1.0 \times 10^{-3}} = 1.8 \times 10^{-7}〔\mathrm{mol/L}〕$$

(4)　(1)と(3)より，塩酸を加えたことで，Ag^+ のモル濃度は，$\dfrac{1.8 \times 10^{-7}}{1.34 \times 10^{-5}} \times 100 = 1.343 \fallingdotseq 1.34$〔%〕となっているので，$100 - 1.34 = 98.66 \fallingdotseq 99$〔%〕が沈殿したことになる。

解答　問１．(1)18―③　19―①　20―④　21―②　(2)―⑤

問２．(1)―②　(2)―⑤

解 説　≪分子式 $C_4H_{10}O$ の化合物の推定，エタノールとフェノールの性質≫

問１．ａおよびｂより，ナトリウムと反応することから，化合物Ａ～Ｄはアルコールで，次の構造(あ)～(え)が考えられる（なお，炭素骨格とヒドロキシ基のみを示す）。

```
                                     C           C
                                     |           |
C-C-C-C        C-C-C-C           C-C-C         C-C-C
      |            |                 |             |
      OH           OH                OH            OH
  (あ)           (い)              (う)          (え)
```

ｃより，化合物Ｂは二クロム酸カリウムにより酸化されにくいので，第三級アルコールとわかり，(え)と決まる。

ｅより，化合物Ｄは不斉炭素原子をもつことから(い)と決まり，ｆのヨードホルム反応を示すこととも矛盾しない。

最後に，化合物Ａ，Ｃは(あ)か(う)のいずれかとなる。ｄより，より枝分かれが少ない構造をもつ(あ)のほうが沸点が高く，化合物Ａと判断し，(う)は化合物Ｃと決まる。

問２．エタノールとフェノールはいずれもヒドロキシ基をもつ化合物で，共通の性質もあるが，ヒドロキシ基がベンゼン環に直結したフェノール類は，さまざまな特有の性質をもつ。

生物

I 解答

問1．1—①　2—⑦　問2．①・④
問3．①　問4．⑧　問5．手順3：⑨　手順4：⑨
問6．③・⑥

解説　≪呼吸，ATP，カタラーゼのはたらき≫

問2．②不適。呼吸では光は放出しない。
③・⑤不適。呼吸にのみあてはまる。
問3．②・③誤文。グルコース1分子あたり2分子のATPを生成する解糖系は，細胞質基質に存在する酵素によって反応が進行する。
④誤文。ミトコンドリアの内膜の内側はマトリックスとよばれる。
⑤誤文。ミトコンドリアは好気性細菌が細胞内に取り込まれて共生してできたと考えられている。
問4．a．誤文。ATPはアデノシンに3つのリン酸が結合しており，リン酸どうしの結合（高エネルギーリン酸結合）は2つしかない。
b．誤文。ATPのアデノシンは，アミノ酸ではなく塩基がリボース（糖）と結合したもので，これにリン酸が結合している。
e．誤文。ATPは分解されると，ADPとリン酸になる。
問5．手順3：過酸化水素（H_2O_2）をO_2とH_2Oに分解する反応で，触媒としてはたらくのは酸化マンガン(Ⅳ)とカタラーゼである。このカタラーゼは動物細胞だけでなく植物細胞にも含まれているので，気泡（O_2）が発生して線香の火が燃え上がるのは試験管B，C，Dである。
手順4：酸化マンガン(Ⅳ)やカタラーゼなどの触媒は繰り返しはたらくことができる。そのため，基質である過酸化水素水を加えると，試験管B，C，DでO_2が発生する。

II 解答

問1．11—⑤　12—④　13—②　14—③　15—①
問2．②　問3．①・⑥　問4．①
問5．③

解説　≪体細胞分裂，DNAと染色体の構造，卵成熟≫

問2．次のグラフに示したように，S期にDNA量が2倍になった後，G_2期に入る。さらに，その後，M（分裂）期に入るので，M期の始まりはG_1期の2倍のDNA量をもつ。やがて終期になると核膜が形成され，細胞質が二分されるので，終期の終わりには細胞あたりのDNA量が半分になる。

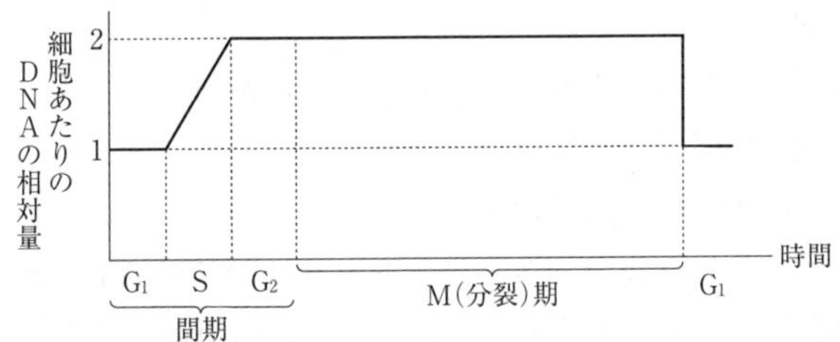

問3．①誤文。DNAの遺伝情報である塩基配列は，タンパク質のアミノ酸配列を指定している。

⑥誤文。右図のように，相同染色体はそれぞれ1本の2本鎖DNAでできている。ある染色体を構成するDNAは，その対となる相同染色体のDNAを鋳型として合成されるのではなく，その染色体自体を構成する2本鎖DNAの片方のヌクレオチド鎖を鋳型として合成される。

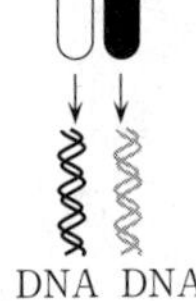

問4．a．正文。問2の〔解説〕にあるグラフから，母細胞ではM期の直前にDNA量が2倍になっており，分裂後の娘細胞ではもとの量に戻っている。また，この母細胞はM期の終期に細胞質を2つに分けるので，分裂直後の娘細胞では細胞の体積も半分になる。

b．誤文。体細胞分裂や減数分裂の第一分裂と第二分裂でも，M期の前期に核膜が消失する。

c．誤文。二価染色体は，第一分裂の前期に相同染色体が対合することで生じる。

問5．ホルモンに刺激された一次卵母細胞（減数第一分裂前期）は，未受精卵（減数第二分裂中期）となり卵成熟する。さらに，結果1から，この未受精卵の細胞質基質には，一次卵母細胞の卵成熟を誘起させる物質があることがわかり，結果2から，卵割を第二分裂中期で停止させる物質があることがわかる。以上のことから，「卵成熟を抑制する因子がつくられる」

内容を含む選択肢①，②，④は誤文と考える。さらに，「卵割の中期では停止させることはできない」内容を含む選択肢⑤は誤文となる。

解答　問1．①　問2．A―③　B―②　C―①
問3．(1)―⑨　(2)A―④　B―⓪　C―②　(3)―⑧
問4．⓪

解説　≪自然免疫と適応免疫のしくみ，免疫と医療≫

問1．②誤文。強酸性に保たれているのは腸ではなく，胃である。
③誤文。リゾチームは細菌の細胞壁を分解する酵素である。
④誤文。皮膚表面は汗や皮脂によって弱酸性に保たれている。
⑤誤文。角質層は死細胞の集まりで，分裂を行わない。

問2．好中球もマクロファージも白血球の一種で，好中球は顆粒を多く含む顆粒球である。血液中を移動する単球が血管から組織に出るとマクロファージに分化する。

問3．(1)　a．誤文。感染細胞を攻撃し，死滅させるのはキラーT細胞である。
b．誤文。樹状細胞のトル様受容体は，細胞膜にあるものや，細胞内にあるものなど複数種類存在する。
d．誤文。個々のヘルパーT細胞は1種類のT細胞受容体しかもたない。
(2)　A．(X)は病原体を取り込む食細胞であるとともに，(Y)に抗原を提示するので，樹状細胞であることがわかる。(Y)は感染細胞を直接攻撃するので，キラーT細胞と考える。
B．(X)は抗原提示を行うことができ，サイトカインで活性化させられる食細胞であることから，マクロファージと考える。感染部位でマクロファージを活性化させる(Y)はヘルパーT細胞である。
C．(X)は形質細胞に分化するので，B細胞と考える。(X)を活性化して形質細胞に分化させる(Y)はヘルパーT細胞である。

問4．a．誤文。NK細胞は自然免疫を担う細胞であり，自然免疫では適応免疫で見られるような，記憶細胞による免疫記憶は成立しない。
b．誤文。ツベルクリン反応では，結核菌培養ろ液から精製した抗原を皮下に投与する。結核菌に対する記憶細胞があると赤く腫れる（炎症を起こす)。

c．誤文。血清は血しょうからさらに凝固因子を取り除いたもので，ヘルパーT細胞などの細胞は含まれておらず，抗体などを含む。

Ⅳ　解答

問1．⑦　問2．④　問3．②・⑧

問4．（省略）

問5．発芽：⑨　果実の形成・成長：⑦　気孔の開閉：③

落葉の調節：④

解説　≪植生の遷移，ギャップ更新，植物ホルモンと色素タンパク質≫

問1．環境形成作用とは生物から非生物的環境に対するはたらきかけのことである。a（栄養塩類の量）やf（土壌の厚さ）は，植物の枯死体や動物の遺体や排出物が分解されることで，アンモニウムイオンなどの栄養塩類や腐植土層が増加する。森林の減少や化石燃料の使用により，大気中の水蒸気量や温室効果ガス量が変化すると，b（降水量）にも変化が起こる。また，c（地表の温度）やd（地表の湿度）やe（地表の光の強さ）は，草や木が生えることで光が当たらず，温度上昇が抑えられ，水分も蒸発しにくくなって湿度が上昇し，照度は低下すると考えられる。

問2．湖沼では植物全体が水中に沈む「沈水植物」が見られるが，土砂の流入によって水深が浅くなると葉を水面に浮かべる「浮葉植物」となり，さらに水深が浅くなると，根は水底にあるが植物の大部分は水面より上にある「抽水植物」となる。

問3．②誤文。草本層は上部を覆う木本によって光を奪われるので，生育に強い光を必要とする陽生植物は生育できない。

⑧誤文。照葉樹林の極相では，常緑広葉樹が林冠を構成する。そのため，決まった時期に落葉しない。

問5．発芽：アブシシン酸は種子の休眠を促進する。また，ジベレリンは休眠を打破するはたらきをもち，光発芽種子ではフィトクロムが赤色光を吸収することでジベレリンを合成する。＜解答群＞には，アブシシン酸とフィトクロム（②）と，ジベレリンとフィトクロム（⑨）の両方があるが，前文のしくみがあるので⑨を正解とした。

果実の形成・成長：オーキシンとジベレリンで果実の成長が促進される。エチレンは果実の成熟を行う。

気孔の開閉：フォトトロピンが青色光を吸収すると，気孔が開く一連の機構が進行する。また，水分不足などによって植物内のアブシシン酸濃度が高まると，気孔が閉じる一連の機構が進行する。
落葉の調節：葉は高いオーキシン濃度を保ちエチレンのはたらきを抑制しているが，葉の老化でオーキシン濃度が低下して，エチレン濃度が高くなると葉の離層が発達して落葉する。

④・⑤に絞られる。傍線部1の直前には「ことの成りゆきを物陰から息をひそめて見ているような」とあることから、ここでいう「高揚感」とは、まるでその場に臨席しているような感覚に対するものだとわかる。以上から正解は⑤。④は「大人の男女がどのように騙し合いをするのか」が「高揚感」の理由であるとは本文で言及されていない。

問七　傍線部2と同様の内容が、傍線部3を含む段落の最後から二文目でも言及されている。「誰からも教わらなかったからこそ何年もたって自分でたどりついた」とあるので、筆者は、そのような修業は時間をかけて自分でたどりつくべきものだと考えていることがわかる。これを踏まえている④が正解。

問八　傍線部3の前後に、「お客さまが自分の噺にどれくらい興味を持ち……微調整を加えながら演じる」「ときには察知したうえであえて合わせないという選択もします」「場を読む」「相手の様子を察しながら働く」とあり、これらが傍線部3の具体的な内容である。①は「ネタを選び取って」が、③は「容姿や声や雰囲気に興味があるのか」が、④は「丁寧な対応」が、⑤は「気分にむらのある客をうまい具合に持ち上げて」が、いずれも本文で言及されていない。

問九　「おこがましい」とは〝身の程知らず、差し出がましい〟といった意味。自分が噺を操っていると考えることについて、それは身の程知らずであり、思い上がりだと言っているのである。具体的には空欄エの前で「登場人物が……勝手に行動するという不思議な経験をする」「物語のゆくえは演者の手から離れて……一体となって」と述べられている。つまり、演者の手を離れて、登場人物がおのずと噺を作り上げるような不思議な経験をすることもあると言っているのである。これらを踏まえている③が正解。

問十　④「文違い」とは、傍線部1の周辺で言及されていたように女郎買いの噺であり、男女の騙し合いが趣旨であるが、これが本文全体の流れと一致しているわけではない。

正解。

問十一　バタイユの経済学については、二重傍線部 c を含む段落で「必要を満たすために生産するという通常の経済学とは逆に、過剰に生産された財をいかに『蕩尽』（消費）するかについて論じるような経済学」だと述べられている。これを換言したものが、傍線部６の後の「過剰性の経済学」である。また、最終段落に「未来の世界では、誰もが至高者になれる」ともあり、〈バタイユのものになった世界〉とは、これらが実現する世界のことである。これらを踏まえている①が正解。

Ⅱ

出典　柳家三三「無駄と遠廻りと、行きあたりばったりと」（『図書』二〇二一年九月号　岩波書店）

解答

問一　a—①　b—②　c—⑤　d—①

問二　ア—④　ウ—③

問三　イ—②　エ—⑤

問四　A—④　B—⑤

問五　i—③　ii—②　iii—④　iv—①　v—②

問六　⑤

問七　④

問八　②

問九　③

問十　④

解説　問六　「高揚感」とは〝気持ちが高ぶって興奮した感覚〟のことを指すので、この時点で正解はこれに言及した

問六　「奴隷的」という語に着目して同様の意味の言及内容を探すと、傍線部1の直前二文の「未来の利益のために現在を犠牲にする」「現在という時が未来に『隷従』させられている」が換言になっているとわかる。これらに最も近い内容の③が正解。評論では、「つまり」「言い換えると」のような換言の接続語がなくても、連続する文が換言になっていることは多い。

問七　傍線部2を含む一文に注目すると、「役に立たなくなった時点で価値を失う」ことが「価値は独立的ではありません」につながっていることがわかる。傍線部2の中の「独立」の対義語は〈依存〉なので、〈その価値が独立的ではない〉とは、〈その価値がほかの事柄に依存している〉という意味。これらを踏まえている②が正解。

問八　傍線部3のバタイユの発言は、その直前に「そのことを批判して」とあるように、「そのこと」に対する批判の意図が込められている。「そのこと」の指示内容は前の段落で言及されている、「私たちが自らについてその有用性にしか尊厳を見出せない哀れな近代人である」ことや、「みずからを社会に役に立つ イ として従属せしめている」ことである。さらに、傍線部3の直後には「人間の価値は究極的なところ有用性にはありません」ともある。これらを踏まえると、自らの尊厳や存在価値を有用性としてではなく、その存在自体に求めるべきであるという主張が見えてくる。この内容になっている⑤が正解。

問九　傍線部4は、「資本主義がもたらした」と「価値転倒」という二つの要素に分けられる。「資本主義」については、次の段落に「資本主義は未来のために……有用な投資と見なす考えをはびこらせた」と説明されており、そこでもたらされた〈転倒した価値観〉については、傍線部4の直後で「私たちは有用性を重んじるような世界に慣れ親しんでしまっています」「有用性を極度に重視する近代的な価値観」と説明されている。これらを踏まえている①が正解。

問十　ここでいう「投資」とは、次の段落の「子供の時間は未来の富のために捧げられている」ということ、すなわち、将来の利益のために現在の時間を捧げることである。傍線部5は前に「後者について」の話だとあるので、「後者」が指すもの、すなわち「知識や技能をもった人間」に関する教育についての言及も必要。これらを踏まえている③が

国語

Ⅰ

出典　井上智洋『人工知能と経済の未来――2030年雇用大崩壊』（文春新書）

解答

問一　a―②　b―③　c―①　d―⑤
問二　i―⑤　iii―⑤
問三　⑤
問四　ア―⑥　イ―⑧　ウ―①
問五　エ―⑦　オ―④　カ―③
問六　③
問七　②
問八　⑤
問九　①
問十　③
問十一　①

解説　問三　「従属せしめ」は「従属せ」＋「しめ」に分けられ、使役の意味をもつ。「しむ」は、古文・漢文でも頻出の使役の助動詞であり、現代でも文語で用いられる。「見せしめ」は、「見せ」に「しむ」の連用形「しめ」が付いた形であり、〝今後同様のことをしないための戒めとして、他の人々に見せてこらしめること〟の意。

■一般選抜A（前期）〈1日程分を掲載〉

問題編

▶試験科目・配点

■3科目型■

<table>
<tr><th colspan="2">学部等</th><th>教科</th><th colspan="2">科目</th><th>同一
配点</th><th>傾斜
配点</th></tr>
<tr><td rowspan="7">文</td><td rowspan="3">日本語
日本文</td><td>外国語</td><td colspan="2">英語</td><td>100点</td><td>100点</td></tr>
<tr><td>選択</td><td colspan="2">日本史，世界史，数学(1)，数学(2)，化学，生物から1科目選択</td><td>100点</td><td>100点</td></tr>
<tr><td>国語</td><td colspan="2">国語(2)</td><td>100点</td><td>200点</td></tr>
<tr><td rowspan="4">英語グローバル</td><td>外国語</td><td colspan="2">英語</td><td>100点</td><td>200点</td></tr>
<tr><td rowspan="3">選択</td><td>日本史，世界史，「数学(1)または数学(2)」から1科目選択</td><td rowspan="3">2科目
選択</td><td rowspan="3">各100点</td><td rowspan="3">各100点</td></tr>
<tr><td>化学，生物から1科目選択</td></tr>
<tr><td>国語(1)または国語(2)</td></tr>
<tr><td colspan="2" rowspan="4">教育</td><td>選択
〈必須〉</td><td colspan="2">英語または国語(2)</td><td>100点</td><td>200点</td></tr>
<tr><td rowspan="2">選択</td><td>日本史，世界史，「数学(1)または数学(2)」から1科目選択</td><td rowspan="2">2科目
選択</td><td rowspan="2">各100点</td><td rowspan="2">各100点</td></tr>
<tr><td>化学，生物から1科目選択</td></tr>
<tr><td colspan="5">選択〈必須〉から2科目＋選択1科目の3科目での受験も可*</td></tr>
<tr><td colspan="2" rowspan="4">心理・社会福祉，生活環境，経営</td><td>外国語</td><td colspan="2">英語</td><td>100点</td><td rowspan="4">高得点科目
200点
低得点科目
100点</td></tr>
<tr><td rowspan="3">選択</td><td>日本史，世界史，「数学(1)または数学(2)」から1科目選択</td><td rowspan="3">2科目
選択</td><td rowspan="3">各100点</td></tr>
<tr><td>化学，生物から1科目選択</td></tr>
<tr><td>国語(1)または国語(2)</td></tr>
</table>

健康・スポーツ科		外国語	英語		100点	高得点科目 200点 低得点科目 100点
		選 択	日本史，世界史，「数学(1)または数学(2)または数学(3)」から1科目選択	2科目選択	各100点	
			物理，化学，生物から1科目選択			
			国語(1)または国語(2)			
社会情報	情報メディア	外国語	英語		100点	高得点科目 200点 低得点科目 100点
		選 択	日本史，世界史，「数学(1)または数学(2)」から1科目選択	2科目選択	各100点	
			化学，生物から1科目選択			
			国語(1)または国語(2)			
食物栄養科	食物栄養	外国語	英語		100点	100点
		選 択	数学(1)，数学(2)，国語(1)，国語(2)から1科目選択		100点	100点
		理 科	化学，生物から1科目選択		100点	200点
	食創造科	外国語	英語		100点	100点
		選 択	日本史，世界史，国語(1)，国語(2)から1科目選択		100点	100点
		選 択〈必須〉	「数学(1)または数学(2)」，化学，生物から1科目選択		100点	200点
		英語+「数学と化学または数学と生物」の3科目での受験も可*				
建築	建 築	外国語	英語		100点	100点
		数 学	数学(3)		100点	200点
		理 科	物理，化学から1科目選択		100点	100点
	景観建築	外国語	英語		100点	100点
		数 学	数学(3)		100点	200点
		理 科	物理，化学，生物から1科目選択		100点	100点

<table>
<tr><td rowspan="4">音楽</td><td rowspan="4">応用音楽</td><td rowspan="3">選　択</td><td>英語，聴音〈省略〉から１科目選択</td><td rowspan="3">２科目選択</td><td rowspan="3">各100点</td><td rowspan="4"></td></tr>
<tr><td>日本史，世界史，数学(1)から１科目選択</td></tr>
<tr><td>国語(1)，楽典〈省略〉から１科目選択</td></tr>
<tr><td>実　技</td><td colspan="2">〈省略〉</td><td>100点</td></tr>
<tr><td rowspan="4">薬</td><td rowspan="4">薬</td><td rowspan="3">選　択</td><td>英語</td><td rowspan="3">２科目選択</td><td rowspan="3">各100点</td><td rowspan="3">各100点</td></tr>
<tr><td>数学(1)または数学(2)</td></tr>
<tr><td>国語(1)または国語(2)</td></tr>
<tr><td>理　科</td><td colspan="2">化学，生物から１科目選択</td><td>100点</td><td>200点</td></tr>
<tr><td colspan="2" rowspan="4">看　護</td><td>外国語</td><td colspan="2">英語</td><td>100点</td><td rowspan="4">高得点科目
200点
低得点科目
100点</td></tr>
<tr><td rowspan="3">選　択</td><td>数学(1)または数学(2)</td><td rowspan="3">２科目選択</td><td rowspan="3">各100点</td></tr>
<tr><td>化学，生物から１科目選択</td></tr>
<tr><td>国語(1)または国語(2)</td></tr>
</table>

＊　選択〈必須〉科目より２科目選択した場合，傾斜配点方式においては，高得点科目を200点，低得点科目を100点とする。

■2科目型■

<table>
<tr><th colspan="2">学部等</th><th>教科</th><th colspan="2">科目</th><th>配点</th></tr>
<tr><td rowspan="4">文</td><td rowspan="2">日本語日本文</td><td>選　択</td><td colspan="2">英語，日本史，世界史，数学(1)，数学(2)，化学，生物から1科目選択</td><td>100点</td></tr>
<tr><td>国　語</td><td colspan="2">国語(2)</td><td>100点</td></tr>
<tr><td rowspan="2">英語グローバル</td><td>外国語</td><td colspan="2">英語</td><td>100点</td></tr>
<tr><td>選　択</td><td colspan="2">日本史，世界史，化学，生物，国語(1)，国語(2)から1科目選択</td><td>100点</td></tr>
<tr><td colspan="2" rowspan="4">教育，心理・社会福祉，生活環境，社会情報，経営</td><td rowspan="4">選　択</td><td>英語</td><td rowspan="4">2科目選択</td><td rowspan="4">各100点</td></tr>
<tr><td>日本史，世界史，「数学(1)または数学(2)」から1科目選択</td></tr>
<tr><td>化学，生物から1科目選択</td></tr>
<tr><td>国語(1)または国語(2)</td></tr>
<tr><td colspan="2" rowspan="4">健康・スポーツ科</td><td rowspan="4">選　択</td><td>英語</td><td rowspan="4">2科目選択</td><td rowspan="4">各100点</td></tr>
<tr><td>日本史，世界史，「数学(1)または数学(2)または数学(3)」から1科目選択</td></tr>
<tr><td>物理，化学，生物から1科目選択</td></tr>
<tr><td>国語(1)または国語(2)</td></tr>
<tr><td rowspan="5">食物栄養科</td><td rowspan="2">食物栄養</td><td>選　択</td><td colspan="2">英語，数学(1)，数学(2)，国語(1)，国語(2)から1科目選択</td><td>100点</td></tr>
<tr><td>理　科</td><td colspan="2">化学，生物から1科目選択</td><td>100点</td></tr>
<tr><td rowspan="3">食創造科</td><td>選　択</td><td colspan="2">英語，日本史，世界史，国語(1)，国語(2)から1科目選択</td><td>100点</td></tr>
<tr><td>選　択〈必須〉</td><td colspan="2">「数学(1)または数学(2)」，化学，生物から1科目選択</td><td>100点</td></tr>
<tr><td colspan="4">数学と化学または数学と生物の2科目での受験も可</td></tr>
<tr><td rowspan="2">音楽</td><td rowspan="2">演　奏</td><td>選　択</td><td colspan="2">英語，日本史，世界史，数学(1)，国語(1)，楽典〈省略〉，聴音〈省略〉，副専ピアノ実技（ピアノ専修除く）〈省略〉から1科目選択</td><td>100点</td></tr>
<tr><td>実　技</td><td colspan="2">主専実技〈省略〉</td><td>300点</td></tr>
</table>

<table>
<tr><td rowspan="2">薬</td><td>選　択</td><td colspan="2">英語，数学(1)，数学(2)，国語(1)，国語(2)から１科目選択</td><td>100 点</td></tr>
<tr><td>理　科</td><td colspan="2">化学，生物から１科目選択</td><td>100 点</td></tr>
<tr><td rowspan="4">看　　　　護</td><td rowspan="4">選　択</td><td>英語</td><td rowspan="4">２科目
選択</td><td rowspan="4">各 100 点</td></tr>
<tr><td>数学(1)または数学(2)</td></tr>
<tr><td>化学，生物から１科目選択</td></tr>
<tr><td>国語(1)または国語(2)</td></tr>
</table>

▶備　考

- 試験日自由選択制。
- ３科目型同一配点方式（必須）に出願し，同一試験日の２科目型を併願する場合は，３科目型同一配点方式（必須）で選択した科目のうち高得点の２科目を合否判定に採用する（必須科目のある学科は必須科目を合否判定に採用する）。

▶出題範囲

- 英語：コミュニケーション英語Ⅰ・Ⅱ・Ⅲ，英語表現Ⅰ・Ⅱ
- 日本史：日本史Ｂ
- 世界史：世界史Ｂ
- 数学(1)：数学Ⅰ・Ａ
- 数学(2)：数学Ⅰ・Ⅱ・Ａ・Ｂ（数列，ベクトル）
- 数学(3)：数学Ⅰ・Ⅱ・Ⅲ・Ａ・Ｂ（数列，ベクトル）
- 物理：物理基礎，物理
- 化学：化学基礎，化学（「高分子化合物の性質と利用」を除く）
- 生物：生物基礎，生物（「生態と環境」，「生物の進化と系統」を除く）
- 国語(1)：国語総合（現代文のみ），現代文Ｂ
- 国語(2)：国語総合，現代文Ｂ，古典Ｂ（いずれも漢文を除く）
- 楽典：音楽史を除く
- 聴音：単旋律

英語

(60分)

I 次の英文を読み，下の問いに答えよ。(35点)

[1] Technology has added to many of the environmental problems that are currently affecting us. Despite this, thoughtful innovations* may solve some of them. Ecologist* Barry Commoner wrote that "The proper use of science is not to conquer* nature but to live in it." In other words, in order to make our world a safe home for future generations, inventors and scientists need to take the environment into account when developing new technology.

[2] Most of the world's power is still generated by burning fossil* fuels. This has a huge effect on the environment, so for decades scientists have been developing ways to generate power from renewable sources such as the sun, wind, and waves. However, renewable energy production can be unreliable because it depends on nature. On some days, there may be too little power; on other days, there may be too much, and the energy may get wasted because it's hard to store. One group of scientists might have an innovative solution. They have found a way to store power in bricks cheaply and safely. If houses of the future were made from these bricks, millions of homes could store and release power as needed. This could make renewable energy a far more reliable power source.

[3] Cooling and heating homes and offices is a major cause of environmental problems because both require so much power. Some scientists have invented a special fabric* to make clothes that can move heat away from the skin to keep people cool. This is an especially innovative solution because cooling one individual is much more efficient than doing the same for

a whole building. Others have thought outside the box* and come up with creative ideas for heating. The subway trains that run under cities like London produce plenty of unwanted heat. Factories often produce excess heat, too. Many different groups are working on ways to take this heat and use it to keep businesses, schools, and homes warm.

[4] Unfortunately, even with innovative ways to store renewable energy and make cooling and heating more environmentally friendly, climate change will continue. This is because of the amount of carbon dioxide (CO_2) in the atmosphere. CO_2 makes our planet warmer by trapping the sun's heat. Because plants remove CO_2 from the air, planting more trees could help, and this is happening on a global scale right now. In Africa, for example, 21 nations — from Senegal in the west to Djibouti in the east — are working together to plant a Great Green Wall of trees 4,650 miles (7,600 kilometers) across the continent. But planting trees is expensive, so scientists are working on other solutions. One idea is to create artificial leaves. These will not only remove more CO_2 from the air than regular leaves but also turn the CO_2 into a useful fuel.

[5] Like CO_2, plastic needs to be removed from the environment. One clever approach involves using a machine that creates bubbles at the bottom of a river. As they rise, the bubbles push waste plastic to one side of the river where it can easily be collected. Tests show that the bubbles work effectively and are no danger to fish or other creatures in the water. In theory, the same technology could also be used to clean up our oceans. Scientists are also developing ways to deal with plastic after it has been collected. One group found bacteria that can eat plastic and get energy from it. The scientists hope that within a few years, these bacteria will make it possible to recycle plastic completely.

[6] Will these thoughtful, inventive ideas help us? There is no guarantee that they will all be effective solutions, but some of them will surely work.

And hundreds of thousands of smart people are working on other ideas, too, so there's every reason to hope that the current climate crisis may soon become a climate celebration.

*innovations < innovation　新しい考え
ecologist　生態学者
conquer　征服する
fossil　化石
fabric　布地
thought outside the box < think outside the box
既存の考えにとらわれずに考える

問　本文の内容を踏まえて，次の英文 (A)〜(G) の空所 [1] 〜 [7] に入れるのに最も適当なものを，それぞれ下の①〜④のうちから選べ。

(A) According to the first paragraph, [1].

① ecologist Barry Commoner has solved many current environmental problems
② it is necessary to consider the environmental impact when we develop new technology
③ scientists will develop new technology to build safer houses for future generations
④ technology makes our world safer without causing environmental problems

(B) According to the second paragraph, [2].

① energy generated by burning fossil fuels may get wasted, even though it is easy to store
② one group of scientists have found that bricks made from waste will become fossil fuels

出典追記：Reflect Reading & Writing 4 by Christien Lee, Cengage Learning

③ renewable energy from natural sources can be unreliable because nature cannot be controlled

④ the sun, wind, and waves are reliable energy sources because they are available anytime

(C) The third paragraph states that [3].

① clothes made of a special fabric invented by scientists can make people warmer in cold weather

② cooling and heating homes and offices is an innovative way to solve environmental problems

③ cooling one individual outside is much more efficient than cooling one individual inside a big building

④ many different groups are developing ways to make use of the unwanted heat generated in cities

(D) According to the fourth paragraph, [4].

① a Great Green Wall of artificial trees in Africa stretches 4,650 miles across the continent

② artificial leaves cannot remove CO_2 from the air, but regular leaves can do so and turn the CO_2 into a useful fuel

③ in Africa, 21 nations are planting a wall of trees because the leaves can remove CO_2 from the air

④ thanks to innovations in environmental protection, the amount of CO_2 in the atmosphere has been significantly reduced

(E) According to the fifth paragraph, [5].

① bubbles created by a machine in a river push fish and other creatures to one side of the river

② a machine that creates bubbles may be able to help reduce plastic waste in oceans

③ CO_2 that fish produce as they breathe can be removed by bubbles created by a machine

④ when bubbles are created by a machine at the bottom of a river, the water level rises

(F) According to the fifth paragraph, [6].

① it is hoped that bacteria will be used to completely recycle plastic

② one group of scientists developed a new type of plastic that bacteria can eat

③ scientists found some fish that can clean river water by eating bacteria

④ some bacteria are so harmful to fish that they need to be removed from rivers

(G) According to the sixth paragraph, [7].

① due to the development of technology, there is every reason to expect that all of the inventive solutions to the environmental crisis will work effectively

② everyone hopes that many people will come to a ceremony that celebrates the development of new environmental technology

③ some smart people claim that there is no point in finding solutions to the current climate crisis because they may not work

④ though nobody is sure that all of the innovative ideas for the current climate crisis will be effective solutions, some of them will certainly work

Ⅱ　次の英文の空所 [8] ～ [12] に入れるのに最も適当なものを，それぞれ下の①～④のうちから選び，会話文を完成せよ。(20点)

Work colleagues at a Japanese company, Monica and Satoshi, are talking about their schedule.

Monica:　Hey Satoshi, can I ask you a question?

Satoshi:　Sure, Monica!　What's up?

Monica:　As you know, we have a meeting at work this Saturday, but I also have my sister's birthday party.　I said I would go to her party, but this work meeting has just come up.　I don't know what to do.　Do you have any [8] ?

① assistance
② support
③ advice
④ company

Satoshi:　That's a difficult situation!　As you know, some of our bosses at work have a traditional way of thinking, and believe that work is more [9] than personal events.

① difficult
② dangerous
③ general
④ important

Monica:　I know.　I want to do my best working here, but I also have a family that I cannot disappoint.　I'm [10] about what I should do.

① sure
② decided
③ confused

④ unknown

Satoshi: If I were you, I would talk to the boss and [11] the situation. As the meeting was only announced yesterday, there was not a lot of warning!

① explain
② show
③ pretend
④ display

Monica: Yes, you are right! It was only announced yesterday, so that's not a lot of [12] to change my plans.

① space
② time
③ place
④ period

Satoshi: I agree. I'm sure the boss will understand.

Ⅲ　次の英文 (A)〜(E) の空所 13 〜 17 に入れるのに最も適当なものを，それぞれ下の①〜④のうちから選べ。(15点)

(A) The company prohibits its employees from (13) in a second job.

① engage　② engaged　③ engaging　④ to engage

(B) Can I borrow the comic book when you (14) it?

① have finished reading　② will finish reading

③ have been finished to read　④ finish to read

(C) Neither my brother (15) I can speak French well.

① and　② but　③ nor　④ also

(D) The cost of a barrel of oil is almost double (16) it was last year.

① that　② what　③ which　④ over

(E) Hardly had I come home (17) my smartphone rang.

① after　② then　③ until　④ when

Ⅳ　次の英文 (A)〜(E) の空所 [18] 〜 [22] に入れるのに最も適当なものを，それぞれ下の①〜④のうちから選べ。(10点)

(A) Ann ([18]) her grandmother's watch when she turned 18 years old.

① inherited　② inspired　③ interpreted　④ invaded

(B) Our company is doing well in ([19]) of sales growth.

① case　② relationship　③ behalf　④ terms

(C) There are some amusement parks in this city that offer free ([20]).

① mission　② admission　③ submission　④ permission

(D) ([21]) computers have become an essential part of our lives, it has also been reported that they may have negative effects on our health.

① Otherwise　② However　③ While　④ Therefore

(E) Through this cultural exchange program, we could promote our ([22]) understanding.

① surrounding　② mutual　③ manual　④ excessive

V　次の文(A)～(E)を，与えられた語(句)を用いて英文に訳したとき，空所 23 ～ 32 に入れるのに最も適当なものを，それぞれ下の①～⑦のうちから選べ。ただし，文頭に来る語(句)も小文字になっている。(20点)

(A)　荷物が重かったので，姉に私の部屋まで運んでもらいました。

My luggage was heavy, so I (　　)(23)(　　)(　　)(24)(　　)(　　) sister.

① to　② carried　③ by　④ it
⑤ my room　⑥ my　⑦ had

(B)　就寝前はコーヒーを飲まないようにしています。

I (　　)(25)(　　)(26)(　　)(　　)(　　) going to bed.

① a rule　② it　③ make　④ coffee
⑤ before　⑥ not to　⑦ drink

(C)　私たちの乗るバスは渋滞で遅れているので，ここで待つくらいなら駅まで歩きましょう。

Our bus is late because of the traffic jam, so (　　)(　　)(27)(　　)(28)(　　)(　　) rather than waiting here.

① the station　② might　③ walk　④ as
⑤ well　⑥ to　⑦ we

(D)　学校であなたが私をケイトに紹介してくれる以前に，彼女に会ったことがありました。

I (　　)(29)(　　)(30)(　　)(　　)(　　) to her at school.

① before　② you　③ had　④ introduced
⑤ Kate　⑥ me　⑦ met

(E) その生徒が道に迷った子供を警察署に連れて行ったのは，いつのことでしたか。

( )( )(**31**)( )( )(**32**)( ) to the police station?

① the lost child ② that ③ took ④ the student
⑤ was ⑥ it ⑦ when

日本史

（60 分）

Ⅰ　次の史料を読んで，下の問い（問１～問５）に答えよ。（20点）

諸公卿をして遣［ア］使の進止を議定（ぎじょう）せしめむことを請ふの状

右，臣某(1)，謹（つつし）みて在［ア］の僧中瓘（ちゅうかん），去年三月商客王訥（おうとつ）等に附して到る所の録記を案ずるに，大［ア］の凋弊（ちょうへい），之を載すること具なり。……臣等伏して旧記を検するに，度々の使等(2)，或は海を渡りて命（めい）に堪へざりし者有り，或は賊に遭ひて遂に身を亡（た）ぼせし者有り。唯だ，未だ［ア］に至りて難阻飢寒（なんそきかん）の悲しみ有りしことを見ず。中瓘の申報（しんぽう）する所の如くむば，未然の事，推して知るべし。臣等伏して願はくは，中瓘の録記の状を以て，遍（あまね）く公卿・博士に下し，詳らかに其の可否を定められむことを。国の大事にして，独り身の為めのみにあらず。且（しばら）く款誠（かんせい）を陳べ，伏して処分を請ふ。謹みて言す。

寛平六（八九四）年九月十四日　大使参議勘解由次官(3)（かげゆのすけ）従四位下兼守左大弁行式部権大輔（ごんのたいふ）春宮亮（とうぐうのすけ）菅原朝臣某(4)

問１　空欄［ア］には中国の王朝名が入る。その王朝の都が置かれた都市はどれか。　［1］

①　開封　②　大都　③　長安　④　南京　⑤　北京　⑥　洛陽

問２　下線部(1)・(4)は同じ人物を表している。この人物に関する説明として，正しいものはどれか。　［2］

①　後醍醐天皇のもとで荘園整理令を出し，『延喜格式』の編集にも関与した。

② 最初の勅撰和歌集の編纂者の一人であり，序文に「仮名序」を執筆した。

③ 4人の娘を一条・三条・後一条・後朱雀天皇の后とし，権勢をふるった。

④ 「六国史」の内容を部門別に分類し，編年順に並べた史書を編纂した。

問3　下線部(2)に関する説明として，誤っているものはどれか。　**3**

① 留学生だった阿倍仲麻呂は，玄宗皇帝に重用されたが，帰国途上で風波に遭い帰れず，唐で客死した。

② 航路は初め東シナ海を横切る南路であったが，後に朝鮮半島づたいの北路へ変更された。

③ 渡航しても任務をはたすことができなかった者や，賊に襲われて身を亡ぼす者もいたとされる。

④ 8世紀には，ほぼ20年に1度の割合で派遣され，多くの留学生・学問僧なども同行した。

問4　下線部(3)は勘解由使局の次官を表している。勘解由使の職務の説明として，正しいものはどれか。　**4**

① 京中の治安維持にあたり，後に都の警察裁判権をつかさどった。

② 国司交替の際，事務引継ぎの文書を検査して，国司交替の不正を防いだ。

③ 財産の保持や移動に関する証拠書類の確認を厳密におこなった。

④ 天皇側近に侍して，機密文書や訴訟をあつかった。

問5　7世紀初めから9世紀末までの東アジアとの交易に関する説明として，誤っているものはどれか。　**5**

① 9世紀後半，朝廷は中国の商人との貿易の仕組みを整え，書籍や陶磁器などの工芸品の輸入につとめた。

② 中国の東北部に住む靺鞨(まっかつ)族や旧高句麗人を中心に建国された渤海と日本

とのあいだで，使節の往来がおこなわれた。

③　朝鮮・中国沿岸で米・人間などを略奪したり，密貿易をおこなったりした武装集団があらわれ，倭寇と呼ばれた。

④　日本は，朝鮮半島を統一した新羅を従属国としてあつかおうとしたため，ときには緊張も生じた。

Ⅱ　次の史料は鎌倉幕府における「式目制定の趣旨」を記した書状の一部である。これを読んで，下の問い(問１～問５)に答えよ。(20点)

さてこの式目をつくられ候事は，なにを本説(ほんせつ)として注(ちゅう)し載(の)せらるゝの由，人(1)さだめて謗難(ぼうなん)を加ふる事候(そうろう)か。ま事(こと)にさせる本文にすがりたる事候はねども，たゞどうりのおすところを記され候者也(2)。……この式目は只かなをしれる物の世間におほく候ごとく，……武家の人(3)へのはからひのためばかりに候。

問１　この史料を記した人物はだれか。　6

①　北条時房　　②　北条時政
③　北条泰時　　④　北条義時

問２　下線部(1)が指し示しているものとして，適切なものはどれか。　7

①　朝廷の人々　　②　幕府の人々
③　武士　　④　民衆

問３　下線部(2)は御成敗式目のことをあらわしている。御成敗式目の内容として誤っているものはどれか。　8

①　縁つづきになる約束を結んで，道理のない者の味方をする事

② 御下文を持っているにもかかわらず，実際の土地支配をおこなわぬままに所定の年数を経た所領の事

③ 諸国の地頭が年貢をおさえとどめている事

④ 女性が養子を迎える事

問4　下線部(3)の当時の様子をあらわす説明として，誤っているものはどれか。 **9**

① 開発領主の系譜を引き，先祖以来の地に住み着いて，所領を拡大してきた。

② 河川の近くの微高地を選んで館をかまえ，周囲には堀・溝や塀をめぐらして住んでいた。

③ 武士の子弟を寺院に預けて教育を受けさせる習慣ができていた。

④ 年貢や公事のかからない直営地を設け，下人や所領内の農民を使って耕作させた。

問5　この史料を受け取った人物が所属する機関の説明として，正しいものはどれか。 **10**

① 奥州の御家人統率や訴訟取次を目的におかれた。

② 鎌倉に設けられ，御家人の統率と軍事・警察の任にあたった。

③ 京都の六波羅におかれた幕府の出先機関で，朝廷の監視などをおこなった。

④ 九州の御家人統率と軍事・警察の任務をつかさどった。

Ⅲ　江戸時代初期の外交に関する次の文章を読み，下の問い（問１～問５）に答えよ。（20点）

1600年，オランダ船リーフデ号が豊後に漂着した。徳川家康は，リーフデ号の航海士［A］と水先案内人［B］とを江戸にまねいて外交・貿易の顧問とした。その後，オランダは1609年に，イギリスは1613年に幕府から貿易の許可を得て，［C］に商館を開いた。また直接外国との貿易を開こうとする動き(1)もあった。

また当時ポルトガル商人は，［D］を拠点として中国産の［E］を長崎に運んで巨利を得ていた。

日本人の海外進出もさかんで，東南アジアの諸国に渡航する商船が多かった。海外に移住する日本人も増え，各地に日本町(2)がつくられた。

問１　空欄［A］・［B］に当てはまる語の組み合わせとして適切なものはどれか。［11］

① A　ウィリアム・アダムズ　　B　ケンペル
② A　ウィリアム・アダムズ　　B　ヤン・ヨーステン
③ A　ケンペル　　B　ウィリアム・アダムズ
④ A　ケンペル　　B　ヤン・ヨーステン
⑤ A　ヤン・ヨーステン　　B　ウィリアム・アダムズ
⑥ A　ヤン・ヨーステン　　B　ケンペル

問２　空欄［C］に当てはまる都市名はどれか。［12］

①　臼杵　　②　長崎　　③　博多　　④　平戸

問３　下線部(1)について，貿易を開こうとした大名と使節の組み合わせとして適切なものはどれか。［13］

① 島津家久 － 田中勝介　② 島津家久 － 支倉常長
③ 伊達政宗 － 田中勝介　④ 伊達政宗 － 支倉常長

問4　空欄 D ・ E に当てはまる語の組み合わせとして適切なものはどれか。 14

① D　マカオ　E　生糸
② D　マカオ　E　銀
③ D　マニラ　E　生糸
④ D　マニラ　E　銀

問5　下線部(2)の日本町が形成されなかった地はどこか。 15

① アユタヤ　② サンミゲル　③ ノビスパン
④ フェフォ　⑤ プノンペン

Ⅳ　明治初期の日本の近代化に関する次の文章を読み，下の問い(問1～問5)に答えよ。(20点)

1871(明治4)年の廃藩置県により，国内の政治的統一が達成されると，新政府は岩倉具視を大使とする使節団を米欧諸国に派遣した。一方，国内では近代化をさらに推し進めるため，軍備・教育・税制などの内政改革に取り組んだ。
(1)

軍備では，1872年の［A］にもとづき，翌73年には［B］を公布し，近代的な軍隊を整備した。

また，安定した財源を確保するために，1872年には，1643年に出されていた［C］を解き，地券を発行して土地の所有権を認めた。1873年には地租改正条例を定めて地租改正に着手し，これにより近代的な租税形式が整ったが，政府は従来の年貢収入を減らさないことを方針としたので，農民は負担軽減を求めて各地で一揆を起こした。
(2)　(3)

問1　空欄［A］・［B］に当てはまる語の組み合わせとして，適切なものはどれか。［16］

① A　国家総動員法　　B　徴兵令
② A　国家総動員法　　B　徴兵告諭
③ A　徴兵告諭　　B　国家総動員法
④ A　徴兵告諭　　B　徴兵令
⑤ A　徴兵令　　B　国家総動員法
⑥ A　徴兵令　　B　徴兵告諭

問2　空欄［C］に当てはまる法令はどれか。［17］

① 墾田永年私財法
② 田畑永代売買の禁止令
③ 田畑勝手作りの禁

④　分地制限令

問3　下線部(1)に関する記述として，誤っているものはどれか。　18

①　安政の五カ国条約は1872年から改正交渉が可能であり，使節団はその予備交渉を目的とし，まずアメリカから交渉を開始した。

②　一行は，大使である岩倉具視のほかに，木戸孝允，大久保利通，山口尚芳ら副使と書記官，津田梅子ら女性5名を含む留学生らで構成されていた。

③　寺島宗則がアメリカと交渉し，関税自主権回復に一部成果を得たが，イギリス・ドイツの反対により無効となり，目的は達成されなかった。

④　欧米の政治・経済・文化などの視察の詳細は，大使随行の久米邦武によって5編100巻からなる『特命全権大使 米欧回覧実記』にまとめられた。

問4　下線部(2)の要点に関する記述として，誤っているものはどれか。　19

①　課税の基準を収穫高から地価へ変更した。

②　物納を金納にあらためた。

③　税率は地価の2.5%とした。

④　土地所有者を納税者とした。

問5　下線部(3)に関する次の文章の波線部のうち，誤っているものはいくつあるか。下の①～⑤から選べ。　20

地租改正に反発する特に大規模な一揆として，1876年，米価下落の影響が原因で起こった真壁騒動や，三重・愛知・岐阜・堺の4県にまたがる伊勢暴動などがある。大久保利通ら政府は翌年，税率を3%に軽減した。

①　1　　②　2　　③　3　　④　4　　⑤　なし

V　第二次世界大戦後の農地改革に関する次の文章を読み，下の問い（問１～問５）に答えよ。（20点）

第二次世界大戦後，ＧＨＱは日本政府に［A］制を除去し，安定した自作農経営を大量に創出する農地改革(1)の実施を求めた。［B］内閣は，1945（昭和20）年12月，地主の貸付地所有限度を［C］とする第一次農地改革案を作成した。しかし，ＧＨＱはこの改革案が不十分であるとしたため，1946年10月にＧＨＱの勧告案にもとづいて公布された［D］によって第二次農地改革(2)を開始した。その結果，小作地が全農地の［E］程度まで減少し，農家の大半が１町歩未満の零細な自作農となった。

問１　空欄［A］・［B］に当てはまる語の組み合わせとして，正しいものはどれか。　［21］

① A　寄生地主　　B　幣原喜重郎
② A　寄生地主　　B　東久邇宮稔彦
③ A　寄生地主　　B　吉田茂
④ A　地主手作　　B　幣原喜重郎
⑤ A　地主手作　　B　東久邇宮稔彦
⑥ A　地主手作　　B　吉田茂

問２　空欄［C］・［E］に当てはまる語の組み合わせとして，正しいものはどれか。　［22］

① C　３町歩　　E　１割
② C　３町歩　　E　５割
③ C　５町歩　　E　１割
④ C　５町歩　　E　５割

問3 空欄 [D] に当てはまる法令として，正しいものはどれか。 [23]

① 自作農創設特別措置法　② 食糧管理法
③ 農会法　④ 農業基本法

問4 下線部(1)に関連する次の文章で，波線部の誤りはいくつあるか。下の①～⑤から選べ。 [24]

1946年2月に再結成された日本農民組合は，農民運動の中心となり農地改革を進める力となった。10月に吉田茂内閣は自作農創設特別措置法を公布した。しかし，日本農民組合は右派が分裂した。一方で，1947年に農地調整法が制定され，農業経営や生活指導・便益提供にあたる組織として農業協同組合が各地に設立された。

① 1　② 2　③ 3　④ 4　⑤ なし

問5 下線部(2)の説明として，正しいものはどれか。 [25]

① 山林地主もこの改革の対象となった。
② 1947年から1957年の10年間をかけて改革が行われた。
③ 農地の買収・売り渡しは農地委員会があたった。
④ 不在地主の全貸付地と，在村地主の貸付地の3町歩を超える分を国が強制的に買い上げ，小作人に安く売り渡した。

世界史

（60分）

I　ティグリス川とユーフラテス川に挟まれた地域は，「メソポタミア（ギリシア語で「複数の河の間」という意）」とよばれ，古代より多くの国（王朝）が勃興した。次の1～5の時点において，その地域を支配していた国（王朝）を，解答群Aから選べ。さらに，それらの国（王朝）のその時点における元首を，解答群Bから選べ。ただし，該当する元首が選択肢にない場合は⓪をマークせよ。両方とも正解のときにのみ点が与えられる。（20点）

1　前520年　　国・王朝＝［1］，元首＝［2］

2　前330年　　国・王朝＝［3］，元首＝［4］

3　前250年　　国・王朝＝［5］，元首＝［6］

4　30年　　国・王朝＝［7］，元首＝［8］

5　230年　　国・王朝＝［9］，元首＝［10］

<解答群A>

①　アケメネス朝　　②　アッシリア王国
③　ササン朝　　④　新バビロニア（カルデア）
⑤　セレウコス朝　　⑥　バクトリア
⑦　パルティア　　⑧　マケドニア
⑨　メディア

＜解答群Ｂ＞

① アッシュルバニパル　② アルダシール1世
③ アルサケス　④ アレクサンドロス大王
⑤ キュロス2世　⑥ シャープール1世
⑦ ダレイオス1世　⑧ ダレイオス3世
⑨ ホスロー1世

Ⅱ 次に示すのは，エルンスト・H・ゴンブリッチ著『若い読者のための世界史－原始から現代まで－』(中山典夫訳)から一部分を抜き出し，漢数字をアラビア数字に改めたものである。これを読んで，下の問い(問1～問5)に答えよ。(20点)

さてここまできて，きみは歴史にたいくつしたかね。もしそうなら，ここでの話にきみはきっと大よろこびするだろう。

すなわち，ハンニバルがイタリアにいた紀元前200年ころ，正確には紀元前213年，中国にすべて歴史というものがきらいで，それゆえに(1)<u>ありとあらゆる歴史書，いやすべての記録，報告書，そればかりか詩の本，孔子や老子の教えなど，すべての書き物を燃やしてしまえと命令したひとりの皇帝がいたのだ。ただ，農作にかんするものなどじっさいに役立つ書物だけがのこされた。それ以外の書物を所有する者は，死刑とされたのだ</u>。

歴史上最強の戦士のひとりにかぞえられ，始皇帝とよばれたこの皇帝は，皇子として生まれたのではなく，ある豪族の出であった。その豪族がおさめていた地は(2)<u>「秦」</u>とよばれ，彼の家系もまたその名でよばれた。今日中国をわたしたちは「ヒーナ」とよぶが，これもまたこの「秦」に由来すると思われる。「ヒーナ」と「シン」はちがうときみは思うかもしれないが，以前はドイツ語でも中国人を「ヒネーゼン」でなく「シネーゼン」とよんでいたのだ。

中国を秦という一豪族の名でよぶには，十分な理由があるのだ。というのは，この豪族の息子は全中国を征服しただけでなく，他の豪族をすべてほろぼしてひとつの巨大な帝国を築き，そこにまったく新しい秩序を持ち込んだからだ。まさにそれゆえに，すなわちすべてを最初からはじめるために，彼は始皇帝をなのり，それまでの記憶を根こそぎ消そうとしたのだ。中国は，彼による無からの創造品であらねばならなかったのだ。そして彼は，国をつらぬく道路をつくり，さらに途方もない事業をはじめた。万里の長城の建設である。それは，のこぎり状の胸壁と塔をつらね，平原や谷をぬけ，山や丘を越えて延々と，今日なお2000キロメートル以上にわたってつづく，長くて高い壮大な国境の防壁である。始皇帝は，中央アジアの広大な平原をさまよい，すきあらば中国に侵入し，殺戮（さつりく），略奪をくりかえしていた好戦的で荒々しい<u>騎馬民族</u>(3)から，勤勉でおだやかな中国の市民や農民を守るために，この長城を築くことをはじめたのだ。そして事実，みごとにその役割をはたした長城は，もちろん折々に修理されながらも，2000年以上にわたって中国を外の敵から守ってきたのであり，今日なおその威容をほこっているのだ(図)。

図　山や谷を越えてえんえんとつづく中国の万里の長城。

<u>始皇帝の統治は，長くつづかなかった</u>(4)。彼のあと間もなく，別の家系が「天の息子」の玉座についた。すなわち漢王朝であり，始皇帝の統治のよい面を受け継いだこの王朝の下でも中国は，堅固に統一された国家でありつづけた。新しい王朝は，もはや歴史の敵ではなかった。いや反対に，人びとは中国が孔子の教えに多くを負っていることを思い出した。<u>各地で古い書物の探索がはじまり，そして，</u>(5)

それらを燃やさなかった勇気ある人びとが多くいたことが明らかにされた。あらためて古い書き物があつめられ，これまでに倍して尊重された。そして，それらの書物をよく知る人だけが，役人になることができた。

中国は，何千年にもわたって，貴族でも武人でも聖職者でもなく，学者が政治を行なってきた世界でただひとつの国なのである。

(中略)

このように，秦の始皇帝の焚書(ふんしょ)は，何の役にも立たなかった。ということは，きみがそれをいくらよろこんでも，むだなのだ。たとえだれかがわたしたちやきみたちに歴史を禁じても，それは何の益にもならないのだ。何か新しいものをつくろうとする者こそ，古いことを根底から知らなければならないのだ。

エルンスト・H・ゴンブリッチ『若い読者のための世界史―原始から現代まで―』中山典夫訳，中央公論新社

問1　[下線部(1)に関して]　この焚書・坑儒について記述のある，司馬遷が著述した通史を，次の①～④のうちから選べ。　11

① 『三国志演義』　　② 『漢書』

③ 『史記』　　④ 『資治通鑑』

問2　[下線部(2)に関して]　「戦国の七雄」の一つであった秦を改革し，その強大化に貢献した政治家と，その学派の組み合わせとして正しいものを，次の①～④のうちから選べ。　12

① 商鞅－道家　　② 商鞅－法家

③ 荘子－道家　　④ 荘子－法家

問3　[下線部(3)に関して]　始皇帝の時代，中国北方に勢力を持った「騎馬民族」に当てはまるものを，次の①～④のうちから選べ。　13

① 烏孫　　② 匈奴

③ 月氏　　④ スキタイ

問4　［下線部(4)に関して］　始皇帝の死後におこった中国史上最初とされる農民による反乱を，次の①〜④のうちから選べ。　14

① 黄巾の乱　② 黄巣の乱
③ 赤眉の乱　④ 陳勝・呉広の乱

問5　［下線部(5)に関して］　経典の字句解釈を重んずる学問を，次の①〜④のうちから選べ。　15

① 訓詁学　② 考証学
③ 朱子学　④ 陽明学

Ⅲ　ルネサンスに関する次の問い(問1〜問5)に答えよ。(20点)

問1　『君主論』を著した人物を，次の①〜④のうちから選べ。　16

① ダンテ　② ペトラルカ
③ ボッカチオ　④ マキァヴェリ

問2　『カンタベリ物語』を著した人物を，次の①〜④のうちから選べ。　17

① シェークスピア　② セルバンテス
③ チョーサー　④ トマス＝モア

問3　「ダヴィデ像」の制作者で，サン＝ピエトロ大聖堂の建築にも関わった人物を，次の①〜④のうちから選べ。　18

① ジョット　② ミケランジェロ
③ ラファエロ　④ レオナルド＝ダ＝ヴィンチ

問4　16世紀前半，太陽を中心に，そのまわりを地球をはじめとする天体がまわっているという「地動説」をとなえた人物を，次の①〜④のうちから選べ。

19

① ガリレイ　　　　　　② コペルニクス

③ グーテンベルク　　　④ プトレマイオス

問5　フランドル地方の民衆や農民の日常生活を描いた画家として知られ，下図の「農民の踊り」を制作した人物を，次の①～④のうちから選べ。 20

① エラスムス　　　　　② ブリューゲル

③ ホルバイン　　　　　④ デューラー

図 「農民の踊り」

Ⅳ　次に示すのは2022年5月20日に毎日新聞『余禄』に掲載された文章である。これを読んで，下の問い(問1～問5)に答えよ。(20点)

1818年に即位したスウェーデン王(1)，カール14世ヨハンはナポレオンの親族でフランスの軍人出身だった。ナポレオン戦争(2)で軍功を立てて元帥にまで昇格し，子供を亡くした13世の後継者に選ばれた。以来200年余。北欧の福祉国家は一度も戦場にならなかった。

13世以前(3)はバルト海の覇権をめぐり帝政ロシアと戦いを繰り広げた。しかし，外国出身の王は覇権追求を放棄して中立政策を取り，国是となった。欧州を荒廃させた2度の大戦でも大国と駆け引きしながら中立を守った。

東西冷戦下も独自の立場を貫いた。国際紛争の調停や軍縮問題で活躍したパルメ首相が1986年に暗殺された時の弔問外交が象徴的である。世界120カ国の要人がこぞって訪れ，米ソや東西ドイツの首脳らが会談した。

その国が伝統的な中立政策を転換する。フィンランドと同時に米欧の軍事同盟である北大西洋条約機構(NATO)(4)への加盟を申請した。ロシアのウクライナ侵攻が招いた結果だが，今後，中立国の役割をどこが引き受けるのかと心配にもなる。

アジアも無関係ではない。西側では最も早く北朝鮮を承認し，朝鮮戦争の休戦協定ではスイスとともに中立国監視委員会に加わった。北朝鮮が拉致被害者らの再調査を約束した2014年のストックホルム合意は記憶に新しい。

永世中立国のスイス(5)も対ロシア制裁に参加した。ロシアの愚行はポスト冷戦期どころか，世紀単位の伝統を変えつつある。プーチン露大統領にその自覚はあるのか。

問1　［下線部(1)に関して］　スウェーデン王グスタフ-アドルフが参戦した三十年戦争の講和条約(ウェストファリア条約)について述べた文として正しくないものを，次の①～④のうちから選べ。　21

① スイスとデンマークの独立が正式に認められた。

② スウェーデンが西ポンメルンに領土を獲得した。

③　ドイツの諸侯にほぼ完全な主権が認められた。

④　カルヴァン派にルター派と同等の権利が認められた。

問2　［下線部(2)に関して］　ナポレオン率いるフランスが行った戦いのうち，フランスが勝利した戦いを，次の①〜④のうちから選べ。　22

①　アウステルリッツの戦い　　②　トラファルガーの海戦

③　ライプツィヒの戦い　　④　ワーテルローの戦い

問3　［下線部(3)に関して］　カール12世が王位についたとき，ポーランド・デンマークと結んでスウェーデンを攻撃したロシア皇帝を，次の①〜④のうちから選べ。　23

①　アレクサンドル1世　　②　エカチェリーナ2世

③　ニコライ1世　　④　ピョートル1世

問4　［下線部(4)に関して］　アメリカと西欧諸国がNATOを結成したのに対抗して，ソ連を中心にワルシャワ条約機構が結成された。ワルシャワ条約機構に参加しなかった国を，次の①〜⑦のうちから選べ。　24

①　アルバニア　　②　チェコスロヴァキア

③　ハンガリー　　④　ブルガリア

⑤　ポーランド　　⑥　ユーゴスラヴィア

⑦　ルーマニア

問5　［下線部(5)に関して］　スイスが永世中立国として認められたウィーン会議について述べた文として正しくないものを，次の①〜④のうちから選べ。

25

①　フランスやスペインではブルボン王家の復活が認められた。

②　イギリスは旧オランダ領のスリランカ(セイロン島)・ケープ植民地を獲得した。

③　ロシアは旧オーストリア領ネーデルラント(ベルギー)を獲得した。

④ 旧神聖ローマ帝国領の35の君主国と4自由市から構成されるドイツ連邦が認められた。

V　下のA～Eは，いずれも，第一次世界大戦後の西アジアの動向に関する見出しと，その説明となる記述である。それぞれの文章の下線部(a)・(b)の正誤を判断し，その組み合わせを次の解答群から選べ。(20点)

<解答群>

① (a)＝正　(b)＝正　　② (a)＝正　(b)＝誤

③ (a)＝誤　(b)＝正　　④ (a)＝誤　(b)＝誤

A　エジプトの動き　**26**

エジプトでは，戦後，民族主義政党である<u>タキン党</u>(a)を中心として独立運動が展開されていたが，1922年に<u>イギリス</u>(b)が保護権を放棄したのにともなって，エジプト王国が成立した。しかし，イギリスはいぜんとしてスエズ運河の支配を保ち，さまざまな特権を留保していたため，エジプト人は抗議し続けた。

B　イランの動き　**27**

(a)<u>パフレヴィー</u>朝のイランは，第一次世界大戦中，中立を宣言したにもかかわらず，イギリス・ロシアの介入を受けていたが，戦後，自主権を回復した。しかし，1921年，レザー＝ハーンがクーデタにより実権を握って，1925年，(b)<u>カージャール</u>朝を開き，みずからシャー（国王）を称した。1935年には国名が他称のペルシアから，古代イラン語に遡り，「アーリア(高貴な)人たちの国」を意味する，自称のイランに改められ，イラン＝ナショナリズムの動きがみられたが，国内の石油利権はイギリスの手中に残されていた。

C　アラビア半島の動き　**28**

アラビア半島では，戦後，イギリスの影響力が増大した。イブン＝サウードは，

(a)ワッハーブ王国の再興を目指していたが，イギリスの援助を得て独立し，アラビア半島の統一をも目指した。彼は，アラブ独立運動の指導者であったヒジャーズ王国の(b)ムスタファ＝ケマルを破り，ヒジャーズ＝ネジド王国をつくって半島の大部分を統一し，1932年，サウジアラビア王国を建設した。

D　イラクとシリアの動き 29

イラクは，1920年，(a)イギリスの委任統治領とされた。その翌年，ハーシム家のファイサルを国王に迎えていたが，ハーシム王家は力をのばして1932年に独立した。一方，シリアは，1920年，ファイサルを国王として独立を宣言したが，(b)フランスの委任統治領とされ，1946年，共和国として独立した。

E　パレスチナ地方の動き 30

第一次世界大戦中，パレスチナ地方については，1915年，イギリスは(a)サイクス・ピコ協定によってアラブ人にオスマン帝国からの独立を約束した。その一方で，1917年の(b)バルフォア宣言でユダヤ人のパレスチナ復帰運動(シオニズム)を援助する姿勢を示し，双方から協力を得ようとした。こうした相反する約束に加え，戦後，この地はイギリスの委任統治領となったため，アラブ人とユダヤ人との両民族間で，現在まで続く深刻な対立が始まった。

数学

◀数　学（1）▶

（60分）

解答上の注意：以下の説明をよく読んでから解答してください。

1　問題の文中の空欄 □ には，数字（0～9）が入ります。なお，□□ のように2つ以上の空欄が続くところは次のような意味を表します。例えば，□□□ は3桁（けた）以下の整数値を表します。この場合，答えが2桁以下の値であれば，不要な上位の空欄 □ については解答欄に⓪をマークしてください。

　例　3つ続いた空欄 □□□ のところが42になる場合は，左から順番に⓪，④，②と解答欄にマークしてください。

2　問題の文中の2重線で表された空欄 □ には，数字以外の記号などが入ります。文中の指示にしたがって，当てはまる記号などに対応する番号をマークしてください。

3　分数の形で解答する場合は，既約分数(それ以上約分できない分数)で答えてください。ただし，数字を入れる空欄が分数の形となっている場合でも，解答の値は必ずしも分数であるとは限りません(整数となる場合もあります)。この場合は，分母の値が1になるように答えてください。

4　根号を含む形で解答する場合は，根号の中が最小の正の整数となるように答えてください。

Ⅰ　**解答番号** 1 〜 15

次の記述の空欄 □ にあてはまる数字を答えよ。　　(34点)

(1)　$(x+1)(x+2)(x+3)(x+4)$ を展開すると，x^3 の係数は 1 2 であり，x の係数は 3 4 である。

また，$101\times102\times103\times104$ を計算したとき，その値の千の位の数字は 5 であり，百の位の数字は 6 である。

(2)　$x=\dfrac{1+\sqrt{5}}{2}$ のとき，$x+\dfrac{1}{x}=\sqrt{\boxed{7}}$ であり，$x^2+\dfrac{1}{x^2}=\boxed{8}$ である。
また，$x^4-2x^3-x^2+2x+1=\boxed{9}$ である。

(3)　2次関数 $y=-x^2-2ax-3a^2+8a-6$（ただし，a は実数の定数）について考える。

(i)　この関数の最大値 m は a の関数である。$0\leqq a\leqq3$ のとき，m は
$a=\boxed{10}$ で最大値 11 をとり，
$a=\boxed{12}$ で最小値 $-\boxed{13}$ をとる。

(ii)　この関数のグラフが x 軸と共有点をもたないとき，a のとり得る値の範囲は $a<\boxed{14}$，$\boxed{15}<a$ である。

Ⅱ　**解答番号** 16 ～ 33

次の記述の空欄 □ または ▢ にあてはまる数字または記号を答えよ。ただし，空欄 26 については，解答群①～⑧の中からもっとも適切なものを選べ。（33点）

(1)　2つの地点P，Qはどちらも同じ水平な平面α上にあり，地点P，Q間の距離は600 mである。

ある山の山頂Aの真東にある地点Pを山頂Aから見下ろしたとき，俯角が30°であった。また，山頂Aの真東から南に30°の方角にある地点Qを山頂Aから見下ろしたとき，俯角が45°であった。

山頂Aからおろした垂線と平面αとの交点をHとすると，

∠PHQ＝ 16 17 °であり，AH＝ 18 19 20 mである。

(2)　右の図のように，1辺の長さが2 cmの立方体ABCD-EFGHがあり，辺EFの中点をP，辺DHの中点をQとする。

真さんと愛さんが，辺上の3点を通る平面で切った切り口について議論し，正しい結論を得た。

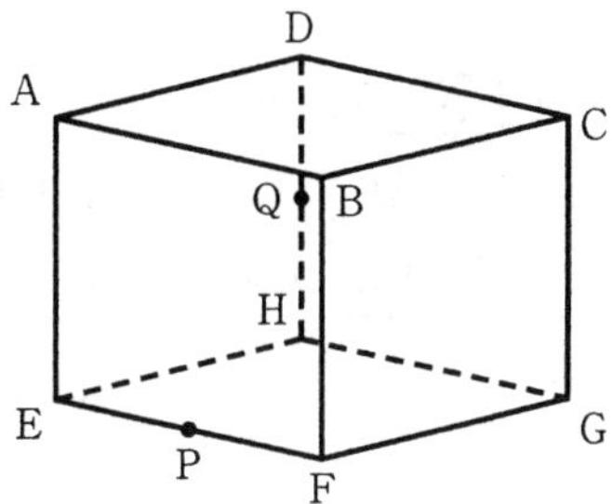

真：切り口の図形は，3点を直線で結んでできる図形だから，全て三角形かなあ。

愛：そうとも限らないよ。3点A，E，Cを含む平面で切った切り口は長方形になるからね。

真：そうか。切り口は点Gも通るからね。

でも，3点A，C，Fで考えると，三角形になるね。

このとき，AFの長さは 21 $\sqrt{\boxed{22}}$ cmで，切り口である△ACFの面積は 23 $\sqrt{\boxed{24}}$ cm^2 だ。

愛：じゃあ，3点A，P，Qを含む平面で切った切り口はどんな図形かしら。面積も求めたいね。

真：うーん。難しいなあ。

そうだ！「立体をある平面で切った切り口を考えるとき，立体の平行な面にあらわれる切り口の直線は互いに平行である」という性質を使えば，求められそうだよ。

愛：わかった！　$AP=\sqrt{\boxed{25}}$ cm で，切り口の図形は $\boxed{26}$ になるね。

真：あとは僕が考えるよ。

$PQ=\sqrt{\boxed{27}}$ cm だから，$\cos\angle PAQ=\dfrac{\boxed{28}}{\boxed{29}}$ だ。

ということは，この切り口の面積は $\dfrac{\boxed{30}\sqrt{\boxed{31}\,\boxed{32}}}{\boxed{33}}$ cm^2 だ。

【 $\boxed{26}$ の解答群】

① 三角形	② 正方形	③ 長方形	④ ひし形
⑤ 平行四辺形	⑥ 台形	⑦ 五角形	⑧ 六角形

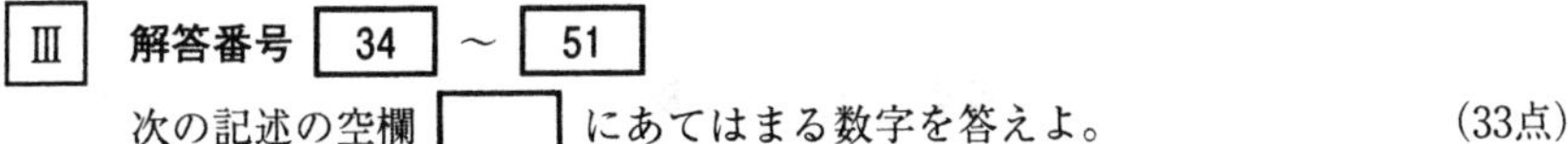

Ⅲ　**解答番号** $\boxed{34}$ ～ $\boxed{51}$

次の記述の空欄 $\boxed{}$ にあてはまる数字を答えよ。　（33点）

(1)　3つの袋A，B，Cがあり，袋Aには赤色の玉が1個，袋Bには青色の玉が1個，袋Cには黄色の玉が1個入っている。1個のさいころを投げ，1，2，3の目が出たときには袋Aから玉を1つ取り出し，4，5の目が出たときには袋Bから玉を1つ取り出し，6の目が出たときには袋Cから玉を1つ取り出す。なお，色を確認したら，取り出した玉はもとの袋に戻す。また，さいころの目が出る確率はすべて等しいものとする。

(i)　1個のさいころを1回投げるとき，赤色の玉を取り出す確率は $\dfrac{\boxed{34}}{\boxed{35}}$ である。

(ii)　1個のさいころを4回投げるとき，すべて青色の玉を取り出す確率は $\dfrac{\boxed{36}}{\boxed{37}\boxed{38}}$ である。

(iii)　1個のさいころを6回投げるとき，赤色，青色，黄色の玉をそれぞれ2回ずつ取り出す確率は $\dfrac{\boxed{39}}{\boxed{40}\boxed{41}}$ である。

(iv)　1個のさいころを5回投げるとき，青色の玉を3回以上取り出す確率は $\dfrac{\boxed{42}\boxed{43}}{\boxed{44}\boxed{45}}$ である。

(2)　D，E，E，G，N，Rの6文字のアルファベットをすべて使ってできる文字列について考える。

(i)　文字列の総数は全部で $\boxed{46}\boxed{47}\boxed{48}$ 個である。

(ii)　すべての文字列を辞書式（アルファベット順）にDEEGNRからRNGEEDまで並べたとき，GENDERは前から $\boxed{49}\boxed{50}\boxed{51}$ 番目である。

◀数　学 (2)▶

（60分）

解答上の注意：以下の説明をよく読んでから解答してください。

1　問題の文中の空欄 □ には，数字（0～9）が入ります。なお，□□ のように2つ以上の空欄が続くところは次のような意味を表します。例えば，□□□ は3桁（けた）以下の整数値を表します。この場合，答えが2桁以下の値であれば，不要な上位の空欄 □ については解答欄に⓪をマークしてください。

例　3つ続いた空欄 □□□ のところが42になる場合は，左から順番に⓪，④，②と解答欄にマークしてください。

2　問題の文中の2重線で表された空欄 ▣ には，数字以外の記号などが入ります。文中の指示にしたがって，当てはまる記号などに対応する番号をマークしてください。

3　分数の形で解答する場合は，既約分数(それ以上約分できない分数)で答えてください。ただし，数字を入れる空欄が分数の形となっている場合でも，解答の値は必ずしも分数であるとは限りません(整数となる場合もあります)。この場合は，分母の値が1になるように答えてください。

4　根号を含む形で解答する場合は，根号の中が最小の正の整数となるように答えてください。

I　**解答番号** [1] ～ [21]

次の記述の空欄 [　] または [[　]] にあてはまる数字または記号を答えよ。ただし，空欄 [[7]] には＋または－の記号が入る。＋の場合は①を，－の場合は②を選べ。（33点）

(1) 初項3，公比 r_a の等比数列 $\{a_n\}$ と初項3，公比 r_b の等比数列 $\{b_n\}$ がある。ただし，公比は実数とする。$r_a > r_b$ であり，$\dfrac{a_{n+4}}{a_n} = \dfrac{b_{n+4}}{b_n} = 16$ である。また，数列 $\{a_n\}$ の初項から第 n 項までの和を S_n，数列 $\{b_n\}$ の初項から第 n 項までの和を T_n とする。

(i) $r_a =$ [1]，$r_b = -$ [2] である。

(ii) $S_{10} =$ [3][4][5][6] であり，
$T_{10} =$ [[7]][8][9][10][11] である。

(iii) $U_n = S_n + T_n$ とする。$U_n \geqq 10000$ を満たす最小の n は [12][13] である。

(2) 原点をOとする座標平面上に3点A，B，Cがある。点Aは第1象限にあり，OA＝2 である。OAと x 軸とのなす角は30°，OBと x 軸とのなす角は45° であり，点Cは x 軸上にある。また，$\overrightarrow{OA} + \overrightarrow{OB} + \overrightarrow{OC} = \vec{0}$，$\overrightarrow{OA} \cdot \overrightarrow{OB} > 0$ である。

(i) $|\overrightarrow{OB}| = \sqrt{[14]}$，$|\overrightarrow{OC}| = [15] + \sqrt{[16]}$ である。

(ii) $\overrightarrow{OA} \cdot \overrightarrow{OB} = \sqrt{[17]} - [18]$ である。

(iii) $\cos\angle AOB = \dfrac{\sqrt{[19]} - \sqrt{[20]}}{[21]}$ である。

Ⅱ　**解答番号** 22 ～ 39

次の問1・問2に答えよ。　(33点)

問1　次の記述の空欄 □ または ◻ にあてはまる数字を答えよ。ただし，空欄 31 には＋または－の記号が入る。＋の場合は①を，－の場合は②を選べ。

(1)　方程式 $(\log_5 x)^2 + \log_5 x^2 - 3 = 0$ の解は $\dfrac{\boxed{22}}{\boxed{23}\boxed{24}\boxed{25}}$，$\boxed{26}$ である。

(2)　$\log_{72} 216$ が有理数か無理数のいずれであるかについて考える。

$\log_{72} 216$ が有理数と仮定すると，2つの自然数 m，n を用いて

$$\log_{72} 216 = \frac{n}{m}$$

と表すことができる。一方，

$$\log_{72} 216 = \frac{\boxed{27} + \boxed{28} \log_2 3}{\boxed{29} + \boxed{30} \log_2 3}$$

である。これらより，

$$2^{3m \boxed{31} \boxed{32} n} = 3^{\boxed{33} n - \boxed{34} m} \quad \cdots\cdots①$$

の関係が成立することになる。

しかし，2つの整数 $3m \boxed{31} \boxed{32} n$ と $\boxed{33} n - \boxed{34} m$ は同時に0になることはなく，また，2と3はともに素数であるから，式①が成立することはあり得ない。したがって，$\log_{72} 216$ は無理数である。

問2　次の(1)～(5)の方程式で表されるグラフをそれぞれ図の10個のグラフから選び，それらの記号を解答欄 35 ～ 39 にマークせよ。

	方程式	グラフ
(1)	$y=\log_{\frac{1}{2}} x$	35
(2)	$y=\log_2 \dfrac{x}{8}$	36
(3)	$y=\log_{\frac{1}{2}}(8x)$	37
(4)	$y=\log_2 \dfrac{2}{-x}$	38
(5)	$y=\log_8(-2x)$	39

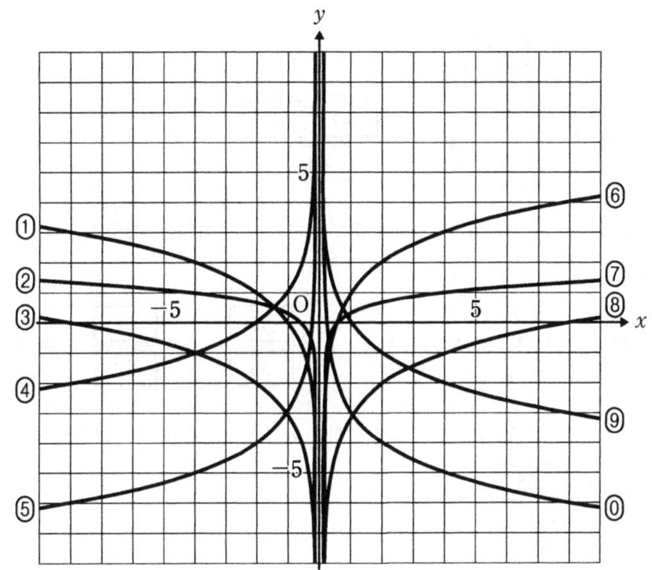

Ⅲ 解答番号 $\boxed{40}$ ～ $\boxed{57}$

次の記述の空欄 $\boxed{}$ にあてはまる数字を答えよ。 (34点)

座標平面上に，3点 A$(-1,\ 3)$，B$(2,\ -3)$，C$(5,\ 6)$ がある。線分 AB を 1：2に内分する点をD，線分 AC を 1：4に外分する点をEとし，△ABC の重心をGとする。

(1) 点Dの座標は$\left(\boxed{40},\ \boxed{41}\right)$，点Eの座標は$\left(-\boxed{42},\ \boxed{43}\right)$である。

(2) 点Gの座標は$\left(\boxed{44},\ \boxed{45}\right)$である。

(3) 点Gと直線 DE との距離は $\dfrac{\sqrt{\boxed{46}\boxed{47}}}{\boxed{48}}$ である。

(4) 2次関数 $y=ax^2+bx+1$ のグラフを曲線 F とする。ただし，a，b は実数の定数である。

曲線 F が3点D，E，Gを通るとき，$a=\dfrac{\boxed{49}}{\boxed{50}}$，$b=\dfrac{\boxed{51}}{\boxed{52}}$ である。

曲線 F によって△ABC を2つの部分に分けるとき，点Bを含む部分の面積は

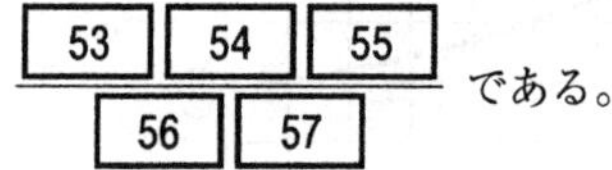

$\dfrac{\boxed{53}\boxed{54}\boxed{55}}{\boxed{56}\boxed{57}}$ である。

◀数　学（3）▶

（60分）

解答上の注意：以下の説明をよく読んでから解答してください。

1　問題の文中の空欄 □ には，数字（0～9）が入ります。なお，□□ のように2つ以上の空欄が続くところは次のような意味を表します。例えば，□□□ は3桁(けた)以下の整数値を表します。この場合，答えが2桁以下の値であれば，不要な上位の空欄 □ については解答欄に⓪をマークしてください。

例　3つ続いた空欄 □□□ のところが42になる場合は，左から順番に⓪，④，②と解答欄にマークしてください。

2　問題の文中の2重線で表された空欄 ▢ には，記号などが入ります。文中の指示にしたがって，当てはまる記号などに対応する番号をマークしてください。

3　分数の形で解答する場合は，既約分数(それ以上約分できない分数)で答えてください。ただし，数字を入れる空欄が分数の形となっている場合でも，解答の値は必ずしも分数であるとは限りません(整数となる場合もあります)。この場合は，分母の値が1になるように答えてください。

4　根号を含む形で解答する場合は，根号の中が最小の正の整数となるように答えてください。

Ⅰ　解答番号 [1] ～ [14]

次の記述の空欄 [　] にあてはまる数字を答えよ。

また空欄 [[　]] は，解答群の中から最も適当な番号を１つずつ選べ。(30点)

n は自然数とする。１から n までの自然数のうち，n と互いに素であるものの個数を $f(n)$ とする。また p，q は相異なる素数とする。このとき，

(1)　$f(31)=$ [1][2]

である。

(2)　pq と互いに素である自然数は，p の倍数でも q の倍数でもない自然数である。１から pq までの自然数のうち，p の倍数は [[3]] 個，q の倍数は [[4]] 個ある。また，p の倍数かつ q の倍数となる自然数は [[5]] 個ある。したがって，

$f(pq)=$ [[6]]

である。

(3)　$f(35)=$ [7][8]

である。

(4)　$f(pq)=60$ をみたす pq の値は [9] 個あり，このうち最大のものは [10][11][12]，最小のものは [13][14] である。

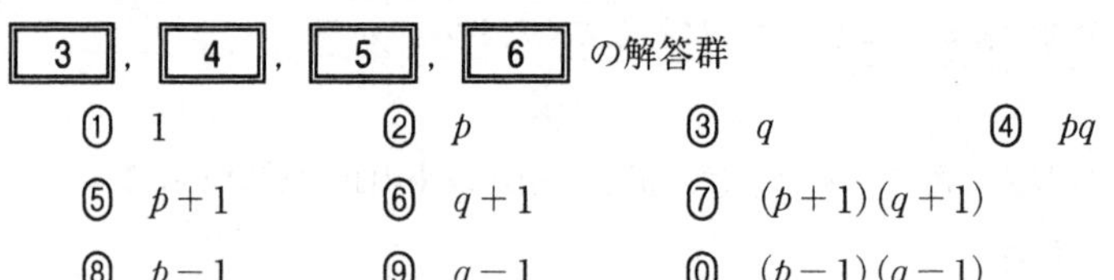

[[3]]，[[4]]，[[5]]，[[6]] の解答群

① 1　② p　③ q　④ pq

⑤ $p+1$　⑥ $q+1$　⑦ $(p+1)(q+1)$

⑧ $p-1$　⑨ $q-1$　⓪ $(p-1)(q-1)$

Ⅱ　**解答番号 [15] ～ [30]**

次の記述の空欄 [　] にあてはまる数字を答えよ。

また，空欄 [[　]] には＋または－が入る。＋の場合は①を，－の場合は②を選べ。（30点）

(1) 座標空間において，点A(1, 2, 3)，点B(6, 5, 4) を結ぶ線分ABを3：2に外分する点Cの座標は ([15][16], [17][18], [19]) である。

(2) 中心がCで，xy 平面と接する球面の方程式は

$(x$ [[20]] [15][16]$)^2+(y$ [[20]] [17][18]$)^2+(z$ [[20]] [19]$)^2$

$=$ [21][22]

であり，球面の半径は [23] である。

(3) (2)で求めた球面が平面 $x=12$ と交わってできる円の方程式は

$(y$ [[20]] [17][18]$)^2+(z$ [[20]] [19]$)^2=$ [24][25]

であり，円の半径は [26] $\sqrt{[27]}$ である。

(4) (2)で求めた球面と接し，xz 平面と平行な平面は2つあり，それらの方程式をすべて求めると $y=$ [28] および $y=$ [29][30] である。

Ⅲ　**解答番号** 31 ～ 55

次の記述の空欄 □ にあてはまる数字を答えよ。

また，空欄 ▣ には＋または－が入る。＋の場合は①を，－の場合は②を選べ。　　(40点)

問1　$f(x)=16x^3-15x$ とする。このとき，

(1)　$f(x)$ は $x=\boxed{\boxed{31}}\dfrac{\sqrt{\boxed{32}}}{\boxed{33}}$ のとき極小値 $\boxed{\boxed{34}}\dfrac{\boxed{35}\sqrt{\boxed{36}}}{\boxed{37}}$ をとる。

(2)　座標平面上において，曲線 $y=f(x)$ と直線 $y=x$ で囲まれた部分の面積の和は $\boxed{38}$ である。

問2　座標平面上を速度 $\vec{v}$ で移動する点Pの時刻 t における座標 $(x,\ y)$ が

$$x=\frac{1}{3}\cos 3t,\qquad y=\frac{\sqrt{6}}{2}\sin 2t$$

で表されるとする。このとき，

(1)　$t=0$ におけるPの速さは $\sqrt{\boxed{39}}$，加速度の大きさは $\boxed{40}$ である。

(2)　$s=\sin^2 t$ とおくと

$$\cos 2t=\boxed{41}-\boxed{42}\,s$$

$$\sin 3t=\left(\boxed{43}-\boxed{44}\,s\right)\sin t$$

$$|\vec{v}|^2=\boxed{45}\,\boxed{46}\,s^{\boxed{47}}-\boxed{48}\,\boxed{49}\,s+\boxed{50}$$

である。

(3)　$|\vec{v}|^2$ の最大値は $\boxed{51}$，最小値は $\boxed{52}-\dfrac{\boxed{53}\sqrt{\boxed{54}}}{\boxed{55}}$ である。

物理

（60分）

I　次の文章を読み，下の問い（問1～問7）について最も適当なものを，それぞれの選択肢から選べ。（40点）

下図に示すように，定滑車に糸をかけて，その両端に質量 m と $3m$ の小球A，Bを吊るす。小球A，Bから静かに手を放したとき，以下の問いに答えなさい。ただし，糸や滑車の質量，および滑車と糸の間の摩擦は無視できるものとし，重力加速度の大きさを g とする。

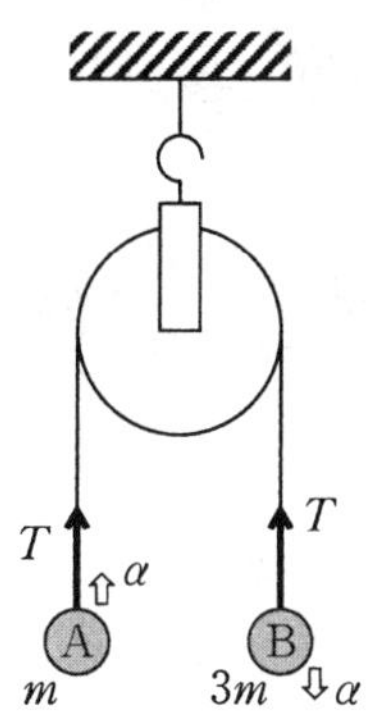

問1　小球A，Bの加速度 α の大きさを求めよ。　1

① $\frac{1}{4}g$　② $\frac{1}{2}g$　③ g　④ $\frac{3}{2}g$　⑤ $2g$

問2　小球A，Bを吊るしている糸の張力 T の大きさを求めよ。　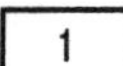

① $\frac{1}{2}mg$　② mg　③ $\frac{3}{2}mg$　④ $2mg$　⑤ $\frac{5}{2}mg$

次に，質量 m の小球Aと質量 $3m$ の小球Bを糸でつないで滑車Pにかけ，さらに質量 $5m$ の小球Cと滑車Pを別の糸でつないで天井から吊るされた滑車Qにかける。小球A，B，Cから静かに手を放したとき，以下の問いに答えなさい。ただし，糸や滑車の質量，および滑車と糸の間の摩擦は無視できるものとし，重力加速度の大きさを g とする。

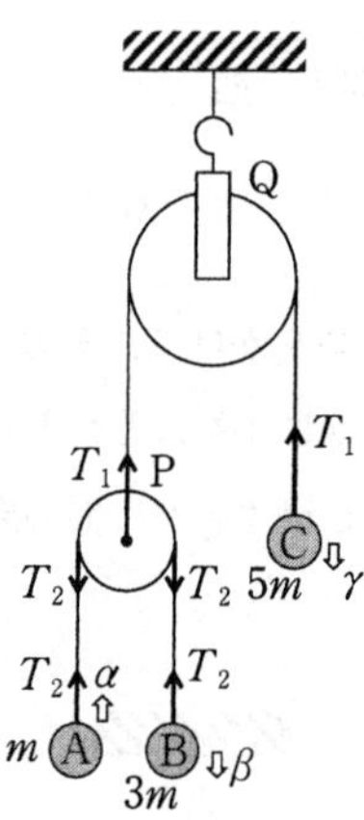

問3　滑車Qにかけている糸の張力 T_1 と滑車Pにかけている糸の張力 T_2 の比 T_1/T_2 の値はいくらか。

3

①　$\frac{1}{10}$　　②　$\frac{1}{2}$　　③　1　　④　$\frac{3}{2}$　　⑤　2

問4　小球Aの加速度を上向きに α，小球Bの加速度を下向きに β，小球Cの加速度を下向きに γ とする。$\alpha \neq \beta$，$\alpha > \gamma$ であり，α，β，γ は地面に対する加速度である。滑車Pからみた小球Aの上向きの加速度の大きさを求めよ。

4

①　α　　②　$\alpha-\gamma$　　③　$\alpha+\gamma$　　④　$\alpha-\beta+\gamma$　　⑤　$\alpha+\beta+\gamma$

問5　加速度の値 α，β，γ に関して成り立つ等式はいずれか。　**5**

①　$\alpha+\beta=\gamma$　　②　$\alpha-\beta=\gamma$　　③　$\alpha+\beta=2\gamma$　　④　$\alpha-\beta=2\gamma$
⑤　$\alpha+\beta=-2\gamma$

問6　小球Aの加速度aの大きさを求めよ。　**6**

①　$\frac{1}{8}g$　②　$\frac{1}{4}g$　③　$\frac{3}{8}g$　④　$\frac{5}{8}g$　⑤　$\frac{7}{8}g$

問7　糸の張力T_1の大きさを求めよ。　**7**

①　$\frac{3}{4}mg$　②　mg　③　$\frac{9}{4}mg$　④　$3mg$　⑤　$\frac{15}{4}mg$

Ⅱ　次の文章を読み，下の問い(問1〜問8)について最も適当なものを，それぞれの選択肢から選べ。(30点)

物体から1.00 m離れたところにスクリーンを固定し，物体とスクリーンの間に焦点距離160 mmの凸レンズを置く。物体と凸レンズの距離をa〔m〕としたとき，スクリーン上に像が生じた。このとき，

問1　生じる像は，以下のうちどれか。　**8**

①　正立実像　②　倒立実像

③　正立虚像　④　倒立虚像

問2　aがみたす関係式はどれか。　**9**

①　$\frac{1}{a}+\frac{1}{1.00-a}=\frac{1}{0.16}$　②　$\frac{1}{a}+\frac{1}{1.00-a}=-\frac{1}{0.16}$

③　$\frac{1}{a}-\frac{1}{1.00-a}=\frac{1}{0.16}$　④　$\frac{1}{a}-\frac{1}{1.00-a}=-\frac{1}{0.16}$

問3　とりうるaのうち，もっとも小さい値はいくらか。　**10** m

①　0.120　②　0.140　③　0.185

④　0.200　⑤　0.480　⑥　0.800

問4　a が問3の値をとるとき，像の大きさは物体の何倍になるか。　11　倍

①　0.200　②　0.250　③　0.800
④　1.25　⑤　4.00　⑥　5.00

次に，同じ焦点距離 160 mm の凸レンズを通して物体を見る。物体と凸レンズの距離を焦点距離より短い b〔m〕としたとき，倍率が 4.00 倍の像が見えた。このとき，

問5　生じる像は，以下のうちどれか。　12

①　正立実像　②　倒立実像
③　正立虚像　④　倒立虚像

問6　b はいくらか。　13　m

①　0.120　②　0.140　③　0.185
④　0.200　⑤　0.480　⑥　0.800

最後に，物体とレンズの距離を b〔m〕に保ったまま，凸レンズを焦点距離が f〔mm〕の凹レンズに交換して物体を見ると，倍率が 0.250 倍の像が見えた。このとき，

問7　生じる像は，以下のうちどれか。　14

①　正立実像　②　倒立実像
③　正立虚像　④　倒立虚像

問8　f はいくらか。　15　mm

①　24.0　②　40.0　③　66.7
④　96.0　⑤　160　⑥　267

Ⅲ 次の文章を読み，下の問い(問1～問5)について最も適当なものを，それぞれの選択肢から選べ。(30点)

図のように，鉛直上向きの磁束密度の大きさが B〔Wb/m^2〕の一様な磁場内に，2本の平行な導線レール ab，cd が距離 l〔m〕だけ離れ，水平面に対して傾き θ〔rad〕で固定されている。レールは，b，d で図のような回路につながれている。

回路には，起電力 E〔V〕で内部抵抗 R_1〔Ω〕の電池，R_2〔Ω〕の抵抗，スイッチ S_1，S_2 が接続されている。重力加速度の大きさを g〔m/s^2〕とする。

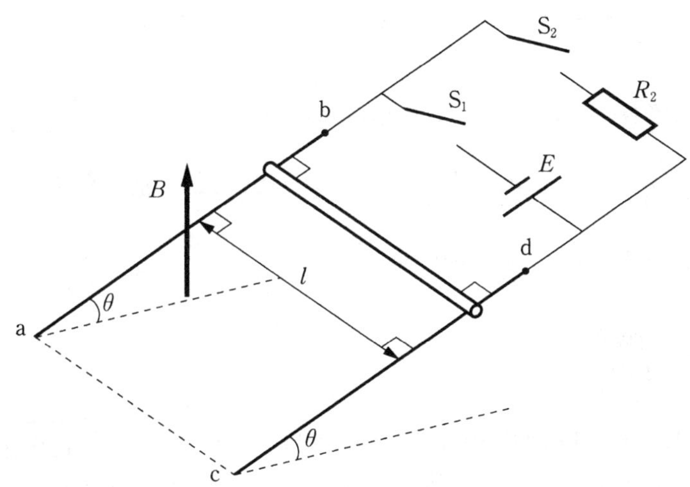

スイッチ S_2 は開いた状態で，スイッチ S_1 を閉じたのち，レール上に質量 m〔kg〕の抵抗の無視できる導体棒をレールと垂直になるように静かにおいたところ，導体棒に電流 I_1〔A〕が流れ，導体棒はその場所に停止した。導体棒に作用する空気抵抗，レールと導体棒の摩擦は無視できるものとする。

問1　導体棒が磁場から受ける力のレールに平行な向きの大きさはいくらか。

16 〔N〕

① $\dfrac{Bl}{I_1}$　　② $\dfrac{Bl\sin\theta}{I_1}$　　③ $\dfrac{Bl\cos\theta}{I_1}$　　④ I_1Bl

⑤ $I_1Bl\sin\theta$　⑥ $I_1Bl\cos\theta$　⑦ $\dfrac{I_1Bl}{\sin\theta}$　⑧ $\dfrac{I_1Bl}{\cos\theta}$

問2　$\tan\theta$ はいくらか。　**17**

① $\dfrac{R_1mg}{EBl}$　② $\dfrac{EBl}{R_1mg}$　③ $\dfrac{R_1Bl}{Emg}$　④ $\dfrac{Emg}{R_1Bl}$

⑤ $\dfrac{Bl}{R_1Emg}$　⑥ $\dfrac{R_1Emg}{Bl}$　⑦ $\dfrac{Blmg}{R_1E}$　⑧ $\dfrac{R_1E}{Blmg}$

次に，スイッチ S_1 を開き，スイッチ S_2 を閉じたところ，導体棒はレールと垂直を保ちながらすべり落ち，やがて速さが v〔m/s〕で一定となった。

問3　導体棒を流れる電流の大きさ I_2〔A〕はいくらか。　**18**〔A〕

① $\dfrac{vBl}{R_2}$　② $\dfrac{vBl\sin\theta}{R_2}$　③ $\dfrac{vBl\cos\theta}{R_2}$　④ $\dfrac{R_2Bl}{v}$

⑤ $\dfrac{R_2Bl\sin\theta}{v}$　⑥ $\dfrac{R_2Bl\cos\theta}{v}$　⑦ $\dfrac{v}{R_2Bl}$　⑧ $\dfrac{v\sin\theta}{R_2Bl}$

⑨ $\dfrac{v\cos\theta}{R_2Bl}$

問4　Δt〔s〕間に抵抗で発生するジュール熱はいくらか。　**19**〔J〕

① $I_2R_2\Delta t$　② $I_2R_2\Delta t\sin\theta$　③ $I_2R_2\Delta t\cos\theta$

④ $I_2R_2{}^2\Delta t$　⑤ $I_2R_2{}^2\Delta t\sin\theta$　⑥ $I_2R_2{}^2\Delta t\cos\theta$

⑦ $I_2{}^2R_2\Delta t$　⑧ $I_2{}^2R_2\Delta t\sin\theta$　⑨ $I_2{}^2R_2\Delta t\cos\theta$

問5　速さ v〔m/s〕はいくらか。　**20**〔m/s〕

① $\dfrac{mg\sin\theta}{R_2Bl\cos\theta}$　② $\dfrac{R_2Bl\cos\theta}{mg\sin\theta}$　③ $\dfrac{R_2mg\sin\theta}{Bl\cos\theta}$

④ $\dfrac{Bl\cos\theta}{R_2mg\sin\theta}$　⑤ $\dfrac{mg\sin\theta}{R_2B^2l^2\cos^2\theta}$　⑥ $\dfrac{R_2B^2l^2\cos^2\theta}{mg\sin\theta}$

⑦ $\dfrac{R_2mg\sin\theta}{B^2l^2\cos^2\theta}$　⑧ $\dfrac{R_2mg\cos^2\theta}{B^2l^2\sin\theta}$

化学

（60分）

必要があれば，次の数値を用いよ。

原子量：H＝1.0　C＝12　N＝14　O＝16

アボガドロ定数：$N_A = 6.02 \times 10^{23}$/mol

気体定数：$R = 8.31 \times 10^3$ Pa・L/(K・mol)

ファラデー定数：$F = 9.65 \times 10^4$ C/mol

Ⅰ　次の問い（問1～問5）に答えよ。（25点）

問1　原子番号18までの元素に関する次の記述a～dのうち，正しいものの組み合わせを，下の①～⑥から選べ。　1

a　元素の周期表の1族および2族を除く典型元素は，すべて非金属元素である。

b　同じ電子配置のイオンでは，原子番号が大きいほどイオン半径は大きい。

c　原子量は，原子番号とともに増加する。

d　単体が常温常圧で気体である元素は，8種類である。

①（a，b）　②（a，c）　③（a，d）

④（b，c）　⑤（b，d）　⑥（c，d）

問2　ある金属の結晶の密度は7.1 g/cm^{3}である。この結晶の原子1個あたりの体積〔cm^3〕はいくらか。最も近い数値を，次の①～⑥から選べ。ただし，この金属元素の原子量は65である。　2

① 1.0×10^{-23}　　② 1.5×10^{-23}　　③ 2.5×10^{-23}
④ 3.0×10^{-23}　　⑤ 5.0×10^{-23}　　⑥ 7.5×10^{-23}

問3　質量パーセント濃度70.0％の硫酸H_2SO_4水溶液の密度は1.61 g/cm³である。この水溶液200 mLを水でうすめて，質量パーセント濃度15.0％のH_2SO_4水溶液にするのに必要な水H_2Oの体積〔mL〕はいくらか。最も近い数値を，次の①～⑥から選べ。ただし，H_2Oおよび質量パーセント濃度15.0％のH_2SO_4水溶液の密度は，それぞれ1.00 g/cm³および1.10 g/cm³とする。　**3**

① 1.00×10^{3}　　② 1.18×10^{3}　　③ 1.37×10^{3}
④ 1.50×10^{3}　　⑤ 2.36×10^{3}　　⑥ 3.00×10^{3}

問4　物質の状態に関する次の記述a～dのうち，正しいものの組み合わせを，下の①～⑥から選べ。　**4**

a　液体が冷却されて固体になることを，凝縮という。
b　エチレングリコールの水溶液の融点は，純水の融点より低い。
c　純水を冷却していくとき，液体の水が0℃より低い温度になることはない。
d　氷は，水分子の分子結晶である。

①（a，b）　　②（a，c）　　③（a，d）
④（b，c）　　⑤（b，d）　　⑥（c，d）

問5　あるコロイド溶液に直流電圧をかけると，コロイド粒子が陽極へ移動する。次の①～⑥のうち，このコロイド粒子を最も凝析させやすいイオンはどれか。　**5**

① Al^{3+}　　② Ca^{2+}　　③ K^{+}
④ Cl^{-}　　⑤ SO_4^{2-}　　⑥ $[Fe(CN)_6]^{3-}$

Ⅱ　次の[イ]および[ロ]の問いに答えよ。(25点)

［イ］　次の記述を読んで，下の問い(問1・問2)に答えよ。

窒素N_2と水素H_2からアンモニアNH_3を合成する反応は平衡反応であり，その熱化学方程式は次式で表される。

$$N_2(気) + 3H_2(気) = 2NH_3(気) + 92\,kJ$$

問1　1 molのNH_3分子中のN−H結合を全て切断するのに必要なエネルギー〔kJ〕はいくらか。最も近い数値を，次の①～⑥から選べ。ただし，H−HおよびN≡Nの結合エネルギーは，それぞれ436 kJ/molおよび945 kJ/molとする。　6

①　645　　②　1170　　③　1290
④　1680　　⑤　2170　　⑥　3500

問2　密閉容器内で，N_2とH_2を1：3の物質量の比で混合した気体を500℃に保つと，平衡状態になった。この平衡に関する次の記述a～dのうち，正しいものの組み合わせを，下の①～⑥から選べ。　7

a　NH_3の生成速度と分解速度は等しい。
b　同一温度では，圧力が高いほど，NH_3の生成量は多くなる。
c　圧力を変えずに，温度を800℃に上げると，NH_3の生成量は多くなる。
d　温度と圧力を変えずに，触媒を用いると，NH_3の生成量は多くなる。

①　(a，b)　　②　(a，c)　　③　(a，d)
④　(b，c)　　⑤　(b，d)　　⑥　(c，d)

［ロ］ 次の記述を読んで，下の問い(問1～問6)に答えよ。

過酸化水素H_2O_2の水溶液は，殺菌消毒液として利用されている。殺菌消毒液中のH_2O_2の濃度を測定するため，実験1～3を行った。ただし，殺菌消毒液中のH_2O_2以外の成分は，この測定実験に影響はないものとする。

(実験1)　殺菌消毒液10.0 mLを［A］ではかり取り，［B］を用いて，蒸留水で正確に10倍にうすめた。

(実験2)　うすめた殺菌消毒液10.0 mLを［A］ではかり取り，コニカルビーカーに入れた。希硫酸H_2SO_4を加えて酸性にした後，十分量のヨウ化カリウムKI水溶液を加えると，式(1)の反応が起こり，コニカルビーカー内の溶液の色は［C］から［D］に変化した。

$$H_2O_2 + 2KI + H_2SO_4 \longrightarrow I_2 + 2H_2O + K_2SO_4 \qquad (1)$$

(実験3)　実験2で得られた反応液に指示薬としてデンプン水溶液を加え，ビュレットを用いて0.10 mol/Lのチオ硫酸ナトリウム$Na_2S_2O_3$水溶液を滴下したところ，終点までに要した$Na_2S_2O_3$水溶液の体積は20.0 mLであった。ただし，このときの反応は式(2)で表される。

$$I_2 + 2Na_2S_2O_3 \longrightarrow 2NaI + Na_2S_4O_6 \qquad (2)$$

問1　［A］および［B］にあてはまる器具の種類として最も適当なものを，次の①～⑤からそれぞれ選べ。　A：［8］　B：［9］

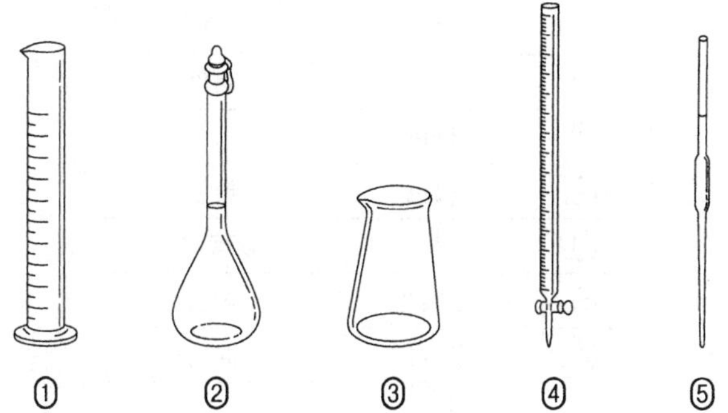

問2　この実験に関する次の記述 a ～ d のうち，正しいものの組み合わせを，下の①～⑥から選べ。　10

a　H_2O_2 は還元剤としてはたらく。

b　希硫酸の代わりに希塩酸を用いることができる。

c　コニカルビーカーは，蒸留水で洗浄し，濡れたまま使用できる。

d　ビュレットは，滴定に用いる $Na_2S_2O_3$ 水溶液で数回洗浄してから使用する。

①（a，b）	②（a，c）	③（a，d）
④（b，c）	⑤（b，d）	⑥（c，d）

問3　C　および　D　にあてはまる色の組み合わせを，次の①～⑥から選べ。　11

	C	D
①	無色	褐色
②	無色	赤紫色
③	褐色	無色
④	褐色	赤紫色
⑤	赤紫色	無色
⑥	赤紫色	褐色

問4 実験3で，反応したI_2の物質量〔mol〕はいくらか。最も近い数値を，次の①～⑥から選べ。 12

① 2.5×10^{-4} ② 5.0×10^{-4} ③ 1.0×10^{-3}
④ 2.5×10^{-3} ⑤ 5.0×10^{-3} ⑥ 1.0×10^{-2}

問5 殺菌消毒液中のH_2O_2のモル濃度〔mol/L〕はいくらか。最も近い数値を，次の①～⑥から選べ。 13

① 0.10 ② 0.50 ③ 1.0
④ 1.5 ⑤ 2.0 ⑥ 10

問6 殺菌消毒液中のH_2O_2の質量パーセント濃度〔%〕はいくらか。最も近い数値を，次の①～⑥から選べ。ただし，殺菌消毒液の密度は1.0 g/cm³とする。 14

① 0.034 ② 0.068 ③ 0.34
④ 0.68 ⑤ 3.4 ⑥ 6.8

Ⅲ　次の記述を読んで，下の問い(問1～問6)に答えよ。(25点)

元素の周期表の17族に属するフッ素F，塩素Cl，臭素Br，ヨウ素Iはハロゲンと呼ばれ，それらの単体はいずれも二原子分子である。単体の融点や沸点は，原子番号が大きいほど［ア］。1)ハロゲンの単体には酸化作用がある。ハロゲン化水素は，水溶液中では［イ］だけが弱酸で，それ以外は強酸である。塩化水素HClは，塩素Cl_2と水との反応より生じるが，このとき［ウ］も生じる。ハロゲン化物イオンの塩は水に溶けやすいものが多いが，2)銀イオンとの反応では水に溶けにくいハロゲン化銀の沈殿を生じることがある。

問1　［ア］および［イ］にあてはまる語の組み合わせを，次の①～⑧から選べ。　［15］

	ア	イ
①	低い	HF
②	低い	HCl
③	低い	HBr
④	低い	HI
⑤	高い	HF
⑥	高い	HCl
⑦	高い	HBr
⑧	高い	HI

問2　下線部1)に関する次の反応式a～dのうち，反応が進むものの組み合わせを，下の①～⑥から選べ。　［16］

a　$Br_2 + 2KI \rightarrow 2KBr + I_2$

b　$Cl_2 + 2KF \rightarrow 2KCl + F_2$

c　$I_2 + 2KBr \rightarrow 2KI + Br_2$

d　$Cl_2 + 2KBr \rightarrow 2KCl + Br_2$

①（a，b）　②（a，c）　③（a，d）
④（b，c）　⑤（b，d）　⑥（c，d）

問3　ウ　にあてはまる最も適当な物質を，次の①～⑥から選べ。　17

①　O_2　②　H_2　③　$HClO$
④　$HClO_2$　⑤　$HClO_3$　⑥　$HClO_4$

問4　下線部2)に関する次の記述a～dのうち，正しいものの組み合わせを，下の①～⑥から選べ。　18

a　AgFは，水に溶けにくく，緑色の沈殿を生じる。
b　AgClは，水に溶けにくく，白色の沈殿を生じる。
c　AgBrは，水に溶けにくく，淡黄色の沈殿を生じる。
d　AgIは，水に溶けにくく，紫色の沈殿を生じる。

①（a，b）　②（a，c）　③（a，d）
④（b，c）　⑤（b，d）　⑥（c，d）

問5　塩素Cl_2は，酸化マンガン(Ⅳ)MnO_2に濃塩酸を加えて加熱する方法，または高度さらし粉$Ca(ClO)_2 \cdot 2H_2O$に希塩酸を加える方法によって得られる。これらの反応を示した次の式(1)および(2)のaとfにあてはまる数の組み合わせとして，最も適当なものを下の①～⑥から選べ。ただし，a～fは係数を表している。　19

$$MnO_2 + a\,HCl \longrightarrow b\,MnCl_2 + c\,H_2O + Cl_2 \quad (1)$$

$$Ca(ClO)_2 \cdot 2H_2O + d\,HCl \longrightarrow CaCl_2 + e\,H_2O + f\,Cl_2 \quad (2)$$

	a	f
①	2	2
②	2	4
③	4	2
④	4	4
⑤	6	2
⑥	6	4

問6　水素H_2 1.0 molとヨウ素I_2 1.0 molを10 Lの密閉容器に入れ，ある温度に保つと，ヨウ化水素HIを生成して平衡状態となった。この温度における反応の平衡定数が64のとき，HIの物質量〔mol〕はいくらか。最も近い数値を，下の①～⑥から選べ。ただし，密閉容器内の物質はすべて気体として存在するものとする。また，この反応は次式で表される。　**20**

$$H_2(気) + I_2(気) \rightleftarrows 2HI(気)$$

① 0.20　② 0.40　③ 0.80
④ 1.0　⑤ 1.6　⑥ 2.0

Ⅳ　次の[イ]および[ロ]の問いに答えよ。(25点)

[イ]　次の記述1～3を読んで，下の問い(問1～問3)に答えよ。

1　化合物**A**の分子式は$C_9H_{11}NO$であり，1)<u>**A**を加水分解すると，化合物**B**と化合物**C**になる</u>。

2　化合物**B**は，還元性を示さないカルボン酸である。

3　化合物**C**は芳香族アミンであり，ベンゼン環上の1つの水素原子を塩素原子で置換したとき，2種類の異性体が生成する可能性がある。

問1　化合物**B**に関する次の記述a～dのうち，正しいものの組み合わせを，下の①～⑥から選べ。　21

a　水によく溶ける。

b　飽和脂肪酸の中では，最も強い酸性を示す。

c　アセトアルデヒドを酸化することで得られる。

d　さらし粉水溶液により，赤紫色を呈する。

①（a，b）　②（a，c）　③（a，d）

④（b，c）　⑤（b，d）　⑥（c，d）

問2　化合物**A**に関する次の記述a～cの正誤について，正しい組み合わせを，下の①～⑧から選べ。　22

a　アミドである。

b　鏡像異性体が存在する。

c　下線部1)の反応において，反応した水の物質量と反応した**A**の物質量は等しい。

	a	b	c
①	正	正	正
②	正	正	誤
③	正	誤	正
④	誤	正	正
⑤	正	誤	誤
⑥	誤	正	誤
⑦	誤	誤	正
⑧	誤	誤	誤

問3　次の化合物①～⑧のうち，**A**はどれか。　23

①　$CH_3CH_2-C_6H_4-NH-CO-H$（パラ位）

②　$C_6H_4(CH_2CH_3)-NH-CO-H$（オルト位）

③　$CH_3-C_6H_4-CO-NH-CH_3$（パラ位）

④　$C_6H_4(CH_3)-CO-NH-CH_3$（オルト位）

⑤　$CH_3-C_6H_4-NH-CO-CH_3$（パラ位）

⑥　$C_6H_4(CH_3)-NH-CO-CH_3$（オルト位）

⑦　$C_6H_5-NH-CO-CH_2CH_3$

⑧　$C_6H_5-CO-CH_2CH_2-NH_2$

［ロ］　次の記述を読んで，下の問い(問1・問2)に答えよ。

分子式$C_4H_{10}O$で表される化合物**D**を適切な酸化剤を用いて酸化したところ，分子量が**D**から2.0減少した化合物**E**が生成した。**E**は，2)ヨードホルム反応を示したが，銀鏡反応は示さなかった。

問1　次のa～dの破線で囲まれた部分のうち，下線部2)の反応を示すものの組み合わせを，下の①～⑥から選べ。ただし，R は炭化水素基とする。

24

a $R-C(=O)-H$（点線枠内：$C(=O)-H$）

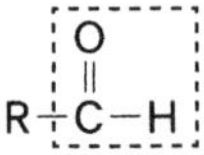

b $R-C(=O)-OH$（点線枠内：$C(=O)-OH$）

c $R-C(=O)-CH_3$（点線枠内：$C(=O)-CH_3$）

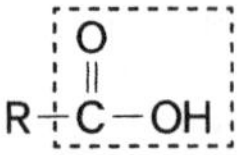

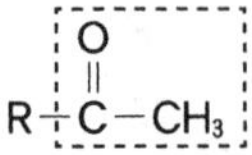

d $R-CH(OH)-CH_3$（点線枠内：$C(OH)(H)-CH_3$）

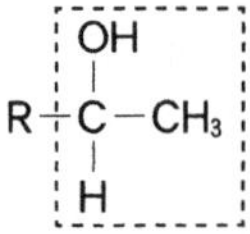

① （a，b）　② （a，c）　③ （a，d）

④ （b，c）　⑤ （b，d）　⑥ （c，d）

問2　次の化合物①～⑦のうち，D はどれか。　25

① $HO-CH_2-CH_2-CH_2-CH_3$

② $CH_3-CH(OH)-CH_2-CH_3$

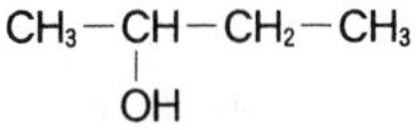

③ $HO-CH_2-CH(CH_3)-CH_3$

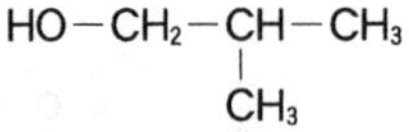

④ $HO-C(CH_3)_2-CH_3$

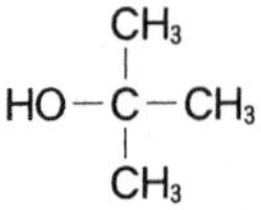

⑤ $CH_3-O-CH_2-CH_2-CH_3$

⑥ $CH_3-O-CH(CH_3)-CH_3$

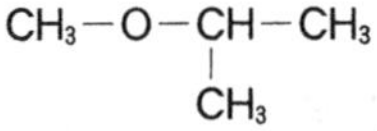

⑦ $CH_3-CH_2-O-CH_2-CH_3$

生物

（60分）

I　次の文章を読んで，下の問い（問1～問6）に答えよ。（25点）

細胞には，ア)原核細胞と真核細胞がある。真核細胞には様々な細胞小器官や構造体があり，相互に関連して機能することで，イ)遺伝情報の発現，ウ)エネルギーの変換，タンパク質の合成，エ)物質の輸送や貯蔵，物質の合成や分解，オ)細胞分裂，細胞の保護や形状の維持などの様々な生命活動に関わっている。

問1　文章中の下線部ア)に関する次の問い(1)～(3)に答えよ。

(1)　原核細胞と真核細胞との共通点に関する次の記述a～cのうち，正しいものはどれか。最も適当なものを，下の解答群から選べ。　1

a．リボソームが存在する。
b．DNAは，ヒストンとともにクロマチンを形成する。
c．ミトコンドリアにおいてATPを合成する。

(2)　原核細胞と真核細胞における転写と翻訳に関する次の記述a～cのうち，正しいものはどれか。最も適当なものを，下の解答群から選べ。　2

a．原核細胞では，転写は細胞質基質で行われる。
b．どちらの細胞においても，翻訳はリボソームで行われる。
c．原核細胞では，転写でできたmRNAは，一般に，スプライシングを受けずに機能する。

< 1 ・ 2 の解答群>

① a　② b　③ c　④ aとb
⑤ aとc　⑥ bとc　⑦ aとbとc
⑧ a，b，cのいずれでもない

(3) 真核生物として最も適当なものを，次の①～⑥から選べ。 3

① イシクラゲ　② 酵母　③ コレラ菌
④ 大腸菌　⑤ 乳酸菌　⑥ ユレモ

問2　文章中の下線部イ)について，遺伝情報の発現にかかわる核に関する次の記述a～eのうち，正しいものはどれか。最も適当な組み合わせを，下の解答群から選べ。 4

a．核の直径は，30～100 μm である。
b．核膜は，二重の膜で構成されている。
c．核内ではたらくタンパク質は，核膜孔を通って核内に移動する。
d．tRNA（転移RNA）は，主に核小体で合成される。
e．酢酸オルセインや酢酸カーミンで染色すると，核は青色に染まる。

問3　文章中の下線部ウ)について，エネルギーの変換にかかわるミトコンドリアと葉緑体に共通の特徴についての次の記述a～eのうち，**誤っているもの**はどれか。最も適当な組み合わせを，下の解答群から選べ。 5

a．独自の環状DNAをもつ。
b．ともに原核生物を祖先とし，細胞内共生したものと考えられている。
c．呼吸によってATPが産生される。
d．内膜と外膜の間にH^+が輸送され，H^+の濃度勾配が形成される。
e．ATP合成酵素が存在する。

＜ 4 ・ 5 の解答群＞

① aとb　② aとc　③ aとd　④ aとe
⑤ bとc　⑥ bとd　⑦ bとe　⑧ cとd
⑨ cとe　⓪ dとe

問４　文章中の下線部エ)に関する次のＡ～Ｃの記述は，それぞれどの細胞小器官に該当するか。最も適当なものを，下の①～⑥から選べ。ただし，同じものを繰り返し選んでもよい。

Ａ．各種の分解酵素を豊富に含み，細胞内で生じた不要なタンパク質などの分解に関与する。　6

Ｂ．核膜とつながった膜状の構造体で，脂質の合成やカルシウムの貯蔵と濃度調節に関与する。　7

Ｃ．ホルモンなどを分泌する細胞でよく発達しており，タンパク質の細胞外への輸送に関与する。また，タンパク質に糖を付加するなどの修飾にもはたらく。　8

① 液胞　② 滑面小胞体　③ ゴルジ体
④ 粗面小胞体　⑤ リソソーム　⑥ リボソーム

問５　文章中の下線部オ)について，動物細胞の細胞分裂における中心体や微小管の特徴やはたらきに関する次の記述ａ～ｅのうち，**誤っているもの**はどれか。最も適当な組み合わせを，下の解答群から選べ。　9

ａ．中心体は，２つの中心小体（中心粒）をもつ。
ｂ．中心体は，微小管形成の起点になる。
ｃ．細胞分裂の際には，中心小体（中心粒）が１つずつに分かれて両極に移動する。
ｄ．染色体の動原体は，中心体から伸びた微小管である。
ｅ．中心体は，鞭毛(べんもう)や繊毛の形成にも関与する。

問6　動物細胞の細胞膜に関する次の記述a～eのうち，正しいものはどれか。最も適当な組み合わせを，下の解答群から選べ。 **10**

a．細胞膜は，リン脂質の二重層からなり，リン脂質が親水性の部分を内側に向け合った構造をしている。

b．細胞膜を構成するリン脂質分子は，膜内で動かないように強く固定されている。

c．ナトリウムポンプによる細胞内外のナトリウムイオンの濃度差の形成には，ATPのエネルギーが利用される。

d．細胞膜を介した受動輸送では，物質は低濃度側から高濃度側へ移動する。

e．アクアポリンは，膜タンパク質であり，水分子のみを受動輸送で通過させる。

＜ **9** ・ **10** の解答群＞

① aとb	② aとc	③ aとd	④ aとe
⑤ bとc	⑥ bとd	⑦ bとe	⑧ cとd
⑨ cとe	⓪ dとe		

Ⅱ　次の文章を読んで，下の問い(問1～問6)に答えよ。(25点)

生殖には，A)子と親の遺伝情報が同じとなる無性生殖と，親と子の遺伝情報が異なる有性生殖がある。有性生殖では，一般にB)配偶子形成とC)配偶子同士の接合が行われる。この過程でD)染色体の乗換えと分配が起こることで，新たに生じる接合子の遺伝情報は多様なものとなる。また，E)接合子の性決定は，性染色体の組合せの違いにより決定される生物が多く知られている。

問1　文章中の下線部A)の無性生殖について，生物と無性生殖の方法の組み合わせa)～c)のうち，正しいものはどれか。最も適当なものを，下の解答群から選べ。　11

a) ジャガイモ・塊茎　　b) ゾウリムシ・出芽　　c) ヒドラ・走出枝

<解答群>

① a　　② b　　③ c　　④ aとb
⑤ aとc　　⑥ bとc　　⑦ aとbとc
⑧ a，b，cのいずれでもない

問2　文章中の下線部B)の配偶子形成において，ヒトの始原生殖細胞から配偶子が形成されるまでの過程において核相が複相のものを，次の①～⑦から2つ選べ。ただし，順序は問わない。　12　13

① 一次精母細胞　　② 精細胞　　③ 精原細胞
④ 第一極体　　⑤ 第二極体　　⑥ 二次精母細胞
⑦ 二次卵母細胞

問3　文章中の下線部C)の配偶子同士の接合に関する(1)～(3)の記述a～cのうち，正しいものはどれか。最も適当なものを，下の解答群から選べ。

(1)　14

a．異形配偶子を有する生物において，運動能を持つ大きな配偶子と運能能を持たない小さな配偶子の接合を受精という。

b．水中に生息する動物の多くは，体内受精を行う。

c．ゾウリムシでは，配偶子形成はみられないが，環境の悪化などがおこると接合することがある。

(2)　15

a．ウニの雄配偶子の先体には，タンパク質分解酵素などが含まれている。

b．ウニの雌配偶子の細胞膜の直下には，多数の表層粒が存在する。

c．ウニの受精では，表層反応により先体反応が引き起こされる。

(3)　16

a．ウニの雌配偶子と雄配偶子が接合すると，他の雄配偶子が接合できなくなる現象を多精拒否という。

b．ウニの雄配偶子が雌配偶子と結合すると，雌配偶子の細胞膜のカリウムチャネルが開き，膜電位が逆転する。

c．ウニの雄配偶子の核は，雄性前核（精核）となり，雌配偶子の核と融合することで接合が完了する。

＜ 14 ～ 16 の解答群＞

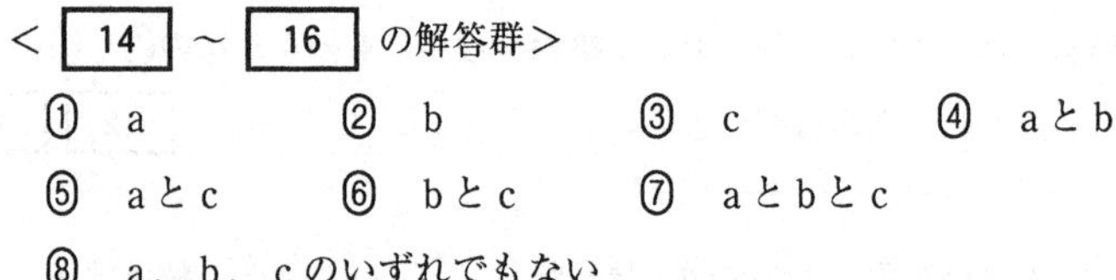

① a　② b　③ c　④ aとb

⑤ aとc　⑥ bとc　⑦ aとbとc

⑧ a，b，cのいずれでもない

問4　次の図は，配偶子形成の過程でみられた細胞の模式図である。文章中の下線部D)の相同染色体の乗換えと相同染色体が分配される時期にあたるものは，それぞれどれか。最も適当なものを次の図の①～⑧から選べ。

相同染色体の乗換えが起こる時期：17

相同染色体が分配される時期： 18

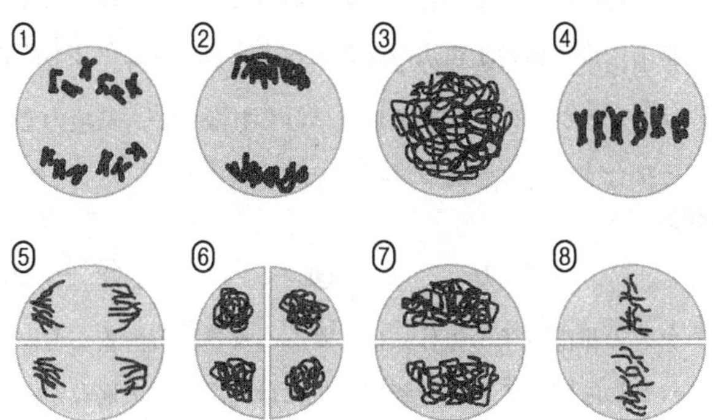

図　配偶子形成過程で観察された細胞像

問5　文章中の下線部E)の接合子の性決定では，性染色体がホモとなると雄になる生物と雌になる生物がある。次のa)～e)の生物のうち，性染色体がホモとなると雄になるものはどれか。最も適当なものを，下の解答群から選べ。 19

a）カイコガ　b）ショウジョウバエ　c）ニワトリ
d）バッタ　e）ヒト

<解答群>

① aとb　② aとc　③ aとd　④ aとe
⑤ bとc　⑥ bとd　⑦ bとe　⑧ cとd
⑨ cとe　⓪ dとe

問6　文章中の下線部E)の性の決定に関わる性染色体上には，性決定遺伝子だけでなく，他の遺伝子も存在する。性染色体に関する次の記述a～cのうち，正しいものはどれか。最も適当なものを，下の解答群から選べ。 20

a．哺乳類のY染色体上のSRY遺伝子がはたらくと，生殖腺は精巣となる。

b．体の機能の調節に関わる遺伝子が性染色体上にある場合，その遺伝子に突然変異が起こってもその影響による雌雄での違いはみられない。

c．体細胞の常染色体は1対ずつ存在するように，性染色体も生物種によらず1対存在する。

<解答群>

① a　② b　③ c　④ aとb
⑤ aとc　⑥ bとc　⑦ aとbとc
⑧ a，b，cのいずれでもない

Ⅲ　次の文章を読んで，下の問い(問1～問4)に答えよ。(25点)

動物は，外界からの刺激を受容器（感覚器）にある感覚細胞で受け取る。そこで受け取った情報は神経系を介して脊髄や脳に伝えられ，そこで処理された情報がさらに神経系を介して効果器（作動体）へ伝えられて反応や行動などの応答を起こす。

光刺激を受容する受容器を視覚器という。ヒトの眼に入った光は［21］と［22］で屈折し，網膜にその像を結ぶ。網膜に存在する感覚細胞の視細胞が光を受容し，その情報は視神経を介して脳へと伝達される。眼には$_{ア)}$外界の明暗に対応する機能が備わっていて，例えば網膜に達する光の量は，［23］によって瞳孔を拡大させたり縮小させたりすることで調節することができる。

問1　文章中の空欄［21］～［23］に入れるのに最も適当なものを，次の①～⑦から選べ。ただし，［21］，［22］の順序は問わない。

［21］～［23］

① 角膜　② ガラス体　③ 強膜　④ 結膜
⑤ 虹彩　⑥ 水晶体　⑦ 毛様体

問２　次の図１は，ヒトの右目の網膜について，視軸の中心からの距離を角度として表したとき，そこに存在する視細胞の分布を示したものである。これに関する次の問い(1)，(2)に答えよ。

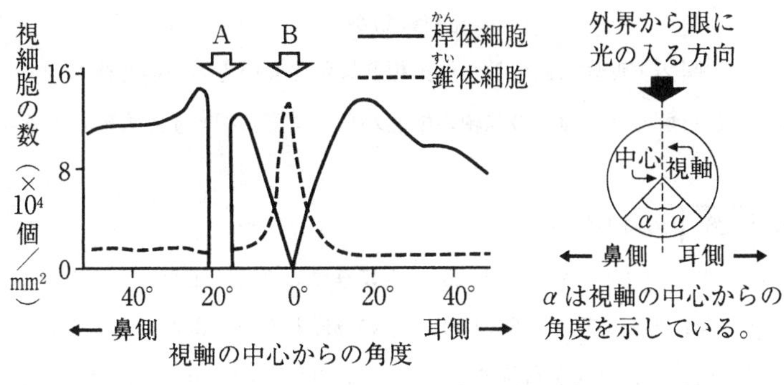

図１　ヒトの右目の視細胞の分布

(1)　図１のＡとＢで示された部分の名称として正しいものはどれか。最も適当なものを，次の①～⑧からそれぞれ選べ。

Ａ：［24］　Ｂ：［25］

①　黄斑	②　基底膜	③　視交さ
④　視索	⑤　焦点	⑥　前庭
⑦　脈絡膜	⑧　盲斑	

(2)　視細胞の分布を観察するため，次のような実験を行った。次の図２のような検出板を壁に貼り，一定の距離をとった位置に立ち，右目の視線を検出板の0°の位置に合わせて，左目を隠して右目だけで注視した。次に，友人に手伝ってもらって図２の黒色の丸い玉のついた棒を検出板上で左右に動かしてもらった。眼の位置や視線を動かさないように注意してその玉を観察した時の結果と，その結果が得られる理由として正しいものはどれか。最も適当なものを，それぞれの解答群から選べ。

結果：［26］　理由：［27］

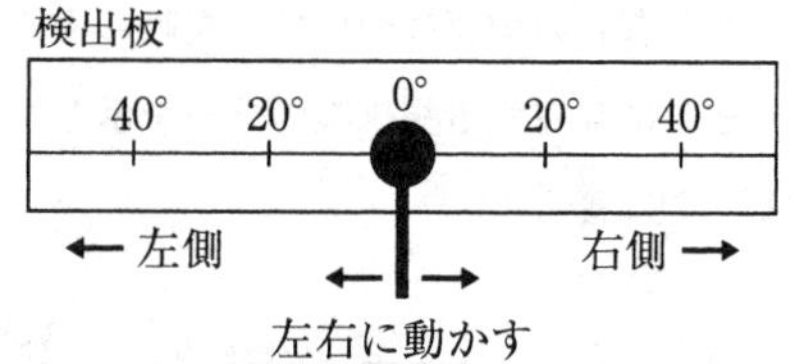

図2　実験に使用した検出板と黒色の丸い玉のついた棒

板に示した角度は，図1の視軸の中心からの角度に相当するものとする。

＜ 26 の解答群＞

① 黒色の丸い玉が左側の20°付近に移動した時，玉が見えなくなる。

② 黒色の丸い玉が左側の40°付近に移動した時，玉が見えなくなる。

③ 黒色の丸い玉が右側の20°付近に移動した時，玉が見えなくなる。

④ 黒色の丸い玉が右側の40°付近に移動した時，玉が見えなくなる。

⑤ 黒色の丸い玉が左右両方の20°付近に移動した時，玉が見えなくなる。

⑥ 黒色の丸い玉が左右両方の40°付近に移動した時，玉が見えなくなる。

⑦ 黒色の丸い玉は，検出板のどの位置でも見ることができる。

＜ 27 の解答群＞

① 検出板から眼に入った光は，網膜の視細胞が存在しない場所に像を結ぶため。

② 検出板から入った光は，網膜の錐(すい)体細胞は存在するが，桿(かん)体細胞が存在しない場所に像を結ぶため。

③ 耳側の20°から40°の位置の網膜には，主に桿体細胞が存在し錐体細胞が存在しないため。

④ 鼻側の20°から40°の位置の網膜には，主に桿体細胞が存在し錐体細胞が存在しないため。

問3　文章中の下線部ア)について，明るい場所から暗い場所に入ると，最初はものがよく見えないが，時間が経過すると徐々にものが見えるようになる。このような現象は，次の図3に示す暗所における視細胞の感度の変化（実線）で説明することができる。これに関する記述として正しいものを，次の①～⑥から2つ選べ。ただし，順序は問わない。 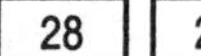

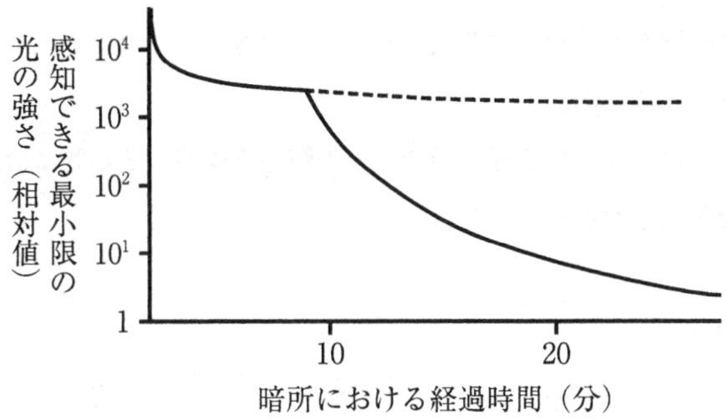

図3 暗所における網膜の光に対する感度の変化

① 暗所に入ってから10分以降は，桿体細胞の光に対する感度が上昇することで，ものが見えやすくなる。

② 暗所に入った直後は錐体細胞のビタミンA（レチナール）の量が減少して色の識別ができなくなるので，ものがよく見えなくなる。

③ 桿体細胞に比べて錐体細胞の方が，光に対する感度が高い。

④ 桿体細胞のフォトプシンは，光を感知すると構造が変化して分解されるが，暗所では時間の経過とともにもとの構造に戻り，光を受容することができるようになる。

⑤ 錐体細胞は正常にはたらくが桿体細胞が正常にはたらかない場合，図3の10分以降は視細胞の感度が破線のようになり，いずれの細胞が正常にはたらく場合よりも，ものがよく見えない。

⑥ 図3に示すような，暗所に入った後に時間経過とともにものがよく見えるようになる現象を，明順応という。

問4 暗い夜に非常に弱い光の星をまっすぐ凝視して観察すると星が見えなかったが，その星を視線の中心から少しずらして眺めてみると，星の光を観察することができた。これに関する次の記述a～cのうち，正しいものはどれか。最も適当なものを，下の解答群から選べ。 30

a．網膜の桿体細胞は，視軸と網膜の交点付近（網膜の中心部分）よりもその周辺部分に多く存在し，その部分に弱い光の星の像が結ばれると，よく見えるため。

b．錐体細胞が多く分布する網膜部分に星の像が結ばれることで，よく見えるようになるため。

c．非常に弱い光の星を見る場合，その情報を受容する細胞には錐体細胞よりも桿体細胞が適している。

<解答群>

① a　② b　③ c　④ aとb

⑤ aとc　⑥ bとc　⑦ aとbとc

⑧ a，b，cのいずれでもない

Ⅳ　次の文章を読んで，下の問い(問1～問7)に答えよ。(25点)

PCR（ポリメラーゼ連鎖反応）法とは，微量の<u>ア) DNA</u>を大量に増やす方法である。実際に行うには，まず増やしたいDNA，プライマー，4種類のヌクレオチド，［31］などを加えた溶液を用意する。この溶液に対して，次の手順1～3のサイクルを20～30回繰り返すことにより，目的とするDNAを大量に増幅できる。

手順1．(X)℃で加熱する。
手順2．(Y)℃に温度を下げる。
手順3．(Z)℃に温度を上げる。

<u>イ) 制限酵素</u>は，DNAの特定の配列を認識して切断する酵素である。同じ制限酵素で切断したDNA断片を混合して，［32］を作用させるとDNA断片どうしが連結する。これらの酵素の作用を利用して，組換えDNAができる。

PCRで増幅したDNAを制限酵素であるEcoR IまたはHindⅢで切断し，電気泳動を行ったところ，図のような結果を得た。ただし，マーカーには，0.5，1，2，3，4，5×1000塩基対数（bp）の長さの6つのDNA断片が含まれる。

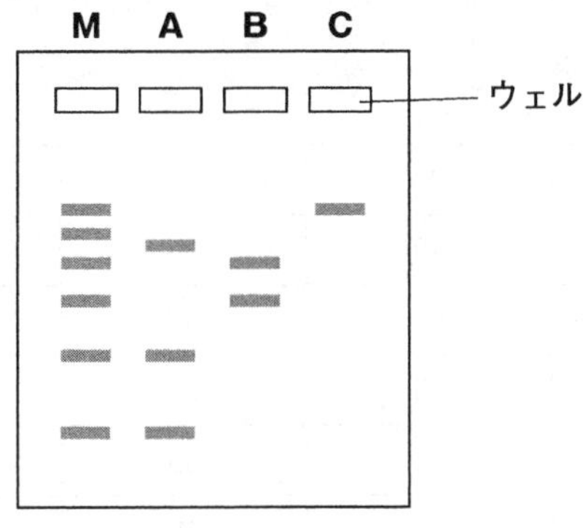

図　電気泳動の結果

M：マーカー　A：EcoR Iで切断　B：HindⅢで切断　C：切断なし

問1　文章中の空欄 31 ， 32 に入れるのに最も適当なものを，次の①～⑧から選べ。

① アミラーゼ　② RNAポリメラーゼ
③ DNAヘリカーゼ　④ DNAポリメラーゼ　⑤ DNAリガーゼ
⑥ ヒストン　⑦ 補酵素　⑧ リパーゼ

問2　文章中の下線部ア)DNAに関する記述として正しいものを，次の①～⑥から2つ選べ。ただし，順序は問わない。 33 34

① DNAを構成するヌクレオチドの塩基はアデニン（A），チミン（T），グアニン（G），ウラシル（U）の4種類である。
② DNAを構成する2本のヌクレオチド鎖は，水素結合で結ばれている。
③ DNAを構成するヌクレオチドの糖は，リボースである。
④ ヒトの染色体を構成するDNAの約80%が遺伝子である。

⑤　核だけでなく，ミトコンドリアにもDNAが存在する。

⑥　ヒトDNA上には約30億個の遺伝子がある。

問3　文章中の(X)～(Z)に入れるのに最も適当な組み合わせを，次の表の①～⑥から選べ。　35

	X	Y	Z
①	72	37	50
②	50	37	72
③	95	55	72
④	72	55	95
⑤	95	4	50
⑥	50	4	95

問4　手順1～3の各過程とその説明である次の記述a～cの組み合わせとして，最も適当なものはどれか。下の表の①～⑥から選べ。　36

a．プライマーをヌクレオチド鎖に結合させる。

b．酵素によって，ヌクレオチド鎖を合成させる。

c．2本鎖であるDNAを，1本ずつのヌクレオチド鎖に解離させる。

	手順1	手順2	手順3
①	a	b	c
②	a	c	b
③	b	a	c
④	b	c	a
⑤	c	a	b
⑥	c	b	a

問5　PCRに関する次の記述a～cのうち正しいものはどれか。最も適当なものを，下の解答群から選べ。　37

a．人工的に合成された2種類のDNAプライマーが用いられる。

b．加熱により溶液中の酵素が失活するため，1サイクルごとに酵素を追加する。

c．理論上，手順1～3の1サイクルごとに目的の領域を含むDNAは2倍に増加する。

問6　文章中の下線部イ)制限酵素についての次の記述a～cのうち正しいものはどれか。最も適当なものを，下の解答群から選べ。　38

a．制限酵素は，もともとヒト体内に存在しているものであり，外来DNAの排除のために用いられる。

b．制限酵素は，ヌクレオチド間の水素結合を切断することで，DNA鎖を切断する。

c．制限酵素にはさまざまな種類があり，種類によって認識する配列が異なる。

＜ 37 · 38 の解答群＞

① a　② b　③ c　④ aとb
⑤ aとc　⑥ bとc　⑦ aとbとc
⑧ a，b，cのいずれでもない

問7　図の電気泳動の結果に関する記述として正しいものを，次の①～⑥から2つ選べ。ただし，順序は問わない。　39　40

① 図では上端が陰極，下端が陽極であり，DNA断片は図の上から下に向かって移動する。

② 長いDNA断片ほど一定時間の移動距離が大きくなる。

③　PCRにより増幅したDNAの長さは約3000bpである。

④　EcoRⅠにより，増幅したDNAから約500，1000，3500bpの3つの断片が生じた。

⑤　HindⅢの認識配列は，増幅したDNA内に2箇所ある。

⑥　EcoRⅠとHindⅢの認識する配列は同じである。

問九　文中の傍線部3〈現代社会に引きつけていえば、その最たる例はネット炎上でしょう〉とあるが、本文に述べられている「ネット炎上」の説明として**適当でないものを二つ**、次の選択肢の中から選べ。ただし、解答の順序は問わない。 58 ・ 59

① 群衆となった人々は、問題だとする人物について理性的に批判することなく、本能的・衝動的に罵詈(ばり)雑言を浴びせるようになる。

② 群衆の憤激や憎悪は熱しやすく冷めやすい特徴があり、一時は集中攻撃を加えた対象についても、後には手のひらを返したように好意的になる。

③ 群衆は、攻撃したくなる対象をいくらでも探し出し、反射的に攻撃を加えては対象を次々に変えていく。

④ 攻撃したい人々は、「みんながやっている」という数の力を背景にして、互いに攻撃の力を増幅させていく。

⑤ 人々の怒りや憎しみの対象や程度は様々であるのに、群衆になると、標的を絞って強烈に感情をぶつけるようになる。

⑥ 人々は群衆と化すと、一人では見過ごしていた問題に気づかされ、集団による合議の判断によって対象を攻撃するようになる。

③ 人間は、休み時間の校庭の児童・生徒のように、自分を常に管理・統率してくれる存在を欠いていると、自制心がなく、勝手気ままな行動をする子どもに戻ってしまう、ということ。
④ 人は、自らの受けた学校教育の経験を通して、教員のような指示をする立場の人間が近くにいなくても、互いに寄り集まって集団を形成し、統制のきいた社会生活を送る人間になれる、ということ。
⑤ 適切な規律と指導が与えられると、人々の間には集団精神が形成され、考え方や感じ方、行動のパターンも、集団を成す前とは異なる、互いに理解し合える人間性が育まれるようになる、ということ。

（2） 筆者はなぜ、「自覚的であるべき」だというのか。その理由として最も適当なものを、次の選択肢の中から選べ。57

① 自分が常に何かしらの集団に属しているのだと分かっていないと、他人と同じ規則を守ったり、一緒に感動したりできなくなるから。
② 気づかなくても自分は常に何か強い力に守られていると信じないと、自分を支えている規律が乱れて興奮状態を抑制できなくなるから。
③ 今日の自分はかつて受けた教育のたまものだと分別しないと、他人をうらやんだり、自分の無力を嘆いたりすることになるから。
④ 気づかぬうちに集団精神に支配される場合があると認識していないと、何らかの刺激によって自分の行動を制御できなくなるから。
⑤ 気づかぬうちに自分は集団によって理性と知恵を授けられたのだと了解しないと、感情の赴くままに振る舞うようになってしまうから。

① 「文明」という人知の所産を建物にたとえて、その骨組みが虫に食われるように損なわれるという隠喩の表現である。

② 「文明」という、人々が様々な物品やサービスをやり取りする営みを、いずれ腐ってなくなる人間になぞらえた擬人法の表現である。

③ 「文明」のような高度に発達した組織でも、虫のような小さな生き物によって崩壊してしまうことを戒める警句の表現である。

④ 「文明」は人を引きつけ商売をする店のようなものだが、引きつけられた人々によってかえって店がつぶれるという皮肉の表現である。

⑤ 「文明」とは人間が巧みに構築した虚像であって、人々がそのことに気づくとたちまち消えてしまう幻想だとする諷喩の表現である。

問八　文中の傍線部**2**〈現代に生きる私たちも、自分が群衆になりうるという点に自覚的であるべきでしょう〉について、次の（1）（2）の問いに答えよ。

（1）「自分が群衆になりうる」とはどういうことか。その説明として最も適当なものを、次の選択肢の中から選べ。

56

① 特定の条件のもと、各人の自由意思が束縛された状態で興奮と平静を繰り返すことによって、自分自身の思考や価値判断ができなくなり、所属する集団の在り方に常に依存するようになる、ということ。

② 普段自分の行動は自分がコントロールしていると思っていても、一定の条件下で、ある刺激が与えられると、無自覚なまま他者とともに統御されたり興奮したりするようになる、ということ。

①　あるいは　②　しかも　③　つまり　④　というのは
⑤　ところが　⑥　ところで　⑦　なぜなら　⑧　だとしても

問六　文中の波線部（i・ii）の意味として最も適当なものを、次のそれぞれの選択肢の中から選べ。

i　先見の明　53
①　他人より先に大事を成そうとする意欲
②　物事が起こる前にそれを察知する見識
③　事の推移を静かに見守る冷静な態度
④　急な事態に即応できる賢明な判断
⑤　普遍的な価値を持ちつづける良識

ii　躍起になって　54
①　うれしくなって、活動すること。
②　計画を立てて、事を進めること。
③　驚いて、飛び上がること。
④　努力して、克服すること。
⑤　あせって、むきになること。

問七　文中の傍線部1〈文明の屋台骨が虫ばまれる〉という表現についての説明として最も適当なものを、次の選択肢の中から選べ。　55

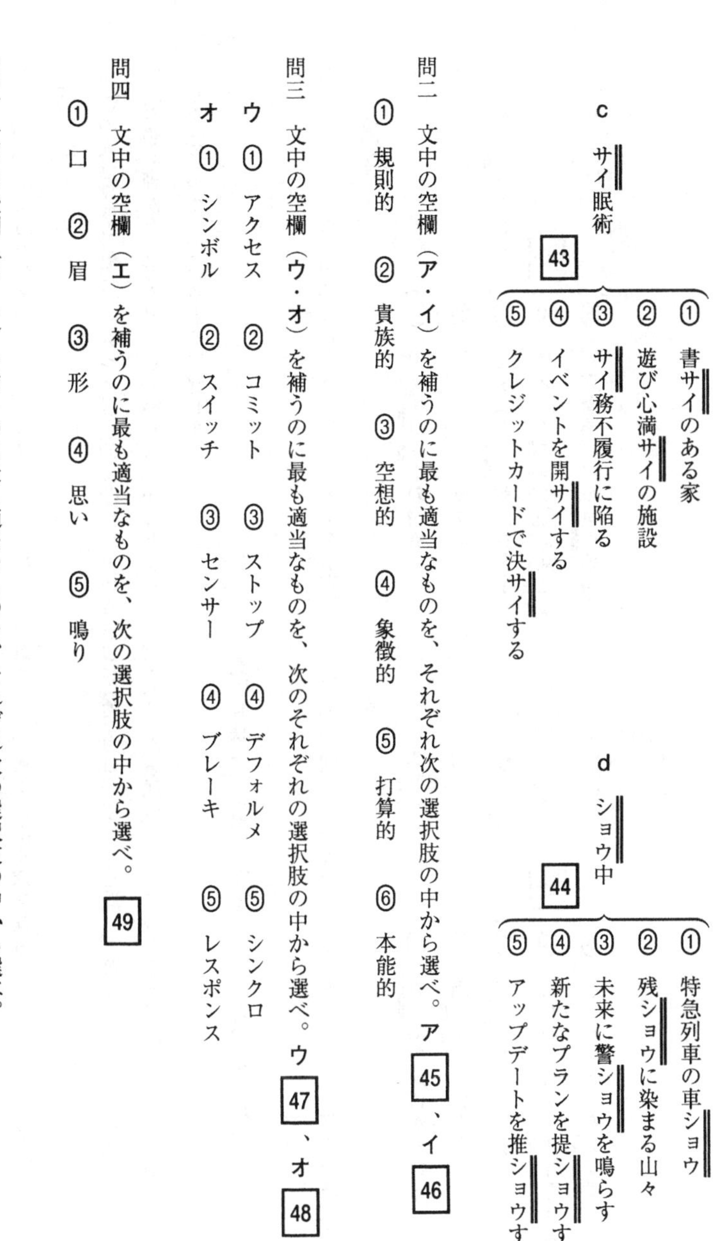

c　サイ眠術 43

①　書サイのある家
②　遊び心満サイの施設
③　サイ務不履行に陥る
④　イベントを開サイする
⑤　クレジットカードで決サイする

d　ショウ中 44

①　特急列車の車ショウ
②　残ショウに染まる山々
③　未来に警ショウを鳴らす
④　新たなプランを提ショウする
⑤　アップデートを推ショウする

問二　文中の空欄（ア・イ）を補うのに最も適当なものを、それぞれ次の選択肢の中から選べ。ア 45 、イ 46

①　規則的　②　貴族的　③　空想的　④　象徴的　⑤　打算的　⑥　本能的

問三　文中の空欄（ウ・オ）を補うのに最も適当なものを、次のそれぞれの選択肢の中から選べ。ウ 47 、オ 48

ウ　①　アクセス　②　コミット　③　ストップ　④　デフォルメ　⑤　シンクロ

オ　①　シンボル　②　スイッチ　③　センサー　④　ブレーキ　⑤　レスポンス

問四　文中の空欄（エ）を補うのに最も適当なものを、次の選択肢の中から選べ。 49

①　口　②　眉　③　形　④　思い　⑤　鳴り

問五　文中の空欄（カ〜ク）を補うのに最も適当なものを、それぞれ次の選択肢の中から選べ。

カ 50 、キ 51 、ク 52

近ごろのネット炎上は、数日もすれば収まるのが特徴です。その内実は、問題が熟議されたからではなく、単にバッシング対象が次に移ったためです。叩きたくなるターゲットは、探せばいくらでもいる。みつけた瞬間から徹底的に叩きのめして次に移る。同じような性質はテレビのワイドショーにもみられますが、次々に田んぼを荒らしていくイナゴの大群にも似た習性です。

「この人は攻撃対象だ」「もっと徹底的に叩け」という無責任な号令は、受け手を絶えず刺激し、彼らの憤激や憎悪を増幅させ、群集心理がどんどん暴走していくきっかけとなります。こうした事態は今に始まったことではありませんが、その暴力性は年々強まってきているように感じます。

（武田砂鉄「ル・ボン『群衆心理』――熱狂が「私」を蝕む」による）

問一　文中の二重傍線部（a～d）のカタカナを漢字に直したとき、同じ漢字を用いるものを、次のそれぞれの選択肢の中から選べ。

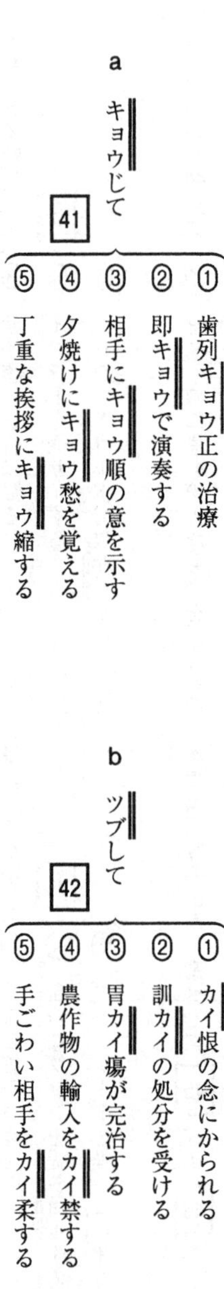

a　キョウじて　41

① 歯列キョウ正の治療
② 即キョウで演奏する
③ 相手にキョウ順の意を示す
④ 夕焼けにキョウ愁を覚える
⑤ 丁重な挨拶にキョウ縮する

b　ツブして　42

① カイ恨の念にかられる
② 訓カイの処分を受ける
③ 胃カイ瘍が完治する
④ 農作物の輸入をカイ禁する
⑤ 手ごわい相手をカイ柔する

しまう。群衆の一員となった人も、これと同じだというのです。［ ク ］、群衆は全員が同じ暗示にかかるため、その相乗効果で、より強く暗示が浸透していくというわけです。

　群衆中の個人は、もはや彼自身ではなく、自分の意志をもって自分を導く力のなくなった一箇の自動人形となる。

なかなか恐ろしい指摘です。同時に、そこまで単純に言い切れるはずがないだろうとも思います。「自動人形」と化した群衆は、いったいどんな気質、行動をみせるのでしょうか。ル・ボンは五つの特性・傾向を挙げて詳しく論述しています。その第一が「衝動的で、動揺しやすく、昂奮しやすい」という性質です。

　群衆が衝動的なのは、無意識に支配されているがために、「脳の作用よりも、はるかに脊髄の作用を受ける」からだとル・ボンはいいます。自分で考えることをしない群衆は、刺激や暗示を受けると反射的・衝動的に反応し、いとも簡単に興奮状態に陥ってしまう。しかし、それは衝動でしかないので、長く持続することもありません。

　群衆に暗示を与え得る刺戟は、多種多様であり、しかも、群衆は常にそれに従うのであるから、その気分は、極度に動揺しやすいのである。群衆は、一瞬のうちに残忍極まる凶暴さから、全く申し分のない英雄的行為や寛大さに走る。群衆は、容易に死刑執行人となるが、またそれにも劣らず容易に殉難者ともなるのである。

こうした特性の背景には「数の力」が働いていると、ル・ボンは指摘します。単独で行動している時は悪事を働こうなどと考えない人でも、ひとたび「群衆の一員になると、多数の与える力を意識して、殺人なり掠奪（りゃくだつ）なりの暗示が少しでも与えられると、たちまちそれに従う」し、もしそこに予期しない障害があれば「ii躍起になってそれをうち砕く」というわけです。

3現代社会に引きつけていえば、その最たる例はネット炎上でしょう。ネット上は、毎日のように様々なことで炎上しています。なぜ叩（たた）くのかといえば、「叩いていいから」という理由でしかないことも多い。これはまさに「脳の作用よりも、はるかに脊髄の作用」を受けている状態でしょう。それを後押ししているのは、「みんなが叩いているから」という数の力です。

静かだった子どもたちが、運動会の日にはクラス対抗の競技に熱狂し、勝利するために声を張り上げていたりもする。

キ、自由意思で動いていた個人個人も、一定の条件と刺激があれば、揃(そろ)って一つの方向に動き出すわけです。規律があればそれに順従するし、そこに勝負事が用意されると、昂奮(こうふん)状態が引き出される。ル・ボンは、人々が群衆になり変わった時点で、彼らに一種の「集団精神」が与えられ、考え方も感じ方も行動の仕方も、群衆になり変わる以前とは「全く異なってくる」と断言しています。[2]<u>現代に生きる私たちも、自分が群衆になりうるという点に自覚的であるべきでしょう。</u>

では、なぜ人間は集団精神に染まってしまうのか。その理由の一つとして、ル・ボンは人間の「無意識」の働きを指摘しています。

　精神の意識的生活は、その無意識的生活にくらべれば、極めて微弱な役目をつとめているにすぎない。（中略）われわれの日常行為の大部分は、われわれも気づかない、隠れた動機の結果なのである。

さらに、人間は「単に大勢のなかにいるという事実だけで、一種不可抗的な力を感ずる」ものであり、そのため、理性的に考えて行動するより、無意識下の「本能のままに任せることがある」といいます。この指摘にたじろぐ人も多いのではないでしょうか。自分ひとりで考えたり、行動したりしている時は「こんなことをしてはマズイ」という理性が働くのに、群衆のなかにいると話が違ってくる。日本では「赤信号みんなで渡れば怖くない」というフレーズが有名ですね。

こうした「みんなで渡れば怖くない」的精神は、とても感染しやすいのが特徴です。なぜでしょうか。ル・ボンは、群衆の無意識は暗示を受けやすいからだといいます。

　活動している群衆のさなかにしばらく没入している個人は（中略）あたかも[c]サイ眠術師の[d]ショウ中にある被術者の幻惑状態に非常に似た状態に陥る。

サイ眠術にかかった人は、「脳の作用が麻痺(まひ)させられてしまうので、無意識的活動の奴隷」となり、意思や弁別力を失って

の考え方や感じ方が統一され、濁流のように一つの方向に向かっていく。つまり、心理的に［ウ］した集団という意味で、ル・ボンはこれを「心理的群衆」と呼んでいます。

心理的群衆のなかにあると、個人が単体で動いていた時には働いていた理性や知性、それぞれの個性といったものは［エ］を潜(ひそ)めてしまう。これは、どんな人にも起こりうるし、日常のなかで一時的に群衆化することもある、とル・ボンは指摘しています。

集団が「心理的群衆」になり変わるには、［オ］となる何らかの「刺戟(しげき)」が必要です。それさえあれば、六人程度のグループでも心理的群衆になりうるし、日頃の生活基盤を傾かせるような国家規模の大事件が起こると、ネットでつながっているだけのような「離ればなれになっている数千の個人」の心が強烈に揺さぶられて、心理的群衆の性質を具えることもある。

このように書くと、群衆は特殊な状況下で生まれるように思えるかもしれません。しかし、ル・ボンのいうような群衆化現象は、身近なところでも起きています。

たとえば、私の仕事部屋は小学校の校庭に面しているのですが、眺めるともなく眺めていると、校庭のいろいろな表情がみえてきます。

休み時間が始まると、校舎から走って出てきた子どもたちがバラバラに遊び始めます。ドッジボールをする子もいれば、サッカーをする子もいる。その合間を縫うようにして鬼ごっこにキョウ(a)じている子や、ただ座っている子もいる。外に出ず教室で時間をツブ(b)している子もいるはず。いうなれば、それぞれの子が自由な意思をもって、カオスな状態をつくっている。社会というのは、本来そういうものだと思います。

［カ］、これほどカオスな校庭が、月曜日の朝礼の時間にはまったく違う様相を呈します。「列は真っ直ぐに！」「間隔は均等に！」「静かにしてください！」といった先生の指示に従って、全校生徒が整然と列をなしている。また、朝礼の時には

およそ文明というもののうちには、確定した法則や、規律や、[イ]状態から理性的状態への移行や、将来に対する先見の明や、高度の教養などが含まれている。これらは、自身の野蛮状態のままに放任されている群衆には、全く及びもつかない条件である。群衆は、もっぱら破壊的な力をもって、あたかも衰弱した肉体や死骸の分解を早めるあの黴菌(ばいきん)のように作用する。1文明の屋台骨が虫ばまれるとき、群衆がそれを倒してしまう。群衆の役割が現れてくるのは、そのときである。かくて一時は、多数者の盲目的な力が、歴史を動かす唯一の哲理となるのである。

群衆は「野蛮状態のままに放任」され、まるで「黴菌のように」文明を蝕(むしば)んでいく。この遠慮のない言い方、今、SNSでつぶやいたらたちまち炎上しそうです。そもそも「群衆」とは何でしょうか。ル・ボンがどのように定義していたのかを押さえておきます。

普通の意味で、群衆という言葉は、任意の個人の集合を指していて、その国籍や職業や性別の如何(いかん)を問わないし、また個人の集合する機会の如何を問わないのである。

心理学の観点からすれば、群衆という語は、全く別の意味をおびるのである。ある一定の状況において、かつこのような状況においてのみ、人間の集団は、それを構成する各個人の性質とは非常に異なる新たな性質を具(そな)える。すなわち、意識的な個性が消えうせて、あらゆる個人の感情や観念が、同一の方向に向けられるのである。

社会のなかで大多数を占めているというだけなら「大衆」という言い方もできるでしょう。たとえば、大会場で行われるワクチン接種は「集団」接種であって、たまたまそこに集まった人々を「群衆」とは呼びません。

では、「群衆」とは何か。ル・ボンがそう呼んでいるのは、特定の心理作用を起こした人々です。どんな心理作用かというと、一つは「意識的個性の消滅」。いま一つが「感情や観念の同一方向への転換」です。

ですから、「群衆」は必ずしも大勢である必要もなければ、一か所に群れ集まっている必要もありません。集団を構成する人々

気持ちを静めてほしい、と心から祈願したこと。

③ 自ら百夜にわたって貴船神社に参詣し、恐ろしい夢を見ることになっても一向にかまわないので、自分をだました憎らしい相手を死なせてほしい、と乞い願ったこと。

④ もしも願いがかなうならば、自分の命と引き換えにしてもよいし、生き長らえて乞食の身となり来世に地獄に落ちる報いを受けても後悔しない、と神に祈ったこと。

⑤ 浴室に入ったときに、湯気の中で天井から襪をはいた不気味な足が差し下ろされたのを目撃して、不審のあまりお付きの女房に「足が見えないか」と聞いたこと。

次の Ⅲ の問題は、「国語(1)」の受験者が解答してください。（解答番号は 41 ～ 59 ）

Ⅲ 次の文章は、フランスの社会心理学者であるル・ボンの『群衆心理』（一八九五年）について論じたものの一節である。これを読み、後の問い（問一～問九）に答えよ。（40点）

ル・ボンは「群衆の時代」の到来に強い危機感をもっていました。群衆が社会のなかで支配的な力をもつとどうなるか。『群衆心理』の「序論」で、彼はこう記しています。

幾多の文明は、これまで少数の ア な知識人によって創造され、指導されてきたのであって、決して群衆のあずかり知るところではなかった。群衆は、単に破壊力しか持っていない。群衆が支配するときには、必ず混乱の相を呈する。

⑤ 四条の宮や女房たちから多くの餞別をもらったみなそこのことを、うらやましいと感じること。

問八　文中の傍線部5〈我、おだやかにて、人を悪しかれと申さばこそは、かたからめ〉の解釈として最も適当なものを、次の選択肢の中から選べ。38

① 私だけが心安らかで、他人の身には不幸が生じるようにと願ったりすることは、避けておくのがよいでしょう。
② 自分は温厚だと思わせておいて、実は他人を陥れようとしているのなら、そんな陰険さは許されないでしょう。
③ 自分の身は安全なままで、他人には災いあれと呪うようであれば、それを実現させることは難しいでしょう。
④ 私が平然と人の悪口を言うような人間であったならば、他人から信用を得ることは到底できないでしょう。
⑤ 私が身を清め心を静めて他人の不幸を一心に願うならば、その願いが成就することは間違いないでしょう。

問九　文中の傍線部6〈彼の人〉は誰のことか。最も適当なものを、次の選択肢の中から選べ。39

① みなそこ　② 北の方　③ 四条の宮　④ 男　⑤ 女房

問十　文中の傍線部7〈さしも申してしこと〉とあるが、それは具体的にどのようなことか。その説明として最も適当なものを、次の選択肢の中から選べ。40

① あの人と刺し違えて死ぬ覚悟もできているし、それがかなわなければ乞食の身になっても生涯つきまとい、地獄へ道連れにしてやりたい、と呪いの言葉を吐いたこと。
② 自分の命を粗末に扱い、来世に地獄に落ちてもかまわないとまで考える嫉妬心が我ながら恐ろしいので、どうかこの

2　下りのびたるか　35

① さらに遠方に赴任することになったのか
② 体調を崩して病に臥せったのか
③ 旅立ちに適した吉日を選び直すのか
④ 任国への出発は延期になったのか
⑤ 連絡は何も届いていないのか

3　悪心おこるなどはおろかなり　36

① 悪事をたくらむ気持ちになったことは愚かなことである。
② 怒りのあまり血相が変わるどころの話ではない。
③ どす黒い憎悪の心が渦巻くのもやむを得ない。
④ 人を憎み呪う気持ちが起こったことは言うまでもない。
⑤ 仏道への帰依を妨げる悪い心が生じたことは残念である。

問七　文中の傍線部4〈人のまづ思はんこと〉とあるが、それは具体的にどのようなことか。その説明として最も適当なものを、次の選択肢の中から選べ。　37

① 恋人にだまされたみなそこがその北の方を恨んでいることに気づき、それに共感すること。
② 恋人に裏切られて都にひとり取り残されたみなそこのことを、哀れんだり蔑んだりすること。
③ みなそこが恋人に仕返ししようとしていることに気付き、それを制止しなければと思うこと。
④ みなそこが自ら殺生に及ぼうとしているため、仏罰が当たるのではないかと恐れていること。

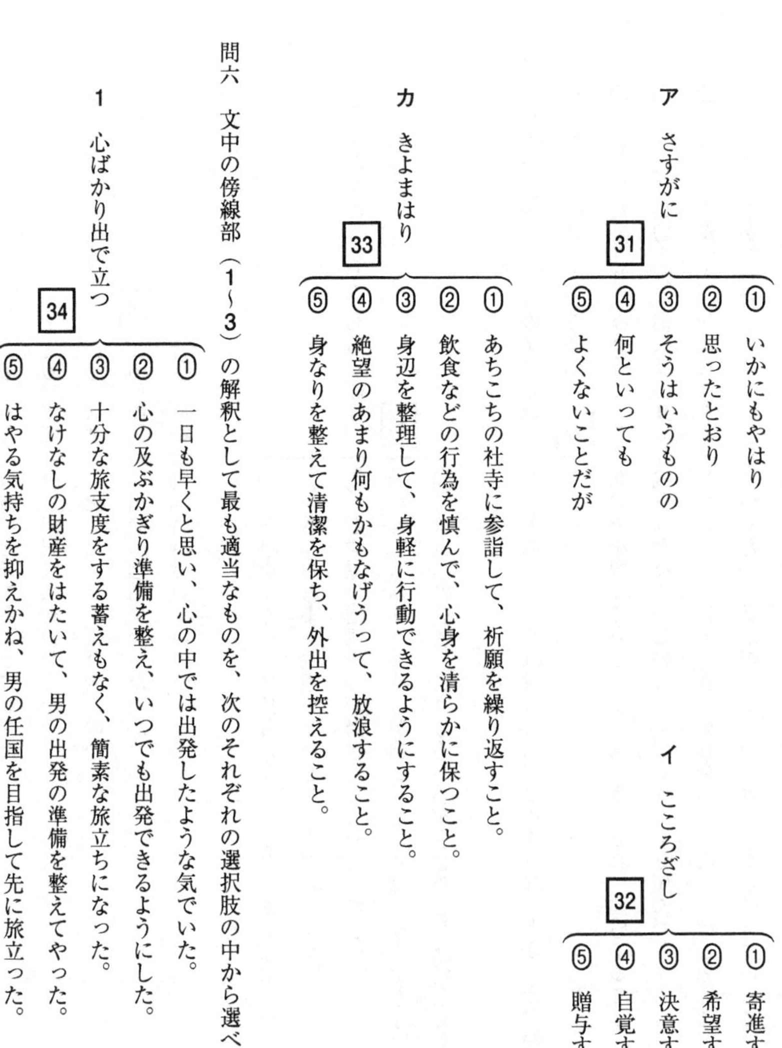

ア　さすがに　31
①　いかにもやはり
②　思ったとおり
③　そうはいうものの
④　何といっても
⑤　よくないことだが

イ　こころざし　32
①　寄進する
②　希望する
③　決意する
④　自覚する
⑤　贈与する

カ　きよまはり　33
①　あちこちの社寺に参詣して、祈願を繰り返すこと。
②　飲食などの行為を慎んで、心身を清らかに保つこと。
③　身辺を整理して、身軽に行動できるようにすること。
④　絶望のあまり何もかもなげうって、放浪すること。
⑤　身なりを整えて清潔を保ち、外出を控えること。

問六　文中の傍線部（1～3）の解釈として最も適当なものを、次のそれぞれの選択肢の中から選べ。

1　心ばかり出で立つ　34
①　一日も早くと思い、心の中では出発したような気でいた。
②　心の及ぶかぎり準備を整え、いつでも出発できるようにした。
③　十分な旅支度をする蓄えもなく、簡素な旅立ちになった。
④　なけなしの財産をはたいて、男の出発の準備を整えてやった。
⑤　はやる気持ちを抑えかね、男の任国を目指して先に旅立った。

①　B　我が身の‖　②　C　男の‖　③　D　迎への‖　④　E　北の方の‖　⑤　F　足の‖

問二　文中の波線部Ⅰ〈ん〉、Ⅱ〈ら〉の助動詞の意味として最も適当なものを、それぞれ次の選択肢の中から選べ。
Ⅰ 23 、Ⅱ 24

①　意志　②　打消　③　可能　④　推量　⑤　尊敬　⑥　存続

問三　文中の波線部Ⅲ〈思ふ〉、Ⅳ〈問ひ〉、Ⅴ〈聞き〉の主語として最も適当なものを、それぞれ次の選択肢の中から選べ。ただし、同じものを繰り返し選んでもよい。Ⅲ 25 、Ⅳ 26 、Ⅴ 27

①　みなそこ　②　北の方　③　四条の宮　④　男　⑤　女房

問四　文中の破線部ウ〈給ひ〉、エ〈給ひ〉、オ〈参ら〉の敬語の説明として最も適当なものを、それぞれ次の選択肢の中から選べ。ウ 28 、エ 29 、オ 30

①　四条の宮に対する敬意を表す尊敬語　②　四条の宮に対する敬意を表す謙譲語
③　男に対する敬意を表す尊敬語　④　男に対する敬意を表す謙譲語
⑤　北の方に対する敬意を表す尊敬語　⑥　北の方に対する敬意を表す謙譲語

問五　文中の破線部（ア・イ・カ）の意味として最も適当なものを、次のそれぞれの選択肢の中から選べ。

りしほどに聞きて、心の内の喜び、申しつくすべからず。その後、とかく事たがひて、世にあるべくもなく衰へて、はてには、かく乞食をしありき侍るなり。ともすれば、罪深く恐ろしき夢なんど見え侍れど、7さしも申してしことなれば、さらに恨むるにあらずなむ侍る。かく、いたく老いせまりて後こそ、何しに罪深くさる悪心を発して、二世不得の身になりぬらむと思ひかへし侍れど、かひもなし」とぞ言ひける。

（『発心集』による）

注　四条の宮――後冷泉天皇の皇后で、藤原頼通の娘、寛子（一〇三六〜一一二七年）のこと。
半者――召使いの女。
みなそこ――この尼のもとの名。
男――みなそこの恋人のこと。
ただあらましかとこそ思ひつれ――実際に任国に赴任することはないと思っていたのに、の意。
貴船――京都市左京区の貴船神社。
無間地獄――八熱地獄の第八番目、最下底の地獄。大罪を犯した者が絶え間なく責め苦を受ける所。
襪――束帯を着る時にはく靴下のようなもの。
二世不得の身――現世の安穏からも来世での悟りからも見放されている身。

問一　22　文中の二重傍線部A〈の〉と文法的に同じ意味で使われているものを、文中の二重傍線部（B〜F）の中から選べ。

次の Ⅱ の問題は、「国語(2)」の受験者が解答してください。（解答番号は 22 〜 40 ）

Ⅱ　次の文章を読み、後の問い（問一～問十）に答えよ。（40点）

中ごろ、年たかき尼の、さすがに人に知られて乞食しありくあり。我が身のありさま、みづから語りけるは、「もとは四条の宮の半者、みなそことなむいひける。男の受領になりて下りける時、具して下らんといざなひければ、宮にも暇申し、さふらふ人々にもその由聞こえて、心ばかり出で立つ。おほやけにも旅の装束給はせ、女房なんども、おのおの扇・畳紙やうのはなむけ、あまねくこころざしけり。既に暁とて、重ねて事の由聞こえて、里に出でつつ迎への車を待つほどに、その日、音信もなし。あやしくて、もし下りのびたるかと尋ぬれば、「はや、この暁下り給ひぬ。北の方の日ごろはそら知らずして、この夜中ばかり、「ただあらましかとこそ思ひつれ。まことには、我をおきて、誰を具して行くべきぞ」とむつかり給ひつれば、やがて、北の方もろともに下り給ひぬ」と言ふ。悪心おこるなどはおろかなり。人のまづ思はんことも心憂ければ、その後、宮へも参らず、やがてその日よりきよまはりして、貴船へ百夜参りして、申し侍りしやう、「我、おだやかにて、人を悪しかれと申さばこそは、かたからめ。彼の人を失ひ給へ。我が命を奉らん。もし、なほ生けらば、乞食する身となりて、後世には無間地獄におつる果報を受くるとも、それをば憂へとせず。ただこのいきどほりを助け給へ」となむ二心なく申し侍りし。

この男は、ただ面目なくなんどばかり心苦しく思ひやりて、さほど深く思ふらんとは知らざりけり。

国に下りつきて、一月ばかりありける程に、かの北の方、湯殿におりたりける時、湯の気の中へ、天井の中より襪はきたる足の一尺ばかりなるをさしおろしたるが見えければ、女房に、「かれは見るや」と問ひけれど、こと人には見えず。かくて、驚き恐れて湯も浴みず、さわぎのぼりにけるより、やがて重く煩ひて、程なく失せにけりとぞ。京には、いまだ百日にみたざ

①　学校教育の主な目的は国家や社会にとって有為な人材を育成することにあるため、国語の授業において本来は様々な解釈がありうる作品でも、教師の解釈を疑うことなく一方的に信じるような従順さが求められがちであるということ。
②　自分の才能、適性、努力について真剣に悩む高校生は他人の言葉に流されて容易にマインドコントロールを受けてしまうため、国語の授業においても教師の言うことを鵜呑みにしないように注意しておかなければならないということ。
③　「正しい自己認識を行って、自分を試す場数を踏んでいけば道が開ける」というような人生訓を教師が言うままに信じて頑張ってみても、社会に出ればその成果を搾取されるばかりで、多くの人は貧困から抜け出せないということ。
④　解釈が人によって分かれる『山月記』の授業は、教師の価値観によって教え方も様々であるため、教えられた内容をそのまま自分の心の中に留めておくだけでは、何ら役に立つ教えを提供してくれるものにはなり得ないということ。
⑤　『山月記』のような様々に解釈できる作品から複雑な人生について自ら深く考えることは大切であり、そのような経験をせずに教師が教えるわかりやすい道徳に従っているだけでは、自律的に生きていくことはできないということ。

問十二　文中の傍線部**5**〈『山月記』を何年経っても覚えている日本人が多いのは当然ともいえる〉とあるが、筆者はなぜそのように言うのか。その理由として最も適当なものを、次の選択肢の中から選べ。 **21**

①　多くの教科書に採られてほとんどの日本人が読んでいるため、『山月記』について話す機会が多いから。
②　進路について真剣に悩む時期に『山月記』を通して考えたことが、その後の生き方と関わってくるから。
③　謎の人生訓が語られた、受験とは無関係な『山月記』の授業内容に、いつまでも疑問を持ち続けるから。
④　実社会に組み込まれていく中で、自分の不遇や葛藤を『山月記』の李徴と重ねる経験が増えていくから。
⑤　人生の中で役に立つ道徳を高校生にわかりやすく教えるには、『山月記』が最も適した素材であるから。

④『山月記』は多くの日本人に読まれている。
⑤国語の授業の目的は読解力を身につけることだけではない。

問九　文中の傍線部2〈国語ないし、現代国語（現国）の授業の存在理由〉とあるが、筆者がここで国語・現国の授業の存在理由を問題にするのはなぜか。その説明として最も適当なものを、次の選択肢の中から選べ。18

①『山月記』の授業で何を教えようとしているのかが、筆者にとってはずっと謎であったから。
②結論が出なかったり分かれたりするようなことを、授業として行うのは適切ではないから。
③教師が謎の人生訓を延々と語るような授業は、生徒にとって意味不明なものでしかないから。
④テストで求められる読解力の向上という目的からは、かけ離れた授業が行われているから。
⑤わかりやすい徳目を身につけさせるのは、小学校の道徳の授業で終わりにするべきだから。

問十　文中の傍線部3〈そこに思い入れがあってもおかしくない〉とあるが、ここで言う「思い入れ」は誰の思い入れのことか。最も適当なものを、次の選択肢の中から選べ。19

①本文の筆者（瀧本哲史）　②高校教諭の佐野幹氏　③多くの国語の先生
④『山月記』の著者　⑤『山月記』を覚えている多くの日本人

問十一　文中の傍線部4〈教師から言われたことをそのまま内面化するのは、せいぜい、奴隷の道徳でしかない〉とあるが、このことを通して筆者はどのようなことを言いたいのか。最も適当なものを、次の選択肢の中から選べ。20

問四　文中の空欄（ア〜ウ）を補うのに最も適当なものを、それぞれ次の選択肢の中から選べ。
ア 10 、イ 11 、ウ 12

① なぜなら　② そこで　③ したがって　④ ところで　⑤ そして　⑥ とりわけ　⑦ もしくは

問五　文中の空欄（A）を補うのに適当な人物名を、次の選択肢の中から選べ。 13

① 中島敦　② 堀辰雄　③ 菊池寛　④ 安部公房　⑤ 井伏鱒二

問六　文中の空欄（B・D）を補うのに最も適当なものを、それぞれ次の選択肢の中から選べ。B 14 、D 15

① 瞬間　② 道徳　③ 圧倒　④ 一義　⑤ 積極　⑥ 事後

問七　文中の空欄（C）を補うのに最も適当なものを、次の選択肢の中から選べ。ただし、空欄Cは二箇所ある。 16

① 七転八起　② 傲岸不遜　③ 切磋琢磨（せっさたくま）　④ 試行錯誤　⑤ 捲土重来（けんどちょうらい）

問八　文中の傍線部1〈私の仮説が正しければ〉とあるが、ここでいう「仮説」の内容として最も適当なものを、次の選択肢の中から選べ。 17

① 日本人に一番読まれているのは古典でもベストセラーでもない。
② 日本人の多くが最も読んでいる書物は「国語の教科書」である。
③ 『山月記』は一九五一年以来多くの教科書で採用されている。

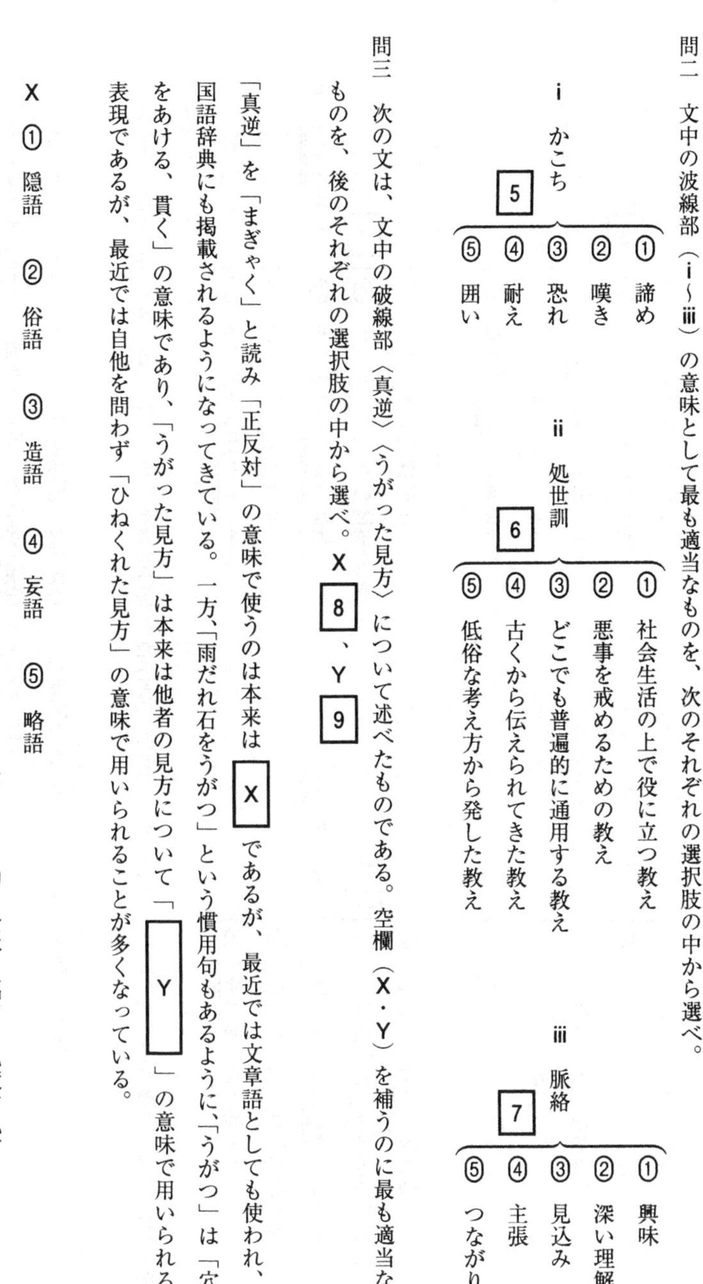

問二　文中の波線部（ⅰ～ⅲ）の意味として最も適当なものを、次のそれぞれの選択肢の中から選べ。

ⅰ　かこち　5
①　諦め
②　嘆き
③　恐れ
④　耐え
⑤　囲い

ⅱ　処世訓　6
①　社会生活の上で役に立つ教え
②　悪事を戒めるための教え
③　どこでも普遍的に通用する教え
④　古くから伝えられてきた教え
⑤　低俗な考え方から発した教え

ⅲ　脈絡　7
①　興味
②　深い理解
③　見込み
④　主張
⑤　つながり

問三　次の文は、文中の破線部〈真逆〉〈うがった見方〉について述べたものである。空欄（X・Y）を補うのに最も適当なものを、後のそれぞれの選択肢の中から選べ。X 8、Y 9

「真逆」を「まぎゃく」と読み「正反対」の意味で使うのは本来は X であるが、最近では文章語としても使われ、国語辞典にも掲載されるようになってきている。一方、「雨だれ石をうがつ」という慣用句もあるように、「うがつ」は「穴をあける、貫く」の意味であり、「うがった見方」は本来は他者の見方について「 Y 」の意味で用いられる表現であるが、最近では自他を問わず「ひねくれた見方」の意味で用いられることが多くなっている。

X　①　隠語　②　俗語　③　造語　④　妄語　⑤　略語

Y　①　拡大解釈した不自然な見方　②　細かいことにこだわる見方　③　全体を幅広く見渡す見方
④　物事の本質を捉える見方　⑤　目を背けたくなる下品な見方

（瀧本哲史『読書は格闘技』による）

注　オープンエンド――前もって解答の範囲を限定していないこと。
　エートス――パトス（一時的な感情）の対義で、社会集団や民族などの持続的な気風や性格のこと。

問一　文中の二重傍線部（a～d）のカタカナを漢字に直したとき、同じ漢字を用いるものを、次のそれぞれの選択肢の中から選べ。

a　ジョウブン　1
①　予算拡充を陳ジョウする
②　領土を割ジョウする
③　世の中は不ジョウ理だ
④　名ジョウしがたい恐怖を感じる
⑤　自ジョウ自縛に陥る

b　オクビョウ　2
①　オク面もなく嘘（うそ）をつく
②　宝くじで三オク円当たった
③　少年時代の追オクにふける
④　江戸城の大オクは男子禁制だ
⑤　外は寒いがオク内は暖かい

c　コウケン　3
①　規則をコウ義に解釈する
②　印刷物のコウ正をする
③　崇コウな理想を掲げる
④　新聞は社会のコウ器だ
⑤　コウ顧の憂いがない

d　カイキ　4
①　キ炎を上げて議論を交わす
②　人生のキ路に立つ
③　彼の話はキ上の空論だ
④　こんな場所で会うとはキ遇だ
⑤　キ畜にも劣る行いをする

さらには、自身の修士論文をもとに出版した、高校教諭の佐野幹氏の『「山月記」はなぜ国民教材となったのか』によれば、そこに資本主義のエートスを読み取ることも可能だという。やや下世話に解釈すると、自分の才能におぼれて、組織を離れて独立すると、酷(ひど)い目に遭うという処世訓として読むこともできる。ややうがった見方をすると、多くの国語の先生は、一度は文学者を志したものの、様々な理由から、高校教師になったのかもしれない（実際、私に『山月記』を教えた教師は研究を続け大学教員になった）。しかも、『山月記』の著者は、旧制女学校の教師から文学者として名前が残る人になったというサクセスストーリーの持ち主でもあることを考えると、3そこに思い入れがあってもおかしくない。

とにもかくにも、『山月記』はいろいろな解釈を読者に提供できる素材になっている。道徳教育というのは、教育の現場において何かと論争を生む分野である。ただ、一つ言えるのは、わかりやすい徳目を単純に身につけさせるのは、小学校の道徳の授業で卒業すべきであって、実際の人生は、もっと複雑で、迷いがあるものだろう。4教師から言われたことをそのまま内面化するのは、せいぜい、奴隷の道徳でしかない。倫理の授業も、結局、脈絡のないまま、様々な思想家の考えを暗記するだけになってしまいやすい。

そうなると、ただ、現国だけが、小説を通じて、人生哲学について、上記のような人々が教師となって、考える機会を与える授業として設計されているのではないだろうか。

『山月記』は高校二年生が大学受験を前にして、自分の才能、適性、努力について真剣に悩むタイミングで教えられる。あるいは、卒業後すぐに就職する高校生にとっては、社会に組み込まれていくことについてひとしきり考えるタイミングでもあろう。

そう考えると5『山月記』を何年経っても覚えている日本人が多いのは当然ともいえる。

学作品は多様な解釈を許すので、結論が出ない、【イ】結論（解釈）が分かれることもある。そうしたオープンエンドな授業も多かったのではないだろうか。これは、ほぼ正解が【B】的に決まるような問いを出す、現国のテストとは真逆な世界である。

結局のところ、現国の授業は、テストで測定される読解力を向上させることとは関係がかなり薄いのではないかという気がしてくる。もっとも、学校教育はテストで評価されるためにだけ存在すると考える必要はないだろう。そうだとすると、現国の授業には読解力を身につけるのとは別の目的が隠されているのではないか、という仮説を立てることができるだろう。

【ウ】、戦前も含めて、国語教育の目的に関する様々な資料を読み解いていくと、表現はその時々で異なるが、一つのキーワードに出会う。それは「良書を読ませることを通じた人間形成」というものである。

これは、ある意味、驚くべきことである。というのも、国語教育の目的は、「読む、書く、聞く、話す」という言語スキルを上げるのではなく、ある種の道徳教育が明確に含まれているということになる。

それでは、『山月記』で一体何を教えようというのであろうか？　一つには、「才能」と「【C】」に対する教えがあろう。才能が十分でない人であっても、【C】することでそれなりに大成することはある。むしろ、正しい自己認識を行って、自分を試す場数を踏んでいけば道が開けるかもしれない。あるいは、そこで成果が出たことをもって、【D】的に、「才能に恵まれていた」というのかもしれない。

また、国語の授業の「指導書」（教員向け指導マニュアル）のなかでは、「なぜ、李徴の詩には今一つ物足りないところがあるのでしょうか」という問いを立てるものも多い。実際、私が受けた授業でもそういった問いが教師から出されたように記憶している。いろいろ答えはあるようだが、一つの答えとして、李徴の人間性の欠如について難じるものがある。さらに言うと、自分の詩の話をまずして、その後で家族のことを心配する李徴のエゴイズムを批判して、この問いに繋（つな）げることもあるようだ。

学作品が幾つか存在する。その一つが、この章で取り上げる［Ａ］『山月記』で、一九五一年以来、多くの教科書で採用されている。

1私の仮説が正しければ、あらすじの紹介は不要かもしれない。だが、覚えていない読者も多いと思うので紹介しよう。

中国の唐の時代、李徴という秀才がいた。役人であることに満足できず、詩人として名を成そうと辞職するが、うまくいかず、再び役人となるも不遇をかこち、最終的には、発狂して行方不明になってしまう。翌年、李徴の旧友で出世していた袁傪は、人喰い虎が出るという道をまだ暗いうちに出発し、虎に襲われる。ところが、その虎は、李徴だった。李徴いわく、自分はなぜか虎になってしまって、時々人に戻る。どんどん人である時間が短くなりつつある。自分の作った詩を残したいので、記録して欲しいと依頼され、袁傪は引き受ける。およそ三十編の詩を部下に書き取らせたが、その詩にはどこか欠けているものがあると袁傪は感じる。なぜ自分が虎になってしまったのか、李徴は語り始める。自分はその他大勢の才能のない人間と関わらないと決め、他人との交流を避けていたため傲慢だと言われた。しかしそれは、「オクビョウな自尊心と、尊大な羞恥心」が内心にあったからだ。実際には、自分に才能がないことを認めるのを恐れ、だからといって、少ない才能を苦労して磨くことも避けた。そういう内面の葛藤が、心中の虎であり、ついに本当に虎になってしまった。李徴は妻子のコウケンを袁傪に頼み、虎の姿を見せて去って行った、という話である。多くの読者が、その話は読んだことがあると思い出したであろう。

それにしても、中国カイキ譚とも言うべき、随分不思議な話である。しかし、今振り返ってみるとそれ以上に不思議なことがある。2国語ないし、現代国語（現国）の授業の存在理由である。

思い出して頂きたいのだが、入学試験などの現国のテストでは、極めて短い時間に初見の文章を読んで、登場人物の心情を理解したり、ストーリーを解釈する問題が出題される。一方、現国の授業では、一つの文章を長い時間を使って、かなり細かく解釈をしたり、さらには、教師から謎の人生訓を聞かされたりするようなことが行われている。［ア］、多くの場合、文

国語

（六〇分）

「国語(1)」の問題はⅠとⅢ、「国語(2)」の問題はⅠとⅡです。（ⅠとⅢは現代文、Ⅱは古文です。）

次のⅠの問題は、「国語(1)」の受験者、および「国語(2)」の受験者に共通の問題です。（解答番号は1～21）

Ⅰ

次の文章を読み、後の問い（問一～問十二）に答えよ。（60点）

日本人に一番読まれている書物は何だろうか。古典だろうか。それとも、ベストセラーだろうか。古典を好んで読む日本人はそれほどいないと思うし、ベストセラーは時代を象徴するものでもあるから、全世代で考えるとそれほど多くの人が読んでいるとは思えない。そもそも、書籍が二百万部売れたとしても、全人口でみれば、せいぜい数パーセントが読んでいるに過ぎない。日本人共通ということで、日本国憲法もあがるが、ジョウブン[a]をちゃんと読み込んでいる人は少ないのではないだろうか。

日本人の多くが最も読んでいる書物は、実は「国語の教科書」なのではないかと私は考えている。もちろん、教科書は国定ではなく検定なので、複数の教科書会社から出版されているのだが、各社が何十年にもわたって同じように取り上げている文

解答編

英語

I 解答　1 ―②　2 ―③　3 ―④　4 ―③　5 ―②　6 ―①　7 ―④

解説　≪地球環境問題を解決する科学技術とは？≫

1．第 1 段第 4 文（In other words, …）の内容と②の「新しい科学技術を開発する際には環境への影響を考慮することが必要だ」が一致。

2．第 2 段第 3・4 文（However, renewable energy … hard to store.）の内容と③の「自然はコントロールできないので，天然資源から発生する再生可能エネルギーは当てにならないことがある」が一致。

3．第 3 段第 5 ～ 7 文（The subway trains … and homes warm.）の内容と④の「多くの別々の団体は都市で発生する不要な熱を利用する方法を開発している」が一致。

4．第 4 段第 4・5 文（Because plants remove … across the continent.）の内容と③の「アフリカでは，葉は空気中から二酸化炭素を取り除くことができるので，21 カ国が防壁となる多数の木を植えている」が一致。

5．第 5 段第 5 文（In theory, …）の内容と②の「気泡を作る機械は海洋のプラスチックごみを減らす手助けとなるかもしれない」が一致。

6．第 5 段最終文（The scientists hope …）の内容と①の「バクテリアがプラスチックを完全に再利用するのに利用されることが望まれている」が一致。

7．第 6 段第 2・3 文（There is no … a climate celebration.）の内容と④の「現在の天候危機に対する新しい考えのすべてが効果的な解決策になるとは誰も確信できないが，そのうちのいくつかは確かに効果があるだろう」が一致。

Ⅱ 解答 8—③ 9—④ 10—③ 11—① 12—②

解説 ≪週末の予定に関するモニカの悩みとは？≫

8．モニカの発言では，姉の誕生日パーティーに出席する予定なのに，その土曜日に急に仕事の会議が入ったので，どうしたらよいのか困っていることがわかる。サトシに「何かアドバイスはある？」と助言を求めていると推測できる。したがって，③が正解。

9．職場の上司の昔ながらの考え方によると，サトシは「仕事は個人的な行事より重要だ」と上司は信じていると話していると推測できる。したがって，④が正解。

10．これまでの会話から，モニカは「私はどうしたらよいか困っている」と話していると推測できる。したがって，③が正解。be confused「困っている」

11．サトシは，「もし自分がモニカの立場なら，上司と話して状況を説明するだろう」と話していると推測できる。したがって，①が正解。

12．直前のサトシの発言から，土曜日に会議があると知らされたのは昨日のことなので，その通知には予定を変更する時間のゆとりがあまりなかったとわかる。モニカもサトシの発言に同意して繰り返していると推測できる。したがって，②が正解。warning「通知，予告」

Ⅲ 解答 13—③ 14—① 15—③ 16—② 17—④

解説 13.「その会社は社員に副業を禁じている」 prohibit *A* from *doing*「*A*（人）が～するのを禁止する」 engage in ～「～に従事する」 したがって，③が正解。

14.「君がその漫画の本を読んでしまったら借りてもいいですか？」 when S have *done*「Sが～してしまったら」 未来を表す条件節での動詞は，未来のことは現在形で，未来完了のことは現在完了で表す。finish *doing*「～し終える」 したがって，①が正解。

15.「兄も私もフランス語を話すのはあまり上手ではない」 neither *A* nor *B*「*A*も*B*も～ない」 したがって，③が正解。

16.「1バレルあたりの石油価格は昨年のほとんど2倍になっている」

double what S V「SがVするものの2倍」 whatは関係代名詞で，what＝the thing(s) that。したがって，②が正解。

17.「帰宅するやいなや私のスマートフォンが鳴った」 S_1 had hardly *done* when S_2 V（過去形）「S_1が〜するやいなやS_2がVした」 副詞hardlyが文頭にきている場合，主語と動詞（助動詞）は倒置する。したがって，④が正解。

Ⅳ　**解答**　18―①　19―④　20―②　21―③　22―②

解説　18.「アンは18歳になったとき，祖母の腕時計を遺産として譲り受けた」 inherit「〜を相続する，遺産として譲り受ける」 したがって，①が正解。

19.「私たちの会社は売り上げ成長に関しては，うまくいっている」 in terms of〜「〜の面からみると，〜に関しては」 したがって，④が正解。

20.「この市には，入場無料の遊園地がいくつかある」 admission「入場料」 したがって，②が正解。

21.「コンピュータが私たちの生活において不可欠な要素になっている一方で，コンピュータは私たちの健康によくない影響を及ぼすかもしれないとも言われてきた」 while S V「SがVする一方で」 したがって，③が正解。

22.「この文化交流プログラムを通して，私たちは相互理解を促すことができるだろう」 mutual「相互の」 したがって，②が正解。

Ⅴ　**解答**　23―④　24―⑤　25―②　26―⑥　27―④　28―③　29―⑦　30―①　31―⑥　32―③

解説　完成した文は以下のとおり。

(A)（My luggage was heavy, so I）had it carried to my room by my (sister.)　have *A done*「*A*を〜してもらう」 このhaveは使役動詞。

(B)（I）make it a rule not to drink coffee before（going to bed.）make it a rule to *do*「〜することにしている」 make it a rule not to *do*「〜しないことにしている」 notの位置に注意。

(C)（Our bus is late because of the traffic jam, so）we might as well walk to the station (rather than waiting here.) might as well *do* rather than ～「～するくらいなら…するほうがよい」 because of ～「～の理由で」

(D) (I) had met Kate before you introduced me (to her at school.) 紹介してくれた時点より以前にケイトに会ったことがあるのだから，時制のずれを表すために，「会ったことがありました」は過去形ではなく，過去より以前のことを表す過去完了形を使う。

(E) When was it that the student took the lost child (to the police station?) When was it that S V?「SがVしたのはいつでしたか？」この文は強調構文で，it は that 以下を強調するために使われている。(例文) Where was it that they met?「彼らが会ったのはどこでしたか？」

日本史

Ⅰ

解答 問1．③ 問2．④ 問3．② 問4．② 問5．③

解説 ≪平安時代の政治・外交≫

問2．正答は④。下線部の人物は菅原道真である。①は「後醍醐天皇」を「醍醐天皇」と訂正すれば藤原時平の，②は紀貫之の，③は藤原道長の説明文である。

問3．②が誤り。下線部の「度々の使等」は遣唐使を指している。遣唐使の航路は初め北路をとったが，新羅との関係が悪化した8世紀以降は，より危険な南路に切り替えられた。

問4．正答は②。①は検非違使の，④は蔵人頭の説明文である。

問5．誤りは③。「倭寇」の活動は室町時代の14～16世紀頃であり，問題文の「7世紀初めから9世紀末まで」に該当しない。

Ⅱ

解答 問1．③ 問2．① 問3．① 問4．③ 問5．③

解説 ≪御成敗式目の制定≫

問2．正答は①。武家法の制定に対して「謗難（＝そしり非難すること）を加ふる」と想定される人なので，幕府・武士と相対する立場にある「朝廷の人々」である。

問3．①が誤り。②は「御下文を帯ぶると雖も知行せしめず，年序を経る所領の事」，③は「諸国地頭，年貢所当を抑留せしむる事」，④は「女人養子事」として，御成敗式目に規定されているが，①は規定されていない。

問5．正答は③。この書状を受けたのは北条泰時の弟，北条重時。1221年の承久の乱後に朝廷の監視などを行う幕府の出先機関として設置された六波羅探題として，京都にとどまっていた。①は奥州総奉行の，②は侍所の，④は鎮西奉行の説明文である。

解答　問1．⑤　問2．④　問3．④　問4．①　問5．③

解説　≪江戸時代初期の外交≫

問3．正答は④。仙台藩主伊達政宗がメキシコとの交易を開く目的で，家臣支倉常長をスペインに送った。島津家久は薩摩藩主。1609年に琉球に侵攻した。田中勝介は1609年に漂着した前ルソン総督ドン=ロドリゴの送還に徳川家康の命で同行し，メキシコに渡った商人である。

問5．正答は③。ノビスパンは現在のメキシコを指し，日本町は形成されていない。①アユタヤはタイに，②サンミゲルはフィリピンに，④フェフォはベトナムに，⑤プノンペンはカンボジアにあった都市で，それぞれ日本町が形成されていた。

Ⅳ

解答　問1．④　問2．②　問3．③　問4．③　問5．①

解説　≪明治時代初期の近代化≫

問3．③が誤り。下線部の岩倉使節団の渡欧は1871～73年である。寺島宗則が外務卿として改正交渉に当たったのは1876年からなので，この期間の活動に該当しない。

問4．③が誤り。地租改正条例に定められた地租率は3％であった。

問5．波線部のうち誤りは「3％」。1876年に税率は「2.5％」に引き下げられた。誤りは1カ所なので，正答は①。

解答　問1．①　問2．③　問3．①　問4．①　問5．③

解説　≪農地改革≫

問2．正答は③。地主の貸付地所有限度は，第一次農地改革での5町歩が不十分とされ，第二次農地改革では規制の徹底化が図られ，不在地主は認められず，在村地主も貸付地は1町歩と改められた。

問4．波線部の誤りは「農地調整法」。農業協同組合設立の基本となった法律は「農業協同組合法」である。誤りは1カ所なので，正答は①。

問5．③正文。①誤文。山林地主は改革の対象にならなかった。②誤文。第二次農地改革は1946年から1950年までである。④誤文。在村地主の貸付地は1町歩までとされた。

世界史

I

解答　1．国・王朝：①　元首：⑦
2．国・王朝：⑧　元首：④
3．国・王朝：⑤　元首：⓪　4．国・王朝：⑦　元首：⓪
5．国・王朝：③　元首：②

解説　≪メソポタミアを支配した諸国家≫

1．①アケメネス朝は，前550年にキュロス2世がメディアを滅ぼして自立し，第3代の⑦ダレイオス1世（在位：前522～前486年）の時代に全盛期を迎えた。

2．⑧マケドニアの④アレクサンドロス大王は，前334年に東方遠征を開始し，前331年のアルベラの戦いでアケメネス朝のダレイオス3世を破った。翌330年，ダレイオス3世が暗殺されてアケメネス朝は滅亡した。

3．アレクサンドロス大王の死（前323年）ののち，広大な帝国領は分割され，メソポタミア地域は⑤セレウコス朝（前312～前64年）が支配した。

4．セレウコス朝の領土からは，前255年頃にバクトリアが，前248年頃に⑦パルティアがそれぞれ自立した。メソポタミア地域を支配したのは⑦パルティアで，3世紀にササン朝に敗れるまで約400年間存続した。

5．③ササン朝の建国者である②アルダシール1世は，224年にパルティアの最後の王を破り，226年にはクテシフォンを陥落させた。

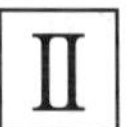

解答　問1．③　問2．②　問3．②　問4．④　問5．①

解説　≪春秋戦国時代から漢代の中国≫

問1．③正解。前漢の司馬遷による『史記』は，黄帝（伝説上の帝王）から前漢武帝の時代までの紀伝体の通史である。この『史記』のなかに，焚書・坑儒に関する記述がある。

問2．②正解。法家の商鞅は，戦国時代の秦王である孝公に仕えて改革（変法）を実施した。なお，統一後の秦の始皇帝に仕えたのが法家の李斯で，文章中にある焚書・坑儒は李斯の進言とされる。
問3．②正解。匈奴はモンゴル高原の騎馬遊牧民で，始皇帝は将軍蒙恬を派遣して匈奴を討ち，オルドスを奪取した。

解答　問1．④　問2．③　問3．②　問4．②　問5．②

解説　≪ルネサンス≫
問3．②正解。ミケランジェロはイタリア=ルネサンスを代表する彫刻家・画家で，「ダヴィデ像」のほか「天地創造」や「最後の審判」などの作品を残した。また，サン=ピエトロ大聖堂の建築には，ミケランジェロのほか，ブラマンテや③ラファエロも関わった。
問4．②正解。コペルニクスはポーランドの天文学者で，1543年刊行の著書『天球回転論』で地動説を唱えた。イタリアの天文学者である①ガリレイも地動説を唱えたが，それは17世紀に入ってからのことである。

Ⅳ　**解答**　問1．①　問2．①　問3．④　問4．⑥　問5．③

解説　≪スウェーデンを中心とした近現代ヨーロッパ史≫
問1．①誤文。ウェストファリア条約で独立が正式に認められたのは，スイスとデンマークではなくスイスとオランダ。
問3．④正解。ピョートル1世はロシアの西欧化・近代化を進めた皇帝で，1700年からの北方戦争ではポーランド・デンマークと結んでカール12世率いるスウェーデンを破った。カール12世は戦死し，北方戦争を機にバルト海の覇権がスウェーデンからロシアに移ることになった。
問4．⑥正解。1948年にコミンフォルム（共産党情報局）を除名されたユーゴスラヴィアは，ティトーの指導下に独自路線をとり，1955年に結成されたワルシャワ条約機構にも参加しなかった。なお，①アルバニアはワルシャワ条約機構の結成には参加したが，中ソ対立以降，親中国路線をとり，1968年にはワルシャワ条約機構を脱退した。
問5．③誤文。ウィーン会議で旧オーストリア領ネーデルラント（南ネーデルラントとも呼ばれる）を獲得したのは，ロシアではなくオランダ。

解答　A―③　B―④　C―②　D―①　E―③

解説　≪第一次世界大戦後の西アジア≫

A．(a)誤り。エジプトの民族主義政党はタキン党ではなくワフド党。タキン党はビルマ（ミャンマー）の政党。(b)正しい。

B．(a)・(b)誤り。カージャール朝とパフレヴィー朝が逆である。1796年に成立したカージャール朝はロシア・イギリスの進出を受け，1907年の英露協商で北部がロシア，南東部がイギリスの勢力圏とされた。第一次世界大戦後の1921年，軍人レザー=ハーンがクーデタでカージャール朝の実権を掌握し，1925年にはシャーに即位してパフレヴィー朝を開いた。

C．(a)正しい。(b)誤り。イブン=サウードに敗れたヒジャーズ王国のアラブ独立運動の指導者は，ムスタファ=ケマルではなくフセイン。ムスタファ=ケマルはトルコ共和国の建国者で，ケマル=アタテュルクとも呼ばれる。

E．(a)誤り。イギリスは，サイクス・ピコ協定ではなく，フセイン・マクマホン協定によってアラブ人にオスマン帝国からの独立を約束した。サイクス・ピコ協定は1916年にイギリス・フランス・ロシアの3国が定めた秘密協定で，連合国間でのオスマン帝国の配分とパレスチナの国際管理を定めた。(b)正しい。

数学

◀数　学　(1)▶

I **解答**　1―①　2―⓪　3―⑤　4―⓪　5―⑤　6―⓪
7―⑤　8―③　9―⓪　10―②　11―②　12―⓪
13―⑥　14―①　15―③

解説　≪小問3問≫

(1)　$(x+1)(x+2)(x+3)(x+4)$　……①

①を展開して得られる x^3 の項のすべての和は

$$x^3+2x^3+3x^3+4x^3=10x^3$$

よって，x^3 の係数は　10　(→1，2)

①を展開した x の係数は

$$1\cdot2\cdot3+2\cdot3\cdot4+3\cdot4\cdot1+4\cdot1\cdot2=50 \quad (\to 3,\ 4)$$

①に $x=100$ を代入すると，$101\times102\times103\times104$　……② を得る。

①の定数項は　$1\times2\times3\times4=24$

①の x の係数の 50 は，②の百の位の数である。

①を展開した x の 2 次以上の項の係数は，②の一万の位以上の数だから，千の位以下の数には影響しない。

以上から，②の千の位の数字は 5 であり，百の位の数字は 0 である。

(→5，6)

(2)　$x=\dfrac{1+\sqrt{5}}{2}$ より

$$\frac{1}{x}=\frac{2}{1+\sqrt{5}}=\frac{2(\sqrt{5}-1)}{(\sqrt{5}+1)(\sqrt{5}-1)}=\frac{-1+\sqrt{5}}{2}$$

だから

$$x+\frac{1}{x}=\frac{1+\sqrt{5}}{2}+\frac{-1+\sqrt{5}}{2}=\sqrt{5} \quad (\to 7)$$

$$x^2+\frac{1}{x^2}=\left(x+\frac{1}{x}\right)^2-2x\cdot\frac{1}{x}=(\sqrt{5})^2-2=3 \quad (\to 8)$$

また

$$x^4-2x^3-x^2+2x+1=x^2\left\{\left(x^2+\frac{1}{x^2}\right)-2\left(x-\frac{1}{x}\right)-1\right\}$$

$$=\left(\frac{1+\sqrt{5}}{2}\right)^2(3-2\cdot 1-1)=0 \quad (\to 9)$$

(3)　$f(x)=-x^2-2ax-3a^2+8a-6$

$\qquad=-(x+a)^2-2a^2+8a-6$

とする。

(i)　$y=f(x)$ のグラフは上に凸だから，最大値 m は

$$m=f(-a)=-2a^2+8a-6=-2(a-2)^2+2$$

m は頂点 (2, 2) で上に凸の放物線だから，$0\leqq a\leqq 3$ のとき

m の最大値は 2 で，このとき $a=2$　(→10, 11)

m の最小値は -6 で，このとき $a=0$　(→12, 13)

(ii)　$y=f(x)$ と x 軸との共有点の x 座標は，x の方程式 $f(x)=0$ の実数解である。

x についての判別式を D とすると，x 軸と共有点をもたない条件は

$$\frac{D}{4}<0$$

であるから

$$(-a)^2-(-1)(-3a^2+8a-6)<0$$

$$-2a^2+8a-6<0$$

$$a^2-4a+3>0$$

$$(a-1)(a-3)>0$$

$\therefore$　$a<1,\ 3<a$　(→14, 15)

II　解答　16—③　17—⓪　18—⑥　19—⓪　20—⓪　21—②　22—②　23—②　24—③　25—⑤　26—⑥　27—⑥　28—②　29—⑤　30—③　31—②　32—①　33—④

解説　≪測量，立方体の平面による切り口の計量≫

(1)　条件から，見取り図は次図のようになり

$\angle\mathrm{PHQ}=30^\circ$　(→16, 17)

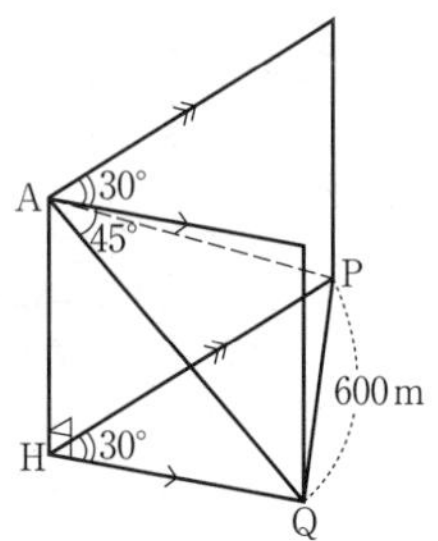

AH$=x$〔m〕とする。

△PAH において，∠PAH$=60°$，∠AHP$=90°$ だから

$$\text{PH}=x\tan 60°=\sqrt{3}x\text{〔m〕}$$

△AHQ において，∠AHQ$=90°$，∠QAH$=45°$ だから

$$\text{QH}=x\tan 45°=x\text{〔m〕}$$

△PHQ に余弦定理を用いて

$$(\sqrt{3}x)^2+x^2-2\cdot\sqrt{3}x\cdot x\cos 30°=600^2$$

$$x^2=600^2$$

$x>0$ より　　$x=600$

よって　　AH$=600$〔m〕（→18〜20）

(2)　△AEF≡△FGC≡△ABC で，これらは直角二等辺三角形である。

△ACF において，三平方の定理より

$$\text{AF}=\text{FC}=\text{AC}$$

$$=\sqrt{2^2+2^2}=2\sqrt{2}\text{〔cm〕}\quad(\to 21,\ 22)$$

△ACF は1辺が $2\sqrt{2}$ cm の正三角形だから

$$\triangle\text{ACF}=\frac{1}{2}(2\sqrt{2})^2\sin 60°=2\sqrt{3}\text{〔cm}^2\text{〕}\quad(\to 23,\ 24)$$

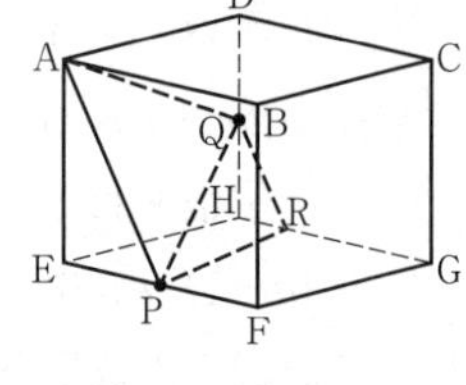

立方体の平面 APQ による切り口について，

△AEP に三平方の定理を用いて

$$\text{AP}=\sqrt{2^2+1^2}=\sqrt{5}\text{〔cm〕}\quad(\to 25)$$

平面 CDHG の切り口の線分を QR とすると，QR∥AP だから，切り口の図形は，台形である。

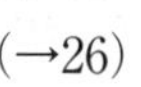
（→26）

線分 PQ の長さは，△QHP において，∠QHP$=90°$，QH$=1$〔cm〕，PH$=$AP$=\sqrt{5}$〔cm〕だから，三平方の定理より

$$\text{PQ}=\sqrt{1^2+(\sqrt{5})^2}=\sqrt{6}\text{〔cm〕}\quad(\to 27)$$

△PAQ において，AQ$=$AP$=\sqrt{5}$〔cm〕，PQ$=\sqrt{6}$〔cm〕だから，余弦定理より

$$\cos\angle PAQ=\frac{(\sqrt{5})^2+(\sqrt{5})^2-(\sqrt{6})^2}{2\cdot\sqrt{5}\cdot\sqrt{5}}=\frac{4}{2\cdot5}=\frac{2}{5}\quad(\to 28,\ 29)$$

また

$$\sin\angle PAQ=\sqrt{1-\cos^2\angle PAQ}=\frac{\sqrt{21}}{5}$$

$$\triangle APQ=\frac{1}{2}\cdot AP\cdot AQ\sin\angle PAQ=\frac{1}{2}(\sqrt{5})^2\frac{\sqrt{21}}{5}=\frac{\sqrt{21}}{2}\,[\mathrm{cm}^2]$$

$$\triangle RQP=\frac{QR}{AP}\triangle APQ=\frac{1}{2}\cdot\frac{\sqrt{21}}{2}=\frac{\sqrt{21}}{4}\,[\mathrm{cm}^2]$$

よって

$$(\text{台形 APRQ})=\triangle APQ+\triangle RQP=\frac{\sqrt{21}}{2}+\frac{\sqrt{21}}{4}$$

$$=\frac{3\sqrt{21}}{4}\,[\mathrm{cm}^2]\quad(\to 30\sim 33)$$

34―① 35―② 36―① 37―⑧ 38―① 39―⑤
40―⑦ 41―② 42―① 43―⑦ 44―⑧ 45―①
46―③ 47―⑥ 48―⓪ 49―② 50―⓪ 51―⑤

解説　≪さいころを投げる試行に関する確率，同じ文字を含む文字列の順列と辞書式配列による順番≫

(1)　(i)　1 個のさいころを 1 回投げる試行で起きる事象の確率について

起こり得るすべての場合の数は，1 ～ 6 の目が出るときで　6 通り

赤色の玉を取り出す場合の数は，1，2，3 の目が出るときで　3 通り

よって，赤色の玉を取り出す確率は

$$\frac{3}{6}=\frac{1}{2}\quad(\to 34,\ 35)$$

(ii)　青色の玉を取り出す場合の数は，4，5 の目が出るときで　2 通り

だから，青色の玉を取り出す確率は　$\dfrac{2}{6}=\dfrac{1}{3}$

よって，4 回とも青色の玉を取り出す確率は

$$\left(\frac{1}{3}\right)^4=\frac{1}{81}\quad(\to 36\sim 38)$$

(iii)　黄色の玉を取り出す確率は，余事象の確率を考えて　$\dfrac{1}{6}$

6回の試行で，ちょうど2回ずつ赤色の玉，青色の玉，黄色の玉を取り出す場合の数は

$$\frac{6!}{2!2!2!}=3\cdot5\cdot3\cdot2=90 \text{ 通り}$$

この各場合が起こる確率は　$\left(\dfrac{1}{2}\right)^2\left(\dfrac{1}{3}\right)^2\left(\dfrac{1}{6}\right)^2$

よって，求める確率は

$$90\left(\frac{1}{2}\right)^2\left(\frac{1}{3}\right)^2\left(\frac{1}{6}\right)^2=\frac{5}{72}\quad(\to 39\sim41)$$

(iv)　青色の玉がちょうど3回出る事象の確率は

$${}_5C_3\left(\frac{1}{3}\right)^3\left(\frac{2}{3}\right)^2=\frac{40}{3^5}$$

青色の玉がちょうど4回出る事象の確率は

$${}_5C_4\left(\frac{1}{3}\right)^4\left(\frac{2}{3}\right)=\frac{10}{3^5}$$

5回とも青色の玉が出る事象の確率は

$$\left(\frac{1}{3}\right)^5=\frac{1}{3^5}$$

これらの事象は排反であり，この和事象の確率が，青色の玉が3回以上出る事象の確率だから

$$\frac{40+10+1}{3^5}=\frac{51}{3^5}=\frac{17}{81}\quad(\to 42\sim45)$$

(2)　(i)　D，E，E，G，N，Rの順列の総数は

$$\frac{6!}{2!}=360 \text{ 個}\quad(\to 46\sim48)$$

(ii)　D，E，E，G，N，Rをそれぞれ順に1，2，2，3，4，5に置き換えると，アルファベットの文字列を辞書式に並べることを，この置き換えた6個の数で作られる6桁の整数を小さい順に並べることに対応させることができる。

このとき，GENDERが何番目かは，置き換えた6桁の数を小さい方から並べたとき，324125が何番目かを考えることと同じになる。

最高位が1である数の個数は　$\dfrac{5!}{2!}=60$ 個

最高位が2である数の個数は　$5!=120$ 個

最高位の2桁が31である数の個数は　$\dfrac{4!}{2!}=12$ 個

最高位の3桁が321である数の個数は　$3!=6$ 個

最高位が322である数の個数は　$3!=6$ 個

この次に大きい数が，324125である。

よって，求めるものは，前から

$60+120+12+6+6+1=205$ 番目　（→49〜51）

◀数　学（2）▶

I

解答　1—②　2—②　3—③　4—⓪　5—⑥　6—⑨
7—②　8—①　9—⓪　10—②　11—③　12—①
13—③　14—②　15—①　16—③　17—③　18—①　19—⑥　20—②
21—④

解 説　≪小問2問≫

(1)　(i)　$\dfrac{a_{n+4}}{a_n}=\dfrac{b_{n+4}}{b_n}=16$ より

$$r_a{}^4=r_b{}^4=2^4$$

ここで，r_a，r_b は方程式 $r^4=2^4$　……① の実数解である。

$$① \Longleftrightarrow r^4-2^4=0 \Longleftrightarrow (r^2+2^2)(r^2-2^2)=0$$

r が実数のとき，$r^2>0$ だから

$$r^2=2^2 \qquad \therefore \quad r=\pm 2$$

$r_a>r_b$ より　　$r_a=2$，$r_b=-2$　（→1，2）

(ii)　$S_{10}=\displaystyle\sum_{k=1}^{10}3\cdot 2^{k-1}=\frac{3(2^{10}-1)}{2-1}=3\times 1023=3069$　（→3～6）

$T_{10}=\displaystyle\sum_{k=1}^{10}3\cdot(-2)^{k-1}=\frac{3\{1-(-2)^{10}\}}{1-(-2)}=-1023$　（→7～11）

(iii)　$S_n=\displaystyle\sum_{k=1}^{n}3\cdot 2^{k-1}=\frac{3(2^n-1)}{2-1}=3(2^n-1)$

$T_n=\displaystyle\sum_{k=1}^{n}3\cdot(-2)^{k-1}=\frac{3\{1-(-2)^n\}}{1-(-2)}=1-(-2)^n$

$U_n=S_n+T_n=\{3-(-1)^n\}\cdot 2^n-2\geqq 10000$

(I)　$n=2m-1$（m は自然数）のとき

$$U_n=U_{2m-1}=2^{2m+1}-2\geqq 10000$$

より　　$2^{2m}\geqq 5001$

2^{2m} は m に関して単調増加し，$2^{12}=4096$，$2^{14}>16000$ だから，これを満たす最小の整数は $m=7$ であり，このとき，n も最小となるので

$$n=13$$

(II)　$n=2m$（m は自然数）のとき

$$U_n=U_{2m}=2^{2m+1}-2\geqq 10000$$

より，(I)と同様に，これを満たす最小の m は，$m=7$ であり，このとき，n も最小となるので

$$n=14$$

(I)，(II)より，求める n の最小値は　　$n=13$　(→12，13)

(2)　(i)　条件から

$$\overrightarrow{\mathrm{OA}}=2(\cos 30^\circ,\ \sin 30^\circ)=(\sqrt{3},\ 1)$$

△ABC の重心を G とすると，条件より

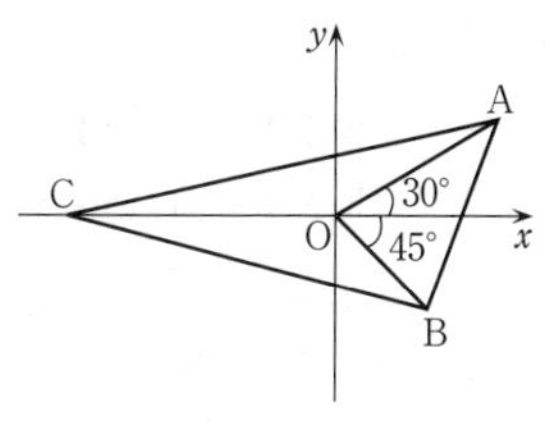

$$\overrightarrow{\mathrm{OG}}=\frac{\overrightarrow{\mathrm{OA}}+\overrightarrow{\mathrm{OB}}+\overrightarrow{\mathrm{OC}}}{3}=\vec{0}$$

だから，重心 G は原点 O と一致する。

直線 CO（x 軸）は線分 AB の中点を通る。

また，$\overrightarrow{\mathrm{OA}}\cdot\overrightarrow{\mathrm{OB}}>0$ より，$\angle\mathrm{AOB}<90^\circ$ であり，

$\overrightarrow{\mathrm{OB}}$ が x 軸とのなす角が 45° だから，点 B は第 4 象限の点である。

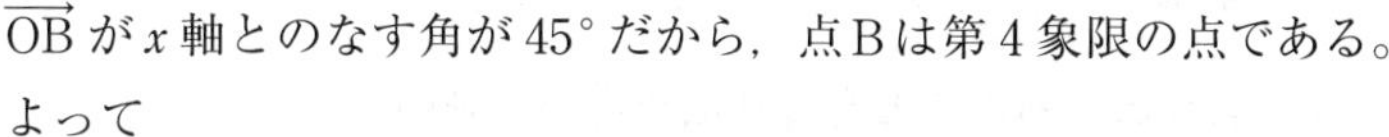

よって

$$\overrightarrow{\mathrm{OB}}=|\overrightarrow{\mathrm{OB}}|(\cos(-45^\circ),\ \sin(-45^\circ))=\frac{|\overrightarrow{\mathrm{OB}}|}{\sqrt{2}}(1,\ -1)$$

点 C は x 軸上にあるから，$\overrightarrow{\mathrm{OC}}=(c,\ 0)$ と表せる。

このとき，条件から

$$\vec{0}=\overrightarrow{\mathrm{OA}}+\overrightarrow{\mathrm{OB}}+\overrightarrow{\mathrm{OC}}=\left(\sqrt{3}+\frac{|\overrightarrow{\mathrm{OB}}|}{\sqrt{2}}+c,\ 1-\frac{|\overrightarrow{\mathrm{OB}}|}{\sqrt{2}}\right)$$

$1-\dfrac{|\overrightarrow{\mathrm{OB}}|}{\sqrt{2}}=0$ かつ $\sqrt{3}+\dfrac{|\overrightarrow{\mathrm{OB}}|}{\sqrt{2}}+c=0$ より

$$|\overrightarrow{\mathrm{OB}}|=\sqrt{2}\quad(\to 14)$$

$$c=-\sqrt{3}-1$$

$$\therefore\ |\overrightarrow{\mathrm{OC}}|=|c|=1+\sqrt{3}\quad(\to 15,\ 16)$$

(ii)　(i)より，$\overrightarrow{\mathrm{OA}}=(\sqrt{3},\ 1)$，$\overrightarrow{\mathrm{OB}}=(1,\ -1)$ だから

$$\overrightarrow{\mathrm{OA}}\cdot\overrightarrow{\mathrm{OB}}=\sqrt{3}-1\quad(\to 17,\ 18)$$

(iii)　$$\cos\angle\mathrm{AOB}=\frac{\overrightarrow{\mathrm{OA}}\cdot\overrightarrow{\mathrm{OB}}}{|\overrightarrow{\mathrm{OA}}||\overrightarrow{\mathrm{OB}}|}=\frac{\sqrt{3}-1}{2\sqrt{2}}=\frac{\sqrt{6}-\sqrt{2}}{4}\quad(\to 19\sim 21)$$

Ⅱ　**解答**　22—①　23—①　24—②　25—⑤　26—⑤　27—③
28—③　29—③　30—②　31—②　32—③　33—②
34—③　35—⑨　36—⑧　37—⓪　38—④　39—②

解説　≪対数方程式，$\log_{72}216$ が無理数であることの証明，対数関数のグラフ≫

問1．(1)　$(\log_5 x)^2+\log_5 x^2-3=0$

真数条件から　$x>0$

このとき

$$(\log_5 x)^2+2\log_5 x-3=0$$
$$(\log_5 x+3)(\log_5 x-1)=0$$
$$\log_5 x=-3,\ 1$$
$$\therefore\ x=5^{-3},\ 5$$

よって，求める解は　$\dfrac{1}{125}$，5　(→22〜26)

(2)　$\log_{72}216$ が無理数であることを背理法を用いて証明する。

$\log_{72}216$ が有理数であると仮定すると

$$\log_{72}216=\frac{n}{m}\quad (m,\ n\text{ は自然数})$$

と表せる。

一方，$\log_{72}216$ の底を2に変換して

$$\log_{72}216=\log_{2^3\cdot 3^2}(2^3\cdot 3^3)=\frac{\log_2(2^3\cdot 3^3)}{\log_2(2^3\cdot 3^2)}=\frac{3+3\log_2 3}{3+2\log_2 3}\quad (\to 27\sim 30)$$

つまり

$$\frac{3+3\log_2 3}{3+2\log_2 3}=\frac{n}{m}$$
$$(3+3\log_2 3)m=(3+2\log_2 3)n$$
$$(3m-2n)\log_2 3=3n-3m$$
$$\log_2 3^{3m-2n}=3n-3m$$
$$2^{3n-3m}=3^{3m-2n}$$
$$2^{3m-3n}=3^{2n-3m}\quad \cdots\cdots ①\quad (\to 31\sim 34)$$

2と3は互いに素だから，①が成立するのは

$$3m-3n=0\quad \text{かつ}\quad 2n-3m=0$$

$\therefore \quad m=n=0$

これは，m，n が自然数であることに反する。

よって，$\log_{72}216$ は無理数である。

問2．(1)　$y=\log_{\frac{1}{2}}x$ のグラフについて

定義域 $x>0$ で，単調減少し，点 $(1,\ 0)$ を通るから　　⑨　(→35)

(2)　$y=\log_2\dfrac{x}{8}$ のグラフについて

定義域 $x>0$ で，単調増加し，点 $(8,\ 0)$ を通るから　　⑧　(→36)

(3)　$y=\log_{\frac{1}{2}}(8x)$ のグラフについて

定義域 $x>0$ で，単調減少し，点 $(1,\ -3)$ を通るから　　⓪　(→37)

(4)　$y=\log_2\dfrac{2}{-x}$ のグラフについて

定義域は $x<0$ で，点 $(-2,\ 0)$ を通るから　　④　(→38)

(5)　$y=\log_8(-2x)$ のグラフについて

定義域 $x<0$ で，点 $(-4,\ 1)$ を通るから　　②　(→39)

解答　40―⓪　41―①　42―③　43―②　44―②　45―②　46―①　47―⓪　48―②　49―①　50―⑥　51―①　52―⑥　53―④　54―①　55―⑤　56―③　57―⑥

解説　≪座標平面上の内分点・外分点，重心，点と直線との距離，三角形を二分する放物線と面積≫

(1)　条件から，$\overrightarrow{OA}=(-1,\ 3)$，$\overrightarrow{OB}=(2,\ -3)$，$\overrightarrow{OC}=(5,\ 6)$ であり

$$\overrightarrow{OD}=\frac{2\overrightarrow{OA}+\overrightarrow{OB}}{1+2}=\frac{1}{3}(0,\ 3)=(0,\ 1)$$

$$\overrightarrow{OE}=\frac{4\overrightarrow{OA}-\overrightarrow{OC}}{-1+4}=\frac{1}{3}(-9,\ 6)=(-3,\ 2)$$

よって　　D$(0,\ 1)$，E$(-3,\ 2)$　(→40～43)

(2)　点Gは△ABCの重心だから

$$\overrightarrow{OG}=\frac{\overrightarrow{OA}+\overrightarrow{OB}+\overrightarrow{OC}}{3}=\frac{1}{3}(6,\ 6)=(2,\ 2)$$

よって　　G$(2,\ 2)$　(→44，45)

(3)　直線DEの方程式は

$$y=\frac{1-2}{0-(-3)}x+1$$

$$=-\frac{1}{3}x+1$$

$$x+3y-3=0$$

だから，点G(2, 2) と直線DEとの距離は

$$\frac{|2+3\cdot 2-3|}{\sqrt{1^2+3^2}}=\frac{5}{\sqrt{10}}=\frac{\sqrt{10}}{2}\quad (\to 46\sim 48)$$

(4)　曲線 $F: y=ax^2+bx+1$ について

F が点E$(-3,\ 2)$ を通るから

$$2=9a-3b+1$$

$$9a-3b=1\quad\cdots\cdots①$$

F が点G$(2,\ 2)$ を通るから

$$2=4a+2b+1$$

$$4a+2b=1\quad\cdots\cdots②$$

①－②より

$$5a-5b=0\qquad\therefore\quad a=b$$

②に代入して

$$6b=1\qquad\therefore\quad b=\frac{1}{6}$$

よって

$$a=\frac{1}{6},\ b=\frac{1}{6}\quad(\to 49\sim 52)$$

このとき，F は確かに点D$(0,\ 1)$ を通る。

次に，求める面積を S とすると，S は右図の網かけ部分の面積である。

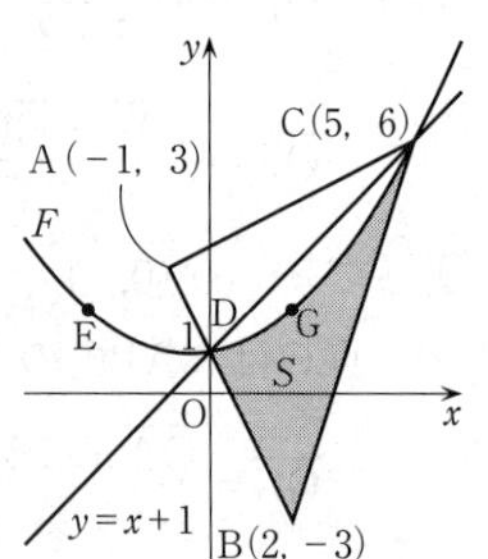

直線CDの方程式は $y=x+1$ だから

$$S=\triangle\mathrm{CDB}-\int_0^5\left\{(x+1)-\left(\frac{1}{6}x^2+\frac{1}{6}x+1\right)\right\}dx$$

$$=\triangle\mathrm{CDB}-\int_0^5\left\{-\frac{1}{6}x(x-5)\right\}dx$$

ここで，$\overrightarrow{\mathrm{DC}}=(5,\ 5)$，$\overrightarrow{\mathrm{DB}}=(2,\ -4)$ より

$$\triangle \mathrm{CDB}=\frac{1}{2}|5(-4)-5\cdot 2|=15$$

$$\int_0^5\left\{-\frac{1}{6}x(x-5)\right\}dx=\frac{1}{6}\cdot\frac{(5-0)^3}{6}=\frac{125}{36}$$

よって

$$S=15-\frac{125}{36}=\frac{415}{36}\quad (\to 53\sim 57)$$

別解 49～52. 点E，Gの y 座標は2より，直線 $y=2$ と F の共有点の x 座標は -3，2だから

$$ax^2+bx+1-2=a(x+3)(x-2)$$

$ax^2+bx-1=ax^2+ax-6a$ が x の恒等式であるから

$$b=a,\quad -1=-6a$$

$$\therefore\quad a=\frac{1}{6},\quad b=\frac{1}{6}$$

このとき，曲線 $F: y=\frac{1}{6}x^2+\frac{1}{6}x+1$ は点D(0, 1) を通る。

よって　　$a=\frac{1}{6}$，$b=\frac{1}{6}$

◀数　学　(3)▶

I **解答**　1―③　2―⓪　3―③　4―②　5―①　6―⓪
7―②　8―④　9―③　10―①　11―②　12―②
13―⑦　14―⑦

解説　≪自然数 n 以下で n と互いに素な自然数の個数≫

(1)　31は素数だから，31以下の自然数で31と互いに素な整数の個数は，31以外の30個である。

よって　　$f(31)=30$　(→1，2)

(2)　pq 以下のすべての自然数の集合を全体集合 U とする。

p の倍数の集合を P，q の倍数の集合を Q とすると

$$P=\{kp \mid k \text{は自然数かつ} 1\leqq k\leqq q\}$$

$$Q=\{lq \mid l \text{は自然数かつ} 1\leqq l\leqq p\}$$

ここで，$P\cap Q$ の要素について，$kp=lq$ を満たすものである。

p，q は異なる素数だから，互いに素である。

よって，k は q の倍数かつ l は p の倍数である。

また，$1\leqq k\leqq q$ かつ $1\leqq l\leqq p$ だから，$k=q$ かつ $l=p$ である。

つまり　　$P\cap Q=\{pq\}$

だから　　$n(P)=q$，$n(Q)=p$，$n(P\cap Q)=1$　(→3～5)

したがって

$$f(pq)=n(\overline{P}\cap\overline{Q})=n(\overline{P\cup Q})$$

$$=n(U)-n(P\cup Q)=pq-(p+q-1)$$

$$=(p-1)(q-1)\quad(\to 6)$$

(3)　　$f(35)=f(5\cdot 7)=(5-1)(7-1)=24$　(∵　(2))　(→7，8)

(4)　(2)の結果から

$$f(pq)=60\qquad(p-1)(q-1)=60$$

p，q は互いに異なる素数だから

$$p\geqq 2\quad\text{かつ}\quad q\geqq 2$$

$$p-1\geqq 1\quad\text{かつ}\quad q-1\geqq 1$$

よって，2数 $p-1$，$q-1$ は自然数であり，60の約数である。

p，q についての条件の対称性から，$p\leqq q$ として2数 $p-1$ と $q-1$ の組を

書き出すと，次のようになる。

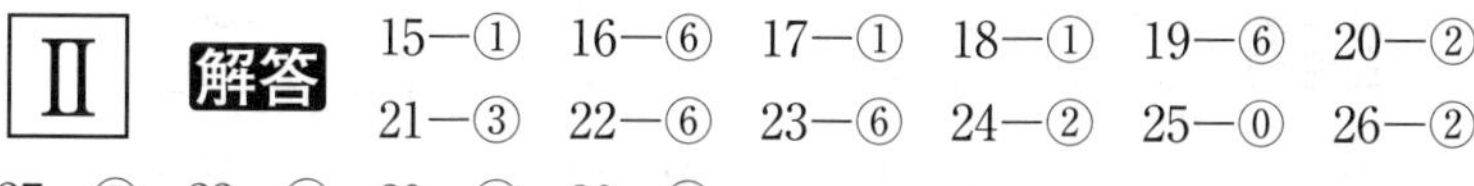

$p-1$	1	2	3	4	5	6
$q-1$	60	30	20	15	12	10

このうち，p，q が異なる素数となるときの組（p，q）は，対称性を考慮して

$$(p,\ q)=(2,\ 61),\ (3,\ 31),\ (7,\ 11),\ (61,\ 2),\ (31,\ 3),\ (11,\ 7)$$

である。よって，pq のとり得る値は

$$2\cdot61=122,\ 3\cdot31=93,\ 7\cdot11=77$$

の3個あり，最大のものは122，最小のものは77である。（→9～14）

Ⅱ　解答

15―①　16―⑥　17―①　18―①　19―⑥　20―②
21―③　22―⑥　23―⑥　24―②　25―⓪　26―②
27―⑤　28―⑤　29―①　30―⑦

解説　≪空間ベクトル，外分点，球面の方程式，円の方程式，球面と平面が接する条件≫

(1)　条件から，座標空間の原点をOとすると

$$\overrightarrow{OA}=(1,\ 2,\ 3),\ \overrightarrow{OB}=(6,\ 5,\ 4)$$

点Cは線分ABを3：2に外分する点だから

$$\overrightarrow{OC}=\frac{-2\overrightarrow{OA}+3\overrightarrow{OB}}{3-2}$$
$$=-2(1,\ 2,\ 3)+3(6,\ 5,\ 4)$$
$$=(16,\ 11,\ 6)$$

よって　　C(16，11，6)　（→15～19）

(2)　中心C(16，11，6）の球面が xy 平面と接するとき，点Cと xy 平面との距離が，この球面の半径だから，求める半径は　　6　（→23）

球面のベクトル方程式は　　$|\overrightarrow{CP}|^2=6^2$

点P(x，y，z）とすると，$\overrightarrow{CP}=\overrightarrow{OP}-\overrightarrow{OC}=(x-16,\ y-11,\ z-6)$ だから，求める球面の方程式は

$$(x-16)^2+(y-11)^2+(z-6)^2=36 \quad (\to 20\sim22)$$

(3)　(2)の球面と平面 $x=12$ の交線の円は

$$(x-16)^2+(y-11)^2+(z-6)^2=36 \quad かつ \quad x=12$$

すなわち

$x=12$　かつ　$(y-11)^2+(z-6)^2=20$　(→24, 25)

よって，この円の半径は　$\sqrt{20}=2\sqrt{5}$　(→26, 27)

(4)　xz 平面に平行な平面の方程式は，$y=k$ (k は定数) と表せる。

$y=k$ と $(x-16)^2+(y-11)^2+(z-6)^2=36$ が接する条件は

$|11-k|=6$

$11-k=\pm 6$

$\therefore$　$k=5,\ 17$

よって，求める平面の方程式は　$y=5,\ y=17$　(→28〜30)

Ⅲ　**解答**　31―①　32―⑤　33―④　34―②　35―⑤　36―⑤　37―②　38―⑧　39―⑥　40―③　41―①　42―②　43―③　44―④　45―①　46―⑥　47―③　48―①　49―⑤　50―⑥　51―⑦　52―⑥　53―⑤　54―⑤　55―②

解説　≪極値，曲線と直線で囲まれた部分の面積，座標平面上の動点の位置，速さ，加速度とその大きさの最大・最小≫

問1. (1)　$f(x)=16x^3-15x$ より

$$f'(x)=48x^2-15$$
$$=48\left(x+\frac{\sqrt{5}}{4}\right)\left(x-\frac{\sqrt{5}}{4}\right)$$

x	$\cdots$	$-\frac{\sqrt{5}}{4}$	$\cdots$	$\frac{\sqrt{5}}{4}$	$\cdots$
$f'(x)$	+	0	−	0	+
$f(x)$	↗	極大	↘	極小	↗

右の増減表から

極小値 $f\left(\frac{\sqrt{5}}{4}\right)=-\frac{5\sqrt{5}}{2}$　(→34〜37)

このとき　$x=+\frac{\sqrt{5}}{4}$　(→31〜33)

(2)　$f(x)-x=16(x^3-x)=16x(x+1)(x-1)$

$y=f(x)$ と $y=x$ の共有点の x 座標は，$f(x)-x=0$ の解だから

$x=0,\ \pm 1$

求める面積を S とすると

$$S=\int_{-1}^{1}|f(x)-x|\,dx$$
$$=2\int_{0}^{1}\{-16(x^3-x)\}\,dx$$

$$= -32\left[\frac{x^4}{4}-\frac{x^2}{2}\right]_0^1 = -8+16$$

$=8$　(→38)

問 2．(1)　時刻 t における点Pの座標は

$$(x(t),\ y(t)) = \left(\frac{1}{3}\cos 3t,\ \frac{\sqrt{6}}{2}\sin 2t\right)$$

だから，時刻 t の点Pの速度ベクトル $\vec{v}$，加速度ベクトル $\vec{a}$ は

$$\vec{v} = (x'(t),\ y'(t)) = (-\sin 3t,\ \sqrt{6}\cos 2t)$$

$$\vec{a} = (x''(t),\ y''(t)) = (-3\cos 3t,\ -2\sqrt{6}\sin 2t)$$

$t=0$ のとき

速度ベクトル $\vec{v} = (x'(0),\ y'(0)) = (0,\ \sqrt{6})$

加速度ベクトル $\vec{a} = (x''(0),\ y''(0)) = (-3,\ 0)$

だから，このとき，点Pの速さは　$|\vec{v}| = \sqrt{6}$　(→39)

加速度の大きさは　$|\vec{a}| = 3$　(→40)

(2)　$s = \sin^2 t$ より

$\cos 2t = 1-2\sin^2 t = 1-2s$　(→41，42)

$$\begin{aligned}\sin 3t &= \sin(2t+t)\\ &= \sin 2t\cos t + \cos 2t\sin t\\ &= 2\sin t\cos^2 t + \cos 2t\sin t\\ &= (2\cos^2 t + \cos 2t)\sin t\\ &= \{2(1-\sin^2 t) + (1-2\sin^2 t)\}\sin t\\ &= (3-4\sin^2 t)\sin t\\ &= (3-4s)\sin t\end{aligned}$$
(→43，44)

$$\begin{aligned}|\vec{v}|^2 &= \sin^2 3t + 6\cos^2 2t\\ &= (3-4s)^2 s + 6(1-2s)^2\\ &= 16s^3 - 15s + 6\end{aligned}$$
(→45～50)

(3)　(2)より　$|\vec{v}|^2 = f(s) + 6$　$(0 \leqq s \leqq 1)$

$f(0)=0$，$f(1)=1$ と問 1 (1)の $f(x)$ の増減表から，$0 \leqq s \leqq 1$ のとき

$$-\frac{5\sqrt{5}}{2} \leqq f(s) \leqq 1$$

よって，$|\vec{v}|^2$ の最大値は 7，最小値は $6-\dfrac{5\sqrt{5}}{2}$ である。(→51～55)

物理

I

解答　問1．②　問2．③　問3．⑤　問4．②　問5．④　問6．⑤　問7．⑤

解説　≪滑車に吊るされた小球の運動≫

問1．小球A，Bに働く力は右図のようになるので，それぞれの運動方程式より

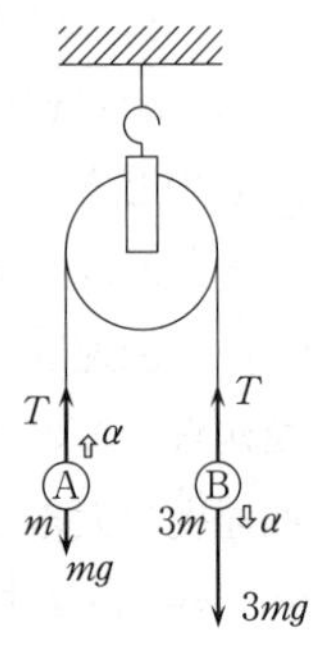

小球A：$T-mg=m\alpha$

小球B：$3mg-T=3m\alpha$

これら2式より　　$\alpha=\dfrac{1}{2}g$

問2．問1の結果を小球Aの運動方程式に代入して

$$T=m\alpha+mg=\frac{3}{2}mg$$

問3．滑車Pに働く力のつり合いより

$$T_1-2T_2=0 \qquad \therefore \quad \frac{T_1}{T_2}=2$$

問4．地面に対する滑車Pの加速度は，上向きを正としてγとなるので，滑車Pからみた小球Aの相対加速度a_{PA}は，$a_{PA}=\alpha-\gamma$となる。

参考　滑車Pからみた小球Aの相対速度v_{PA}は，地面からみた小球A，滑車Pそれぞれの速度v_A，v_Pを用いて$v_{PA}=v_A-v_P$で表されるので，時間変化Δtに対し，$\dfrac{\Delta v_{PA}}{\Delta t}=\dfrac{\Delta v_A}{\Delta t}-\dfrac{\Delta v_P}{\Delta t}$の関係がある。よって，滑車Pからみた小球Aの相対加速度a_{PA}は，地面からみた小球A，滑車Pそれぞれの加速度a_A，a_Pを用いて，$a_{PA}=a_A-a_P$で表される。

問5．問4と同様に考えると，滑車Pからみた小球Bの相対加速度a_{PB}は，下向きを正として，$a_{PB}=a_B-a_P=\beta-(-\gamma)=\beta+\gamma$となる。滑車Pからみると，小球Aが上昇する相対加速度a_{PA}の大きさと，小球Bが下降する相対加速度a_{PB}の大きさは等しいので，$a_{PA}=a_{PB}$となる。これに問4の結果を用いて

$\alpha-\gamma=\beta+\gamma \qquad \therefore \quad \alpha-\beta=2\gamma$

問6・問7．小球A，B，Cに働く力は右図のようになる。問3の結果より $T_2=\frac{1}{2}T_1$，問5の結果より $\gamma=\frac{\alpha-\beta}{2}$ として，小球A，B，Cについてそれぞれの運動方程式を立てると

小球A：$\frac{1}{2}T_1-mg=m\alpha$

小球B：$3mg-\frac{1}{2}T_1=3m\beta$

小球C：$5mg-T_1=5m\times\frac{\alpha-\beta}{2}$

これら3式より

$\alpha=\frac{7}{8}g,\ \beta=\frac{3}{8}g,\ T_1=\frac{15}{4}mg$

解答　問1．②　問2．①　問3．④　問4．⑤
問5．③
問6．①　問7．③
問8．②

解説　≪レンズによる像≫

問1．「スクリーン上に像が生じた」とあるので，生じたのは実像である。また，凸レンズ1枚で生じる実像は，倒立である。

問2．レンズの写像公式において，スクリーンに生じているのが実像なので，レンズと像の距離は $1.00-a$ となり，$\frac{1}{1.00-a}$ の前の符号は正となる。

また，凸レンズなので，$\frac{1}{0.16}$ の前の符号も正となる。

焦点距離 160〔mm〕＝0.16〔m〕に注意する。

問3．問2の写像公式より

$$\frac{1}{a(1.00-a)}=\frac{1}{0.16}$$

$$a^2-a+0.16=0$$

$$(a-0.200)(a-0.800)=0$$

よって，もっとも小さいaの値は0.200mとなる。

問4．このとき凸レンズと像の距離は$1.00-0.200=0.800$となる。求める倍率は$\dfrac{1-a}{a}$倍なので，像の大きさは物体の大きさの$\dfrac{0.800}{0.200}=4.00$倍となる。

問5．凸レンズを通して物体を見るときには，下図のように正立の虚像が見える。

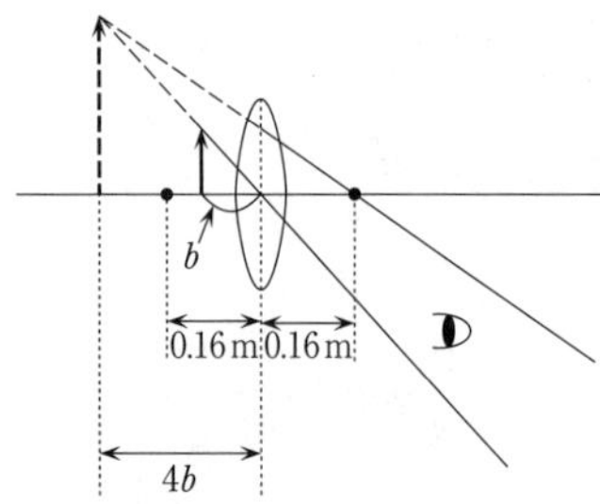

問6．題意より，倍率が4.00倍であったことから，凸レンズと像の距離は$4b$とわかる。レンズの写像公式より

$$\frac{1}{b}-\frac{1}{4b}=\frac{1}{0.16}\qquad \frac{3}{4b}=\frac{1}{0.16}$$

$$\therefore\quad b=0.120\,〔\mathrm{m}〕$$

問7．1枚の凹レンズにより生じる像は，すべて虚像である。

問8．倍率が0.250倍であったことから，凹レンズと像の距離は$0.25b$とわかる。よって，凹レンズにおいて，レンズの写像公式より

$$\frac{1}{b}-\frac{1}{0.25b}=-\frac{1}{f}\qquad -\frac{3}{b}=-\frac{1}{f}$$

$$\therefore\quad f=\frac{b}{3}$$

問6の結果より

$$f=0.0400\,〔\mathrm{m}〕=40.0\,〔\mathrm{mm}〕$$

解答　問1．⑥　問2．②　問3．③　問4．⑦　問5．⑦

解説　≪傾いたレール上を動く導体棒≫

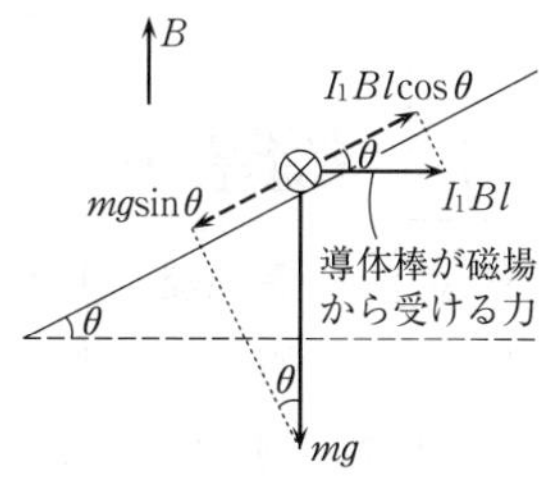

問1．導体棒が磁場から受ける力は，フレミングの左手の法則より右図のようになるので，レールに平行な向きの大きさは $I_1Bl\cos\theta$〔N〕となる。

問2．静止した状態では，導体棒に誘導起電力は生じないので，オームの法則より $I_1=\dfrac{E}{R_1}$〔A〕である。よって，レールに平行な向きの力のつり合いより

$$mg\sin\theta=\frac{E}{R_1}\times Bl\cos\theta \qquad \therefore\quad \tan\theta=\frac{EBl}{R_1mg}$$

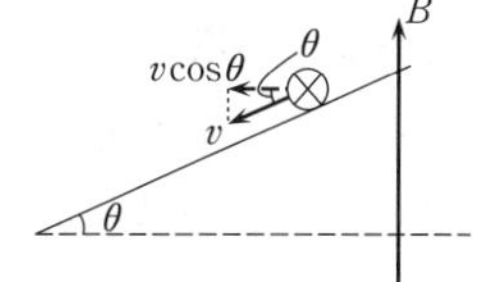

問3．磁場と垂直な導体棒の速度成分は $v\cos\theta$〔m/s〕となるので，導体棒に生じる誘導起電力の大きさは $vBl\cos\theta$〔V〕となる。よって，オームの法則より

$$I_2=\frac{vBl\cos\theta}{R_2}\text{〔A〕}$$

問4．抵抗 R_2 での消費電力 P〔W〕は，電力の公式より $P=R_2I_2{}^2$ となる。よって，時間 Δt〔s〕の間に発生するジュール熱は

$$P\Delta t=I_2{}^2R_2\Delta t\text{〔J〕}$$

問5．問3の結果より，導体棒が磁場から受ける力のレールに平行な向きの大きさは，$I_2Bl\cos\theta=\dfrac{vB^2l^2\cos^2\theta}{R_2}$〔N〕となる。よって，レールに平行な向きの力のつり合いより

$$\frac{vB^2l^2\cos^2\theta}{R_2}=mg\sin\theta \qquad \therefore\quad v=\frac{R_2mg\sin\theta}{B^2l^2\cos^2\theta}\text{〔m/s〕}$$

化学

解答　問1．⑥　問2．②　問3．②　問4．⑤　問5．①

解説　≪周期律，固体の密度，溶液の濃度，状態変化，コロイド溶液≫

問1．a．誤文。13族のアルミニウムは金属元素である。

b．誤文。同じ電子配置のイオンでは，原子番号が増加するにつれ，イオン中心の原子核内の正の電荷をもつ陽子の数は増加していくが，イオン周囲の最外殻の電子数は変化しないため，その電子はより中心に引きつけられる。そのため，イオン半径は小さくなる。

c．正文。原子量は，同位体の相対質量の平均値であるので，一般的に，原子番号の増加とともに大きくなる。

d．正文。原子番号18以降のすべての元素を含めて単体が常温常圧で気体であるものは，水素，窒素，酸素，17族のフッ素，塩素，18族のすべて（ヘリウム，ネオン，アルゴン，クリプトン，キセノン，ラドン），以上の11種類ある。そのうち，原子番号18まででは，クリプトン，キセノン，ラドンを除いた8種類が該当する。

問2．この結晶の原子1個あたりの質量は $\dfrac{65}{6.02\times10^{23}}$ g である。これと，密度より，原子1個あたりの体積は

$$\frac{65}{6.02\times10^{23}}\times\frac{1}{7.1}=1.52\times10^{-23}\fallingdotseq1.5\times10^{-23}\,[\mathrm{cm^3}]$$

問3．うすめる前後の溶液および H_2SO_4，水の質量を次のようにまとめる。(1)～(5)の数字は表を埋める順番である。

	うすめる前（70.0％）	うすめた後（15.0％）
溶液〔g〕	(1) 200×1.61＝322〔g〕	(4) 225÷0.15＝1500〔g〕
H_2SO_4〔g〕	(2) 322×0.70≒225〔g〕	(2) 225 g
水〔g〕	(3) 322－225＝97〔g〕	(5) 1500－225＝1275〔g〕

これより，加える水の質量は

1275－97＝1178〔g〕

よって，求める体積は

$$1178 \div 1.0 = 1178 \fallingdotseq 1.18\times 10^3\,[\mathrm{mL}]$$

問4．a．誤文。凝縮は気体が液体になることである。液体が固体になることは凝固という。

b．正文。エチレングリコールは，水よりも凝固点（融点）が低く凍りにくいため冷却剤として用いられている。

c．誤文。0℃よりも低い過冷却の状態を経て，凝固が始まる。

d．正文。氷は，水分子 H_2O が分子間力（ファンデルワールス力，水素結合など）により集合した結晶で，分子結晶に分類される。

問5．コロイド粒子が陽極へ移動することから，このコロイドは負コロイドである。これより，より正電荷の大きいイオンを加えると凝析しやすいとわかる。

Ⅱ　解答

［イ］問1．②　問2．①

［ロ］問1．8—⑤　9—②

問2．⑥　問3．①　問4．③　問5．③　問6．⑤

解説　≪結合エネルギー，平衡移動，ヨウ素滴定≫

［イ］問1．N—Hの結合エネルギーを x〔kJ/mol〕とすると，エネルギーの関係は下図のようになる。

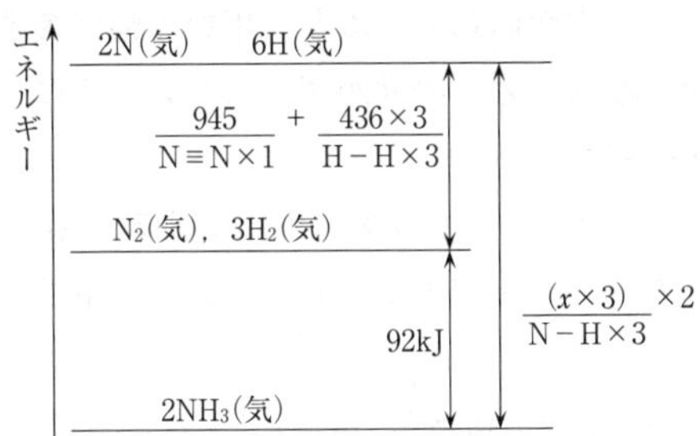

上記のエネルギー図より

$$945 + (436\times 3) + 92 = 3x\times 2$$

$$\therefore\quad x = 390.8 \fallingdotseq 390\,[\mathrm{kJ/mol}]$$

よって　　$390\times 3 = 1170\,[\mathrm{kJ/mol}]$

問2．a．正文。平衡状態とは，正反応と逆反応の速度（生成速度と分解速度）が等しく，見かけ上，反応が止まっているように見える状態のことである。

ｂ．正文。ルシャトリエの原理より，圧力を上げると粒子数が少なくなる方向へ平衡が移動するので，NH_3 の生成量は増加する。

ｃ．誤文。ルシャトリエの原理より，温度を上げると吸熱方向へ平衡が移動するので，NH_3 の生成量は減少する。

ｄ．誤文。触媒では，反応速度は変化するが平衡の移動は起こらないため，生成量は変わらない。

［ロ］　問１．８．ホールピペットは正確な液体の体積をはかり取るのに用いる。

９．メスフラスコは液体を希釈するのに用いる。

問２．ａ．誤文。この反応では，H_2O_2 と I^- の酸化数は次のように変化している。

$$H_2\underset{-1}{\underline{O}}_2 \longrightarrow H_2\underset{-2}{\underline{O}} \qquad \underset{-1}{\underline{I}}^- \longrightarrow \underset{0}{\underline{I}}_2$$

よって，H_2O_2 は酸化剤，I^- は還元剤としてはたらいている。

ｂ．誤文。希塩酸を用いた場合では，それが還元剤としてはたらく可能性があるため，代わりに用いることはできない。

ｃ．正文。コニカルビーカーが濡れていたとしても，反応物の物質量は変化しないため問題ない。

ｄ．正文。ビュレット内が濡れていると，用いる溶液の濃度が薄くなり正確な滴定ができなくなるため，濃度が変わらないように，用いる溶液で内部を数回洗い流す必要がある。

問３．ヨウ化物イオン I^- は無色透明，生成するヨウ素 I_2 は黒紫色だが，次の式より，褐色の三ヨウ化物イオン I_3^- となって存在する。

$$I_2 + I^- \rightleftarrows I_3^-$$

問４．反応式(2)より，I_2 と $Na_2S_2O_3$ は１：２で反応するので，反応したヨウ素は

$$0.10 \times \frac{20.0}{1000} \times \frac{1}{2} = 1.0 \times 10^{-3}\,[\text{mol}]$$

問５．反応式(1)より，反応した H_2O_2 と生成した I_2 は１：１なので，殺菌消毒液中の H_2O_2 のモル濃度は

$$1.0 \times 10^{-3} \times \frac{1000}{10.0} \times 10 = 1.0\,[\text{mol/L}]$$

問6．殺菌消毒液1.0Lあたりで考えると，液全体の質量は，密度〔g/cm^3〕×体積〔cm^3〕より

$$1.0\times1000=1000\text{〔g〕}$$

また，この水溶液に含まれるH_2O_2（分子量34）は，質量パーセント濃度をx〔%〕とすると

$$1000\times\frac{x}{100}\times\frac{1}{34}=\frac{10x}{34}\text{〔mol〕}$$

これと，問5の結果より

$$\frac{10x}{34}=1.0 \qquad \therefore \quad x=3.4\text{〔%〕}$$

 **解答** 問1．⑤　問2．③　問3．③　問4．④　問5．③　問6．⑤

〔解説〕《17族の単体と化合物》

問1．ア．原子番号が大きい分子ほど，分子量が大きくなり，それとともに分子間力であるファンデルワールス力も大きくなる。そのため，分子どうしがより強く結びつくので，融点や沸点は高くなる。

イ．HFは分子間で水素結合をするため，電離が起きにくい。そのため弱酸となる。

問2．ハロゲンの単体の酸化力の強弱は，$F_2>Cl_2>Br_2>I_2$である。

問3．塩素Cl_2は水に溶け，自己酸化還元反応により，一部は次のように塩化水素HClと次亜塩素酸HClOを生じる。

$$\underset{0}{\underline{Cl}_2}+H_2O \rightleftarrows H\underset{-1}{\underline{Cl}}+H\underset{+1}{\underline{Cl}}O \quad \text{（酸化数）}$$

問4．a．誤文。ハロゲン化銀のうち，AgFのみ水に溶ける。

b．正文。

c．正文。

d．誤文。AgIの沈殿の色は，黄色である。

問6．変化したH_2をx〔mol〕とすると，この反応の量的関係は，以下のとおり。

	H_2 +	I_2	$\rightleftarrows$ 2HI	
反応前	1.0	1.0	0	
変化量	$-x$	$-x$	$+2x$	
平衡時	$1.0-x$	$1.0-x$	$2x$	〔mol〕

これより　　$[H_2]=\dfrac{1.0-x}{10}$〔mol/L〕

同様に，それぞれのモル濃度は，次のようになる。

$$[I_2]=\frac{1.0-x}{10}\text{〔mol/L〕}$$

$$[HI]=\frac{2x}{10}\text{〔mol/L〕}$$

また，化学反応式から，化学平衡の法則（質量作用の法則）より，平衡定数 K は

$$K=\frac{[HI]^2}{[H_2][I_2]}=64$$

これに，上記の 3 式を代入して

$$K=\frac{\left(\dfrac{2x}{10}\right)^2}{\left(\dfrac{1.0-x}{10}\right)\left(\dfrac{1.0-x}{10}\right)}=64$$

$x>0$ より

$$x=0.80\text{〔mol〕}$$

よって，平衡時における HI は　　$2x=1.6$〔mol〕

解答　［イ］問 1．②　問 2．③　問 3．⑤
［ロ］問 1．⑥　問 2．②

解 説　≪有機小問集合≫

［イ］ 問 1．炭素数が 9 の化合物Ａより生じる化合物Ｂおよび化合物Ｃであるが，化合物Ｂは還元性を示さないカルボン酸であることから炭素数は 2 以上。化合物Ｃは芳香族アミンであることから炭素数は 6 以上で，水素原子を塩素原子に置換することで 2 種類の異性体が生じることからメチル基をもつことが推測され，構造は，$H_3C-C_6H_4-NH_2$ と決定できる。

以上より，化合物Ｂは炭素数 2 のカルボン酸で，酢酸と決定できる。

a．正文。酢酸は水によく溶ける。

b．誤文。

c．正文。酢酸は，アセトアルデヒドの酸化によって得られる。

d．アニリンの検出反応である。

問２・問３．問１より，化合物Aは，酢酸（化合物B）と芳香族アミン $H_3C-C_6H_4-NH_2$（化合物C）のアミドであることがわかるので，化合物Aの構造は次のようになる。

$$CH_3-C_6H_4-NH-CO-CH_3$$

［ロ］ 問１．ヨードホルム反応は，炭素原子か水素原子に結合した $-CH(OH)CH_3$ または $-COCH_3$ の構造をもつ化合物に陽性である。また，これらの構造の関係は酸化還元の関係である。

問２．分子式 $C_4H_{10}O$ からは，アルコール（①～④）とエーテル（⑤～⑦）が考えられるが，題意を満たすのはアルコールである。これより，ヨードホルム反応に陽性の構造に注目すると，②となる。

生物

I 解答

問1．(1)―① (2)―⑦ (3)―② 問2．⑤ 問3．⑧
問4．A―⑤ B―② C―③ 問5．⑧ 問6．⑨

解説 ≪細胞の構造とはたらき，真核細胞と原核細胞≫

問1．(1) b．不適。原核細胞のDNAにはヒストンは結合していない。
c．不適。原核細胞にはミトコンドリアなどの膜で囲まれた細胞小器官は存在しない。

問2．a．誤文。代表的な細胞の一つであるヒトの肝細胞の大きさは，直径がおよそ20μmなので，核の直径はそれより小さいと考える。脊椎動物の核の直径は，細胞よりおよそ1桁小さい3～10μmである。
d．誤文。核小体ではリボソームRNAの転写とリボソームの組み立てが行われる。
e．誤文。酢酸オルセインや酢酸カーミンによって核は赤色に染まる。

問3．c・dの内容はミトコンドリアにはあてはまるが，葉緑体にはあてはまらない。葉緑体ではチラコイドに光が当たることによって電子の伝達が起こり，ストロマからチラコイド内にH^+が輸送される。この結果，生じたH^+の濃度勾配を利用してATPが産生される。

問4．B．「核膜とつながった膜状の構造体」より，小胞体であることがわかる。小胞体のうち，リボソームが付着した粗面小胞体では，リボソームで合成されたタンパク質を取り込んで，小胞に包んでゴルジ体などへ送る。一方，リボソームの付着していない滑面小胞体は，脂肪細胞では脂質の合成，筋細胞（筋繊維）ではカルシウムの放出・回収を行っていることから，Bは粗面小胞体ではなく滑面小胞体に該当する。

問5．c．誤文。細胞分裂の際には，中心体が複製されて2つの中心体（それぞれ中心小体を2つずつもつ）ができ，2つに分かれる。
d．誤文。動原体は染色体の一部であり，微小管ではない。細胞分裂時には動原体に微小管でできた紡錘糸が結合する。

問6．a．誤文。細胞膜の内外は水で満たされているので，細胞膜のリン脂質は親水性の部分を外側に向けている。

b．誤文。細胞膜を構成するリン脂質も，細胞膜に分布しているタンパク質も，細胞膜中を水平方向に移動できる。

d．誤文。受動輸送はエネルギーを使わない輸送なので，濃度の勾配に従って濃度の高いほうから低いほうへ物質が移動する。

Ⅱ　解答

問1．①　問2．①・③

問3．(1)―③　(2)―④　(3)―⑤

問4．相同染色体の乗換えが起こる時期：③

相同染色体が分配される時期：①

問5．②　問6．①

解説　≪いろいろな生殖法，配偶子形成と受精，減数分裂，性染色体≫

問1．b．誤り。ゾウリムシは分裂を行う。

c．誤り。ヒドラは出芽を行う。走出枝はオランダイチゴやユキノシタなどで見られる。

問3．(1)　a．誤文。受精では卵と精子が合体する。卵は運動能をもたない大きな配偶子であり，精子は運動能をもつ小さな配偶子である。

b．誤文。水中に生息する魚類をはじめとする動物の多くは，体外に生み出された卵と放出された精子が受精する，体外受精を行う。

c．正文。ゾウリムシは単細胞生物なので，有性生殖では細胞どうしがくっついて遺伝子の交換を行う。

(2)　c．誤文。精子が卵の細胞膜に結合すると表層反応が起こる。これは卵の細胞膜のすぐ下にある表層顆粒から内容物が細胞膜と卵黄膜の間に放出されることである。一方，先体反応は，精子が卵のゼリー層に接触して先体でエキソサイトーシスが起こり，次に精子頭部に先体突起が形成される一連の変化である。

(3)　b．誤文。雄配偶子が雌配偶子と結合すると，ナトリウムチャネルが開きナトリウムイオンが卵内に流入する。この結果，膜電位が－70mVから0mV以上に逆転する。

問4．図の細胞像では，減数第一分裂が③（前期）→④（中期）→①（後期）→②（終期）と進行し，減数第二分裂が⑦→⑧→⑤→⑥の順で進行する。相同染色体の乗換えは減数第一分裂前期（図の③）に起こる。この時期は染色体が凝縮してひも状になっており，相同染色体どうしが対合しているので染色体の乗換えが起こることが多い。次に，相同染色体が分配される時期であるが，これは相同染色体が対合面から分かれ両極に移動する時期である。相同染色体が２つの細胞に分配されるのは減数第一分裂後期（図の①）である。

問５．性染色体がホモになると，雄になる生物の性決定様式（雌ヘテロ型）はZW型（カイコガ，ニワトリ）またはZO型で，雌になる生物の性決定様式はXY型（ショウジョウバエ，ヒト）またはXO型（バッタ）である。

問６．ａ．正文。Y染色体上のSRY遺伝子は，胚発生時に精巣をつくるマスター遺伝子としてはたらく。

ｂ．誤文。たとえば，X染色体上の赤色識別遺伝子や緑色識別遺伝子に突然変異が起こると，赤色から緑色にかけての色の変化が見分けにくくなる（以下，赤緑色覚多様性とする)。この遺伝子をもつ男性（XY）はX染色体を１つしかもたないので，赤緑色覚多様性を示すが，女性はX染色体を２つもつので，ヘテロ接合のときには赤緑色覚多様性を示さず，ホモ接合のときにのみ赤緑色覚多様性を示すようになる。このように，男女で違いが見られる。

ｃ．誤文。性決定様式がXO型の雄はX染色体を１本しかもたず，ZO型の雌はZ染色体を１本しかもたない。

Ⅲ　**解答**　問１．21・22－①・⑥（順不同）　23－⑤

問２．⑴A－⑧　B－①　⑵結果：③　理由：①

問３．①・⑤　問４．⑤

解説　≪眼の構造とはたらき，暗順応≫

問２．⑵　図１から，右目の盲斑（A）は黄斑（B）よりも視軸の中心から20°離れた鼻側（左側）にあることがわかる。この盲斑に届く光は，右図に示したように，検出板の右側からの光と考えられる。さらに，検出板の角度は図１の視軸の中心からの角度に相当するので，検出板の右側20°からの光と考える。

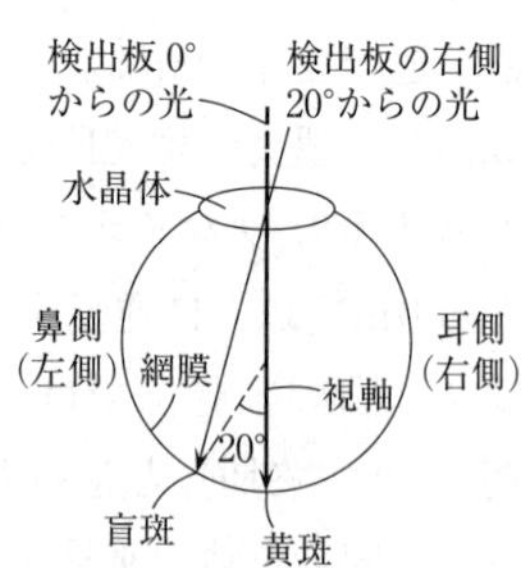

問３．①・⑤正文，③誤文。明所から暗所に入ってから錐体細胞のみで感

知できる，最小限の光の強さ（以後，光閾値とする）を測定すると，下図Ⅰに示したように，時間とともに低下していく。これは錐体細胞の光閾値が低下したためであるが，この低下は10分ほどで一定となってしまう。ところが，暗所に入って桿体細胞にのみ光を当ててみると，下図Ⅱに示したように，10分までは下図Ⅰと同じであるが，10分以降は光閾値が大きく低下する。このことから，桿体細胞に比べて錐体細胞のほうが感知できる最小限の光の強さが大きく，感度が低いといえる。

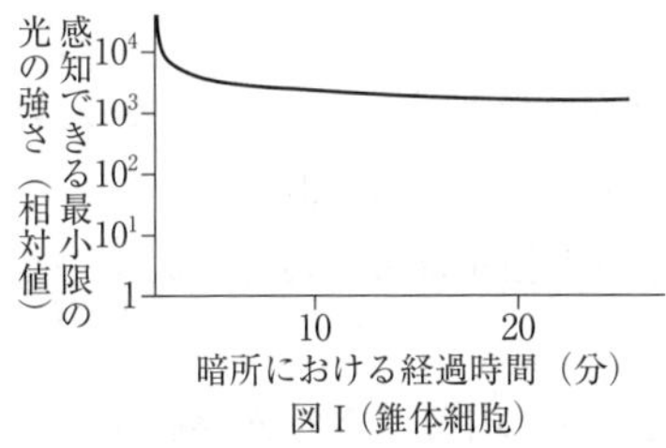

図Ⅰ（錐体細胞）

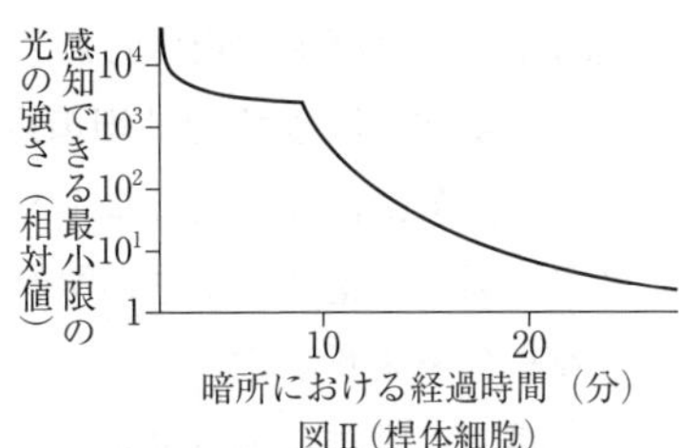

図Ⅱ（桿体細胞）

②誤文。桿体細胞はロドプシン（視物質）を含んでいる。このロドプシンはビタミンAからつくられるレチナールとオプシン（タンパク質）が結合した視物質である。ロドプシンは光を受けるとレチナールの構造が変化してオプシンから離れてしまうため，明所から暗所に入った直後はロドプシンが分解されて減少している。このような桿体細胞の感知できる光閾値は高く，感度は低い状態にある。
④誤文。錐体細胞には青，緑，赤の光を最もよく吸収する3種類の錐体細胞があり，それぞれ異なる種類のフォトプシン（視物質）を含んでいる。
⑥誤文。明所から暗所に入ると時間が経過するに従い，ものが見えるようになることを暗順応という。
問4．a・c．正文。桿体細胞は視軸が網膜に交わる付近（黄斑）の周囲に多く，弱い光に反応することができるため，弱光の星の像が結ばれるとよく見える。
b．誤文。錐体細胞は黄斑に多く，弱い光では反応しないため，弱光の星の像が結ばれてもよく見えない。

問1．31―④　32―⑤　問2．②・⑤
問3．③　問4．⑤　問5．⑤　問6．③
問7．①・④

解説　≪PCR法，制限酵素，電気泳動≫

問２．①誤文。DNAには塩基として，ウラシルは含まれていない。

③誤文。DNAを構成する糖はデオキシリボースである。

④誤文。ヒトの染色体を構成するDNAの塩基配列全体のうち，アミノ酸配列を指定する遺伝子としてはたらくのは１％程度である。

⑥誤文。ヒトのDNA上にはおよそ２万個の遺伝子がある。

問５．ｂ．誤文。PCRに用いられる酵素（DNAポリメラーゼ）は，高温でも失活しにくい酵素が用いられる。

問６．ａ．誤文。制限酵素は細菌内に存在する酵素で，ウイルスのDNAのように，細菌に侵入した外来DNAを排除する役割を担う。

ｂ．誤文。制限酵素は，１本のヌクレオチド鎖を構成する２つのヌクレオチド間の結合を切断する。

問７．②誤文。繊維が網目構造をつくる寒天の中をDNAが移動するので，長いDNA断片ほど網目に移動を妨げられて，移動距離は小さくなる。

③誤文。電気泳動の結果の図で，DNA断片が長いほど移動距離が短いことから，Ｍのレーン（マーカー）で見られるDNAのバンドは，上から順に，5000bp，4000bp，3000bp，2000bp，1000bp，500bpのDNA断片が集まったものである。PCRで増幅したDNAを制限酵素なしで電気泳動して得られるバンド（Ｃのレーン）は，マーカーの5000塩基対のバンドと同じ位置であることから，5000塩基対であると考えられる。

⑤・⑥誤文。EcoRⅠで切断した場合のDNA断片は，Ａのレーンに見られる3500bp，1000bp，500bpの３つであることから，EcoRⅠの認識配列はDNA中に２カ所存在している。一方，HindⅢでDNAを切断した場合のDNA断片は，Ｂのレーンに見られる3000bpと2000bpの２つであることから，HindⅢの認識配列はDNA中に１カ所しか存在しない。このため，両制限酵素が認識する塩基配列は異なると考えられる。

確かに「ネット炎上」の説明について問うたものだが、傍線部3にもあるように「ネット炎上」はこれまで本文中で説明されてきた現代社会における〈個人の群衆化〉についての具体例であるので、実質的に本文全体が根拠になる。
⑥は本文中に言及がないため誤り。

問六　i―②　ii―⑤
問七　①
問八　（1）―②　（2）―④
問九　②・⑥

解説　問七　文明の根幹を「屋台骨」にたとえているが、直接的に比喩であることを示すような「まるで」「ような」といった表現は使われていないため、「隠喩」である。②は、「屋台骨」という表現が本文では人間にたとえたものではないため誤り。なお⑤の「諷喩」とは、たとえだけを提示し、たとえられているものを推察させる比喩である。

問八　（1）　傍線部2を含む段落に「自由意思で動いていた個人個人も、一定の条件と刺激があれば、揃って一つの方向に動き出す」とある。これが「群衆になりうる」内容である。さらに、一つ前の段落の内容では、そのような群衆があるときは「整然」となり、あるときは「熱狂」することが述べられている。⑤は、前半は正しいが、「互いに理解し合える人間性が育まれるようになる」が本文中に言及されていない。

（2）　群衆になることについて、傍線部2から七行目に、「自分ひとりで……理性が働くのに、群衆のなかにいると話が違ってくる」とあり、その四文後には「群衆の無意識は暗示を受けやすい」ともある。つまり、群衆になり無意識でいると理性が働かなくなり、暗示を受けやすくなるということである。これが、④では「自分の行動を制御できなくなる」と換言されている。

問九　①は傍線部3の三文後の「『脳の作用よりも、はるかに脊髄の作用』を受けている状態」に合致する。②は「好意的になる」が本文中に言及がないため誤り。③は①の根拠箇所と、傍線部3の六・七文後の内容に合致する。④は傍線部3の四文後や、最終段落の一文目の内容に合致する。⑤は後半部分が、最終段落の一文目の「この人は……」というような〈対象が絞られていること〉に合致する。前半は直接本文中に書かれてはいないが、空欄エの前や空欄カの周辺の、個人個人では自由意思をもった存在であるという指摘と照らし合わせると誤りとは言えない。この問題は

ているのである。つまり、周囲の人々が取り残された自分のことを何と言うだろうかと考えるとつらいのである。

問八　傍線部5は、尼自身は「おだやかにて」すなわち安全な状態でありながら、誰かに対して悪くあれと言うことは「かたからめ」すなわち〝難しいだろう〟ということを言っている。傍線部6を含む文の次の文に「我が命を奉らん」すなわち〝私（＝尼）の命を差し上げよう〟とあることからもわかるように、尼は、他人を呪うには自分自身の命をも差し出さなければ難しいだろうと考えている。

問九　尼が恨んでいるのは自分を裏切りみじめな思いをさせた「男」と「北の方」の両方であるので、傍線部6の段階では正解は「男」と「北の方」のいずれの可能性もある。しかし、第二段落では北の方が亡くなったことを「聞きて、心の内の喜び、申しつくすべからず」とあるので、ここで「失ひ給へ」つまり〝殺してください〟と願ったのは北の方のことであったとわかる。

問十　「さしも」は副詞「さ」＋副助詞「し」＋係助詞「も」からなる連語で、〝それほど、あのようにも〟といった意味の指示語。かつて神に願った内容を指しており、乞食へと落ちぶれた尼の現状は、その結果であるので恨むことはない、という文脈である。具体的な願いの内容は、傍線部6の前後で説明されている。

Ⅲ

出典　武田砂鉄「ル・ボン『群衆心理』――熱狂が「私」を蝕む」（『100分 de 名著』二〇二一年九月号　NHK出版）

解答

問一　a―②　b―③　c―④　d―①

問二　ア―②　イ―⑥

問三　ウ―⑤　オ―②

問四　⑤

問五　カ―⑤　キ―③　ク―②

動詞の未然形と四段活用動詞の已然形または命令形に接続する完了・存続の助動詞「り」である。

問三　Ⅲ、尼（＝みなそこ）がこれほどまでに深く〝思い悩んで〟いるとは男は知らなかった、という意味である。

Ⅳ、女房に「かれは見るや」と〝聞いた〟のは、北の方である。この時点で湯殿すなわち浴場にいるのは北の方と女房のみであることもヒント。

Ⅴ、北の方の死を〝聞き〟、内心で喜んでいるのは、北の方の死を願った尼である。

問四　ウ、ここでの「給ふ」は直前に動詞を伴っているため、補助動詞。補助動詞「給ふ」は四段活用であれば尊敬、下二段活用であれば謙譲の意。助動詞「ぬ」が接続するのは連用形であるから、ここでの「給ひ」は連用形であり、四段活用だと判断できる。尊敬語では動作主が敬意の対象であるため、明け方に下った「男」が敬意の対象。

エ、ここでの「給ふ」もウと同様に直前に動詞を伴っているため、補助動詞。助動詞「つ」が接続するのは連用形であるから、ここでの「給ひ」は連用形であり、四段活用だと判断できる。動作主である「北の方」が敬意の対象。

オ、「参る」には尊敬語と謙譲語の用法が存在するが、ここでは「宮へも」とあることから、敬意の対象が動作の受け手（ここでは「宮」）である謙譲語。〝参上する〟の意味。

問六　1、「ばかり」は、ここでは〝〜だけ〟といった限定の意。心だけは出発した、すなわち出発したような気でいたということ。

2、「下り」とは、本文の二行目の「下らん」のことであり、男が受領となって任地に赴くことである。その出発が「のびたるか」つまり〝延期されたか〟ということである。尼は、迎えの車を待っていたのに「音信もなし」であったことを受けて「あやし（＝不思議だ）」と感じ、「下りのびたるか」と思ったのである。

3、男が北の方とともに出発したという裏切りを聞いた尼に「悪心」が起こった、という文脈であるので、ここでは恨みや憎しみの心情のことを言っている。「おろかなり」は、ここでは〝言い足りない、言うまでもない〟の意。

問七　男に裏切られ、知らない間に北の方とともに出発されてしまった尼が、「人のまづ思はんこと」を「心憂」く思っ

Ⅱ

出典　鴨長明『発心集』

解答

問一　⑤
問二　Ⅰ－①　Ⅱ－⑥
問三　Ⅲ－①　Ⅳ－②　Ⅴ－①
問四　ウ－③　エ－⑤　オ－②
問五　ア－③　イ－⑤　カ－②
問六　1－①　2－④　3－④
問七　②
問八　③
問九　②
問十　④

解説　問一　二重傍線部Aの「の」は、述部のカ行四段活用動詞の連体形「ありく」の直後に「尼」を補って〝年齢の高い尼で……乞食をしてまわっている尼がいた〟というように解釈できるので、同格の格助詞「の」である。二重傍線部Fの「の」も同様に「一尺ばかりなる」の直後に「足」を補えるため同格。同格の格助詞「の」は連体形の後に体言を補えることが見分け方である。

問二　Ⅰ、波線部Ⅰの直後に「いざなひければ」とあることから、ここでは〝一緒に下ろう、と誘ったので〟という意味であるとわかる。よって意志の助動詞「ん(む)」の終止形。「下らん」の動作主と話し手が同じである（ここでは「男」）、つまり主語が一人称であることもヒント。

Ⅱ、波線部Ⅱの直前の「生け」は四段活用動詞「生く」の已然形または命令形。これに接続するのは、サ行変格活用

るが、これは〈事実〉であって「仮説」ではない。さらにさかのぼると、同段落の一文目に「日本人の多くが最も……実は『国語の教科書』なのではないか」とあり、「ではないか」という表現からも筆者の「仮説」であることがわかるので、これに合致する②が正解。

問九　傍線部2の「現代国語（現国）の授業の存在理由」について、直前で「不思議なこと」だと言っているのは、次の段落にもあるように「現国の授業」が「現国のテストとは真逆な世界」だからである。また「現国のテスト」とは、さらに続く段落にあるように「テストで測定される読解力を向上させること」を目的としているとわかる。つまり現国の授業は、読解力を向上させ測定するという現国のテストとは乖離しているということである。これらを説明している④が正解。

問十　傍線部3の前を見ると、「多くの国語の先生」は文学者を志しつつさまざまな理由によって高校教師になったのかもしれず、そういう人は同じく教師から文学者として名を成した『山月記』の著者と自らを重ね、『山月記』に対して思い入れをもってもおかしくない、といった内容が書かれている。よって、正解は③。

問十一　傍線部4の直前の文に着目すると、「実際の人生は、もっと複雑で、迷いがあるもの」であることや、ここでの「奴隷の道徳」とは「わかりやすい徳目を単純に身につけさせる」ようなことだとわかる。また、ここでの「奴隷」は本来の意味から転じて比喩的に〝あるものにしばられ、支配を受けるもの〟といった意味で用いられている。つまり、本来複雑で迷いのあるはずの人生について、教師から語られた徳目を単純に受容するだけの受け身の姿勢のことを指しているのである。この内容を踏まえた⑤が正解。

問十二　傍線部5の直前に「そう考えると」とあることに着目する。「そう考える」は、直前の段落全般の内容を受けていることから、これを要約したものを選べばよい。

国語

Ⅰ

出典　瀧本哲史『読書は格闘技』〈Round 11　国語教育の文学〉（集英社文庫）

解答

問一　a―③　b―①　c―⑤　d―④
問二　ⅰ―②　ⅱ―①　ⅲ―⑤
問三　X―②　Y―④
問四　ア―⑤　イ―⑦　ウ―②
問五　①
問六　B―④　D―⑥
問七　③
問八　②
問九　④
問十　③
問十一　⑤
問十二　②

解説　問八　傍線部1の直後に「あらすじの紹介は不要かもしれない」とあることから、それだけ『山月記』が人々に読まれているといった内容をこれ以前から探す。まずは傍線部直前の言及内容であることから③が正しいように思え

■一般選抜Ｂ（中期）〈１回分を掲載〉

問題編

▶試験科目・配点

学部等		教科	科目	同一配点	傾斜配点
文	日本語日本文	選択	英語，日本史，世界史，数学(1)，数学(2)，化学，生物から１科目選択	100点	100点
		国語	国語(2)	100点	200点
	英語グローバル	外国語	英語	100点	200点
		選択	日本史，世界史，化学，生物，国語(1)，国語(2)から１科目選択	100点	100点
教育		選択	英語，「日本史または世界史」，「数学(1)または数学(2)」，「化学または生物」，「国語(1)または国語(2)」から２科目選択	各100点	高得点科目 200点 低得点科目 100点
心理・社会福祉，健康・スポーツ科，生活環境，経営		選択	英語，日本史，世界史，「数学(1)または数学(2)」，化学，生物，「国語(1)または国語(2)」から２科目選択	各100点	高得点科目 200点 低得点科目 100点
社会情報	情報メディア	選択	英語，日本史，世界史，「数学(1)または数学(2)」，化学，生物，「国語(1)または国語(2)」から２科目選択	各100点	高得点科目 200点 低得点科目 100点
	情報サイエンス	選択	英語，日本史，世界史，数学(1)，数学(2)，化学，生物，「国語(1)または国語(2)」から２科目選択 ※数学(1)，数学(2)での受験も可	各100点	高得点科目 200点 低得点科目 100点

<table>
<tr><td rowspan="6">食物栄養科</td><td rowspan="3">食物栄養</td><td>選択</td><td>英語，数学(1)，数学(2)，国語(1)，国語(2)から1科目選択</td><td>100点</td><td>100点</td></tr>
<tr><td>理科</td><td>化学，生物から1科目選択</td><td>100点</td><td>200点</td></tr>
<tr><td colspan="4">理科2科目での受験も可*1</td></tr>
<tr><td rowspan="3">食創造科</td><td>選択</td><td>英語，日本史，世界史，国語(1)，国語(2)から1科目選択</td><td>100点</td><td>100点</td></tr>
<tr><td>選択〈必須〉</td><td>「数学(1)または数学(2)」，化学，生物から1科目選択</td><td>100点</td><td>200点</td></tr>
<tr><td colspan="4">選択〈必須〉から2科目での受験も可*2</td></tr>
<tr><td rowspan="4">建築</td><td rowspan="2">建築</td><td>選択</td><td>英語，物理，化学，国語(1)から1科目選択</td><td>100点</td><td rowspan="2">高得点科目200点
低得点科目100点</td></tr>
<tr><td>数学</td><td>数学(2)</td><td>100点</td></tr>
<tr><td rowspan="2">景観建築</td><td>選択</td><td>英語，物理，化学，生物，国語(1)から1科目選択</td><td>100点</td><td rowspan="2">高得点科目200点
低得点科目100点</td></tr>
<tr><td>数学</td><td>数学(2)</td><td>100点</td></tr>
<tr><td rowspan="4">音楽</td><td rowspan="2">演奏</td><td>選択</td><td>英語，日本史，世界史，数学(1)，国語(1)，楽典〈省略〉，副専ピアノ実技（ピアノ専修除く）〈省略〉から1科目選択
※副専ピアノ実技を選択する場合，副専ピアノ実技を含む2科目以上の選択も可。その場合は高得点科目を採用</td><td>100点</td><td rowspan="4"></td></tr>
<tr><td>実技</td><td>主専実技〈省略〉</td><td>300点</td></tr>
<tr><td rowspan="2">応用音楽</td><td>選択</td><td>英語，日本史，世界史，数学(1)，国語(1)，楽典〈省略〉から1科目選択
※2科目を受験した場合は，高得点科目を採用</td><td>100点</td></tr>
<tr><td>実技</td><td>〈省略〉</td><td>100点</td></tr>
<tr><td colspan="2" rowspan="3">薬</td><td>選択</td><td>英語，数学(1)，数学(2)，国語(1)，国語(2)から1科目選択</td><td>100点</td><td>100点</td></tr>
<tr><td>理科</td><td>化学，生物から1科目選択</td><td>100点</td><td>200点</td></tr>
<tr><td colspan="4">理科2科目での受験も可*1</td></tr>
</table>

看　　護	選　択	英語，「数学(1)または数学(2)」，化学，生物，「国語(1)または国語(2)」から2科目選択	各100点	高得点科目 200点 低得点科目 100点

＊1　理科2科目で受験した場合，傾斜配点型においては，高得点科目を200点，低得点科目を100点とする。

＊2　選択〈必須〉科目から2科目選択し受験した場合，傾斜配点型においては，高得点科目を200点，低得点科目を100点とする。

▶備　考

- 試験時間帯自由選択制（午前と午後で別の試験として実施）。
- 学力検査の時間は2科目連続で120分。ただし，音楽学部で1科目のみを受験する場合も1科目120分。

▶出題範囲

- 英語：コミュニケーション英語Ⅰ・Ⅱ・Ⅲ，英語表現Ⅰ・Ⅱ
- 日本史：日本史B
- 世界史：世界史B
- 数学(1)：数学Ⅰ・A
- 数学(2)：数学Ⅰ・Ⅱ・A・B（数列，ベクトル）
- 物理：物理基礎，物理
- 化学：化学基礎，化学（「高分子化合物の性質と利用」を除く）
- 生物：生物基礎，生物（「生態と環境」，「生物の進化と系統」を除く）
- 国語(1)：国語総合（現代文のみ），現代文B
- 国語(2)：国語総合，現代文B，古典B（いずれも漢文を除く）
- 楽典：音楽史を除く

英語

（2科目120分）

（注）　音楽学部受験者は，1科目または2科目で120分。

I　次の英文を読み，下の問いに答えよ。（35点）

［1］　It's been said that everybody lies, and psychologists now have plenty of evidence to support that claim. At one point or another in your life, you have certainly told small or even big lies because it seemed like the right thing to do at the time. However, if you're like most people, you prefer to see yourself as generally upright and honest. You definitely expect honesty from the people you know. Why would you threaten your own self-concept, not to mention your relationships with others, by failing to live up to that standard of honesty?

［2］　There are certainly many rational reasons to lie, depending on the circumstances. You'd like to get out of a speeding ticket, so you claim that you weren't going over the speed limit. (Good luck with that!) To get a job that you want, you "revise" your résumé*, perhaps adding non-existent job titles. On an online dating site, you adjust your age, height, and weight in order to conform* more closely to the ideal image you'd like to present. A neighbor going out of town asks you to pick up the mail, and you fib* that you'll be away also.

［3］　These deceptions* don't seem to be that outrageous*. But if you get caught in the lie, it can have unfortunate consequences for your relationships with others. Lies can also have a negative effect on your view of yourself. Even little lies can erode* your self-image as good, moral, and upstanding.

[4] As pointed out in a 2013 publication on deception in negotiations by Joseph Gaspar of Rutgers University and Maurice Schweitzer of the University of Pennsylvania's Wharton School, most studies of deception look at cognitive* and motivational causes, such as how much people are likely to gain (or lose) from their lying behavior. However, these authors argue it's just as important to look at the affective basis of deception. In other words, what emotions lead people to lie and what emotions do they feel after they lie? According to their Emotion Deception Model, people's thoughts before, during, and after the lie are important, but just as important are their feelings.

[5] Some of your feelings when you're lying may have nothing to do with the current situation at all. You're feeling mildly annoyed about something, so when someone asks you to pick up that mail you think that your annoyance has to do with the request. You think it's too big an imposition*, and since you were already in a bad mood you commit the lie. But under other circumstances, you may have cheerfully agreed to the favor.

[6] Even if you're in a perfectly good mood, according to Gaspar and Schweitzer, an interpersonal situation itself can produce emotions that prompt lying. A friend talking about how much weight she has lost by dieting makes you feel envious because this is a goal you were, coincidentally*, hoping to achieve as well. The feeling of envy that accompanies this situation leads you to tell the obvious untruth that you've lost even more weight. In the moment, it was the painful comparison you made of yourself and the other person that caused you to lie. You can imagine this happening in other areas as well, such as grades, income, or honors and awards. As Gaspar and Schweitzer point out, you may also be motivated to lie by the emotion expressed by the other person. If your exaggerated claims are met with admiration, you'll only want to go further. Having a gullible* person to talk to is like emotional food for the liar.

[7] Thus, the feelings you have in the moment, whether positive or

negative, can influence whether or not you lie. In addition, the feelings you think you'll have afterward must be added to the equation*. If you think you'll feel better after you lie about being smarter, thinner, or richer, you are more likely to be dishonest. Let's say you put those inaccurate job titles on your résumé, no one finds out, and you get the job. Now you feel little or no guilt, and you actually feel pretty good about having accomplished the deception. This phenomenon is called "cheater's high." It can be pretty exciting to know that you succeeded in your little deception and suffered no consequences.

[8]　The problem with the expected emotional consequences of lying is that they can be wrong. You might think you'll be happier after telling your lie (believing you'll get the job). However, if you're caught, you might feel significantly worse. And the next time you're tempted to tell a lie, you'll remember the remorse* and guilt you felt, and you'll restrain* yourself.

[9]　To sum up, it would be great to conclude that once informed about the nature of lying, neither you nor the people you know will ever lie again. However, even as you recognize that lying is bad, and bad for you, your emotions can still get in the way and keep you from being 100 percent truthful 100 percent of the time. By recognizing the feelings you have before and after you lie, you may eventually find yourself lying less and enjoying your relationships more.

*résumé	履歴書
conform	一致させる
fib	うそをつく
deceptions < deception	だますこと
outrageous	ひどい
erode	徐々に損なう
cognitive	認知の
imposition	無理な頼み
coincidentally	偶然にも

出典追記：The Ordinary Lies We All Tell, and What's Behind Them, Psychology Today on November 26, 2013 by Susan Krauss Whitbourne

gullible	だまされやすい
equation	相関関係
remorse	激しい後悔
restrain	抑える

問　本文の内容を踏まえて，次の英文 (A)〜(G) の空所 [1] 〜 [7] に入れるのに最も適当なものを，それぞれ下の①〜④のうちから選べ。

(A) According to the first paragraph, [1].

① people don't tell big lies even when they need to

② people never lie because they want to protect their relationships with others

③ researchers have proven that all people tell lies at some stage in their lives

④ some psychologists believe occasional lying might lead to honesty

(B) According to the second paragraph, [2].

① revising your résumé will definitely allow you to find your ideal job

② online dating sites will not let you join unless you match their ideal image

③ you have to trick others in all situations

④ people lie in some situations to get out of trouble or to get an advantage

(C) The third paragraph states that [3].

① if you are caught in a lie, your relationships with others will benefit

② fortunate outcomes will be had when you tell little lies

③ even if you only tell a small lie, it can damage both your self-image and your relationships with others

④ believing yourself to be a good and honest person is all you should do when people find out about your lie

(D) The fourth paragraph states that [4].

① the research conducted by Gaspar and Schweitzer emphasizes the importance of emotions associated with lying

② Gaspar and Schweitzer only research about how much people can assume to gain or lose from lying

③ in their research, Gaspar and Schweizer found that the emotions of most liars before and during a lie usually remain the same

④ research on the relationship between deception and emotions has been losing attention in psychology since 2013

(E) According to the fifth and sixth paragraphs, [5].

① people inevitably lie when they seek admiration from others

② people only feel the need to lie when they are feeling cheerful

③ feelings of anxiety usually occur when observing other people losing weight

④ feelings of envy might urge people to lie when they compare themselves with others

(F) According to the seventh paragraph, [6].

① "cheater's high" occurs when you gain something by deception without facing serious consequences

② there are many opportunities for dishonest people to succeed when they pretend to be smarter than they are

③ once you get a good job by putting non-existent titles on your résumé, you will feel guilty

④ positive feelings in the moment alone lead you to lie even if you feel negative afterward

(G) According to the eighth and ninth paragraphs, [7] .

① even if you are caught lying on your résumé, you can still successfully get the job you desire

② recalling negative emotions of being caught lying may make you reconsider your actions

③ once people realize the nature of lying, neither they nor their friends will ever lie again

④ feelings of remorse will tempt you to lie even more than usual

Ⅱ 次の英文の空所 [8] ～ [12] に入れるのに最も適当なものを，それぞれ下の①～④のうちから選び，会話文を完成せよ。(20点)

Charlie and Masaki are talking about what to do during summer vacation.

Masaki: Hey Charlie, do you have any plans during summer vacation?

Charlie: Not [8] . What about you?

① at present

② at this place

③ at any time

④ at my side

Masaki: I don't have any plans either, but I am thinking of going to Okinawa to go to the beach.

Charlie: That sounds wonderful! I would like to just go to the beach to swim and relax.

Masaki: [9] go to Okinawa together to enjoy the hot and sunny weather?

① How do we

② When will you

③ Where don't you

④ Why don't we

Charlie: That would be awesome! Let's do it!

Masaki: Ok, first we need to decide on dates. I am free from August 4 to August 14, so how about we leave on the 4th?

Charlie: My holidays don't begin until August 5. [10] it be possible to depart on the 6th?

① Should

② Would

③ Can

④ Ought

Masaki: Sure, that's fine! Next, we need to decide on a hotel.

Charlie: Somewhere close to the beach would be great so that we could just walk there.

Masaki: I'll look up some hotels on the computer now... How about this one? It's only an eight-minute walk to the beach and is [11] the price of the others.

① double

② over

③ half

④ less

Charlie: Sure! That's cheap, and eight minutes is still close enough to the beach. We can also explore some of the area around the hotel, too.

Masaki: It says here that there are some really nice restaurants near the hotel. Maybe we should make [12] at one of them. How about a seafood restaurant?

① a reservation

② an appointment

③ a schedule

④　a selection

Charlie:　Sure! I love seafood, so let's try to find one on the beach!

Ⅲ　次の英文 (A)～(E) の空所 [13] ～ [17] に入れるのに最も適当なものを，それぞれ下の①～④のうちから選べ。(15点)

(A)　It's been ages ([13]) I last visited the U.S.

①　for　②　from　③　since　④　during

(B)　Many young Italians are ([14]) of Renaissance paintings and sculptures.

①　proud　②　boast　③　boasted　④　pride

(C)　They ([15]) for nearly eight hours in the mountains when a search and rescue team found them.

①　will have been walked　②　have been walking

③　have had walked　④　had been walking

(D)　Although used, the car looks ([16]) new.

①　as good as　②　as much as　③　fewer than　④　much more

(E)　([17]) our company pays its debts now, we will go bankrupt within a year.

①　What　②　Unless　③　During　④　Otherwise

Ⅳ　次の英文 (A)〜(E) の空所 [18] 〜 [22] に入れるのに最も適当なものを，それぞれ下の①〜④のうちから選べ。(10点)

(A) In some countries, teenagers must seek ([18]) from their parents to legally get married.

① application　② perception
③ transportation　④ permission

(B) After he retired, my father ([19]) his dream of traveling around the world.

① fulfilled　② appeared　③ persuaded　④ came

(C) The patient seems to have recovered from surgery, but is still under ([20]).

① construction　② observation
③ explanation　④ illumination

(D) Despite ([21]) many jobs, he is still unemployed.

① raising　② stealing from　③ applying for　④ proving

(E) She refused to ([22]) her colleague's mistake and reported it to their boss.

① provide　② compare　③ contribute　④ overlook

V 次の文 (A)～(E) を，与えられた語(句)を用いて英文に訳したとき，空所 **23** ～ **32** に入れるのに最も適当なものを，それぞれ下の①～⑦のうちから選べ。(20点)

(A) 海外旅行となると，周到な準備が必要とされます。

When (　　)(**23**)(　　)(　　)(　　), (**24**)(　　) is required.

① traveling　② thorough　③ it　④ comes
⑤ to　⑥ preparation　⑦ abroad

(B) 外資系企業で技師として働くことに，やりがいを感じています。

I (　　)(**25**)(　　)(**26**)(　　)(　　)(　　) a foreign-affiliated company.

① to　② rewarding　③ an engineer　④ find
⑤ for　⑥ work as　⑦ it

(C) 多くの国が，世界の難民問題について見て見ぬふりをしてきました。

Many countries (　　)(　　)(**27**)(　　)(**28**)(　　)(　　) refugees around the world.

① have turned　② the problem　③ to　④ eye
⑤ of　⑥ blind　⑦ a

(D) 最初に扱われる問題は，どのように顧客と接するかということです。

The first issue (　　)(**29**)(　　)(　　)(　　)(　　)(**30**) clients.

① be　② treat　③ with　④ is
⑤ dealt　⑥ to　⑦ how to

(E)　彼は結婚によって，イギリス居住者となりました。

He (　　) (　　) (**31**) (　　) (　　) (**32**) (　　) his marriage.

① resident　② by　③ a　④ virtue
⑤ British　⑥ of　⑦ became

日本史

（2科目120分）

（注）音楽学部受験者は，1科目または2科目で120分。

I　8世紀の政界について説明した次の文章を読み，下の問い(問1～問5)に答えよ。(20点)

729年，藤原氏は，皇族の左大臣を策謀によって自殺させ(1)，［A］の娘の光明子を聖武天皇の皇后に立てることに成功した。しかし，737年に流行した天然痘によって藤原氏4兄弟があいついで病死すると，かわって皇族出身の［B］が政権を握った。740年には，藤原広嗣が［B］政権下で権勢を強めた吉備真備・玄昉の排除を求めて九州で挙兵したが鎮圧された。

こうした政治情勢や飢饉・疫病の社会的不安のもと，仏教を厚く信仰した聖武天皇は鎮護国家の思想によって国家の安定をはかろうとし，741年に国分寺建立の詔(2)，ついで743年には大仏造立の詔を出した。また，土地政策として墾田永年私財法(3)を発した。

問1　空欄［A］に当てはまる人物はだれか。　［1］

① 藤原実頼　② 藤原時平　③ 藤原不比等
④ 藤原冬嗣　⑤ 藤原基経　⑥ 藤原良房

問2　空欄［B］に当てはまる人物はだれか。　［2］

① 大津皇子
② 大友皇子

③　刑部親王

④　橘　諸兄

⑤　舎人親王

⑥　以仁王

問3　下線部(1)の出来事は何と呼ばれるか。　3

①　安和の変

②　乙巳の変

③　応天門の変

④　薬子の変

⑤　承和の変

⑥　長屋王の変

問4　下線部(2)に関して，詔の一部として正しいものはどれか。　4

①　粤に天平十五年歳次癸未十月十五日を以て、菩薩の大願を発して、盧舎那仏の金銅像一躯を造り奉る。

②　永承七年壬辰正月廿六日癸酉、千僧を大極殿に屈請し、観音経を転読せしむ。去年の冬より疾疫流行し、改年已後、弥以て熾盛なり。仍りて其の災を除かむが為なり。

③　冬十月、百済の聖明王、……釈迦仏の金銅像一軀、幡蓋若干、経論若干巻を献る。

④　右取をかるべき刀、脇指、ついえにさせらるべき儀にあらず候の間、今度大仏御建立の釘、かすかひに仰せ付けらるべし。

⑤　……宜しく天下諸国をして各敬みて七重塔一区を造り、幷せて金光明最勝王経・妙法蓮華経各一部を写さしむべし。

問5　下線部(3)に関する説明として，誤りを含んでいるものはどれか。　5

①　墾田の面積は身分に応じて制限された。また，墾田は租をおさめない不輸租田であった。

②　財力のある東大寺などの大寺院は，農民や浮浪人を使用して競って開墾を進めた。

③　政府の掌握する田地を増大させることにより土地支配の強化をはかる政策として実施された。

④　大貴族や大寺社が次々と開墾を進め，私有地拡大が進み初期荘園を生み出すことになった。

⑤　723 年に出された三世一身法に比べて，私有できる期間制限をなくした。

Ⅱ　東山文化に関する次の文章を読み，下の問い(問１～問５)に答えよ。(20点)

北山文化で開花した室町時代の文化は，その芸術性が生活文化の中に取り込まれ，新しい独自の文化として根づいていった。足利義政(1)は，京都の東山に銀閣を建てた。

東求堂同仁斎にみられる［A］は，近代の和風住宅の原型となった。［A］の住宅や禅宗様の寺院には，禅の精神で統一された庭園がつくられた(2)。

水墨画では，［B］にわたり作画技術を学んだ雪舟が，禅画の制約を乗りこえた日本的な水墨画様式を創造した。また狩野正信・元信父子は，水墨画に伝統的な大和絵の手法を取り入れ，新しく狩野派(3)をおこした。

問１　空欄［A］に当てはまる語として，適切なものはどれか。　［6］

①　書院造　　②　折衷様　　③　武家造　　④　和様

問２　空欄［B］に当てはまる中国の王朝として，適切なものはどれか。

［7］

①　元　　②　清　　③　宋　　④　明

問3　下線部(1)についての説明として，適切なものはどれか。　8

①　建武政府では成良親王を奉じて鎌倉将軍府をになっていた。

②　後継者をめぐり応仁の乱がおきたが，途中で将軍職を子に譲り乱をさけて隠棲した。

③　持明院統の光明天皇を擁して室町幕府を開いた。

④　山名・大内氏などの有力守護を粛清して幕府権力を確立した。

問4　下線部(2)の京都における代表的な寺はどれか。　9

①　建長寺　　②　寿福寺　　③　浄智寺　　④　浄妙寺
⑤　龍安寺

問5　下線部(3)について，狩野派の作品として適切なものはどれか。　10

①

②

④

Ⅲ　田沼時代と寛政の改革について，下の問い(問1～問5)に答えよ。(20点)

問1　18世紀後半になって老中に就任した田沼意次は，ゆきづまり出した幕府財政を再建するために積極的な産業振興策をとった。その説明として適切なものはどれか。　11

① 運上や冥加などの各種営業税の増収策から，年貢増収策へ改めた。
② 仙台藩の医師最上徳内の意見を取り入れ，工藤平助らを蝦夷地に派遣して，その開発やロシア人との交易の可能性を調査させた。
③ 幕府や諸藩から朱印の交付を認められ，営業の独占権を与えられた商工業者の同業組織である座を公認し，競争防止・利益保護などをめざした。
④ 江戸や大坂の町人資本を利用して，下総国利根川下流の印旛沼や手賀沼を干拓し，新田開発を進めた。

問2　田沼意次の政策とその結果について記した次の文章の波線部のうち，誤りは何カ所あるか。下の①～⑤から選べ。　12

田沼意次の政策は，商人の力を利用しながら，幕府財政を改善しようとするものであった。一方で幕府役人のあいだで賄賂や縁故による人事が横行するなど，武士本来の士風を衰退させたとする批判が高まった。1783年，富士山の大噴火があり，その後も大凶作が続き，東北地方を中心に多くの餓死者が出た(寛政の大飢饉)。各地で百姓一揆や打ちこわしが発生し，社会不安が拡大するなか，意次は勢力を失って1786年，失脚した。

① 1　② 2　③ 3　④ 4　⑤ なし

問3　寛政の改革を進めた老中松平定信の伝記で，渋沢栄一が記したものはどれか。　13

① 宇下人言 ② 花月草紙 ③ 世事見聞録 ④ 楽翁公伝

問4 寛政の改革のひとつで，飢饉に備えて各地に社倉・義倉を作らせた政策として適切なものはどれか。 14

① 上げ米 ② 囲米 ③ 七分積金 ④ 足高の制

問5 寛政の改革の政策とその内容の説明として適切なものはどれか。 15

① 寛政異学の禁

1790年，松平定信が尾藤二洲の建言を容れ，儒学のうち京学を正学とし，それ以外の学派を異学として教授することを禁止した施策。

② 棄捐令

1789年，民衆救済のため，問屋への借金を破棄させた法令。問屋に6年以前の貸金を放棄させ，以後のものは低利年賦返済とした。

③ 旧里帰農令

1790年，下層町人対策のひとつとして，江戸に流入した没落農民の帰村や帰農を奨励する法令。

④ 出版統制令

1790年，風俗を乱す滑稽本・人情本や政治批判・時事風刺を行った出版物を禁止した法令。翌年，この法令により，佐久間象山・志筑忠雄らが弾圧された。

Ⅳ　明治時代の政策や思想に関する次の文章を読み，下の問い（問1～問5）に答えよ。（20点）

明治維新後，新政府によって旧来の士農工商の封建的身分制度が廃止され，いわゆる四民平等の世となった。藩主や公家は華族，藩士・旧幕臣は士族，そして農工商の百姓・町人は平民となった。1872（明治5）年には，新たな族籍に基づく統一的な<u>戸籍編成</u>(1)がおこなわれ，新政府によるこれらの<u>身分制度改革</u>(2)により同じ義務を持つ国民が形成された。

1887年，［A］は［B］をおこし，一般国民の生活向上と自由拡大のための平民的欧化主義の必要性を説いた。これに対し，<u>近代的民族主義を主張する三宅雪嶺ら</u>(3)との間で論争がおこった。

日露の開戦準備が進められると，<u>幸徳秋水</u>(4)や堺利彦が平民社をおこし，非戦論・反戦論を主張した。

問1　空欄［A］・［B］の語の組み合わせとして適切なものはどれか。　［16］

① A　井上円了　　B　政教社
② A　尾崎紅葉　　B　硯友社
③ A　徳富蘇峰　　B　民友社
④ A　森有礼　　B　明六社

問2　下線部(1)の名称として適切なものを選べ。　［17］

① 庚午年籍
② 宗門帳
③ 壬申戸籍
④ 人別改め

問３　下線部(2)に関連して述べた文のうち，誤っているものはどれか。　18

① 華・士族に支給されていた秩禄は，国の総支出の約 40%を占める大きな負担であった。
② 新政府は外国への体裁や四民平等のたてまえから解放令を出したが，差別は続いた。
③ 平民も苗字(名字)を名乗ることが許され，華・士族との結婚も許された。
④ 平民の職業選択，住居移転の自由を認めた。

問４　下線部(3)について，三宅雪嶺らが刊行した雑誌は次のどれか。　19

① 『国民之友』
② 『太陽』
③ 『中央公論』
④ 『日本人』

問５　下線部(4)の人物に関する説明として適切な文章はどれか。　20

① キリスト教徒であり，最初の社会主義政党である社会民主党の結党に参加。廃娼運動に尽力し，小説『火の柱』を執筆した。
② 自由民権運動に参加し，中江兆民の弟子となる。のち社会主義に関心をもち，無政府主義を唱え，大逆事件で刑死した。
③ 政教社の創立に参加し，のちに官界に入り，立憲政友会から衆議院議員となる。地理学者としても知られ，多くの著述を残した。
④ 1889 年，新聞『日本』を創刊した新聞記者。欧化政策に反対し，国家の独立や国民主義を主張した。

V　占領期の文化に関する次の問い(問1～問5)に答えよ。(20点)

問1　この時期に創刊された雑誌でないものを選べ。　21

①『改造』　②『思想の科学』　③『世界』
④『展望』

問2　日本人で初めてノーベル賞を受賞した人物として，正しい人物を選べ。　22

①　朝永振一郎　②　江崎玲於奈　③　川端康成　④　湯川秀樹

問3　この時期の文学作品と作家の組み合わせとして，正しいものを選べ。　23

①『細雪』　－　峠　三吉　②『斜陽』　－　三島由紀夫
③『白痴』　－　坂口安吾　④『俘虜記』　－　谷崎潤一郎

問4　次の文章は，この時期の考古学研究についての説明である。空欄 A ～ C に当てはまるものの組み合わせとして，正しいものはどれか。下の①～⑧から選べ。　24

A の発掘は，1947～1950年に日本考古学協会が実施した戦後最初の本格的な発掘調査であった。静岡市南部で B の住居跡や水田遺構が発見された。 C は，1949年，明治大学考古学研究室により発掘調査がおこなわれ，日本における旧石器時代の存在が確認された。

①　A　岩宿遺跡　B　縄文時代　C　登呂遺跡
②　A　岩宿遺跡　B　縄文時代　C　吉野ヶ里遺跡

③　A　岩宿遺跡　B　弥生時代　C　登呂遺跡
④　A　岩宿遺跡　B　弥生時代　C　吉野ヶ里遺跡
⑤　A　登呂遺跡　B　縄文時代　C　岩宿遺跡
⑥　A　登呂遺跡　B　縄文時代　C　吉野ヶ里遺跡
⑦　A　登呂遺跡　B　弥生時代　C　岩宿遺跡
⑧　A　登呂遺跡　B　弥生時代　C　吉野ヶ里遺跡

問5　この時期の大衆文化について説明した次の文章の波線部のうち，誤りはいくつあるか。下の①～④から選べ。　25

戦争の悪夢から解放された日本国民のあいだには，日々の生活の苦しさにもかかわらず，明るくのびやかな大衆文化が広がった。歌謡曲では，並木路子の「リンゴの唄」の大流行に続いて，美空ひばりの「東京ブギウギ」が大ヒットした。大衆娯楽としての映画は黄金時代を迎え，黒澤明の「羅生門」は，ヴェネツィア国際映画祭金獅子賞を受賞した。

①　1　②　2　③　3　④　なし

世界史

（2科目120分）

（注） 音楽学部受験者は，1科目または2科目で120分。

Ⅰ イスラーム世界に関する次の問い(問1～問5)に答えよ。(20点)

問1 661年，ダマスクスにウマイヤ朝を開いた人物を，次の①～④のうちから選べ。 1

① アブー＝バクル ② マンスール ③ ムアーウィヤ
④ ムハンマド

問2 次の図は，後ウマイヤ朝の首都に完成した巨大モスクである。その内部には，「円柱の森」など，イスラーム美術の傑作が残っている。このモスクがある場所を，下の①～④のうちから選べ。 2

図

① カイロ ② グラナダ ③ コルドバ ④ バグダード

問3　次の文中の［　　］に当てはまる人物を，下の①〜④のうちから選べ。

アッバース朝第5代カリフ［　　］の統治時代，この王朝は全盛期を迎えた。彼の治世中，バグダードは100万人近くの人口をかかえる大都市に発展した。 ［3］

① アブド＝アッラフマーン3世　② トゥグリル＝ベク
③ ハールーン＝アッラシード　④ ラシード＝アッディーン

問4　作者と著作の組み合わせとして正しいものを，次の①〜④のうちから選べ。 ［4］

① イブン＝ハルドゥーン　—　『世界史序説』
② イブン＝バットゥータ　—　『医学大全』
③ イブン＝ルシュド　—　『ルバイヤート』
④ ウマル＝ハイヤーム　—　『旅行記』

問5　次の記述①〜④には，それぞれ下線部が含まれている。それらの下線部のうち，1箇所は史実として誤りである。①〜④のうち，誤りを含む記述をマークせよ。 ［5］

① 西アジアのイスラーム社会は，都市を中心に発展し，都市生活は，信仰と学問・教育の場であるモスクや<u>学院(マドラサ)</u>，および生産と流通の場である市場(スークあるいはバザール)を中心に営まれた。

② 紙の普及は，<u>パピルスや羊皮紙</u>にかわって，イスラーム文明の発展に多大な影響を与えた。

③ 751年におこった<u>トゥール・ポワティエ間の戦い</u>をきっかけとして，イスラーム教徒は唐軍の捕虜から，製紙法を学んだ。

④ 10世紀以後，イスラーム社会では，都市の職人や農民のあいだに，神との一体感を求める<u>神秘主義(スーフィズム)</u>が盛んになった。

Ⅱ　中国の明清時代の文化に関する次の問い(問1～問5)に答えよ。(20点)

問1　四大奇書の一つで，玄奘のインド求法の旅を題材とした口語長編小説を，次の①～④のうちから選べ。　6

①　『金瓶梅』　②　『紅楼夢』

③　『西遊記』　④　『水滸伝』

問2　15世紀初頭に，古今の図書を集めてその内容を事項別に分類整理したものを，次の①～④のうちから選べ。　7

①　『永楽大典』　②　『康熙字典』

③　『崇禎暦書』　④　『古今図書集成』

問3　乾隆帝の命で，思想統制のため，当時の書物を網羅して編纂された中国最大の叢書を，次の①～④のうちから選べ。　8

①　『五経正義』　②　『五経大全』

③　『四庫全書』　④　『四書大全』

問4　康熙帝の命で，中国初の実測による全国地図『皇輿全覧図』の作製に協力した外国人宣教師を，次の①～④のうちから選べ。　9

①　アダム＝シャール　②　カスティリオーネ

③　ブーヴェ　④　マテオ＝リッチ

問5　北京郊外に造られた清朝の円明園(下図)を，1860年に略奪と放火によって徹底的に破壊した戦争を，次の①～④のうちから選べ。　10

①　清仏戦争　②　第一次アヘン戦争

③　アロー戦争　④　日清戦争

図　円明園

Ⅲ　次のA～Hは，17～18世紀におこったイギリスの出来事を生起順に並べたものである。これを見て下の問い(問1～問6)に答えよ。(20点)

A　1603年　ステュアート朝成立

B　1640年　イギリス革命開始

C　1649年　共和政となる

D　1652年　第1次イギリス＝□戦争開始

E　1660年　王政復古

F　1688年　名誉革命

G　1707年　大ブリテン王国成立

H　1714年　ハノーヴァー朝成立

<解答群>

① アン女王	② ウィリアム3世	③ ジェームズ1世
④ ジェームズ2世	⑤ ジョージ1世	⑥ チャールズ1世
⑦ チャールズ2世	⑧ メアリ2世	

問1 ［Aに関して］ スコットランド出身のステュアート家が王位を継ぎ，ステュアート朝が成立した。国王は神から授かった王権は人民に拘束されないという王権神授説をとなえた。この国王を，上の解答群から選べ。 11

問2 ［B・Cに関して］ 1642年，王党派と議会派のあいだに内戦がおこった。独立派のクロムウェルは，鉄騎隊を編制して議会派を勝利に導いた。その後，彼は議会から長老派を追放し，1649年，ついには国王を処刑して共和政をうちたてた。処刑された国王を，上の解答群から選べ。 12

問3 ［Dに関して］ 1651年に制定された航海法は，イギリスとその植民地への輸入品をイギリスか原産国の船で輸送することを定めたものである。このことは，中継貿易で栄えた国に打撃を与えることとなった。これにより，イギリスとその国との間で戦争が勃発(ぼっぱつ)した。［　　］に入る国を，次の①～④のうちから選べ。 13

① オランダ　② スペイン　③ フランス　④ ポルトガル

問4 ［Eに関して］ 亡命先から帰国して国王となり王政復古を実現した人物を，上の解答群から選べ。 14

問5 ［Fに関して］ 議会が権利の章典を制定した年を，次の①～④のうちから選べ。 15

① 1687年　② 1688年　③ 1689年　④ 1690年

問6 ［Hに関して］ ハノーヴァー朝を始めた国王を，上の解答群から選べ。 16

Ⅳ　次に示すのは，黒川祐次著『物語　ウクライナの歴史－ヨーロッパ最後の大国』の「第五章　ロシア・オーストリア両帝国の支配」から一部分を抜き出し，ふりがなをつけたり，文の一部を空所にしたり，漢数字をアラビア数字に改めたりしたものである。これを読んで，下の問い(問1～問5)に答えよ。(20点)

18世紀末の(1)ポーランドの分割およびトルコの黒海北岸からの撤退によって，それ以降第一次世界大戦までの約120年の間，ウクライナはその土地の約8割がロシア帝国に，残りの約2割がオーストリア帝国に支配されることとなる。

ロシア帝国では，(2)ツァーリの専制君主制，中央集権制の下でロシア化が進められ，17世紀にあれほど燃え上がったコサックのウクライナ・ナショナリズムも19世紀にはすっかり下火となり，単なるロシアの一地方に堕していった。もっともナショナリズムの火はまったく消えたわけではなく，コサックに代わる(3)インテリゲンツィアという新しい階層の下で育(はぐく)まれ，第一次世界大戦時のウクライナ中央ラーダ政府の結成につながっていくのである。他方，19世紀末からロシアで資本主義が勃興すると，ウクライナ南東部では当時のヨーロッパでも例を見ないほどの急速な工業化が進み，帝国内最大の工業地帯となった。ここに古代から綿々と引き継がれた「農業のウクライナ」が，政治的な独立のないまま「工業と農業のウクライナ」にドラスティックに変貌することになった。

オーストリア帝国においても皇帝および官僚の権力は強かったが，帝国内の民族は非常に多様でウクライナ民族を主要民族に同化させる圧力はなかったし，西欧に近いだけに専制の程度はロシアより弱かった。そのためオーストリア支配下のウクライナは，地域は狭いながらもナショナリズムの拠点となっていった。この西欧の影響を受けた西部地域は現在に至るまでロシア・ソ連色の薄い特異な地域でありつづけることになる。

(中略)

1812年の(4)ナポレオンのロシア遠征については，ナポレオン軍の一部がヴォルイニ地方に侵入した程度であり，ウクライナへの直接的な影響はさほど大きくなかった。ただナポレオン戦争に参加して西欧にも従軍し見聞を広めたロシアの若い貴族たちは，自国の立ち後れに愕然とし，1825年専制政治と農奴制の廃止を求めていわゆる［　　］の乱を起こした。そしてその舞台は首都サンクト・ペテルブルグとともにウクライナであった。［　　］には二つのグループがあり，首都の北方結社に対し，ウクライナを拠点とする南方結社があった。南方結社はチェルニヒフ連隊の1000人の兵士を擁して蜂起したが，政府軍に粉砕されてしまった。反乱自体はあっけないほど簡単に鎮圧されたが，ロシアの体制変革を求めた運動の嚆矢（こうし）としてロシア史上重要な位置を占める。

黒川祐次『物語 ウクライナの歴史——ヨーロッパ最後の大国』中央公論新社

問1　［下線部(1)に関して］ 18世紀，3度にわたるポーランド分割において，1度目には参加したが2度目には参加しなかった国を，次の①～④のうちから選べ。 **17**

① オーストリア　　② スウェーデン
③ プロイセン　　④ ロシア

問2　［下線部(2)に関して］ この称号を初めて用いた人物を，次の①～④のうちから選べ。 **18**

① イヴァン3世　　② イヴァン4世
③ ウラディミル1世　　④ ピョートル1世

問3　［下線部(3)に関して］ ロシアにおけるインテリゲンツィアのうち，農村共同体を基礎に社会主義的改革を試みた一部の集団を，次の①～④のうちから選べ。 **19**

① ナロードニキ　　② ボリシェヴィキ
③ ミール　　④ メンシェヴィキ

問4　［下線部(4)に関して］ ナポレオンがロシアに攻め込むきっかけとなったのは，ナポレオンの発した大陸封鎖令を無視してロシアがある国に穀物を輸出したことであった。この国を，次の①～⑥のうちから選べ。 **20**

① イギリス　　② オーストリア

③ オスマン帝国　　④ オランダ

⑤ デンマーク　　⑥ プロイセン

問5　文中の ＿＿ に入る語を，次の①～④のうちから選べ。　21

① ステンカ=ラージン　　② チャーティスト

③ デカブリスト　　④ プガチョフ

V　次に示すのは，井上章一・佐藤賢一著『世界史のミカタ』から一部分を抜き出し，文の一部を空所にしたり，漢数字をアラビア数字に改めたりしたものである。これを読んで，下の問い(問1～問5)に答えよ。(20点)

井上　第一次大戦(1)を経験して，英仏はこんなにしんどい総力戦はもうやりたくないと思ったでしょう。だから，のちにナチス・ドイツ(2)がライン川沿岸のラインラントへ進駐したり，チェコのズデーテン地方を奪ったりした時も，何とかドイツをなだめようとしました。いっぽう，日本には第一次大戦の被害がほとんどおよんでいません。ですから，1930年代になっても，戦争へ乗り出していけました。前のめりにね。「もう戦争はこりごりや」と思えなければ，平和は維持できないということやね。

佐藤　ただ，それを一国あるいは一部の国だけが願っても，実現が困難であることは第一次大戦後の歴史が証明しています。

ドイツは第一次大戦によって，植民地も鉄鋼の産地ルール地方も取り上げられ，巨額の賠償金をかけられます。ハイパーインフレが進行し，失業者が街にあふれた。そこで，選択肢が提示されます。戦争に負けたのだからしかたがないと腹をくくり，耐えて窮地を乗り切るのか，英仏の押し付けは不当であり，屈辱だとしてリベンジするのか。この二者択一です。ドイツ人が選んだのは後者でした。

井上　ドイツ人も「もう戦争はこりごりや」と思ったから，当時もっとも民主的なヴァイマル憲法(3)を制定し，帝政から共和政に移行したのだと思います。でも，賠償金があまりに巨額で，とうてい返済などできない。これだと，一か八か(いちかばちか)で打って出るしかないという捨て鉢な気分になったのでしょうね。

佐藤　同感です。フランスは第一次大戦後，ドイツとの国境にマジノ線を作りました。これは長大かつ強力な要塞線ですが，専守防衛に徹した発想です。ここには人的被害を最小限にしたい，「戦争はこりごりだ」という思いが見て取れます。しかし，(4)ナチス・ドイツは中立国ベルギーに侵攻，マジノ線のないベルギー国境を戦車で席巻，フランスに侵攻しました。マジノ線は戦争が人海戦術だった時代には有効だったでしょう。しかし，戦争が機械化されてからは，専守防衛の発想だけではなかなか国を守れません。

陸軍軍人だった［　　］は第一次大戦後，戦車による機甲部隊を作るよう政府に進言していますが，フィリップ・ペタン(のち元帥，ヴィシー政権の主席)ら軍幹部に一蹴されます。いっぽう，ドイツ幹部は［　　］の著書『職業的軍隊をめざして』を読み，「これからは戦車の時代だ」と認識し，機甲師団を立ち上げます。ここにも兵器へのとらえ方の違いが見受けられます。

問1　［下線部(1)に関して］　この戦争は協商国27カ国と同盟国4カ国のあいだでたたかわれた史上初の世界大戦である。戦争末期の1917年に協商国(連合国)に加わった国を，次の①～⑤のうちから選べ。　**22**

①　アメリカ合衆国　　②　イタリア　　③　セルビア
④　ブルガリア王国　　⑤　ポルトガル

問2　［下線部(2)に関して］　1933年秋，ヒトラーは国際連盟からの脱退を宣言した。外交の自由拘束を嫌ってヴェルサイユ条約の批准を否定し，国際連盟不参加となった国を，次の①～⑤のうちから選べ。　**23**

①　日本　　②　アメリカ合衆国　　③　イギリス
④　イタリア　　⑤　ソヴィエト＝ロシア

問3　［下線部(3)に関して］　社会民主党党首としてヴァイマル国民議会で初代大統領に選出された人物を，次の①～⑤のうちから選べ。　**24**

①　ウッドロー＝ウィルソン　　②　シュトレーゼマン

③　ブリアン　　④　マクドナルド

⑤　エーベルト

問4　［下線部(4)に関して］　次の文章の［A］と［B］に入る国を，下の①～⑥のうちから選べ。両方とも正解のときにのみ点が与えられる。

A＝［25］，B＝［26］

1939年9月1日，ナチス＝ドイツは［A］への侵攻を開始した。［A］の同盟国であるイギリス・フランスがドイツに宣戦布告したことにより，第二次世界大戦が始まった。そののち，1940年5月，ドイツはベルギーと［B］の永世中立を無視して侵入し，さらにフランスへ侵攻した。

①　イタリア　②　オランダ　③　リトアニア　④　ルーマニア

⑤　ポーランド　⑥　ポルトガル

問5　文中の［　］の人物は第二次世界大戦でフランスの降伏に反対し，ロンドンに亡命政府を建てた。文中の［　］に入る人物を，次の①～⑤のうちから選べ。［27］

①　ド＝ゴール　　②　チャーチル

③　ネヴィル＝チェンバレン　　④　フランコ

⑤　ロイド＝ジョージ

数学

◀数　学（1）▶

（2科目120分）

（注）　音楽学部受験者は，1科目または2科目で120分。

解答上の注意：以下の説明をよく読んでから解答してください。

1　問題の文中の空欄 □ には，数字（0～9）が入ります。なお，□□ のように2つ以上の空欄が続くところは次のような意味を表します。例えば，□□□ は3桁(けた)以下の整数値を表します。この場合，答えが2桁以下の値であれば，不要な上位の空欄 □ については解答欄に⓪をマークしてください。

例　3つ続いた空欄 □□□ のところが42になる場合は，左から順番に⓪，④，②と解答欄にマークしてください。

2　問題の文中の2重線で表された空欄 ◫ には，数字以外の記号などが入ります。文中の指示にしたがって，当てはまる記号などに対応する番号をマークしてください。

3　分数の形で解答する場合は，既約分数(それ以上約分できない分数)で答えてください。ただし，数字を入れる空欄が分数の形となっている場合でも，解答の値は必ずしも分数であるとは限りません(整数となる場合もあります)。この場合は，分母の値が1になるように答えてください。

4　根号を含む形で解答する場合は，根号の中が最小の正の整数となるように答えてください。

I　解答番号 [1] ～ [23]

次の記述の空欄 [　] にあてはまる数字を答えよ。　(34点)

(1)　循環小数 $0.\dot{2}1\dot{6}$ を分数で表すと $\dfrac{\boxed{1}}{\boxed{2}\boxed{3}}$ である。

(2)　下図のように，1辺の長さが1の正五角形ABCDEがある。対角線BEと対角線ACとの交点をF，対角線ADとの交点をGとするとき，

$\angle\mathrm{BAE} = \boxed{4}\boxed{5}\boxed{6}^\circ$ であり，$\angle\mathrm{BAF} = \boxed{7}\boxed{8}^\circ$ である。

また，△ABGと△GAFは相似であることから，

$\mathrm{AC} = \dfrac{\boxed{9} + \sqrt{\boxed{10}}}{\boxed{11}}$ となり，$\mathrm{FG} = \dfrac{\boxed{12} - \sqrt{\boxed{13}}}{\boxed{14}}$ である。

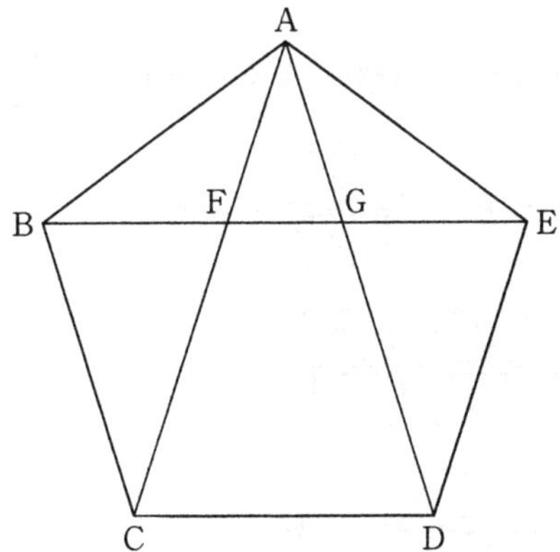

(3)　実数 x，y が方程式 $3x^2 + 2y^2 = 6x$ を満たすとき，

x のとり得る値の範囲は $\boxed{15} \leqq x \leqq \boxed{16}$ である。

このとき，$6x + 4y^2$ の値は $x = \dfrac{\boxed{17}}{\boxed{18}}$ において最大値 $\dfrac{\boxed{19}\boxed{20}}{\boxed{21}}$ をとり，

$x=$ 22 において最小値 23 をとる。

Ⅱ　解答番号 24 ～ 38

次の記述の空欄 □ にあてはまる数字を答えよ。　　　　　　　　　　　　（33点）

下図のように，１辺の長さが a の正三角形ABCがある。辺AB，BC，CA上にそれぞれ点P，Q，Rがあり，AP：PB＝１：１，BQ：QC＝３：１，CR：RA＝３：１である。

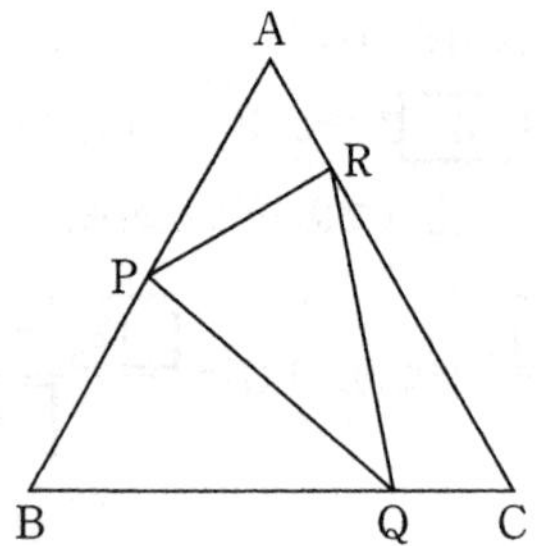

⑴　正三角形ABCの外接円の面積は，内接円の面積の 24 倍である。

⑵　$PQ=\dfrac{\sqrt{\boxed{25}}}{\boxed{26}}a$，$PR=\dfrac{\sqrt{\boxed{27}}}{\boxed{28}}a$ である。

⑶　△PQRの面積は $\dfrac{\boxed{29}\sqrt{\boxed{30}}}{\boxed{31}\,\boxed{32}}a^2$ である。

⑷　$\sin\angle RPQ=\dfrac{\boxed{33}\sqrt{\boxed{34}}}{\boxed{35}\,\boxed{36}}$ である。

⑸　△APRの外接円の面積を S_A，△BQPの外接円の面積を S_B とするとき，

$\dfrac{S_B}{S_A}=\dfrac{\boxed{37}}{\boxed{38}}$ である。

Ⅲ　**解答番号** $\boxed{39}$ ～ $\boxed{55}$

次の記述の空欄 $\boxed{}$ にあてはまる数字を答えよ。（33点）

何人かで，じゃんけんをする。ただし，どの人も，グー，チョキ，パーを同じ確率で出す。

(1)　A，B，Cの３人でじゃんけんをする。

(i)　１回のじゃんけんで，３人のグー，チョキ，パーの出し方は全部で

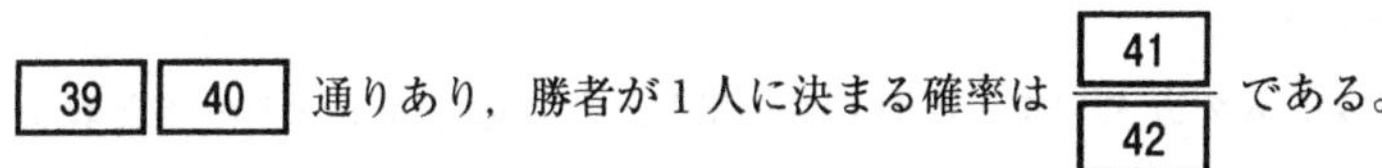

$\boxed{39}\boxed{40}$ 通りあり，勝者が１人に決まる確率は $\dfrac{\boxed{41}}{\boxed{42}}$ である。

(ii)　１回のじゃんけんで，勝者が２人に決まる確率は $\dfrac{\boxed{43}}{\boxed{44}}$ である。

(iii)　１回のじゃんけんで勝者が誰もおらず，あいこになる確率は $\dfrac{\boxed{45}}{\boxed{46}}$ である。

(iv)　じゃんけんで負けたものは，以降のじゃんけんから抜ける。

２回目のじゃんけんで初めて，勝者が１人に決まる確率は $\dfrac{\boxed{47}}{\boxed{48}}$ である。

また，じゃんけんを３回行っても，勝者が１人に決まらない確率は

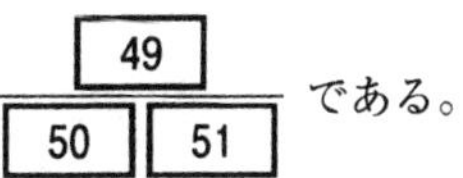

$\dfrac{\boxed{49}}{\boxed{50}\boxed{51}}$ である。

(2)　A，B，C，D，Eの５人でじゃんけんをする。このとき，ルールを次のように変更した。

【新ルール】

グー，チョキ，パーのじゃんけんをして，出した手によってグループに分け，次のように決める。

㋐最も人数の少ないグループが一組の場合，そのグループの人を勝者とする。

㋑最も人数の少ないグループが二組の場合，それらのグループの人を勝者とする。

例えば，１回のじゃんけんで勝者が１人に決まるのは，次の２つのパターンがある。

①５人のうち，４人が同じ手を出し，残りの１人だけその手と異なる手を出す。

②５人のうち，２人が同じ手を，別の２人がその手と異なる同じ手を，残りの１人が他の４人のいずれとも異なる手を出す。

このとき，１回のじゃんけんで勝者が１人に決まる確率は $\dfrac{\boxed{52}\,\boxed{53}}{\boxed{54}\,\boxed{55}}$ である。

◀数　学 (2)▶

（2科目120分）

解答上の注意：以下の説明をよく読んでから解答してください。

1　問題の文中の空欄 □ には，数字（0～9）が入ります。なお，□□ のように2つ以上の空欄が続くところは次のような意味を表します。例えば，□□□ は3桁（けた）以下の整数値を表します。この場合，答えが2桁以下の値であれば，不要な上位の空欄 □ については解答欄に⓪をマークしてください。

例　3つ続いた空欄 □□□ のところが42になる場合は，左から順番に⓪，④，②と解答欄にマークしてください。

2　問題の文中の2重線で表された空欄 ▭ には，数字以外の記号などが入ります。文中の指示にしたがって，当てはまる記号などに対応する番号をマークしてください。

3　分数の形で解答する場合は，既約分数（それ以上約分できない分数）で答えてください。ただし，数字を入れる空欄が分数の形となっている場合でも，解答の値は必ずしも分数であるとは限りません（整数となる場合もあります）。この場合は，分母の値が1になるように答えてください。

4　根号を含む形で解答する場合は，根号の中が最小の正の整数となるように答えてください。

I　解答番号 [1] 〜 [21]

次の記述の空欄 [ ] または [[ ]] にあてはまる数字または記号を答えよ。ただし，空欄 [[4]]，[[6]]，[[8]] には，＋または－の記号が入る。＋の場合は①を，－の場合は②を選べ。　(33点)

(1) 次の表は，クラスの生徒30人に行った小テストの得点の度数分布表である。

得点（点）	3	4	5	6	7	8	9	10	計
人数（人）	1	1	2	5	7	x	y	2	30

(i) 得点の平均値が7.2点のとき，$x=$ [1]，$y=$ [2] である。

(ii) 得点の最頻値が8点のみであるとき，考えられる $(x,\ y)$ の組合せは全部で [3] 通りある。

(2) 座標空間に3つの点 A$(-3,\ -6,\ -4)$，B$(3,\ 0,\ 4)$，C$(8,\ 5,\ 7)$ と点Dがある。4点をA, B, C, Dの順に結ぶと，四角形ABCDは平行四辺形になる。

(i) 点Dの座標は ([[4]] [5]，[[6]] [7]，[[8]] [9]) である。

(ii) $|\overrightarrow{\mathrm{BA}}|^2=$ [10] [11] [12]，$|\overrightarrow{\mathrm{BC}}|^2=$ [13] [14]，

$\overrightarrow{\mathrm{BA}}\cdot\overrightarrow{\mathrm{BC}}=-$ [15] [16] なので，△ABCの2倍の面積となる四角形ABCDの面積は [17] [18] $\sqrt{[19]}$ である。

(iii) 四角形ABCDの2つの対角線のなす角を θ（ただし，$0^\circ<\theta<90^\circ$）とするとき，$\cos\theta=\dfrac{[20]}{[21]}$ である。

次の記述の空欄 [ ] にあてはまる数字または記号を答えよ。ただし，空欄 [22]，[25]，[28]，[32]，[35] には，＋または－または±の記号がそれぞれ入る。＋の場合は①を，－の場合は②を，±の場合は③を選べ。

(33点)

(1)　$\sin\theta+\cos\theta=\dfrac{\sqrt{2}}{2}$ である。このとき，$\sin\theta\cos\theta=$ [22] $\dfrac{[23]}{[24]}$ であり，

$\sin^4\theta+\cos^4\theta=$ [25] $\dfrac{[26]}{[27]}$ であり，

$\sin^3\theta-\cos^3\theta=$ [28] $\dfrac{[29]\sqrt{[30]}}{[31]}$ である。

(2)　方程式 $\log_2 x=\log_4(x+1)$ の解を a とする。a^3 を a の1次式で表すと，$a^3=$ [32] [33] $a+1$ である。

(3)　3つの関数 $y=\log_2 x$，$y=\log_4(x+1)$，$y=\log_{16}(x+2)^2$ の最大値を定義域 $2<x\leqq 2023$ において比較する。このとき，最も大きい最大値を与える関数を $f(x)$，最も小さい最大値を与える関数を $g(x)$ とする。

(i)　$f(x)=3$ を満たす x の値は [34] である。

(ii)　関数 $y=f(x)$ のグラフを y 軸に関して対称移動し，

さらに x 軸方向に1，y 軸方向に2だけ平行移動したグラフを表す関数は

$y=\log_2\Big($ [35] $x+$ [36] $\Big)+$ [37] である。

(iii)　$g(x)<3$ のとき，x のとり得る値の範囲は $2<x<$ [38] [39] である。

Ⅲ　**解答番号** 40 ～ 57

次の記述の空欄 □ または ▣ にあてはまる数字または記号を答えよ。ただし，空欄 ▣45，▣51 には，＋または－の記号が入る。＋の場合は①を，－の場合は②を選べ。　(34点)

座標平面上にある 3 点 A，B，C が次の条件Ⅰ～Ⅲを同時に満たす。

Ⅰ：線分 AB を 3 ： 2 に外分する点は (－5，－12) である。

Ⅱ：線分 AC の中点は (2，2) である。

Ⅲ：三角形 ABC の重心は $\left(\frac{1}{3},\ \frac{2}{3}\right)$ である。

(1)　点 B および点 C の座標はそれぞれ B(－ 40 ，－ 41)，C(42 ， 43)である。

(2)　直線 AB の方程式は 44 x ▣45 y ＋ 46 47 ＝0 と表せる。

(3)　3 点 A，B，C を通る放物線 P の方程式を $y=ax^2+bx+c$ の形で表すとき，

$a=-\dfrac{\boxed{48}}{\boxed{49}\boxed{50}}$，$c=\boxed{51}\dfrac{\boxed{52}\boxed{53}}{\boxed{54}}$ である。

(4)　放物線 P，直線 $x=0$ および直線 $y=1$ で囲まれる図形のうち，面積が大きいほうの図形の面積は $\dfrac{\boxed{55}\boxed{56}}{\boxed{57}}$ である。

物理

（２科目 120 分）

Ｉ　次の文章を読み，下の問い(問１～問７)について最も適当なものを，それぞれの選択肢から選べ。(40点)

図のように，傾きが 30° の滑らかな斜面上で，地点Ａから質量 2.0 kg の小球Ｐを速さ 6.0 m/s で斜面に沿って打ち上げると同時に，地点Ｂから 1.0 kg の小球Ｑを速さ 4.0 m/s で斜面に沿って打ち下げる。地点ＡとＢの斜面に沿った距離は 10 m である。小球ＰとＱの反発係数を 0.5，重力加速度の大きさを $9.8\,\mathrm{m/s^2}$ とする。

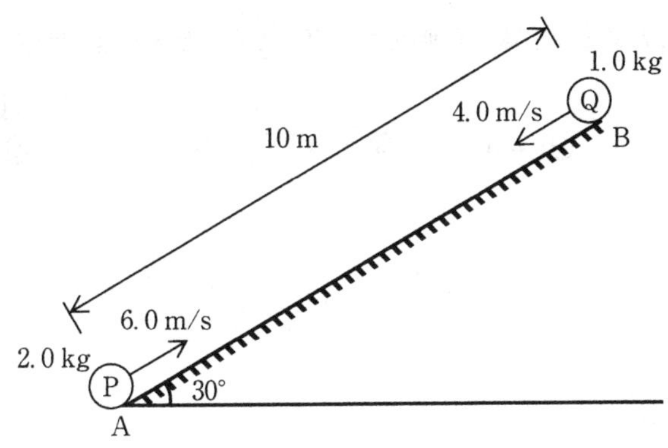

問１　小球ＰとＱが衝突するのは，小球Ｐを打ち上げてから，何秒後か。

[1] s

① 0.50　　② 0.80　　③ 1.0　　④ 1.2　　⑤ 1.5

問２　衝突する直前の小球Ｐの速さはいくらか。　[2] m/s

① 0.80　② 0.90　③ 1.0　④ 1.1　⑤ 1.2

問3　衝突する直前の小球Qの速さはいくらか。　[3] m/s

① 5.4　② 6.3　③ 6.8　④ 7.5　⑤ 8.9

問4　小球PとQが衝突する地点は，地点Aからどれだけ離れているか。

[4] m

① 3.6　② 4.3　③ 5.4　④ 5.5　⑤ 6.3

問5　衝突直後の小球Pの速さはいくらか。　[5] m/s

① 3.0　② 3.3　③ 3.6　④ 3.9　⑤ 4.2

問6　衝突直後の小球Qの速さはいくらか。　[6] m/s

① 0.80　② 0.90　③ 1.0　④ 1.1　⑤ 1.2

問7　衝突したあと，小球Pが地点Aに戻ってくるときの速さはいくらか。

[7] m/s

① 5.0　② 6.6　③ 7.1　④ 7.8　⑤ 8.5

Ⅱ　次の文章を読み，下の問い(問1～問5)について最も適当なものを，それぞれの選択肢から選べ。(30点)

水面上で $7l$ 離れた2点A，Bから波長 $2l$ の同位相の波が出ている。水面波の減衰は考えないものとする。

問1　A，Bの間に，波が強め合う点はいくつあるか。　**8** 点

① 1　② 2　③ 3　④ 4　⑤ 5
⑥ 6　⑦ 7　⑧ 10　⑨ 0

問2　A，Bの間に，波が弱め合う点を連ねた双曲線は何本通るか。　**9** 本

① 1　② 2　③ 3　④ 4　⑤ 5
⑥ 6　⑦ 7　⑧ 10　⑨ 0

問3　Aを中心とする半径 $2l$ の円と交わる，強め合う点を連ねた双曲線は何本あるか。　**10** 本

① 1　② 2　③ 3　④ 4　⑤ 5
⑥ 6　⑦ 7　⑧ 10　⑨ 0

問4　Aを中心とする半径 $\frac{7}{2}l$ の円と交わる，弱め合う点を連ねた双曲線は何本あるか。　**11** 本

① 1　② 2　③ 3　④ 4　⑤ 5
⑥ 6　⑦ 7　⑧ 10　⑨ 0

問5　Aを中心とする半径 $5l$ の円周上に強め合う点はいくつあるか。　**12** 点

① 1　② 2　③ 3　④ 4　⑤ 5
⑥ 6　⑦ 7　⑧ 10　⑨ 0

Ⅲ　次の文章を読み，下の問い(問1～問7)について最も適当なものを，それぞれの選択肢から選べ。(30点)

図のように，xy 平面上の $0 < x < l$ の領域に，磁束密度の大きさが B の一様な磁場が紙面に垂直で表から裏への向きにかけられている。一辺の長さ $a\left(a < \dfrac{l}{2}\right)$，$b$ で1回巻きの長方形コイルを x 軸の正の向きに一定の速さ v で横切らせる。コイルの抵抗を R，コイルの辺PQが $x=0$ に達したときの時刻を $t=0$ とする。コイルの移動中，コイルの各辺は x 軸または y 軸と平行に保たれている。コイルに流れる電流の向きはPからQへの向きを正とし，コイルの自己インダクタンスは無視できるものとする。

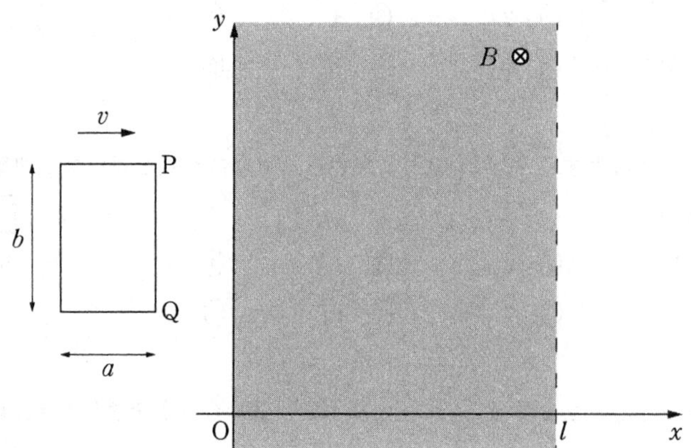

問1　時刻 $t=\dfrac{a}{2v}$ のときにコイルに流れる電流はいくらか。　13

① $-\dfrac{vBa}{R}$　② $-\dfrac{vBb}{R}$　③ $-\dfrac{vBl}{R}$　④ $-\dfrac{2vBa}{R}$　⑤ 0

⑥ $\dfrac{vBa}{R}$　⑦ $\dfrac{vBb}{R}$　⑧ $\dfrac{vBl}{R}$　⑨ $\dfrac{2vBa}{R}$

問2　時刻 $t=\dfrac{2a}{v}$ のときにコイルに流れる電流はいくらか。　14

① $-\dfrac{vBa}{R}$　② $-\dfrac{vBb}{R}$　③ $-\dfrac{vBl}{R}$　④ $-\dfrac{2vBa}{R}$　⑤ 0

⑥ $\dfrac{vBa}{R}$　⑦ $\dfrac{vBb}{R}$　⑧ $\dfrac{vBl}{R}$　⑨ $\dfrac{2vBa}{R}$

問3　時刻 $t=\dfrac{2l+a}{2v}$ のときにコイルに流れる電流はいくらか。　**15**

① $-\dfrac{vBa}{R}$　② $-\dfrac{vBb}{R}$　③ $-\dfrac{vBl}{R}$　④ $-\dfrac{2vBa}{R}$　⑤ 0

⑥ $\dfrac{vBa}{R}$　⑦ $\dfrac{vBb}{R}$　⑧ $\dfrac{vBl}{R}$　⑨ $\dfrac{2vBa}{R}$

問4　時刻 $t=\dfrac{a}{2v}$ のときにコイルが磁場から受ける力の大きさはいくらか。　**16**

① $\dfrac{vB^2a^2}{R}$　② $\dfrac{vB^2b^2}{R}$　③ $\dfrac{vB^2l^2}{R}$

④ $\dfrac{vB^2a^2}{2R}$　⑤ $\dfrac{vB^2b^2}{2R}$　⑥ $\dfrac{vB^2l^2}{2R}$

問5　時刻 $t=\dfrac{2l+a}{2v}$ のときにコイルで単位時間に発生するジュール熱はいくらか。　**17**

① $\dfrac{v^2B^2a^2}{R}$　② $\dfrac{v^2B^2b^2}{R}$　③ $\dfrac{v^2B^2l^2}{R}$

④ $\dfrac{v^2B^2a^2}{2R}$　⑤ $\dfrac{v^2B^2b^2}{2R}$　⑥ $\dfrac{v^2B^2l^2}{2R}$

問6　時刻 $t=0$ から $t=\dfrac{l+a}{v}$ までの間に，コイルで発生するジュール熱はいくらか。　**18**

① $\dfrac{vB^2a^3}{R}$　② $\dfrac{vB^2ab^2}{R}$　③ $\dfrac{vB^2lb^2}{R}$　④ $\dfrac{vB^2a^2b}{4R}$　⑤ $\dfrac{2vB^2a^3}{R}$

⑥ $\dfrac{2vB^2ab^2}{R}$　⑦ $\dfrac{2vB^2lb^2}{R}$　⑧ $\dfrac{vB^2a^2b}{2R}$　⑨ $\dfrac{8vB^2a^2b}{R}$

問7　時刻 $t=0$ から $t=\dfrac{l+a}{v}$ までの間に，コイルに加えた外力がする仕事はいくらか。　19

① $\dfrac{vB^2a^3}{R}$　② $\dfrac{vB^2ab^2}{R}$　③ $\dfrac{vB^2lb^2}{R}$　④ $\dfrac{vB^2a^2b}{4R}$　⑤ $\dfrac{2vB^2a^3}{R}$

⑥ $\dfrac{2vB^2ab^2}{R}$　⑦ $\dfrac{2vB^2lb^2}{R}$　⑧ $\dfrac{vB^2a^2b}{2R}$　⑨ $\dfrac{8vB^2a^2b}{R}$

化学

（2科目 120 分）

必要があれば，次の数値を用いよ。

原子量：H＝1.0　C＝12　N＝14　O＝16

アボガドロ定数：$N_A = 6.02 \times 10^{23}$/mol

気体定数：$R = 8.31 \times 10^3$ Pa･L/(K･mol)

ファラデー定数：$F = 9.65 \times 10^4$ C/mol

I　次の問い(問1～問5)に答えよ。(25点)

問1　次の物質a～eのうち，混合物であるものの組み合わせを，下の①～⓪から選べ。　**1**

a　アンモニア　　b　塩酸　　c　黒鉛　　d　石油

e　硫酸ナトリウム

①（a，b）　②（a，c）　③（a，d）　④（a，e）

⑤（b，c）　⑥（b，d）　⑦（b，e）　⑧（c，d）

⑨（c，e）　⓪（d，e）

問2　次の分子①～⑤のうち，共有電子対と非共有電子対の数が等しいものはどれか。　**2**

①　Cl_2　②　N_2　③　CO_2

④　CH_4　⑤　C_2H_4

問3　次の記述①～⑤の物質のうち，それぞれに含まれている原子の数が最も多いものはどれか。　**3**

① 1.0 mol の窒素
② 35 g のドライアイス
③ 0 ℃，1.01×10^5 Pa で，11 L のメタン
④ 0 ℃，4.04×10^5 Pa で，13 L のアルゴン
⑤ 密度が 0.92 g/cm^3 の 15 mL の氷

問4　次の記述 a ～ c の正誤について，正しい組み合わせを，下の①～⑥から選べ。　**4**

a　理想気体は，分子間力と分子自身の大きさ(体積)を無視した仮想の気体である。
b　理想気体は，分子の質量を無視した仮想の気体である。
c　実在気体は，高温・低圧の状態では，理想気体に近いふるまいをする。

	a	b	c
①	正	正	誤
②	正	誤	正
③	正	誤	誤
④	誤	正	正
⑤	誤	正	誤
⑥	誤	誤	正

問5　次の記述 a ～ d のうち，正しいものの組み合わせを，下の①～⑥から選べ。　**5**

a　共有結合 1 mol を切断するために必要なエネルギーを，結合エネルギーという。

b　分子からなる物質は，一般に分子間力が大きいほど沸点が低い。

c　自由電子による金属原子どうしの結合を，金属結合という。

d　一般に，ファンデルワールス力は水素結合より強い。

① （a，b）　② （a，c）　③ （a，d）
④ （b，c）　⑤ （b，d）　⑥ （c，d）

Ⅱ　次の［イ］および［ロ］の問いに答えよ。(25点)

［イ］　次の記述を読んで，下の問い(問1～問4)に答えよ。

両極を，陽イオンだけが通過できる膜(陽イオン交換膜)で仕切り，陽極側と陰極側に1.0 mol/L 塩化ナトリウム NaCl 水溶液を1.0 L ずつ入れ，電極に白金 Pt を用いて次の図のような電気分解の装置を組み立てた。電流 10.0 A で，32分10秒間電気分解を行ったところ，両極で気体が発生した。

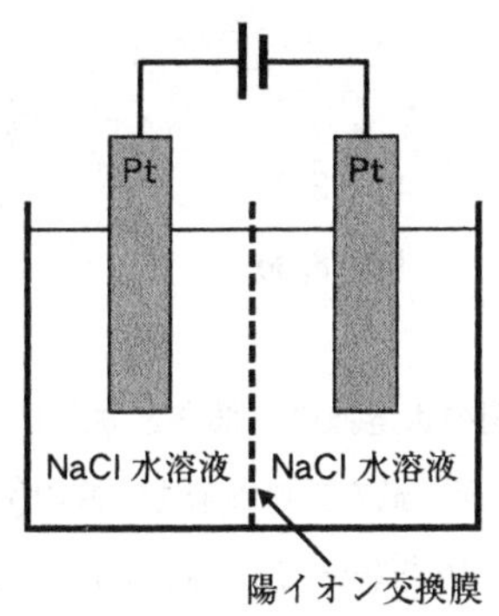

問1　この電気分解に関する次の記述a～cの正誤について，正しい組み合わせを，下の①～⑥から選べ。　6

a　陽極の反応は酸化反応である。

b　陰極側で，ナトリウムイオン Na^+ の濃度が大きくなる。

c　陰極側で，塩化物イオン Cl^- の濃度が小さくなる。

	a	b	c
①	正	正	誤
②	正	誤	正
③	正	誤	誤
④	誤	正	正
⑤	誤	正	誤
⑥	誤	誤	正

問2　陽極および陰極で発生した気体を，次の①～⑤からそれぞれ選べ。ただし，同じ番号を繰り返し選んでもよい。　陽極：[7]　陰極：[8]

①　酸素　　②　水素　　③　塩素
④　一酸化炭素　　⑤　二酸化炭素

問3　陰極で発生した気体の標準状態での体積〔L〕はいくらか。最も近い数値を，次の①～⑥から選べ。ただし，電気分解により発生した気体は，水溶液に溶けないものとする。　[9]

①　1.12　　②　2.24　　③　4.48
④　6.72　　⑤　8.96　　⑥　11.2

問4　電気分解後，陰極側の水溶液の一部をとりだし，蒸留水で10倍にうすめた溶液のpHはいくらか。最も近い数値を，次の①～⑥から選べ。ただし，水のイオン積を$1.0\times10^{-14}(\mathrm{mol/L})^2$，$\log_{10}5=0.70$とする。また，電気分解による水溶液の体積の変化はないものとする。　[10]

①　9.7　　②　10.3　　③　10.7
④　11.3　　⑤　12.3　　⑥　13.3

［ロ］ 次の問い(問1・問2)に答えよ。

問1　次の反応 a ～ d のうち，水 H_2O がブレンステッド・ローリーの定義による酸として作用しているものの組み合わせを，下の①～⑥から選べ。 **11**

a　$NH_3 + H_2O \rightleftarrows NH_4^+ + OH^-$

b　$CH_3COOH + H_2O \rightleftarrows CH_3COO^- + H_3O^+$

c　$CO_3^{2-} + H_2O \rightleftarrows HCO_3^- + OH^-$

d　$HCl + H_2O \rightarrow H_3O^+ + Cl^-$

① （a，b）　② （a，c）　③ （a，d）
④ （b，c）　⑤ （b，d）　⑥ （c，d）

問2　次の塩 a ～ d の水溶液のうち，弱酸性を示すものの組み合わせを，下の①～⑥から選べ。 **12**

a　$CuSO_4$　　b　$BaCl_2$　　c　NH_4Cl　　d　K_3PO_4

① （a，b）　② （a，c）　③ （a，d）
④ （b，c）　⑤ （b，d）　⑥ （c，d）

Ⅲ　次の[イ]および[ロ]の問いに答えよ。(25点)

[イ]　次の問い(問1～問4)に答えよ。

問1　遷移元素に関する次の記述①～④のうち，正しいものを2つ選べ。ただし，解答の順序は問わない。　13 ， 14

① 単体はすべて金属である。
② 単体の融点や沸点は，典型元素の金属の単体よりも低いものが多い。
③ 原子の最外殻の電子は3個または4個であるものが多い。
④ 単体や化合物が，触媒として働くものが多い。

問2　次のa～dのうち，鉄Fe原子の酸化数が同じものの組み合わせを，下の①～⑥から選べ。　15

a　Fe　　b　FeO　　c　Fe_2O_3　　d　$K_3[Fe(CN)_6]$

① (a，b)　② (a，c)　③ (a，d)
④ (b，c)　⑤ (b，d)　⑥ (c，d)

問3　硫酸銅(Ⅱ)$CuSO_4$水溶液に塩基を少量加えると青白色沈殿を生じ，さらにアンモニアNH_3水を加えると沈殿は溶解し，溶液になった。最終的に得られた溶液の色を，次の①～⑤から選べ。　16

① 緑色　② 赤紫色　③ 黄色　④ 血赤色　⑤ 深青色

問4　0.010 mol/Lの銅(Ⅱ)イオンCu^{2+}の水溶液に，硫化水素H_2S水を加えていくと硫化銅(Ⅱ)CuSの沈殿が生じた。この沈殿が生じ始めたときの硫化物イオンS^{2-}の濃度〔mol/L〕はいくらか。最も近い数値を，次の①～⑥から選べ。ただし，このときの CuS の溶解度積を，$6.5 \times 10^{-30} (\mathrm{mol/L})^2$ とする。また，H_2S 水を加えたことによる水溶液の体積変化は無視できるものとする。

17

① 3.3×10^{-28}　② 6.5×10^{-28}　③ 1.3×10^{-27}
④ 3.3×10^{-32}　⑤ 6.5×10^{-32}　⑥ 1.3×10^{-31}

［ロ］ 次の記述を読んで，下の問い(問1・問2)に答えよ。

金属イオン Ag^{+}，Cu^{2+}，Fe^{3+} および Pb^{2+} を含む水溶液を使って次の実験1～3を行った。

実験1　水溶液に希塩酸を加えて，沈殿Aとろ液Bに分離した。
実験2　Aに熱湯を加えて，沈殿Cとろ液Dに分離した。
実験3　Bに硫化水素 H_2S を通じて，沈殿Eとろ液Fに分離した。

問1　CおよびFに分離されるイオンの組み合わせを，次の①～⑧から選べ。

18

	C	F
①	Ag^{+}	Fe^{2+}
②	Ag^{+}	Cu^{2+}
③	Cu^{2+}	Fe^{2+}
④	Cu^{2+}	Pb^{2+}
⑤	Fe^{3+}	Cu^{2+}
⑥	Fe^{3+}	Pb^{2+}
⑦	Pb^{2+}	Fe^{2+}
⑧	Pb^{2+}	Cu^{2+}

問2　Dにクロム酸カリウム K_2CrO_4 水溶液を加えると沈殿が生じた。この沈殿の色を，次の①～⑥から選べ。　19

① 白色　② 褐色　③ 赤褐色
④ 青色　⑤ 緑色　⑥ 黄色

Ⅳ　次の[イ]および[ロ]の問いに答えよ。(25点)

［イ］ アセチレン C_2H_2 とエチレン C_2H_4 を用いた実験に関する次の記述1～3を読んで，下の問い(問1～問4)に答えよ。

1　C_2H_2 と C_2H_4 の混合気体を，あらかじめ真空にしておいた容積 1.00 L の反応容器に封入した。このときの温度は 27 ℃，圧力は 1.50×10^5 Pa であった。

2　ここに温度 27 ℃で，1.80×10^{-1} mol の水素 H_2 を加圧して封入した。

3　触媒を加え反応を開始させると，温度 27 ℃のままで反応が完全に進行して，C_2H_2 と C_2H_4 の両者は全てエタン C_2H_6 になり，反応後の圧力は 3.75×10^5 Pa になった。

問1　C_2H_2 が C_2H_6 になるときの反応の種類を表す語句の組み合わせとして，最も適当なものを，次の①～⑥から選べ。　20

① (酸化，付加反応)　② (酸化，置換反応)　③ (還元，付加反応)
④ (還元，置換反応)　⑤ (水和，付加反応)　⑥ (水和，置換反応)

問2　次のa～cの各記述が C_2H_2 のみにあてはまる場合は①を，C_2H_4 のみにあてはまる場合は②を，両者ともにあてはまる場合は③を，どちらにもあてはまらない場合は④をマークせよ。

a　臭素水に通じると，脱色する。　21

b　触媒の存在下で水を付加させると，アセトアルデヒドになる。　22

c　160～170℃に加熱した濃硫酸にエタノールを加える脱水反応で生成する。　23

問3　C_2H_2，C_2H_4 および C_2H_6 の炭素－炭素間の結合距離の長さの順を正しく示しているものを，次の①～⑥から選べ。　24

	長い ←→ 短い		
①	C_2H_2	C_2H_4	C_2H_6
②	C_2H_2	C_2H_6	C_2H_4
③	C_2H_4	C_2H_2	C_2H_6
④	C_2H_4	C_2H_6	C_2H_2
⑤	C_2H_6	C_2H_2	C_2H_4
⑥	C_2H_6	C_2H_4	C_2H_2

問4　記述1で，混合気体に含まれていた C_2H_2 と C_2H_4 の物質量の比(C_2H_2：C_2H_4)はいくらか。最も近いものを，次の①～⑤から選べ。ただし，加えた触媒の体積は無視してよい。　25

①　3：1　　②　2：1　　③　1：1　　④　1：2　　⑤　1：3

［ロ］　次の化合物AおよびBの破線で囲まれた結合や官能基または置換基の名称として最も適当なものを，下の①～⑧からそれぞれ選べ。

A：26　　B：27

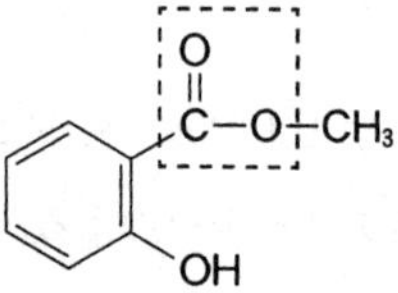

A

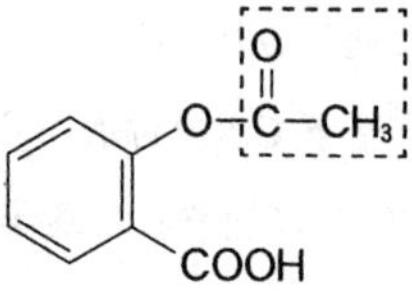

B

① アミド結合　② エーテル結合　③ エステル結合
④ アセチル基　⑤ カルボキシ基　⑥ カルボニル基
⑦ ヒドロキシ基　⑧ ホルミル基(アルデヒド基)

生物

（2科目120分）

I　次の文章を読んで，下の問い（問1～問5）に答えよ。（25点）

ア）さまざまなはたらきをもつタンパク質が体内に存在し，生命活動の中心的な役割を担っている。生体内の化学反応の触媒として作用するイ）酵素もタンパク質である。酵素反応速度は，周囲の基質濃度，温度，pHなどの影響を受ける。ウ）酵素反応速度が最も大きくなるときのpHは最適pHとよばれる。

酵素には，その作用を現すためにエ）補酵素とよばれる物質を必要とするものがある。補酵素の性質を調べるために，酵母のしぼり汁を用いて，次の実験を行った。酵母のしぼり汁には多くの酵素が含まれており，このしぼり汁に糖を加えると発酵が起こる。

実験1）　酵母のしぼり汁をセロハンの袋に入れて密封しビーカー内の水の中にしばらくおいて透析した後，セロハンの内液と外液の触媒作用（発酵能力）を調べた。

実験2）　実験1）で得られたセロハン内液と，外液を濃縮したものを混ぜて，混合液の触媒作用を調べた。

問1　文章中の下線部ア）について，次の記述(1)～(4)のはたらきをもつタンパク質として正しいものはどれか。最も適当なものを，下の解答群から選べ。

(1)　微小管を構成し，細胞小器官や細胞内の物質輸送にかかわる。：［1］

(2)　生体膜をはさんで濃度の低い側から高い側へ物質を輸送する。：［2］

(3)　モータータンパク質の1つで，筋収縮にかかわる。：［3］

(4)　同じ種類の細胞どうしを結合する。：［4］

＜ 1 ～ 4 の解答群＞

① アクアポリン	② アクチン	③ インテグリン
④ カドヘリン	⑤ コラーゲン	⑥ ダイニン
⑦ チューブリン	⑧ ナトリウムポンプ	
⑨ ナトリウムチャネル	⓪ ミオシン	

問2　文章中の下線部イ)酵素に関する記述として正しいものを，次の①～⑥から2つ選べ。ただし，順序は問わない。 5 6

① 酵素は活性化エネルギーを増加させることで，化学反応を促進する。

② 酵素反応が起こるときには，基質が酵素の活性部位に結合し，複合体を形成する。

③ 阻害物質が基質と結合することにより，酵素活性が阻害される反応を競争的阻害という。

④ 活性部位以外の部位に基質以外の物質が結合することにより，活性が変化する酵素がある。

⑤ 温度上昇に伴って酵素の反応速度は大きくなるが，一定の温度を超えると反応速度は変化しなくなる。

⑥ 酵素濃度が一定のとき，基質濃度に比例して酵素の反応速度は大きくなるが，一定の濃度を超えると反応速度は急に減少する。

問3　文章中の下線部ウ)について，次の図はだ液アミラーゼ，トリプシン，ペプシンの酵素反応速度とpHの関係を示したものである。図中のX，Y，Zと酵素名の組み合わせとして，最も適当なものはどれか。下の表の①～⑥から選べ。 7

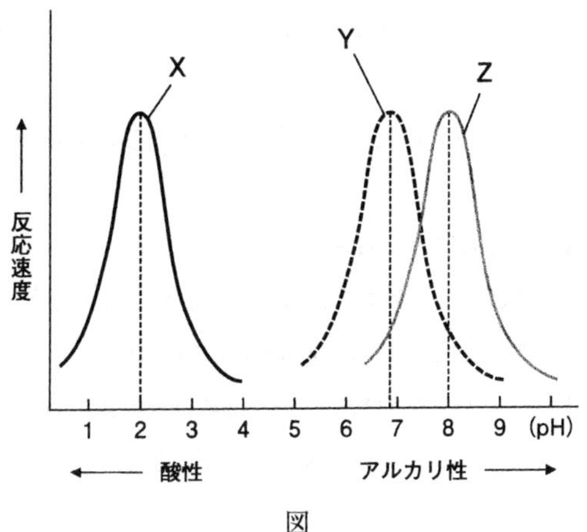

図

	X	Y	Z
①	アミラーゼ	トリプシン	ペプシン
②	アミラーゼ	ペプシン	トリプシン
③	トリプシン	アミラーゼ	ペプシン
④	トリプシン	ペプシン	アミラーゼ
⑤	ペプシン	アミラーゼ	トリプシン
⑥	ペプシン	トリプシン	アミラーゼ

問4　文章中の下線部エ)補酵素についての次の記述①～⑤のうち，正しいものはどれか。最も適当なものを選べ。　**8**

① 分子量の小さい有機化合物や金属イオンが，補酵素としてはたらく。

② ビタミンの中には補酵素として機能するものがある。

③ 補酵素は，酵素とペプチド結合で結合している。

④ タンパク質と比べて，多くの補酵素は熱に弱い。

⑤ 補酵素は，単独で触媒作用を示す。

問5　文章中の補酵素の実験についての記述として正しいものを，次の①～⑥か

ら2つ選べ。ただし，順序は問わない。 9 10

① 透析前のしぼり汁に比べて，実験1）の内液の触媒作用は大きくなった。

② 実験1）の外液には，触媒作用が認められた。

③ 実験1）において，補酵素は酵素から遊離したと考えられる。

④ 実験2）の混合液には，触媒作用が認められた。

⑤ 補酵素はセロハンを通れないが，酵素は通り抜けることができる。

⑥ 酵素から離れた補酵素は，酵素と再び結合することはできない。

Ⅱ 次の文章を読んで，下の問い(問1～問4)に答えよ。(25点)

細胞が形質の異なる別の細胞に変化することを分化とよぶ。細胞の分化の際には，ア) 11 の情報を元にして， 12 とよばれる酵素の働きによって 13 が合成される。その後，イ) 13 の情報からタンパク質が合成される。異なる形質をもつ細胞は，異なる組み合わせのタンパク質を有しており，これらのタンパク質の機能的差異が細胞形質の違いとなっている。

個体発生の過程で細胞が分化していくと，個体を形成するどんな細胞にも分化することができる全能性を失うことが知られている。しかし，人工的な処理をおこなうことで，分化した細胞から多様な細胞へと再分化させることもできる。例えば，1960年代に（　a　）は，アフリカツメガエルの分化した小腸の上皮細胞の核を，紫外線を当てた未受精卵へ移植すると，わずか2%未満ではあるが，正常なおたまじゃくしになることを報告した。さらに，1996年には（　b　）により，ヒツジの体細胞クローンが作製された。

哺乳類の 14 の内部に存在する細胞集団は内部細胞塊とよばれ，個体を構成するすべての細胞に分化する能力をもっている（多能性）。この内部細胞塊を培養できるようにしたものが胚（はい）性幹細胞（ES細胞）である。さらに，2006年，（　c　）は，4種類の遺伝子を成体の哺乳類から採取した分化した細胞に導入することにより人工多能性幹細胞（iPS細胞）を作製した。

問1　文章中の空欄 **11** ～ **14** に入れるのに最も適当なものを，それぞれの解答群から選べ。

＜ **11** ～ **13** の解答群＞

① DNA　② DNAポリメラーゼ
③ DNAリガーゼ　④ mRNA（伝令RNA）
⑤ rRNA（リボソームRNA）　⑥ tRNA（転移RNA）
⑦ RNAポリメラーゼ　⑧ アクチベーター
⑨ プライマー

＜ **14** の解答群＞

① 4細胞期　② 8細胞期　③ 16細胞期
④ 受精卵　⑤ 桑実胚　⑥ 胚盤胞

問2　文章中の空欄（　a　）～（　c　）に入れるのに最も適当な組み合わせを，次の表の①～⑥から選べ。 **15**

	（　a　）	（　b　）	（　c　）
①	ウィルマット（ウィルムット）	ガードン	山中
②	ウィルマット（ウィルムット）	山中	ガードン
③	ガードン	ウィルマット（ウィルムット）	山中
④	ガードン	山中	ウィルマット（ウィルムット）
⑤	山中	ウィルマット（ウィルムット）	ガードン
⑥	山中	ガードン	ウィルマット（ウィルムット）

問3　文章中の下線部ア)とイ)の現象が生じる真核細胞内の構造として正しいものはどれか。最も適当なものを次の①〜⑦から選べ。ただし，同じものを繰り返し選んでもよい。また，ともに正解のときのみ点数が与えられる。

ア) 16　イ) 17

① 液胞　② 核　③ ゴルジ体
④ 細胞膜　⑤ 中心体　⑥ リソソーム
⑦ リボソーム

問4　遺伝子発現と細胞分化に関する(1)〜(3)の記述a〜cのうち，正しいものはどれか。最も適当なものを，下の解答群から選べ。

(1)　(　a　)の実験についての記述　18

a．未受精卵に紫外線を当てると，未受精卵内の遺伝子発現が活性化する。
b．正常におたまじゃくしまで発生した場合，移植した核の遺伝子発現により発生が進む。
c．正常におたまじゃくしまで発生した場合，核の中のDNAの状態は，移植時のままで変化しない。

(2)　ES細胞に関する記述　19

a．ES細胞から分化させた器官や組織は，基本的に他人由来となるので，移植しても拒絶が起こる可能性が高い。
b．核を除いた未受精卵に，臓器移植希望者の体細胞由来の核を移植し発生を進め，14 の内部細胞塊からES細胞を樹立し器官や組織を作製すれば，その希望者に移植しても拒絶されることはない。
c．あるES細胞の系統（A系統）を，別のES細胞系統（B系統）を培養した培地で長期間培養すると，A系統はB系統となる。

(3)　細胞分化に関する記述　20

a．細胞が分化すると，発現する必要のない遺伝子は，核内で酵素により消化されて除かれる。

b．iPS 細胞では，導入した 4 種の遺伝子の働きによって，細胞が未分化な状態にもどることで多能性が得られる。

c．母性因子（母性効果遺伝子）が発生に影響することがある。

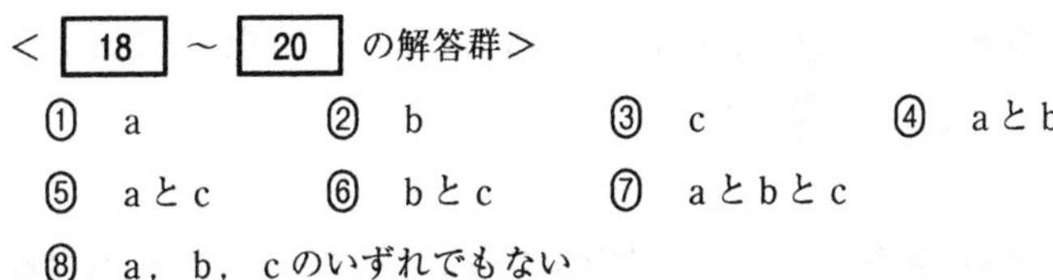

< 18 ～ 20 の解答群>

①　a　　②　b　　③　c　　④　a と b

⑤　a と c　　⑥　b と c　　⑦　a と b と c

⑧　a，b，c のいずれでもない

Ⅲ　次の文章を読んで，下の問い(問 1 ～問 4)に答えよ。(25点)

動物は，光や音などの外界からのさまざまな刺激をア)眼やイ)耳などの受容器によって受け取る。受容器が受け取った情報は，ウ)神経によって脳などの中枢神経系に伝えられ，さらに，中枢神経系からエ)筋肉などの効果器に情報が伝わり，刺激に対する反応や行動が起こる。

問 1　文章中の下線部ア)に関する次の問い(1)～(4)に答えよ。

(1)　ヒトの網膜には錐(すい)体細胞と桿(かん)体細胞の 2 種類の視細胞がある。ヒトの視細胞に関する次の記述 a ～ e のうち，正しいものはどれか。最も適当な組み合わせを，下の解答群から選べ。　21

a．錐体細胞には，赤錐体細胞，緑錐体細胞，黄錐体細胞の 3 種類がある。

b．錐体細胞は，光をよく吸収する視物質であるフォトトロピンを豊富に含む。

c．錐体細胞は，黄斑に特に多く分布している。

d．桿体細胞は，弱い光の下での色の識別に関与する。

e．盲斑には，視細胞が分布していないので，この部分に光が当たっても受容されない。

<解答群>

①　aとb　　②　aとc　　③　aとd　　④　aとe
⑤　bとc　　⑥　bとd　　⑦　bとe　　⑧　cとd
⑨　cとe　　⓪　dとe

(2)　明順応や暗順応において，視物質であるロドプシンが重要なはたらきをしている。次の文章は，ヒトの眼の暗順応の仕組みを説明したものである。文章中の（あ）～（う）に入れるのに最も適当な組み合わせを，下の表の①～⑧から選べ。　22

明るい場所から暗い場所に入ると，（あ）細胞に存在するロドプシンが（い）されていくことで，暗い場所において，しだいに感知することができる最小限の光の強さが（う）する。これを暗順応という。

	(あ)	(い)	(う)
①	桿体	蓄積	上昇
②	桿体	蓄積	低下
③	桿体	分解	上昇
④	桿体	分解	低下
⑤	錐体	蓄積	上昇
⑥	錐体	蓄積	低下
⑦	錐体	分解	上昇
⑧	錐体	分解	低下

(3) ロドプシンを構成する物質の1つは，あるビタミンからつくられる。その物質名とビタミン名の組み合わせとして，最も適当なものはどれか。次の表の①～⑧から選べ。 23

	物質名	ビタミン名
①	オプシン	ビタミンA
②	オプシン	ビタミンD
③	オプシン	ビタミンE
④	オプシン	ビタミンK
⑤	レチナール	ビタミンA
⑥	レチナール	ビタミンD
⑦	レチナール	ビタミンE
⑧	レチナール	ビタミンK

(4) 眼には，水晶体の厚さを変えることによって焦点の位置を調節する仕組みがある。次の文章は，ヒトの眼の遠近調節の仕組みを説明したものである。文章中の（か）～（く）に入れるのに最も適当な組み合わせを，下の表の①～⑧から選べ。 24

近くのものを見るとき，毛様筋が（か）することで，水晶体が（き）なって，近くのものが網膜上に像を結ぶ。近くのものを見るときは，遠くのものを見るときと比べて，焦点距離が（く）なる。

	(か)	(き)	(く)
①	弛緩(しかん)	厚く	長く
②	弛緩	厚く	短く
③	弛緩	薄く	長く
④	弛緩	薄く	短く
⑤	収縮	厚く	長く
⑥	収縮	厚く	短く
⑦	収縮	薄く	長く
⑧	収縮	薄く	短く

問２　文章中の下線部イ)について，ヒトの耳における聴覚器や平衡受容器の仕組みに関する次の記述ａ～ｅのうち，正しいものはどれか。最も適当な組み合わせを，下の解答群から選べ。　**25**

ａ．外耳道を伝わってきた音波は，まずうずまき管を振動させ，その後，うずまき管の振動が鼓膜に伝えられる。

ｂ．音波によって，うずまき管内の基底膜が振動すると，基底膜上にあるコルチ器の聴細胞の感覚毛が変形し，聴細胞に興奮が生じる。

ｃ．振動数が小さい音（低音）ほどうずまき管の先端部（奥）に近い基底膜を振動させやすく，振動数が大きい音（高音）ほどうずまき管の基部（入り口）に近い基底膜を振動させやすい。

ｄ．半規管では，感覚細胞の上に平衡石（耳石）がのっていて，からだが傾くと，平衡石が動いて感覚毛が刺激されてからだの傾きを認識する。

ｅ．前庭の内部はリンパ液で満たされており，体の動きに伴うリンパ液の流れの変化から，回転運動の方向や速さを感知することができる。

＜解答群＞

① ａとｂ　② ａとｃ　③ ａとｄ　④ ａとｅ
⑤ ｂとｃ　⑥ ｂとｄ　⑦ ｂとｅ　⑧ ｃとｄ
⑨ ｃとｅ　⓪ ｄとｅ

問3　文章中の下線部ウ)に関する次の問い(1)〜(3)に答えよ。

(1)　ニューロンにおける活動電位の発生には，膜電位の変化によって開閉が変化するイオンチャネルが深く関わる。次の①〜④は活動電位の発生において起こる現象である。①〜④を脱分極から再分極までに起こる現象の順番に並べたとき，3番目に起こる現象として，最も適当なものを選べ。

26

① 電位依存性カリウムチャネルが開いて K^{+} が細胞外に流出する。
② 電位依存性ナトリウムチャネルが開いて細胞内へ Na^{+} が流入する。
③ 膜電位が急激に上昇する。
④ 膜電位が急激に下降する。

(2)　ニューロン（神経細胞）の興奮に関する次の記述a〜cのうち，正しいものはどれか。最も適当なものを，下の解答群から選べ。　27

a．閾値(いきち)以上の刺激であれば，それ以上刺激を強くしても，1本のニューロンにおいて生じる活動電位の大きさは変わらない。
b．神経には多くのニューロンが含まれ，個々のニューロンの閾値は少しずつ異なる。
c．強い刺激では，弱い刺激と比べて，活動電位の発生頻度は同じだが，興奮するニューロンの数が増加する。

(3)　シナプスでの情報伝達に関する次の記述a〜cのうち，正しいものはどれか。最も適当なものを，下の解答群から選べ。　28

a．興奮がシナプス前細胞の神経終末まで伝導すると，末端部の細胞膜にある電位依存性カルシウムチャネルが開き，Ca^{2+} が細胞内に流入する。その結果，シナプス小胞のエキソサイトーシスが誘発される。

b．シナプス間隙に放出された神経伝達物質は，シナプス前細胞には回収されることなく，すべてシナプス後細胞に回収される。

c．抑制性シナプスでは，シナプス後細胞でCl^-などNa^+以外のイオンが流入し，膜電位が低下して活動電位が起こりにくくなる。

問4　文章中の下線部エ)に関する次の問い(1)，(2)に答えよ。

(1)　筋収縮とエネルギーに関する次の記述a～cのうち，正しいものはどれか。最も適当なものを，下の解答群から選べ。　**29**

a．筋細胞内には，多量のATPが蓄えられており，頻繁な筋収縮や長時間の運動でも不足することはない。

b．筋細胞内には，グリコーゲンの形でエネルギーが蓄えられている。

c．筋細胞内には，クレアチンリン酸の形でエネルギーが蓄えられており，ADPからのATPの再合成にはたらく。

＜ **27** ～ **29** の解答群＞

①　a　　②　b　　③　c　　④　aとb

⑤　aとc　　⑥　bとc　　⑦　aとbとc

⑧　a，b，cのいずれでもない

(2)　筋収縮は，筋細胞におけるCa^{2+}濃度によって調節されている。次の①～④は筋収縮において起こる現象である。①～④を筋繊維に興奮が伝わってから筋収縮が起こるまでの現象の順番に並べたとき，3番目に起こる現象として，最も適当なものを選べ。　**30**

①　トロポミオシンの立体構造が変化する。

②　Ca^{2+}がトロポニンに結合する。

③　筋小胞体からCa^{2+}が放出される。

④　ミオシン頭部がアクチンフィラメントに結合できるようになる。

Ⅳ 次の文章を読んで，下の問い(問１～問４)に答えよ。(25点)

植物は，A)さまざまな環境要因の変化を感知し，それに合わせた調節を行っている。この結果，植物が持つ [31] により，環境要因自体も変化していく。また，植物種によりB)環境への適応能力が異なるため，環境の変化に伴い，生育する植物種の集まりである [32] が変化する [33] がおこる。この [33] は，それぞれの地域の気候の影響を受け，最終的に一定の [34] を示す [32] が形成される。この結果，その地域に特徴的な生物集団からなる [35] が形成される。

問１ 文章中の空欄 [31] ～ [35] に入れるのに最も適当なものを，それぞれの解答群から選べ。

＜ [31] の解答群＞

① 飲食作用	② 環境形成作用	③ 環境収容力
④ 恒常性	⑤ 多様性	⑥ 適応進化
⑦ 突然変異	⑧ フィードバック調節	

＜ [32] ～ [35] の解答群＞

① ギャップ	② 極相	③ 植生	④ 生活形
⑤ 遷移	⑥ 相観	⑦ バイオーム	⑧ 優占種

問２ 文章中の下線部A)の環境要因を感知する仕組みと調節についての記述として**誤っているもの**を次の①～⑨から２つ選べ。ただし，順序は問わない。 [36] [37]

① 種子が発芽に適した環境となるまでジベレリンが蓄積され休眠が維持される。

② 休眠していた光発芽種子に赤色光が当たると遠赤色光吸収型フィトク

ロムが増加する。

③　幼葉鞘(しょう)が光の当たる方向へ伸びる調節には，赤色光受容体のフィトクロムがかかわる。

④　葉の気孔が開く調節には，青色光受容体のフォトトロピンがかかわる。

⑤　短日植物の光周性には，赤色光受容体のフィトクロムがかかわる。

⑥　根が地中に向かって伸びるのは，アミロプラストが移動することで重力の方向が感知されたことによる。

⑦　植物が病原体に感染するとその分解産物が信号として感知され，ファイトアレキシンが合成される。

⑧　植物が，動物や昆虫に摂食されると，ジャスモン酸が合成される。

⑨　低温ストレスや乾燥ストレスを受けるとアブシシン酸が合成される。

問3　文章中の下線部A)の調節の結果として，屈性と傾性がある。次の記述a～eのうち，屈性に当てはまるものはどれか。最も適当な組み合わせを，下の解答群から選べ。　**38**

a．気孔の開閉。

b．タンポポの花の開閉。

c．頂芽が伸長している時の側芽の伸長の抑制。

d．マカラスムギの幼葉鞘が光の方向に曲がる。

e．きゅうりの巻きひげが支柱に触れると巻き付く。

<解答群>

①　aとb　　②　aとc　　③　aとd　　④　aとe

⑤　bとc　　⑥　bとd　　⑦　bとe　　⑧　cとd

⑨　cとe　　⓪　dとe

問4　文章中の下線部B)の環境への適応能力の違いについての(1)，(2)の記述a～cのうち，正しいものはどれか。最も適当なものを，下の解答群から選べ。

(1)　**39**

a．保水力が弱く栄養塩類が乏しい裸地では，地衣類やコケ植物が先駆植物となることが多い。

b．根粒菌と共生しているヤシャブシやハンノキは，栄養分の少ない土壌でも生育できる。

c．草本類では，種子が風で遠くまで飛ばされやすいものが先駆植物となることが多い。

(2)　**40**

a．先駆樹種の陽樹の種子は，森林が形成されると発芽しても枯死しやすくなる。

b．温帯で夏に乾燥し冬に雨が多い地域の森林は，夏緑樹林となる。

c．標高が高くなると，低温と強風により森林ができない高山帯となる。

＜ **39** ・ **40** の解答群＞

① a　② b　③ c　④ aとb

⑤ aとc　⑥ bとc　⑦ aとbとc

⑧ a，b，cのいずれでもない

③ 世界各地の神話に見られる崇拝の対象を「カミ」とし、『日本書紀』など日本の文献に描かれる存在を「神」としている。

④ 何らかのモノに神霊がとりついて宿ると考える場合を「神」とし、モノそれ自体を神秘の対象と見なす場合を「カミ」としている。

⑤ 東アジアの辺境に成長した閉鎖的な信仰対象を「神」とし、西洋の文化的開明的な信仰対象を「カミ」としている。

問十一 文中では柳田国男が取り上げられているが、その著作を、次の選択肢の中から選べ。 57

① 『破戒』 ② 『夢十夜』 ③ 『高瀬舟』 ④ 『地獄変』 ⑤ 『遠野物語』

問八　文中の傍線部5〈抽象化されたカミ〉を文中ではどのように表しているか。最も適当なものを、次の選択肢の中から選べ。54

①　人知を超えた驚異　②　集団が共有できる実体　③　認知構造の革命的な変化
④　「タマ」とよばれる不可視の「精霊」　⑤　人に畏怖の念を抱かせる自然現象

問九　文中の傍線部6〈無数にあってそのイメージが拡散していた〉とはどのような状態をあらわしているか。その説明として最も適当なものを、次の選択肢の中から選べ。55

①　草や木など自然のあらゆる事物に精霊が宿っていた状態
②　自然現象のメカニズムにまったく関心が向かわない状態
③　対象への恐れや驚きがそれぞれ個別に体感されていた状態
④　ひとたび恐怖を抱くと何もかもすべてが不可解になる状態
⑤　聖なる存在と畏怖の対象とが区別なく混在していた状態

問十　文中では「カミ」と「神」とに表記が分かれているが、そこにはどのような使い分けがあると考えられるか。その説明として最も適当なものを、次の選択肢の中から選べ。56

①　自然界に存在する不思議で恐るべき事物を「カミ」とし、季節ごとに人が迎えて祭祀を行う対象を「神」としている。
②　アニミズムの考え方に基づいて説明する自然現象を「神」とし、認知考古学の知見によって導いた崇拝対象を「カミ」としている。

② 人間をはるかに超える力やはたらきがこの世に存在することを悟り、恐れうやまうことのできる能力。
③ 姿形を持たず常住することもない神霊が、いかなる条件下に来訪するのかを経験的に察知できる能力。
④ 雷や竜巻など自然現象について、そのメカニズムを究明することで畏怖を払い去ることができる能力。
⑤ 本来は目に見えないタマを土偶や図像に表現することで可視化し、崇拝対象とすることができる能力。

問六　文中の傍線部**3**〈「凝り」は認知考古学でカミの誕生を測る指標とされていたものだった〉とあるが、それはなぜか。その理由として最も適当なものを、次の選択肢の中から選べ。 **51**

① 実用に適さない装飾を施した道具は、人を超越した聖なる存在への尊崇を表現するためのものと考えられるから。
② 石槍は樹木などの自然物に比べれば高度に抽象化された依代であり、それに憑依する神霊も抽象的な存在だから。
③ カミのイメージを共有することができた集団は、左右対称の薄い石槍の形状にカミの具象的な姿形を託したから。
④ 自然物とは異なり人の手が造形した壊れやすい石槍は、かつて崇拝の対象であったアニマの崩壊を意味したから。
⑤ 装飾を楽しむゆとりを獲得した人たちであれば、すでにカミとの親和的共存を実現しえていると考えられるから。

問七　文中の傍線部**4**〈個別具体的な事象〉として筆者が例示する「事象」に**当てはまらないものを二つ**、次の選択肢の中から選べ。 **52** **53**

① 太陽と月　② 雷鳴と稲光　③ 熊　④ 風神雷神図　⑤ アシの若芽　⑥ 蛇
⑦ 神子柴型石槍

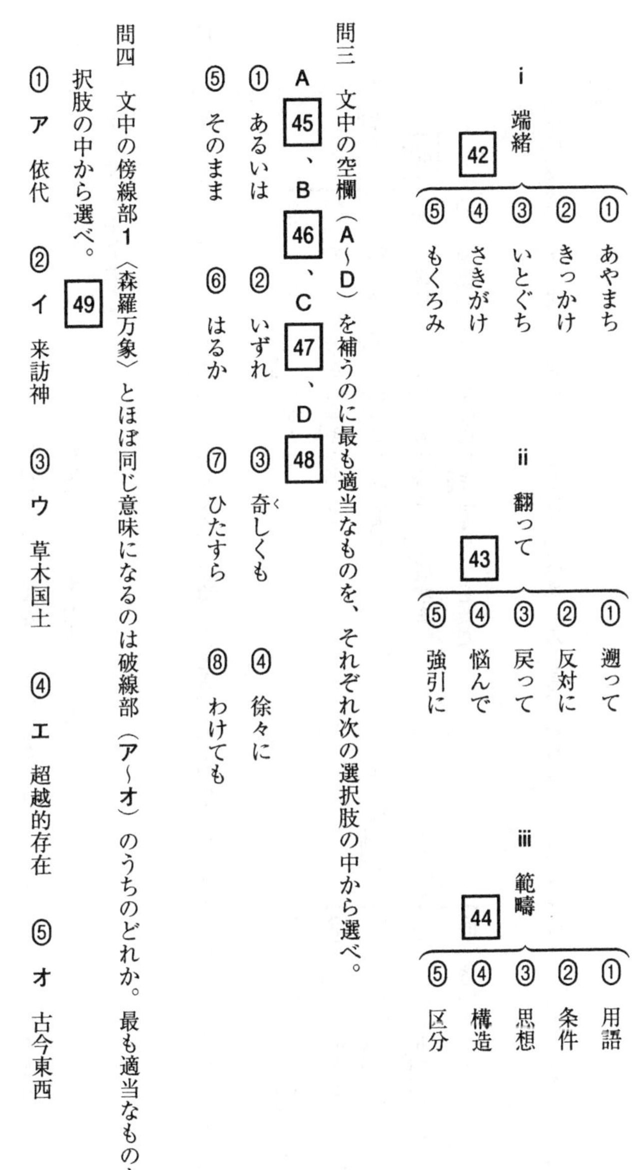

i　端緒　42
①　あやまち
②　きっかけ
③　いとぐち
④　さきがけ
⑤　もくろみ

ii　翻って　43
①　遡って
②　反対に
③　戻って
④　悩んで
⑤　強引に

iii　範疇　44
①　用語
②　条件
③　思想
④　構造
⑤　区分

問三　文中の空欄（A〜D）を補うのに最も適当なものを、それぞれ次の選択肢の中から選べ。
A　45、B　46、C　47、D　48
①　あるいは　②　いずれ　③　奇しくも　④　徐々に
⑤　そのまま　⑥　はるか　⑦　ひたすら　⑧　わけても

問四　文中の傍線部1〈森羅万象〉とほぼ同じ意味になるのは破線部（ア〜オ）のうちのどれか。最も適当なものを、次の選択肢の中から選べ。　49
①　ア　依代　②　イ　来訪神　③　ウ　草木国土　④　エ　超越的存在　⑤　オ　古今東西

問五　文中の傍線部2〈カミを認識する能力〉とはどのような能力のことか。その説明として最も適当なものを、次の選択肢の中から選べ。　50
①　依代となる事物の変化により、憑依した精霊がどんな性質の存在なのかを見分けることができる能力。

る実体としていったん同定する必要があった。超越的存在が、目に見える形をとって表現されなければならなかったのである。

（佐藤弘夫『日本人と神』による）

注　一木一草に至るまで神宿る――筆者は右の文章の前に、大神神社（奈良県桜井市）のウェブサイトに掲載された「お山は松・杉・檜などの大樹に覆われて、一木一草に至るまで神宿るものとして尊ばれています」を引用している。

アニマ――霊魂のこと。

問一　文中の二重傍線部（a・b）のカタカナを漢字に直したとき、同じ漢字を用いるものを、次のそれぞれの選択肢の中から選べ。

a　キ還　40
① 母は手先のキ用な人だ
② 過去の失敗から再キを図る
③ 彼とは同キ入社のよしみがある
④ 財産はすべてもとの所有者にキ属する
⑤ 組織の維持のためにはキ密保持が必要だ

b　特セイ　41
① 通信機器のセイ能が向上した
② セイ密機器を慎重に取り扱う
③ 福利厚セイが充実した会社
④ 一目で粗セイ品だと分かる
⑤ 案内メールを一セイ送信する

問二　文中の波線部（i～iii）の語を別のことばで言い換えるとき、最も適当なものはどれか。次のそれぞれの選択肢の中から選べ。

ばしばカミとして登場する動物が熊である。鷲(わし)やコンドルなどの猛禽(もうきん)も、カミあるいはカミの化身と考えられていた。鳥葬が行われるチベットでは、鳥は死者の魂を大空へと運ぶ聖なる存在だった。縄文土器には蛇が描かれている。強力な毒と驚異的な生命力を備え、直接幼蛇を出産するという特殊な生態をもつマムシに対する畏怖の念が、それを特別視する背景にあったと推定されている。

萌(も)え出(い)ずるアシの若芽は、それぞれの芽に満ち溢(あふ)れる生命力そのものがカミだった。思わず畏怖の念を引き起こす巨木や奇岩も、それ自体が聖なる存在として把握されていた。独自の景観をもつスポットが聖なる場所とされ祭祀の場となることは、オ古今東西でみられる現象である。

カミは最初、カミと認識されたこれら個々の現象、個々の動物、個々のスポットと不可分の存在だった。わたしたちが目にする雷の背後に、それを引き起こす5抽象化されたカミがいるのではない。生起するそのつどの雷がカミだった。雷鳴と稲光そのものが人知を超えた驚異だった。俵屋宗達の絵に有名な「風神雷神図」があるが、雷雨をもたらすカミがイメージを与えられ、人格化されて図像に描かれるようになるのは、[A]後世のことだった。

同様に、熊や鷲の場合も、なにものかがそれに憑依することによって初めてカミとなるのではなかった。一頭一頭の熊が[B]カミだった。江戸時代の国学者本居宣長の言葉を借りれば、「尋常(よのつね)ならずすぐれたる徳(こと)のありて、可畏(かしこ)き物」＝無条件に畏怖の念を起こさせる対象そのものがカミの始原だったのである。

先に言及した、後期旧石器時代の神子柴型の石槍にみられる過剰な「凝り」が出現するのも、この段階のカミ認識における出来事と推定される。人はカミの実在を認識し、その本質を再現できる能力を[C]身につけ始めていたのである。

これらの最初期のカミに対しては、人は[D]畏怖の念を心中に抱くだけで、ある定まった形式でもって崇敬するという行為が行われることはなかった。祭祀が開始されるには、6無数にあってそのイメージが拡散していたカミを、集団が共有でき

ると述べた。しかし、わたしは来訪する神霊を神の原像とみなす通説には疑問がある。日本の神を「アニミズム」という iii範疇（はんちゅう）で捉えることにも強い違和感を覚える。

神道の源流を自然崇拝のアニミズムに見出す根拠として、しばしば天孫降臨にあたっての葦原中国（あしはらのなかつくに）の様子を描写する『日本書紀』の言葉が引用される。そこでは、ニニギノミコト（瓊々杵尊）が赴こうとしている下界の葦原中国には、多くの「蛍火のかがやく神」「蠅声（さばえ）なす邪（あ）しき神」がいて、「草木ことごとくによくものいう」と記述されている。

だがこの表現は、人間と自然との親和的で「対称的」な（兄弟のような）関係を述べたものにすぎない。ウ草木国土が、そのまま崇敬の対象としての神であることを強調する言葉ではない。弥生時代や古墳時代の祭祀遺跡を調査しても、当時の人々が個々の草や木を、アニマをもつカミとして崇敬していたという証拠は見出せない。

わたしは、人類における始原のカミは抽象化された不可視のアニマとしてではなく、4個別具体的な事象に即して把握されていたと考えている。霊魂などという抽象的な概念が登場する以前に、眼前の現象がそのままカミとみなされていた段階があったのである。

人類が最初にエ超越的存在を感じ取ったのは、何に対してだろうか。その一つは、人に畏怖の念を抱かせる自然現象だった。激しい雷鳴や稲光、すべてを渦に巻き込んで空中に持ち上げ、破壊していく竜巻などは、そのメカニズムを理解している現代人にとってさえ、カミの仕業（しわざ）にしかみえない驚異の現象である。

夕方になれば太陽が没して闇が支配するが、夜明けが来ればまた光に満ちた世界となる。毎日起こる太陽と月の正確な交代も、実に不思議なことだった。原初の人類は、こうした自然の出来事の一つ一つに、人知を超えた力を見出していたのではなかろうか。

人類がカミの働きを見出したもう一つの対象は、人間のもちえないパワーを有する動物たちだった。世界各地の神話に、し

神は定まった姿形をもたないゆえに、祭祀(さいし)を受ける際にはなんらかの依代(よりしろ)[ア]に付着することが不可欠だった。柳田国男は山から麓へと去来する神に祖霊の影を見出し、折口信夫は季節の変わり目に異界から来訪する神を「まれびと」と命名した。柳田国男や折口信夫によれば、日本の神の古態は一定の地に常住することなく、折々に出現しては祭祀を受ける来訪神[イ]だった。それが終わればまた本来の居場所にキ還[a]すると考えられていたのである。

他方、近年の認知科学者の説くところによれば、カミの存在を感知する心的な能力はいまから六万年ほど前に、この地球上に登場した現生人類（ホモ・サピエンス・サピエンス）の脳内で起こった認知構造の革命的な変化に由来するものだったという。ビッグ・バンとよばれるこの変革を経て、[2]ヒトはカミを認識する能力を初めて獲得した。以後の人間社会の複雑きわまりない展開も、そのすべての端緒[i]はこの事件にあったとされる。

こうした見方を前提として、基礎的な認知能力の展開という視点から遺跡や遺物の背景にある当時の人々の心の働きを読み取ろうとする一方、そこから翻って[ii]ヒトの認知構造の特セイ[b]を明らかにしようとすることが、認知考古学の基本的な立場なのである。

認知考古学者は、この方法を積極的に日本列島というフィールドに導入していった。たとえば、石器は本来実用品として作られているにもかかわらず、しばしば実際の用途を超えた装飾＝「凝り」がみられる。後期旧石器時代の後半に作られた神子柴型(みこしばがた)とよばれる大形の石槍(いしやり)のなかには、左右対称に薄く形の整えられたものがみられるが、壊れやすくて実用には不向きだった。ここでは美しくバランスのとれた石器を作ること自体が目的となっている。

[3]「凝り」は認知考古学でカミの誕生を測る指標とされていたものだった。後期旧石器時代に、一部の石器が単なる道具―モノを超えた存在として捉えられていた様子がうかがわれるのである。

先ほどわたしは、日本の神の原型を「タマ」などとよばれる不可視の「精霊」に求める見方が、今日ほとんど常識化してい

歌を学び、やがて貞徳を祖とする貞門 イ を興した。連歌から生じた イ は、やがて庶民も楽しめる文芸として広がりをみせ、江戸時代文学の重要な一ジャンルとなった。

ア ① 万葉 ② 古今 ③ 千載 ④ 新古今 ⑤ 山家

イ ① 短歌 ② 川柳 ③ 狂歌 ④ 小唄 ⑤ 俳諧

次の Ⅲ の問題は、「国語(1)」の受験者が解答してください。（解答番号は 40 ～ 57 ）

Ⅲ 次の文章を読み、後の問い（問一～問十一）に答えよ。（40点）

この列島において、人間を超えた聖なる存在＝カミはどのようにして立ち上がり、いかなる変身を遂げてきたのだろうか。日本列島で生み出された最古のカミのイメージとはいったいどのようなものだったのだろうか。そのカミに対して、いかなる儀礼が執り行われていたのだろうか。

「アニミズム」の概念を提唱したタイラーによれば、人類が生み出した宗教の最も原基的形態は、自然の森羅万象[1]のなかに精霊の働きを見出す(みいだ)もの＝アニミズムだった。日本の神を論じる場合でも、「一木一草に至るまで神宿る」という言葉に知られるように、神の本質がモノに憑依(ひょうい)する精霊であるという理解は、ほとんど常識化している。日本の神をアニミズムの系譜として把握しようとする視座である。

問九　玄旨法印に対する筆者貞徳の態度はどのようなものか。その説明として最も適当なものを、次の選択肢の中から選べ。 37

① 貞徳は、忠実な弟子として日々身の回りを世話するために玄旨法印の元に通っているが、余命短い玄旨法印との別れをつらく感じている。
② 貞徳は、玄旨法印からのこれまでの学恩に感謝しつつ、今は玄旨法印が健康を取り戻すことにのみ腐心して、和歌のことは極力話題にしないように心がけている。
③ 貞徳は、和歌の力量はすでに玄旨法印を超えているとの世間の評価を得ているので、玄旨法印の元では、ひたすら師の健康と長命に資することだけを行っている。
④ 貞徳は、玄旨法印からさらに和歌について教えを受けることを願っており、これまでよりも親しく玄旨法印と交流できることを喜んでいる。
⑤ 貞徳は、玄旨法印のような人物になることを目指しているので、玄旨法印の病状に配慮しながらも問答を行うなど、さらなる技術の向上に努めている。

問十　次の説明文を読み、空欄（ア・イ）を補うのに最も適当なものを、後のそれぞれの選択肢の中から選べ。ただし、空欄ア、イはいずれも二箇所ある。ア 38 、イ 39

細川幽斎は、武将であると同時に歌人であった人物である。最初の勅撰（ちょくせん）和歌集である『 ア 集』の解釈を師から授かる ア 伝授の継承者として、中世歌学を近世に伝えた。松永貞徳は江戸時代初期に活躍した人物である。和歌や連

3 ふかく興ぜさせ給ひけり 34

① たいへん洒落(しゃれ)がきいている歌だと面白がってくださった
② 自分には思いつかない題材の歌だとお褒めくださった
③ 凡人には理解できない歌だと関心をもってくださった
④ 味わいのある良い歌だと評価してくださった
⑤ さらに趣が深まるように添削してくださった

問七 文中の傍線部4〈住吉の御はからひとありがたく覚え侍れ〉の解釈として最も適当なものを、次の選択肢の中から選べ。 35

① 住吉の神のそばに庵(いおり)をかまえることができためぐり合わせに、奇縁を感じております。
② いつも的確なお告げをくださる住吉の神のおかげと、しみじみと思い出しております。
③ 海の神である住吉の神が道中お守りくださったからだと、肝に銘じております。
④ 住吉の神のお力で玄旨法印と出会うことができた結果と、喜んでおります。
⑤ 和歌の上達を助けるという住吉の神のお導きであり、尊いことだと思っております。

問八 文中の和歌（X）に題をつけるとすると、最も適当なものはどれか。次の選択肢の中から選べ。 36

① 初冬 ② 忍恋 ③ 立春 ④ 雪見 ⑤ 朧月(おぼろづき)

①　過去　②　断定　③　推量　④　意志　⑤　打消
⑥　尊敬　⑦　伝聞　⑧　可能　⑨　完了　⓪　婉曲

問四　文中の二重傍線部（a～c）はいずれも〈心〉にかかわる表現である。それぞれの表現によって示される筆者の感情を表す語として最も適当なものを、それぞれ次の選択肢の中から選べ。a 29、b 30、c 31

①　懐古　②　期待　③　悲嘆　④　陶酔
⑤　不安　⑥　憤懣（ふんまん）　⑦　満足　⑧　孤独

問五　文中の傍線部1〈睍月〉は陰暦一月の異称である。同じ陰暦一月の異称として最も適当なものを、次の選択肢の中から選べ。32

①　葉月　②　睦月　③　霜月　④　長月　⑤　卯月

問六　文中の傍線部（2・3）の解釈として最も適当なものを、次のそれぞれの選択肢の中から選べ。

2　こまがへらせ給ひて　33
①　すっかり安堵（あんど）していらっしゃって
②　創作意欲に満ち満ちていらっしゃって
③　若さを取り戻していらっしゃって
④　少しばかりお疲れでいらっしゃって
⑤　手の施しようがない状態でいらっしゃって

注　玄旨法印――細川幽斎（一五三四～一六一〇年）のこと。
吉田――現在の京都市左京区。玄旨法印の住まいがあった。
御試筆のもの――年の初めに詠んだ和歌のこと。
かの御庵室も都へ移されて――玄旨法印は、都の郊外の吉田から貞徳の住まいに近い洛中（らくちゅう）（都の中）に引っ越した。

問一　文中の波線部（i・ii）の意味として最も適当なものを、次のそれぞれの選択肢の中から選べ。

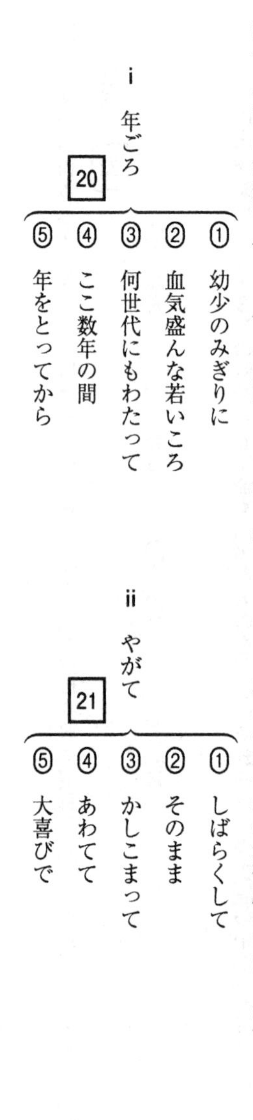

i　年ごろ　**20**
① 幼少のみぎりに
② 血気盛んな若いころ
③ 何世代にもわたって
④ ここ数年の間
⑤ 年をとってから

ii　やがて　**21**
① しばらくして
② そのまま
③ かしこまって
④ あわてて
⑤ 大喜びで

問二　文中の空欄（A・B）を補うのに最も適当な語を、次のそれぞれの選択肢の中から選べ。A **22**、B **23**

A　① ゆめゆめ　② げに　③ なかなか　④ そこばく　⑤ いたく
B　① ひさしく　② うれしく　③ いやしく　④ わびしく　⑤ ゆゆしく

問三　文中の破線部（ア～オ）の助動詞の意味として最も適当なものを、それぞれ次の選択肢の中から選べ。
ア **24**、イ **25**、ウ **26**、エ **27**、オ **28**

次の Ⅱ の問題は、「国語(2)」の受験者が解答してください。（解答番号は 20 ～ 39 ）

Ⅱ　次の文章は、松永貞徳の随筆『貞徳翁の記』の一節である。これを読み、後の問い（問一～問十）に答えよ。（40点）

玄旨法印は年ごろ A 患はせ給ひし間、「今年はいかに老いさせ給ふらん」と心もとなくて、昵月(ちつげつ)の初めつかた、吉田の御庵室へ参り侍りしに、思ひの外こまがへらせ給ひて見えさせ給ひければ、人しれぬ心の中(うち)にうれしく末たのもしく思ひ侍り。さて、御試筆のものなど尋ね侍りしかば、

七十(ななそぢ)に満ちぬる塩の浜びさし B なりぬ和歌の浦なみ

御自筆の詠草を見せさせ給ひぬれば、やがて申しうけ懐中し侍る。例のごとく、みづからのをも奉らしめ侍る、

X 散るを花曇るをやがて霞にて雪気(ゆきげ)の空に春は来にけり

三首の中に此(こ)の歌をふかく興ぜさせ給ひけり。

その次に巻頭の詠みやうなど尋ね奉りてまかり帰りけり。

みづから十八年このかた、この春のやうに心のままなることは覚え侍らず。いかさま何事も初めから成るものなれば、「今年は思ふやうに歌をも問ひ奉るべし」と心おこりして悦(よろこ)びけるが、そのごとく、かの御庵室も都へ移されてほど近くなりければ、日々に参り通ふこそ、住吉の御はからひとありがたく覚え侍れ。みづからの宅は三条衣棚(ころものたな)、かの御館は姉小路(あねがこうぢ)の通(とほり)、烏丸(からすまる)と東洞院(ひがしのとうゐん)の間、西は場町(ばのちやう)、北は車屋町(くるまやちやう)と当時申すなり。

④ 日本文化の研究者自身が「日本人（のように）なる」ことは研究対象である日本文化と一体化することだが、研究の主体と対象が一体になると、かえって対象を客観視することが困難になり、研究が滞ってしまうから。

⑤ 日本文化を学んだり身につけたりする際に求められるのは専門分野やその関連分野に精通していることであり、そのことと、ものの見かたや立ち居振る舞いなどが日本人そっくりになることとの間には大きな隔たりがあるから。

問十二　文中の傍線部**7**〈それは、日本文化の「本物を追求する」ことをやめたり、日本文化を水増ししたり、ということとは別のことだ〉とあるが、それはどういうことか。その説明として最も適当なものを、次の選択肢の中から選べ。 19

① 「日本人そのもの」になるべきだという考え方をやめても、日本文化を極めることはできるし、日本人でないために日本文化のまがい物を生み出してしまうようなことにもならないはずだ、ということ。

② 「日本人にしか日本文化はわからない」のだとしても、外国人の立場で日本文化を研究することはそれなりに可能であり、偽物の日本文化を作り出すことにもならないはずだ、ということ。

③ 「日本人になる」ことをあきらめても、日本文化の真実を追求することはできるし、本物の日本人でないとしても伝統芸能や武芸の分野で活躍の場を見つけることができるはずだ、ということ。

④ 「日本人（のよう）」にならなくても、日本文化の本物と偽物を見分けることはできるし、外国人であるせいで本人の意図に反して日本文化の実質を損ねるようなことにもならない、ということ。

⑤ 「日本人（のよう）」になろうとしなくても、日本文化の神髄に迫ることは十分可能であるし、外国人であるからといって、日本文化を極めるための特殊な修練を強いられることにもならないだろう、ということ。

究を否定的に考えていることが明らかな内容であり、きっぱりと反論しておかないと今後の研究に差し障りがあると思われたから。

④ 日本の文学作品の根底にある感情的な基盤が日本の共同体で共有されている、という研究発表の内容は、それ自体が誤りであることが明らかであり、さらに加えて他の日本研究にも悪影響を及ぼしかねない危険な要素を持っていると感じられたから。

⑤ 日本の文学作品の根底に感情的な基盤がある、という発表の趣旨に、客観的な根拠を得る努力を十分にしないまま感覚的に研究を進める姿勢が感じられ、研究はもっと実証的かつ論理的でなければならないという信念が思わず強い言葉となって出てしまったから。

問十一　文中の傍線部6〈日本の文化のひとつである文学、芸能などを極めるためには、「日本人（のよう）になる」ことが必要だ、ということには飛躍がある〉とあるが、なぜそのように言えるのか。その理由として最も適当なものを、次の選択肢の中から選べ。 18

① 日本研究の黎明期(れいめいき)には、ものごとの見かた、感性から立ち居振る舞いまで日本人と区別がつかないような外国人研究者が必要とされたかもしれないが、日本研究が発展していけば、そのようなことはなくなっていくはずだから。

② 「日本人にしか日本文化はわからない」という考えかたはもうやめるべきであり、それと表裏一体の「日本文化を知るためには日本人（のよう）にならなければならない」という考えかたももはや時代遅れであるから。

③ 日本の文学や芸能を極めようとする人に、さらに「日本人（のよう）になる」ことを求めると、二重に日本人らしさを求めてハードルを上げることになり、結果的に日本研究の人材を細らせることになりかねないから。

② 海外の日本研究者にとっては、日本文化論の主張に従って日本文化が特殊な性格を有すると認めることが、地域研究の対象として日本を選択することの積極的な理由付けになったということ。
③ 「日本人論」がnihonjinronとして研究者の間で世界的に通用するようになってからは、「日本文化論」や「日本人論」を無視して日本研究を進めることはできなくなってしまったということ。
④ 日本文化の特殊性を主張する書物が日本国内でベストセラーになると、海外の日本研究にもその影響を色濃く受けた研究が現れて、従来の研究が塗り替えられることがあったということ。
⑤ 日本文化は世界的に見ても特殊な文化であると認めてしまうことが、「日本文化は日本人にしかわからない」という言説に対抗して海外で地域研究を進めるために必要な方法であったということ。

問十　文中の傍線部5〈強く反論して、驚いた〉とあるが、驚くほどマイナー教授が「強く反論」したのはなぜだと考えられるか。その説明として最も適当なものを、次の選択肢の中から選べ。 17

① 共同体の感情的な基盤を強調した研究発表に、日本文学には日本で育った人々にしか理解できないことがある、という前提があるように感じられ、二度とそのような議論を起こさないように強く注意しておく方が本人のためにもなる、という教育上の配慮をしたから。
② 当の研究発表が、日本人にしか日本文化はわからないという方向での立論であると感じられ、それを認めてしまうと、これまで日本研究に携わってきた外国人研究者たちの情熱と努力が否定されて、海外の日本研究は成り立たなくなってしまうという危惧を覚えたから。
③ 当の研究発表は日本の文化についてアカデミックに論じたものではあったが、明示こそしないものの外国人による研

④ 日本文化の特殊性の主張が、日本人や日本文化の優位性の確信につながり、外国人には日本文化を理解することはできないという考え方として共有されると、日本文化を学ぶ場から外国人を遠ざけることになる、ということ。

⑤ 日本文化論が日本人の優位性を確信させ、外国人には日本文化を理解することはできないと考えるようになって、外国人が日本研究に携わることを禁じ、日本人による日本研究しか認めようとしなくなっている、ということ。

問八　文中の傍線部3〈国際化が進む時代の自らのアイデンティティへの不安〉とあるが、それはどのような不安か。その説明として最も適当なものを、次の選択肢の中から選べ。 15

① 国際化が進行し外国人との交流が増える中で、日本人が外国人とうまく付き合っていけるかという不安。

② 国際化が進行して外国との交流が盛んになると、外国人が増えて生活様式が変わってしまわないかという不安。

③ 国際化が進行してゆくと外国文化が日本に流入し、日本文化の独自性が薄められることはないかという不安。

④ 国際化が進行する中で、外国人と区別できる日本人の独自性を今後も確実に保持していけるかという不安。

⑤ 国際化の進行に伴って日本文化が世界に進出してゆくと、外国人の反感を買うのではないかという不安。

問九　文中の傍線部4〈海外の日本研究でも、日本文化を特殊なものとして研究することが、みずからの「地域研究」としての存在の裏付けとなった〉とあるが、それはどういうことか。その説明として最も適当なものを、次の選択肢の中から選べ。 16

① 海外の日本研究者にとっては、日本文化の特殊性を積極的に認めて研究することが、世界のさまざまな地域を分担して研究を進めていくうえで欠かすことができなかったということ。

目上の人に使うべき表現が存在しているということ。

② 日本は上下関係に厳しいタテ社会であるとされるが、アメリカ英語でも上下関係に基づく表現の使い分けがあり、タテ社会が日本文化の際立った特徴であるとは言えないということ。

③ 日本はタテ社会でアメリカはヨコ社会であるといわれているが、「タテ社会」と「ヨコ社会」の区別は定義に左右される側面もあり、日本文化を特徴付けているとは言えないということ。

④ 日本は人間関係の上下の意識が強いタテ社会で、目上の人に逆らうことは許されないとされるが、実際にはその場に応じた柔軟な対応が認められているということ。

⑤ 日本は目上の人に逆らうことがないタテ社会であるとされるが、フラットな「ヨコ社会」に見えるアメリカ社会にも厳然たる上下関係があって、日本以上のタテ社会であるということ。

問七　文中の傍線部**2**〈日本文化論が「イデオロギー」として機能している〉とあるが、それはどういうことか。その説明として最も適当なものを、次の選択肢の中から選べ。**14**

① 日本研究の成果であったはずの日本文化論が、逆に日本人の考え方に大きな影響を与えるようになり、日本人の行動様式や生活の仕方を根本的に制約するような働きを持つようになってきている、ということ。

② 日本国内では、日本人や日本文化の優位性を主張している日本文化論でありさえすれば、論拠に乏しく学問的な評価に堪え得ないようなものであっても、例外なく認められるようになってしまっている、ということ。

③ 日本社会は集団主義であるという主張が、外国人とは異なる日本人の特殊性を強調するところから、日本文化は日本人にしかわからないという主張に転化して、外国人を差別する排外主義をもたらしてしまう、ということ。

Ⅲ　研鑽　5
①　過酷な鍛錬を重ねること
②　感覚を鋭敏にすること
③　じっくりと物事に臨むこと
④　着実に研究を深めること
⑤　広く知識を吸収すること

Ⅳ　秀で　6
①　一生懸命に努力していること
②　他人から褒めそやされること
③　他より特にすぐれていること
④　弟子を取ることができること
⑤　本質を見抜く能力があること

問四　文中の空欄（ア〜ウ）を補うのに最も適当なものを、それぞれ次の選択肢の中から選べ。
ア　7　、イ　8　、ウ　9

①　あるいは　②　さて　③　さらに　④　しかし　⑤　すると　⑥　たとえば　⑦　つまり

問五　文中の空欄（エ〜カ）を補うのに最も適当なものを、それぞれ次の選択肢の中から選べ。
エ　10　、オ　11　、カ　12

①　アップデート　②　アプローチ　③　クリエイト　④　コントロール
⑤　デザイン　⑥　パラフレーズ　⑦　マスター

問六　文中の傍線部1〈事実認識のレベルでの批判〉とあるが、それは具体的にどういうことか。その説明として最も適当なものを、次の選択肢の中から選べ。　13

①　日本ではよく「アメリカ英語には敬語がない」といわれるが、それは一般論に過ぎず、例外として対人関係に応じて

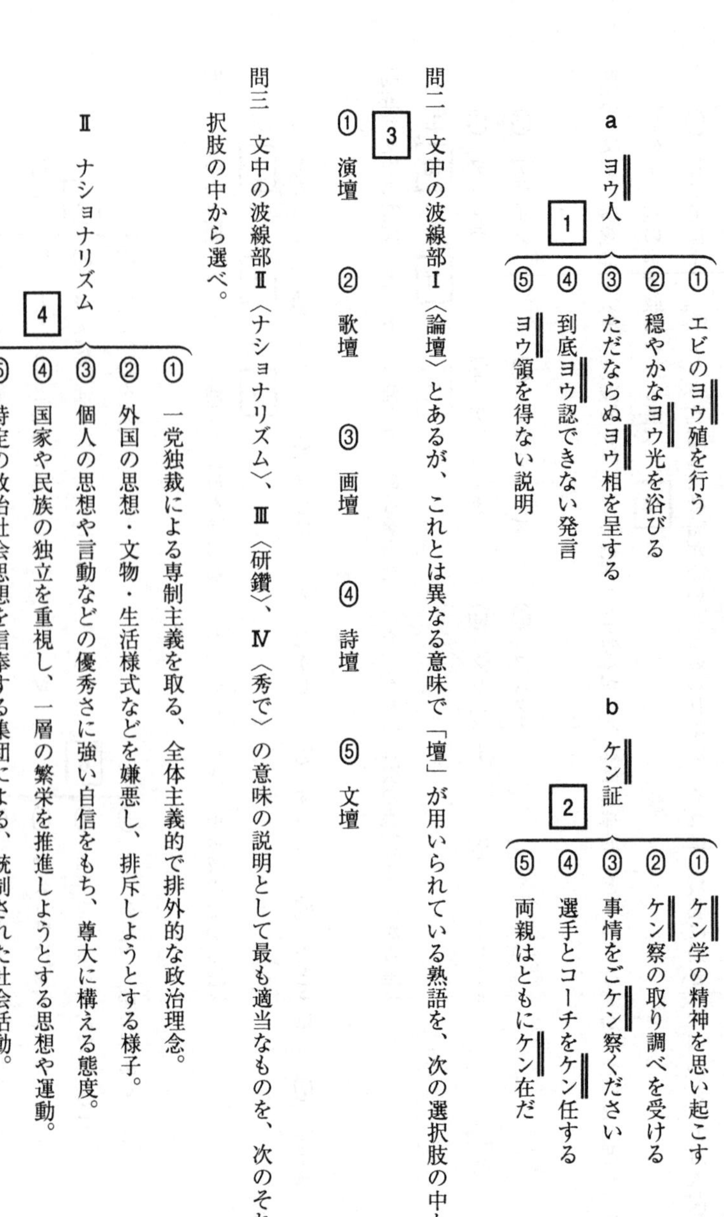

a　ヨウ人　1

①　エビのヨウ殖を行う
②　穏やかなヨウ光を浴びる
③　ただならぬヨウ相を呈する
④　到底ヨウ認できない発言
⑤　ヨウ領を得ない説明

b　ケン証　2

①　ケン学の精神を思い起こす
②　ケン察の取り調べを受ける
③　事情をごケン察ください
④　選手とコーチをケン任する
⑤　両親はともにケン在だ

問二　文中の波線部Ⅰ〈論壇〉とあるが、これとは異なる意味で「壇」が用いられている熟語を、次の選択肢の中から選べ。　3

①　演壇　②　歌壇　③　画壇　④　詩壇　⑤　文壇

問三　文中の波線部Ⅱ〈ナショナリズム〉、Ⅲ〈研鑽〉、Ⅳ〈秀で〉の意味の説明として最も適当なものを、次のそれぞれの選択肢の中から選べ。

Ⅱ　ナショナリズム　4

①　一党独裁による専制主義を取る、全体主義的で排外的な政治理念。
②　外国の思想・文物・生活様式などを嫌悪し、排斥しようとする様子。
③　個人の思想や言動などの優秀さに強い自信をもち、尊大に構える態度。
④　国家や民族の独立を重視し、一層の繁栄を推進しようとする思想や運動。
⑤　特定の政治社会思想を信奉する集団による、統制された社会活動。

ないだろうか。

最近は、欧米の日本文学研究でも、少なくとも研究者の間では「日本文学を研究すること」「日本文化を知ること」「日本人（のよう）になる」ことはすべて別のこととして認識されている。それは、欧米の日本研究が成熟してきたしるしといえるだろう。また、日本生まれでなくても、日本の伝統文化や、武道などで活躍する人も増えてきている。

日本文化にかかわる人々が多様になるなか、その専門分野を極め、「本物」を追求するにしても、その オ はいくつもあってよい。いっぽうで、日本では、まだまだ、日本人（のよう）にならなければ日本文化を深く学ぶことができない、という前提から日本文化を語る人が多いのではないだろうか（それは、伝統文化だけでなく、たとえばオタクの外国人は「日本人らしい」というような言いかたにもあらわれている）。[7]それは、日本文化の「本物を追求する」ことをやめたり、日本文化を水増ししたり、ということとは別のことだ。

日本人でなくても日本文化に深く関われるという認識が定着したら、前に述べたような日本人論や日本文化論的にある「日本らしさ」についてのイメージも、今後 カ されていくことだろう。

（河野至恩『世界の読者に伝えるということ』による）

問一　文中の二重傍線部（a・b）のカタカナを漢字に直したとき、同じ漢字を用いるものを、次のそれぞれの選択肢の中から選べ。

しかし、そんなマイナー教授が、ある研究発表で、日本の文学作品の根底には感情的な基盤があり、それは日本の共同体で共有されているものだ、という議論に、5強く反論して、驚いたことがあった。

あとで考えてみると、その研究発表の議論は、「日本の文化」についてアカデミックに論じたものだったが、その背後に、「日本文学には、日本で育った人々にしか理解できないことがある」というものを感じ、その部分に対して批判したのだと気がついた。

以来私は、日本文学、日本文化は、本当に日本人にしかわからないものだろうか、という問いについて、考えるようになった。日本文化についての専門知識を極めた、海外の日本研究の専門家に接するにつけ、「日本文化は日本人にしかわからない」という言葉の根拠の薄さと、その言葉が海外の人々につきつける拒絶感を意識するようになったのだ。

日本研究には、日本文化を総合的に学ぶという面がある。

そのため、かつては、「日本文化を知る」ということが、「日本人のようになる」、さらには「日本人になる」ということと同一視されることもあった。日本文化についての知識だけではなく、日本語をネイティブのように使うこと、ものごとの見かた、感性、はては立ち居振る舞いまで「日本人らしい」ことが、日本文化を［エ］したということと同一視されたのだ。

しかし、少し考えてみれば、日本の芸術や文学について深く知っていたり、武道や伝統芸能、工芸にⅣ秀でていたりすることと、「日本人（のよう）になる」こととは、別のことだということがわかる。自分の専門分野を極めるのに背景として知っておくべき「文化」は、「日本文化」と呼ばれるものの一部でしかない。

6日本の文化のひとつである文学、芸能などを極めるためには、「日本人（のよう）になる」ことが必要だ、ということには飛躍がある。そして、そのような発想は、「日本人にしか日本文化はわからない」という考えと表裏一体の関係にある。

日本文化を深く知るためには、「日本人そのもの」にならなければならない、という考えかたは、もうやめてもいいのでは

への不安が表れているのではないか。［イ］、そのような書籍が、日本国内で大量に消費されるとき、それはイデオロギーとしての機能ももってくるというのだ。

4 海外の日本研究でも、日本文化を特殊なものとして研究することが、みずからの「地域研究」としての存在の裏付けとなったのだ。

［ウ］、日本人や海外の日本研究における「日本文化論」または「日本人論」（最近は海外の日本研究者にはnihonjinronで通じる）は、ナショナリズム、そして外国人を差別する排外主義にもつながる、とベフは危険視しているのだ。

海外の日本研究者が「日本文化論」を批判する。その背後には、「日本人にしか日本文化はわからないのか」という、外国の研究者が日本文化を学ぶときに直面する、微妙な問題が隠れているように思う。

海外の日本研究に関わる人々を見ていると、その情熱と努力に驚くことが多い。

日本滞在経験が長い研究者、日系の家庭に育って子どもの頃から日本語や日本文化に慣れ親しんだという研究者も多いが、そうでない研究者も多い。その場合、自分の専門領域の学問的なⅢ研鑽（けんさん）に加えて、言葉や歴史、文化を含めて、日本文化のさまざまな側面を深く学ぶということは並大抵のことではない。

そのような苦労をしているからこそ、海外の日本研究者は、「日本文化は世界に類を見ない特殊な文化である」という議論が、「だから日本文化の微妙なニュアンスは日本人にしかわからない」という議論に簡単にすり替わってしまうことへの危機感をもっているのだろうと思う。

このことを考えるうえで、思い出すことがある。

私の大学院の指導教官だったマイナー教授は、日本文学、日本文化に造詣が非常に深く、日本の文化への愛情を感じることも多かった。日頃から温厚な人柄で、あまり厳しい面を見せない先生だった。

批判の内容は、よく「日本文化の特徴」としてあげられているものはじつは他の国の文化にも見られるものが多く、日本だけが特殊ではないということ、また、日本文化の中を見ても、一般論としては正しくても、例外はあるのではないか、というような1事実認識のレベルでの批判がある。

たとえば、「日本は人間関係の上下の意識が強いタテ社会で、目上の人に逆らうことはない」というような「日本文化の特徴」がある。これに対して、まず、そのような上下関係は、フラットな「ヨコ社会」に見えるアメリカ社会などにも見られるのではないか、ということだ。

日本ではよく「アメリカ英語には敬語がない」といわれるが、英語を深く学んでいくと、政治家などのaヨウ人や会社の上司など、目上の人に使うべき表現というのはある。その意味で、「タテ社会」と「ヨコ社会」の区別は、程度の問題だともいえる。

しかし、こうした事実認識に対する批判以上に、日本文化論が国内外でどう読まれ、どう消費されているか、その受容のありかたに向けられる批判のほうが強い。

特に、ハルミ・ベフは、日本国内の論壇Iやアメリカの日本研究での日本文化論の読まれかたに注目し、どちらでも2日本文化論が「イデオロギー」として機能していると批判している。

日本人自身が日本文化論を語るときに、日本人や日本文化が特殊だという議論の裏に、「自分たちが特別だ」という日本人のⅡナショナリズムがある。また、それが「だから日本文化は日本人にしかわからない」と、他国の人々には日本文化を学ぶ門戸を閉じてしまう、排除の論理に簡単にすり替わるのではないか、というのだ。

［ア］「日本社会は集団主義である」という日本文化の見かたがある。それが正しいかどうかは、学問的にbケン証すればよい。しかし、日本人自身が、自分たちの社会は（良くも悪くも）「集団主義」で、そのような社会は世界では珍しい、と言うとき、そこには、日本人が自らを世界で特別な存在と見たいという欲望、そして3国際化が進む時代の自らのアイデンティティ

国語

（二科目一二〇分）

（注）音楽学部受験者は、一科目または二科目で一二〇分。

「国語(1)」の問題はⅠとⅢ、「国語(2)」の問題はⅠとⅡです。（ⅠとⅢは現代文、Ⅱは古文です。）

次のⅠの問題は、「国語(1)」の受験者、および「国語(2)」の受験者に共通の問題です。（解答番号は1～19）

Ⅰ　次の文章を読み、後の問い（問一～問十二）に答えよ。（60点）

八〇年代後半に入ると、海外の日本研究では、日本文化論、とくに、日本の文化が世界の他にはない、特殊なものだという議論が批判されるようになった。

日本文化論の批判として有名なのが、ピーター・デールの『日本的独自性の神話』（一九八六年）である。また、アメリカの大学で人類学を教えたハルミ・ベフが日本の読者向けに著した『イデオロギーとしての日本文化論』（一九八七年）もその代表的な著作といえよう。

解答編

英語

I　**解答**　1－③　2－④　3－③　4－①　5－④　6－①　7－②

解説　≪誰もがつくうその功罪とは？≫

1．第1段第1・2文（It's been said … at the time.）の内容と③の「研究者たちは，すべての人々は人生のどこかでうそをつくと証明してきた」が一致。

2．第2段第1文（There are certainly …）の内容を読めば，④の「人々はいくつかの場面で問題を回避したり得をしたりするためにうそをつく」が一致するとわかる。

3．第3段第2～4文（But if you … and upstanding.）の内容と③の「たとえほんの小さなうそをついても，自己のイメージや他者との関係性を損なう可能性がある」が一致。

4．第4段最終文（According to their …）の内容と①の「ガスパーとシュヴァイツァーによる研究では，うそをつくことに伴う感情の重要性を強調している」が一致。

5．第6段第3・4文（The feeling of … you to lie.）の内容と④の「彼らが自分自身を他者と比べるときにうらやましいと思う感情が，人々にうそをつかせるようにするのかもしれない」が一致。

6．第7段第4～7文（Let's say you … suffered no consequences.）の内容と①の「『チーターズハイ』とは，深刻な結果に直面せずにうそをつくことによって何か得をしたときに起こる感情である」が一致。

7．第8段最終文（And the next …）の内容と②の「うそがばれたときのよくない感情を思い出せば，自分の行動を思い直すかもしれない」が一致。

Ⅱ 解答　8－①　9－④　10－②　11－③　12－①

解説　≪チャーリーとマサキの夏休みプラン≫

8．マサキがチャーリーに夏休みのプランについて尋ねている。チャーリーは「今のところ，ないよ」と答えていると推測できる。at present「今のところ」 したがって，①が正解。

9．直前のチャーリーの発言を受けて，マサキが沖縄旅行に誘っていると推測できる。Why don't we *do*?「～しようか？（提案・誘い）」 したがって，④が正解。

10．マサキの提案を受けてチャーリーが別の日程を提示していると推測できる。Would it be possible to *do*?「～することは可能だろうか？」（仮定法を使うことで丁寧な表現になる） Can を使うと possible と重なって合わないので不可。したがって，②が正解。

11．マサキの発言で，宿泊代がほかのホテルの半額だと推測できる。half the price of～「～の半額」 したがって，③が正解。

12．マサキの発言から，ホテルの予約を提案していると推測できる。make a reservation「（場所などの）予約をする」 make an appointment「（人と会う）予約をする」 したがって，①が正解。

Ⅲ 解答　13－③　14－①　15－④　16－①　17－②

解説　13．「最後にアメリカを訪れてから何年もたつ」 It has been ages since S V（過去形）「SがVしてから何年もたつ」

14．「イタリアの多くの若者がルネッサンス期の絵画や彫刻に誇りをもっている」 be proud of～「～を誇りに思う，自慢に思う」

15．「探索救援チームが彼らを発見したときには，すでに彼らは山の中を8時間近く歩いていた」 S_1 had *done* when S_2 *did*.「S_2が…したときには，すでにS_1は～していた」 過去の時点より以前のことを表したいときには過去完了形を使う。

16．「中古車だが，その車は新車同然に見える」 as good as～「～も同然」

17．「今，私たちの会社が借金を払わなければ，私たちは1年以内に破産するだろう」 unless S V「SがVしないなら」 go bankrupt「破産する」

Ⅳ　**解答**　18―④　19―①　20―②　21―③　22―④

〔解説〕 18.「いくつかの国では，10 代の若者は結婚を法的に認めてもらうには親の許可をもらわなければいけない」 application「申請」 perception「知覚」 transportation「輸送」 permission「許可」 したがって，④が正解。

19.「父は退職後，世界旅行をするという夢を実現した」 fulfill *one's* dream「夢を実現する」 したがって，①が正解。

20.「その患者は手術から回復したように見えるが，いまだに要観察中だ」 under observation「要観察中，要監視中」 したがって，②が正解。

21.「多くの仕事に応募したが，彼はまだ失業中だ」 apply for ～「～に応募する」 despite＝in spite of ～「～にもかかわらず」 したがって，③が正解。

22.「彼女は同僚の失敗を見逃すのを拒否し，上司に報告した」 provide「～を提供する」 compare「～を比較する」 contribute「～を与える」 overlook「～を見逃す」 したがって，④が正解。

Ⅴ　**解答**　23―④　24―②　25―⑦　26―①　27―⑥　28―③　29―①　30―②　31―⑤　32―④

〔解説〕 完成した文は以下のとおり。

(A) (When) it comes to traveling abroad (,) thorough preparation (is required.) when it comes to ～「～のこととなると」

(B) (I) find it rewarding to work as an engineer for (a foreign-affiliated company.) find it＋形容詞＋to *do*「～することを…だと思う」 rewarding「やりがいのある」 work as *A* for *B*「*A* として *B* で働く」 foreign-affiliated「外資系の」

(C) (Many countries) have turned a blind eye to the problem of (refugees around the world.) turn a blind eye to ～「～を見て見ぬふりをする」

⒟ (The first issue) to be dealt with is how to treat (clients.) the issue to be *done*「〜されるべき問題」 deal with〜「〜を扱う」 how to *do*「どのように〜するのか」 treat「〜と接する」 client「顧客」

⒠ (He) became a British resident by virtue of (his marriage.) by virtue of〜「〜の理由で，〜によって」

日本史

I

解答　問1．③　問2．④　問3．⑥　問4．⑤　問5．①

解説　≪8世紀の政界≫

問2．正答は④。①大津皇子は謀反の疑いにより686年に自殺，②大友皇子は672年に壬申の乱で敗死，③刑部親王は大宝律令の編集で知られ，⑤舎人親王は『日本書紀』の編者として知られる。⑥以仁王は後白河上皇の皇子で1180年に平氏打倒の令旨を発した人物である。

問4．正答は⑤。①は743年の「大仏造立の詔」，②は1052年末法の世に入ったころの世相を記した『扶桑略記』，③は仏教公伝にまつわる『日本書紀』の記事，④は1588年の刀狩令の史料である。

問5．①誤文。墾田は租が課せられる輸租田であった。

II

解答　問1．①　問2．④　問3．②　問4．⑤　問5．④

解説　≪東山文化≫

問3．②が正しい。①は足利直義の，③は足利尊氏の，④は足利義満の説明文である。

問4．正答は⑤。他の選択肢の寺院はすべて鎌倉五山の寺院である。

問5．正答は④。④は狩野元信の作品と伝えられる『大徳寺大仙院花鳥図』である。①は『天橋立図』，②は『四季山水図巻（山水長巻）』，③は『秋冬山水図』で，いずれも雪舟の作品である。

III

解答　問1．④　問2．②　問3．④　問4．②　問5．③

解説　≪田沼時代と寛政の改革≫

問1．④正文。①誤文。年貢増収を中心とする政策から，商人・職人の運上・冥加などの営業税増収をはかる政策に転換した。②誤文。「最上徳内」と「工藤平助」を入れ替えれば正しい文章になる。③誤文。田沼意次が積極的に公認した「商工業者の同業組織」は「座」ではなく「株仲間」。株仲間を通じての営業税増収をめざした。

問2．波線部のうち誤っているのは「富士山」と「寛政」。1783年に大噴火したのは「浅間山」であり，このときの飢饉は「天明の大飢饉」である。誤りは2カ所なので，正答は②。

問5．③正文。①・②・④誤文。①は「尾藤二洲」を「柴野栗山」に，「京学」を「朱子学」に替えれば，②は「民衆救済のため」を「旗本・後家人救済のため」，2カ所の「問屋」を「札差」に替えれば，④は「滑稽本・人情本」を「洒落本・黄表紙」に，「佐久間象山・志筑忠雄」を「山東京伝・恋川春町や出版元の蔦谷重三郎」に替えれば，正しい説明文になる。

解答　問1．③　問2．③　問3．①　問4．④　問5．②

解説　≪明治時代の政策・思想≫

問1．正答は③。平民的欧化主義を主張したのは徳富蘇峰。①の井上円了は国粋保存を唱えた政教社の，②の尾崎紅葉は文学者で文学結社硯友社の，④の森有礼は啓蒙思想団体明六社の創立に参加した人物である。

問3．①誤文。華族・士族に支給されていた秩禄が総支出に占めた割合は約30％である。

問5．適切な文章は②。①は社会主義者木下尚江の，③は志賀重昂の，④は陸羯南の説明文である。

解答　問1．①　問2．④　問3．③　問4．⑦　問5．①

解説　≪占領期の文化≫

問2．正答は④。湯川秀樹は1949年に日本人初のノーベル賞を物理学賞で受賞した。①朝永振一郎は1965年，②江崎玲於奈は1973年に物理学賞を，③川端康成は1968年に文学賞を受賞した。

問4．正答は⑦。A・Bは，「静岡市」という遺跡所在地や「水田遺構」の発見という言葉から弥生時代の登呂遺跡と判断できる。Cは「旧石器時代」の遺構なので岩宿遺跡とわかる。吉野ヶ里遺跡は佐賀県にある弥生時代の大集落遺跡である。

問５．波線部の誤りは「美空ひばり」。「東京ブギウギ」を歌ったのは笠置シヅ子である。誤りは１カ所なので，正答は①。

世界史

Ⅰ

解答　問1．③　問2．③　問3．③　問4．①　問5．③

解説　≪イスラーム世界≫

問2．③正解。図で示された大モスクは「コルドバの大モスク」と呼ばれるもので，後ウマイヤ朝の首都コルドバに785年から787年に建立された。レコンキスタを経てイベリア半島がキリスト教勢力圏になると，モスクはカトリック教会に改変された。

問5．③誤文。トゥール・ポワティエ間の戦いではなく，751年のタラス河畔の戦いが，唐からイスラーム世界へ製紙法が伝わったきっかけとされる。なお，トゥール・ポワティエ間の戦いは，732年にカール=マルテル率いるフランク軍がウマイヤ朝軍を破った戦いである。

Ⅱ

解答　問1．③　問2．①　問3．③　問4．③　問5．③

解説　≪明清時代の文化≫

問2．①正解。『永楽大典』は，15世紀初頭に永楽帝の命を受けて編纂された中国最大の類書（百科事典）。④『古今図書集成』も類書であるが，これは清の康熙帝と雍正帝の命により編纂されたもので，18世紀前半に完成した。

問4．③正解。ブーヴェ（白進）は，フランス王ルイ14世の命により中国に派遣されたイエズス会宣教師。康熙帝に仕え，レジス（雷孝思）らとともに初の実測による全国地図である『皇輿全覧図』を作製した。なお，中国初の漢訳世界地図は『坤輿万国全図』で，明末に④マテオ=リッチの指導下に刊行された。

問5．③正解。アロー戦争は清と英仏軍との戦いで，1856年に起こった。1858年には天津条約が結ばれたが，批准書交換の使節の入京を清軍が武力で阻止したことをきっかけに，英仏両軍は再度出兵し北京を占領するとともに円明園を破壊した。

解答　問１．③　問２．⑥　問３．①　問４．⑦　問５．③
問６．⑤

解説　≪17～18世紀のイギリス≫

問５．③正解。1688年，イギリス議会はジェームズ２世の娘メアリと夫のオランダ総督ウィレムを招請し，ジェームズ２世は亡命した。これが名誉革命で，翌1689年，権利の宣言を若干補足した権利の章典が制定された。

問６．⑤正解。アン女王の死によりステュアート朝が断絶すると，ジェームズ１世の曾孫にあたるハノーヴァー家のゲオルクがジョージ１世として即位し，ハノーヴァー朝が開かれた。

Ⅳ

解答　問１．①　問２．①　問３．①　問４．①　問５．③

解説　≪18世紀末～19世紀前半の東欧≫

問１．①正解。第２回ポーランド分割（1793年）に参加したのはプロイセンとロシアで，オーストリアはフランス革命への対応に追われたことなどから参加しなかった。なお，第１回（1772年）と第３回（1795年）の分割には，プロイセン・ロシア・オーストリアの３国が参加した。

問３．①正解。ナロードニキ（人民主義者）は，ミール（農村共同体）を基礎とした社会主義的改革を目指し，「ヴ=ナロード」を標語として農民の啓蒙に努めたが，政府の弾圧などにより運動は挫折した。

問４．①正解。ナポレオンの発した大陸封鎖令は，大陸諸国にイギリスとの通商や通信を禁じるものであった。ロシアはこの禁令を破り，イギリスへの穀物輸出を再開した。

問５．③正解。デカブリストは「十二月党員」の意で，アレクサンドル１世が急死し，新皇帝ニコライ１世が即位する日に専制政治と農奴制の廃止を求めて反乱を起こしたが鎮圧された。

解答　問１．①　問２．②　問３．⑤　問４．Ａ－⑤　Ｂ－②
問５．①

解説　≪第一次世界大戦と第二次世界大戦≫

問１．①正解。アメリカ合衆国は当初中立の立場にあったが，1917年２

月にドイツが無制限潜水艦作戦を開始すると，同年４月に協商国（連合国）に加わった。

問２．②正解。アメリカ合衆国は上院の反対によりヴェルサイユ条約の批准を拒否し，国際連盟にも参加しなかった。①日本，③イギリス，④イタリアは国際連盟発足時の常任理事国であるが，日本とイタリアは後に脱退した。また，国際連盟成立時，社会主義政権の⑤ソヴィエト=ロシアと敗戦国のドイツは国際連盟から除外された。

問５．①正解。降伏後のフランスでは，ペタンを首班とするヴィシー政府がドイツに協力したが，ド=ゴールはロンドンに亡命して「自由フランス政府」を樹立し，対独レジスタンスを指導した。

数学

◀数　学（1）▶

解答　1－⑧　2－③　3－⑦　4－①　5－⓪　6－⑧
7－③　8－⑥　9－①　10－⑤　11－②　12－③
13－⑤　14－②　15－⓪　16－②　17－③　18－②　19－②　20－⑦
21－②　22－⓪　23－⓪

解説　≪小問3問≫

(1)　$x=0.\dot{2}1\dot{6}$ とおくと

$$1000x=216.\dot{2}1\dot{6}$$

$$1000x-x=216$$

$$999x=216$$

$$\therefore\quad x=\frac{216}{999}=\frac{2^3\cdot 3^3}{3^3\cdot 37}=\frac{8}{37}\quad (\to 1\sim 3)$$

(2)　正五角形の頂点は，自身の外接円の周上を5等分する。

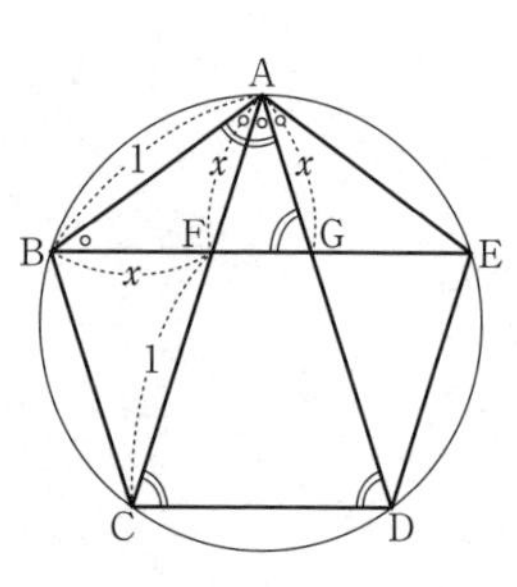

$\overset{\frown}{BC}$ の中心角は　$360°\div 5=72°$

$\overset{\frown}{BC}$ に対する円周角より

$$\angle BAF=\angle BAC=72°\times\frac{1}{2}$$

$$=36°\quad(\to 7,\ 8)$$

$\overset{\frown}{BE}$ に対する円周角より

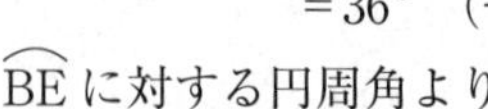

$$\angle BAE=36°\times 3=108°\quad(\to 4\sim 6)$$

また，$AF=AG=BF=x$ とすると，△ABGと△GAFの相似比は $1:x$ であるから，$FG=x^2$ となり

$$BG=BF+FG$$

$$1=x+x^2$$

$$x^2+x-1=0$$

$x>0$ であるので，$x=\dfrac{-1+\sqrt{5}}{2}$ である。

したがって，$\mathrm{AC}=\mathrm{AF}+\mathrm{FC}=\dfrac{-1+\sqrt{5}}{2}+1=\dfrac{1+\sqrt{5}}{2}$ となり，（→9〜11）

$\mathrm{FG}=\left(\dfrac{-1+\sqrt{5}}{2}\right)^2=\dfrac{3-\sqrt{5}}{2}$ である。（→12〜14）

(3)　$3x^2+2y^2=6x$

$2y^2=-3x^2+6x$　……①

y は実数だから　$2y^2\geqq 0$　……②

①，②より

$-3x^2+6x\geqq 0$

$x^2-2x\leqq 0$

$x(x-2)\leqq 0$

$\therefore\ 0\leqq x\leqq 2$　（→15，16）

次に，$z=6x+4y^2$ とすると

$z=6x+2(-3x^2+6x)$　（$\because$ ①）

$=-6x^2+18x$

$=-6\left(x-\dfrac{3}{2}\right)^2+\dfrac{27}{2}$

z のグラフは頂点 $\left(\dfrac{3}{2},\ \dfrac{27}{2}\right)$ で上に凸の放物線だから，$0\leqq x\leqq 2$ より，z は $x=\dfrac{3}{2}$ のとき最大値 $\dfrac{27}{2}$ をとり，$x=0$ のとき最小値0をとる。（→17〜23）

解答　24―④　25―⑦　26―④　27―③　28―④　29―⑤　30―③　31―⑥　32―④　33―⑤　34―⑦　35―①　36―④　37―⑦　38―③

解説　≪正三角形とその辺上の内分点からできる三角形と外接円・内接円の面積≫

(1)　正三角形ABCの外心をOとすると，点Oは正三角形ABCの内心，重心，垂心でもある。

次図のように，直線AOと辺BCの交点をMとする。

外接円の半径はOA，内接円の半径はOMである。

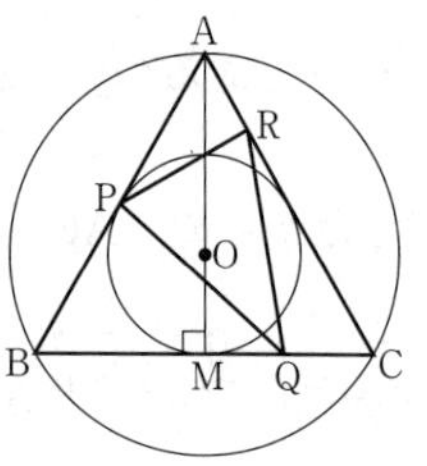

重心の性質から　　$OA : OM = 2 : 1$

外接円と内接円の面積比は相似比の2乗比だから

$$2^2 : 1^2 = 4 : 1$$

よって，正三角形ABCの外接円の面積は，内接円の面積の4倍である。（→24）

⑵　△BQPにおいて

$$BP = \frac{1}{2}a,\ \ BQ = \frac{3}{4}a,\ \ \angle B = 60°$$

だから，余弦定理を用いて

$$PQ^2 = \left(\frac{1}{2}a\right)^2 + \left(\frac{3}{4}a\right)^2 - 2\cdot\frac{1}{2}a\cdot\frac{3}{4}a\cdot\cos 60°$$

$$= \left(\frac{1}{4} + \frac{9}{16} - \frac{3}{8}\right)a^2 = \frac{7}{16}a^2$$

$PQ > 0$，$a > 0$ だから　　$PQ = \dfrac{\sqrt{7}}{4}a$　（→25，26）

△APRにおいて

$$AP = \frac{1}{2}a,\ \ AR = \frac{1}{4}a,\ \ \angle PAR = 60°$$

だから，余弦定理を用いて

$$PR^2 = \left(\frac{1}{2}a\right)^2 + \left(\frac{1}{4}a\right)^2 - 2\cdot\frac{1}{2}a\cdot\frac{1}{4}a\cdot\cos 60°$$

$$= \left(\frac{1}{4} + \frac{1}{16} - \frac{1}{8}\right)a^2 = \frac{3}{16}a^2$$

$PR > 0$，$a > 0$ だから　　$PR = \dfrac{\sqrt{3}}{4}a$　（→27，28）

⑶　　$\triangle PQR = \triangle ABC - \triangle APR - \triangle BQP - \triangle CRQ$　……①

ここで

$$\triangle ABC = \frac{1}{2}\cdot a^2 \sin 60° = \frac{\sqrt{3}}{4}a^2$$

$$\triangle APR = \frac{AP\cdot AR}{AB\cdot AC}\triangle ABC = \frac{1}{2}\cdot\frac{1}{4}\triangle ABC = \frac{1}{8}\triangle ABC$$

$$\triangle BQP = \frac{BP\cdot BQ}{BA\cdot BC}\triangle ABC = \frac{1}{2}\cdot\frac{3}{4}\triangle ABC = \frac{3}{8}\triangle ABC$$

$$\triangle CRQ=\frac{CQ\cdot CR}{CB\cdot CA}\triangle ABC=\frac{1}{4}\cdot\frac{3}{4}\triangle ABC=\frac{3}{16}\triangle ABC$$

これらを①に代入して

$$\triangle PQR=\left(1-\frac{1}{8}-\frac{3}{8}-\frac{3}{16}\right)\cdot\frac{\sqrt{3}}{4}a^2$$

$$=\frac{5}{16}\cdot\frac{\sqrt{3}}{4}a^2=\frac{5\sqrt{3}}{64}a^2\quad(\to 29\sim 32)$$

(4)　(2)，(3)から，△PQR の面積について

$$\frac{1}{2}\cdot PQ\cdot PR\sin\angle RPQ=\triangle PQR$$

$$\frac{1}{2}\cdot\frac{\sqrt{7}}{4}a\cdot\frac{\sqrt{3}}{4}a\sin\angle RPQ=\frac{5\sqrt{3}}{64}a^2$$

$$\therefore\quad \sin\angle RPQ=\frac{5\sqrt{3}}{64}\cdot\frac{32}{\sqrt{7}\sqrt{3}}=\frac{5}{2\sqrt{7}}=\frac{5\sqrt{7}}{14}\quad(\to 33\sim 36)$$

(5)　△APR，△BQP の外接円の半径をそれぞれ R_A，R_B とすると，正弦定理より

$$R_A=\frac{PR}{2\sin 60^\circ},\quad R_B=\frac{PQ}{2\sin 60^\circ}$$

よって　$$\frac{R_B}{R_A}=\frac{PQ}{PR}=\frac{\sqrt{7}}{\sqrt{3}}\quad(\because\ (2))$$

相似な図形の面積比と相似比の関係から

$$\frac{S_B}{S_A}=\left(\frac{R_B}{R_A}\right)^2=\frac{7}{3}\quad(\to 37,\ 38)$$

解答　39―②　40―⑦　41―①　42―③　43―①　44―③　45―①　46―③　47―①　48―③　49―④　50―②　51―⑦　52―④　53―⓪　54―⑧　55―①

解説　≪じゃんけんをする試行に関する確率≫

(1)　(i)　A，B，Cの3人がじゃんけんを1回する試行において，起こり得るすべての場合の数は

$3^3=27$ 通り　$(\to 39,\ 40)$

勝者が1人に決まる場合の数は，どの人がどの手で勝つかを決める場合の数だから

$3\times3=9$ 通り

よって，求める確率は

$$\frac{9}{27}=\frac{1}{3}\quad(\to 41,\ 42)$$

(ii)　1 回のじゃんけんで勝者が 2 人に決まる場合の数は，どの 2 人がどの手で勝つかを決める場合の数だから

$3\times3=9$ 通り

よって，求める確率は

$$\frac{9}{27}=\frac{1}{3}\quad(\to 43,\ 44)$$

(iii)　1 回のじゃんけんで勝者が決まらない事象は，(i)または(ii)が起こる事象の余事象だから，求める確率は

$$1-\left(\frac{1}{3}+\frac{1}{3}\right)=\frac{1}{3}\quad(\to 45,\ 46)$$

別解　あいこになるのは，「3 人が同じ手を出す」または「3 人が異なる手を出す」ときである。

この事象の場合の数は　$3+3!=9$ 通り

よって，求める確率は

$$\frac{9}{27}=\frac{1}{3}$$

(iv)　A，B，C の 3 人でじゃんけんをし始め，敗者はじゃんけんから抜けて，勝者を決める試行について考える。

2 回目のじゃんけんで初めて，勝者が 1 人に決まるのは，以下の(I)，(II)の場合である。

(I)　1 回目があいこで 2 回目のじゃんけんで勝者が 1 人に決まる。

この確率は(1)から

$$\frac{1}{3}\cdot\frac{1}{3}=\frac{1}{9}$$

(II)　1 回目で勝者が 2 人に決まり，3 回目で勝者が 1 人に決まる。

2 人で 1 回じゃんけんをするとき，あいことなる確率は　$\frac{3}{3\times3}=\frac{1}{3}$

勝者が 1 人に決まる確率は　$1-\frac{1}{3}=\frac{2}{3}$

よって，(1)と上記の結果から，この場合の確率は

$$\frac{1}{3}\cdot\frac{2}{3}=\frac{2}{9}$$

求める確率は，排反事象である(I)，(II)の和事象の確率だから

$$\frac{1}{9}+\frac{2}{9}=\frac{1}{3}\quad(\to 47,\ 48)$$

次に，じゃんけんを 3 回行っても勝者が 1 人に決まらない事象について，この余事象を

A：「1 回目のじゃんけんで勝者が 1 人に決まる」

B：「2 回目のじゃんけんで初めて勝者が 1 人に決まる」

C：「3 回目のじゃんけんで初めて勝者が 1 人に決まる」

とすると，$A\cup B\cup C$ である。

(1)(i)から　　$P(A)=\frac{1}{3}$

上記（47，48）から　　$P(B)=\frac{1}{3}$

事象 C について，じゃんけんを 3 人から始めて，じゃんけんに残る人数の推移と各場合の確率を表にまとめると，次のようになる。

最初	1 回	2 回	3 回	確率
3 人	3 人	3 人	1 人	$\frac{1}{3}\cdot\frac{1}{3}\cdot\frac{1}{3}$
3 人	3 人	2 人	1 人	$\frac{1}{3}\cdot\frac{1}{3}\cdot\frac{2}{3}$
3 人	2 人	2 人	1 人	$\frac{1}{3}\cdot\frac{1}{3}\cdot\frac{2}{3}$

よって　　$P(C)=\frac{1+2+2}{27}=\frac{5}{27}$

A，B，C はどの 2 つの事象も互いに排反だから

$$P(A\cup B\cup C)=P(A)+P(B)+P(C)=\frac{1}{3}+\frac{1}{3}+\frac{5}{27}=\frac{23}{27}$$

よって，求める確率は

$$P(\overline{A\cup B\cup C})=1-P(A\cup B\cup C)=\frac{4}{27}\quad(\to 49\sim 51)$$

別解　49～51．3回のじゃんけんで勝者が1人に決まらない事象の人数の推移と確率を表にまとめると，次のようになる。

最初	1回	2回	3回	確率
3人	3人	3人	3人	$\frac{1}{3}\cdot\frac{1}{3}\cdot\frac{1}{3}$
3人	3人	3人	2人	$\frac{1}{3}\cdot\frac{1}{3}\cdot\frac{1}{3}$
3人	3人	2人	2人	$\frac{1}{3}\cdot\frac{1}{3}\cdot\frac{1}{3}$
3人	2人	2人	2人	$\frac{1}{3}\cdot\frac{1}{3}\cdot\frac{1}{3}$

これらの事象はどの2つも排反であり，求める確率はこの和事象の確率だから

$$\frac{1}{3}\cdot\frac{1}{3}\cdot\frac{1}{3}\times 4=\frac{4}{27}$$

(2)　A，B，C，D，Eの5人で1回のじゃんけんをする試行において，その結果，最も少なかった手を出したグループが1組に決まるとき，その組の人を勝者とするゲームで，起こり得るすべての場合の数は

$3^5=243$ 通り

勝者が1人に決まる場合の数について，勝者が誰になり，どの手で勝者となるかで，5×3 の15通りある。残り4人の手の出し方は，4人とも同じ手で勝者の手とは異なるものを出す場合で，2通りあり，4人が勝者以外の異なる2つの手を出して，2人ずつの2組に分かれる場合で，この場合の数は，異なる2つの手をX，Yとすると，Xが2個，Yが2個の順列の総数だから，$\frac{4!}{2!2!}=6$ 通りある。

勝者以外の4人の手の出し方は，和の法則より　　$2+6=8$ 通り

積の法則より，勝者が1人に決まる場合の数は

$15\times8=120$ 通り

よって，求める確率は

$$\frac{120}{243}=\frac{40}{81}\quad(\to 52\sim55)$$

◀数　学（2）▶

I **解答**　1―⑧　2―④　3―⑤　4―①　5―②　6―②
7―①　8―②　9―①　10―①　11―③　12―⑥
13―⑤　14―⑨　15―⑧　16―④　17―②　18―②　19―②　20―⑦
21―⑨

解説　≪小問2問≫

(1) (i)　人数の合計について

$$1+1+2+5+7+x+y+2=30$$

$\therefore\ x+y=12$　……①

30人の得点の合計について

$$3\cdot1+4\cdot1+5\cdot2+6\cdot5+7\cdot7+8x+9y+10\cdot2=7.2\cdot30$$

$$8x+9y+116=216$$

$\therefore\ 8x+9y=100$　……②

①×9−②より　　$x=8,\ y=4$　（→1，2）

(ii)　最頻値が8点のみとなるのは

$x\geqq8$　……③　かつ　$x>y$　……④

のときである。

①，③より

$$x\geqq8$$

$$12-y\geqq8$$

$\therefore\ y\leqq4$

①，④より

$$x>y$$

$$x+y>2y$$

$$12>2y$$

$\therefore\ y<6$

③かつ④より　　$x\geqq8$　かつ　$y\leqq4$

よって，条件を満たす非負整数の組 $(x,\ y)$ は

$$(x,\ y)=(8,\ 4),\ (9,\ 3),\ (10,\ 2),\ (11,\ 1),\ (12,\ 0)$$

だから，$(x,\ y)$ の組合せは　　5通り　（→3）

(2) (i)　条件から

$$\overrightarrow{OA}=(-3,\ -6,\ -4),\ \overrightarrow{OB}=(3,\ 0,\ 4),\ \overrightarrow{OC}=(8,\ 5,\ 7)$$

四角形 ABCD は平行四辺形であるから

$$\overrightarrow{DC}=\overrightarrow{AB}$$

$$\overrightarrow{OC}-\overrightarrow{OD}=\overrightarrow{OB}-\overrightarrow{OA}$$

$$\therefore\ \overrightarrow{OD}=\overrightarrow{OA}+\overrightarrow{OC}-\overrightarrow{OB}=(2,\ -1,\ -1)$$

よって　　$D(+2,\ -1,\ -1)$　(→4～9)

(ii)　$\overrightarrow{BA}=\overrightarrow{OA}-\overrightarrow{OB}=(-6,\ -6,\ -8)$

$\overrightarrow{BC}=\overrightarrow{OC}-\overrightarrow{OB}=(5,\ 5,\ 3)$

だから

$$|\overrightarrow{BA}|^2=(-6)^2+(-6)^2+(-8)^2=136\quad(\to 10\sim 12)$$

$$|\overrightarrow{BC}|^2=5^2+5^2+3^2=59\quad(\to 13,\ 14)$$

$$\overrightarrow{BA}\cdot\overrightarrow{BC}=(-6)\cdot 5+(-6)\cdot 5+(-8)\cdot 3=-84\quad(\to 15,\ 16)$$

これより

$$
\begin{aligned}
(\text{平行四辺形 ABCD の面積})&=2\triangle ABC\\
&=2\cdot\frac{1}{2}\sqrt{|\overrightarrow{BA}|^2|\overrightarrow{BC}|^2-(\overrightarrow{BA}\cdot\overrightarrow{BC})^2}\\
&=\sqrt{136\cdot 59-(-84)^2}\\
&=2\sqrt{34\cdot 59-42^2}\\
&=2\sqrt{242}=22\sqrt{2}\quad(\to 17\sim 19)
\end{aligned}
$$

(iii)　$\overrightarrow{CA}=\overrightarrow{OA}-\overrightarrow{OC}=(-11,\ -11,\ -11)=-11(1,\ 1,\ 1)$

$\overrightarrow{BD}=\overrightarrow{OD}-\overrightarrow{OB}=(-1,\ -1,\ -5)=-(1,\ 1,\ 5)$

対角線 CA と BD のなす角 θ は，2 つのベクトル $\vec{a}=(1,\ 1,\ 1)$ と $\vec{b}=(1,\ 1,\ 5)$ のなす角である。

よって

$$\cos\theta=\frac{\vec{a}\cdot\vec{b}}{|\vec{a}||\vec{b}|}=\frac{1+1+5}{\sqrt{3}\sqrt{27}}=\frac{7}{9}\quad(\to 20,\ 21)$$

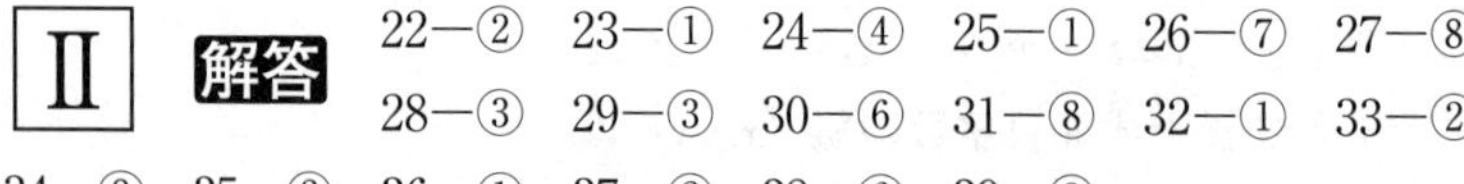

Ⅱ　解答

22—②　23—①　24—④　25—①　26—⑦　27—⑧　28—③　29—③　30—⑥　31—⑧　32—①　33—②　34—⑧　35—②　36—①　37—②　38—⑥　39—③

解説　≪三角関数の式の値，対数関数の値の大小，グラフの移動と方程式，不等式の解≫

(1)　$\sin\theta+\cos\theta=\dfrac{\sqrt{2}}{2}$ より

$$(\sin\theta+\cos\theta)^2=\left(\frac{\sqrt{2}}{2}\right)^2$$

$$1+2\sin\theta\cos\theta=\frac{1}{2}$$

$$\therefore\quad \sin\theta\cos\theta=-\frac{1}{4}\quad (\to 22\sim 24)$$

次に

$$\begin{aligned}\sin^4\theta+\cos^4\theta&=(\sin^2\theta+\cos^2\theta)^2-2(\sin\theta\cos\theta)^2\\&=1^2-2\left(-\frac{1}{4}\right)^2\\&=+\frac{7}{8}\quad (\to 25\sim 27)\end{aligned}$$

また

$$\begin{aligned}\sin^3\theta-\cos^3\theta&=(\sin\theta-\cos\theta)(\sin^2\theta+\sin\theta\cos\theta+\cos^2\theta)\\&=\frac{3}{4}(\sin\theta-\cos\theta)\end{aligned}$$

ここで

$$(\sin\theta-\cos\theta)^2=1-2\sin\theta\cos\theta=1-2\cdot\left(-\frac{1}{4}\right)=\frac{3}{2}$$

だから

$$\sin\theta-\cos\theta=\pm\sqrt{\frac{3}{2}}=\pm\frac{\sqrt{6}}{2}$$

よって

$$\sin^3\theta-\cos^3\theta=\frac{3}{4}\cdot\left(\pm\frac{\sqrt{6}}{2}\right)=\pm\frac{3\sqrt{6}}{8}\quad (\to 28\sim 31)$$

(2)　$\log_2 x=\log_4(x+1)$　……①

①の真数条件より　$x>0$　……②

①より

$$\log_2 x=\frac{\log_2(x+1)}{\log_2 4}$$

$$\log_2 x^2 = \log_2(x+1)$$
$$x^2 = x+1 \quad \cdots\cdots ③$$
$$x^2 - x - 1 = 0$$
$$\therefore \quad x = \frac{1\pm\sqrt{5}}{2}$$

②より　$x = \dfrac{1+\sqrt{5}}{2}$　$\therefore \quad a = \dfrac{1+\sqrt{5}}{2}$

$x=a$ は，③の解だから　$a^2 = a+1$

よって

$$a^3 = aa^2 = a(a+1) = a^2 + a = (a+1) + a = +2a+1 \quad (\to 32,\ 33)$$

(3)　$y = \log_2 x$

$$y = \log_4(x+1) = \frac{\log_2(x+1)}{\log_2 4} = \log_2\sqrt{x+1}$$

$$y = \log_{16}(x+2)^2 = \frac{\log_2(x+2)^2}{\log_2 16} = \log_2\sqrt{|x+2|}$$

これらの3つの関数のグラフは，x に関して単調増加する。……(A)

$2<x\leqq 2023$ のとき，この3つの真数 $x=\sqrt{x^2}$，$\sqrt{x+1}$，$\sqrt{x+2}$ の大小関係について

$$x^2 - (x+2) = (x-2)(x+1) > 0 \quad (\because \quad 2<x\leqq 2023)$$

よって　$3<x+1<x+2<x^2$　……(B)

(A)，(B)より，$2<x\leqq 2023$ において

最も大きい最大値を与える関数は　$f(x) = \log_2 x$

最も小さい最大値を与える関数は　$g(x) = \log_2\sqrt{x+1}$

(i)　$f(x) = 3$

$$\log_2 x = 3$$
$$\therefore \quad x = 2^3 = 8 \quad (\to 34)$$

(ii)　$y=f(x)$ のグラフを y 軸に関して対称移動したグラフの方程式は

$$y = f(-x)$$

これを x 軸方向に1，y 軸方向に2だけ平行移動したグラフの方程式は

$$y-2 = f(-(x-1))$$
$$y = f(-(x-1)) + 2$$
$$\therefore \quad y = \log_2(-x+1) + 2 \quad (\to 35\sim 37)$$

(iii)　$g(x)<3$

$\log_2\sqrt{x+1}<3$

$0<\sqrt{x+1}<2^3$

$0<x+1<2^6$

$\therefore\quad -1<x<63$

ここで，$2<x\leqq 2023$ より　　$2<x<63$　(→38，39)

III　解答　40—③　41—②　42—⑥　43—①　44—⑤　45—②　46—①　47—③　48—⑦　49—①　50—②　51—①　52—①　53—⑨　54—②　55—⑨　56—③　57—②

解説　≪外分点，中点，重心，直線の方程式，放物線と直線で囲まれた部分の面積≫

(1)　座標平面上の原点をOとする。線分 AB を 3：2 に外分する点が $(-5,\ -12)$ より

$$\frac{-2\overrightarrow{OA}+3\overrightarrow{OB}}{3-2}=(-5,\ -12)$$

$$-2\overrightarrow{OA}+3\overrightarrow{OB}=(-5,\ -12)\quad\cdots\cdots①$$

線分 AC の中点が $(2,\ 2)$ より

$$\frac{\overrightarrow{OA}+\overrightarrow{OC}}{2}=(2,\ 2)$$

$$\overrightarrow{OA}+\overrightarrow{OC}=(4,\ 4)\quad\cdots\cdots②$$

△ABC の重心が $\left(\frac{1}{3},\ \frac{2}{3}\right)$ より

$$\frac{\overrightarrow{OA}+\overrightarrow{OB}+\overrightarrow{OC}}{3}=\left(\frac{1}{3},\ \frac{2}{3}\right)$$

$$\overrightarrow{OA}+\overrightarrow{OB}+\overrightarrow{OC}=(1,\ 2)\quad\cdots\cdots③$$

③－② より　　$\overrightarrow{OB}=(-3,\ -2)$

よって　　$B(-3,\ -2)$　(→40，41)

これを①に代入して

$$2\overrightarrow{OA}=3(-3,\ -2)-(-5,\ -12)=(-4,\ 6)$$

$$\overrightarrow{OA}=(-2,\ 3)$$

これを②に代入して

$\overrightarrow{OC}=(4,\ 4)-(-2,\ 3)=(6,\ 1)$

よって　　C$(6,\ 1)$　(→42, 43)

(2)　(1)より，A$(-2,\ 3)$，B$(-3,\ -2)$ だから，直線ABの方程式は

$$y-3=\frac{3-(-2)}{-2-(-3)}(x+2)$$

$$=5(x+2)$$

∴　$5x-y+13=0$　(→44〜47)

(3)　(2)より，求める放物線 $P: y=ax^2+bx+c$ と直線 AB : $y=5x+13$ の交点はA，Bで，これらの x 座標はそれぞれ -2，-3 であるから

$$ax^2+(b-5)x+c-13=a(x+2)(x+3)$$

$$ax^2+bx+c=a(x+2)(x+3)+5x+13$$

これが x の恒等式，つまり，$P: y=a(x+2)(x+3)+5x+13$ と表せる。

また，P は点C$(6,\ 1)$ を通るから

$$1=a(6+2)(6+3)+5\cdot6+13$$

$$72a=-42$$

∴　$a=-\frac{7}{12}$

このとき　　$P: y=-\frac{7}{12}x^2+\frac{25}{12}x+\frac{19}{2}$

よって　　$a=-\frac{7}{12}$，$c=+\frac{19}{2}$　(→48〜54)

(4)　求める面積は，右図の網かけ部分の面積で，これを S とすると

$$S=\frac{1}{2}\cdot6\cdot\frac{17}{2}+\int_0^6\left\{-\frac{7}{12}x(x-6)\right\}dx$$

$$=\frac{6\cdot17}{4}+\frac{7}{12}\cdot\frac{(6-0)^3}{6}$$

$$=\frac{51+42}{2}$$

$$=\frac{93}{2}$$　(→55〜57)

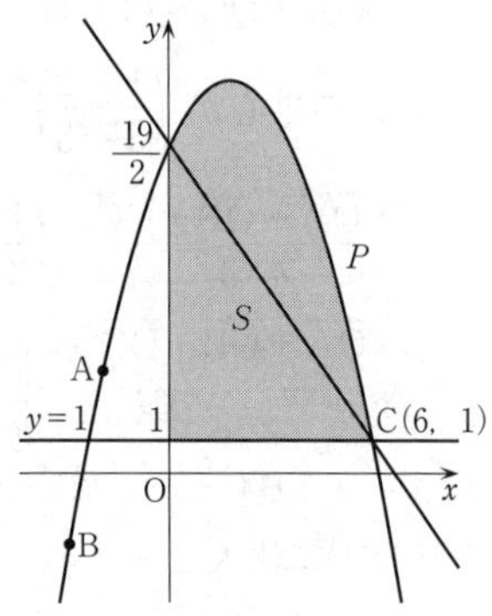

物理

I

解答　問1．③　問2．④　問3．⑤　問4．①　問5．④
問6．④　問7．③

解説　≪斜面上での小球の運動≫

問1．下図のように，地点Aを原点にとり，斜面に沿って上向きを正とした座標軸 x を設定する。

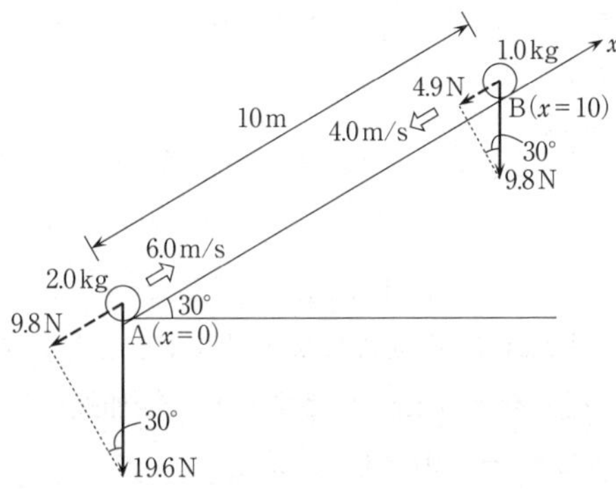

この斜面上で質量 m〔kg〕の物体に働く重力の x 成分は，重力加速度の大きさを g〔m/s^2〕とすると $-mg\sin 30°$〔N〕となるので，小球P，Qともに生じる加速度は $-g\sin 30° = -4.9$〔m/s^2〕となる。よって，小球Pを打ち上げてからの時間を t〔s〕とすると，小球Pと小球Qの地点Aからの位置 x_P〔m〕，x_Q〔m〕は，それぞれ次のように表される。

$$x_P = 6.0t - \frac{4.9}{2}t^2 \quad \cdots\cdots(\text{i})$$

$$x_Q = 10 - 4.0t - \frac{4.9}{2}t^2 \quad \cdots\cdots(\text{ii})$$

(i)，(ii)より，$x_P = x_Q$ となるのは $t = 1.0$〔s〕のときである。

別解　小球P，Qの相対速度の大きさは，衝突するまで $|6.0-(-4.0)| = 10$〔m/s〕のまま変化しないので

$$10 \times t = 10 \qquad \therefore \quad t = 1.0 \text{〔s〕}$$

問2．問1の結果より，等加速度運動の公式を用いて考えると，求める小

球Pの速度 v_P〔m/s〕は

$$v_P=6.0-4.9\times1.0=1.1\text{〔m/s〕}$$

問3．問2と同様に考えて，求める小球Qの速度 v_Q〔m/s〕は

$$v_Q=-4.0-4.9\times1.0=-8.9\text{〔m/s〕}$$

問4．(i)に $t=1.0$〔s〕を代入して

$$x_P=6.0\times1.0-\frac{4.9}{2}\times1.0^2=3.55\fallingdotseq3.6\text{〔m〕}$$

問5・問6．衝突直後の小球P，Qそれぞれの速度を v'_P〔m/s〕，v'_Q〔m/s〕とすると，運動量保存則より，問2，問3の結果を用いて

$$2v'_P+v'_Q=2\times1.1+1\times(-8.9)=-6.7 \quad \cdots\cdots\text{(iii)}$$

また，反発係数の式より

$$0.5=-\frac{v'_P-v'_Q}{1.1-(-8.9)} \qquad \therefore\ v'_P-v'_Q=-5.0 \quad \cdots\cdots\text{(iv)}$$

(iii)，(iv)より

$$v'_P=-3.9\text{〔m/s〕},\ v'_Q=1.1\text{〔m/s〕}$$

問7．問4より，小球Pは地点Aに戻るまでに，x 軸負の方向に3.55m進むので，求める速さを v''_P〔m/s〕とすると，等加速度運動の公式より

$$v''^2_P-3.9^2=2\times(-4.9)\times(-3.55)$$

$$\therefore\ v''^2_P=50\text{〔m/s〕}$$

選択肢③の値を用いると，$7.1^2=50.41$ となり，ほぼ v''^2_P と等しい。

Ⅱ　解答　問1．⑦　問2．⑥　問3．②　問4．③　問5．⑧

解説　≪水面波の干渉≫

問1．点A，Bから同位相で波が出されていることから，線分AB上では，中点を腹とした定常波が生じる。定常波の腹は半波長 l ごとに生じるので，次図のように点Aから点Bに向かう x 軸を設定すると，$x=\frac{l}{2}$，$\frac{3}{2}l$，$\frac{5}{2}l$，$\frac{7}{2}l$，$\frac{9}{2}l$，$\frac{11}{2}l$，$\frac{13}{2}l$ の7カ所が腹となり波が強め合う。

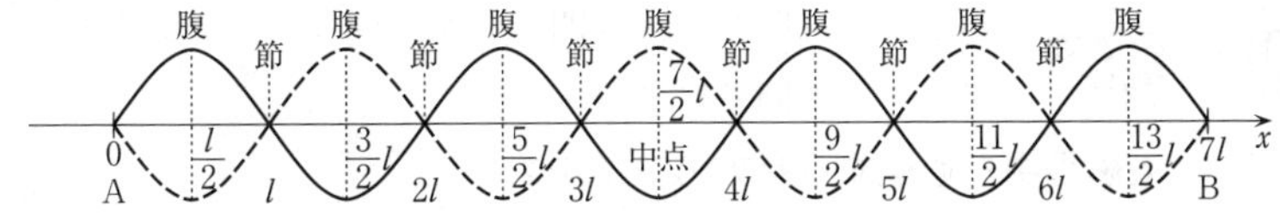

別解　線分 AB 上で，波が強め合う点をXとし，AX$=x$とすると（右図），2点A，Bからの距離の差は

$$|\mathrm{AX}-\mathrm{BX}|=|x-(7l-x)|$$
$$=|2x-7l|$$

m（$m=0,\ 1,\ 2,\ \cdots$）を用いると，点Xで波が強め合う干渉条件は

$$|2x-7l|=m\times 2l$$

$$\therefore\quad x=\frac{7l\pm 2ml}{2}$$

$0<x<7l$ なので，$m=0,\ 1,\ 2,\ 3$ を代入して（$m=4,\ 5,\ \cdots$ の場合は不適）

$$x=\frac{l}{2},\ \frac{3}{2}l,\ \frac{5}{2}l,\ \frac{7}{2}l,\ \frac{9}{2}l,\ \frac{11}{2}l,\ \frac{13}{2}l$$

したがって，波が強め合う点は，7点。

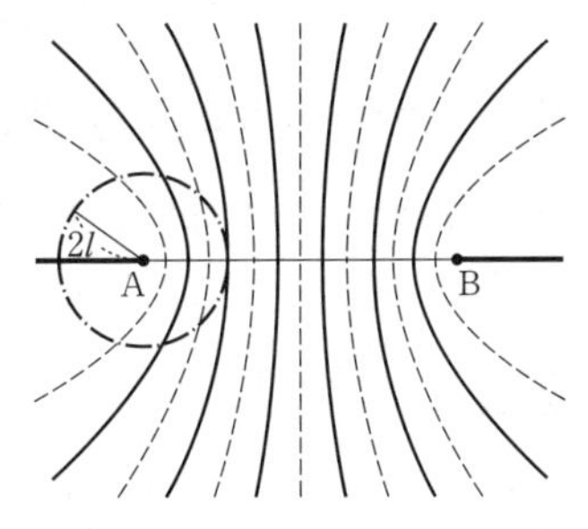

問2．弱め合いの点を連ねた双曲線は問1の〔解説〕の図の節の位置を通ることを考えると，双曲線は右図中に太線で表された6本となる。

問3．問1の〔解説〕の図の腹の位置から考えると，強め合いの点は，右図の破線上に並ぶ。したがって，点Aを中心とする半径 $2l$ の円（右図中の一点鎖線）と交わる双曲線は2本となる。

問4．点Aを中心とする半径 $\frac{7}{2}l$ の円と交わる弱め合いの双曲線（上図の太線）は，線分 AB の中点より点A寄りにある3本の双曲線である。

問5．点Aを中心とする半径 $5l$ の円と交わる強め合いの双曲線（上図の破線）は5本あり，双曲線1本につき2つの交点をもつので，10カ所の強め合いの点がある。

Ⅲ **解答**　問1．②　問2．⑤　問3．⑦　問4．②　問5．②
問6．⑥　問7．⑥

解説　《磁場中を通過する長方形コイル》

問1．$t=\dfrac{a}{2v}$ のときには，コイルのPQ部が磁場中を横切っていく状態（図(i)）となっているので，直線導線に生じる誘導起電力の公式より，vBb の誘導起電力が生じる。よって，オームの法則より，流れる電流の大きさ I は，$I=\dfrac{vBb}{R}$ となる。また，電流の方向はレンツの法則より，Q→Pの向きとなる。

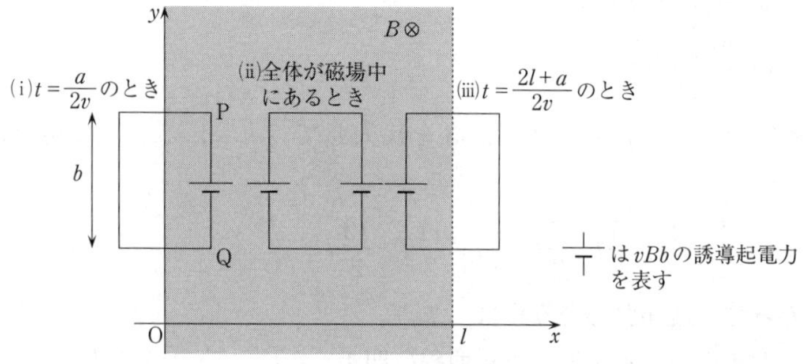

問2．$t=\dfrac{2a}{v}$ のときには，PQ部の対辺も磁場の中に入ってくる（上図の(ii)）ので，この部分にもPQ部と同じ大きさの誘導起電力が生じ，PQ部の誘導起電力を打ち消してしまうので，電流は流れない。

別解　$t=\dfrac{2a}{v}$ のときには，コイルを貫く磁束に変化がなく，誘導起電力は0なので，流れる電流も0となる。

問3．$t=\dfrac{2l+a}{2v}$ のときには，コイルのPQ部が磁場の外に出る（上図の(iii)）ため，PQ部の対辺に生じる誘導起電力により，問1とは逆向きに同じ大きさの電流が流れる。

問4．電流が磁場中で受ける力の式より

$$IBb=\frac{vBb}{R}\times Bb=\frac{vB^2b^2}{R}$$

問5．単位時間に発生するジュール熱は，抵抗での消費電力に等しい。消

費電力の公式より，問 3 の結果を用いて

$$RI^2 = R\times\left(\frac{vBb}{R}\right)^2 = \frac{v^2B^2b^2}{R}$$

別解　コイルでの消費電力は，コイルを一定速度で動かすために必要な外力の仕事率に等しい。

よって　$$\frac{vB^2b^2}{R}\times v = \frac{v^2B^2b^2}{R}$$

問 6．ジュール熱が発生するのは，$0\leqq t\leqq\frac{a}{v}$ と $\frac{l}{v}\leqq t\leqq\frac{l+a}{v}$ の 2 区間で，どちらも時間 $\frac{a}{v}$ の間に，単位時間当たり $\frac{v^2B^2b^2}{R}$ のジュール熱が発生する。したがって，合計では以下のようになる。

$$2\times\frac{v^2B^2b^2}{R}\times\frac{a}{v} = \frac{2vB^2ab^2}{R}$$

問 7．問 4 の結果より，外力がする仕事は次のようになる。

$$\frac{vB^2b^2}{R}\times 2a = \frac{2vB^2ab^2}{R}$$

別解　コイルで生じるジュール熱のエネルギーは，外力がする仕事により供給されているので，答えは問 6 の結果と等しくなる。

化学

I **解答** 問1．⑥ 問2．③ 問3．③ 問4．② 問5．②

解 説 ≪混合物，電子式，物質量の比較，理想気体と実在気体，化学結合≫

問1．b．塩酸は，塩化水素 HCl の水溶液であることから，HCl と水の混合物である。

d．石油は，ナフサをはじめとしたさまざまな炭化水素からなる混合物である。

問2．電子式より判断する。以下に各電子式と共有電子対，非共有電子対のそれぞれの数を示す。

電子式	:Cl:Cl:	:N⋮⋮N:	O::C::O	H:C:H (上下にH)	C::C (各CにH2個)
共有電子対	1	3	4	4	6
非共有電子対	6	2	4	0	0

問3．それぞれの分子の物質量に，それを構成している原子の数をかけて算出し，比較する。

① N_2：$1.0\times2=2.0$〔mol〕

② CO_2（分子量 44）：$\frac{35}{44}\times3\fallingdotseq2.38$〔mol〕

③ CH_4：気体の状態方程式より $\frac{1.01\times10^5\times11}{8.31\times10^3\times273}\times5\fallingdotseq2.44$〔mol〕

④ Ar：気体の状態方程式より $\frac{4.04\times10^5\times13}{8.31\times10^3\times273}\times1\fallingdotseq2.31$〔mol〕

⑤ H_2O（分子量 18）：$\frac{0.92\times15}{18}\times3=2.3$〔mol〕

問4．a．正文。

b．誤文。分子の質量は無視していない。

c．正文。高温・低圧の状態では，分子間力や分子自身の体積の影響が小さくなるため，理想気体に近いふるまいをする。

問5．a．正文。

b．誤文。分子間力は分子間にはたらく引力のことなので，分子間の引きつけが大きいほど沸点や融点は高くなる。

c．正文。

d．誤文。一般に，分子間力は弱い結合であるが，その中では水素結合は特に強い。

Ⅱ　解答

［イ］問1．①　問2．7―③　8―②

問3．②　問4．⑤

［ロ］問1．②　問2．②

解説　≪塩化ナトリウム水溶液の電気分解，酸・塩基の識別，塩の水溶液の性質≫

［イ］　各電極で起こる反応は次のとおり。

陰極：$2H_2O + 2e^- \longrightarrow H_2 + 2OH^-$　……(A)

陽極：$2Cl^- \longrightarrow Cl_2 + 2e^-$　……(B)

問1．a．正文。電気分解では，負極につないだ陰極では還元反応が起こり，正極につないだ陽極では酸化反応が起こる。

b．正文。この電気分解では，反応により陰極側ではOH^-が生じ，陽極側ではCl^-が減少するため，電気的な偏りが生じる。これを解消するため，陽極側のNa^+が陰極側へ移動する。

c．誤文。陰極側のCl^-の濃度は変化しない。

問3．流れた電子の物質量は，$\dfrac{10.0\times(32\times60+10)}{9.65\times10^4}=0.20$〔mol〕であるから，(A)より，陰極で発生した気体（H_2）の標準状態での体積は

$$0.20\times\frac{1}{2}\times22.4=2.24〔\mathrm{L}〕$$

問4．(A)より，OH^-は0.20mol生じているので，10倍に希釈された陰極側の溶液の水酸化物イオン濃度［OH^-］は

$$[OH^-]=0.20\div1\times\frac{1}{10}=2.0\times10^{-2}〔\mathrm{mol/L}〕$$

水のイオン積より，水素イオン濃度［H^+］は

$$[H^+]=\frac{1.0\times10^{-14}}{2.0\times10^{-2}}=5\times10^{-13}\,[\text{mol/L}]$$

よって

$$\begin{aligned}pH&=-\log_{10}(5\times10^{-13})\\&=-\log_{10}5+13\\&=-0.70+13\\&=12.3\end{aligned}$$

［ロ］ 問1．ブレンステッド・ローリーの定義における酸とは，水素イオン H^+ を与える物質であるから，H^+ の動きに注目して考える。また，塩基とは，水素イオン H^+ を受け取る物質である。

a．H_2O は，NH_3 に H^+ を与えて OH^- になっているので，酸として作用している。

b．H_2O は，CH_3COOH から H^+ を受け取り H_3O^+ になっているので，塩基として作用している。

c．H_2O は，$CO_3{}^{2-}$ に H^+ を与えて OH^- になっているので，酸として作用している。

d．H_2O は，HCl から H^+ を受け取り H_3O^+ になっているので，塩基として作用している。

問2．塩の水溶液の液性（酸性，中性，塩基性）を考える。簡易的には，中和前の酸と塩基の強弱から判断する。

a．硫酸銅(Ⅱ) $CuSO_4$ は，強酸（硫酸）と弱塩基（水酸化銅(Ⅱ)）からなる塩なので，その水溶液は酸性を示す。

b．塩化バリウム $BaCl_2$ は，強酸（塩酸）と強塩基（水酸化バリウム）からなる塩なので，その水溶液は中性を示す。

c．塩化アンモニウム NH_4Cl は，強酸（塩酸）と弱塩基（アンモニア）からなる塩なので，その水溶液は酸性を示す。

d．リン酸カリウム K_3PO_4 は，弱酸（リン酸）（実際には中程度の酸）と強塩基（水酸化カリウム）からなる塩なので，その水溶液は塩基性を示す。

III 解答 ［イ］問1．①・④
問2．⑥　問3．⑤　問4．②

［ロ］問1．①　問2．⑥

解説　≪遷移元素の特徴，酸化数，溶解度積，金属イオンの分離≫

［イ］　問1．①正文。典型元素には非金属と金属があるが，遷移元素はすべて金属である。

②誤文。一般に，遷移元素の金属は融点が高いものが多い。

③誤文。遷移元素の最外殻の電子は1，2個が多い。

④正文。

問2．Feの酸化数は次のとおり。

a：0，b：+2，c：+3，d：+3

問3．銅(Ⅱ)イオンCu^{2+}を含む溶液に少量の塩基を加えると，次式のように，水酸化銅(Ⅱ)$Cu(OH)_2$の青白色沈殿が生じる。

$$Cu^{2+} + 2OH^- \longrightarrow Cu(OH)_2$$

ここに多量のアンモニア水を加えていくと，次式のように，深青色のテトラアンミン銅(Ⅱ)イオン$[Cu(NH_3)_4]^{2+}$となり，溶解する。

$$Cu(OH)_2 + 4NH_3 \longrightarrow [Cu(NH_3)_4]^{2+} + 2OH^-$$

問4．CuSの飽和溶液では次の平衡が成立している。

$$[Cu^{2+}][S^{2-}] = 6.5\times10^{-30}\,(mol/L)^2$$

これより，沈殿が生じ始めるときのS^{2-}のモル濃度は，次のように求められる。

$$\frac{6.5\times10^{-30}}{0.010} = 6.5\times10^{-28}\,[mol/L]$$

［ロ］　問1．この実験をまとめると，次のようになる。

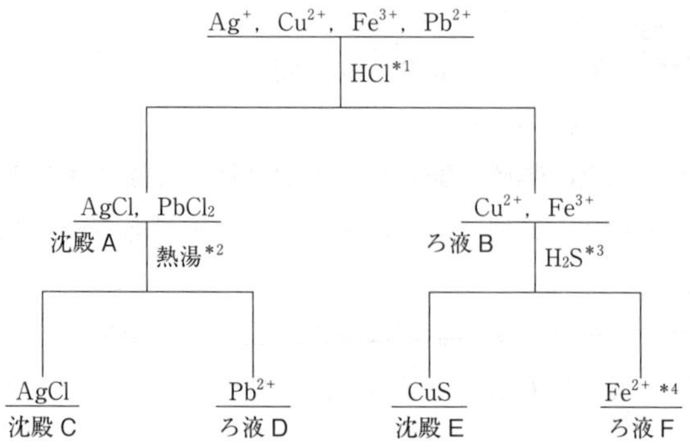

＊1　Cl^-と難溶性の塩を生成するのはAg^+とPb^{2+}である。
＊2　熱湯を加えると，$PbCl_2$はPb^{2+}となって溶解する。
＊3　酸性条件下で，S^{2-}と難溶性の塩を生成するのはCu^{2+}である。
＊4　H_2Sにより，Fe^{3+}はFe^{2+}に還元されている。

問2．ろ液DにはPb^{2+}が含まれている。これは，$CrO_4{}^{2-}$と黄色の難溶性の塩である$PbCrO_4$を生成する。

Ⅳ

［イ］問1．③　問2．21―③　22―①　23―②
問3．⑥　問4．③

［ロ］26―③　27―④

解説　≪不飽和炭化水素の性質と反応，官能基の名称≫

［イ］　問1．アセチレンC_2H_2 1分子に対して，水素H_2 2分子が付加することによりエタンC_2H_6が生成する。このとき，アセチレンはH原子を得るので還元されることになる。

問2．a．臭素の脱色は炭素間不飽和結合（C=C，C≡C）の検出に用いられる。

b．アセチレンに水が付加すると，不安定なビニルアルコールを経て，アセトアルデヒドが生成する。

c．エタノールの分子内脱水により，エチレンC_2H_4が生成する。

問3．炭素間距離は，それらの間にある共有結合に用いられている電子の数に関係している。電子の数が多いほど炭素原子をより強く引きつけるため，炭素間距離は短くなる。

問4．同一容器内では，分圧と物質量は比例関係にあるので，分圧で考える。はじめの圧力と反応後の圧力との差から，$3.75\times10^5-1.50\times10^5=2.25\times10^5$〔Pa〕分の$H_2$が未反応で残っている。
なお，封入したH_2は，気体の状態方程式$PV=nRT$より

$$\frac{1.80\times10^{-1}\times8.31\times10^3\times300}{1.00}=4.4874\times10^5\fallingdotseq4.48\times10^5\,[\mathrm{Pa}]$$

これより，反応（付加）したH_2は$4.48\times10^5-2.25\times10^5=2.23\times10^5$〔Pa〕分となる。
ここで，はじめのC_2H_2の分圧をx〔$\times10^5$Pa〕，C_2H_4の分圧をy〔$\times10^5$Pa〕とおく。また，H_2は，C_2H_2には2分子，C_2H_4には1分子付加することでそれぞれC_2H_6が得られるので，次の関係式が成り立つ。

$$x+y=1.50$$
$$2x+y=2.23$$

これらより

$$x=0.73,\ y=0.77$$

よって，はじめの混合気体に含まれていたC_2H_2とC_2H_4の物質量の比は$0.73:0.77\fallingdotseq1:1$である。

生物

I

解答　問1．(1)—⑦　(2)—⑧　(3)—⓪　(4)—④

問2．②・④　問3．⑤　問4．②

問5．③・④

解説　≪酵素のはたらきと性質，酵素と補酵素≫

問2．①誤文。酵素は活性化エネルギーを減少させる。

③誤文。競争的阻害は，阻害物質が酵素の活性部位と結合し，基質が酵素と結合できなくなることによって起こる。

⑤誤文。酵素は最適温度をもっており，一定の温度を超えると酵素の立体構造が変化して，反応速度は温度の上昇とともに減少する。

⑥誤文。基質濃度が十分高くなると，すべての酵素が基質と結合して酵素—基質複合体となるため，新たな基質と結合できない。そのため，酵素の反応速度は減少ではなく一定になる。

問4．①誤文。金属イオンなどは補酵素とはよばない。また，補酵素の一つである NAD^+ はビタミンB群を含む。

③・⑤誤文。補酵素はアポ酵素と弱く結合しており，透析によってアポ酵素から離れるが，再びアポ酵素と結合することができる。このようにアポ酵素から補酵素が解離すると，触媒作用を失う。

④誤文。補酵素は，酵素のタンパク質部分（アポ酵素）から可逆的に解離できる，低分子の熱に強い有機物である。

問5．①・②・⑤誤文。実験1)では，酵素のタンパク質部分（アポ酵素）は分子量が大きいのでセロハンを透過できないが，低分子の補酵素は透過できる。そのため，透析後のセロハン内液にはアポ酵素が，外液には補酵素が存在し，いずれも単独では酵素反応を示さない。

⑥誤文。セロハン内液のアポ酵素と外液の補酵素が混ぜ合わされると，両者は再び結合して触媒作用を示すようになる。

 **解答** 問1．11―①　12―⑦　13―④　14―⑥　問2．③
問3．ア)―②　イ)―⑦
問4．(1)―②　(2)―④　(3)―⑥

解 説　≪細胞の分化と遺伝子発現≫

問4．(1)　a．誤文。紫外線を照射されると，遺伝子は活性を失う。

b．正文。紫外線を照射して核を不活性化させた野生型の未受精卵に，アルビノの小腸上皮の細胞の核を移植すると，アルビノのおたまじゃくしとなることがよく知られている。このように，核移植卵は移植された核の遺伝子発現によって発生が進む。

c．誤文。「核の中の DNA の状態」とは，DNA の塩基配列ではなく，DNA のメチル化などの化学修飾を指すと考えられる。核移植によって正常に発生したおたまじゃくしでは，細胞が分化する過程で，DNA でメチル化などの化学修飾が起こり，遺伝子の発現が抑制されたりする変化が起こっているので，「核の中の DNA の状態」は変化しているといえる。

(2)　a．正文。ES 細胞から分化させた臓器は，臓器移植希望者と遺伝的に異なる他人に由来する。そのため，細胞表面にある MHC 分子（ヒトでは HLA）が ES 細胞と臓器移植希望者とで異なる可能性が高い。ゆえに，ES 細胞由来の臓器を移植すると拒絶反応が起こる可能性は高い。

b．正文。臓器移植希望者の体細胞の核を移植して得られた ES 細胞は，臓器移植希望者と同じ遺伝子をもつので，ES 細胞と臓器移植希望者とで MHC 分子が一致する。このため，移植拒絶反応は起こらない。

c．誤文。A系統の ES 細胞をB系統の ES 細胞の培地で培養しても，両系統の遺伝子は同じにはならない。よって，A系統の細胞はB系統の細胞に変化しない。

(3)　a．誤文。分化した細胞の核も全能性を示すので，分化した細胞も受精卵と同様の遺伝子を維持している。

c．正文。たとえば，母性因子の一つであるビコイド mRNA は，胚に頭部側の構造をつくらせる例としてよく知られている。

解答 問１．(1)—⑨ (2)—② (3)—⑤ (4)—⑥ 問２．⑤
問３．(1)—① (2)—④ (3)—⑤ 問４．(1)—⑥ (2)—①

解説 ≪受容器のはたらき，活動電位と興奮の伝達，筋収縮≫

問１．(1) a．誤文。錐体細胞には黄錐体細胞ではなく，青錐体細胞がある。

b．誤文。錐体細胞にはフォトトロピンではなく，フォトプシンが含まれる。

d．誤文。桿体細胞は弱光に反応するが，色は識別できない。

問２．a．誤文。外耳道→鼓膜→うずまき管（基底膜→コルチ器）の順に，音波が伝わる。

d．誤文。半規管ではなく，前庭にある平衡石（耳石）のずれによって感覚毛が刺激され，体の傾きが受容される。

e．誤文。前庭ではなく，半規管の内部にあるリンパ液の流れが感覚毛を刺激することで，体の回転が受容される。

問３．(1) 活動電位の発生は②→③→①→④の順に進行する。

(2) c．誤文。刺激が強くなると，神経に含まれる複数のニューロンのうち，興奮するニューロンの数が増える。さらに，それぞれのニューロンでは刺激が強くなったことで，活動電位の発生頻度も増加する。

(3) b．誤文。シナプス間隙に放出された神経伝達物質は，シナプス前細胞に回収されるか，分解されて取り除かれる。

問４．(1) a．誤文。筋細胞（筋繊維）内には数秒の筋収縮でなくなってしまう程度のATPしか含まれていない。

b・c．正文。筋収縮でATPが消費されると，ADPが筋細胞内に含まれるクレアチンリン酸からリン酸を受け取って，ATPを再合成する。そして，安静時には筋細胞内のグリコーゲンなどを呼吸により分解し，生じたATPからリン酸を受け取ったクレアチンがクレアチンリン酸に再合成される。

(2) 筋繊維（筋細胞）に興奮が伝わると，③→②→①→④の順に反応が起こる。

 **解答** 問1．31―②　32―③　33―⑤　34―⑥　35―⑦
問2．①・③　問3．⓪
問4．(1)―⑦　(2)―⑤

解説 ≪植物の環境応答のしくみ，植生の遷移，バイオーム≫

問2．①誤文。種子の休眠はアブシシン酸の蓄積によって起こる。
③誤文。光屈性には青色光受容体のフォトトロピンが関与する。

問3．a．孔辺細胞の膨圧の変化により，気孔が開閉する。
b．タンポポの花の開閉は光によって起こる傾性の一つで，刺激の方向に関係なく刺激の強さの変化によって起こる。
c．オーキシン濃度が高いと側芽の傾性が抑制される。
d・e．マカラスムギは光が，きゅうりは接触することがそれぞれ刺激となり，刺激源に対して一定の方向に屈曲する屈性を示す。

問4．(2)　b．誤文。温帯で夏に乾燥し冬に雨が多い地域には，オリーブやコルクガシなどの硬葉樹林が成立する。

的な事象」である。すなわち、「抽象化されたカミ」とは、具体的に可視化されてそのものがカミとされているような存在ではなく、不可視で抽象的な概念としてのカミのことを指しているのである。

問九　傍線部6の直後に「集団が共有できる実体としていったん同定する」とあるので、逆に「無数にあってそのイメージが拡散していた」カミというのは集団で共有されずおのおのが体感していたイメージであり、一つに特定されるようなものではなかったとわかる。そのような個別性に言及した選択肢を選べばよい。

問十　「カミ」と表記されるのは、問七でも触れたように、ある自然現象や動物など可視的な存在がそのままカミとして崇拝されるものだ、という文脈である。一方で「神」と表記されるのは、第二段落や波線部iiiを含む段落にあるように、不可視で何かに憑依するかたちで現れる「精霊」に関して言及している場合である。

解説

問四　「森羅万象」は〝宇宙に存在するありとあらゆるもの〟の意であるが、ここでは「自然の」という条件が付されているため、〝自然界のあらゆるもの〟といった意味。ウの「草木国土」は〝草木や国土のような、心をもたないもの〟の意で、本文では「草木国土が、そのまま崇敬の対象として」と続いていることからも、「森羅万象」と同じ意味で用いられていることがわかる。

問五　傍線部2「カミを認識する能力」とは、同段落にあるように「カミの存在を感知する心的な能力」のことであり、「六万年ほど前」にはじめて人類の脳内に起こったものである。そして、同様の内容として破線部エ周辺で、「人類が最初に超越的存在を感じ取った」のは「人に畏怖の念を抱かせる自然現象だった」と指摘されている。ここでいう「超越的存在」こそが「カミ」であることが、破線部エを含む段落の最終文の「カミの仕業」という表現からもわかる。これらの「超越」や「畏怖の念」の意を含む②が正解。⑤は「可視化し」が誤り。この段階ではまだ偶像の形に可視化するところまでは至っていない。

問六　終わりから二段落目で、再度「凝り」に関する言及がなされていることに注目する。ここでは、石槍の過剰な「凝り」は、「カミの実在を認識し、その本質を再現」するものであるとある。実用性を求める単なる「道具」としての存在を超えた石槍においては、凝った装飾によって崇拝対象としてのカミの存在を認識し具現化していたということである。③は「カミのイメージを共有することができた集団」が誤り。最終段落で、カミのイメージが共有できるようになったのは最初期ではなく祭祀の開始以降のことだと述べられている。

問七　傍線部4については、次の文で「眼前の現象がそのままカミとみなされていた」と述べられている。ここでいう「眼前の現象」の具体的内容は、さらに続く段落以降の「自然現象」や「動物」「個々のスポット」などである。④「風神雷神図」は、傍線部5の直後に言及があるが、「後世のことだった」とあるので、「始原のカミ」について説明した傍線部4の例示としては不適当。⑦は、石槍自体がそのままカミとみなされていたわけではない。

問八　傍線部5の「抽象化されたカミ」と対比されているのが、後の「人知を超えた驚異」や、問七で触れた「個別具体

問七　「ありがたく」は〝めったにない、優れている、尊い〟の意。「覚え」は「覚ゆ」の連用形であり、〝(自然と) 思われる〟の意。この時点で正解は⑤に絞られる。
問八　春が来たという内容であるので、春の始まりを表す「立春」が適当。
問九　①「余命短い」が本文に言及がない。②・③むしろ和歌のことを積極的に話題にしている。④前半は二重傍線部cの直前、後半は二重傍線部cの直後の内容に合致する。⑤「玄旨法印のような人物になることを目指している」が本文に言及がない。

Ⅲ

出典　佐藤弘夫『日本人と神』〈第一章　聖性の覚醒——有史以前〉(講談社現代新書)

解答

問一　a—④　b—①
問二　i—③　ii—②　iii—⑤
問三　A—⑥　B—⑤　C—④　D—⑦
問四　③
問五　②
問六　①
問七　④・⑦
問八　④
問九　③
問十　④
問十一　⑤

問七　⑤
問八　③
問九　④
問十　ア―②　イ―⑤

解説　問三　ア、体言「間」の直前であるため連体形。助動詞の連体形で「し」の形になるのは過去の助動詞「き」のみである。
イ、「さす」には使役と尊敬の意味があるが、下に尊敬語を伴う「さす」は基本的に尊敬。ここでは若返って見えた玄旨法印に対する敬意を表している。
ウ、体言「心」の直前であるため連体形。連体形で「ぬ」の形になるのは打消の助動詞「ず」。
エ、「にけり」の「に」は完了の助動詞「ぬ」の連用形と覚えておくとよい。
オ、「なれ」の直前は体言「もの」である。体言に接続し、「なれ」の形になるのは断定・存在の助動詞「なり」。ここでは「もの」が場所を表すものではないので断定。
問四　a、「心もとなく」は〝じれったい、不安だ〟などの意味をもち、ここでは病気の玄旨法印の元へ訪れる場面であるから、後者の意。
b、「心のまま」は〝思い通り〟の意。
c、「心おこり」は張り切る様子。
問六　2、老いてしまっている玄旨法印のことが不安で訪問したところ、「こまがへらせ給ひて」を根拠に「心の中にうれしく」とあることから、思いのほか若かったといった内容だとわかる。
3、「興ず」は〝おもしろがる、興に入る〟といった意味。①は「たいへん洒落がきいている」、②は「自分には思いつかない題材の歌だ」が、それぞれ本文にない。

とになり、ひいては、空欄ウを含む段落から三段落にわたって述べられているような、海外の日本研究に関わる人々の置かれた状況と、日本文化に対する情熱と努力の成果を否定することになるということである。

問十一　傍線部6の前段落では、日本文化について造詣が深いことと「日本人（のよう）になる」ことが同一ではないということや、自らの専門分野を極めるにあたって知っておくべき「文化」は「日本文化」の一部に過ぎないということが述べられている。傍線部6でいう「文学、芸能」はあくまで「日本の文化のひとつ」であり、それを極めるには、決して日本文化のすべてを知り、「日本人（のよう）になる」ことを意味しない、という文脈である。

問十二　「日本文化を水増し」という表現は隠喩であるので、具体化する。水増しとは〝水を混ぜて見かけの量を増やすこと〟から転じて、〝本物に偽物を混ぜてねつ造する〟といった意味でも用いられる。この時点で正解は①・②・④に絞られる。②は「日本人にしか日本文化はわからない」という論調を認めているのが誤り。④は「日本文化の本物と偽物を見分けることはできる」が誤り。ここでいう「本物を追求する」とは、偽物を見分けるという意ではなく、日本文化を極めるということである。

Ⅱ

出典　松永貞徳『貞徳翁の記』

解答

問一　i―④　ii―②

問二　A―⑤　B―①

問三　ア―①　イ―⑥　ウ―⑤　エ―⑨　オ―②

問四　a―⑤　b―⑦　c―②

問五　②

問六　2―③　3―④

……タテ社会……』というような『日本文化の特徴』がある」と言われているが、「『ヨコ社会』に見えるアメリカ社会などにも見られる」（第四段落）と指摘されており、さらに「（アメリカ英語にも）目上の人に使うべき表現というのはある」（第五段落）と述べられていることに②が合致する。①は「例外として」が本文に言及がないため誤り。③は「『タテ社会』と『ヨコ社会』の区別は定義に左右される側面もあり」が不適。④は前半にあるような「逆らうことは許されない」とまでは本文では述べられておらず、後半は本文に言及がない。⑤は、本文ではアメリカが「日本以上のタテ社会」だとは言っていないため誤り。

問七　「イデオロギー」とは〝人間の行動を左右する根本的なものの考え方、政治的思想〟といった意味。具体的な思想の内容は、傍線部2の次の段落によると、日本人自身が日本文化を語るときに自らを特別視し、外国人が日本文化を学ぶことを許容しない思想の傾向である。③は「日本社会は集団主義であるという主張」が誤り。ここでいうイデオロギーは日本社会が集団主義であるという主張に起因するものではない。⑤は「禁じ」が言い過ぎ。

問八　「アイデンティティ」とは〝自分らしさ、自己は自己であるという認識〟といった意味。この時点で正解は「独自性」について言及している③・④に絞られるが、③は、「国際化」には外国文化が日本に流入するだけでなく、日本文化が外国に発信されることも存在するため、「外国文化が日本に流入」のみに限定している点が誤り。

問九　傍線部4中の「みずからの『地域研究』としての存在の裏付けとなった」をそのまま言い換えると、〝海外の研究者が、「地域研究」を行う者として存在を認められた〟といった意味である。さらに言えば、他と異なる特殊性をもっているからこそ研究するに値する対象となるわけであり、そのようなことが、「日本文化を特殊なものとして研究すること」、すなわち、日本人の主張する日本の特殊性を受け入れることによって成立すると言っている。⑤は「対抗して」が誤り。

問十　マイナー教授が「強く反論」したのは、同段落にあるように、日本の文学作品の根底に日本の共同体で共有された感情的な基盤がある、という前提に立つ研究発表に対してである。ここで反論しないと、そのような理論を認めるこ

国語

I

出典 河野至恩『世界の読者に伝えるということ』〈第6章 日本研究で「日本らしさ」を語ることのむずかしさ〉（講談社現代新書）

解答

問一 a―⑤ b―②
問二 ①
問三 Ⅱ―④ Ⅲ―④ Ⅳ―③
問四 ア―⑥ イ―③ ウ―⑦
問五 エ―⑦ オ―② カ―①
問六 ②
問七 ④
問八 ④
問九 ②
問十 ②
問十一 ⑤
問十二 ①

解説 問六 傍線部1の「事実認識のレベルでの批判」は、直前の「一般論としては正しくても、例外はあるのではないか」と同じ内容であるので、傍線部1を含む段落の次の段落から具体例を探し、正誤判定をすればよい。「『日本は

/////////////////// · memo · ///////////////////

/ · memo · /

//////////////////// · memo · ////////////////////

////////////////////// · memo · //////////////////////

教学社 刊行一覧

2025年版　大学赤本シリーズ

374大学556点
全都道府県を網羅

国公立大学（都道府県順）

全国の書店で取り扱っています。店頭にない場合は，お取り寄せができます。

1 北海道大学（文系－前期日程）
2 北海道大学（理系－前期日程） 医
3 北海道大学（後期日程）
4 旭川医科大学（医学部〈医学科〉） 医
5 小樽商科大学
6 帯広畜産大学
7 北海道教育大学
8 室蘭工業大学／北見工業大学
9 釧路公立大学
10 公立千歳科学技術大学
11 公立はこだて未来大学 総推
12 札幌医科大学（医学部） 医
13 弘前大学 医
14 岩手大学
15 岩手県立大学・盛岡短期大学部・宮古短期大学部
16 東北大学（文系－前期日程）
17 東北大学（理系－前期日程） 医
18 東北大学（後期日程）
19 宮城教育大学
20 宮城大学
21 秋田大学 医
22 秋田県立大学
23 国際教養大学 総推
24 山形大学 医
25 福島大学
26 会津大学
27 福島県立医科大学（医・保健科学部） 医
28 茨城大学（文系）
29 茨城大学（理系）
30 筑波大学（推薦入試） 医 総推
31 筑波大学（文系－前期日程）
32 筑波大学（理系－前期日程） 医
33 筑波大学（後期日程）
34 宇都宮大学
35 群馬大学 医
36 群馬県立女子大学
37 高崎経済大学
38 前橋工科大学
39 埼玉大学（文系）
40 埼玉大学（理系）
41 千葉大学（文系－前期日程）
42 千葉大学（理系－前期日程） 医
43 千葉大学（後期日程） 医
44 東京大学（文科） DL
45 東京大学（理科） DL 医
46 お茶の水女子大学
47 電気通信大学
48 東京外国語大学 DL
49 東京海洋大学
50 東京科学大学（旧 東京工業大学）
51 東京科学大学（旧 東京医科歯科大学） 医
52 東京学芸大学
53 東京藝術大学
54 東京農工大学
55 一橋大学（前期日程）
56 一橋大学（後期日程）
57 東京都立大学（文系）
58 東京都立大学（理系）
59 横浜国立大学（文系）
60 横浜国立大学（理系）
61 横浜市立大学（国際教養・国際商・理・データサイエンス・医〈看護〉学部）
62 横浜市立大学（医学部〈医学科〉） 医
63 新潟大学（人文・教育〈文系〉・法・経済科・医〈看護〉・創生学部）
64 新潟大学（教育〈理系〉・理・医〈看護を除く〉・歯・工・農学部） 医
65 新潟県立大学
66 富山大学（文系）
67 富山大学（理系） 医
68 富山県立大学
69 金沢大学（文系）
70 金沢大学（理系） 医
71 福井大学（教育・医〈看護〉・工・国際地域学部）
72 福井大学（医学部〈医学科〉） 医
73 福井県立大学
74 山梨大学（教育・医〈看護〉・工・生命環境学部）
75 山梨大学（医学部〈医学科〉） 医
76 都留文科大学
77 信州大学（文系－前期日程）
78 信州大学（理系－前期日程） 医
79 信州大学（後期日程）
80 公立諏訪東京理科大学 総推
81 岐阜大学（前期日程） 医
82 岐阜大学（後期日程）
83 岐阜薬科大学
84 静岡大学（前期日程）
85 静岡大学（後期日程）
86 浜松医科大学（医学部〈医学科〉） 医
87 静岡県立大学
88 静岡文化芸術大学
89 名古屋大学（文系）
90 名古屋大学（理系） 医
91 愛知教育大学
92 名古屋工業大学
93 愛知県立大学
94 名古屋市立大学（経済・人文社会・芸術工・看護・総合生命理・データサイエンス学部）
95 名古屋市立大学（医学部〈医学科〉） 医
96 名古屋市立大学（薬学部）
97 三重大学（人文・教育・医〈看護〉学部）
98 三重大学（医〈医〉・工・生物資源学部） 医
99 滋賀大学
100 滋賀医科大学（医学部〈医学科〉） 医
101 滋賀県立大学
102 京都大学（文系）
103 京都大学（理系） 医
104 京都教育大学
105 京都工芸繊維大学
106 京都府立大学
107 京都府立医科大学（医学部〈医学科〉） 医
108 大阪大学（文系） DL
109 大阪大学（理系） 医
110 大阪教育大学
111 大阪公立大学（現代システム科学域〈文系〉・文・法・経済・商・看護・生活科〈居住環境・人間福祉〉学部－前期日程）
112 大阪公立大学（現代システム科学域〈理系〉・理・工・農・獣医・医・生活科〈食栄養〉学部－前期日程） 医
113 大阪公立大学（中期日程）
114 大阪公立大学（後期日程）
115 神戸大学（文系－前期日程）
116 神戸大学（理系－前期日程） 医
117 神戸大学（後期日程）
118 神戸市外国語大学 DL
119 兵庫県立大学（国際商経・社会情報科・看護学部）
120 兵庫県立大学（工・理・環境人間学部）
121 奈良教育大学／奈良県立大学
122 奈良女子大学
123 奈良県立医科大学（医学部〈医学科〉） 医
124 和歌山大学
125 和歌山県立医科大学（医・薬学部） 医
126 鳥取大学 医
127 公立鳥取環境大学
128 島根大学 医
129 岡山大学（文系）
130 岡山大学（理系） 医
131 岡山県立大学
132 広島大学（文系－前期日程）
133 広島大学（理系－前期日程） 医
134 広島大学（後期日程）
135 尾道市立大学 総推
136 県立広島大学
137 広島市立大学
138 福山市立大学 総推
139 山口大学（人文・教育〈文系〉・経済・医〈看護〉・国際総合科学部）
140 山口大学（教育〈理系〉・理・医〈看護を除く〉・工・農・共同獣医学部） 医
141 山陽小野田市立山口東京理科大学 総推
142 下関市立大学／山口県立大学
143 周南公立大学 新 総推
144 徳島大学 医
145 香川大学 医
146 愛媛大学 医
147 高知大学 医
148 高知工科大学
149 九州大学（文系－前期日程）
150 九州大学（理系－前期日程） 医
151 九州大学（後期日程）
152 九州工業大学
153 福岡教育大学
154 北九州市立大学
155 九州歯科大学
156 福岡県立大学／福岡女子大学
157 佐賀大学 医
158 長崎大学（多文化社会・教育〈文系〉・経済・医〈保健〉・環境科〈文系〉学部）
159 長崎大学（教育〈理系〉・医〈医〉・歯・薬・情報データ科・工・環境科〈理系〉・水産学部） 医
160 長崎県立大学 総推
161 熊本大学（文・教育・法・医〈看護〉学部・情報融合学環〈文系型〉）
162 熊本大学（理・医〈看護を除く〉・薬・工学部・情報融合学環〈理系型〉） 医
163 熊本県立大学
164 大分大学（教育・経済・医〈看護〉・理工・福祉健康科学部）
165 大分大学（医学部〈医・先進医療科学科〉） 医
166 宮崎大学（教育・医〈看護〉・工・農・地域資源創成学部）
167 宮崎大学（医学部〈医学科〉） 医
168 鹿児島大学（文系）
169 鹿児島大学（理系） 医
170 琉球大学 医

2025年版　大学赤本シリーズ

国公立大学 その他

171 〔国公立大〕医学部医学科 総合型選抜・学校推薦型選抜※ 医 総推
172 看護・医療系大学〈国公立 東日本〉※
173 看護・医療系大学〈国公立 中日本〉※
174 看護・医療系大学〈国公立 西日本〉※
175 海上保安大学校／気象大学校
176 航空保安大学校
177 国立看護大学校
178 防衛大学校 総推
179 防衛医科大学校(医学科) 医
180 防衛医科大学校(看護学科)

※No.171〜174の収載大学は赤本ウェブサイト(http://akahon.net/)でご確認ください。

私立大学①

北海道の大学(50音順)

201 札幌大学
202 札幌学院大学
203 北星学園大学
204 北海学園大学
205 北海道医療大学
206 北海道科学大学
207 北海道武蔵女子大学・短期大学
208 酪農学園大学(獣医学群〈獣医学類〉)

東北の大学(50音順)

209 岩手医科大学(医・歯・薬学部) 医
210 仙台大学 総推
211 東北医科薬科大学(医・薬学部) 医
212 東北学院大学
213 東北工業大学
214 東北福祉大学
215 宮城学院女子大学 総推

関東の大学(50音順)

あ行(関東の大学)

216 青山学院大学(法・国際政治経済学部−個別学部日程)
217 青山学院大学(経済学部−個別学部日程)
218 青山学院大学(経営学部−個別学部日程)
219 青山学院大学(文・教育人間科学部−個別学部日程)
220 青山学院大学(総合文化政策・社会情報・地球社会共生・コミュニティ人間科学部−個別学部日程)
221 青山学院大学(理工学部−個別学部日程)
222 青山学院大学(全学部日程)
223 麻布大学(獣医、生命・環境科学部)
224 亜細亜大学
226 桜美林大学
227 大妻女子大学・短期大学部

か行(関東の大学)

228 学習院大学(法学部−コア試験)
229 学習院大学(経済学部−コア試験)
230 学習院大学(文学部−コア試験)
231 学習院大学(国際社会科学部−コア試験)
232 学習院大学(理学部−コア試験)
233 学習院女子大学
234 神奈川大学(給費生試験)
235 神奈川大学(一般入試)
236 神奈川工科大学
237 鎌倉女子大学・短期大学部
238 川村学園女子大学
239 神田外語大学
240 関東学院大学
241 北里大学(理学部)
242 北里大学(医学部) 医
243 北里大学(薬学部)
244 北里大学(看護・医療衛生学部)
245 北里大学(未来工・獣医・海洋生命科学部)
246 共立女子大学・短期大学
247 杏林大学(医学部) 医
248 杏林大学(保健学部)
249 群馬医療福祉大学・短期大学部
250 群馬パース大学 総推
251 慶應義塾大学(法学部)
252 慶應義塾大学(経済学部)
253 慶應義塾大学(商学部)
254 慶應義塾大学(文学部) 総推
255 慶應義塾大学(総合政策学部)
256 慶應義塾大学(環境情報学部)
257 慶應義塾大学(理工学部)
258 慶應義塾大学(医学部) 医
259 慶應義塾大学(薬学部)
260 慶應義塾大学(看護医療学部)
261 工学院大学
262 國學院大學
263 国際医療福祉大学 医
264 国際基督教大学
265 国士舘大学
266 駒澤大学(一般選抜T方式・S方式)
267 駒澤大学(全学部統一日程選抜)

さ行(関東の大学)

268 埼玉医科大学(医学部) 医
269 相模女子大学・短期大学部
270 産業能率大学
271 自治医科大学(医学部) 医
272 自治医科大学(看護学部)／東京慈恵会医科大学(医学部〈看護学科〉)
273 実践女子大学 総推
274 芝浦工業大学(前期日程)
275 芝浦工業大学(全学統一日程・後期日程)
276 十文字学園女子大学
277 淑徳大学
278 順天堂大学(医学部) 医
279 順天堂大学(スポーツ健康科・医療看護・保健看護・国際教養・保健医療・医療科・健康データサイエンス・薬学部) 総推
280 上智大学(神・文・総合人間科学部)
281 上智大学(法・経済学部)
282 上智大学(外国語・総合グローバル学部)
283 上智大学(理工学部)
284 上智大学(TEAPスコア利用方式)
285 湘南工科大学
286 昭和大学(医学部) 医
287 昭和大学(歯・薬・保健医療学部)
288 昭和女子大学
289 昭和薬科大学
290 女子栄養大学・短期大学部 総推
291 白百合女子大学
292 成蹊大学(法学部−A方式)
293 成蹊大学(経済・経営学部−A方式)
294 成蹊大学(文学部−A方式)
295 成蹊大学(理工学部−A方式)
296 成蹊大学(E方式・G方式・P方式)
297 成城大学(経済・社会イノベーション学部−A方式)
298 成城大学(文芸・法学部−A方式)
299 成城大学(S方式〈全学部統一選抜〉)
300 聖心女子大学
301 清泉女子大学
303 聖マリアンナ医科大学 医
304 聖路加国際大学(看護学部)
305 専修大学(スカラシップ・全国入試)
306 専修大学(前期入試〈学部個別入試〉)
307 専修大学(前期入試〈全学部入試・スカラシップ入試〉)

た行(関東の大学)

308 大正大学
309 大東文化大学
310 高崎健康福祉大学
311 拓殖大学
312 玉川大学
313 多摩美術大学
314 千葉工業大学
315 中央大学(法学部−学部別選抜)
316 中央大学(経済学部−学部別選抜)
317 中央大学(商学部−学部別選抜)
318 中央大学(文学部−学部別選抜)
319 中央大学(総合政策学部−学部別選抜)
320 中央大学(国際経営・国際情報学部−学部別選抜)
321 中央大学(理工学部−学部別選抜)
322 中央大学(5学部共通選抜)
323 中央学院大学
324 津田塾大学
325 帝京大学(薬・経済・法・文・外国語・教育・理工・医療技術・福岡医療技術学部)
326 帝京大学(医学部) 医
327 帝京科学大学 総推
328 帝京平成大学 総推
329 東海大学(医〈医〉学部を除く−一般選抜)
330 東海大学(文系・理系学部統一選抜)
331 東海大学(医学部〈医学科〉) 医
332 東京医科大学(医学部〈医学科〉) 医
333 東京家政大学・短期大学部 総推
334 東京経済大学
335 東京工科大学
336 東京工芸大学
337 東京国際大学
338 東京歯科大学
339 東京慈恵会医科大学(医学部〈医学科〉) 医
340 東京情報大学
341 東京女子大学
342 東京女子医科大学(医学部) 医
343 東京電機大学
344 東京都市大学
345 東京農業大学
346 東京薬科大学(薬学部) 総推
347 東京薬科大学(生命科学部) 総推
348 東京理科大学(理学部〈第一部〉−B方式)
349 東京理科大学(創域理工学部−B方式・S方式)
350 東京理科大学(工学部−B方式)
351 東京理科大学(先進工学部−B方式)
352 東京理科大学(薬学部−B方式)
353 東京理科大学(経営学部−B方式)
354 東京理科大学(C方式、グローバル方式、理学部〈第二部〉−B方式)
355 東邦大学(医学部) 医
356 東邦大学(薬学部)

2025年版　大学赤本シリーズ

私立大学②

357 東邦大学（理・看護・健康科学部）
358 東洋大学（文・経済・経営・法・社会・国際・国際観光学部）
359 東洋大学（情報連携・福祉社会デザイン・健康スポーツ科・理工・総合情報・生命科・食環境科学部）
360 東洋大学（英語〈3日程×3カ年〉）
361 東洋大学（国語〈3日程×3カ年〉）
362 東洋大学（日本史・世界史〈2日程×3カ年〉）
363 東洋英和女学院大学
364 常磐大学・短期大学 総推
365 獨協大学
366 獨協医科大学（医学部） 医

な行（関東の大学）

367 二松学舎大学
368 日本大学（法学部）
369 日本大学（経済学部）
370 日本大学（商学部）
371 日本大学（文理学部〈文系〉）
372 日本大学（文理学部〈理系〉）
373 日本大学（芸術学部〈専門試験併用型〉）
374 日本大学（国際関係学部）
375 日本大学（危機管理・スポーツ科学部）
376 日本大学（理工学部）
377 日本大学（生産工・工学部）
378 日本大学（生物資源科学部）
379 日本大学（医学部） 医
380 日本大学（歯・松戸歯学部）
381 日本大学（薬学部）
382 日本大学（N全学統一方式－医・芸術〈専門試験併用型〉学部を除く）
383 日本医科大学 医
384 日本工業大学
385 日本歯科大学
386 日本社会事業大学 総推
387 日本獣医生命科学大学
388 日本女子大学
389 日本体育大学

は行（関東の大学）

390 白鷗大学（学業特待選抜・一般選抜）
391 フェリス女学院大学
392 文教大学
393 法政大学（法〈Ⅰ日程〉・文〈Ⅱ日程〉・経営〈Ⅱ日程〉学部－A方式）
394 法政大学（法〈Ⅱ日程〉・国際文化・キャリアデザイン学部－A方式）
395 法政大学（文〈Ⅰ日程〉・経営〈Ⅰ日程〉・人間環境・グローバル教養学部－A方式）
396 法政大学（経済〈Ⅰ日程〉・社会〈Ⅰ日程〉・現代福祉学部－A方式）
397 法政大学（経済〈Ⅱ日程〉・社会〈Ⅱ日程〉・スポーツ健康学部－A方式）
398 法政大学（情報科・デザイン工・理工・生命科学部－A方式）
399 法政大学（T日程〈統一日程〉・英語外部試験利用入試）
400 星薬科大学 総推

ま行（関東の大学）

401 武蔵大学
402 武蔵野大学
403 武蔵野美術大学
404 明海大学
405 明治大学（法学部－学部別入試）
406 明治大学（政治経済学部－学部別入試）
407 明治大学（商学部－学部別入試）
408 明治大学（経営学部－学部別入試）
409 明治大学（文学部－学部別入試）
410 明治大学（国際日本学部－学部別入試）
411 明治大学（情報コミュニケーション学部－学部別入試）
412 明治大学（理工学部－学部別入試）
413 明治大学（総合数理学部－学部別入試）
414 明治大学（農学部－学部別入試）
415 明治大学（全学部統一入試）
416 明治学院大学（A日程）
417 明治学院大学（全学部日程）
418 明治薬科大学 総推
419 明星大学
420 目白大学・短期大学部

ら・わ行（関東の大学）

421 立教大学（文系学部－一般入試〈大学独自の英語を課さない日程〉）
422 立教大学（国語〈3日程×3カ年〉）
423 立教大学（日本史・世界史〈2日程×3カ年〉）
424 立教大学（文学部－一般入試〈大学独自の英語を課す日程〉）
425 立教大学（理学部－一般入試）
426 立正大学
427 早稲田大学（法学部）
428 早稲田大学（政治経済学部）
429 早稲田大学（商学部）
430 早稲田大学（社会科学部）
431 早稲田大学（文学部）
432 早稲田大学（文化構想学部）
433 早稲田大学（教育学部〈文科系〉）
434 早稲田大学（教育学部〈理科系〉）
435 早稲田大学（人間科・スポーツ科学部）
436 早稲田大学（国際教養学部）
437 早稲田大学（基幹理工・創造理工・先進理工学部）
438 和洋女子大学 総推

中部の大学（50音順）

439 愛知大学
440 愛知医科大学（医学部） 医
441 愛知学院大学・短期大学部
442 愛知工業大学 総推
443 愛知淑徳大学
444 朝日大学 総推
445 金沢医科大学（医学部） 医
446 金沢工業大学
447 岐阜聖徳学園大学 総推
448 金城学院大学
449 至学館大学 総推
450 静岡理工科大学
451 椙山女学園大学
452 大同大学
453 中京大学
454 中部大学
455 名古屋外国語大学 総推
456 名古屋学院大学 総推
457 名古屋学芸大学 総推
458 名古屋女子大学 総推
459 南山大学（外国語〈英米〉・法・総合政策・国際教養学部）
460 南山大学（人文・外国語〈英米を除く〉・経済・経営・理工学部）
461 新潟国際情報大学
462 日本福祉大学
463 福井工業大学
464 藤田医科大学（医学部） 医
465 藤田医科大学（医療科・保健衛生学部）
466 名城大学（法・経営・経済・外国語・人間・都市情報学部）
467 名城大学（情報工・理工・農・薬学部）
468 山梨学院大学

近畿の大学（50音順）

469 追手門学院大学 総推
470 大阪医科薬科大学（医学部） 医
471 大阪医科薬科大学（薬学部） 総推
472 大阪学院大学 総推
473 大阪経済大学 総推
474 大阪経済法科大学 総推
475 大阪工業大学 総推
476 大阪国際大学・短期大学部 総推
477 大阪産業大学 総推
478 大阪歯科大学（歯学部）
479 大阪商業大学 総推
480 大阪成蹊大学・短期大学 総推
481 大谷大学 総推
482 大手前大学・短期大学 総推
483 関西大学（文系）
484 関西大学（理系）
485 関西大学（英語〈3日程×3カ年〉）
486 関西大学（国語〈3日程×3カ年〉）
487 関西大学（日本史・世界史・文系数学〈3日程×3カ年〉）
488 関西医科大学（医学部） 医
489 関西医療大学 総推
490 関西外国語大学・短期大学部 総推
491 関西学院大学（文・法・商・人間福祉・総合政策学部－学部個別日程）
492 関西学院大学（神・社会・経済・国際・教育学部－学部個別日程）
493 関西学院大学（全学部日程〈文系型〉）
494 関西学院大学（全学部日程〈理系型〉）
495 関西学院大学（共通テスト併用日程〈数学〉・英数日程）
496 関西学院大学（英語〈3日程×3カ年〉） 新
497 関西学院大学（国語〈3日程×3カ年〉） 新
498 関西学院大学（日本史・世界史・文系数学〈3日程×3カ年〉） 新
499 畿央大学 総推
500 京都外国語大学・短期大学 総推
502 京都産業大学（公募推薦入試） 総推
503 京都産業大学（一般選抜入試〈前期日程〉）
504 京都女子大学 総推
505 京都先端科学大学 総推
506 京都橘大学 総推
507 京都ノートルダム女子大学 総推
508 京都薬科大学 総推
509 近畿大学・短期大学部（医学部を除く－推薦入試） 総推
510 近畿大学・短期大学部（医学部を除く－一般入試前期）
511 近畿大学（英語〈医学部を除く3日程×3カ年〉）
512 近畿大学（理系数学〈医学部を除く3日程×3カ年〉）
513 近畿大学（国語〈医学部を除く3日程×3カ年〉）
514 近畿大学（医学部－推薦入試・一般入試前期） 医 総推
515 近畿大学・短期大学部（一般入試後期） 医
516 皇學館大学 総推
517 甲南大学 総推
518 甲南女子大学（学校推薦型選抜） 新 総推
519 神戸学院大学 総推
520 神戸国際大学 総推
521 神戸女学院大学 総推
522 神戸女子大学・短期大学 総推
523 神戸薬科大学 総推
524 四天王寺大学・短期大学部 総推
525 摂南大学（公募制推薦入試） 総推
526 摂南大学（一般選抜前期日程）
527 帝塚山学院大学 総推
528 同志社大学（法、グローバル・コミュニケーション学部－学部個別日程）

2025年版　大学赤本シリーズ

私立大学③

529 同志社大学(文・経済学部－学部個別日程)
530 同志社大学(神・商・心理・グローバル地域文化学部－学部個別日程)
531 同志社大学(社会学部－学部個別日程)
532 同志社大学(政策・文化情報〈文系型〉・スポーツ健康科〈文系型〉学部－学部個別日程)
533 同志社大学(理工・生命医科・文化情報〈理系型〉・スポーツ健康科〈理系型〉学部－学部個別日程)
534 同志社大学(全学部日程)
535 同志社女子大学 総推
536 奈良大学 総推
537 奈良学園大学 総推
538 阪南大学 総推
539 姫路獨協大学 総推
540 兵庫医科大学(医学部) 医
541 兵庫医科大学(薬・看護・リハビリテーション学部) 総推
542 佛教大学 総推
543 武庫川女子大学 総推
544 桃山学院大学 総推
545 大和大学・大和大学白鳳短期大学部 総推
546 立命館大学(文系－全学統一方式・学部個別配点方式)／立命館アジア太平洋大学(前期方式・英語重視方式)
547 立命館大学(理系－全学統一方式・学部個別配点方式・理系型3教科方式・薬学方式)
548 立命館大学(英語〈全学統一方式3日程×3カ年〉)
549 立命館大学(国語〈全学統一方式3日程×3カ年〉)
550 立命館大学(文系選択科目〈全学統一方式2日程×3カ年〉)
551 立命館大学(IR方式〈英語資格試験利用型〉・共通テスト併用方式)／立命館アジア太平洋大学(共通テスト併用方式)
552 立命館大学(後期分割方式・「経営学部で学ぶ感性+共通テスト」方式)／立命館アジア太平洋大学(後期方式)
553 龍谷大学(公募推薦入試) 総推
554 龍谷大学(一般選抜入試)

中国の大学(50音順)

555 岡山商科大学 総推
556 岡山理科大学 総推
557 川崎医科大学 医
558 吉備国際大学 総推
559 就実大学 総推
560 広島経済大学
561 広島国際大学 総推
562 広島修道大学
563 広島文教大学 総推
564 福山大学／福山平成大学
565 安田女子大学 総推

四国の大学(50音順)

567 松山大学

九州の大学(50音順)

568 九州医療科学大学
569 九州産業大学
570 熊本学園大学
571 久留米大学(文・人間健康・法・経済・商学部)
572 久留米大学(医学部〈医学科〉) 医
573 産業医科大学(医学部) 医
574 西南学院大学(商・経済・法・人間科学部－A日程)
575 西南学院大学(神・外国語・国際文化学部－A日程／全学部－F日程)
576 福岡大学(医学部医学科を除く－学校推薦型選抜・一般選抜系統別日程) 総推
577 福岡大学(医学部医学科を除く－一般選抜前期日程)
578 福岡大学(医学部〈医学科〉－学校推薦型選抜・一般選抜系統別日程) 医 総推
579 福岡工業大学
580 令和健康科学大学 総推

医 医学部医学科を含む
総推 総合型選抜または学校推薦型選抜を含む
DL リスニング音声配信　新 2024年 新刊・復刊

掲載している入試の種類や試験科目，収載年数などはそれぞれ異なります。詳細については，それぞれの本の目次や赤本ウェブサイトでご確認ください。

akahon.net
赤本｜ 検索

難関校過去問シリーズ

出題形式別・分野別に収録した
「入試問題事典」
20大学 73点
定価2,310～2,640円(本体2,100～2,400円)

先輩合格者はこう使った！
「難関校過去問シリーズの使い方」

61年，全部載せ！
要約演習で，総合力を鍛える
東大の英語
要約問題 UNLIMITED

国公立大学

東大の英語25カ年[第12版] 改
東大の英語リスニング20カ年[第9版] DL 改
東大の英語 要約問題 UNLIMITED
東大の文系数学25カ年[第12版] 改
東大の理系数学25カ年[第12版] 改
東大の現代文25カ年[第12版] 改
東大の古典25カ年[第12版] 改
東大の日本史25カ年[第9版] 改
東大の世界史25カ年[第9版] 改
東大の地理25カ年[第9版] 改
東大の物理25カ年[第9版] 改
東大の化学25カ年[第9版] 改
東大の生物25カ年[第9版] 改
東工大の英語20カ年[第8版] 改
東工大の数学20カ年[第9版] 改
東工大の物理20カ年[第5版] 改
東工大の化学20カ年[第5版] 改
一橋大の英語20カ年[第9版] 改
一橋大の数学20カ年[第9版] 改
一橋大の国語20カ年[第6版] 改
一橋大の日本史20カ年[第6版] 改
一橋大の世界史20カ年[第6版] 改
筑波大の英語15カ年 新
筑波大の数学15カ年 新
京大の英語25カ年[第12版]
京大の文系数学25カ年[第12版]
京大の理系数学25カ年[第12版]
京大の現代文25カ年[第2版]
京大の古典25カ年[第2版]
京大の日本史20カ年[第3版]
京大の世界史20カ年[第3版]
京大の物理25カ年[第9版]
京大の化学25カ年[第9版]
北大の英語15カ年[第8版]
北大の理系数学15カ年[第8版]
北大の物理15カ年[第2版]
北大の化学15カ年[第2版]
東北大の英語15カ年[第8版]
東北大の理系数学15カ年[第8版]
東北大の物理15カ年[第2版]
東北大の化学15カ年[第2版]
名古屋大の英語15カ年[第8版]
名古屋大の理系数学15カ年[第8版]
名古屋大の物理15カ年[第2版]
名古屋大の化学15カ年[第2版]
阪大の英語20カ年[第9版]
阪大の文系数学20カ年[第3版]
阪大の理系数学20カ年[第9版]
阪大の国語15カ年[第3版]
阪大の物理20カ年[第8版]
阪大の化学20カ年[第6版]
九大の英語15カ年[第8版]
九大の理系数学15カ年[第7版]
九大の物理15カ年[第2版]
九大の化学15カ年[第2版]
神戸大の英語15カ年[第9版]
神戸大の数学15カ年[第5版]
神戸大の国語15カ年[第3版]

私立大学

早稲田の英語[第11版] 改
早稲田の国語[第9版] 改
早稲田の日本史[第9版] 改
早稲田の世界史[第2版] 改
慶應の英語[第11版] 改
慶應の小論文[第3版] 改
明治大の英語[第9版] 改
明治大の国語[第2版] 改
明治大の日本史[第2版] 改
中央大の英語[第9版] 改
法政大の英語[第9版] 改
同志社大の英語[第10版]
立命館大の英語[第10版]
関西大の英語[第10版]
関西学院大の英語[第10版]

DL リスニング音声配信
新 2024年 新刊
改 2024年 改訂

2025年版　大学赤本シリーズ　No. 543
武庫川女子大学

編　集　教学社編集部
発行者　上原 寿明
発行所　教学社
〒606-0031
京都市左京区岩倉南桑原町56
電話　075-721-6500
振替　01020-1-15695
印　刷　共同印刷工業

2024年7月20日　第1刷発行
ISBN978-4-325-26601-3
定価は裏表紙に表示しています